JN046914

学ぶ人は、
変えて
ゆく人だ。

目の前にある問題はもちろん、

人生の問いや、

社会の課題を自ら見つけ、

挑み続けるために、人は学ぶ。

「学び」で、

少しずつ世界は変えてゆける。

いつでも、どこでも、誰でも、

学ぶことができる世の中へ。

旺文社

旺文社

中学
総合的研究

四訂版

社会

旺文社

# はじめに

　近年では社会のありかたが多様になり、生きていく上でさまざまな選択肢が考えられるようになりました。このことは、いろいろな可能性が広がった側面もある一方、自分にとって必要なものを見極める力が試されるようになったという側面も持っています。この力を身につけるためには、学校でしっかり勉強することに加えて、もっと広く深く学んでいく姿勢が必要となります。

　この『中学総合的研究』は、学校で学習する内容がさらにわかりやすくなるように、教科ごとにさまざまな工夫を凝らして編集してあります。これは、単に知識を増やす便利な本で終わらせるものではなく、みなさんの「もっと知りたくなる気持ち」を湧き立たせるために活用するものです。本書の中で心に残る何かがあったら、徹底的に調べてください。研究してください。その教科と離れてもかまわず深めていってください。本書が『総合的研究』と題した理由がそこにあります。本書をそのように活用していただければ、現代社会にあふれるたくさんの情報の中から今の自分に必要なものを見極める力、そして、最終的には、自分の身のまわりにある課題を見つけて解決していく力が身につくことでしょう。それらの力は、みなさんが生きていくためにとても重要です。

　高校・大学に進学しても、社会に出てからも、本書はみなさんに愛用されることを望み、きっとそれに応えてくれることでしょう。

株式会社　旺文社　代表取締役社長
生駒大壱

# なぜ社会科を学ぶのか

## 社会科＝暗記？

　社会科は好きですか？　社会科は得意ですか？　この二つの問い
は似ていますが，違います。ある教科が好きな人はその教科が得意で，
嫌いだと不得意なことが多いのはよく知られていることです。逆に
得意だと好きであり，不得意だと嫌いということもあります。とこ
ろが社会科について言うと，社会科は授業は面白いんだけど，不得
意という人がいます。なぜ不得意かをたずねると，暗記が得意では
ないからという答えが返ってくることがあります。

　マジック7という言葉があり
ます。人間は意味のない数字や
言葉は7つくらいしか頭に残ら
ないという実験結果です。電話
番号や歴史の年号をゴロ合わせ
で覚える方法がありますが，意
味のない数字や言葉は記憶に残
らないことの証明でもあります。
何とか無理して忘れないように
しているのです。暗記には限界
があるのです。

　暗記が良くできる人＝頭の良い人という図式が世の中には定着し
ているのかもしれません。確かに昔はよくわからなくとも，ともか
く覚えなさい，いつか分かる時が来るからと言われました。中国の
古典である論語の学習などはその最たるものでした。儒教の教えを
記した論語をよく知っている人は，その理屈もその行いも正しくな
ると考えられたのです。暗記の良くできる人はきっと頭も良く立派
な人だろうと思い込み，これが今だに続いているのです。

　しかし AI 時代，暗記するものには，人間の頭でなく，コンピュータをはじめいろいろなメディアが登場しました。自ら思考・判断・表現ができる本当に頭の良い人を欲する世の中になりました。社会科の授業もテストも変わりつつあります。

## 社会科の目標

　暗記ではない社会科とは何でしょうか。そもそも社会科ではどうすることが求められているのでしょうか。社会科は「社会を見る目」を育てる教科なのです。ニュースを見て，遠い異国の地で経済格差が問題になっていると聞いても，ピンと来ないかもしれません。社会科では，そのニュースの背景にあるものを正しく理解する力が大切なのです。何が原因で，こんな結果がおとずれていることがわかって欲しいのです。

　アフリカケニアの首都ナイロビは，写真で見ると高層ビルが立ち並ぶ先進国と見間違える都市であります。しかし街のそばにはキリンが首を伸ばし，優雅に木の葉を食べている風景もあります。なぜこんな素敵な街ができたのかを探っていきましょう。

　そもそもこの地は野生の王国で，キリン，シマウマ，ライオンがたくさん住んでいた土地でした。ナイロビとはマサイ語で「冷たい水」という意味があります。アフリカは日本人には暑いというイメージがあるかもしれませんが，ナイロビは実は一年中涼しいのです。寒いくらいの時もあります。南緯 2°（ほとんど赤道直下）ですが海抜高度 1700 m，日本では富士山の五合目，日本にはこんな所には大きな都市はありません。だから涼しく一年中快適で常夏ではなく常秋の陽気です。西アフリカの風土病に悩まされたヨーロッパ人は，ここなら住めると思い定住するようになり，別名ホワイトハイランド（白人の高地）となるのです。ここにアフリカの経済の中心地を作りあげたのです。しかし貧富の差も歴然とあり，そのため犯罪も多いという不名誉なこともあります。余談ですが，高地で空気が薄

いのでマラソン選手の高地トレーニングにもってこいで，日本人選手も毎年たくさん行っています。マラソンでケニアの選手が強いのも理解できるのではないでしょうか。でも帽子を忘れずに。日焼けがきつい。真上から燦々と太陽が降り注ぐからです。

　いろいろと知ることで，街の風景も人々の姿に対する考えも変わっていくのではないでしょうか。それが力となり，応用力がつき，初めて見る土地についてもいろいろと見えてくるものが増えてくるのです。「社会を見る目」が育った証拠ともなります。

## 三分野の構造，〜的分野のつながり

　中学校社会科は「社会を見る目」を育てる教科ですが，三分野に分かれて学習を進めていきます。実は交互に重なり合っている部分も多いのです。地理的分野では経済の話は必須ですし，歴史的分野の授業で頻繁に地図を使う先生がいたり，公民的分野の授業で歴史の話を長々としてくれたりするのです。皆さんの頭の中で，地理的分野は空間を広げ，歴史的分野は時間を深め，その上で公民的分野では現代社会を見据えていきます。もちろん三分野にはそれぞれの目標があります。

　地理的分野の学習は他の地域を学習して，その地域の特色と学習方法を身につけ，自分の住む街や国についての認識を新たにします。海外旅行をして，日本の良さを改めて感じるということはよく聞かれる話です。

　歴史的分野の学習は，昔のことを知って，何が役に立つのと言われることもあるかもしれませんが，今日は昨日からの延長です。ですから今日を理解するためには，昨日のことが大切で，昨日のことは一昨日に鍵があると考えれば，昔から歴史の営みの重要性が意識されるでしょう。今見えるものの奥には，背景となる歴史が存在しています。

　公民的分野の学習は，空間（地理）と時間（歴史）の学習の上に，現代を生きる人々の暮らしに直結する学習内容です。先祖が知

恵を絞り営々として作り上げた社会ですので，簡単に理解できるものではありませんが，その社会の構造や真の姿に一歩ずつ迫っていくのです。そして三分野が重なって，今まで見えないものが見えてくるのです。自分の立場や将来にも関係していくでしょう。

## 社会科を得意にするノート

　ではどうしたら社会科を得意にできるか？　大事な学習法として，ノートを見直してみましょう。ノートをしっかりまとめる方法として，学校の授業が終わったその日のうちに，その日の授業の「まとめ」と「感想」，授業の「タイトル」を書くのです。「まとめ」は箇条書きで，簡潔に重要なポイント，先生が強調したことなど多くとも３つ以内で書きます。たくさん書くと面倒になり長続きしません。「感想」は自分の思ったことを書くのです。必ずしも授業内容に直接関わらないことでも自分で考えたり感じたりしたことが大切で，これは長く書いてもかまいません。「タイトル」はその授業を本の題名のように刺激的で象徴的な一言で表すのです。面白いものを作ろうとすることが，授業を復習し自分なりの考えを表すことに繋がるのです。授業中に，今日の授業の「タイトル」が浮かび上がったら大したものです。その時は「まとめ」も「感想」もスラスラ書いているでしょう。これは一つ一つの記録が流れのあるしっかりした大きな記憶となっていく過程です。記憶となれば覚えようとするのではなく忘れられないのです。

　さらにこれらの学習は，今中学生に求められている「知識・技能」「思考・表現」「学びに向かう力・人間性等」に結びつくのです。知識重視から思考・判断・表現を重要視し，AI時代にふさわしい人材の育成につながるのです。この『中学総合的研究　社会』を活用して，皆さんがそのような人材になれるように願っています。

# ▶ 本 書 の 特 長 と 使 い 方 ◀

## ① 日常学習から入試レベルまで対応

この本は，中学校の社会科を高等学校に入っても通用するような解説で練り上げたハイレベル参考書です。社会科の理解に欠かせない，ものごとの「つながり」がつかめるようなしくみになっています。教科書や授業でよくわからなかった部分を調べるのに最適です。

## ② 知りたい事項がすぐ探せる，引く機能重視の構成

巻頭の目次は教科書の項目にそって調べたい人のために，巻末のさくいんは用語を調べたい人のために，旺文社の歴代の参考書の中で最大規模にまで充実させました。本文中には，関連する参照ページをたくさんリンク（連結）させてあるので，地理・歴史・公民のタテとヨコのつながりを意識しながら学習できるようになっています。

## ③ 知的好奇心を満足させ，本当の学力が身につく

本文は今までの参考書よりも「流れ」や「つながり」がわかるような説明になっています。無味乾燥な説明ではなく，知的な刺激に溢れたものになっています。また，研究，Q&Aによって中学生がふと疑問に思うようなテーマについて，わかりやすく解説しているので，読んでいるだけでも面白く，どんどん読んでいるうちに本当の学力を養うことができます。

# ▶ 社会の特長 ◀

### ① 内容の充実
この1冊で定期テスト対策や日常の授業の予習復習，そして入試対策まで万全です。さらに，一部，高校の学習でも使用できます。中学で学ぶことを網羅したのはもちろん，高校の内容にまで踏み込んで解説しています。

### ② 「もっとくわしく」「参考」「Q&A」「研究」など補足的な解説の充実
ページの右側には補足的な説明を何種類か設け，理解の手助けをしています。発展的な内容も含まれていますが，より詳しく，深く知識を得ることができるようになっています。

### ③ 『社会科を「読解」「思考」「表現」する』ページの充実
社会科では，資料を読み取り，そこから何がいえるのかを考え，考えたことを相手に伝えるという「言語活動」が重視されます。これは，入試のためだけの学習ではなく，生きていくうえで必要な力につながります。そこで，本書では地理・歴史・公民の各編末に，この言語活動に役立つページを収録しました。学校で調べ学習をするときなどに参考にしてください。

## ▶ アイコン・記号一覧 ◀

本書ではアイコンを使用し，
きめ細かい内容を盛り込んでいます。

### ○●もっとくわしく

本文の説明を読んで，もっと知りたくなった
ときに見るところです。より深い内容につい
て記述してありますので，知的好奇心が満た
されます。

### 📖 用　語

新しく出てきた単語の説明です。しっかりと
意味を覚えましょう。意味をあやふやにした
まま先に進むと，どこかでつまずいてしまう
ことになります。

### 🔍 参　考

本文でふれている内容について，補足的に説
明しています。たとえば本文で書かれている関
連する出来事の説明や，本文にはないけども
知って欲しい知識などが書かれています。

### 👤 人　物

本文の内容に関連する人物の紹介です。

### ？ Q&A

学習にあたって疑問を持ちそうなところを解
説しています。少し発展的な内容もふくまれ
ますが，よく読んで理解しましょう。

### 👓 研　究

「もっとくわしく」「Q&A」と似たような意味
合いですが，よりハイレベルな解説をしてい
るところについてこの研究のコーナーを設け
ました。一見，高度な内容に思われるかもし
れませんが，ここを読んでおくとのちのちき
っと役立つでしょう。

[P.000▶▶]
関連するページを示しています。本書は地理・
歴史・公民というように３つの編に分かれて
いますが，この３つは完全に分かれた学問で
はなく，関連性がある場合もあります。その
ようなときに，よりくわしいページを示して
います。また，たとえば地理編から歴史編に
とぶようなこともあります。

### 総合的に研究するイメージ

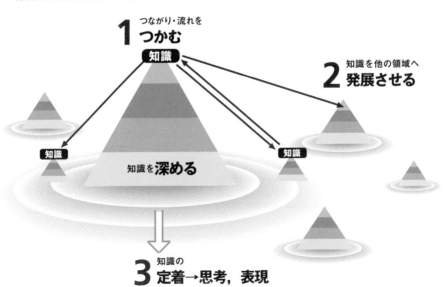

**1 つかむ** つながり・流れを
知識

**2 発展させる** 知識を他の領域へ

知識を**深める**

知識　知識

**3 定着→思考，表現** 知識の

# 「中学総合的研究 社会」
# ＼こんなふうに使ってみよう／

## ●わからない言葉があったとき

### 索引からひいてみよう！

▶▶P640

学校の宿題をやっているとき，わからない言葉がでてきて，そこから学習が進まなかったことはありませんか。そんなときは，本書の巻末索引から，わからない言葉をひいてみてください。分野のマークがついていたり，本文で赤字になっている用語は索引でも赤字になっていたりするので，知りたい言葉の意味にすぐにたどりつくことができます。

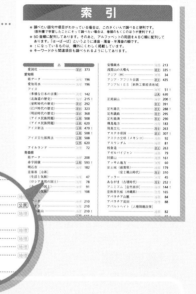

## ★「臨時国会」についてひいてみよう！

「り」行のところを順番に見ていくと，「臨時国会」がのっていて，530ページということがわかるよ。

②臨時会（臨時国会） 国会の閉会中に…たときなど，内閣が必要と認めたとき…かの院の総議員の4分の1以上に…き，臨時に開かれる国会である。

③特別会（特別国会） 衆議院解散後の…日以内に召集され，内閣総理大臣を指…

530ページをひくと，「臨時国会」の詳しい説明がのっているよ。

## ●教科書の内容がわからなかったとき

### 目次からひいてみよう！

▶▶ P010

「教科書を読んでも，この単元がよくわからない」
というときは，目次から単元名を探してみましょ
う。（例：「世界の国々のようす」）知りたいペ
ージにたどりつくことができます。「中学総合的
研究」は，各単元の内容がしっかりくわしく解
説されていますので，学習上の疑問点を解決す
ることができます。

## ●調べ学習の宿題が出たとき

### 社会科を「読解」「思考」「表現する」をチェック！

▶▶ P220, P446, P632

学校で調べ学習の宿題が出たら，各編の巻末に
ある「社会科を「読解」「思考」「表現」する」
コーナーをチェックしてみてください。レポー
トや新聞など，調べたことのまとめ方の例がた
くさん掲載されています。それだけはでなく，
資料から何を読み取り，どのように考えればよ
いのか，手順が紹介されているので，ここに掲
載されている以外のテーマにも対応する力が身
に付きます。

10

# 目　　次

## 第3章 さまざまな面からみた日本の姿

## 第4章　身近な地域や都道府県のようす

#  歴 史 編

## 第5章 ２つの世界大戦と日本　　　年表⋯⋯⋯⋯⋯400

公民編

## 第1章 現代社会とわたしたちの生活

## 第2章 わたしたちの生活と民主政治

## 第3章 わたしたちの生活を支える経済

## 第4章 世界平和と人類の福祉

社会情勢の変化により、掲載内容に違いが生じる事柄があります。
弊社ホームページ『知っておきたい時事ニュース』をご確認ください。
https://www.obunsha.co.jp/pdf/support/jiji_news.pdf

# 執 筆 者 紹 介

**1 専門　2 趣味　3 中学生へのメッセージ**

## 大野 新　Ohno Arata　　　大東文化大学文学部歴史文化学科特任教授

1 地理的分野。特に環境問題・平和問題が関心分野。
地理教育研究会等に所属。

2 旅行・映画鑑賞・野球観戦

3 これまで中高一貫の学校で 30 年以上，社会科・地歴科（おもに地理）の
授業をしてきました。
わたしのモットーは「行って・みて・考える」です。
みなさんもできるだけ現場へ足を運んで，さまざまなことを感じ取って下
さい。きっと世界が広がると思います。

## 澤 達大　Sawa Tatsuhiro　　　京都文教大学総合社会学部准教授

1 地理的分野。特に地理教育学（観光教育・防災教育）が専門。
日本地理教育学会，観光学術学会等に所属。

2 スポーツ（バレーボール），旅行

3 地理学は未踏の世界への好奇心から始まったものです。地図を眺める・
車窓の風景を見る・旅行をすることは，地理学習の第一歩です。地理学
の世界は女性が少ない状況にあります。この本を読み "地理女子" が 1
人でも増えることを期待しています。

## 泉 貴久　Izumi Takahisa　　　専修大学松戸中学校・高等学校教諭
　　　　　　　　　　　　　　　　　　専修大学商学部非常勤講師

1 地理的分野。特に世界地理と地理教育学が専門。
主に日本地理教育学会，日本地理学会，日本社会科教育学会で活動。

2 旅行（特に海外旅行）・まち歩き・うまいものの食べ歩き

3 これまで当たり前だと思われてきた事柄を違った角度からとらえ，深く
追究してみましょう。そうすることであなたの視野はもっと広がり，社
会そのものがあなたにとってより身近な存在になるはずです。

## 平田博嗣 Hirata Hirotsugu　　清泉女子大学特任教授
（元東京学芸大学附属小金井中学校副校長）

1 歴史的分野・中世文化史。

2 旅行，ステンドグラス作り，推理小説・冒険小説の耽読，スキューバーダイビング

3 「社会力」という言葉があります。人と仲良くすることだと考えています。社会科が得意ということは，多くの人，年齢，人種，国籍，性別，宗教など越えた人々と仲良くできるということ。みなさんにそういう力をつけて欲しいのです。

## 松本英治 Matsumoto Eiji　　開成中学校・高等学校教諭

1 歴史的分野・日本近世史。特に対外交渉史・洋学史が専門。

2 旅行

3 「過去に目を閉ざす者は結局のところ現在にも盲目となります。」
（統一ドイツの初代大統領ヴァイツゼッカーの言葉）
歴史を学ぶことで，よりよい未来を創ってください。

## 有松幹夫 Arimatsu Mikio　　東京学芸大学大学院修了

1 社会科教育・歴史教育論。特に韓国の歴史教育史が専門。

2 旅行・読書

3 社会科は勉強すればするほど，新たな疑問が出てきます。
その疑問をそのままにせずにどんどん自分で明らかにしていきましょう。
きっと社会科が大好きになるはずです。

## 二川正浩 Futagawa Masahiro　　東京家政大学家政学部准教授

1 社会科教育

2 園芸

3 歴史には流れがあり，必ず必然性があります。
こうなると，こうしようとして，こうなった…けどうまくはいかなかった。
歴史の勉強から自分の生き方を見つけて下さい。

# 上園悦史 Uezono Yoshihito　　東京学芸大学附属竹早中学校教諭

1 公民的分野・憲法学習，民族学習，法教育，金融教育
　日本社会科教育学会，全国社会科教育学会，公民教育学会に所属。

2 サックス演奏，ラグビー観戦，テニス

3 "鶏口となるも牛後となるなかれ"

東京学芸大学の先生，福田英樹先生（法政大学講師），本木弘悌先生（日本工業大学工学部講師），森弘達先生（昭和薬科大学附属高等学校・中学校）他，多くの先生方にご協力をいただきました。

## STAFF／関係者一覧

| 編集協力 | 有限会社 マイプラン | 青木結衣<br>近田伸夫<br>髙木純子<br>髙口香莉<br>塚本理佐子<br>松宮隆代<br>柳井君江 | 本文デザイン | 及川真咲デザイン事務所 | 林 慎一郎<br>縣 沙紀<br>内津 剛 |
| --- | --- | --- | --- | --- | --- |
|  |  |  | カバーデザイン | 及川真咲デザイン事務所 | 内津 剛 |
|  |  |  | 本文イラスト | 川上潤<br>駿高泰子<br>すぎうらゆう |  |
| 校　閲 | 吉原あけみ<br>中山みどり<br>株式会社東京出版サービスセンター<br>匠 亜矢子<br>株式会社ぷれす<br>小田嶋 永 |  | 図版製作 | スタジオ 杉<br>株式会社 ユニックス |  |

# 地理編

# 第1章
# 世界と日本の地域

# 構成

↑写真は，1日中太陽が沈まない，白夜の太陽の動き
を連続して撮影したものである。
この章では世界のおおまかな地形や時差のしくみな
どをおさえ，世界全体の構成を理解しよう。

## §1　わたしたちがすむ地球

重要ポイント

□地球は太陽系に属する惑星の1つである。

□地球はほぼ球体であり，半径は約6,400km，全周は約40,000kmである。

□地球の表面をみると，陸地が30%，海洋は70%を占めている。

□地球上の位置を示すために緯度と経度が使われている。

□イギリス（ロンドン）の旧グリニッジ天文台を通る経線を経度0度として，経度は東西に180度ずつある。

□赤道を0度として，緯度は南北に90度ずつある。

□地図は，面積・方位・角度・距離などのどれか1つか2つを正しくあらわす。

## ① 地球の大きさ

### 1　地球は美しい
────わたしたちの暮らす地球

「地球は青かった」と人類最初の宇宙飛行を行ったソ連の宇宙飛行士ガガーリンは報告してきた。地球が青くみえるのは，表面に大気の層があり，空気と水があるからである。その後，日本人として宇宙飛行を行った向井千秋さんは「地球自身がひとつの生命体のようだと思った」と伝えた。美しい地球にわたしたちは暮らしている。

▲わたしたちの暮らす地球

### 2　地球はどんな形をしているのか
────地球は球なのだろうか？

地球は完全な球体ではない。そのことは，地図帳で赤道の半径（約6,378km）と，極半径（約6,357km）を比べてみるとわかる。赤道の半径の方が約21kmも長い。つまり，南北より東西にふくれた形をしている。半径をだいたい6,400kmと考えると，6400×2×3.14（円周率）で，40,192kmと出る。つまり，地球の全周は，約40,000kmである。40,000kmといわれてもなかなかピンとはこないだろうが，地球を1周すると，時速900kmの飛行機で約44時間，時速250kmの新幹線で約160時間かかると考えると，その長さが実感できるだろう。

## 3 地球の表面——陸地と海洋はどちらが広い？

地球の表面積は約5.1億km²である。このうち，陸地の面積が約1.5億km²（約30％），海洋の面積が約3.6億km²（約70％）で，圧倒的に海洋の面積が広い。人類はおもに陸地で生活を営んでいるので，地球上のほんの一部で暮らしているといえる。

世界地図や地球儀を使って，世界の**海洋**をながめてみよう。太平洋・大西洋・インド洋を三大洋という。太平洋は世界最大の海洋で，面積が約1.66億km²，平均深度が約4,188mである。最も深い場所はマリアナ海溝で，深度が約10,920mもある。大西洋は世界第2の海洋で，面積が約8,656万km²，平均深度が3,736mである。世界の海洋は三大洋のほかに縁海（沿海）や地中海がある。日本海は縁海である。

## 4 大陸の分布——世界の大陸にはどのようなものがある？

陸地の大きなものは**大陸**とよばれる。世界には大陸が6つある。ユーラシア大陸・北アメリカ大陸・南アメリカ大陸・南極大陸・オーストラリア大陸・アフリカ大陸である。このうち，**最も大きな大陸はユーラシア大陸である。**アジアとヨーロッパがこれに含まれる。大陸は大部分が安定した陸地でできている。

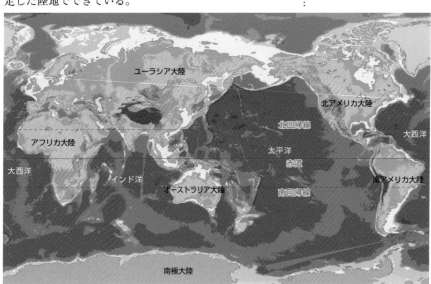

▲大陸と海洋の分布

# ② 地球上の位置

## 1 緯度と経度
### ——今，君のいる場所をあらわすには？

　地球儀は，実際の地球をちぢめたものである。その地球儀には縦と横に線が引かれている。縦の線を経線，横の線を緯線といい，それぞれ経度，緯度をあらわしている。

　経度はイギリスの首都ロンドン郊外の旧グリニッジ天文台を通る本初子午線を0度として，地球を東西に180度ずつに分けたものである。東を東経，西を西経とよび，日本は東経側にある。

　緯度は赤道を0度として，地球を南北に90度ずつに分けたものである。北を北緯，南を南緯とよぶ。緯度は，緯線上のある1点と地球の中心を結ぶ線が赤道面となす角度である。

　緯度と経度を使えば，地球上での位置をあらわすことができる。

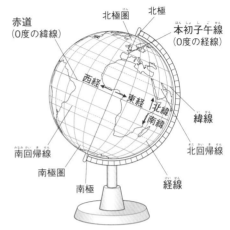

▲地球儀と緯線・経線

## 2 緯度のちがいと気候の変化
### ——緯度がちがうと何がちがうの？

　地球の地軸は，公転面に対して23.4度かたむいている。このかたむきが季節や昼と夜の時間のちがいをうみだしている。北半球と南半球では季節が逆になる。そして，太陽の光のあたり方が夏と冬で大きく異なる。低緯度地域は年中太陽の光をあびているので高温の地域となる。一方，高緯度地域は低緯度地域に比べて気温が上がらない寒い地域となる。さらに，太陽が地表にあたる角度によって気温の上がり方が異なる。高緯度地域では南中高度が低いため気温が上がらない。このように緯度のちがいによって気候が大きく異なるのである。

▲旧グリニッジ天文台にある本初子午線
　（現在の0度は，東へずれている。）

### 参考

**白夜**
高緯度の北極圏や南極圏では，太陽高度が低いため，夏には1日中太陽が沈まない。これを白夜とよぶ。逆に，冬には1日中太陽が昇らない日が続く。これを極夜とよぶ。

### 3 経度のちがいと時刻の変化
——地球は24時間で1回転している

　世界の各国では，それぞれ基準となる経線をもとに**標準時**を決めている。日本は東経135度（**兵庫県明石市**）をもとに標準時を決めている。世界の時刻を定める**本初子午線**は，1884年の国際会議で**ロンドン**を通る経線に決定された。当時の世界でイギリスが大きな力をもっていたことがわかる。また，180度の経線は本初子午線の反対側の太平洋上に引かれている。ほぼこれに沿って**日付変更線**が引かれている。

　地球は24時間で1回転する。そして360度を24で割ると，**1時間に15度**ずつ動いていることになる。つまり，経度が15度ちがうと1時間の**時差**が生じることになる。イギリス（ロンドン）との時差を計算してみると，日本は東経135度の経線で標準時を決めているので，135÷15＝9となり，9時間の時差があることになる※。地球は北極からみて反時計回りに回転しているので，東京の方がロンドンより時間が進んでいる。つまり東京が午前10時の時には，ロンドンは午前1時となる。

　イギリスや日本のように国の中で標準時子午線が1つの国は時刻も1つでわかりやすいが，アメリカやロシアのように国土の広い国では標準時子午線がいくつもあり，東西の両端では時刻が大きく異なる。

地理編　第1章 世界と日本の　第2章 世界の国々　第3章 さまざまな面からみた日本の姿　第4章 身近な地域や都道府県のようす

## 用語

**子午線**
子午線とは子（ネズミ）の方角（北）から午（ウマ）の方角（南）を結んだ線の意味である。

## ●●もっとくわしく

**たくさんの時刻がある国**
ロシアでは11の標準時が決められており，東西の端では10時間の時差がある。アメリカでは6つ（アラスカ・ハワイを含めて），オーストラリアでは3つある。一方，中国も東西に広い国だが，標準時は1つしかない。沿岸部に人口が集中している実情に合わせて，沿岸部に近い首都の北京の時刻を標準時としたのである。

※サマータイム（夏時間）のときには，時差は8時間になる。

---

### 日付変更線をこえるとどうなるのか？

**①世界で一番早く1日をむかえる場所**

　日付変更線を地図帳で確認すると，ほぼ180度の経線に沿って引かれているが，直線にはなっていない。これは，陸地をさけているためである。日付変更線のすぐ西側の場所は世界で一番早く日付が変わるところである。ツバルやフィジーといった太平洋の島国がそれにあたる。キリバスでは，以前は国の中心に日付変更線が通っていて，国の西半分と東半分とで日付がちがっていた。しかし，1995年に日付変更線を国の東側を通るように変更した。その後，サモアも2011年に変更した。

**②日付変更線をこえる**

　日付変更線を東から西へこえると，1日カレンダーを進め，西から東へこえると1日遅らせることになる。とても不思議なことだが，日付変更線の東側と西側では時刻はほとんど変わらないのに，日付が1日ちがっているのだ。しかし，こうしないと日付は変わっていかない。

　日本の反対側にある西経45度の経線上の国（ブラジル）と日本は時差が12時間である。地図帳で確かめてみよう。

# ③ さまざまな世界地図

## 1 世界地図で地球をあらわす
### ——世界を正しくあらわしている地図は？

　地球は球体だから，平面である紙の上に正確にあらわすことはできない。みかんをむいた皮を平らに広げようとしても無理なのと同じである。このため，世界地図は，実際の**面積**，**距離**，**方位**，**角度**などのうち1つか2つしか正しくあらわすことができない。すべてが正しいのは地球儀である。

### ①面積の正しい地図

　**サンソン図法**，モルワイデ図法，**グード図法**などがある。サンソン図法は高緯度地方の形のゆがみが大きい。モルワイデ図法はひずみが小さくみやすい。グード図法は形のひずみを少なくするために海洋の部分を切り開いた地図である。面積が正しい地図は分布図として利用される。

### ②距離と方位の正しい地図

　距離と方位の正しい地図として用いられるのは正距方位図法である。この地図は図の**中心からの距離**と**方位**が正しくあらわされている。この地図では中心と目的地とを結んだ直線が，2点間の最短距離である**大圏航路**として示される。ただし，この地図は外周部分にいくほど形がゆがんでくる。それは外周が，中心からみて地球の反対側（対蹠点）をあらわしているためである。

▲サンソン図法

▲モルワイデ図法

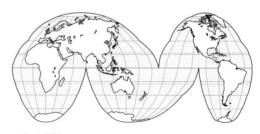

▲グード図法

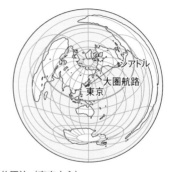

▲正距方位図法（東京中心）

### ③角度の正しい地図

　世界地図としてよく用いられているのがメルカトル図法である。この図法は1569年にフランドル（現在のベルギー）地方出身のメルカトルが考案したものである。最大の特徴は経線と緯線が直角に交わっている（直交している）ことである。この図で**出発点と目的地を結んだ直線は，経線と常に一定の角度を持つ**。出発点を出航した船が羅針盤（コンパス）に対して一定の角度で進めば，目的地に到着するというものである。これを**等角航路**といい，海図とコンパスが頼りだった大航海時代には航海図として広く用いられた。

　しかし，この図法は本来は北極と南極に集まっていく経線が平行線であるため，高緯度ほど面積が拡大されてしまう。よく用いられるのはグリーンランドとオーストラリアの比較である。実際の面積はオーストラリアの方が大きいのだが，メルカトル図法では，グリーンランドの方が大きく描かれてしまう。また，2点間の最短航路である大圏航路は曲線となる，さらに方位が正しくないなどの欠点がある図法である。

### 研　究

**メルカトル図法は役に立たない？**

　欠点も多いメルカトル図法だが，実は地形図（国土地理院発行）の図法として用いられている。ＵＴＭ（ユニバーサル横メルカトル）図法がそれである。これはメルカトル図法が低緯度地域を正しくあらわしていることを利用しているものである。地形図をみて確認してみよう。

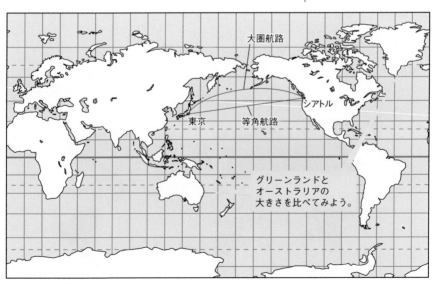

▲メルカトル図法

## §2　日本の位置と領域（りょういき）

□世界には約200の独立国（どくりつこく）がある。
□国は領土・国民・主権（政府）の３つの条件を満たす必要がある。
□世界は大きく６つの州に分けられ，国と国との境に国境が引かれている。
□国境には自然的国境と人為的国境がある。
□世界で面積の広い国はロシア，カナダ，人口の多い国は中国（ちゅうごく），インドである。
□日本の国土面積は約38万km²（北方領土を含む）である。
□排他的経済水域（はいたてきけいざいすいいき）内での鉱産資源（こうさんしげん）や水産資源（すいさんしげん）は沿岸国が管理する。

## ① 国家の領域と国境

### 1 世界の国はいくつある？——国家となる条件

　世界にはいくつくらいの国があるだろうか。答えは約200である。国家となるためにはいくつかの条件が必要である。領土・国民・主権（政府）がそれにあたる。領土は陸地の部分をさし，海は領海，空は領空とよぶ。国の主権は，国内の政治を決定する権利や外国から干渉されない権利のことをさす。そしてその国の国籍（こくせき）をもつ国民がいて，国家が成立している。

　世界の国々は６つの州に区分することができる。アジア州・ヨーロッパ州・アフリカ州・北アメリカ州・南アメリカ州・オセアニア州である。

**研　究**

**アジアとヨーロッパの境界はどこか**
ユーラシア大陸のうち，およそウラル山脈からカスピ海，黒海（こっかい）を結ぶ線から東側の地域がアジア州，西側の地域がヨーロッパ州である。

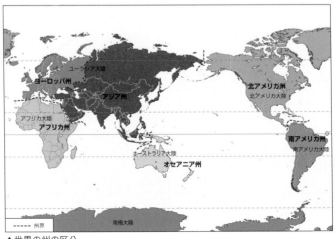

▲世界の州の区分

## 2 さまざまな国境線
#### ——国と国の境は何によって決まっている？

　国境で一般的なものは，山脈，川，海，湖などを使った
ものである。これらを**自然的国境**といい，古くから使われて
きた。山脈を使った国境では，ヨーロッパの**ピレネー山
脈**（フランスとスペイン），**アルプス山脈**（スイスとイタ
リア）などがある。河川を使った国境では，東南アジアの
**メコン川**（タイとラオス）や東アジアの**アムール川**（ロシ
アと中国）などがある。湖では，南アメリカの**チチカカ湖**
（ボリビアとペルー）や北アメリカの**五大湖**（アメリカと
カナダ）などがある。

　一方，アフリカ大陸などには直線的な国境線が多くみら
れる。緯線や経線を使ったこの国境線は，**人為的国境**とい
われる。アフリカに人為的国境が多いのは，ヨーロッパ諸
国が植民地として支配したときに，経線や緯線を使って分
割した名残である。このため，**現在の国境が実際の民族の
分布とは異なり**，さまざまな問題が発生している。

## 3 国境をめぐる問題——国境が決まっていないところがある！

　日本周辺にも，領有をめぐる問題をかかえている場所が
ある。**北方領土や竹島，尖閣諸島**などである。朝鮮半島の
2つの国をへだてるほぼ**北緯38度**に沿った線も朝鮮戦争の
休戦ラインであり，国境として確定されたものではない。

●●もっとくわしく

**アメリカの国境**
アメリカとカナダとの国境と
して，北緯49度の緯線と西経
141度の経線が用いられてい
る。アメリカでは国内の州境
にも経線，緯線が用いられて
いる。またメキシコとの国境
の一部には，リオグランデ川
が用いられている。

**参　考**

**カシミール問題**
インドとパキスタンの境を地
図帳でみると，他と異なる点
線の部分がある。これはイン
ドや中国，パキスタンがカシ
ミール地方をめぐって対立し
ているため，現在も国境が定
まっていないからである。イン
ドは，他にも中国との間に
も国境未確定部分をかかえて
いる。

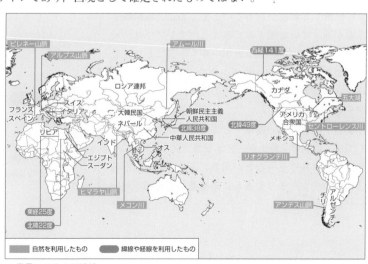

▲世界のおもな国境線

# ② 世界のいろいろな国々

## 1　広い国とせまい国——世界で一番小さな国は？

　日本はせまい国というイメージがあるが，世界で何番目くらいの面積をもっているのだろうか。実は61番目（2018年）である。意外に日本の面積は大きい。世界全体で面積の大きな国をみると，１位のロシアは，日本の約45倍の面積をもつ。以下，カナダ，アメリカ，中国，ブラジルと続く。上位５か国で陸地全体の約40％を占める。一方，最も面積の小さい国は，イタリアの首都ローマ市内にあるバチカン市国である。キリスト教（カトリック）の総本山であるサン＝ピエトロ寺院がある国で，面積は0.44km²しかない。そのほかの面積の小さな国をみてみると，ヨーロッパの小国や太平洋の島国が多い。日本と同じくらいの面積の国としては，アフリカのジンバブエ（約39万km²）やヨーロッパのドイツ（約36万km²）がある。意外なところでは，アメリカのモンタナ州（約38万km²）も日本と同じくらいの面積である。

## 2　赤道に近い国，両極に近い国
——エクアドルという国名はどこからついた？

　スペイン語で「赤道」を意味しているエクアドルは，南アメリカに位置する赤道が通っている国である。地図帳を開いて赤道が通っている国をみてみよう。アジアでは，インドネシアを通っている。シンガポールも赤道にかなり近い。アフリカでは，ケニアやウガンダなどを通っている。そして南アメリカでは，エクアドルのほかにブラジルとコロンビアを通っている。

　一方，北極・南極に近い国は，どこだろうか。北極に近い国としては，ロシア，カナダ，アメリカ，スウェーデン，フィンランド，ノルウェーなどがある。南極に近い国としては，アルゼンチンやチリがある。南極圏（南緯66度33分より南）には国がない。

---

●●もっとくわしく

**面積の大きな国・小さな国**

面積の大きな国（2018年）

| 国　　名 | 面積<br>（万km²） |
|---|---|
| ロシア連邦 | 1710 |
| カナダ | 999 |
| アメリカ合衆国 | 983 |
| 中国 | 960 |
| ブラジル | 852 |

面積の小さな国（2018年）

| 国　　名 | 面積<br>（km²） |
|---|---|
| バチカン市国 | 0.4 |
| モナコ | 2 |
| ナウル | 20 |
| ツバル | 30 |
| サンマリノ | 60 |

（世界国勢図会2020/21版）

🔍 **参　考**

**バチカン市国**
バチカン市国の人口は約800人で，国家財政は資産運用や切手・コインの販売，信者からの寄付を中心に成り立っている。

### 3 人口の多い国，少ない国——世界の5人に1人は中国人

　世界の人口は年々増加しており，78億人近くである（2020年）。世界の国々の中でも**最も人口の多いのが中国**で，約14億人である。続いて**インド**が約14億人と，この2つの国で世界人口の3分の1以上を占めている。このほか，人口の多い国ベスト10をみると，**アジアの国々がめだつ**。州別の人口をみてもアジアが世界全体の約60％を占めている。

　人口密度をみてみると，ヨーロッパの小国や**シンガポール**のような都市国家が高くなっている。注目すべきは**バングラデシュ**で，人口が1億人をこえているうえに人口密度も高くなっている。逆に人口密度の低い国は，1km²あたり2人の**モンゴル**や3人の**オーストラリア**があげられる。人口密度が低いのは，国内に人が住むには適していない土地（砂漠や寒冷地など）が多くあることが理由としてあげられる。

**人口の多い国（2020年）**

| 国　　名 | 人口<br>（億人） |
|---|---|
| 中国 | 14.4 |
| インド | 13.8 |
| アメリカ合衆国 | 3.3 |
| インドネシア | 2.7 |
| パキスタン | 2.2 |
| ブラジル | 2.1 |
| ナイジェリア | 2.1 |
| バングラデシュ | 1.6 |
| ロシア連邦 | 1.5 |
| メキシコ | 1.3 |

（世界国勢図会　2020/21年版）

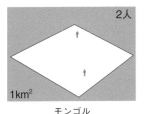

2人
1km²
モンゴル

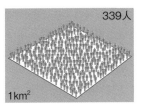

339人
1km²
日本

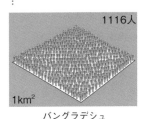

1116人
1km²
バングラデシュ

▲各国の人口密度

（世界国勢図会　2020/21年版）

## ？Q&A 国土が広かったり，細長かったりするとどんなことが起こる？

### ①10時間の時差があるロシア

　11の標準時をもつロシアでは東西の端で10時間の時差がある。たとえば国内旅行をしても，空港におりるたびに時計を進めたり遅らせたりする必要がある。選挙のときはどうだろう。早い時刻の場所で投票のあと開票がはじまってしまえば，その結果をみて遅い時刻の地域で選挙するなどということがおこり，公平ではない。投票と開票も，時間を考えて行う必要がある。

### ②南北に長いチリ

　日本の真東に位置している南アメリカのチリは，国土が南北に細長い。なんと4,300kmもある。緯度にして35度もちがう。北海道から沖縄本島までの緯度の差が20度だから，いかに長いかがよくわかる。チリの南の端は寒帯の気候だが，北の端には砂漠気候がみられる。時差はないが，移動に時間がかかる。日本も南北に長いので，同じような気候のちがいがみられる。

地理編

第1章　世界と日本の地域構成

第2章　世界の国々

第3章　さまざまな面からみた日本の姿

第4章　身近な地域や都道府県のようす

# ③ 日本の位置と領域

## 1 日本の位置——日本の東西南北の端は？

　日本は，ユーラシア大陸の東にある島国である。本州・北海道・九州・四国の4つの大きな島とそのまわりにある約7,000の島々から構成されている。緯度では北緯約20〜46度，経度では東経約122〜154度の間にある。地図帳を広げて日本の東西南北の端を確認しよう。東端は東京都の南鳥島，西端は沖縄県の与那国島，南端は東京都の沖ノ鳥島，北端は北方領土の択捉島となっている。

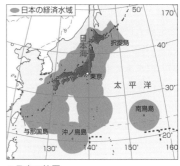

▲日本の範囲

## 2 世界と比べた日本の位置
——日本と同じ緯度や経度の国はどこだろうか？

　日本と世界の国々を緯度で比較する場合には，北緯40度の緯線を使うとよい。この緯線は秋田県と岩手県を通っている。ヨーロッパではスペインのマドリード，イタリア半島南部，ギリシャなどを通る。アジアではトルコ，カスピ海と中国の砂漠地帯を通る。アメリカではサンフランシスコの北から国土のほぼ中央部と，ニューヨークあたりを通っている。秋田や岩手とスペイン，ギリシャの気候では，ずいぶん異なる印象をもつだろう。また，日本の標準時を決めている東経135度の経線が通っているのは，ロシアとニューギニア島，オーストラリアの中央部である。

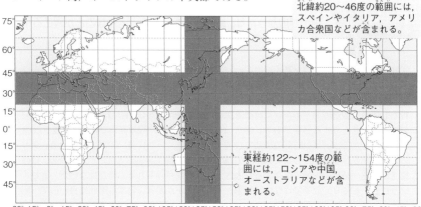

北緯約20〜46度の範囲には，スペインやイタリア，アメリカ合衆国などが含まれる。

東経約122〜154度の範囲には，ロシアや中国，オーストラリアなどが含まれる。

▲日本と同じ緯度と経度で比較した世界

### 3 日本の領域——日本は世界有数の面積をもっている？

　世界からみると，日本の国土面積は決して広くはないが，領海の外側にあって沿岸から200海里の経済水域を入れると，広大な領域をもつ世界有数の海洋国となる。もともと領海は大砲の弾の届く距離を基準に定められ，18世紀以来3海里（1海里は約1,852m）とされてきた。その後領海は12海里に拡大した。さらに**領海の外側にあって沿岸から200海里**までは，国連海洋法条約によってその**水域内の資源が沿岸国のものとなる経済水域**が認められるようになった。日本の場合，島国であるうえに離島が多いので，それぞれの沿岸200海里をあわせると経済水域が世界で有数となる。

### 4 日本の領土問題——国境が定まっていない場所

　日本の周辺には領土をめぐる問題をかかえる島々がある。最も大きいのは**北方領土**で，**歯舞群島・色丹島・国後島・択捉島**の4つの島がロシアから返還されていない。**竹島**は1905年に日本固有の領土としたが，1952年以降，韓国が不法に占拠し続けている。**尖閣諸島**には領土問題はないが，中国が領有を主張している。竹島と尖閣諸島はともに日本固有の領土であるが，竹島は経済水域，尖閣諸島は地下資源をめぐる対立があり，解決は容易ではない。

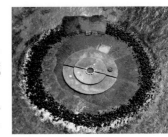
▲沖ノ鳥島

 北方領土問題とは？

　北方領土問題とは，南千島の領有をめぐる日本とロシアの間の領土問題。1875年の樺太・千島交換条約で千島列島は日本のものとなった。しかし第二次世界大戦時にソ連が千島列島を占領し，以後その状態が続いている。結局，第二次世界大戦の戦後処理が正式に終わっていない状況（平和条約を結んでいない）が，現在の不安定な状態をまねいているともいえる。ソ連からロシアになった後も交渉は続いているが，返還のめどはたっていない。

▲北方領土　択捉島

# 第2章
# 世界の国々

↑写真は，アラブ首長国連邦のドバイにあるドバイ
マリーナと超高層ビル群である。
世界にはいろいろな宗教や文化，生活がある。この
単元ではそれぞれの特徴を学習しよう。

# §1 世界の人々の生活と環境

## ① 世界の国々の特徴をとらえる

### 1 世界の国の成り立ちや国名のあれこれ
──世界にはいろいろなものにちなんだ国名がある

　世界の国々は，**王国**（君主国），**共和国**，**連邦国家**などに分類することができる。王国とは国王や皇帝などが，**統治者として代々受けつがれる君主国**で，イギリス，サウジアラビア，タイなどがこれにあたる。共和国とは**国民から選ばれた大統領などに統治権を委託している国**で，アメリカ，フランス，インドなどがこれにあたる。

　1つの政府が国民と領土全体を統治する国を**単一国家**という。日本やフランスなどはこれにあたる。一方，複数の共和国や州が中央政府のもとに集まって成立している国家を**連邦国家**という。アメリカ，ロシア，ドイツ，カナダなどがこれにあたる。連邦国家では，各共和国や州の力が強くなっている。

　次に，世界の国々の**国名の由来**をみてみる。川や山の名前にちなんだ国は，**インド**（インダス川），**ニジェール**（ニジェール川），**レバノン**（レバノン山脈）などである。**人名にちなんだ国**は，**コロンビア**（コロンブス），**カンボジア**（建国者の僧カンプーとその子孫），**フィリピン**（フェリペ2世）などである。**民族名にちなんだ国**は，**フィンランド**（フィン人），**ルーマニア**（ローマ人）などであり，**位置にちなんだ国**は**オーストリア**（東の国），**オーストラリア**（南の大陸）などである。このように，国名をたどると国の成り立ちがわかる。

地理編

第1章 世界と日本の地域構成

第2章 世界の国々

第3章 さまざまな面からみた日本の姿

第4章 身近な地域や都道府県のようす

### 2 国旗のいろいろ──国旗についているマークはなんだろう？

　世界の**国旗**で思いうかぶのは，どの国の国旗だろうか。**アメリカ**の国旗の左上の星は50の州をあらわし，赤と白の線は独立当時の13の州をあらわしている。**イギリス**の国旗はアイルランド・スコットランド・イングランドの３つの国の国旗を組み合わせたものである（ウェールズは含まれず）。イギリスの国旗のことを，ユニオンジャックとよぶ。ユニオンジャックが入った国旗を持っている国は，ニュージーランドや**オーストラリア**など，かつてイギリスの植民地で，現在もイギリス連邦の一員でもある国々である。**カ**ナダの国旗にもかつてはユニオンジャックが入っていたが，1965年に国旗のデザインを変えた。

　世界の国旗をみてみると，三色旗（**フランス**など），十字の入った国旗（**スウェーデン，ギリシャ**など）などがある。また，月や星が入っている国旗は，**イスラム教の国々**に多くみられる。緑色もイスラム教の国で多く用いられている。また，ほとんどの国旗は長方形だが，正方形やネパールの国旗のように変わった形をしたものもある。日本の国旗と同じデザインの国（**バングラデシュ**）もある。

　このように色や形，デザインなどに注目して，世界の国旗をみてみよう。

**参考**

**各国の国旗**

▲アメリカ

▲イギリス

▲オーストラリア

▲フランス

▲トルコ

▲スウェーデン

▲ネパール

▲バングラデシュ

### ？ Q&A　世界の国々はどのように調べる？

　世界の国々を調べるには，まず統計資料などを使って，その国のおおまかな姿をとらえることが重要である。面積や人口，国の位置などを調べた後に，具体的な国の姿を調べていこう。その国の独立までの歩み（歴史）も大切なポイントである。

　国の調べ方としては，産業（農業や工業など）から調べる方法や地域から調べる方法がある。大きな都市（首都など）を調べてもおもしろい。

　資料は，インターネットを利用して，各国の大使館や外務省のホームページから必要な情報を得るとよいだろう。また，年鑑や統計資料集なども活用するといろいろな国の姿がみられる。

　調べた結果はレポートにしたり，ポスターなどにしたりしてまとめよう。その時には，地図を入れたり，写真を入れたりしてわかりやすく表現しよう。

　ただ，たとえば日本という国を１枚のポスターにまとめようとすると，なかなか大変である。日本について，全部のことがらをあらわすことは困難なので，ポイントをしぼって調べて，まとめることが重要である。

# ② 生活と言語のかかわり

### 1　民族と文化——世界にはどのくらいの民族があるのだろうか

　世界には，多くの民族が生活している。民族とは，言語や宗教，生活上の習慣などを共通にもっている集団である。世界の歴史は民族の歴史といってもよい。異なる民族どうしの共存や争いによって世界は成り立っている。たとえば，現在の日本には日本語を話し，日本の習慣を共有する人々だけが生活していると考えがちだが，実際は先住民族であるアイヌの人々や，海外からやってきた人々などが一緒に生活している。

### 2　世界の言語

　民族を分けるうえで基本となるものが言語である。世界には数千以上の言語があるとされている。世界で母語として使われている言語で最も人口が多いのは，中国語である。しかし，中国で使われている言語は北京語だけではない。多民族の国では複数の言語が使用されていることが多い。

　政府が公の言語として定めた言語を公用語という。1つの国で複数の公用語を定めている国も多い。また，かつて植民地だった国々では，支配していた国の言語を公用語としている国もある。世界の国々の公用語をみると，英語，スペイン語，アラビア語などが多くの国で用いられている。英語はグローバル化が進み，世界の共通語となっている。

●●もっとくわしく

世界の言語ごとの人口(2018年)
※母語として話す人数

| 順位 | 言　　語 | 百万人 |
|---|---|---|
| 1 | 中国語(北京語) | 1,299 |
| 2 | スペイン語 | 442 |
| 3 | 英語 | 378 |
| 4 | アラビア語 | 315 |
| 5 | ヒンディー語 | 260 |
| 6 | ベンガル語 | 243 |
| 7 | ポルトガル語 | 223 |
| 8 | ロシア語 | 154 |
| 9 | 日本語 | 128 |

（データブック オブ・ザ・ワールド 2020年版）

●●もっとくわしく

世界の数字の読み方
世界各国の言語で数字の1の読み方を並べてみる。似た言語はあるだろうか。

| 言語 | 表記 | 読み方 |
|---|---|---|
| 日本語 | 一 | イチ |
| 英語 | one | ワン |
| フランス語 | un | アン |
| ドイツ語 | Eins | アインス |
| スペイン語 | uno | ウノ |
| 中国語 | 一 | イー |
| 韓国・朝鮮語 | 일 | イル |
| ヒンディー語 | एक | エーク |

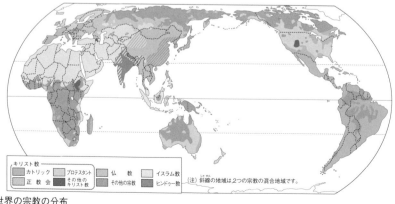

キリスト教
　カトリック　プロテスタント　仏　教　イスラム教
　正　教　会　その他の　その他の宗教　ヒンドゥー教
　　　　　　　キリスト教

(注) 斜線の地域は，2つの宗教の混合地域です。

▲世界の宗教の分布

# ③ 生活と宗教のかかわり

## 1 世界の宗教——世界にはいろいろな宗教がある

　世界には，いろいろな宗教があり，多くの人々が宗教を信じている。宗教にはいろいろな決めごとがあり，守らなければならない。また信仰の対象となるものもさまざまであり，宗教のちがいから紛争や戦争が起こることもある。

### a．仏教

　紀元前5世紀ごろにシャカがインドの北部で説いた教え。その後，**東南アジア**から**東アジア**の広い範囲に広がっていった。仏像を信仰の対象としており，地域によって仏像も異なっている。

### b．キリスト教

　紀元前後ごろ，イエス・キリストが，神の前ではみな平等であり，信じるものは救われるとした教え。その教えをまとめたものが**新約聖書**であり，教えにもとづいて発展した宗教がキリスト教である。キリスト教はローマ帝国で国教となり，**ヨーロッパ**に広がっていった。その後，ヨーロッパ諸国が植民地とした**南北アメリカ**，**オセアニア**などにも信者が拡大し，世界的な宗教となった。

　キリスト教の行事としては，3月下旬から5月上旬の復活祭，4月下旬から6月初旬の昇天祭などがある。しかし最も有名なのは，12月の**クリスマス**である。さまざまな飾りつけをしてイブには家族そろって食卓を囲む。また日曜日には教会に行き，礼拝に参加する。

### c．イスラム教

　610年ころ，ムハンマド（マホメット）が現在のサウジアラビアのメッカ（マッカ）で唯一神（アッラー）の啓示をうけ，開いた宗教。死後，神の言葉を集めた**コーラン（クルアーン）**が定められた。イスラム教はユダヤ教やキリスト教の影響を受けた宗教であるが，偶像崇拝は行わないため，モスクに神像などはなく，実践の1つとしてメッカの方角を向いて祈るのが慣例である。

　その後，イスラム教は**西アジア**から**北アフリカ**へと広がり，現在はインドネシアを含む広い範囲で信仰されている。信者たちは，**断食（ラマダン）**の時期，日がのぼっている間は何も口にすることはない（病人などをのぞく）。

**参 考**

**日本人と宗教**
日本にも，さまざまな宗教がある。初詣や七五三で神社にお参りするときは神道にのっとり，葬式でお経を聞いて線香をあげるときは仏教にのっとっている。ということは日本では多くの人々が宗教を掛け持ちしているともいえるかもしれない。

**参 考**

**キリスト教と教会**
ヨーロッパの古い町を訪れたとき，町の中心をさがすには，とがった塔を持つ教会をめざせばよい。教会はたいてい町の中心にある。そのくらい教会は人々にとって重要なものとされており，建築様式にもさまざまなものがある。

**参 考**

**イスラム教と六信五行**
イスラム教では，神・天使・啓典・預言者・来世・天命の六つのものを信じることと，信仰の告白・礼拝・断食・喜捨・巡礼の五つを行うことを信者の義務としている。

▲モスク

地理編

第1章 世界と日本の地域構成

第2章 世界の国々

第3章 さまざまな面からみた日本の姿

第4章 身近な地域や都道府県のようす

# ④ 生活と気候のかかわり

## 1 世界の気候と生活
——人々の生活の中に気候はどのような影響をおよぼしているのだろう

　世界の気候は大きく分けると5つになる[P.108▶▶]。人々の生活に気候は大きな影響を受けている。

　**熱帯**は一年中気温が高く，**降水量が多い**。赤道付近には**熱帯雨林気候**がみられ，伝統的な住居には風通しがよく，暑さをしのぐ工夫をしている。森林資源が豊富なので，それをいかした生活や，特有の農業がみられる。また，雨季と乾季のある**サバナ気候**では，樹木がまばらな部分もあり野生動物のすみかとなっている。

　**乾燥帯**は降水量が少なく昼間の気温が高いため，生活の工夫がみられる。水を大切にすることや，直射日光が強いため服装や家屋にも特色がある。一年中ほとんど降水のない**砂漠気候**と，少し降水がある**ステップ気候**に分けられる。近年は海水の淡水化によって水を得ることができるようになり，高層ビルがたちならぶ都市もみられるようになった。

参　考

**世界のさまざまな住居(1)**
世界の伝統的な住居をみると，その場所の自然環境に合わせた工夫が多くみられる。熱帯の海岸沿いには床を高くして風通しをよくした家がみられる。また，乾燥帯では壁が厚く，窓が小さい家がある。これは外からの暑い風や砂をふせぐためである。

▲熱帯の住居

▲乾燥帯の住居

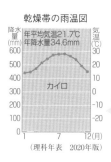

熱帯の雨温図
降水量(mm) / 気温(℃)
年平均気温27.6℃
年降水量2199.0mm
シンガポール

乾燥帯の雨温図
降水量(mm) / 気温(℃)
年平均気温21.7℃
年降水量34.6mm
カイロ

（理科年表　2020年版）

降水量や気温を日本各地の雨温図と比べてみよう[P.111▶▶]

ローマ　モントリオール　赤道　カイロ　シンガポール　ブエノスアイレス　南極（昭和基地）

熱帯　乾燥帯　温帯　冷帯（亜寒帯）　寒帯

温帯は日本の大部分が含まれる気候であるが，細かくみ<ruby>含<rt>ふく</rt></ruby>ると，夏に雨が少ない**地中海性気候**や一年中雨が少なく低温な**西岸海洋性気候**などがある。地中海性気候では，夏に雨が少ないので，樹木作物であるオリーブやコルクがしなどの栽培が行われている。ヨーロッパの西岸海洋性気候では夏の日照時間が少ないために人々は太陽の光を求めて南下する。日本は**温暖湿潤気候**に含まれる。このように気候のちがいによって温帯にもさまざまな特色がある。

**冷帯（亜寒帯）**は北半球の気候で，**高緯度地域**に広がっている。気温が低いために家をあたためる工夫がみられる。針葉樹林が広がっているため，森林資源にはめぐまれており，さまざまに利用されている。

**寒帯**は南極大陸や北極海沿岸にみられる気温の低い気候である。人間が生活するには厳しい気候である。このように世界には，気温が低い，高山で空気がうすいなど自然条件が厳しいため，人間が生活できない地域がある。

温帯の雨温図

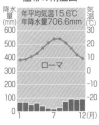

温帯の雨温図（南半球）

冷帯（亜寒帯）の雨温図

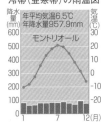

寒帯の雨温図

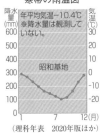

（理科年表　2020年版ほか）

**参　考**

**世界のさまざまな住居(2)**
地中海沿岸は夏に高温となるので，壁が厚く白い家がつくられる。日本の伝統的な住居は気候に対応してつくられた。沖縄では台風の強風から守るため，屋根が低く石垣で囲まれた家屋がつくられている。冷帯では防寒のため窓を二重にしたり，玄関を広くとった家がみられる。寒帯では，狩りに出た時などに使う，氷でできた家（イグルー）がみられる。

▲地中海沿岸の住居

▲寒帯の住居

# ⑤ 生活と食事のかかわり

## 1 世界の食文化──食事風景には地域の特徴があらわれる

　世界各地の食生活には，その土地の気候条件や文化が反映されている。その地域で手に入る食材のちがいや，宗教による食べ物に関する決まりごとの影響を受けて，食文化はさまざまに異なっている。

## 2 主食になる農作物──気候が決める食事の中心

　米を主食にしている地域は**日本**や**中国南部**，**東南アジア**など，降水量が多く稲作に適したところに集まっている。米は炊いて食べるほか，ベトナムのフォーなどのように粉に挽いて麺にして食べることもある。

　小麦は米に比べて低温少雨でも栽培できるため，一年中さまざまな地域でつくられており，**ヨーロッパ**ではパンのほかパスタのような麺類にして，**南アジア**ではナンやチャパティにして，といったように多くの地域における主食となっている。

　**中央アメリカ**や**南アメリカ**では，とうもろこしがよく食べられている。たとえばメキシコでは，タコスやトルティーヤのようにとうもろこしの粉を練って焼いたものを主食にしている。アフリカや太平洋の島々などの熱帯の地域では，**キャッサバ**や**タロイモ**などのいも類が食べられている。

　農業に向いていない地域では，モンゴルの**遊牧民**のように家畜の乳や肉が利用されたり，**イヌイット**のようにおもに狩猟によって食料を手に入れたりしている。

## 3 変わる食文化
### ──世界各地の食べ物が食卓に並ぶ

　今日では世界各地の食材を手に入れることができるようになり，また，ある地域で生まれた食文化の影響が，他の地域に広まっていく様子もよくみられる。伝統的な食文化も受け継がれる一方，ファストフードのように同じ食べ物が世界のどこでも食べられるようにもなっている。

**宗教と食文化**
イスラム教では，酒を飲むことや豚肉を食べることが禁じられているので，当然豚肉を使った料理はない。ヒンドゥー教では牛が神聖なる生き物とされてやはり食事には出されない。ユダヤ教にも食べ物についての規則がある。仏教では，動物を殺すことを避け，肉類を食べないこともある。

▲米・小麦を使った世界の料理（上：ウズベキスタン，下：インドネシア）

# ⑥ 生活と衣服のかかわり

## 1 衣服にみる世界の文化
——着ているものから地域がわかる

　暑さや寒さから身を守るはたらきをする**衣服**もまた，気候による影響が大きく反映されている文化の１つである。衣服の材料となるものも，どのようなものが手に入るかは地域によって異なるので，世界各地の衣服には形や素材など，実にさまざまなものがある。

　北アフリカやアラビア半島のように暑く乾燥した地域では，風通しのよい素材を使って，日差しをさえぎるためのゆったりとした服装が多くみられる。同時に，これらの地域ではイスラム教が広く信仰されているので，人前で肌を見せるべきではないとされている女性は，チャドルとよばれるさらに露出の少ない服装をしている。一方インドの女性の民族衣装であるサリーは，ゆったりとした長い布を体に巻きつけるという点ではチャドルに近いが，腕や顔などを常に覆うことはしない。

　気温の低い地域では，保温性の高い毛皮が衣服の素材に用いられることが多い。イヌイットの着用するアザラシやトナカイの毛皮を使った衣服のほか，ロシアなどの冷帯の地域でも帽子などに毛皮が使われたものをみることができる。その他のヨーロッパ地方では，羊の毛を原材料に使った衣服が多くつくられてきた。一般に，寒い地域での衣服は，体にぴったりと密着する形のものが多い。

　アンデス地方では動物の毛や皮を使い，１枚の布の真ん中に頭を出す切込みを入れたポンチョとよばれる服を着る。毛や皮をとる動物としてはリャマやアルパカがある。

## 2 衣服の変化——変わる服装，残る服装

　食文化と同じく，衣服もまた多くのほかの地域から発信された文化の影響を受けるようになり，伝統的な衣服は日常的に着られることが少なくなっている。ただし，成人式や結婚式などで礼装として伝統的な衣装を身につける習慣も残されている。韓国のチマ・チョゴリ，日本の和服などがそれにあたる。晴れ着として伝統的な服を着る文化は今でも健在である。

参　考

**伝統的衣服としての「洋服」**
現代の日本でもあたり前のように着用されている洋服は，本来はヨーロッパ各地の民族衣装の文化がまじりあう中から生み出されてきたものであり，元をたどればこれも立派な伝統的衣装である。男性が着るスーツの形を完成させたのはイギリス，ネクタイはクロアチアの服飾文化が起源だといわれている。スコットランドのスカートのように，伝統的な特色を強く残しているものも数多い。

▲スコットランド（イギリス）の伝統的衣装

ポンチョ

チャドル

イヌイットの衣服

サリー

# §2 アジアの国々（1）　東アジア

**重要ポイント**

□東アジアは日本・中国・韓国・北朝鮮・モンゴルで構成されている。

□中国は世界最大の人口（約14億人）をかかえる国である。

□中国は「世界の工場」といわれるほど、製造業がさかんである。

□朝鮮半島には同じ民族による2つの国（韓国・北朝鮮）がある。

## ① 朝鮮半島の2つの国

### 1 朝鮮半島の歴史——日本との関係からみる

　古代から、日本にとって朝鮮半島は、中国からの文化が伝わる重要なルートとなってきた。さまざまな文化や技術が、朝鮮半島を通じて、海をこえてわたってきた。豊臣秀吉の時代、文禄・慶長の役 [P.312▶▶] があり、朝鮮半島の人々を苦しめたが、江戸時代には朝鮮通信使などが往来し、多くの交流があった。しかし、明治維新以降はしだいに関係が悪化し、1910〜1945年は日本の植民地となった。第二次世界大戦後、日本から独立したが、北緯38度線を境として南北に分断され、北朝鮮がソ連のあとおしを受けて社会主義国に、韓国はアメリカのあとおしを受けて資本主義国となった。2つの国の対立はついに朝鮮戦争（1950〜53年）へ発展し、国土全体が戦場となった。1953年の休戦協定で定められた休戦ラインは、いまだに両国をへだてている。

### 2 大韓民国（韓国）　首都　ソウル——日本のおとなり

#### a．国土のあらまし

　朝鮮半島を地図で見ると、北部は山がちで鉱産資源があり、南部には平地が多いことがわかる。2つの国に分断されてしまったために、南側の韓国は資源に乏しい国となってしまった。また、気候は東京の気温と比べると夏はあまり変わらないが、冬の寒さが厳しい。夏に雨が多いのが特徴である。

#### b．生活と文化

　日本でもよく知られている伝統的な衣装（チマ・チョゴリ）や食文化としてのキムチ、焼肉など、独自の文化をもっている。また、民家にはオンドルとよばれる床暖房のし

**参考**

**日本の植民地政策**

日本語の強制や土地調査にともなう農地の接収、強制連行などさまざまな政策をとり、朝鮮の人々の抵抗運動を弾圧した。植民地時代に日本に職を求めてやって来た人、連れてこられた人、その子孫が、現在も日本で生活している。全国で生活している在日韓国・朝鮮人がそれにあたる。

●●もっとくわしく

**大韓民国　データ**

| 面積 | 10万km² |
|---|---|
| 人口 | 5127万人 |
| 通貨 | ウォン |
| 言語 | 韓国語 |
| 宗教 | キリスト教、仏教 |

産業別人口構成

| 第一次産業 | 4.9% |
|---|---|
| 第二次産業 | 24.9% |
| 第三次産業 | 70.2% |

くみがある。これは寒さの厳しい冬に，かまどのけむりを床下に通すことによって暖房を行うしくみである。

韓国では生活に儒教の影響が強く，祖先を敬い，目上の人に対する礼儀に厳しい風潮がある。

**ｃ．産業**

農業ではもともと稲作がさかんだったが，農村の近代化運動（セマウル運動）が進んで，さらに生産が伸びた。

工業は戦争の影響もあって，なかなか発展しなかったが，1960年代から日本やアメリカの資金や技術を導入して，**軽工業から重化学工業へと工業化**を進めていった。1980年代後半には**アジアＮＩＥＳ（新興工業経済地域）**の国として，工業生産が伸びて，生活水準が大きく向上した。1988年のソウルオリンピックの影響も大きい。しかし，1997年の経済危機で大きな影響を受けて，経済のひきしめを行った。2002年のサッカーのワールドカップ以降，景気ももちなおしており，**船舶，鉄鋼，自動車，半導体**などの生産で世界の上位を占めている。また**ＩＣＴ産業**が急速に伸びており，**インターネットの普及率**も非常に高い。

---

**３ 朝鮮民主主義人民共和国（北朝鮮）　　首都　ピョンヤン**
────日本と国交がない国

**ａ．国土のあらまし**

国全体が冷帯（亜寒帯）で冬の寒さが厳しい。山地が多く，アムノック川・トマン川で中国と，トマン川河口でロシアと接している。

**ｂ．生活と産業**

社会主義国として1948年に建国された。核開発を行うなど，**軍事優先の政治**が続いている。軍事費負担の重圧，自然災害，資本と技術力の不足などのため**経済が停滞**している。1995年以降は餓死者が出るほど食料事情が悪いといわれている。

---

📖 **用語**

**NIES**
新興工業経済地域の略称で，急速に工業が発展した国や地域をさす。アジアでは韓国，シンガポール，台湾などがある。世界的には，ブラジル，メキシコなどのラテンアメリカの国々も含む。近年は，マレーシアやインドなどを入れる場合がある。

●●**もっとくわしく**

**朝鮮民主主義人民共和国データ**

| | |
|---|---|
| 面積 | 12万km² |
| 人口 | 2578万人 |
| 通貨 | ウォン |
| 言語 | 朝鮮語 |

産業別人口構成
　第一次産業　36.0％
　第二次産業　32.6％
　第三次産業　29.5％

# ② 中華人民共和国

## 1　国の成り立ち——世界最大の人口で歴史も古い

　紀元前4000年ころから，黄河の流域で**古代文明**[P.240▶▶]が発達した。秦や漢，唐，宋，明などの王朝がさまざまな文化をうみだして，**東は朝鮮半島から日本まで，西はヨーロッパにまで影響をおよぼした。**最後の王朝は満州族が支配する清だったが，イギリスやフランスなどのヨーロッパ各国が植民地を求めて進出してきた。1937年から始まった**日中戦争**[P.420▶▶]では，国民党と共産党は共同で日本と戦ったが，第二次世界大戦後，再び対立が始まり，1949年に内戦に勝った**中国共産党**により**中華人民共和国**が建国された。日本とは国交がとだえていたが，1972年に国交が正常化し，1978年の**日中平和友好条約**[P.444▶▶]以後は活発な交流が続いている。とくに近年は，日本企業の進出がめざましい。2008年には北京オリンピックが開催された。

## 2　自然の特色——日本の25倍以上もある広大な国土

　国土の東側（沿岸部）には平地があり，人口が集中している。内陸部は北から砂漠や高原が広がり，南西部はチベット高原やヒマラヤ山脈が広がっている。高原からは大きな河川が東へ向かって流れだしており，**黄河**と**長江**という二大河川がある。黄河は途中で**ホワントゥー高原**をまくように流れ，黄土といわれる豊かな土を下流に運ぶ。長江は上流で**スーチョワン盆地**を通り，下流で大きな平野をつくっている。
　中国は大きく5つの地域に分けることができる。

① **東北地方**　東北平原が広がっている。冷帯（亜寒帯）の気候で雨が少ない。冬の寒さが厳しい。

② **華北地方**　黄河がつくる華北平原が広がっている。気候は冷帯，乾燥帯，温帯がみられる。

③ **華中地方**　長江を中心とする地域。夏に高温多雨な気候で豊かな水をもたらす。

④ **華南地方**　チュー川流域に広がる地域。温帯で雨が多い。

⑤ **西部**　内陸性の気候で雨が少ない。乾燥した砂漠が多い。

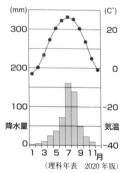

（理科年表　2020年版）
▲北京の雨温図

▲黄河

## ③　民族と人口の分布──中国人といってもさまざまな人がいる

中国の民族構成をみると，約90％以上を漢民族が占めている。しかし中国の総人口の10％にも満たない少数民族でも，各民族の人口は多い。たとえばチョワン族（約1,700万人）ホイ族（約1,100万人）などは，1つの国ほどの人口がある。

中国では建国当初，国を発展させるために人口増加政策をとった。しかし，増加が続くと食料不足などの大きな問題が発生すると考えて，1979年から「一人っ子政策」をはじめた。これはとくに都市部で，子どもは一人までしか認めないという政策である。子どもが一人の家庭にはさまざまな優遇措置がある一方で，違反すると罰金を払わなくてはならない。しかし，農村部や少数民族に対しては，この政策はゆるめられていた。近年では，中国で少子高齢化が進んでいること，子どもたちが過度に甘やかされること，戸籍に載らない子どもが増えていることなどが問題となってきたため，2015年に一人っ子政策は廃止された。

人口は沿岸部に集中している。以前は自由な移動も難しかったが，経済が成長するにつれて，働く場所を求めて，農村から都市への労働力の移動がみられる。都市周辺には，農村から出てきた人たちが生活している環境のよくない地域もみられる。経済格差の拡大が社会問題となっている。

**参　考**

**ホンコン**
ホンコンはアヘン戦争後の南京条約でイギリスが領土とした部分と借りた部分とからなっていた。1997年，イギリスは，50年間は資本主義を維持することを条件にホンコンを中国に返還した。もともと工業がさかんで貿易も自由に行われていたので，返還後も高い経済力を持っている。

**研　究**

**台湾は中国の一部なのか？**
第二次世界大戦後の内戦で中国共産党に敗れた国民党は台湾にのがれて中華民国をつくった。しかし大陸の中国の人口増加や経済が発展して国際社会で認められる（国連加盟など）ようになると，台湾は中国の一部とする見方が主流となっている（日本もその主張を受け入れている）。中国と台湾の間では，統一するか独立するかをめぐって対立が続いている。

地理編

第1章　世界と日本の地域構成

第2章　世界の国々

第3章　さまざまな面からみた日本の姿

第4章　身近な地域や都道府県のようす

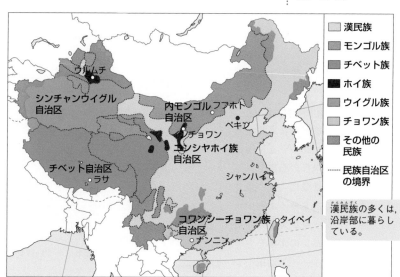

凡例：
- 漢民族
- モンゴル族
- チベット族
- ホイ族
- ウイグル族
- チョワン族
- その他の民族
- ------ 民族自治区の境界

漢民族の多くは，沿岸部に暮らしている。

ウルムチ
シンチャンウイグル自治区
内モンゴル自治区　フフホト
ペキン
チョワン
ニンシヤホイ族自治区
チベット自治区
ラサ
シャンハイ
コワンシーチョワン族自治区
ナンニン
タイペイ

▲中国の民族構成

## 4 世界有数の農業国
——世界最大の人口をささえる食料生産は？

　中国は，世界最大の人口をかかえて
いるだけに，農産物の生産も世界有数
である。穀物では米，小麦の生産が世
界1位，とうもろこしも世界第2位で
ある。大豆も世界有数で，茶や綿花の
生産も多い。家畜の頭数も世界有数で
豚は世界第1位で，4億頭以上を飼育
している。羊や牛も世界有数である。

　農業生産は，各地域で異なっている。
大きく分けると，東北〜華北は畑作地
帯，華中〜華南は稲作地帯，西部は牧
畜が中心となる。

▲中国の農業地域区分

　社会主義の国として誕生した中国では，建国後，農業の
集団化が進められた。人民公社という組織がつくられ，土
地や農具を共同で所有するだけではなく，病院や学校など
生活に必要なものすべてを運営していた。食料生産を増加
させるために人民公社は人海戦術で土地を切り開き，しだ
いに耕地を増やしていった。しかし，個人の努力が反映さ
れないしくみから，しだいに生産は伸び悩んだ。そこで
1970年代のなかばから，人民公社のやり方を改めて，生産
責任制という新しいしくみを取り入れた。これは，一定の
決められた量を政府に納めたら，残った生産物は自由に販
売できるしくみで，これによって生
産は飛躍的に伸びて，豊かな農家も
あらわれた。

## 5 世界有数の鉱産資源——中国工業の土台

　中国の鉱産資源はとくに東北地方
で豊富に産出する。フーシュン炭田
やアンシャン鉄山からの石炭や鉄鉱
石は東北地方の製鉄業に大きく役立
っている。華中ではターイエ鉄山か
らの鉄鉱石がピンシャン炭田の石炭
と結びついてウーハンの工業をささ
えている。石油はターチン油田やシ
ョンリー油田から産出する。

▲中国の鉱工業地帯

地理編

第1章 世界と日本の地域構成

第2章 世界の国々

第3章 さまざまな面からみた日本の姿

第4章 身近な地域や都道府県のようす

## 6 「世界の工場」を担う中国の工業
### ──メイドインチャイナが増えた理由

中国のおもな工業地域は，かつては東北地方や大都市のシャンハイなど沿岸部に集中していた。

**東北工業地域**には，**アンシャン**や**シェンヤン，ターリエン**などの工業都市がある。**ターチン油田**からの石油などを基礎にして鉄鋼・機械・化学工業が発達している。華北では，首都の**ペキン**や**テンチン，チンタオ**などで工業が発展している。華中は長江の流域に**ウーハン，シャンハイ**などの工業都市が発展している。内陸のスーチョワン盆地では**チョンチン**などの都市で工業が発達している。華南では，**経済特区**として開放された**シェンチェン**を中心に工業が発展している。

中国の工業も農業と同じように，国有化された工場で国の計画にもとづいて生産が進められてきた。しかし，生産が伸び悩んだため，**経済特区に外国企業を誘致して，資金や新しい技術を導入**した。その結果，現在では沿岸部を中心に各国の企業が進出し，さまざまな工業製品をつくるようになった。人々の生活水準が向上するとさらに消費が拡大し，ますます生産は伸びた。繊維工業などの軽工業だけでなく，**造船や自動車などの重工業も発展**し，中国は「世界の工場」とよばれるまでになった。しかし，近年は他の東南アジア諸国の工業化も無視できなくなりつつある。

▲シャンハイ

### 📖 用語
**経済特区**
経済特区とは，外国の資本や技術の導入を目的に経済的な優遇措置を与えるなど，特別な経済政策を敷く地域。シェンチェン，チューハイ，スワトウ，アモイ，ハイナン島の5つが指定されている。

### 📖 用語
**BRICS**
BRICSとは，人口が多く，経済成長が著しい世界の5か国（ブラジル・ロシア・インド・中国・南アフリカ共和国）の頭文字をとってよばれている。

---

## ❓ Q&A 急激な経済の発展を続ける中国ではどのような問題がおこっているのだろうか？

### ①環境問題の悪化

経済成長が急速に進んだ中国では，さまざまな問題がおこっている。エネルギーを石炭に頼っているため，大気汚染や酸性雨などの公害が，内陸部の工業都市を中心に広い範囲で発生している。これらの問題の改善のために，日本も国際協力を行っている。また，二酸化炭素の排出量は世界最大で，温暖化対策が求められているが，石炭依存からの転換は難しい。

### ②エネルギー問題

急速な工業化はエネルギーの不足をもたらしている。車の普及は石油不足をまねき，電力の不足とあわせて大きな問題となっている。長江の中流に建設が進められてきた三峡（サンシャ）ダムは世界最大の水力発電所として2009年に完成した。川をせきとめたダム湖の長さは約570kmほどにもなる。住民の移転問題や周辺の環境に与える影響も大きいと考えられている。

# §2　アジアの国々（2）　東南アジア

**重要ポイント**

□ヨーロッパの国々の植民地となっていた国が多い。

□インドネシアはイスラム教，フィリピンはキリスト教などさまざまな宗教がある。

□東南アジア諸国連合（ＡＳＥＡＮ）という地域共同体を結成している。

□東南アジアで最も新しい国は，2002年に独立した東ティモールである。

## ① 東南アジアの国々

### 1 ヨーロッパの植民地支配を受けた国々──東南アジアの歴史

　東南アジアはインドシナ半島とそこからのびるマレー半島，そしてスマトラ島やカリマンタン島などの島々からなる地域である。南緯10度付近から北回帰線付近までの間にあり，熱帯モンスーンの影響を受けて，**高温多雨な気候**が中心である。エーヤワディー川，チャオプラヤ川，メコン川などの大きな河川がつくった平野や大きな島では稲作がさかんである。8世紀のころ，香辛料を求めてやってきたアラブ商人によってイスラム教がもたらされた。その後，オランダやイギリス，フランスなどが東南アジア諸国を**植民地**とし，おもにプランテーションによる**コーヒー**や**天然ゴム**などの栽培を行った。第二次世界大戦中は，日本による支配もあったが，戦後独立し，現在では11の国で構成されている。多様な民族・宗教がある。中国系の人々が各国で生活しており，強い経済力を持っている。

### 2 タイ　首都　バンコク──日本の企業も進出

#### a. 国土のあらまし

　タイは古くからの王国である。イギリスとフランスの植民地にはさまれていたため，緩衝国として植民地支配をまぬがれた。国土の中央をチャオプラヤ川が流れており，大きな平野を形成している。**熱帯気候**で，雨季（5〜10月）と乾季（11〜4月）に分かれる。雨季に川があふれて水で覆われる地域では，**浮稲**とよばれるたけの長い稲も栽培されている。最近では，灌漑が整備されて米づくりも変化している。北部の山岳地帯には，多様な少数民族が生活している。

**参考**

**ヨーロッパの植民地**
この地域に最初に進出したヨーロッパの国はスペインとポルトガルである。フィリピンはその影響でカトリックの信者が多い。イギリスはミャンマー・マレーシア・シンガポールを支配し，フランスはベトナム・ラオス・カンボジアを，オランダはインドネシアを支配した。

●●もっとくわしく

**タイ　データ**
| | |
|---|---|
| 面積 | 51万km² |
| 人口 | 6980万人 |
| 通貨 | バーツ |
| 言語 | タイ語 |
| 宗教 | 仏教，イスラム教 |
| 産業別人口構成 | |
| 　第一次 | 32.3% |
| 　第二次 | 23.7% |
| 　第三次 | 43.9% |

## b. 文化と産業

　タイは熱心に仏教を信じる人々が多いことで知られている。タイの仏教は，戒律を重んじて厳しい修行を行い悟りを開くことを目的としている。したがって僧侶はとても尊敬されて，さまざまな場面で活躍している。農業は稲作が中心で，米は重要な輸出品となっている。また，1980～90年代にかけて**急速な経済成長**を果たした。日本の企業が次々と進出し，さまざまな工業製品が生産されるようになった。経済の成長とともに，人々の生活も豊かになってきている一方で，都市部と農村部の地域格差も大きい。

## ③ インドネシア　首都　ジャカルタ——総人口は世界第4位

### a. 国土のあらまし

　世界で3番目に大きなボルネオ（カリマンタン）島やスマトラ島など大小あわせて約1万3000もの島々からなっている。火山帯があり，地震や火山の噴火も多い。2004年末の**スマトラ沖地震及びインド洋津波**は大きな被害をもたらした。

　赤道に近い島々では，高温多雨の熱帯雨林気候が大部分を占める。総人口は，世界第4位で，イスラム教徒人口は世界最大である。オランダの植民地支配を約340年にわたって受けた。第二次世界大戦中は一時期日本の支配を受けたが，1945年に独立した。

### b. 産業と文化

　植民地時代から**プランテーション**によるコーヒーや天然ゴムの栽培がさかんで，重要な輸出品となっている。また**石油，天然ガス，すず**などの**地下資源も豊富**で，日本もその多くを輸入している。近年は工業化も進み，工業製品の輸出が増加している。日本からの**ODA（政府開発援助）**が多く，日本との関係はとても深い。人口の約半分がジャワ島に集中しており，人口の過密も課題となっている。**ボロブドゥール寺院の遺跡**は世界遺産として知られている。

　なお，東ティモールはかつてはインドネシアの一部だったが，長い間の独立運動をへて2002年に独立を果たした。

**参　考**

**バンコクの交通渋滞**
急速な発展をとげるバンコクでは交通渋滞が深刻である。近年，新交通システムや地下鉄が開通したが，渋滞は激しく大気汚染も深刻である。渋滞の解決策として町を通る水路を走る船やバイクを使った交通手段が人々の移動を助けている。

●●もっとくわしく

**インドネシア　データ**

| | |
|---|---|
| **面積** | 191万km² |
| **人口** | 2.7億人 |
| **通貨** | ルピア |
| **言語** | インドネシア語（多数の地域語あり） |
| **宗教** | イスラム教，キリスト教 |

**産業別人口構成**
　第一次　31.8%
　第二次　21.2%
　第三次　47.0%

▲インドネシアの宗教人口（2010年）
（データブック　オブ・ザ・ワールド2020）

## 4　マレーシア　　首都　クアラルンプール
### ──モノカルチャー経済からの転換

### a．国土のあらまし

　マレー半島とカリマンタン島の一部からなるマレーシアは、熱帯雨林気候のため降水量が多い。古くは中国とインドの影響を受けてきたが、19世紀にイギリスの植民地となった。木材、パーム油、天然ゴム、すずなどの天然資源が豊富である。

### b．生活と文化

　もともと生活していたマレー系の人々はイスラム教を信じていた。のちに中国系の人々（華僑）が商売や鉱山の労働者として入ってきた。さらにイギリスの植民地になると、イギリス人の経営するプランテーション（ゴム園）の労働者としてインド人（南部のタミル人）が入ってきた。こうしてマレーシアは複合民族国家となった。経済力のある中国系の人々がさまざまな面で力をもつようになったため、教育や就職などでマレー系の人々を優遇するブミプトラ政策がとられるようになった。かつては一次産品（天然資源）の輸出にたよっていた（モノカルチャー経済）マレーシアも、近年急速に工業化が進んでおり、ICT化とともに経済の成長が著しい。

## 5　シンガポール　　首都　シンガポール
### ──マレー半島南端の都市国家

### a．国土のあらまし

　マレー半島の南端にある島国。国の南側を赤道が通り、熱帯雨林気候である。イギリスの植民地であったが、第二次世界大戦時は日本に支配され、昭南島とよばれた。戦後はイギリスの植民地に戻ったが、その後、マレーシアの一部となり、1965年に分離独立した。

### b．生活と産業

　中国系の住民が約74％を占める都市国家である。国内で農業や水産業はほとんど行われていない。ASEANのリーダーとして東南アジアをひっぱる高い経済力と工業力をもっている。金融や貿易、工業生産などで高い成長をとげており、日本との関係も深い。

●●もっとくわしく

**マレーシア　データ**
| | |
|---|---|
| 面積 | 33万km² |
| 人口 | 3237万人 |
| 通貨 | リンギット |
| 言語 | マレー語，タミル語，中国語，英語 |
| 宗教 | イスラム教，仏教，キリスト教，ヒンドゥー教 |

産業別人口構成
　第一次　11.4％
　第二次　27.5％
　第三次　61.1％

●●もっとくわしく

**シンガポール　データ**
| | |
|---|---|
| 面積 | 719km² |
| 人口 | 585万人 |
| 通貨 | シンガポール・ドル |
| 言語 | 中国語，英語，マレー語，タミル語 |
| 宗教 | 仏教，イスラム教，キリスト教 |

産業別人口構成
　第一次　　0.0％
　第二次　27.3％
　第三次　72.1％

地理編

第1章 世界と日本の地域構成

第2章 世界の国々

第3章 さまざまな面から みた日本の姿

第4章 身近な地域や 都道府県のようす

## 6　ベトナム　首都　ハノイ——社会主義経済の見直し進む

### a．国土のあらまし

　インドシナ半島の東側にある南北に細長い国。気候は温帯気候とサバナ気候の地域に分かれる。古くは中国に支配されていたが，独立した。その後，フランスの植民地となった。日本の支配も一時受けたが，**第二次世界大戦**後はフランスからの独立戦争を起こした。その後，**国が南北に分裂**し，ソ連が支援する北部とアメリカが支援する南部との間で**ベトナム戦争**[P.442▶▶]が起こった。10年以上の戦争の後，**社会主義**の国として統一，独立を果たした。

### b．生活と産業

　農業が中心の国であったが，**社会主義経済の見直し**がはかられてから，外国の企業も進出するようになり，急速に経済が成長している。中国に次ぐ第二の「世界の工場」となるかが注目される。近年は日本からの観光客も多く訪れるようになり，交通機関や道路の整備も進んでいる。

◀東南アジアの国々

### ●●●もっとくわしく

**ベトナム　データ**

| | |
|---|---|
| 面積 | 33万km² |
| 人口 | 9734万人 |
| 通貨 | ドン |
| 言語 | ベトナム語 |
| 宗教 | 仏教，キリスト教 |

### 研究

**ASEANは，何のために組織されたのだろうか？**

　ASEAN（東南アジア諸国連合）はインドネシア・マレーシア・シンガポール・フィリピン・タイの5か国が1967年に結成した。もともとは共産主義が東南アジアに拡大することを防ぐための政治的要素が強い組織だった。しかしベトナム戦争が終わると，加盟国全体の経済発展や協力を推進する組織となり，加盟国は10か国となった。

## ? Q&A　華人と華僑のちがいは？

　中国人は世界中で活動しているが，東南アジアにはとくに多い。もともとはいずれ国に帰る仮住まいという意味の華僑という言葉を使っていたが，子孫ができ，その国で生活する人々が増えた。その国の国籍を取得し，定着している中国人は華人とよばれる。中国系の人々は，家族のつながりや出身地域のつながりが大変強く，商業や貿易にたずさわっている人々が多い。教育にも力を入れているため，学歴も高く，東南アジア経済の中心を担っている。中国系の人々は，総数ではインドネシアが最も多いが，人口に占める割合ではシンガポールが最も高い。

# §2 アジアの国々（3）　南アジア

重要ポイント

□イギリスの植民地となっていた国が多い。

□インドはヒンドゥー教，パキスタンはイスラム教などさまざまな宗教がある。

□インドは約14億人，パキスタンは約2億人，バングラデシュは人口が1億人をこえる。

□ヒマラヤ山脈やインダス川，ガンジス川などが人々の生活に影響を与えている。

## ① 南アジアの国々

### 1 インド　　首都　デリー
──カースト制の名残が根強く残る国

**a．国土のあらまし**

　**インド半島，ヒマラヤ山脈，ヒンドスタン平原**の3つの地域からなる。熱帯や温帯，乾燥帯，高山気候までさまざまな気候がみられる。**インダス文明**[P.239▶▶]が栄えた地域。さまざまな王朝が分裂と統一を繰り返したが，ムガル王朝時代に**イギリスが植民地化**を進めた。第二次世界大戦後，**ガンディー**などの指導のもとで独立した。

**b．社会と文化**

　インドにはかつてヒンドゥー教にもとづいた**カースト**とよばれる職業・身分制度があり，現在も社会に大きな影響を与えている。カーストは職業や身分ごとに分かれており，子どもは親の職業を継ぎ，結婚なども同じカーストにしばられる。憲法ではカーストによる差別は禁止されているが，カーストそのものの考え方は現在も残っている。

**c．産業と生活**

　多くの人口をかかえるインドは，農業生産力の向上が重要な課題である。ヒンドスタン平原では，河川の水や地下水を利用した灌漑が進み，**米**や**小麦**，さとうきびなどの作物が栽培されている。また**デカン高原**は世界的な綿花の生産地域である。**アッサム地方**の茶も重要な輸出品となっている。工業は北東部で産出される石炭や鉄鉱石などの資源をいかした工業化が進められた。1990年代に外国の企業を積極的に誘致して工業化をはかる政策をとり入れ，現在では**ムンバイ（ボンベイ）**や**ベンガルール（バンガロール）**などを中心に**ＩＣＴ産業**も発展している。**BRICS**の一国である。

---

●●もっとくわしく

**インド　データ**

| | |
|---|---|
| 面積 | 329万km² （日本の約9倍） |
| 人口 | 13.8億人 |
| 通貨 | ルピー |
| 言語 | ヒンディー語，英語など |
| 宗教 | ヒンドゥー教，イスラム教など |

産業別人口構成
　第一次　47.1%
　第二次　24.8%
　第三次　28.1%

デリー

🔍 参　考

**ヒンドゥー教と牛**

ヒンドゥー教ではさまざまなものが神として信仰されている。牛は聖なる動物として絶対に食べることはしない。牛乳や牛糞は大切なものとして利用する。

## 2 インド以外の国々——長い歴史のある地域

### a. イスラム教の国々（パキスタン・バングラデシュ）

　イギリスから独立したときにインドをはさんで東パキスタン・西パキスタンとして独立したが，1971年に東パキスタンは分離してバングラデシュとなった。**パキスタン**はインダス川上流の**パンジャブ地方**を中心に農業がさかんである。下流のカラチは工業都市，貿易港として発展している。一方，ガンジス川の下流にあるバングラデシュは**三角州（デルタ）**の上に位置している。季節風（モンスーン）や**サイクロン**（熱帯低気圧）が大雨をもたらすため，大きな被害が毎年出る。近年，せんい工業が発達してきた。

### b. スリランカとネパール

　スリランカは仏教を信じる人が多い国だが，北部にはヒンドゥー教を信じるタミル人がいる。プランテーションによる**茶の栽培**がさかんで，重要な輸出品となっている。ヒマラヤ山岳地帯にある**ネパール**は首都のカトマンズも1000m以上の高地にある。農業とヒマラヤ登山による観光がおもな収入源である。

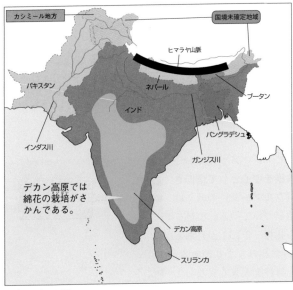

▲南アジアの国々

## §2　アジアの国々（4）　西アジア

□西アジアにはイスラム教を信仰する国が多い。
□西アジアは「乾燥した気候」と「石油産出国が多い」のが特色である。
□石油産業は国有化され，ＯＰＥＣ（石油輸出国機構）を結成している。
□イスラエルはユダヤ人が建国し，パレスチナ人との間で紛争が続いている。

## ① 西アジアの国々

### 1　西アジアの国々——古代文明が生まれた地域

#### ａ．地域のあらまし

　アジアの西に位置する地域で，大部分が乾燥した地域と山岳地域からなる。チグリス川，ユーフラテス川の流域にはメソポタミア文明[P.239▶▶]が発達した。ユダヤ教，キリスト教，さらにはイスラム教が生まれた場所でもある。とくに，7世紀にムハンマドが開いたイスラム教は，広くこの地域で信仰されている。20世紀に入り，石油が発見されると，この地域は一気に世界の富が眠る場所となり，欧米の国々は石油を求めてこの地域を植民地とした。しかし，独立運動をへて，第二次世界大戦後は石油を自国のものとする動き（資源ナショナリズム）が強まった。イスラエルをめぐる中東戦争やその後のパレスチナ問題は世界的な紛争問題の1つである。さらに，シリアやイラクなど現在も政情が不安定な国々がある。

#### ｂ．社会と文化

　アラビア半島（サウジアラビア）のメッカでおこったイスラム教は，アラブ民族を中心として信仰される。聖典であるコーラン（クルアーン）の教えは絶対で，人々の生活と深く結びついている。1日5回メッカの方角を向いて祈る礼拝，年に1か月ある断食，禁酒，豚肉を食べないなどのきまりがある。また，女性の社会的な立場も男性と大きく異なっている。

#### ｃ．産業と生活

　石油は西アジアをささえる重要な鉱産資源である。ペルシャ湾沿岸にあるクウェート，サウジアラビア，アラブ首

### ●●もっとくわしく

**乾燥地域での暮らし**
西アジアの砂漠が広がる国々では，家畜を連れて，草と水を求めて移動する遊牧民の生活が特徴的である。彼らはベドウィンとよばれ，らくだを生活の糧としている。近年では，政府の定住化政策や，車を使っての水の供給など，人々の生活も変化しつつある。

### 参考

**資源ナショナリズム**
特に発展途上国で，自国内の天然資源に対して主権を確立しようとする動き。

▲メッカのカーバ神殿

長国連邦（ＵＡＥ），イラン，イラクなどは世界の石油産出の中心であり，日本の主要な石油輸入先でもある。石油の開発は欧米の企業（メジャーとよばれる国際石油資本）が開発から流通までを独占していたが，西アジアの国々は石油産業の国有化を進めた。世界の産油国で結成されたＯＰＥＣ（石油輸出国機構）は，世界全体の石油産出量や価格の決定に大きな影響を与えている。

## 2 サウジアラビア　　首都　リヤド
### ——世界最大の原油輸出国

### ａ．国土と生活

　サウジアラビアは，アラビア半島の大部分を占める国で，国土のほとんどが砂漠気候である。砂漠気候では，年間降水量は100㎜前後で，極端に乾燥している。日中は40度をこえるが，夜は０度以下になることも珍しくない。メッカ・メディナなどイスラム教の聖地があり，世界中から巡礼者が訪れる。

### ｂ．石油と王族

　サウジアラビアの原油の可採埋蔵量（2019年）は世界第２位，輸出量（2017年）は世界最大である。石油収入は，工業や海水の淡水化，砂漠の緑化などに使われている。王族の力が強く国王が首相をつとめており，貧富の差は大きい。

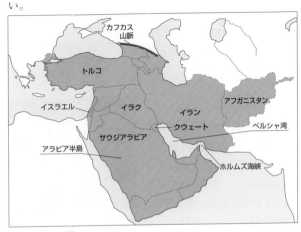

▲西アジアの国々

●●●もっとくわしく

**サウジアラビア　データ**

| | |
|---|---|
| 面積 | 221万km² |
| 人口 | 3481万人 |
| 通貨 | サウジ・リアル |
| 言語 | アラビア語 |
| 宗教 | イスラム教 |

産業別人口構成
　第一次　　6.1%
　第二次　22.7%
　第三次　71.2%

研　究

**パレスチナ問題とは何か？**

パレスチナ問題とは，パレスチナ人とユダヤ人との対立のことである。
1948年のイスラエル建国によって，多くのユダヤ人が移住するようになると，その地に住んでいたパレスチナ人は，難民となって周辺国で生活するようになった。中東戦争をへて，イスラエルとパレスチナ解放機構（PLO）との交渉により，1993年パレスチナ住民に自治権を与える暫定自治協定が成立し，パレスチナは暫定自治区を得たが，その後もテロ活動や抵抗運動が続いた。何度かの和平交渉も実らず，最終和平の実現に向けては課題が多い。
パレスチナは，2012年に国連のオブザーバー国家となり，2020年現在138か国が承認している。

## 3 イラク　　首都　バグダッド
—古代文明の国から産油国へ

### a．国土と生活

アラビア半島のつけねに位置しており，チグリス川・ユーフラテス川が流れる。メソポタミア文明が栄えた平原が広がり，国土の大部分が乾燥気候である。1932年に独立した。1980〜88年，隣国イランとの戦争が続いた。その後も1990年に隣国のクウェートに侵攻したため，アメリカを中心とする多国籍軍が戦争に参加し湾岸戦争となった。さらに，2003年にはアメリカ軍が攻撃を開始してイラク戦争となった。長期間の戦争で国土は荒れた。その後も政情が不安定である。

### b．経済制裁と国民生活

原油の埋蔵量は世界有数で，おもな収入は石油によるものである。長く続いた戦争で海外から経済制裁を受けており，国民生活は厳しい。北部の山岳地帯には世界最大の国を持たない民族ともいわれるクルド人が生活している。クルド人は独立を求めているが，いまだに認められていない。

## 4 アラブ首長国連邦（UAE）　　首都　アブダビ
—ペルシャ湾岸の産油国

### a．国土と生活

ペルシャ湾岸にあるアブダビ，ドバイなど7つの首長国（君主国）からなる連邦国。国土の大部分は砂漠だが，海に面しているため，湿度は高い。イギリスの保護領から1971年6つの首長国で独立し，その後7つの国の連邦国家となった。

### b．成長を続ける都市国家

石油や天然ガスを産出し，豊富な収入がある。日本にとっては，サウジアラビアに次いで2番目に原油の輸入が多い（2019年）。ドバイは港湾の整備によって物流の拠点になったことや，国営の航空会社が世界を結んだことによって，多くの観光客が訪れるようになった。世界最高の高層ビル（206階）が建設され，リゾートや商業施設が整備され，多くの買い物客や観光客が訪れている。ペルシャ湾岸の産油国は，労働力不足を補うため，南アジアや東南アジアからの出稼ぎ労働者が多く生活している。

●●もっとくわしく

**イラク共和国　データ**

| | |
|---|---|
| 面積 | 43.5万km² |
| 人口 | 4022万人 |
| 通貨 | イラク・ディナール |
| 言語 | アラビア語，クルド語 |
| 宗教 | イスラム教 |
| 産業別人口構成 | |
| 　第一次 | 23.4% |
| 　第二次 | 18.2% |
| 　第三次 | 58.3% |

●●もっとくわしく

**アラブ首長国連邦　データ**

| | |
|---|---|
| 面積 | 7.1万km² |
| 人口 | 989万人 |
| 通貨 | ディルハム |
| 言語 | アラビア語 |
| 宗教 | イスラム教 |
| 産業別人口構成 | |
| 　第一次 | 3.8% |
| 　第二次 | 23.1% |
| 　第三次 | 73.0% |

▲ドバイ

## 5 トルコ　首都　アンカラ
—— アジアの西の端に位置している国

### a. 国土と生活

アジアの最も西に位置するアナトリア半島を中心とした国である。首都のアンカラは高原にある。沿岸部は地中海性気候であるが、内陸部は乾燥気候である。13世紀末に成立したオスマン帝国はアジアからアフリカ、ヨーロッパまでを支配するイスラム教の大帝国となった。

### b. アジアとヨーロッパをつなぐ国

イスタンブールはバルカン半島とボスポラス海峡をへだててアジア側までまたがる大都市である。現在は海峡に橋がかかっている。イスラム教と政治を切り離しており、EU（ヨーロッパ連合）への加盟をめざしている。ヨーロッパへの出稼ぎ労働者も多く、海外からの送金は重要な収入源であり、観光収入も大きい。またイラクとの国境付近に生活するクルド人の独立運動を弾圧してきた。

## 6 イスラエル　首都　エルサレム
—— ユダヤ人が建国した国（国際社会からは認められていない）

### a. 国土と生活

地中海に面した中東の国。国土の大半は乾燥気候で、一部地中海性気候である。もともとユダヤ人が国をつくっていたが、国を追われ、世界中に散らばっていった。19世紀半ばからもとの国にもどる運動（シオニズム）がさかんになり、世界中からユダヤ人がもどってきた。1948年建国。しかし、そこで生活していたパレスチナ人は、周辺の国々に追われ難民となった（パレスチナ問題）。周辺のアラブの国々との間に中東戦争が起こった。エルサレムにはユダヤ教、キリスト教、イスラム教と3つの宗教の聖地があり、国際社会からは首都と認められていない。

### b. 緊張が続く国

周辺の国々との関係はよくないが、世界最大のユダヤ人の人口を持つアメリカの支援を受けて関係が深い。工業が発達し、情報通信、医薬品など先進的な技術力をもっている。重要な輸出品にダイヤモンドがある。最新の兵器をもつ軍事力は強大だが、国防費の負担も大きい。

---

●● もっとくわしく

**トルコ共和国　データ**

| | |
|---|---|
| 面積 | 78万km² |
| 人口 | 8434万人 |
| 通貨 | リラ |
| 言語 | トルコ語 |
| 宗教 | イスラム教 |

産業別人口構成
第一次　19.5%
第二次　26.8%
第三次　53.7%

●● もっとくわしく

**イスラエル　データ**

| | |
|---|---|
| 面積 | 2.2万km² |
| 人口 | 866万人 |
| 通貨 | 新シェケル |
| 言語 | ヘブライ語, アラビア語 |
| 宗教 | ユダヤ教 |

産業別人口構成
第一次　1.0%
第二次　17.3%
第三次　79.8%

▲エルサレム

地理編

第1章 世界と日本の地域構成

第2章 世界の国々

第3章 さまざまな面からみた日本の姿

第4章 身近な地域や都道府県のようす

# §3 ヨーロッパの国々

□ユーラシア大陸の北西部にあり，アルプス山脈，ヨーロッパ平原，半島部からなる。
□ギリシャ・ローマの時代から文明や科学技術が発達し，産業革命も起こった。
□宗教はキリスト教が中心で，民族によって異なる宗派を信仰している。
□第二次世界大戦後から国家統合を進めており，ＥＵは東方へも拡大した。

## ① ヨーロッパとは

### 1 ヨーロッパのあらまし——高緯度だが温暖

　ヨーロッパの面積は約600万km²で，その中に約7億人が生活している（2019年，ロシアをのぞく）。ヨーロッパの地形は決して平坦ではなく，山脈や高原などがあり海岸線も複雑である。ユーラシア大陸を地図でみると，ヨーロッパは日本と比べて高緯度にあることがわかる。日本の秋田県や岩手県を通る北緯40度の緯線がヨーロッパではスペインやギリシャを通っている。西ヨーロッパは，海流（暖流）と偏西風の影響で高緯度の割に冬でも気候が温暖である。北ヨーロッパは冷帯（亜寒帯）である。

### 2 ヨーロッパの成り立ち——統合の時代へ

　ヨーロッパの文明は地中海沿岸のギリシャ・ローマからはじまった。14〜16世紀にはルネサンス文化が栄えた。同時期にヨーロッパ諸国は大航海時代に突入し，世界中に植民地を建設して産物をヨーロッパに運び集めた。18世紀にはイギリスで産業革命が起こり，ヨーロッパ各地へ広がっていった。資本主義はヨーロッパからはじまった。

　20世紀になると，ヨーロッパを中心に二度の世界大戦が起こり，大きな打撃を受けた。また第二次世界大戦後は社会主義国の多い東ヨーロッパと資本主義国の多い西ヨーロッパに分裂し，東西冷戦の時期が続いた。1990年代に入ると冷戦も終わりを告げ，ヨーロッパは統合の時代へと入っている。

---

### 研究

**ヨーロッパの範囲は？**

ヨーロッパとアジアの境界は一般的にはウラル山脈からカスピ海を通り，黒海，エーゲ海を通る線をさす。したがって，ロシアはヨーロッパ＝ロシアとシベリアに分けられる。ヨーロッパの語源はフェニキア語で「日没の地」という説と，ゼウスに誘拐されたフェニキアの王女エウロペから来ているという説の2つがある。

| | | |
|---|---|---|
| ギリシャ・ローマ | B.C.500ごろ | ギリシャ文明がさかえる。 |
| | 0ごろ | ローマ帝国がさかえる。このころイエス誕生。 |
| | 392 | ローマ帝国でキリスト教が国教に。 |
| 中世 | 800 | カールの戴冠。 |
| | 1054 | 教会分裂。カトリックと正教会に分かれる。 |
| ルネサンス | 1492 | コロンブスが西インド諸島に到達。 |
| | 〈16C〉 | 宗教改革。プロテスタントが出現。 |
| 近・現代 | 〈18C〉 | イギリスで産業革命。 |
| | 1914〜18 1939〜45 | 第一次，第二次世界大戦。 |
| | 1993 | EU成立。 |

▲ヨーロッパのあゆみ

## 3　多様な民族と宗教——おもに3つの民族，キリスト教中心

### a．ヨーロッパの民族分布

　ヨーロッパの民族は大きく3つに分けられる。**ゲルマン民族**はドイツ・イギリス・北欧（ほくおう）の国々を構成する民族である。**ラテン民族**はイタリア・スペイン・フランスなど南ヨーロッパの民族である。**スラブ民族**は東ヨーロッパからロシアにかけて多くみられる。そのほかフィンランドはアジア系のフィン人，ハンガリーも同じくアジア系のマジャール人が生活する国である。またヨーロッパには少数民族も多く，たとえばスペインからフランスの国境（こっきょう）にかけて生活しているバスク人は独特の言語をもつ少数民族である。

### b．キリスト教を中心とする宗教

　ローマ帝国（ていこく）の時代からヨーロッパの中心宗教はキリスト教である。ただし，**民族によって信仰（しんこう）するキリスト教の宗派が異なる**。ゲルマン民族はおもに**プロテスタント（新教）**を信仰し，ラテン民族はおもに**カトリック（旧教）**を信仰し，スラブ民族はおもに**東方正教**を信仰する。スラブ民族の中でもポーランドやチェコのようにカトリックの信者が多い国もある。人々の生活や習慣，行事はキリスト教と深く結びついており，ヨーロッパを知るうえでキリスト教の理解は欠かせない。

**参　考**

**ヨーロッパの言語**
世界的にみると，ヨーロッパの言語はインド＝ヨーロッパ語族になる。ここにはラテン語系（ヨーロッパの言語のおもと），ゲルマン語系，スラブ語系，ケルト語系などの言語が含まれる。各言語の数の数え方を比べてみるとヨーロッパの言語は似ていることがわかる。

▲サグラダ・ファミリア（スペイン）

▲ヨーロッパのおもな国々

▲ヨーロッパの民族分布

ラテン民族　ゲルマン民族　スラブ民族　その他

地理編
第1章　世界と日本の地域構成
第2章　世界の国々
第3章　さまざまな面からみた日本の姿
第4章　身近な地域や都道府県のようす

# ② EUの統合と発展

## 1 EECからEUへ——国境をこえたつながり

### a．統合への道のり

　ヨーロッパでは歴史的に国どうしの争いがくり返されてきた。イギリスとフランス，フランスとドイツなど対立は古くからあった。2度の世界大戦では世界をも巻き込み，多くの被害が出た。第二次世界大戦後は，世界中にあった**植民地が続々と独立**し，原料や食料，労働力の供給地を失った。また**アメリカとソ連の力が増して冷戦時代に入る**と，ヨーロッパの力はますます弱くなっていった。

　1948年，**ベルギー・オランダ・ルクセンブルクのベネルクス三国は，関税同盟**を結成した。1952年，それに**西ドイツ・フランス・イタリア**の3か国が加わり，ヨーロッパ石炭鉄鋼共同体（ECSC）が結成された。さらに1958年にはEEC（ヨーロッパ経済共同体）が結成された。その目的に「共同市場」と「共通政策」を実現することが含まれていた。同時にヨーロッパ原子力共同体（EURATOM）も結成され，エネルギーでの協力も始まった。その後，EECはECとなり，さらに1993年からはEU（ヨーロッパ連合）となった。その後も加盟国を増やし続け，2007年にはルーマニアとブルガリアが，2013年にはクロアチアが加盟し，**28か国体制**になった。今後は，**共通安全保障などを含む強大な政治・経済圏の創出**もめざしている。ヨーロッパは，長い期間をかけて地域を1つにしていく努力を積み重ねてきたのである。しかし，2016年にイギリスが国民投票によってEU離脱を決め，2020年に結成以来初めての離脱国となった。

 **参　考**

**EUのあゆみ**

| 1948 | ベネルクス三国関税同盟 |
|---|---|
| 1952 | ECSC（ヨーロッパ石炭鉄鋼共同体）設立 |
| 1958 | EEC（ヨーロッパ経済共同体）設立 EURATOM（ヨーロッパ原子力共同体）設立 |
| 1967 | 3つの組織が統合されてEC（ヨーロッパ共同体）設立 |
| 1993 | マーストリヒト条約によりEU（ヨーロッパ連合）設立 |
| 1999 | 統一通貨（ユーロ）が誕生 |
| 2002 | ユーロの貨幣流通が始まる |
| 2007 | 2か国が加盟し，27か国体制になる |
| 2013 | クロアチアが加盟し，28か国体制になる |
| 2020 | イギリスが離脱し，27か国体制になる。 |

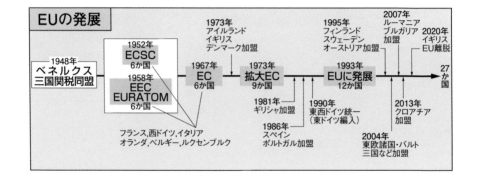

EUの発展

1948年 ベネルクス三国関税同盟 → 1952年 ECSC 6か国／1958年 EEC EURATOM 6か国 → 1967年 EC 6か国 → 1973年 拡大EC 9か国 → 1993年 EUに発展 12か国 → 27か国

フランス，西ドイツ，イタリア　オランダ，ベルギー，ルクセンブルク

1973年 アイルランド イギリス デンマーク加盟
1981年 ギリシャ加盟
1986年 スペイン ポルトガル加盟
1990年 東西ドイツ統一（東ドイツ編入）
1995年 フィンランド スウェーデン オーストリア加盟
2004年 東欧諸国・バルト三国など加盟
2007年 ルーマニア ブルガリア加盟
2013年 クロアチア加盟
2020年 イギリス EU離脱

## b．EUの政策

### ①ヒト・モノ・カネの自由化

　国をまたいで，いろいろなものが**自由**に行き来できる地域統合をEUはめざしている。たとえば**ヒト**が自由に移動できるようになれば，労働，留学，買い物，旅行が楽にできる。しかし，そのためには各国の間で異なるしくみを統一していく必要がある。輸出入時にかかる関税をなくして**モノ**の移動が自由になれば，経済が活発化する。共通通貨ユーロが導入されるなど**カネ**の自由化がはかられれば，国をこえるたびに通貨を両替することもない。つまり，あたかも1つの国のようになっていくことがEUの目的である。小さな国でもまとまれば大きな力となることを実現しようとしている。一方で，各国の独自性が失われるなどの不安もある。

### ②共通政策の問題点と今後

　自由化を進めるとすべてがうまくいくわけではない。EUの加盟国内の経済状況はさまざまである。市場が統合されれば，小さな国の小さな企業はのみ込まれてしまう可能性が出てくる。このようにEUの中でも規模の小さな国では，加盟することでEUにのみ込まれてしまうのではないかという不安がある。また，経済水準の高い国では，自国の水準が下がってしまうのではないかという不安もある。これまでつくってきた独自の文化を守りつつ，地域を統合していく難しさをかかえている。イギリスのEU離脱は，それまで拡大し続けてきたEUに大きなショックを与えた。域外からの移民・難民の受け入れや経済格差などの多くの課題をかかえている。

**欧州議会**

EUには議会もあるし議長もいる。議会はフランスのストラスブールとベルギーのブリュッセルにあり，議員の選挙も行われる。各国で決めた政策とEUの政策をどのように調整するのかが今後の課題となっている。

**ユーロ危機**

2009年にギリシャからはじまった（共通通貨）ユーロ圏の経済危機。もともとは政権交代によるギリシャの財政赤字発覚にはじまったが，南ヨーロッパの国などに拡大した。

▲EU加盟国　　（2020年11月現在）

## EUの今後はどうなるのだろうか？

　ヨーロッパの地図でEUの加盟国をみると，多くの国が加盟国となっていることがわかる。加盟していないのは，イギリスを除くと，アイスランド，ノルウェー，スイス，そしていくつかの小国である。アイスランド，ノルウェーはEU加盟によって課される資源問題などの規制をさけるため加盟していない。スイスも共通政策をとることで政治的な中立がとれなくなることをおそれて加盟に否定的である。現在，加盟交渉中の国にはトルコが含まれる。イスラム教国のトルコと，おもにキリスト教を信仰する国で構成されるEUがどのように融合をはかるのか，注目されている。

# ③ 西ヨーロッパの国々

## 1 イギリス 首都 ロンドン——4つの地域からなる島国

### a. 国の成り立ち

　ユーラシア大陸の北西にある島国である。**グレートブリテン島とアイルランド島の北東部**などからなる。古期造山帯の**ペニン山脈**が島の中央部を南北に走る。温帯の気候だが，年間を通して降水量は少なく，気温も低い。先住民族はいたが，5世紀に**アングロ＝サクソン人**が侵入し，国をつくった。**グレートブリテン（イングランド・スコットランド・ウェールズ）および北アイルランド連合王国（U.K.）**が正式な国名である。かつては**世界中に植民地をもち**，「日の沈まぬ国」といわれた。18世紀に**産業革命**が起こり，「世界の工場」として工業が発展した。議会制民主主義が確立した国である一方，エリザベス女王を頂点とする貴族制の残る階級社会の国でもある。

### b. 産業と文化

　産業革命の結果，中心産業は農業から工業へと転換した。しかし，農牧業も近代的な経営となり，現在でもおもな食料の自給率は68％と高い（2017年）。国の東側の**北海**からは原油・天然ガスを産出し，輸出もしている。

　工業は産業革命によって**繊維工業**が発達し，続いて国内の石炭と鉄鉱石を利用して鉄鋼業などが発達した。産業革命の発祥地である**ランカシャー地方**（マンチェスター，リバプール），**ヨークシャー地方**（リーズ），**ミッドランド**（バーミンガム），**スコットランド**（グラスゴー，エディンバラ），**ロンドン周辺**など国内各地で**工業**がさかんである。近年はＩＣＴ関連の先端技術産業もさかんになってきた。首都の**ロンドン**は世界の金融センターとして発展している。**テムズ川**に沿ったドックランズでは新しい高層ビルが建設されて，新都心となっている。2016年からのＥＵ離脱の動きは，ブレグジットといわれ，長期間の交渉を経て，2020年に正式なものとなった。ＥＵに加盟していることで，域内から多くの移民が来ていることや，経済的負担がおもな要因である。ＥＵとしては初めての離脱となり，ＥＵに与える影響やイギリス自体の今後などに注目が集まっている。

### ●●もっとくわしく

**イギリス　データ**

| | |
|---|---|
| 面積 | 24万km² |
| 人口 | 6789万人 |
| 通貨 | ポンド |
| 言語 | 英語，ウェールズ語 |
| 宗教 | 英国国教会派など |

産業別人口構成
| | |
|---|---|
| 第一次 | 1.1％ |
| 第二次 | 18.4％ |
| 第三次 | 80.0％ |

### 🔍 参 考

**ナショナルトラスト発祥の国**
イギリスでは田舎町の小さな建築物でも「ナショナルトラストでこの建物は保存されています」という看板がある。ナショナルトラストは1895年につくられた団体で，歴史的な建造物や自然保護区，庭園などを保存している。会員の寄付と会費でまかなわれており，この方法が世界に広がった。

## 2　フランス　首都　パリ──EUの食料庫

### a．国の成り立ち

　西ヨーロッパの中心に位置し，大西洋と地中海にはさまれている。国土は東高西低で南東部にはアルプス山脈がある。温帯の気候で，南部には夏の雨が少ない地中海性気候が分布する。歴史的には，ヨーロッパだけでなく世界に影響を与えた**フランス革命**[P.351▶▶]が起こった国である。その後ナポレオンによる帝政もあったが，**共和制の国**として，国旗に描かれたような**自由・平等・博愛**の精神を重んじている。

### b．産業と文化

　ヨーロッパ最大の農業国で，**小麦，とうもろこし，てんさい**（砂糖大根），**酪農製品**の生産がさかんである。北西部では，規模の大きな農場が多く，穀物などの単一作物の生産が行われている。南部では，野菜の栽培やぶどうと**ワイン**の生産が広く行われているが，農業の経営規模は比較的小さい。

　フランスは工業国でもある。パリや，ドイツとの国境に近い**ロレーヌ地方**，中央部の**リヨン**，南部の**マルセイユ**などがおもな工業都市である。**トゥールーズ**にはEU内で協力してつくっている航空機（エアバス）の組立工場がある。また，自動車の生産台数も世界有数である。**原子力発電の比率が高い国**としても知られている。フランス人は，料理や映画に代表されるように，自国の文化に対する誇りが高い。

## 3　ドイツ　首都　ベルリン──EU最大の工業国

### a．国の成り立ち

　ヨーロッパの中央部に位置するドイツは，北ドイツ平原と中央部の丘陵，南部の山岳地帯からなっている。気候は温帯が広く分布するが，気温は比較的低く降水量は少ない。**ゲルマン民族**によってつくられた国で，1871年にようやく統一，近代国家となった。第一次・第二次世界大戦の敗北，とくに第二次世界大戦では，**ナチス**によるユダヤ人のホロコーストで，多くの犠牲者を出した。戦後は**東西冷戦**の最前線となり，国土が分割され，それぞれ**東ドイツ**（社会主義）・**西ドイツ**（資本主義）の2つの国となった。首都ベルリンも東西に分割され，西

### ○○●もっとくわしく

**フランス　データ**

| | |
|---|---|
| 面積 | 55万km²（日本の約1.5倍） |
| 人口 | 6527万人 |
| 通貨 | ユーロ |
| 言語 | フランス語，ブリトン語など |
| 宗教 | カトリックなど |
| 産業別人口構成 | |
| 　第一次 | 2.8% |
| 　第二次 | 20.0% |
| 　第三次 | 75.8% |

フランスの国旗

青・白・赤は「自由・平等・博愛」をあらわすといわれている。当初は，現在のようなたて三色旗ではなく，赤・白・青の横三色旗だった。

▲ベルリンの壁

ベルリンは周囲を壁でおおわれた（**ベルリンの壁**）。1989年に壁が壊され，翌90年に東西ドイツは統合された。

**b．産業と文化**

　第二次世界大戦後，日本が高度成長で急速な工業化を進めたように，大戦で大きな被害を受けた西ドイツも復興をなしとげて「奇跡の復興」といわれた。鉄鋼や化学，自動車工業などの機械工業は世界的によく知られている。おもな工業地域は**ライン川**とその支流である**ルール川**沿岸に発展した**ルール工業地帯**，フランスとの国境に近い**ザール地方**，南部の**バイエルン地方**，北部の**ハンブルク**，ハノーバーなどである。ライン川はスイスからオランダまでを結ぶ**国際河川**でさまざまな国の船が航行している。ドイツで先進的なのは**環境政策**である。廃棄物の対策（包装容器リサイクル）などは，日本で普及する以前から徹底して行われてきた。また，自動車の排出ガスにも厳しく，自動車を使わず，路面電車を利用するパークアンドライドを進めている。

**④　そのほかの国々——個性豊かなヨーロッパ**

・**ベネルクス三国**（ベルギー：Belgium,
　　　　　　　　　オランダ［ネーデルランド：Netherlands］,
　　　　　　　　　ルクセンブルク：Luxembourg
　　　　　　　　　の頭文字をとってこうよばれる）

　ａ．**オランダ**　首都　**アムステルダム**

　　　**海面より低い土地が多く**，干拓によって国土を拡大してきた。酪農製品や花などの農産物の輸出がさかん。**ユーロポート**はEUの玄関口ともいえる港である。

　ｂ．**ベルギー**　首都　**ブリュッセル**

　　　国の南北で民族が異なり，言葉もちがう。南部はフランス系，北部はオランダ系である。

　ｃ．**ルクセンブルク**　首都　**ルクセンブルク**

・**スイス**　首都　**ベルン**

　　　**永世中立国**。4つの公用語があり，民族も複雑。アルプス観光のほか，**時計工業**も発達。農牧業もさかん。

・**アイルランド**　首都　**ダブリン**

・**オーストリア**　首都　**ウィーン**

　　　ヨーロッパが分断されていたときは東西の重要な交通路であった。首都**ウィーン**は音楽の都として有名。

# ④ 北ヨーロッパの国々

## 1 スウェーデン　首都　ストックホルム
——福祉の先進国

### a. 国の成り立ちと生活・産業

　スカンディナビア半島にある南北に細長い国。気候は南部の一部に温帯があるほかは、**冷帯(亜寒帯)**から寒帯で、日照時間は短く、気温が低い。二度の世界大戦では中立を守り、戦後は社会福祉を充実させた。森林資源にめぐまれ、**パルプ・製紙工業**のほか、自動車、造船、機械など工業も発達している。税率は高いものの**社会保障制度**が充実しており、さまざまな施設や制度が整っている。首都の**ストックホルム**は**ノーベル賞**の授賞式が行われることで知られている。

## 2 デンマーク　首都　コペンハーゲン
——北海に面する酪農国

### a. 国の成り立ちと生活・産業

　ユーラン(ユトランド)半島および周辺の島々からなっている。国土が平らで高い場所がほとんどない。氷河の影響を受けて土地がやせていたため、**土壌改良**を行い農地の拡大につとめた。また酪農の普及につとめ、**協同組合**で生産から流通までを行うしくみを整えた。その結果、ヨーロッパを代表する**酪農国**となった。工業も発達しており、国民所得も高い。**風力発電**が発展しており、環境保護にも力を入れている。

## 3 そのほかの国々——自然豊かな北欧諸国

・**ノルウェー　首都　オスロ**
　北海から**原油**を産出する。また、**漁業**がさかん。西岸にフィヨルド[P.103▶▶]がみられる。EUには未加盟。

▲フィヨルド

・**フィンランド**
　　**首都　ヘルシンキ**
　アジア系のフィン人の国。氷河でできた大小約20万の湖がある。森林資源が豊富で**パルプ・製紙工業**が発達している。

**スウェーデン　データ**

| | |
|---|---|
| 面積 | 44万km² |
| 人口 | 1001万人 |
| 通貨 | クローナ |
| 言語 | スウェーデン語など |
| 宗教 | スウェーデン国教会 |

産業別人口構成
　第一次　1.9%
　第二次　18.1%
　第三次　79.4%

ストックホルム

**デンマーク　データ**

| | |
|---|---|
| 面積 | 4万km²※ |
| 人口 | 579万人 |
| 通貨 | デンマーク・クローネ |
| 言語 | デンマーク語 |
| 宗教 | プロテスタント |

産業別人口構成
　第一次　2.5%
　第二次　18.5%
　第三次　78.1%
※グリーンランド, フェロー諸島を除く

コペンハーゲン

地理編

第1章 世界と日本の地域構成

第2章 世界の国々

第3章 さまざまな面からみた日本の姿

第4章 身近な地域や都道府県のようす

# ⑤ 南ヨーロッパの国々

## 1 イタリア　　首都　ローマ——長ぐつの形をした国

### a．国の成り立ち

　ヨーロッパの南に位置する**長ぐつの形をした半島**と，シチリア島など70近い島々からなる。日本と同じように火山が多い。地中海（ちちゅうかい）沿岸には夏に乾燥する**地中海性気候**（ちちゅうかいせいきこう）が分布する。歴史的には**ローマ帝国**（ていこく）の時代に最も繁栄（はんえい）した。14〜16世紀にはフィレンツェを中心に**ルネサンス文化**が栄えた。現在の統一イタリアが誕生したのは1870年である。第二次世界大戦（にじせかいたいせん）ではドイツ・日本と枢軸国（すうじくこく）を形成した。

### b．産業と文化

　北部ポー川流域のパダノ＝ベネタ平野（いなさく）では稲作をはじめ農業がさかんである。トマトや小麦を使ったパスタ，米を使ったリゾットなどのイタリア料理やワインがよく知られている。世界遺産（せかいいさん）の数も多い。工業は北部の**ミラノ・トリノ・ジェノバを結ぶ工業の三角地帯**（せんい）が中心。ミラノは繊維工業，トリノは自動車，ジェノバは造船などの工業が発達している。それに比べて**南部はおもな産業にとぼしく経済的な格差**（けいざい）**が大きい。** 南北格差の解消がイタリアの課題である。

## 2 スペイン　　首都　マドリード
——ラテン系民族が住む情熱の国

### a．国の成り立ち

　ヨーロッパから突き出た形のイベリア半島の大部分を占（し）めるスペインは，山脈と高原の広がる国である。南部にはイタリアと同じ**地中海性**（ちちゅうかいせい）**気候**（きこう）が分布している。ローマ帝国（ていこく）に支配されていた地域だが，その後イスラム教徒に支配された。1492年，イスラム教徒を追放したキリスト教徒による支配が確立。そのため国内には**キリスト教とイスラム教**（ゆうごう）**の融合した文化**がみられる。**16世紀には世界中に植民地を**（しょくみんち）**もち，繁栄**（はんえい）**をきわめた**が，イギリスに敗れた後，衰退（すいたい）していった。1939〜1975年にはフランコによる独裁政権が続いたが，現在は民主的な政治が行われている。

### b．産業と文化

　**カトリック**の信者が多く，宗教にもとづく年中行事（ねんじゅうぎょうじ）が多い。農業が中心の国だったが，1986年にＥＣ（現在のＥＵ）

**イタリア　データ**

| 面積 | 30万km² |
|---|---|
| 人口 | 6046万人 |
| 通貨 | ユーロ |
| 言語 | イタリア語 |
| 宗教 | カトリックなど |

産業別人口構成
　第一次　　3.9%
　第二次　26.1%
　第三次　70.0%

ローマ

**スペイン　データ**

| 面積 | 51万km² |
|---|---|
| 人口 | 4676万人 |
| 通貨 | ユーロ |
| 言語 | スペイン語，バスク語など |
| 宗教 | カトリック |

産業別人口構成
　第一次　　4.2%
　第二次　19.6%
　第三次　76.2%

マドリード

に加盟してからは，急速に経済が発展した。農産物のEU
への輸出や外国資本による工場が建設され，国民所得もあ
がった。しかし，**独自の文化や言語をもつカルターニャ州
の独立問題**をかかえている。

### 3 ポルトガル　首都　リスボン──イベリア半島の先端

#### a. 国の成り立ち

イベリア半島の西の端に位置している。大西洋に面して，
国土の大半は**地中海性気候**である。12世紀に王国が誕生し，
海外に植民地を建設した。しかし，19世紀に本国よりも広
大な**ブラジル**が独立した頃からしだいに衰退した。アフリ
カにあった植民地も1970年代に独立した。

#### b. 産業と文化

農業や水産業が中心。オリーブ，ぶどう，**コルクがし**，
**ワイン**などが主要な農産物である。1986年，スペインとと
もにECに加盟した。**日本との関係は古く**，ポルトガルか
ら日本に伝えられた文化も多い（カステラ・カルタなど）。

### 4 ギリシャ　首都　アテネ──オリンピック発祥の地

#### a. 国の成り立ち

国土は大陸部と
**エーゲ海**に浮かぶ
約3000の島々から
なる。大部分が山
岳高原地帯で，**地
中海性気候**である。
古代に都市国家（ポ
リス）が発展した。

▲オリーブ畑

1832年にオスマン帝国から王国として独立した。首都**アテ
ネ**にはギリシャ文化を伝える建築物が多い。

#### b. 産業と文化

農業が中心の国だが，近年工業が発展している。また，
**海運**や**観光収入**などが国の経済を支えている。船舶保有量
は世界有数である。エーゲ海に浮かぶ白い石灰岩の島々は
**観光資源**として重要である。キプロスをめぐってトルコと
は緊張関係が続いている。宗教はギリシャ正教が中心であ
る。

---

### ●●もっとくわしく

**ポルトガル　データ**

| | |
|---|---|
| 面積 | 9万km² |
| 人口 | 1020万人 |
| 通貨 | ユーロ |
| 言語 | ポルトガル語 |
| 宗教 | カトリック |

産業別人口構成
| | |
|---|---|
| 第一次 | 6.9% |
| 第二次 | 24.5% |
| 第三次 | 68.6% |

リスボン

### 参考

**地中海式農業**
夏に乾燥する地中海沿岸には，乾燥に強い樹木作物が広く栽培されている。コルクがし，ぶどう，オリーブ，かんきつ類などが典型的である。コルクの木は表面の樹皮をはがして利用する。

### ●●もっとくわしく

**ギリシャ　データ**

| | |
|---|---|
| 面積 | 13万km² |
| 人口 | 1042万人 |
| 通貨 | ユーロ |
| 言語 | ギリシャ語 |
| 宗教 | ギリシャ正教 |

産業別人口構成
| | |
|---|---|
| 第一次 | 12.4% |
| 第二次 | 15.2% |
| 第三次 | 72.4% |

アテネ

# ⑥ 東ヨーロッパの国々

## 1 ポーランド　首都　ワルシャワ
──分割の歴史をもつ国

### a. 国の成り立ち

　ヨーロッパの中央部に位置する平原の国。バルト海に面している。気候は西部が温帯だが、東部は冷帯（亜寒帯）気候で気温も低い。ロシアとドイツにはさまれて、分割されたり支配を受けたりした時代がある。1939年にはドイツ軍が侵攻し、第二次世界大戦のきっかけとなった。戦後は社会主義政権が誕生したが、1980年代末から90年代にかけて**社会主義政権**が倒れ、民主化が進んだ。

### b. 産業と生活

　農業が中心の国。**麦類**やじゃがいもなどの生産をはじめ、牧畜もさかんである。社会主義時代も農業の集団化は進まず、個人経営が多かった。南部の**シロンスク地方**からは石炭などの資源を産出し、**クラクフ**などで鉱工業が発展している。1990年代には、外国の資本が入り、海外企業の工場も次々に建てられている。2004年、EUに加盟した。**カトリック**の信者が多く、ローマ教皇を出した国でもある。ショパンやキュリー夫人を生んだ国としても知られている。

## 2 ルーマニア　首都　ブカレスト
──ドナウ川のデルタが広がる

### a. 国の成り立ち

　ヨーロッパの南東部に位置し、国土の南側をドナウ川が流れている。国土の中央部をトランシルバニア山脈、カルパティア山脈が走り、高地となっている。**ラテン民族**の国で、第二次世界大戦後、社会主義の国となり、とくに1960年代後半以降はチャウシェスク独裁政権が続いていた。1989年に政権は崩壊し、民主化が進んだ。2007年EU加盟。

### b. 産業と文化

　ドナウ川下流の平野では、小麦、とうもろこしなど穀物を中心に**農牧業**が発達している。石油の産出国だが、現在は輸入もしている。プロエシュチを中心に石油化学工業が発達しており、首都の**ブカレスト**は総合工業地域となっている。

●●もっとくわしく

**ポーランド　データ**
| 面積 | 31万km² |
|---|---|
| 人口 | 3785万人 |
| 通貨 | ズロチ |
| 言語 | ポーランド語 |
| 宗教 | カトリックなど |

産業別人口構成
　第一次　10.5%
　第二次　31.3%
　第三次　57.7%

●●もっとくわしく

**ルーマニア　データ**
| 面積 | 24万km² |
|---|---|
| 人口 | 1924万人 |
| 通貨 | レイ |
| 言語 | ルーマニア語など |
| 宗教 | ルーマニア正教 |

産業別人口構成
　第一次　23.1%
　第二次　29.9%
　第三次　47.0%

## **3**　そのほかの国々——社会主義体制だった地域

- **ハンガリー**　首都　ブダペスト

　　アジア系民族の**マジャール人**により建国され，その後ヨーロッパ化が進んだ。ハンガリー平原は**プスタ**とよばれる肥沃な土地で農業がさかんである。工業ではボーキサイトを産出し，アルミニウムを生産する。社会主義時代から経済水準が高い。2004年ＥＵ加盟。

- **チェコ**　首都　プラハ

　　**チェコ人**が大部分を占める国。1918年チェコスロバキア共和国として独立。第二次世界大戦後，**社会主義国**となった。1968年，「プラハの春」とよばれる自由化運動が起こったが，ソ連を中心とする軍隊に鎮圧された。1993年にスロバキアと分離した。社会主義時代から工業が発展し，東ヨーロッパの優等生として生活水準も高かった。2004年ＥＵ加盟。

- **スロバキア**　首都　ブラチスラバ

　　スロバキア語を話す**スロバキア人**の国。チェコと比べて産業が発展しておらず，農業が中心の地域であった。分離後は工業化も進めている。2004年ＥＵ加盟。

- **ブルガリア**　首都　ソフィア

　　**スラブ民族**が中心の国。農業が中心で，輸出品は繊維品や衣類などである。日本のある企業がブルガリアのヨーグルトを食べて感銘を受け，商品化したことにちなんで名づけられたヨーグルトが日本で販売されている。2007年ＥＵ加盟。

- **旧ユーゴスラビアの国々**

　　もともと多くの民族で形成された連邦国家であったが，1990年代に分離した。分離独立の際には，ボスニアのように，内戦で多くの犠牲を出した国もある。

　　スロベニア　　　首都　リュブリャナ

　　クロアチア　　　首都　ザグレブ

　　ボスニア＝ヘルツェゴビナ　　首都　サラエボ

　　セルビア　首都　ベオグラード

　　北マケドニア　　　首都　スコピエ

　　モンテネグロ（2006年独立）　首都　ポドゴリツァ

　　コソボ（2008年独立）　首都　プリシュティナ

- **アルバニア**　首都　ティラナ

**参考**

**バルト三国**
エストニア・ラトビア・リトアニアの三国はバルト三国とよばれる。それぞれ人口が数百万人程度の小さい国で，1940年以降はソ連に編入されていた。1991年ソ連から独立し，2004年にはＥＵに加盟した。

**参考**

**ドナウ川**
東ヨーロッパで10か国を流れて黒海に注ぐドナウ川は国際河川として知られている。ライン川同様，河川上流まで大型の船がさかのぼることができ，重要な交通路となっている。ウィーン，ブダペストなど各国の首都も通過している。

▲ドナウ川

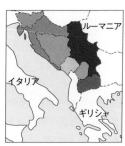
　▢…スロベニア
　▢…クロアチア
　▢…ボスニア＝ヘルツェゴビナ
　■…セルビア
　▢…モンテネグロ
　▢…コソボ
　▢…北マケドニア
▲旧ユーゴスラビアの国々

地理編
第1章　世界と日本の地域構成
第2章　世界の国々
第3章　さまざまな面からみた日本の姿
第4章　身近な地域や都道府県のようす

# §4 ロシア連邦と周辺の国々

重要ポイント

□ロシア連邦の前身のソビエト社会主義共和国連邦は，世界初の社会主義国家。
□世界最大の国土面積でウラル山脈をはさんでヨーロッパ＝ロシアとシベリアに分かれる。
□1989年に東西冷戦が終結し，1991年にソ連の社会主義政権が崩壊した。
□周辺には，かつてソ連だったウクライナ，ジョージア，アルメニアなどの国がある。

## ① ロシア連邦と周辺の国々

### 1 ロシア連邦　首都　モスクワ——世界で一番広い国

#### a．国土のあらまし

　ユーラシア大陸の北部に広がる世界最大の面積をもつ国。国土は西部の**東ヨーロッパ平原**，ウラル山脈をはさんで中部は**西シベリア低地**，東部の中央シベリア高原から山岳地帯に分類できる。気候は**冷帯（亜寒帯）**気候が中心で北は寒帯もあり，全体的に国土は冷涼である。**オビ・エニセイ・レナ**の三大河川はシベリアから北へ流れ，中国との国境にアムール川が流れる。

#### b．ソ連からロシアへ

　18世紀前半にロシア帝国となり，国土を拡大した。皇帝の力が強く，人々は貧しい生活が続いた。1917年に**ロシア革命**が起こり，ソビエト政権が成立した。1922年には**世界初の社会主義国家であるソビエト社会主義共和国連邦**が誕生した。第二次世界大戦後は東ヨーロッパ・東アジアやキューバの社会主義化を進め，**アメリカを中心とする資本主義国との間で冷戦とよばれる対立状況**が続いた。しかし，軍事優先の政策のため，経済状況はしだいに厳しくなった。1980年代後半にゴルバチョフがペレストロイカ（政治改革）を進めるとともに冷戦を終結させ，**ソ連は1991年に解体した。**

#### c．産業と生活

　社会主義時代は豊富な資源の開発を行い，工業も国土全体に発達させるように，**コンビナートやコンプレックス**とよばれる工業地域をつくっていった。農業では，集団で農業を行う**コルホーズ（集団農場）やソフホーズ（国営農場）**で計画的な生産が行われた。農地の大規模な**自然改造計画**

---

●●もっとくわしく

**ロシア　データ**

| | |
|---|---|
| 面積 | 1710万km$^2$（日本の約45倍） |
| 人口 | 1.5億人 |
| 通貨 | ルーブル |
| 言語 | ロシア語のほか多数の民族語 |
| 宗教 | キリスト教など |

産業別人口構成
　第一次　　6.7%
　第二次　26.9%
　第三次　66.3%

👓 研　究

**社会主義とは**
世界で初めて社会主義の思想にもとづく国となったソ連では，5か年計画という生産計画をたてて，国家の主導で経済や政治を運営した。平等を保つため，私有財産をもつことができない代わりに，学費や医療費などは国家が負担した。

（河川に運河を築き，灌漑を行う）によって，農業は飛躍的に拡大し，生産も向上した。しかし，**労働者の生産意欲の向上には必ずしもつながらなかった。**ロシア連邦になってからは農場を解体し，農地の私有化が進んでいる。社会主義時代の設備の老朽化で生産性は落ちた。しかし，**石油などの地下資源は豊富で，**石油や天然ガスから得られる収入で，2000年代に入ると経済開発が進められた。シベリア開発も進んだ結果，経済は上向きの状態にあり，BRICSの一国である。連邦内の共和国であるチェチェンや隣国ジョージアとの間で軍事衝突が起きた。また，ウクライナとの間にも対立がある。

### 2 周辺の国々——かつてソ連を構成していた国々

　ロシアと周辺のおもな国々は**独立国家共同体（CIS）**を結成している。現在はロシアと一定の距離をおき，各国が独自路線を歩んでいる。

・ウクライナ　　首都　キエフ
　　　**黒土**とよばれる豊かな土をもとにしてヨーロッパの**穀倉地帯**となっている。小麦，てんさい，野菜，ひまわりの種子など多くの農産物が生産・輸出されている。地下資源もドネツの石炭やクリボイログの鉄鉱石など豊富で，工業も発達している。1986年，チェルノブイリの原子力発電所で原子炉が爆発する大事故が発生した。2014年にクリミア自治共和国をめぐってロシアが侵攻した。

・ベラルーシ　　　　　　首都　ミンスク
・モルドバ　　　　　　　首都　キシニョフ
・アゼルバイジャン　　　首都　バクー
・アルメニア　　　　　　首都　エレバン
・ジョージア　　　　　　首都　トビリシ
・カザフスタン　　　　　首都　ヌルスルタン
・トルクメニスタン
　首都　アシガバット
・ウズベキスタン
　首都　タシケント
・キルギス
　首都　ビシュケク
・タジキスタン
　首都　ドゥシャンベ

**●●もっとくわしく**

**ウクライナ　データ**

| 面積 | 60万km² |
|---|---|
| 人口 | 4373万人 |
| 通貨 | フリヴニャ |
| 言語 | ウクライナ語など |
| 宗教 | ウクライナ正教など |

産業別人口構成
　第一次　15.3%
　第二次　24.7%
　第三次　60.1%

▲ロシアと周辺の国々

# アフリカの国々

重要ポイント

□アフリカは54か国で構成されている。
□赤道をはさんで熱帯と乾燥帯の気候が広がり，人々の生活に影響を与えている。
□ほとんどの国がヨーロッパ（イギリス・フランスなど）の植民地とされていた。
□第二次世界大戦後，1960年（「アフリカの年」とよばれる）に独立した国が多い。
□紛争や貧困問題など，さまざまな地域問題をかかえた国が多い。

## ① アフリカの国々

### 1 アフリカのあらまし
——古代文明から奴隷貿易，植民地支配と続く歴史

　アフリカ大陸の平均高度は高く，河川は海岸近くで急流や滝となっている。しかし，**ナイル川の河口付近には大きなデルタがつくられ，古代文明が栄えた**。厳しい熱帯の気候と地形は，ヨーロッパ人のアフリカ大陸への進出をはばんできた。しかし，海岸地域に植民地がつくられ，16〜19世紀にアフリカの沿岸部から南北アメリカ大陸に**大量の黒人が奴隷として運ばれた**。奴隷商人は奴隷を運ぶだけで大きな収入を得た。19世紀末にはヨーロッパの国々によってアフリカの分割が行われ，プランテーションや**鉱山**の開発が進んだ。第二次世界大戦後，アジアの独立などに刺激を受けて独立が進んだ。しかし，植民地時代にヨーロッパ人が勝手に引いた国境線は，アフリカの数多くの民族の分布とは異なっているため，現在のさまざまな紛争のもととなっている。また，貧富の差が大きいことや政情が不安定であることなど課題をかかえた国が多い。

### 2 エジプト　首都　カイロ——ナイル川の恵みを受ける国

**a．国土のあらまし**

　アフリカ大陸の北東にあり，**地中海**に面している。ナイル川の流域と河口以外は砂漠である。紀元前3000年頃から，多くの**古代王朝**が栄え，「**エジプトはナイルのたまもの**」[P.239▶▶]といわれた。ピラミッドや幾何学・天文学などさまざまな文明を生み出してきた。しかし，その後はさまざまな民族による支配が続き，**地中海と紅海を結ぶ重要な交通路であ**

---

### 参考

**奴隷貿易**
奴隷はおもに南北アメリカ大陸のプランテーション（さとうきび・タバコ・綿花などを栽培）や鉱山の労働者として連れていかれた。現在も西アフリカの赤道付近に奴隷海岸の名称が残っている。その数ははっきりはしないが6000万人ともいわれる。

### ●●もっとくわしく

**エジプト　データ**

| | |
|---|---|
| 面積 | 100万km² |
| 人口 | 1億233万人 |
| 通貨 | エジプト・ポンド |
| 言語 | アラビア語，英語など |
| 宗教 | イスラム教 |

産業別人口構成
　第一次　25.8%
　第二次　25.1%
　第三次　49.1%

カイロ•

るスエズ運河開通後はイギリスの植民地となった。エジプトは，アフリカの入口として，重要な役割を持っている。**パレスチナ問題**[P.62▶▶]をめぐってイスラエルとの間で戦争をした。

**ｂ．産業と生活**

　ナイル川にある２つの大きなダム（**アスワンダム，アスワンハイダム**）により，灌漑や発電を行っている。**石油製品**や**原油，繊維品，野菜・果実**などを輸出している。また，観光収入や海外出稼ぎ者からの送金，スエズ運河からの収入などが国を支えている。しかし，貿易は輸入額が輸出額を上回る赤字で財政の状況は厳しい。

---

### **3　ケニア　　首都　ナイロビ**──赤道直下の高原の国

**ａ．国土のあらまし**

　赤道に近いことから非常に暑い国という印象をもたれるが，ナイロビ付近の高原地帯は年間を通じて温暖である。この地域は，土地も肥沃なため，先住民を排除してヨーロッパ人が入植し，ホワイトハイランドとよばれた。

**ｂ．産業と生活**

　産業の中心は農業で，おもな農作物は**茶・コーヒー・サイザル麻**などである。植民地の時代からプランテーションで大規模に栽培されていた。独立後は政府が農園を買い上げた。

　ケニアでは**観光**も重要な産業である。国内に10か所以上の国立公園，国立保護区があり，ライオンや象などの野生動物が生息している。たとえばマサイマラ国立保護区は広さが大阪府ほどもあり，観光客は車などで動物を観察できる。また自家発電などを用いて電気が供給できるロッジが公園内にあり，世界中からの観光客でにぎわっている。

◀マサイマラ国立保護区

---

**参　考**

**ダムによる変化**

２つのダムによりナイル川の水がコントロールされるようになった。そのため上流から豊かな土が運ばれなくなり，化学肥料が必要となったり，地中海での漁獲高が減少したりとさまざまな変化が起こっている。また氾濫によって土砂が洗い流されることがなくなったため，風土病が発生したり，海岸線が後退したりしている。一方，ダム湖では漁獲高が上昇した。

**●●もっとくわしく**

**ケニア　データ**

| 面積 | 59万km² |
|---|---|
| 人口 | 5377万人 |
| 通貨 | ケニア・シリング |
| 言語 | スワヒリ語，英語 |
| 宗教 | 伝統信仰，キリスト教，イスラム教 |

産業別人口構成
　第一次　17.8%
　第二次　18.3%
　第三次　63.9%

ナイロビ

**参　考**

**中国の影響力**

アフリカ諸国には近年，中国からの援助で鉄道や港などが建設されている。また，労働者も多く移住している。アフリカの資源や市場の安定的な確保が理由と考えられている。

## 4　ナイジェリア　　首都　アブジャ──油田をめぐる対立

### a. 国土のあらまし

　西アフリカに位置し，**アフリカで最も人口の多い国**である。国土の大部分は熱帯の気候だが，内陸には乾燥帯も分布する。もともとこの地域にはマリ王国やガーナ王国が栄えていたが，奴隷貿易によっておとろえ，イギリスの植民地になったという歴史を持つ。

### b. 民族対立と産業

　北部のハウサ・西部のヨルバ・東部のイボの三大民族が対立している。1967年，イボ族を中心とする東部の州が「ビアフラ共和国」の独立を宣言し，内戦となった。結局多数の死傷者や餓死者を出し，内戦は終了した。このように，**民族の対立は深刻な政治不安をまねいている**。その背景にあるのが**アフリカ最大の産油量をほこる油田**である。沿岸部の油田から得られる大きな収入はこの国の経済の中心をなしている。カカオや落花生なども重要な輸出品である。

## 5　南アフリカ共和国　　首都　プレトリア
──アフリカ最大の工業国

### a. 国土のあらまし

　アフリカ大陸の南の端にある。東部は温帯，それ以外は乾燥帯となっている。最初にこの地域に進出したのは**オランダ**だったが，やがて**イギリス**が植民地をつくった。ダイヤモンドの発見は両植民地の対立をまねき，2度にわたるボーア戦争を経てイギリスが勝利した。1910年に独立したが，その後，有色人種を差別する**アパルトヘイト（人種隔離政策）**を行った。国際社会の経済制裁などにより，差別政策は撤廃されたものの，白人と黒人の経済格差は大きいままである。

### b. 生活と産業

　温帯の気候をいかした農業がさかんで，小麦，とうもろこし，ぶどう，かんきつ類などさまざまな農産物が生産される。経済の中心は豊富な地下資源で，ダイヤモンドをはじめ，金やプラチナなど高価な金属がとれる。また**レアメタル**とよばれる希少金属は，ICTなどの先端技術産業や航空宇宙産業などの機械の部品に使用されており価値が高い。**地下資源をいかしてアフリカ最大の工業国となっており**，BRICSの構成国の1つでもある。

●●もっとくわしく

**ナイジェリア　データ**

| | |
|---|---|
| 面積 | 92万km² |
| 人口 | 2.1億人 |
| 通貨 | ナイラ |
| 言語 | 英語，ハウサ語，ヨルバ語など |
| 宗教 | キリスト教，イスラム教など |

産業別人口構成
　第一次　30.6%
　第二次　14.1%
　第三次　55.3%

●●もっとくわしく

**南アフリカ共和国　データ**

| | |
|---|---|
| 面積 | 122万km² |
| 人口 | 5931万人 |
| 通貨 | ランド |
| 言語 | アフリカーンス語，バンツー諸語，英語など |
| 宗教 | キリスト教，伝統信仰，イスラム教など |

産業別人口構成
　第一次　5.6%
　第二次　23.8%
　第三次　70.5%

## 6 モノカルチャー経済の国々——経済が不安定

アフリカの国々は植民地時代から農業や鉱業を中心としていたが、現在もその状況は続いている。たとえば**コートジボワール**（フランス語で象牙海岸の意味）は**カカオ**と**コーヒー**の世界的産地である。また、コンゴ民主共和国からザンビアにかけては**カッパーベルト**とよばれる**銅**の一大産地である。**特定の産物に輸出をたよるモノカルチャー経済のしくみは、その産物を購入する先進国の経済状況や天候によって価格が左右される**ため、経済が不安定である。また特定の輸出作物にたよると、自国民の食料すらも輸入にたよらざるをえず、不作のときなどは食料危機におちいる。

植民地支配から独立してもヨーロッパとのつながりは深く、たとえば、航空路線をみても日本からアフリカの都市へ行こうとするとヨーロッパの都市を経由しなければならない。また、言語も旧宗主国の言葉がそのまま使われていることが多く、企業のつながりも深い。

▲アフリカの地図

### 研　究

**アパルトヘイトとはどのような政策か？**

人口の約80％を占めていた非白人を国土の約13％という狭くて条件の悪い土地に住まわせたり、過酷な労働につかせたりして、黒人の自由を奪う人種差別政策がアパルトヘイトである。1991年に人種差別に関する法律が全廃され、1994年には初めて黒人の大統領が誕生した。

### 参　考

**アフリカがかかえる課題**

**①地域紛争**

アフリカの多くの国が、国家財政のかなりの部分を外国の援助にたよっている。そのような国では、援助をどのように分配するのかも大きな課題である。経済的な不平等はしばしば対立や紛争、内戦やそれにともなう難民をうみだす。

**②感染症**

近年アフリカで深刻な問題となっているのはHIV（エイズ）やエボラ出血熱、新型コロナウイルスなどの感染症である。貧困や衛生状況の悪さなどさまざまな要因が考えられるが、各国とも真剣に対策に取り組んでいる。

### Q&A　サヘルの拡大とは何か？

地図帳で世界最大のサハラ砂漠をみると、南側にサヘル（アラビア語でふちや岸を意味する）とよばれる帯状の地域が広がっている。この地域はもともと乾燥しており樹木も少なかった。しかし人口の急激な増加は、燃料用の樹木の伐採や適切な放牧量以上の家畜を飼う過放牧などをまねき、急速に乾燥地が拡大した。加えて雨が少ない干ばつがおそうと、砂漠化がさらに進んでしまう。このようにして、しばしばサヘルでは飢餓が発生している。対策としては、根気よく樹木を植えて再生させることや、生活の改善、水の供給などがあるが、なかなか進んでいない。

## §6　北アメリカの国々

> **重要ポイント**
> □北アメリカはアメリカ合衆国とカナダの2つの国からなっている。
> □北アメリカ大陸は西側が山脈や高原で高く，中央部に平原が広がる。
> □アメリカは多民族で構成されており，「民族のサラダボウル」といわれる。
> □農産物では小麦や大豆，とうもろこしなど穀物の世界的な生産地域である。
> □航空機，コンピュータなど先端技術産業や軍需産業が発達している。

## ① アメリカ合衆国

### 1 北アメリカのあらまし
──多様な自然・気候と開拓の歴史

　北アメリカ大陸のメキシコより南の国をのぞいた部分が北アメリカである。自然環境をみると，西部の太平洋岸に沿って連なる新期造山帯のロッキー山脈は高く険しい山々である。中央部にはプレーリーとよばれる大規模な平原が広がり，ミシシッピ川が南北に流れている。東部には古期造山帯のアパラチア山脈があり，カナダとの国境付近には氷河によってつくられた五大湖がある。気候は温帯，冷帯（亜寒帯），乾燥帯が分布し，寒帯も一部みられる。

### 2 北アメリカの成り立ち──星条旗が表すもの

　北アメリカ大陸の先住民を，ネイティブアメリカンとよぶ。1492年に西インド諸島にたどりついたコロンブスは，そこで生活する人々をインド人と考えてインディアンとよんだ。16世紀にはスペイン人，その後はイギリス人やフランス人が北アメリカに移住してきた。なかでもアングロサクソン民族のイギリス人が開拓・建国を進めたので，北アメリカはアングロアメリカともよばれた。その後，東部13州がイギリスからの分離独立を宣言し，国土を拡大していった。アメリカの国旗の赤と白の横線は独立時の13州を表している。

### ●●もっとくわしく

**ネイティブアメリカン**
インディアンを含むアメリカ合衆国内の先住民族をまとめてネイティブアメリカンとよぶ。ヨーロッパ人がインディアンとよんだ人々はスー，コマンチ，チェロキーなどさまざまな部族に分かれて暮らしていた。インディアンは白人による開拓が進むと，戦争で殺されたり，病気で死んだりと人口がしだいに減少していった。19世紀後半からは政府の保護政策によって居留地で生活している人々もいる。アメリカにはシアトルなどインディアン起源の地名がたくさんある。

東部から
西部へ拡大した。

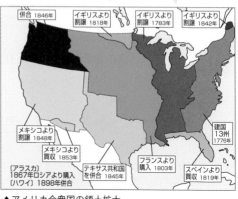

| 併合　1846年 | イギリスより割譲　1818年 | イギリスより割譲　1783年 | イギリスより割譲　1842年 |

建国
13州
1776年

メキシコより割譲　1848年
メキシコより買収　1853年
（アラスカ）
1867年ロシアより購入
（ハワイ）1898年併合
テキサス共和国を併合　1845年
フランスより購入　1803年
スペインより買収　1819年

▲アメリカ合衆国の領土拡大

## 3　多様な民族
—人種差別と闘ってきた歴史と「民族のサラダボウル」

### a．黒人奴隷と奴隷解放，公民権運動まで

アメリカ南部の農園（プランテーション）では，**タバコ**や**綿花**の栽培がさかんに行われていた。綿花のつみとりには大量の労働力が必要とされ，そのために**アフリカから黒人が奴隷として連れて来られた**。黒人は奴隷市場で取り引きされ，農園で家畜のように使われた。南北戦争に勝ったリンカン（リンカーン）によって奴隷が解放された後は，黒人は人格と自由を獲得したが，**差別は依然**として残っており，公共施設や乗り物では有色人種は白人と区別された。黒人に公民権が完全に与えられるのは1964年のことであった。黒人は現在ではアフリカ系アメリカ人といわれている。黒人は社会的権利を得ることはできたが，所得が低く厳しい生活を送る人々も多い。2009年に就任したオバマ大統領は，非白人，アフリカ系の最初の大統領となった。

### b．ヨーロッパ・アジアからの移民

アメリカには，イギリスやフランス以外にもドイツ・アイルランド・イタリアなどヨーロッパ各国から移民がやってきた。**ユダヤ人**も多い。アメリカで生活するユダヤ人はイスラエルの総人口をも上回る。また，アジアからも，中国をはじめ韓国・東南アジア・インドなどから多くの移民がやってきた。日本からもハワイをかわきりにおもに西海岸の都市に移民がわたった。第二次世界大戦の時に日系移民は収容所に入れられて，厳しい生活を強いられた。

さらに，近年では，メキシコなどのラテンアメリカ諸国から，**スペイン語を母語とするヒスパニックとよばれる移民**が増加している。ヒスパニックの人口は増加しており，現在ではアメリカの総人口の約18％を占めている（2018年）。アメリカ南部・西部で生活し，低賃金の労働についている人々が多い。子どもたちの教育や生活保障などが課題となっている。

それぞれの民族は，あまりまざりあうことなく民族ごとに集まって暮らしており，「**民族のサラダボウル**」といわれている。

**参　考**

**公民権運動**
現在多くの日本人が活躍するメジャーリーグも昔は黒人がプレーすることはできなかった。黒人だけのニグロリーグで試合を行っていた。公民権運動は1950年代後半，南部でさかんになったが，白人の妨害にあい，多くの黒人の命がうばわれた。

▲キング牧師

**●●もっとくわしく**

**アメリカ合衆国の人口構成**
各民族があまりまざりあうことなく暮らしているので，サラダボウルにたとえられる。

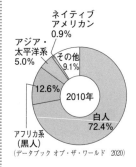

ネイティブアメリカン 0.9%
アジア・太平洋系 5.0%
その他 9.1%
12.6%
2010年
白人 72.4%
アフリカ系（黒人）
（データブック オブ・ザ・ワールド 2020）

**参　考**

**トランプ大統領とアメリカの変化**
2017年，トランプ大統領はヒスパニック系移民の増加を防ぐため，メキシコとの国境に壁をつくることを公約として当選した。移民を受け入れて発展してきたアメリカは大きく変化しつつある。

### 4 アメリカの農業——大規模経営で高い農業生産力

#### a．農業地域区分

　アメリカは世界有数の農業国である。世界のおもな農作物（とくに穀物）の生産国をみると，上位にアメリカが入っていることが多い。農業生産は，3億人以上の人口を養うために重要なことだが，輸出用の商品としても重要である。しかし，第一次産業で働く人口の割合は非常に低い。**少ない農業人口で，世界的な生産量をあげ，輸出している**。

　アメリカの農業地域区分をみると，適地適作でその土地の自然条件に合った作物を栽培していることがわかる。国土のほぼ中央を通る西経100度の経線を境にして，東側に農業地域が広がっている。この経線は年間降水量約500mmの等降水量線とほぼ一致している。年間降水量500mmは，農業を行うにはやや少ないので，西経100度あたりでは大規模なセンターピボット農法が行われている。

#### ①春小麦・冬小麦地域

　アメリカを代表する小麦生産地域。秋に種をまいて冬を越し，初夏に刈り取る麦を冬小麦という。一方，春に種をまいて秋に刈り取る春小麦は**高緯度で気温の低い地域**で栽培される。

#### ②とうもろこし地域

　コーンベルトとよばれる。とうもろこしは家畜の重要な飼料となる。また，実をしぼって油を生産している。

#### ③綿花地域

　コットンベルトといわれ，建国当時からの大規模栽培地域。南部の工業化が進むにつれて，**おもな生産地は西に移動**している。

#### ④酪農地域

　五大湖沿岸では氷河による侵食で土地がやせていることや大都市に近いことなどから，酪農が発達している。牛乳をはじめ，チーズやバターなどが大消費地に送られている。

●●**もっとくわしく**

**アメリカ合衆国　データ**
面積　983万km²（世界3位）
人口　3.3億人（世界3位）
通貨　ドル
言語　英語
宗教　プロテスタント，カトリック，ユダヤ教
産業別人口構成
　第一次　1.6%
　第二次　18.4%
　第三次　77.8%

生産（2018年）

小麦　7.3億t
中国　17.9%
インド　13.6
ロシア　7.0
アメリカ合衆国
その他

とうもろこし　11.5億t
アメリカ合衆国　34.2%
中国　22.4
その他

大豆　3.5億t
アメリカ合衆国　35.5%
ブラジル　33.8
その他

輸出（2017年）

小麦　2.0億t
ロシア　16.8%
アメリカ合衆国　13.9
カナダ　11.2
その他

とうもろこし　1.6億t
アメリカ合衆国　32.9%
ブラジル　18.1
アルゼンチン　14.7
その他

大豆　1.5億t
アメリカ合衆国　36.5%
ブラジル　44.9
その他

（世界国勢図会　2020/21年版）

▲穀物の生産量と輸出量の国別割合

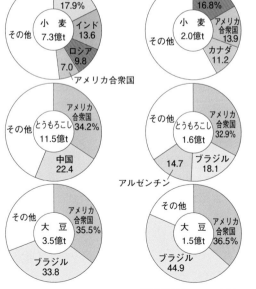

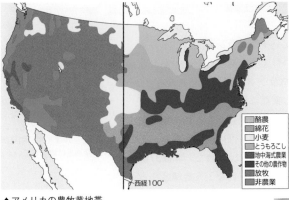

酪農
綿花
小麦
とうもろこし
地中海式農業
その他の農作物
放牧
非農業

西経100°

▲アメリカの農牧業地帯

**センターピボット農法**

カンザス州やネブラスカ州などの乾燥地帯では，地下水をくみ上げて，半径400mのアームで水をまくセンターピボット農法が行われている。円形の畑に360度回転するアームで水をまく。しかし大量の地下水を使用するため，さまざまな問題が起こっている。

### b．大規模な生産をささえる企業的農業

　アメリカの農業従事者1人あたりの平均耕地面積は約180haと**大規模**で，企業的な経営が行われている。何億円もする機械を使い，ヘリコプターや飛行機で農薬や種をまき，収穫する。とれた農産物はシカゴの穀物市場の価格をみながら出荷する。その生産をささえるのが，アグリビジネスとよばれる**農業関連産業**である。品種改良や遺伝子組み換えによって病虫害に強く収穫の多い種子を開発し，農家に売り，農産物の出荷から運搬，販売までを**穀物メジャー**とよばれる**多国籍企業**が一手に引き受ける。

　しかし，急速な農地の拡大と農薬や化学肥料の投入は**土壌汚染や土壌侵食，地下水の減少**をまねいており，今後の生産のあり方に課題を残している。

▲センターピボット農法

### アグリビジネスの活動にはどのようなものがある？

　アグリビジネスは世界から情報を収集し，さまざまな機会を利用して最大限の利益をあげることを考えている。

　かつて，アメリカとソ連が対立していた時代に，ソ連で不作の年があった。そのとき，アメリカから大量の穀物をソ連に輸出した。実は，アメリカの穀物商社（穀物メジャー）はとっくにその年の不作を予知していた。このように，たとえ対立している国とでも取り引きするのがアグリビジネスの戦略である。ほかにも，ある農薬の会社は，その会社の農薬では枯れない作物をつくって，農薬とセットで種子を売るということもしている。

## 5 アメリカの工業——世界有数の工業国

### a. 鉱工業の発展

建国当時，大西洋岸のニューイングランドでは，水力発電を利用した繊維工業などの軽工業が発展した。やがて五大湖沿岸のメサビ鉄山やアパラチア炭田が開発されると，五大湖沿岸から大西洋沿岸の東部は世界の工業の中心となり，鉄鋼や自動車など重化学工業が発達した。1970年代後半になると，南部のメキシコ湾岸で石油の開発が進み，工場はしだいに南部や太平洋岸に移動しはじめた。北緯37度以南の地域はサンベルトとよばれ，重要な工業地域となっている。航空宇宙産業や軍需産業もアメリカの工業技術の向上をささえている。一方，五大湖沿岸の工業地域はラストベルト(さびた地帯)とよばれ，製造業が衰退している。

### b. おもな工業地域・都市

#### ①五大湖沿岸

ピッツバーグで製鉄，デトロイトで自動車，シカゴで農業機械・食品などの工業が発達している。

#### ②ニューイングランド

ボストンを中心に伝統的な織物工業などがあったが，最近では電子工業も発展し，エレクトロニクスハイウェイとよばれている。

▲おもな鉱産資源と工業地域の分布

#### ③大西洋岸

ニューヨークから南の大都市周辺に広がる工業地域。フィラデルフィア，ボルティモアなども含めて，鉄鋼，食品，出版などの工業がさかんである。

#### ④サンベルト

ヒューストンの石油化学工業や宇宙関連産業が有名である。ヒューストンとダラスを中心とする一帯はシリコンプレーンとよばれ，先端技術（ハイテク）産業が集まっている。

#### ⑤太平洋岸

シアトルで航空機などの工業が発達している。サンフランシスコ近郊のサンノゼ周辺はシリコンバレーとよばれ，電子工業などのコンピュータ関連産業が発展している。

---

参 考

**エネルギー産業**

アメリカは，エネルギーを大量に消費する国でもある。そのため，国内で石油を産出するが，海外からも輸入している。国内の油田は内陸部，カリフォルニア，メキシコ湾岸，アラスカなどにある。近年，シェールオイルの開発が進み，産油量は増加している。

---

用 語

**先端技術（ハイテク）産業**
高度な知識と技術を用いて工業製品などを生産する新しい産業。産業用ロボットのようにエレクトロニクス（電子技術）と機械を組み合わせたメカトロニクス産業，人工衛星などの航空・宇宙産業，ファインセラミクスなどの新素材産業，バイオテクノロジー関連産業などがあげられる。

**6** 進むグローバリゼーション──全世界に広がる多国籍企業

　アメリカの企業といって思い浮かべるのはどんなブランドだろうか。たとえば，ファストフードのチェーン店を思い出してみよう。全世界にチェーン店を拡大しているこのような企業は，各国に**現地企業をつくり，同じ製品を同じ規格で販売**している。このように**多くの国に支社や現地企業をつくり活動している企業を多国籍企業という**。多国籍企業の市場は世界全体である。そのためにさまざまな調査を行い，その国にあった商品の開発や販売のしかたをとる。宗教によっては素材を変える必要がある場合がある。たとえば牛肉を食べない地域では，鶏肉を中心にするなど食材の工夫が必要である。このように**多国籍企業は世界中から利益が集まるしくみをとっている。**

**参　考**

**グローバリゼーション**
地域や国家という範囲をこえて，地球規模でさまざまな活動が行われること。

▲ファストフードのチェーン店（カタール）

**多国籍企業**
**公民編** P.571▶▶
**貿易摩擦**
P.129▶▶

**7** 日本との関係──日本とアメリカの強い絆と課題

　**アメリカと日本は強い貿易関係で結ばれている。**日本からアメリカへの輸出品は，**機械類や自動車，精密機械**などである。一方，アメリカから日本への輸出品は，**機械類や航空機**のほかとうもろこし，肉類，大豆などの農産物である。しかし，金額でみるとアメリカへの輸出額がアメリカからの輸入額を大きく上回り，日本の貿易黒字となっている。

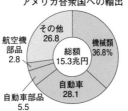

**アメリカ合衆国への輸出**
その他 26.8／機械類 36.8%／航空機部品 2.8／総額 15.3兆円／自動車 28.1／自動車部品 5.5

**アメリカ合衆国からの輸入**
機械類 26.3%／航空機類 5.8／医薬品 5.6／科学光学機器 5.3／肉類 4.6／その他 52.4／総額 8.6兆円

（日本国勢図会 2020/21年版）
▲アメリカと日本の貿易（2019年）

**Q&A　アメリカの軍需産業って何？**

　軍需産業とは軍隊に必要な兵器や装備などを生産する産業のことである。世界最新鋭の兵器を開発するには莫大な費用がかかる。そのため，開発された兵器はアメリカ軍が使うだけでなく，世界に輸出されており，重要な収入源となっている。

　兵器は戦場で使われるので，求められるのは厳しい環境でも正確に動くことや，こわれないことである。このような技術は，私たちが日常生活で使うものに生かされていることもある。

## 8 都市と交通，文化──世界への情報発信地

### a．都市と交通

　アメリカの大西洋岸には大都市が連なっており，メガロポリスとよばれている。ボストンからニューヨーク～フィラデルフィア～ボルティモア～ワシントンD.C.にいたる長さ約700kmにもおよぶ人口集中地域である。アメリカのみならず**世界の政治・経済の中心**となっている。しかし，ニューヨークや太平洋岸のロサンゼルスなどの大都市では，さまざまな**都市問題**も起こっている。人口や車の増加にともなう**大気汚染**，**騒音**，住宅環境の悪化からくる**スラム化**，**治安の悪化**などである。

　アメリカでは，車がないと生活ができないほど，どこへ行くにも車を利用する。都市の間はハイウェイで結ばれ，長距離になると飛行機で移動する。

### b．アメリカの文化

　アメリカの**三大スポーツ**は野球，アメリカン・フットボール，バスケットボールである。ほかにもアイスホッケーなど，アメリカには多くのプロスポーツがある。野球に代表されるように，海外から多くの優秀な選手をスカウトしてチームをつくる。その結果，選手を送り出した国でも視聴率やグッズの売り上げがあがる。このようにして，アメリカの文化はビジネスと深く結びついている。**映画産業も**ハリウッドを中心に展開し，その作品は世界中に送り出されている。たとえばディズニーランドも映画産業から世界へ広がっていった娯楽産業である。多くの民族で構成されているアメリカは，それぞれの民族の特色などをつなげて新しい文化をつくり出すエネルギーをもつ国である。

**参 考**

**アメリカの自動車産業**
自動車が発明されたのはドイツだが，大量に生産して工業製品にしたのはアメリカである。国土が広大なアメリカでは，大型で馬力の大きい車が人気であったが，エネルギー不足や大気汚染などから近年は燃費のよい車も求められるようになった。また，州によっては環境基準が厳しくなっている。

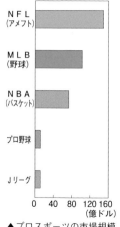

▲プロスポーツの市場規模
（2016-18）
(ChicagoTribune, Forbes, Statista, Baseball Federation of Japan, 日本プロサッカーリーグ)

## アラスカとハワイはどのようにアメリカの州になったのか？

　アラスカは1867年に当時のロシアから非常に安く買った土地である。先住民のイヌイットやネイティブアメリカンの人々が多く暮らしている。石油が発見されてからは資源・エネルギーが眠る場所として重要性が増している。

　ハワイは1959年，アラスカに次いでアメリカ50番目の州となった。パイナップルやさとうきびの栽培がさかんで，日本人も農園の労働者として渡り，現在日系人の数も多い。太平洋戦争のきっかけとなった真珠湾攻撃でも知られるように，北太平洋のほぼ中央にあるため，軍事戦略上からも重要な場所となっている。

# ② カナダ

## 1 国の成り立ち──多様な民族で構成される国

北アメリカ大陸の北部を占める**世界第2位の国土をもつ国**である。国土の大部分には冷帯（亜寒帯）と寒帯が分布している。最初にイギリスが領土としたが，フランス人も植民地をケベックに建設した。その後，英仏植民地争いに勝利したイギリスの支配地となったが，1867年に自治領となった。東部のケベック州は，**現在でもフランス系住民が多く**，分離独立運動もさかんである。カナダには，近年はアジア系の移民も増えている。イギリス連邦の加盟国である。

## 2 産業と文化──豊富な天然資源とアメリカとの関係

農牧業は，アメリカとの国境である**北緯49度の緯線**をまたいで，春小麦の栽培地域が広がっている。森林資源や水産物にもめぐまれており，輸出品となっている。鉱産資源も豊富で，ウラン，ニッケル，亜鉛，金，銀，銅など種類も多い。また水力発電を利用したアルミニウム工業や自動車工業もさかんである。**人口は東部に集中**しており，モントリオール，オタワ，トロントなどの大都市に工業が集中している。

国土を接している**アメリカの影響**は強く，貿易をみると輸出では約76%，輸入では約51%がアメリカとの間で行われている（2018年）。さらに，1994年にメキシコ，アメリカとの間に結ばれた**NAFTA（北米自由貿易協定）**は，関税を廃止して，EUのような共同市場をつくることを目的としていた。2020年7月，NAFTAに変わる新しい貿易協定として，USMCA（アメリカ・メキシコ・カナダ協定）が発効した。

●●もっとくわしく

**カナダ データ**

| | |
|---|---|
| 面積 | 999万km²（世界2位） |
| 人口 | 3774万人 |
| 通貨 | カナダ・ドル |
| 言語 | 英語，フランス語など |
| 宗教 | カトリックなど |

産業別人口構成
第一次　1.6%
第二次　19.6%
第三次　78.8%

▲ロッキー山脈

## ?Q&A イヌイットってどんな人たち？

イヌイット（人間という意味）とよばれる先住民はカナダやアラスカ，グリーンランドなどで暮らしている。野菜や果物がとれないため，アザラシやトナカイの生肉を食べてビタミン類を補っている。カヌーや犬ぞりで移動しながら狩猟をする暮らしをしていたが，政府による定住化政策が進み，生活が大きく変化している。

地理編　第1章 世界と日本の地域構成　第2章 世界の国々　第3章 さまざまな面からみた日本の姿　第4章 身近な地域や都道府県のようす

## §7 中南アメリカの国々

□メキシコ, 中央アメリカ, カリブ海の島国, 南アメリカ大陸の国々に分けられる。
□おもにスペインとポルトガルの植民地となっていたためラテンアメリカともよばれる。
□ヨーロッパ系, アフリカ系, 先住民などさまざまな民族が生活している。

## ① 中南アメリカの国々

### 1 中南アメリカのあらまし
——ヨーロッパの植民地支配を受けた国々

　中南アメリカは, 北アメリカ大陸の南にあるメキシコと中央アメリカ・南アメリカ大陸・カリブ海の島々からなる地域である。アメリカやカナダに移住したアングロサクソンに対して, **ラテン民族による植民地支配を受けたのでラテンアメリカ**ともよばれる。赤道をはさんで, **熱帯・温帯**の気候が広く分布するが, 一部に乾燥帯や寒帯もみられる。太平洋側は高原や山脈が続き, **火山**や**地震**による被害もみられる。一方, アンデス山脈の東側では**リャノ, セルバ, カンポ,** パンパなど独特の気候と植生がみられ, 人々の生活もさまざまである。中南アメリカでは, 1810～30年代にかけて多くの国が独立した。しかし, **大土地所有制度**などの植民地時代の古いしくみが残り, 近代化は遅れた。第二次世界大戦後はアメリカの経済進出がめざましく, 「アメリカの裏庭」ともよばれている。

### 2 メキシコ　　首都　メキシコシティ
——古代文明が栄えた高原の国

#### a. 国土のあらまし

　2,300mの高地にある**メキシコシティ**は, かつて湖だったためにくぼんだ盆地状の地形にあり, 大気汚染が深刻化している。古くはユカタン半島のマヤ文明や, メキシコ高原を中心として発展したアステカ文明が栄えたが, **スペイン人によってほろぼされた。**鉱産資源に恵まれ, 植民地時代から銀の世界的な産出国である。また, メキシコ湾岸からは石油が産出される。

**ヨーロッパの侵略**
ラテンアメリカの先住民であるインディヘナ（インディオ）は, マヤ文明やインカ文明を築き上げて栄えていた。しかし16世紀になるとスペイン人やポルトガル人が銀や農産物を求めて侵出し, 武力による先住民の大量虐殺を行ったため, 文明がまるごとほろぼされてしまった。

歴史編　P.307 ▶▶

**もっとくわしく**

**メキシコ　データ**

| | |
|---|---|
| 面積 | 196万km² |
| | （日本の約5倍） |
| 人口 | 1.3億人 |
| 通貨 | ペソ |
| 言語 | スペイン語など |
| 宗教 | カトリックなど |

産業別人口構成
　第一次　13.0%
　第二次　25.3%
　第三次　61.2%

メキシコシティ

## b．産業と生活

　1910〜17年のメキシコ革命後は産業の国有化を進め，工業が発展した。となりの国のアメリカとは**リオグランデ川**によってへだてられているが，国境をこえて働きに行く人々も多い。また，国境付近の**マキラドーラ**とよばれる輸入にかかる諸税などを免除する地域には，アメリカなどの海外の企業が進出した。アメリカ・カナダとの間に**ＮＡＦＴＡ（北米自由貿易協定）**が結ばれたことによって，アメリカへの依存度はさらに増した。

## ③ ブラジル　　首都　ブラジリア
—— アマゾン川の恵みを受ける国

## a．国土のあらまし

　南アメリカで最も人口・面積の大きいブラジルは，国土の大部分が高原で，人口もそこに集まっている。**アマゾン川は世界で最も流域面積の大きい川**で，豊かな自然を育んでいる。アマゾン川の流域は**セルバ**とよばれる熱帯雨林で，樹種も豊富である。さまざまな動物も生息している。高原は**カンポ**とよばれる木もまばらな草原で，雨季と乾季の分かれた気候で乾燥している。ポルトガルの植民地支配を受けたため，公用語は**ポルトガル語**である。世界有数のサッカーのさかんな国としても知られている。

## b．産業と文化

　農業では，**さとうきびやコーヒーの栽培**が広く行われている。特に，コーヒーは世界最大の生産量（2018年）と輸出量（2017年）がある。かつては農産物などの輸出に頼る**モノカルチャー経済**の国であったが，大豆や綿花・とうもろこしなどさまざまな農産物を生産・輸出する国となった。ボーキサイトや鉄鉱石などの**鉱産資源が豊富**であり，ヨーロッパや日本に輸出している。資源を利用した工業が発達した**BRICS**の構成国の１つである。また，エネルギー資源としてさとうきびからつくられた**バイオエタノール**を利用している。**日本からの移民が多く**，現地で成功している二世や三世もいる。一方，日本に出稼ぎにくる人も多く，日本国内の工業地域ではブラジルからの**日系人**も少なくない。

▲中南アメリカの国々

### 4 アルゼンチン　　首都　ブエノスアイレス
——南アメリカ大陸の南東部にある草原の国

**a．国土のあらまし**

　ラプラタ川流域のパンパとよばれる温帯草原では，牛や羊を飼う牧畜業がさかんである。スペインによる植民地支配を受けたため，言語や宗教にその影響が残っている。

**b．生活と文化**

　アルゼンチンは南半球に位置しているため，北半球とは季節が逆である。そのため，北半球で農産物（たとえば小麦）がとれない時期に農産物を生産することができる。また，19世紀後半に冷凍船が開発されてからは，牛肉や酪農製品のヨーロッパへの輸出が可能になった。ヨーロッパ系の割合が高い。2000年代に入り，経済危機が続いている。

### 5 アンデスの国々
——古代文明が栄えたペルーと内陸国ボリビア

**a．国土のあらまし**

　ペルー（首都リマ）は，南アメリカ大陸の西部にあり，太平洋岸，アンデス山脈，アマゾン川上流域という3つの地域からなっている。ナスカの地上絵で知られるように，古くから文明が栄えていた。なかでもクスコを中心とするインカ文明は有名である。世界遺産となっているマチュピチュは2,400mの山の上にある古代都市の遺跡である。

**b．生活と産業**

　先住民はアンデス山脈の高地ではリャマやアルパカなどの家畜を飼い，運搬や衣料の原料として使っている。また，南アメリカ原産のじゃがいもやとうもろこしなどを栽培している。高度が低い地域では，コーヒーやバナナ，さとうきびなどを栽培している。

　となりのボリビア（首都ラパス）は海のない内陸国だが，世界で最も高いところにあるチチカカ湖（約3,800m）がある。首都のラパスは，海抜が4,000mほどの高地にあり，空気がうすいために火災が発生しにくい。一年中が春先のような気候（高山気候）である。

▲マチュピチュ

●●もっとくわしく

**アルゼンチン　データ**

| | |
|---|---|
| 面積 | 280万km² |
| 人口 | 4520万人 |
| 通貨 | ペソ |
| 言語 | スペイン語 |
| 宗教 | カトリック |

産業別人口構成
（都市的地域）
| | |
|---|---|
| 第一次 | 0.5% |
| 第二次 | 24.0% |
| 第三次 | 74.7% |

ブエノスアイレス

●●もっとくわしく

**ペルー　データ**

| | |
|---|---|
| 面積 | 129万km² |
| 人口 | 3297万人 |
| 通貨 | ヌエボ・ソル |
| 言語 | スペイン語，ケチュア語，アイマラ語 |
| 宗教 | カトリック |

産業別人口構成
| | |
|---|---|
| 第一次 | 25.6% |
| 第二次 | 17.8% |
| 第三次 | 56.6% |

リマ

## 6　中央アメリカの国々
### ——北アメリカ大陸と南アメリカ大陸をつなぐ地域

中央アメリカには**グアテマラ**や**ホンジュラス**, **コスタリカ**, **エルサルバドル**などの国々がある。バナナやコーヒー, 綿花などを栽培している。コスタリカは軍隊を持たない国として知られている。パナマは**大西洋と太平洋を結ぶパナマ運河**のある国である。全長は80kmほどで, 高さの差があるために閘門式運河（門をしめて水位を少しずつ上下させながら進む運河）となっている。パナマは, 運河を建設したアメリカが運河を独占管理するためにコロンビアから独立させた国であった。しかし, 1999年に運河が返還された。船舶の大型化に対応するために, パナマ運河拡張工事が行われた。

▲パナマ運河

## 7　カリブ海の国々——大小さまざまな国々

カリブ海には大小さまざまな国々がある。**キューバ**は1961年に**社会主義国家**となった。土地や企業を国有化し, 人々の生活は平等性が高いが, 経済的には厳しい。**さとうきびの世界的な産地**として知られており, 砂糖は重要な輸出品である。

### ●●もっとくわしく

**キューバ　データ**

| | |
|---|---|
| 面積 | 11万km² |
| 人口 | 1133万人 |
| 通貨 | キューバ・ペソ |
| 言語 | スペイン語 |
| 宗教 | カトリックなど |

産業別人口構成
　　第一次　18.9%
　　第二次　16.9%
　　第三次　64.2%

ハバナ

---

## Q&A　アマゾンやアンデスの高地はどんなところ？

### ①アマゾン

アマゾンの開発はもともと天然ゴムからはじまった。原産地であるこの土地にゴムを求めて多くの人々が入り込んだ。しかし, ゴムが東南アジアに移植されると急速に産業は衰えた。その後, こしょうが紹介され, 「黒いダイヤ」として急速に栽培が広がった。やがて, こしょうの病気が広がると栽培面積も減っていった。内陸部に道路が整備されると, 森林の伐採も進んだ。とくに東西にのびるアマゾン横断道路ができると, 伐採面積も拡大し, 大量の緑が失われるため, 地球環境問題にまで発展している。

### ②アンデスの高地

日本などからラテンアメリカの高地に旅行に行くと, 空気がうすいために, 高山病にかかることがある。高山病は, 死に至る場合もある。このため, ホテルなどには酸素吸入器があり, 対応できるようになっている。高山病にかかった場合は, まず低いところにおりるとよくなる。また, 高山病をさけるには, 低いところから少しずつ体をならして上がっていくのが最も効果的である。

## §8　オセアニアの国々

## ① オセアニアの国々

### 1 オセアニアの国々
——日本の標準時子午線の隣人

#### a．地域のあらまし

　太平洋の南部にあるオーストラリア大陸と，太平洋にある多くの島々からなる地域。日本の真南に位置しており，**標準時子午線（東経135度）の隣人**ともいわれる。この地域の存在がヨーロッパに伝わったのは遅く，植民地とされたのも遅かった。20世紀に独立が進み，当初はヨーロッパの国々とのつながりが深かったが，近年ではアジアやアメリカとのつながりがしだいに強くなっている。

▲ウルル（エアーズロック）

### 2 オーストラリア　首都　キャンベラ
——人口2,500万人の多文化社会

#### a．国の成り立ち

　コアラやカンガルーなどの動物で知られるように，オーストラリアには独特の動物が生息している。国土は東部が古期造山帯の**グレートディバイディング山脈**，中央部に砂漠，西部に台地がみられる。気候は**乾燥帯**の占める面積が最も大きい。北部に熱帯性の気候，南東部などに温帯がみられる。人口が集中しているのは温帯の地域である。もともとこの大陸には**アボリジニ**とよばれる**先住民**が生活していたが，18世紀にイギリス人のクックがニュージーランドやオーストラリアを探検・調査した後，イギリスの**植民地**となり，多くのヨーロッパからの移民が住みついた。そして，先住民はしだいに内陸へ追いやられ，人口も減少していった。

●●●もっとくわしく

**オーストラリア　データ**

| | |
|---|---|
| 面積 | 769万km²（日本の20倍） |
| 人口 | 2550万人 |
| 通貨 | オーストラリア・ドル |
| 言語 | 英語 |
| 宗教 | キリスト教など |

産業別人口構成
　第一次　　2.6%
　第二次　19.4%
　第三次　78.0%

## b．白豪主義から多文化社会へ

　白人を中心とした国づくりを進めたオーストラリアは厳しい移民制限をした。これを白豪主義とよぶ。国土が広いうえに人口が少ないため，人口密度は現在でも1km²あたり3人で，非常に低い。人口の大部分はシドニーやメルボルンなどの都市に集中している。人種差別と批判された白豪主義は1970年代に廃止され，その後はアジアなどからの移民を受け入れている。また近年では難民も受け入れている。その結果，オーストラリアは，**さまざまな文化をもつ人々が集まる多文化社会**の国となっている。

## c．生活と産業

　第一次産業の人口比率は少ないが，現在も農牧業や鉱業はオーストラリアの重要な産業である。大鑽井盆地を中心に飼育される羊はヨーロッパから持ち込まれた家畜であるが，現在でも人口の約3倍にあたる約7000万頭（2018年）を飼育している。まさしく羊の背中にのる国である。**羊毛**や肉類，酪農製品，小麦などは重要な輸出品である。また，**石炭，鉄鉱石，ボーキサイト，マンガン，ニッケル**などのさまざまな鉱物は，日本をはじめとして多くの国に輸出されている。日本の企業が開発している鉱山もある。資源に恵まれている一方で，人口が少ないことや資源の産出地がちらばっていることなどにより，工業はあまり発展していない。しかし，国民の所得は高く先進国の一員である。

　オーストラリアの国旗にはイギリスの**ユニオンジャック**が入っている。植民地時代からのつながりがあるイギリスは，かつては重要な貿易の相手国だった。しかし，現在は日本などのアジアやアメリカ合衆国とのつながりが深くなっている。

### 研究

**○○ネシアとは何か？**

太平洋の島々は，ポリネシア，メラネシア，ミクロネシアの3つの地域に分けられる。ポリネシアは「多くの島々」，メラネシアは「黒い島々」，ミクロネシアは「小さな島々」という意味をもつ。ほとんどの島々はさんご礁と火山島からなっている。

▲グレートバリアリーフ

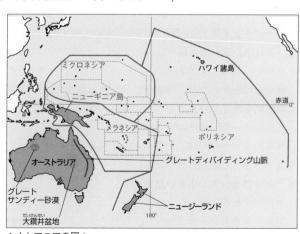

▲オセアニアの国々

## 3 ニュージーランド　　首都　ウェリントン
——牧羊とラグビーの国

### a．国土と生活

　オーストラリア大陸の南東にある島国である。北島と南島からなる。環太平洋造山帯の一部で火山や地震が多い。また地熱を利用して発電を行っている。温帯の気候である。先住民はマオリ人であったが，ヨーロッパ人が到達してから，イギリスの植民地となった。1947年に独立したが，国旗の一部にイギリス国旗が入っている。

### b．農業先進国

　輸出品の約5割を農産物が占めている（2018年）。牧羊や酪農が行われており，肉類や酪農品の輸出が多い。ヨーロッパから持ち込まれた羊は，人口の6倍近くも飼育されている。豊かな自然をいかした観光業もさかんである。ラグビーは国民的なスポーツで世界の強豪国である。

## 4 オセアニアの国や地域

　太平洋には，島国やさんご礁からなる多くの国々がある。独立が新しく，漁業や観光業,特定の鉱産資源にたよる国々が多い。かつて核実験が行われたさんご礁の島々もある。

### a．メラネシア（多くの島々）

・パプアニューギニア　首都　ポートモレスビー
　ニューギニア島の東側にある。
住民は約500の部族からなり，山岳地帯にも広がっている。

・ニューカレドニア（フランスの海外領土）
　ニッケルを産出する。豊かな自然を求めて観光客も多い。

### b．ポリネシア（黒い島々）

・ツバル　首都　フナフティ
　9つの環礁からなり，海抜が低い。地球温暖化による国土の消滅を訴えている。

・イースター島（チリの領土）
　独特の文化を持つ島。モアイとよばれる巨石の像がたてられていることが知られている。

### c．ミクロネシア（小さい島々）

・ナウル　首都　ヤレン
　世界で3番目に小さな独立国。海鳥のふんが堆積して化石となってできたりん鉱石の採掘が重要な産業であった。

---

●●もっとくわしく

**ニュージーランド　データ**

| | |
|---|---|
| 面積 | 26.8万km² |
| 人口 | 482万人 |
| 通貨 | ニュージーランド・ドル |
| 言語 | 英語，マオリ語 |
| 宗教 | キリスト教 |

産業別人口構成
　　第一次　　6.5%
　　第二次　20.2%
　　第三次　73.3%

ウェリントン

▲満潮時のツバル

§8　オセアニアの国々　／　§9　北極・南極　　99

地理編

第1章 世界と日本の地域構成

第2章 世界の国々

第3章 さまざまな面からみた日本の姿

第4章 身近な地域や都道府県のようす

# §9 北極・南極

**重要ポイント**

□北極は氷におおわれた海である。
□南極大陸は平均高度が2,200mあり，氷におおわれている。
□南極条約によって，南極はどこの国の領土でもない。

## 1 北極

　北極点を中心とする北極海とそこにある島々を北極地方という。北極海はユーラシア大陸，グリーンランド，北アメリカ大陸に囲まれた海で，北極周辺は1年中氷に覆われている。この地域には，先住民族であるイヌイットの人々が暮らしている。海をはさんで，ロシアとカナダ・アメリカが向き合っているので，冷戦の時代にはアメリカとソ連が軍事基地を配備した。冷戦後は，海や空を使った航路の開発がさかんとなった。とくに，近年氷におおわれた時期が短くなっているので，海上交通路としての利用が進められている。

## 2 南極

　南極は南極点を含む大陸で，オーストラリア大陸の約2倍の面積がある。平均気温が低く，乾燥しており，人間の生活には適さない。およそ30の国の**基地が建設され，観測や実験が行われている。**たとえば，南極の地中深いところの氷を調べると，地球の環境の変化を知ることができる。日本は南極観測船「宗谷」→「ふじ」→「しらせ」を派遣して，昭和基地で1957年から観測を続けている。隊員は越冬して，専門的な研究をしている。南極での観測によって地球のオゾン層に穴があいていることが発見された。

　近年は，観光で訪れる人も増加している。南極大陸には石炭や石油，鉄鉱石などの地下資源が存在しており，領有を主張する国もある。しかし，南極条約によって領有は認められていない。

### ●●もっとくわしく

**北極海の氷が減少する**
地球温暖化による気温の上昇によって，氷におおわれた北極海の氷の面積が夏季に減少している。氷の減少による生態系や先住民の生活への影響が心配されている。北極地方に生息するシロクマも生活がおびやかされることになる。

▲昭和基地

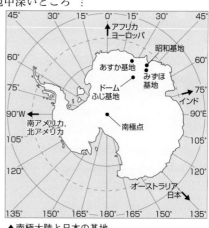

▲南極大陸と日本の基地

第**3**章
# さまざまな面から

# みた日本の姿

↑写真は，静岡県にある清水港と富士山を撮影した
ものである。
この単元では，産業に加え，地形，人口，生活や文
化など，さまざまな視点から日本という国の姿をみ
つめ直してみよう。

## §1 自然環境からみた日本の特色

**重要ポイント**

□日本は環太平洋造山帯に位置し，地震や噴火などの自然災害が多い。

□日本の国土の約4分の3は山地であり，平野は河川の河口に発達している。

□世界の気候帯は5つ。赤道から極地方にかけてほぼ緯線に沿って分布している。

□日本の大部分は温帯に属し，季節風（モンスーン）の影響を受ける気候である。

□日本の各地では，災害から生活を守る取り組みが行われている。

## ① 世界の地形

### 1 地球の内部構造とプレートテクトニクス──地球は半熟卵

地球内部は半熟卵のような構造で，核（黄身・液体）＋マントル（白身・半固体）＋地殻（殻・固体）で構成すると考えられる。地殻とマントル最上部はプレートとよばれ，地表面で10数枚に分かれている。地球内部ではマントルが対流するため，その動きに合わせてプレートは1年で10数cm程度動く。プレートの境界部分は，プレートが互いに「広がる」「狭まる（沈み込む・衝突する）」「ずれる」という3つの動きをする。その運動によって火山や地震活動が活発になると考えられている。このような考えをプレートテクトニクスという。

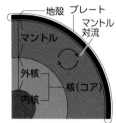

▲地球の内部構造

### 2 造山帯と安定した陸地
──地震が起こるところと起きないところ

プレートが互いに狭まる境界部分のうち，地球上で火山や地震活動が活発な地帯は，次の2つである。

・アルプス・ヒマラヤ造山帯…ヨーロッパのアルプス山脈からアジアのヒマラヤ山脈にかけて東西にのびる地帯

・環太平洋造山帯…太平洋をアーチのように囲む地帯

プレートの境界にはない地球上のその他の地域は，地質的に比較的に古い時代につくられ「安定陸塊」ともよばれており，地震や火山活動はあまりみられない。

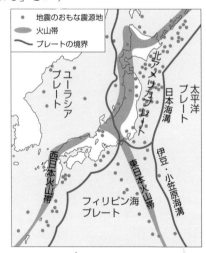

▲日本周辺のプレート

日本は4つのプレートの境界にある。プレートが沈み込む付近は地震や津波が発生しやすい。

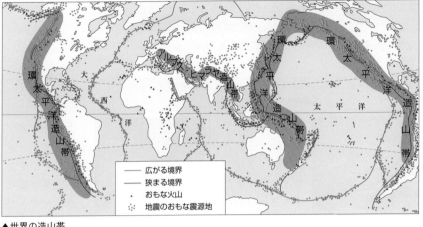

▲世界の造山帯

### 3　海底地形と海岸地形——世界のさまざまな地形

　海底にも陸上と同じように山や谷の地形が広がっている。**大陸棚**とは，大陸などの陸地の周りにある地形で，深さが200m程度の**比較的浅く傾斜もなだらかな海底**のことである。河川が流れ込みプランクトンが発生しやすく，魚介類が多く生息するため，よい漁場となっている場合が多い。

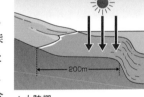

▲大陸棚

　海底が他よりも一段と深くなっているところを**海溝**とよんでいる。日本近海には，**マリアナ海溝**とよばれる海溝があり，10,920mの深さがある。

　海岸地形にはいろいろな種類があるが，かつて陸地だったところが沈んだり，海面が上昇したりしたことなどでできたのこぎり状地形の**リアス海岸**や，かつて氷河によって侵食された谷に海水が入り込んだ**フィヨルド**などの地形がみられる。

## ❓Q&A　ハワイが日本に近づいている？

　プレートテクトニクスの考え方では，地球内部のマントルの対流によってプレートは移動しており，その移動距離は1年間で10数cm程度とされている。

　ハワイ島のある太平洋プレートは，日本の沿岸で北アメリカプレートとぶつかり沈み込んでいる。地震はこのプレートの境界部分で発生することが多い。

　このことから考えると，約3,400万年後にハワイは日本に近づくことになるが，太平洋プレートが北アメリカプレートの下に沈み込んでいるため，日本に近づく前にハワイは海底に沈むことになる。

## 4 世界のおもな山脈・平野・川・砂漠

### ——ダイナミックな自然

　世界のおもな地形について，代表的なものをピックアップしてみよう。

---

**氷河地形も残る山脈**
### アルプス山脈

フランス，スイス，オーストリア，イタリアなどの国にまたがる**ヨーロッパの代表的な山脈**である。山頂には氷河地形が多く見られ，険しく美しい山並みを見に訪れる観光客も多い。

---

**世界最高峰の山脈**
### ヒマラヤ山脈

ユーラシアプレートとインドプレートが衝突し，陸地が盛り上がってできた山脈である。**世界最高峰のチョモランマ（エベレスト）は標高8,848m**で，多くの登山家が登頂を目指す。

---

**最も広い砂漠**
### サハラ砂漠

**アフリカ大陸の北部**に広がる砂漠で，その面積は約907万km²と，日本の国土面積の約24倍にもおよぶ。アフリカ大陸は比較的安定した陸地が多いことで知られる。

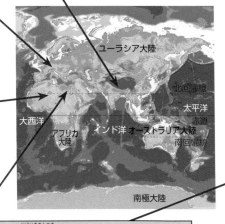

ユーラシア大陸

北回帰線

太平洋
赤道

大西洋　　　インド洋　オーストラリア大陸

アフリカ
大陸　　　　　　　　　　南回帰線

南極大陸

---

**最も長い河川**
### ナイル川

**ビクトリア湖**周辺を源流として，全長6,695kmにもおよぶ河川である。河口には巨大な三角州が発達しており，農業がさかんに行われている。**エジプト文明**を育んだ河川として知られる。

---

**最も広い流域面積**
### アマゾン川

南アメリカ大陸北部を流れる，**世界最大の流域面積をもつ**河川である。流域には熱帯雨林が広がっているが，近年，伐採や開墾による**森林破壊**が進んでいる。

## アメリカを代表する山脈
### ロッキー山脈

北アメリカ大陸西部に位置し，新期造山帯である環太平洋造山帯の一部を構成している山脈である。活発な火山が多く，また，しばしば地震災害が発生することで知られる。**大部分が森林におおわれており，美しい景観**をもとに多くの国立公園が設けられている。

**参　考**

**世界の高山ベスト3**
1. チョモランマ（エベレスト）
　（中国・ネパール，8,848m）
2. K2
　（インド・中国など，8,611m）
3. カンチェンジュンガ
　（インド・ネパール，8,586m）

**世界の長い川ベスト3**
1. ナイル川
　（エジプトなど，6,695km）
2. アマゾン川
　（ブラジルなど，6,516km）
3. 長江〔揚子江〕
　（中国，6,380km）

（理科年表　2020年版）

北アメリカ大陸

北回帰線

太平洋

大西洋

赤道

南回帰線

南アメリカ大陸

## 最も長く連なる山脈
### アンデス山脈

南アメリカ大陸を南北に貫き，全長約7,000kmにもおよぶ世界一長い山脈とされる。アコンカグア山をはじめ6,000mをこえる山が多い。**インカ文明発祥の地であり，イ**ンカの遺跡である**マチュピチュは世界遺産**に登録されている。現在でも多くの高山都市が発達する。

---

## ？ Q&A　流域面積とは何か？　　〜アマゾン川のひみつ〜

日本の面積は
約38万km²

利根川
日本最大の流域面積
約1万6840km²

アマゾン川
（世界最大の流域面積
約705万km²）

地上には雨や雪などが降り，川に流れ込む。川がそれらの水を集める範囲全体の面積を「流域面積」とよんでいる。日本の流域面積第1位は利根川であるが，世界ではアマゾン川が第1位で，日本の国土面積のおよそ19倍，オーストラリア大陸と同じくらいの範囲から水を集めている巨大な川である。

アマゾン川は流量も豊富で，勾配もゆるく，大型船舶が河口から約3,700km上流のイキトス（ペルー）まで航行できる。

# ② 日本の地形

## 1　2つに分かれる日本の山地・山脈
### ──境界部分はフォッサマグナ

　日本の国土は，約4分の3が山地である。本州の中央部には2つのプレートの境界部分があり，フォッサマグナ（大地溝帯）となっている。これを境に東日本と西日本で山地のようすに違いがある。**東日本は南北に走っている山地・山脈が多く，西日本では東西に走っている。**

## 2　さまざまな海岸地形──海底には大陸棚

　日本では，複雑に入り組んだリアス海岸や砂丘の発達した**砂浜海岸**などさまざまな海岸地形がみられる。海底には**大陸棚**が広がり，沖合には**暖流の黒潮（日本海流）**と**寒流の親潮（千島海流）**が流れており，沿岸の気候や漁業に影響を与えている。

●●**もっとくわしく**

**日本の地形の割合**

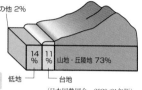

その他 2%
低地　台地
14%　11%　山地・丘陵地 73%

（日本国勢図会　2020/21年版）

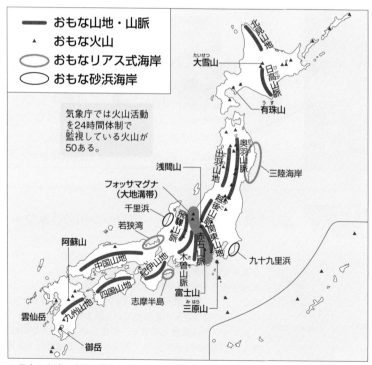

▲日本の山地・山脈・火山

## 3 河川がつくり出した日本の平野——昔からの生活の舞台

　山地が多い日本では，川は短く流れが急である。そのため土砂の侵食・堆積・運搬作用が強く働き，さまざまな地形をつくり出している。山地から平地に流れ出る地域には扇状地，中流域には河岸段丘，海に注ぐ河口には三角州が形成される。

　平地には，山に囲まれた盆地と，川が河口につくり出した平野がある。平地は，昔から人々の生活の舞台となっている。

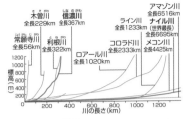

木曽川 全長229km
信濃川 全長367km
アマゾン川 全長6516km
常願寺川 全長56km
利根川 全長322km
ライン川 全長1233km（世界最長）
ナイル川 全長6695km
ロアール川 全長1020km
コロラド川 全長2333km
メコン川 全長4425km

▲川の長さの比較

▲扇状地

●●もっとくわしく

**扇状地の土地利用**
一般的に，水にめぐまれている扇状地の末端部は水田に，水にめぐまれない扇状地の中央部は畑・果樹園などとして利用されることが多い。

📖 用語

**河岸段丘**
河川の流れに沿って発達する階段状の地形。

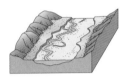

▲河岸段丘の模式図

　平地
　おもな河川

河川の名称は上流と下流で変わるものも多い。
（例）信濃川は長野県内では千曲川と呼ばれる。

天塩川
石狩川
根釧台地
石狩平野
十勝平野
最上川
山形盆地
庄内平野
仙台平野
越後平野
信濃川
北上川
富山平野
阿賀野川
庄川
阿武隈川
播磨平野
淀川
関東平野
江の川
利根川
荒川
筑紫平野
富士川
筑後川
天竜川
吉野川
木曽川
宮崎平野
紀ノ川
濃尾平野
大阪平野
熊野川（新宮川）

▲日本の川と平地

# ③ 世界の気候

## 1 世界の気候は5つ──植物の生育の違いに注目！

　地球上で太陽からのエネルギーを多く受けるのは赤道付近，逆に少ないのは北極・南極地方である。熱や大気の循環などの関係から，地域により気温の高低や降水量の多少の違いが生じる。

　世界の気候帯は，大きく5つに分類されるが，植物の生育の違いから，2つのグループに分かれている。

| | |
|---|---|
| 樹木が育つ気候 | … 熱帯，温帯，冷帯（亜寒帯） |
| 樹木が育たない気候 | … 乾燥帯，寒帯 |

**参　考**

**乾燥帯で樹木が育つ条件**
乾燥帯の気候でも，オアシスのように水が得られる地域であれば，樹木が育つこともある。

### ？Q&A　気温や降水量のグラフはどのように読み取ればいいの？

気候の特徴は気温（折れ線）と降水量（棒）を使った雨温図で表されることが多い。読み取り方のコツをつかもう。

＜気温のパターン＞

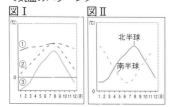

図Ⅰ　　図Ⅱ

図Ⅰのように気温の変化には3種類のパターンがある。
　①1年中ほとんど変化がないもの
　②変化があるが幅が小さいもの
　③寒暖の差が激しいもの
図Ⅱの2線の違いは，夏と冬が逆転した北半球と南半球のものである。

※0℃線を基準に，その地域の冬の冷え込みが厳しいかどうかを判断するとよい。

＜降水量のパターン＞　大きく分けて次の4つがある。

 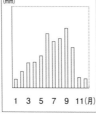 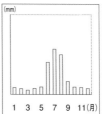 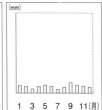

| 年間を通じて降水量がある | 数か月間降水量が多い時期がある | 数か月間降水量が少ない時期がある | 1年を通じて降水量が少ない |
|---|---|---|---|

2 **これが世界の気候だ**──5つの気候帯

**樹木が育つ気候**

### 熱帯

1年を通じて気温が高く**降水量が多い**。1年を通じてスコールとよばれる雨が降る**熱帯雨林気候**では密林が発達している。また**サバナ気候**は数か月間の乾季があるために樹木がまばらに育っている。

### 温帯

**四季がはっきりして冬も寒さが厳しくない**。降水量もほどよくある気候。降水量のようすや夏の気温の上がり方の違いから、**温暖〔温帯〕湿潤気候**と**地中海性気候**と**西岸海洋性気候**に分けられる。

### 冷帯（亜寒帯）

四季があるが、**夏は短く冬は長くて厳しい**。**タイガ**とよばれる針葉樹林帯が広がっている。緯度40〜70度付近に分布するが、その範囲に陸地がほとんどない南半球には存在しない。

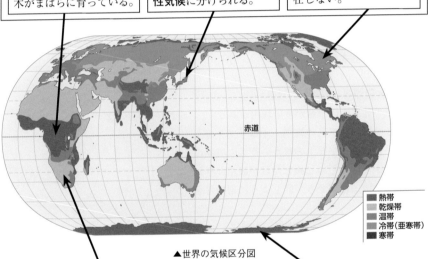

赤道

■熱帯
■乾燥帯
■温帯
■冷帯（亜寒帯）
■寒帯

▲世界の気候区分図

### 乾燥帯

**1年を通じて降水量が少ない**。南北回帰線付近や大陸内部に分布。1年を通じて降水量の少ない**砂漠気候**と、数か月間降水がある**ステップ気候**に分かれる。ステップ気候では数か月の雨季に丈の低い草が生える。

### 寒帯

**1年を通じて気温が非常に低い**。南極大陸や北極海沿岸の地域の気候である。短い夏（気温は東京の1月程度）がある**ツンドラ気候**ではわずかにこけ類が育つが、ほとんどが1年中雪や氷におおわれた地域である。

**樹木が育たない気候**

# ④ 日本の気候

## 1 日本の気候──季節風の影響を受ける温帯の気候

　日本は，多くの地域が温帯の気候である。夏の気温が高く，降水量が多い。これは季節風（モンスーン）の影響を受けていることによる。

　夏だけでなく，冬の季節風も日本に大きな影響を与えている。シベリア（ロシア連邦）からふく北西の季節風は，日本海側に多くの雪や雨をもたらす。

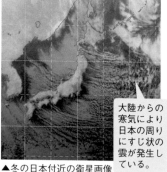

▲冬の日本付近の衛星画像

大陸からの寒気により日本の周りにすじ状の雲が発生している。

## 2 降水量が多い理由──梅雨と台風

　季節風の他にも降水量が多い理由がある。

　その1つは6〜7月の梅雨。オホーツク海上の冷たい空気と太平洋上の暖かい空気の境界に梅雨前線ができ，じめじめした日が続く。9〜10月にも秋雨前線ができ，同じように雨の日が続く。

　もう1つは台風（熱帯低気圧）である。太平洋の北西部などで発生した台風は，激しい雨風をともなって日本にやってくる。8〜9月は最も台風の多いシーズンである。

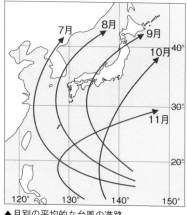

▲月別の平均的な台風の進路

## 3 南北に細長い国土ならではのすがた
### ──桜前線は4か月の旅

　南北に細長い日本列島では，桜（ソメイヨシノ）の開花の時期が大きく異なる。沖縄は1月に開花する一方で，北海道は5月になるまで開花しない。

　北海道と沖縄（南西諸島）の気候は他の地域とは違う。**北海道は冷帯（亜寒帯）気候**で，夏が短く冬の寒さが厳しい。一方で，**沖縄は亜熱帯気候**であり，冬でも17〜18度前後の気温である。

## 4 日本海側と太平洋側の気候——冬の降水量を見比べよう

　本州から九州にかけての地域は，日本海側と太平洋側で気候が異なる。これは冬の降水量で比較するとわかりやすい。

　冬の北西の季節風は，日本海を通る際に大量の湿気を含む。この湿気が，日本中央部の山脈に沿って上昇し，多くの雲ができる。寒気の南下により，**日本海側に雪が大量に降る**。

▲冬の季節風

## 5 その他の気候——日本は春夏秋冬さまざま

　瀬戸内地方は，季節風が中国地方と四国地方の山地によりさえぎられるため年間を通じて降水量が少ない。また，海沿いの地域では，沖合いの暖流の影響で冬でも温暖であったり，寒流の影響で夏に気温が上昇しなかったりする。

●●もっとくわしく

**からっ風**
冬の北西の季節風は，太平洋側へは乾燥した風としてふき，太平洋側に晴天の日をもたらす。この風は「からっ風」とよばれる。

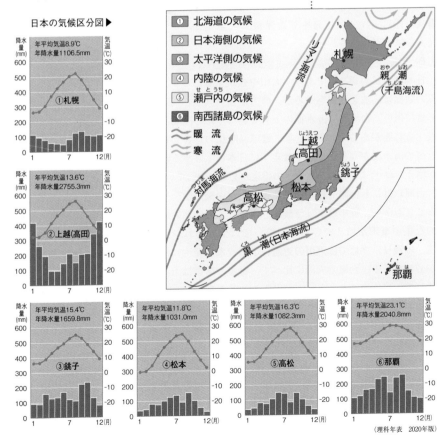

日本の気候区分図▶

① 北海道の気候
② 日本海側の気候
③ 太平洋側の気候
④ 内陸の気候
⑤ 瀬戸内の気候
⑥ 南西諸島の気候
〜 暖流
〜 寒流

リマン海流

親潮（千島海流）

上越（高田）

銚子

松本

高松

対馬海流

黒潮（日本海流）

那覇

①札幌　年平均気温8.9℃　年降水量1106.5mm

②上越（高田）　年平均気温13.6℃　年降水量2755.3mm

③銚子　年平均気温15.4℃　年降水量1659.8mm

④松本　年平均気温11.8℃　年降水量1031.0mm

⑤高松　年平均気温16.3℃　年降水量1082.3mm

⑥那覇　年平均気温23.1℃　年降水量2040.8mm

（理科年表　2020年版）

# ⑤ 自然災害とたたかう

## 1 地下や地上の動きがもたらす災害
### ——日本は災害大国

環太平洋造山帯[P.102▶▶]にある日本は，火山活動が活発で，噴火や地震などが起こりやすい。

火山は爆発や噴火により，これまで多くの人々の命を奪ってきた。また，火山灰が降ることで，交通や通信，送電に影響を与えることが予想される。

地震も大きな被害をもたらす災害である。**阪神・淡路大震災**（1995年）は，大都市直下型で，電気やガスなどの**ライフライン**が寸断され，都市で暮らす人が，長期間避難生活を強いられた。また，震源が海洋であると**津波**，山間部であると**斜面崩壊**などの災害を引き起こすこともある。**東日本大震災**（2011年）では，発生した津波も大規模で，甚大な被害がもたらされた。

▲雲仙岳の噴火による火砕流

▲東日本大震災

## 2 気象がもたらす災害——災害は季節を選ばない

日本は台風の通り道であり，大雨や強風をもたらす。台風の強風は高波を発生させるが，勢力が強い（中心気圧が非常に低い）台風は，海水面の上昇を起こすため**高潮**に警戒する必要がある。とくに近年，**地球温暖化**の影響で日本近海の海水温が高く，勢力が衰えずに日本に上陸する台風が増えており，より猛烈な台風への備えが必要になっている。

台風以外にも**梅雨・秋雨前線**により，集中豪雨が発生することも多い。近年は**ゲリラ豪雨**とよばれる短時間の局地的な集中豪雨が増えている。山沿いでは**土砂崩れ**や**土石流**，**地滑り**，平地では**河川の氾濫**による浸水の発生に注意が必要である。台風や大雨に比べて，**竜巻**や**落雷**は予測が難しく，局地的に大きな被害が出ることがある。

冬の北海道から北陸の日本海側では，発達した低気圧の影響によって豪雨や激しい暴風雪に見舞われることがあり，山間部では**雪崩**が発生することもある。

その他，初夏の北海道から東北北部の太平洋側の地域で，冷たい風の**やませ**が吹き続くと，**冷害**が発生することがある。瀬戸内地方では，梅雨にまとまった雨が降らないと**干害**が起こることもある。

---

###  参 考

**ライフライン**
一般に電気・ガス・水道・食料などの輸送ルート。人間生活に深く関わる物資の生命線。

### ○●●もっとくわしく

**「防災」と「減災」の違い**
自然災害による被害を出さない取り組みを「防災」という。しかし阪神・淡路大震災以降，災害からの被害を未然に完全に防ぐことが難しいという認識が広がり，被害を最小限にする「減災」という考え方が定着している。

**「自助」と「共助」の重要性**
災害時は，消防などが被害住民を助ける「公助」以上に，自分の身は自分で守る「自助」，地域や身近な人同士が助け合う「共助」が，災害による被害を少なくするといわれている。

### 3　人間の活動が引き起こす災害——自然からの警鐘

　生活が豊かになり，自然を改変できるようになった現代社会では，人間の活動が災害を引き起こすこともある。

　山林の樹木の過伐採は，洪水や土砂崩れを引き起こす。また，崖崩れや洪水の起こりやすい土地に住宅地を造成したために，土砂崩れなどの被害に遭うケースも増えている。広島市土砂災害（2014年）は，山裾の扇状地まで広がった新興住宅地で発生し，社会問題になった。

　都市部では，地面がアスファルトにおおわれているため，水が土に浸透せずに洪水が起こりやすくなっている。ヒートアイランド現象は，都市部で短時間の集中豪雨を引き起こす原因と考えられており，対策が求められている。

**●●もっとくわしく**

**ヒートアイランド現象**
地図上で都市部の気温を等温線で結ぶと中心部の気温が周辺に比べて高い地帯が，島のように分布する。ビルなどに囲まれて熱がさめにくい都市ならではの現象である。

---

**？ Q&A　災害から生活を守るためには，どのような取り組みが行われているのだろうか？**

#### １．災害を予知する

　気象衛星やアメダス，気象レーダーなどの観測網が整備され，台風の進路や集中豪雨などについて，精度の高い予報ができるようになった。

　火山の噴火も，予知ができるようになってきた。火山性微動を観測する地震計が設置され，衛星で山腹の膨張を計測し，予知に役立てている。

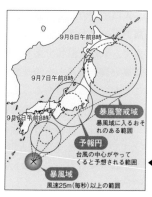

◀台風の進路予測図

#### ２．ハザードマップを作成する

　過去の災害の被害状況や地形などの情報をもとに，災害の起こりやすい地域を地図で示し，避難経路や避難場所などの情報も盛り込んだ地図が，全国の自治体でつくられるようになった。これらは「防災マップ」や「ハザードマップ」といい，災害に対する備えを住民に意識させ，万一災害が起こった場合に被害を最小限にする目的をもっている。

防災マップ（東京都葛飾区）▶

地理編

第1章　世界と日本の地域構成

第2章　世界の国々

第3章　さまざまな面からみた日本の姿

第4章　身近な地域や都道府県のようす

**§2**

# 人口からみた日本の特色

**重要ポイント**

□気候条件や地形条件の違いによって，世界の人口分布には偏りがみられる。
□日本の人口密度は極めて高いが，国土の大半が山がちなため人口分布に偏りがある。
□過密地域はおもに大都市とその周辺部に分布している。
□過疎地域はおもに農山村部に分布している。
□過密地域，過疎地域では，さまざまな社会問題が発生しているが，これは農山村部から都市部への人口移動によって生じるものである。
□少子高齢化の対策にあたっては，それに伴い生じる各々の問題を一体化してとらえ，都市と農山村を有機的に結びつけた総合的な国土政策を考えていく必要がある。

## ① 世界と日本の人口分布

### 1 世界の人口分布——居住を制約する条件

　世界人口は2020年の時点で78億人近くで，今後さらに増加する傾向にあるが，人口は世界中に均等に分布しているわけではない。**人口密度のとくに高い地域は東アジアから東南アジア，南アジア**にかけて広がっている。これらの地域は平野が広大で，気候も温和であり，肥沃な土壌の存在で稲作を中心に高い農業生産力を誇っていることから多くの人口を養うことができるのである。また，**西ヨーロッパやアメリカ合衆国東海岸**も人口密度の高い地域である。これらの地域は，気候条件・地形条件に加え，世界有数の工業地帯をひかえていることもあり，人口の集中が著しい。パリやロンドン，ニューヨークなどの大都市もこの地域に数多く分布している。

　一方，人口密度の低い地域として，**オーストラリア大陸内陸部・北アフリカ・ユーラシア大陸北部・北アメリカ大陸北部**をあげることができる。これらの地域は寒冷，乾燥地域が広がるなど共通して**気候条件が厳しい**こと，また，ヒマラヤ山脈などの山岳地域も**地形上の制約**もみられることから人間の居住には適さないといえる。

### 2 日本の人口分布——偏りのある人口分布

　日本は世界的視野からみると人口密集地帯に属するが，その分布には地域的な偏りがみられる。例えば，**東京**，**大**

**参　考**

**人口密度の高い国・低い国**

人口密度の高い主な国(2020年)

| 国名 | 人口密度<br>(1km²あたり 人) |
|---|---|
| モナコ | 19,621 |
| シンガポール | 8,097 |
| バーレーン | 2,186 |
| バチカン | 1,820 |
| モルディブ | 1,802 |

人口密度の低い主な国(2020年)

| 国名 | 人口密度<br>(1km²あたり 人) |
|---|---|
| モンゴル | 2 |
| ナミビア | 3 |
| アイスランド | 3 |
| オーストラリア | 3 |
| スリナム | 4 |

(世界国勢図会　2020/21年版)

阪，名古屋の三大都市圏とその周辺を中心とした太平洋ベルトや札幌，福岡などの地方中枢都市には多くの人口が集中している。これらの地域は平野部に位置し，産業・経済活動もさかんである。また，新幹線や高速道路，空港などの交通機関も発達しているため，国内各地からの人口を受け入れやすい。

　　高度経済成長期に東京の都心部には人口が集中した。その後，ドーナツ化現象が起きていた。最近は再開発により，都心回帰が進んでいる。都心の人口の増減は，地価の上昇や下落などの影響を受ける傾向にある。

▼東京・大阪・名古屋50km圏の人口と面積

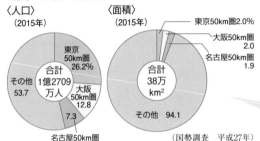

〈人口〉（2015年）　〈面積〉（2015年）

東京50km圏 26.2%
合計 1億2709万人
その他 53.7
大阪50km圏 12.8
名古屋50km圏 7.3

東京50km圏 2.0%
大阪50km圏 2.0
名古屋50km圏 1.9
合計 38万km²
その他 94.1

（国勢調査　平成27年）

> 面積でみると国土全体のたった1割にも満たない範囲の中に，人口の4割以上が集中している。

　　一方，人口が少ない地域は日本列島の広い地域に分布する。これらの地域の多くが地形的な制約の大きい山間部，あるいは本土と離れ，交通条件の不利な離島部に位置している。また，大都市やその周辺では人口増加率が高いが，東北地方，中国・四国地方では人口が減少している県が多い。

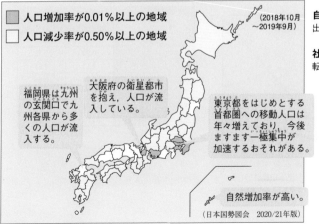

　人口増加率が0.01%以上の地域
　人口減少率が0.50%以上の地域

（2018年10月～2019年9月）

福岡県は九州の玄関口で九州各県から多くの人口が流入する。

大阪府の衛星都市を抱え，人口が流入している。

東京都をはじめとする首都圏への移動人口は年々増えており，今後ますます一極集中が加速するおそれがある。

自然増加率が高い。

（日本国勢図会　2020/21年版）

▲日本の人口増減率

---

### 参　考
**都道府県の人口密度**

人口密度の高い都道府県（2019年）

| 都道府県名 | 人口密度（1km²あたり　人） |
|---|---|
| 東京都 | 6,345 |
| 大阪府 | 4,624 |
| 神奈川県 | 3,807 |

人口密度の低い都道府県（2019年）

| 都道府県名 | 人口密度（1km²あたり　人） |
|---|---|
| 北海道 | 67 |
| 岩手県 | 80 |
| 秋田県 | 83 |

（日本国勢図会　2020/21年版）

### 用　語

**ドーナツ化現象**
地価の高騰や生活環境の悪化などにより，人々が郊外へ移転し，都心部の常住人口が減少すること。

**自然増減**
出生数－死亡数。

**社会増減**
転入数－転出数。

---

地理編

第1章　世界と日本の地域構成

第2章　世界の国々

第3章　さまざまな面からみた日本の姿

第4章　身近な地域や都道府県のようす

## ③ 世界人口の推移と日本の特徴
### ──先進国と発展途上国の違いを理解する

　世界人口は**産業革命期**から徐々に増加が始まった。その理由は食料生産力の高まりや資源開発によって多くの人々の生活を支えることが可能となったからである。また，第二次世界大戦後は急激なペースで人口が増加するが，その理由として医療や公衆衛生の整備，栄養状況の改善による死亡率の低下をあげることができる。

　急激な**人口増加**は**発展途上国**で顕著である。特にアフリカ諸国は依然として出生率の高い状況にある。これらの国々では生活水準が低く，多くの人々は貧困にあえいでおり，子どもは家計を支える労働力として，また，親にとっての将来の生活保障としての役割を担わされている。

　一方，**先進国**や**新興国**は出生率も死亡率も低く，人口が横ばいの傾向にある。これらの国々では生活水準も高く，多くの子どもを必要としないことが出生率の低い要因となっている。また，女性の社会進出や結婚生活に対する価値観の変化によって非婚化・晩婚化の傾向も強く，そのことが出生率の低下に一層の拍車をかけているといえる。そして，このまま人口の横ばいが続くと将来的に高齢化が著しくなる。特に日本は，各国と比較して急速に**少子高齢化**が進んでおり，2030年には3割以上が65歳以上の高齢者であるという社会をむかえることが予想されている。

📖 **用　語**

**高齢化社会**
総人口に対する老年人口（65歳以上）の割合が大きい社会を高齢化社会という。国際連合では，老年人口が7％以上を高齢化が進んでいる社会と規定している。

**公民編　P.474▶▶**

**高齢社会**
総人口に占める老年人口の割合が14％以上の社会を，国際連合では高齢社会と規定している。

**公民編　P.474▶▶**

**少子高齢化**
**公民編　P.474▶▶**

▼地域別の人口の変遷

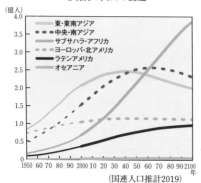

（国連人口推計2019）

（注）サブサハラとはサハラ砂漠よりも南の地域のこと。

▼地域別の人口増加率

| 地　域 | 年平均人口増加率（%） | |
|---|---|---|
| | 1950〜1955 | 2015〜2020 |
| アジア | 1.97 | 0.92 |
| ヨーロッパ | 0.99 | 0.12 |
| アフリカ | 2.11 | 2.51 |
| アングロアメリカ | 1.71 | 0.65 |
| ラテンアメリカ | 2.71 | 0.94 |
| オセアニア | 2.22 | 1.37 |
| 世界年平均増加率（%） | 1.81 | 1.09 |

（国連人口推計2019）

　アジアは出生率が低下して，2050年以降は，人口は減少，世界人口第1位の中国も減少すると予測される。

§2　人口からみた日本の特色　**117**

地理編

第1章 世界と日本の地域構成

第2章 世界の国々

第3章 さまざまな面からみた日本の姿

第4章 身近な地域や都道府県のようす

## 4　人口ピラミッド
### ——ピラミッドの形から読み取れる各国の社会状況

　人口ピラミッドは，男女ごとの年齢別人口構成を表すもので，その国の社会状況をある程度読み取ることができる。人口動態は一般的に医療の発達や経済発展などに伴い，多産多死→多産少死→少産少死と変化を遂げ，ピラミッドの形もそれに伴い富士山型→釣り鐘型→つぼ型へと変化を遂げていく。

　富士山型：年少人口の割合が高く，年齢が上がるとともに人口比率が低下する。医療や公衆衛生，栄養状況の不備により一般的には平均寿命は短い。エチオピアなど中南アフリカ諸国がこれに該当する。だが，衛生状態や食料事情が改善されると乳幼児死亡率が低下するために人口爆発を引き起こす。アフリカ中南部の国など経済発展が遅れた発展途上国が該当する。人口動態は多産多死から多産少死へ移行する。

　釣り鐘型：経済発展により年少人口の割合が低下する。それによって生産年齢人口の比率が高くなる。人口動態は多産少死から少産少死へ移行する。新興国や移民の数が多い先進国がこれに該当する。

　つぼ型：少子化が進み，年少人口の割合がさらに低下する。生産年齢人口の割合も低下し，老年人口の比率が高まる。少産少死型の人口動態で，日本やスウェーデンなどの国がこれに該当する。

### 研究
**アメリカ合衆国は，なぜ老年人口が少ないのか**
総人口に対する老年人口割合は，日本の28.4%（2019年）に対してアメリカ合衆国は16.0%（2018年）と低い。アメリカ合衆国は移民を多く受け入れるため，若い世代が多い。また，近年移民として増加しているスペイン語を母語とする人々（ヒスパニック）は伝統的に出生率が高い。そのため，アメリカ合衆国は先進国だが，ヨーロッパの先進国や日本と比べて老年人口割合が低いのである。

**ヒスパニック**
P.85▶▶

| 種類 | 富士山型 | 釣り鐘型 | つぼ型 |
|---|---|---|---|
| 人口増加型 | 多産多死型（人口漸増）多産少死型（人口急増） | 少産少死型（人口停滞） | 少産少死型（人口減少） |
| 特徴 | 出生率は高い。とくに乳児死亡率が高く，人口増加はゆるやか。しかし，出生率が高いまま乳児死亡率が低下すると，人口爆発を引き起こす。 | 出生率が低下し，人口転換が進んでいる。年少人口も少なく，老年人口が増加する。 | 出生率が極端に低下し，このまま進めば死亡率を下回ることになる。老年人口率は釣り鐘型より一層上昇する。 |
| 主な国（地域） | 経済発展の遅れた発展途上国（後発発展途上国）。 | 新興国。移民の数が多い先進国。 | 経済の成熟した先進国。日本もこの型へ。 |

▲人口ピラミッドの形

## 5 少子高齢化問題とその対策
### ——先進国が共通にかかえる問題

　日本の人口構成は，多産多死型から**少産少死型**へと約90年の間に急激に変化している。人口ピラミッドでも**富士山型**から**釣り鐘型**，つぼ型へと変化していることが読み取れる。第二次世界大戦後，一時的に**ベビーブーム**で人口が急増したが，その後経済の発展とともに出生率は急速に減少した。一方，65歳以上の**老年人口**は年々増加し，2030年には**人口の3割以上**が老年人口になると予想されている。高齢者が高齢者を介護する老老介護が課題となっている。

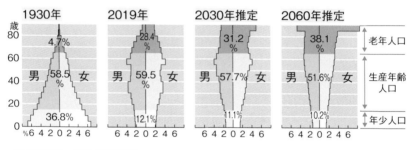

（日本国勢図会　2020／21年版他）

▲日本の人口ピラミッドの移り変わり

　日本は**少子高齢化**が急速に進んでいる。それによって今後，**生産年齢人口（15～64歳）の減少**による社会の活力の低下とそれに伴う経済の停滞，医療費・年金・介護費の増大による若年層の税金負担による生活の困窮化，**社会保障費の増大**による国家財政の破綻の可能性といった諸問題が生じることが予測されている。

　**少子化問題**への対策として，子育てと仕事の両立を希望する**女性への支援**，女性のみならずパートナーである**男性の育児休業制度取得率向上**，子育て後の女性に対する**再就職の支援**といった具体策をあげることができる。

　同時に，高齢化対策として，医療・介護面でのサービス体制の充実，高齢者の生きがいのための文化施設や各種教養講座の充実，高齢者労働力の活用，若年層の所得に応じた公正な税負担と国家予算の使途の見直しといったこともあげることができる。

### 参　考

**外国人労働者**
生産年齢人口の減少を，外国人労働者で補うという考えがある。日本で労働できる外国人は基本的に専門技術をもち，熟練労働に従事する者に限られている。しかし，1990年の出入国管理及び難民認定法改正により，日系人は期限内は単純労働者としても働けるようになった。その後，ブラジルやペルーなどからの日系人の入国が急増した。2018年には再び法改正され，外国人労働者の受け入れを拡大することとなった。

**少子高齢化対策**
**公民編　P.475**▶▶

# 6 過疎・過密問題とその対策
## ──人口分布の偏りによって生じる諸問題

　過疎・過密問題は農山村部から都市部への人口の大量移動によって引き起こされた問題である。**人口移動**には，農山村部において就業機会が確保できないという背景もある。高度経済成長期以降，太平洋側の都市部を中心に工業化とそれに伴うインフラ整備が進んだ結果，都市部と農山村部との**地域格差**は広がり，農山村部の**過疎化**が進行した。特に，西日本の山間地では一家をあげて村を離れる人も多く，**廃村**になった所もあるほどである。1980年以降は**東京一極集中**が進み，東京で発信された情報・文化が全国へ浸透することで，若年層の東京に対するあこがれが強まり，地方の過疎化は一層進行した。

　人口移動によって，農山村部では，若年層が少ないために人口の自然減が進み，**高齢化**の問題が深刻化した。それに伴い，長年培われてきた地域共同体組織が崩壊し，**限界集落**も増えていった。また，地域産業，とりわけ**第一次産業**は，後継者不足によって崩壊の危機にある。

　一方，都市部でも人口集中の結果，インフラの未整備による居住空間の**環境悪化**や**交通渋滞**，**ゴミ問題**，**大気汚染**，さらには治安の悪化や犯罪などの問題が深刻化した。

　過疎対策として，地方での雇用確保のための産業誘致や観光地化，商業施設や大学の誘致，都市部の子どもたちへの山村留学の奨励，地域学習の充実などの具体策があげられる。

　また，過密対策としては，都市部における生活環境改善のためのインフラ整備や郊外への工場・事業所，商業・住宅機能の移転などの具体策があげられる。

　だが，**過疎と過密は同時に起こる問題**である。それらの解決にあたっては，各々の問題を一体化してとらえるとともに，都市と農村を有機的に結びつけた総合的な国土政策を考えていく必要がある。

---

### 参考

**Uターン現象・Jターン現象・Iターン現象**

東京一極集中が進む一方で，地方から大都市へ移動した人々が再び故郷に帰るUターン現象，故郷まで帰らず途中の地方都市に落ち着くJターン現象，故郷とは関係のない別の地域へ移住するIターン現象も起きている。

### 用語

**インフラ**

インフラストラクチャーの略称。道路・住宅・港湾・鉄道・電気・ガス・病院などの産業や生活の基盤となる社会的施設や設備のこと。社会資本ともいう。

### 用語

**第一次産業**

人間が自然に働きかけて生産する産業。農業・牧畜業・林業・水産業・狩猟業。

**第二次産業**

おもに第一次産業の生産物を加工する産業。鉱業・製造業・建設業。

**第三次産業**

第一次・第二次産業に分類できない産業を指す。産業構造の高度化に伴って発達する。商業・金融業・運輸通信業・サービス業・公務など。

**限界集落**

65歳以上の高齢者が集落人口の50%以上で，地域共同体組織の維持が困難な集落をいう。また，65歳以上の高齢者が集落人口の70%以上の集落を危機的集落という。

地理編

第1章 世界と日本の地域構成

第2章 世界の国々

第3章 さまざまな面からみた日本の姿

第4章 身近な地域や都道府県のようす

# §3 資源・産業からみた日本の特色

## ① 世界と日本の資源・エネルギー

**1 世界の鉱産資源の分布**——激しくなる資源獲得競争

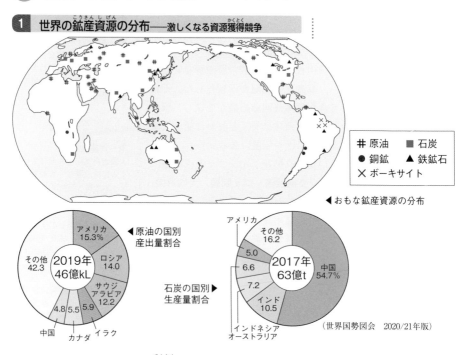

＃ 原油　■ 石炭
● 銅鉱　▲ 鉄鉱石
✕ ボーキサイト

◀おもな鉱産資源の分布

◀原油の国別産出量割合
その他 42.3／アメリカ 15.3%／ロシア 14.0／サウジアラビア 12.2／イラク 5.9／カナダ 5.5／中国 4.8
2019年 46億kL

石炭の国別▶生産量割合
アメリカ 5.0／その他 16.2／中国 54.7%／インド 10.5／オーストラリア 7.2／インドネシア 6.6
2017年 63億t

（世界国勢図会　2020/21年版）

　鉱産資源は，石油・石炭・天然ガスのエネルギー資源と，工業製品の原料になる鉄や非鉄金属（銅，すず，アルミニウム等）の資源がある。いずれの資源も世界で偏った地域に分布しており，資源確保のため新たな鉱山の開発などを進めている。特にレアメタル（ニッケル，プラチナ等）は**先端技術産業**に欠かせない鉱物であるが，中国やロシアなどの面積の広い国や，アフリカ中南部の政情不安定な国など，産出される地域は限られている。

参　考

**ボーキサイト**
アルミニウムは軽くて錆びにくく加工がしやすい。その原料がボーキサイトである。オーストラリア・中国・ギニアの３か国で６割以上を生産している（2017年）。

## 2 日本の鉱産資源——限りある資源とリサイクル

　日本は，鉱産資源の埋蔵種類は多いが埋蔵量が少なく「鉱物の標本室」といわれる。セメントの原料である石灰石（自給率100％）を除く資源をほぼ輸入にたよっている。

　天然資源に乏しい日本において，資源のリサイクルは非常に重要である。アルミ缶やペットボトルのリサイクルはよく知られるが，近年はスマートフォンや小型電子機器を回収し，精錬技術を利用して先端技術産業に必要なレアメタルをリサイクルする動きが加速している。

## 3 日本の電力資源——日本は火力発電が中心

　産業が発達し都市化が進んだ日本では，電力の消費が世界的にみても非常に多い。地形的に山がちで降水量に恵まれた日本ではもともと水力発電がさかんであった。戦後の高度経済成長以降，大量の電力需要をまかなうために主力となっているのは，石油，石炭，天然ガスを燃料とする火力発電や，ウランを燃料とする原子力発電である。

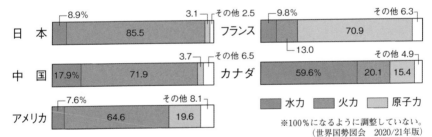

▲各国の発電エネルギー源別割合（2017年）

日本　8.9%　85.5　3.1　その他 2.5
フランス　9.8%　70.9　その他 6.3　13.0
中国　17.9%　71.9　3.7　その他 6.5
カナダ　59.6%　20.1　15.4　その他 4.9
アメリカ　7.6%　64.6　19.6　その他 8.1

■ 水力　□ 火力　□ 原子力
※100％になるように調整していない。
（世界国勢図会　2020/21年版）

## 4 電力をめぐる課題——それぞれのエネルギー資源の短所とは？

　エネルギー資源は課題をかかえている。火力発電は地球温暖化の原因となる二酸化炭素を多く排出するだけでなく，おもな燃料である石油の埋蔵量には限りがあるといわれている。原子力発電は，福島第一原子力発電所事故（2011年）のように，安全性や放射性廃棄物の処理の点で問題が多い。

　再生可能エネルギーとして，太陽光，風力，地熱，バイオマス，燃料電池（水素）など，自然の力をいかしたり資源として無限に利用できたりするエネルギーが開発されている。しかし，出力電力が安定しないことや，発電システムに費用がかかることなどの課題をかかえている。

**参考**

**都市鉱山**
廃棄される電子機器等を，鉱石のように見立てたものを「都市鉱山」という。炉に入れて高温で加熱する方法や，液体溶剤を利用する方法などで精錬される。

**参考**

**変わりゆく日本の電力事情**
2011年の震災に伴う事故以降，多くの日本の原子力発電所は定期点検などで運転を停止している。

**○○もっとくわしく**

**バイオマス発電**
生物から発生した資源を使い，発電をすること。具体的には，森林の間伐材や家畜の排泄物が熱源である。これらを燃焼すると二酸化炭素を排出するが，森林は二酸化炭素を吸収するので，全体的には環境に影響を与えにくいとされている。林業の維持や地域活性化にも役立つといわれている。

# ② 世界の産業

## 1　農業——三大穀物とは何か

　世界でおもに食べられている穀物は，米，小麦，とうもろこしである。これらの穀物を**三大穀物**という。米は高温多雨の気候下で育つため，季節風の影響を受けるアジアでおもに栽培されている。小麦は，肥沃な土地で年降水量が500〜750㎜の地域がおもな産地である。

　とうもろこしは，南アメリカ原産といわれ，先住民インディオの食べ物であった。その後，世界に広がり，現在は食用以外に**家畜のエサ**やエネルギー原料として栽培されていることが多い。大豆もおもに家畜のエサとして栽培されている。

　小麦やとうもろこしといった穀物を，**機械を使って大規模に栽培している地域もある。**

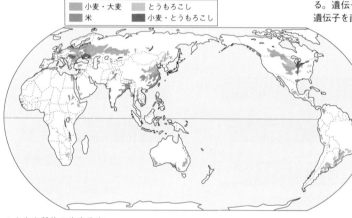

| | 小麦・大麦 | | とうもろこし |
| --- | --- | --- | --- |
| | 米 | | 小麦・とうもろこし |

▲おもな穀物の生産分布

## 2　工業——近年工業化が進む発展途上地域

　世界的にみると，**工業は欧米や日本などの先進国**でさかんである。近年は，製造業を中心に先進国の企業が**生産コストが低い東，東南アジア，南アジアや南アメリカなどの地域に進出**している。なかでも**中国**は「世界の工場」といわれ，電化製品を中心とした生産量が多い。また，コンピュータ産業では，コンピュータを動かすソフトウェアの生産で，アメリカに次いで**インド**の生産が多い。インド国内には先進諸国のコンピュータ企業が多数進出している。

🔍 **参　考**

**穀物メジャー**
穀物の国際流通を支配する多国籍穀物商社を穀物メジャーという。アメリカ合衆国では，このような大企業が穀物輸出の大部分を取り扱う。

**「種子を制するものは世界を制する」**
ハイブリッド種子とは，異なる性質の種を掛け合わせてつくった種であり，生育が良く大量生産ができる。しかし1世代限りであり農家は作物から採種ができず種子業者から毎年種子を買う必要性がある。遺伝子組み換え種子は，遺伝子を直接操作し品種改良されたもので，害虫への耐性があるものの，食の安全の面で心配が残る。このような技術と種子販売権をもつ会社は，世界で農業を独占する可能性をもっている。

●●●もっとくわしく

**電化製品の生産量における中国が占める割合**

（2015年）

| | |
| --- | --- |
| 薄型テレビ | 46% |
| 携帯電話 | 79% |
| パソコン | 98% |

（世界国勢図会　2018/19年版）

§3 資源・産業からみた日本の特色　**123**

地理編

第1章 世界と日本の地域構成

第2章 世界の国々

第3章 さまざまな面からみた日本の姿

第4章 身近な地域や都道府県のようす

# ③ 日本の農業

## 1 農業の特色——狭い農地で小規模な経営

　日本の国土は山がちで平地が少ないため，農家一戸あたりの耕地面積は非常に狭く，**経営は小規模**である。狭い土地から多くの農作物を収穫するために，肥料を使用し，品種改良などの工夫を重ねてきたため，**単位面積あたりの収穫量が多い**。しかし，生産費用が高くついている国産農作物は，海外の農作物に比べて価格の高いものが多い。

**参考**

**各国の耕地1ヘクタールあたりの穀物の収穫量（2018年）**

日本…6.0 t
タイ…3.2 t
中国…6.0 t
アメリカ…8.3 t
オランダ…8.8 t

(FAO)

## 2 農業就業者の特色——高齢化

　農業は，生産量が天候に左右されるため収入が不安定である。また，重労働の割には収入が少ない。近年，**機械化**が進み農作業は楽になったが，逆に機械などを購入・維持する経費が多くかかっている。

　農業にたずさわる人は，年々減り続けており，**高齢化**も進んでいる。農業就業人口は2019年約170万人で，平均年齢は67歳である。外国人技能実習生が従事することも増えている。

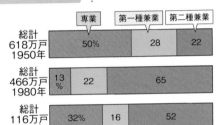

| | 専業 | 第一種兼業 | 第二種兼業 |
|---|---|---|---|
| 総計618万戸 1950年 | 50% | 28 | 22 |
| 総計466万戸 1980年 | 13% | 22 | 65 |
| 総計116万戸 2018年 | 32% | 16 | 52 |

▲兼業農家割合の推移　（日本の統計2020他）

年金を受け取りながら農業をする高齢者が多い。

**参考**

**第一種兼業と第二種兼業**
兼業農家の中で農業から得られる収入が50%以上を第一種，50%以下を第二種兼業農家という。

## 3 食料自給率の低下とその原因——スーパーに輸入野菜が増えた理由

　2018年度現在，日本の**食料自給率**は約37%（カロリーベース）である。これは国内の農業離れが進んだだけでなく，輸入される農産物が増えたことにもよる。

　1990年代以降，世界経済の流れの中で，それまでは**関税**をかけたりして輸入が制限されていた**牛肉，オレンジ，米**などの農作物について，**輸入自由化**が進められた。また2000年以降はおもに中国などからの安い農作物や加工された冷凍野菜などの輸入が増加し，自給率の大幅な低下を招いている。

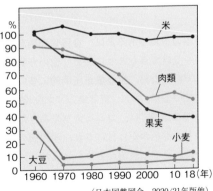

▲日本の食料自給率の推移（重量ベース）

（日本国勢図会　2020/21年版他）

**4** **おもな農業地域**——自然をいかした特色ある農業

| 品目 | | | | | | その他 |
|---|---|---|---|---|---|---|
| 米 | 新潟 8.3% | 北海道 6.4 | 秋田 5.9 | 茨城 5.0 | 山形 4.8 | 69.6 |
| いも類 | 北海道 32.8% | 茨城 13.9 | 鹿児島 12.9 | 千葉 10.0 | 長崎 4.0 | 26.4 |
| 野菜 | 北海道 9.8% | 茨城 7.4 | 千葉 6.7 | 熊本 5.3 | 愛知 4.8 | 66.0 |
| 果実 | 青森 9.9% | 和歌山 8.9 | 長野 8.5 | 山形 8.4 | 山梨 7.5 | 56.8 |
| 花卉 | 愛知 16.3% | 千葉 5.8 | 福岡 5.2 | 埼玉 4.8 | 静岡 4.7 | 63.2 |
| 茶 | 静岡 30.4% | 鹿児島 30.1 | 三重 8.8 | 京都 6.8 | 福岡 4.2 | 19.7 |
| 生乳 | 北海道 51.2% | 栃木 4.7 | 熊本 3.5 | 3.1 岩手 3.1（千葉） | | 34.4 |
| 肉用牛 | 鹿児島 17.1% | 北海道 13.7 | 宮崎 10.4 | 熊本 5.8 | 岩手 3.8 | 49.2 |
| 豚 | 鹿児島 13.2% | 宮崎 8.4 | 千葉 7.5 | 北海道 7.2 | 群馬 6.7 | 57.0 |
| 鶏卵 | 茨城 9.3% | 千葉 7.0 | 鹿児島 5.4 | 岡山 5.0 | 広島 4.8 | 68.5 |
| 肉用鶏（ブロイラー） | 宮崎 19.3% | 鹿児島 19.2 | 岩手 15.9 | 青森 6.0 | 北海道 4.6 | 35.0 |

（2018年）　　　　　　　　　　　　　　　　　（生産農業所得統計）

## ○米

　日本の主食である米は，**食糧管理制度**の下で長年政府の保護を受けてきたことに加え，他の作物に比べて機械化が進んでいるため，**生産量が圧倒的に多い**。全国各地で生産されているが，特に，**東北地方や北陸地方の生産量が多い**。これらの地域では，コシヒカリやあきたこまち，ひとめぼれなどの**銘柄米**が作付けされ，産地間の競争が激しくなっている。新潟県魚沼産のコシヒカリは，他の銘柄に比べて味が良く，格付けも高いため高い価格で市場に出回っている。

 **用語**

**食糧管理制度**
安定した食糧供給のために，政府が不作・豊作に関係なく一定の値段で米を買い取る制度。しかし，すべての米を政府が一括管理する必要性が薄れてきたため 1995年に廃止された。現在では，農家はどこにでも売ることができるようになり，値段もブランドや売買量にもとづいて設定できるようになった。

## ○野菜

消費地に近く野菜を新鮮なまま出荷できる**大都市近郊の農地**では，葉物の野菜を中心に生産される。

市場価格が高い時期に出荷すると高収入が得られるため，**出荷時期をずらして生産**する地域もある。冬でも暖かい気候をいかした**宮崎・高知県**などにおける夏野菜（ピーマン，きゅうりなど）の**促成栽培**と，夏でも涼しい気候を利用した**長野・群馬県**などの**高原野菜**（キャベツ，レタスなど）を生産する**抑制栽培**である。

## ○果実

地形的に**水はけの良い台地や扇状地**などで栽培される。暖かい地域で栽培される**みかん**などの柑橘系と，涼しい地域で栽培されるりんごやさくらんぼ，寒暖の差が激しい地域で栽培されるぶどう，というように作物によって産地に違いがみられる。

## ○畜産

**広い土地を必要とする**ため，一般的には大都市から離れた**北海道や九州地方**などの地域で大規模に行われている。しかし，生乳の酪農や鶏卵用のにわとりなどについては，大都市近郊でも多い。近年は，海外の安い肉に対抗し，ブランド化している。

## ○その他

花の栽培は都市周辺の**近郊農業**以外に，ビニールハウスで栽培される。出荷時期を遅らせるため**電灯を照らして行う**こともある。沖縄では，暖かい気候を利用して洋蘭や菊の栽培がさかんである。これらの花卉は都市などへ空輸される。

### 用語

**施設園芸農業**
温室やビニールハウスなどを使って人工的に作物が育つ環境をつくり，花や果実，野菜などを栽培する農業のこと。近年ではサラダ菜などを室内でLEDを照らし水耕栽培する例もある。

**促成栽培**
冬でも暖かい気候を利用しビニールハウスなどを使って出荷時期を早めて野菜を栽培すること。

**抑制栽培**
促成栽培とは反対に，出荷時期を遅らせて栽培すること。電照菊や高冷地での野菜栽培がこれにあたる。

### Q&A 日本の農業の将来はどうなるの？

低価格の輸入農作物におされて経営の厳しい日本の農業であるが，さまざまな方策で生き残りをかけている。21世紀に入ってからは，次のようなことが起こっている。
○**企業の農業参入**　個人経営の農家を守るために，企業による農業を法律で禁止していたが，規制を緩和し，食品加工業や流通業者が農家と契約することが増えている。
○**六次産業化**　それまで農作物をつくって市場に出荷するだけだった農業者が，生産した農作物を加工・販売して高収益をあげたり，観光農園を経営したりしている。
○**先端技術を使った農業**　農作業を少しでも軽減するために，自動収穫のロボットを開発し，GPS（位置情報システム）でトラクターを自動運転することが実用化している。また，ドローンで農薬を散布したり，作物の収穫時期をAIで判断する試みも増えている。

# ④ 日本の水産業

## 1 漁業の発展と現在——漁師の高齢化で苦しい状況

　四方を海で囲まれ，沖合に暖流と寒流が流れ，両者が接する潮目〔潮境〕が近い日本は，とれる魚の種類が豊富である。沿岸地域では昔から漁業がさかんで，海岸には多くの漁港が存在し，銚子，八戸，焼津といった漁港周辺には，水産加工工場も数多く見られる。

　しかし，他の産業同様，海外からの輸入品との競争にさらされている。漁業従事者の高齢化も進み，漁業は苦しい状況に追い込まれている。労働力を外国人技能実習生にたよることも増えている。

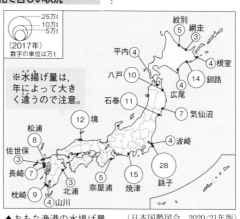

▲おもな漁港の水揚げ量　　（日本国勢図会　2020/21年版）

## 2 3つの漁業区分——数か月以上かかる漁業も

　日本の漁業は，漁業の方法などによって次の3つに区分されている。

**沿岸漁業**　1日のうちに船を出して操業し，戻ってこられる程度の沿岸で行われる漁業。一人乗りの小型の船で行うことが多く，いわしやさば，いかなどをとる。一般に，漁村で漁師が行うのはこのケースである。

**沖合漁業**　中型の船で数日間かけて沖合いの漁場へ出かけて操業する漁業。複数の船で船団を組んで船同士が協力して巻き網などの手法で行うことが多い。また，水産会社が操業することもある。

　おもに，かつおやさんまなどを水揚げする。

**遠洋漁業**　日本から離れた海で，数か月以上にわたって行う漁業。南太平洋やインド洋のまぐろや北太平洋のさけ，ますなどが知られる。冷凍設備の整った大型の船で操業を行う。

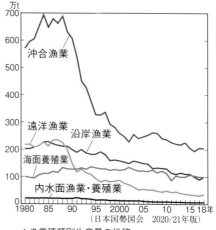

▲漁業種類別生産量の推移
（日本国勢図会　2020/21年版）

▲**巻き網漁**
網で群れの外側から囲んでとる。

▲**底引き網漁**
海底に向かって深く網を落とし，引いてとる。

## 3 漁業の大きな転換点──排他的経済水域の設定

　1970年代以降，世界の多くの国々は排他的経済水域を設け，沿岸から約370kmの範囲の水産資源を自国のものとした。それまで遠洋漁業で外国の海の魚介類をとっていた**日本の漁業にとっては大きな打撃**となった。

　このような状況の中で「とる漁業からつくり育てる漁業」への転換が進められた。かきやほたてなどの**貝類**や，はまち，くるまえびといった**魚介類が養殖**されるようになり，波の静かな湾などには，はまちを飼育するためのいけすや，貝類を生育するためのイカダがみられる。

## 4 新しい漁業のかたち

──生き残りをかけたさまざまな取り組み

○**水産資源を増やす**

　魚は卵から稚魚の頃の生存率が低い。そのため，水産資源の全体量を増やすために，ふ化から稚魚の時期まで人の手を加えて生育し，ある程度の大きさに成長した段階で放流する**栽培漁業**が各地で行われている。また，稚魚の頃からエサを与える前に音を水中に流すことで，「音＝エサ」と覚えることができる魚もいる。海に放流後も音響給餌装置（音を鳴らしてエサを自動的に与えるブイ）で魚は集

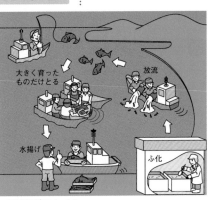

▲栽培漁業のしくみ

まる。これを**海洋牧場**といい，牛を牧場で飼育するように魚を海で育てるシステムとして実用化されている。

○**今後の「つくり育てる」魚介類**

　養殖で魚介類をつくり育てて出荷するまでには，エサ代やイカダなどの施設費など経費がかかる。そのため，海藻類（のりなど）や貝類（ほたて・かきなど）のように管理しやすい魚介類とともに，たい，ひらめといった市場価格の高い魚介類がつくり育てられている。近年は，これまで養殖は難しいとされたクロマグロやウナギの完全養殖に成功し実用化が進んでいる。水産資源が減少する中，安定した水産資源の確保が期待される。またエサに柑橘類を加え，刺身魚の香りをよくして価値を高めるなどの取り組みもある。

# ⑤ 日本の工業

## 1 どんな工業が行われているか——日本の工業のあゆみ

日本の近代工業は明治時代以降，繊維を中心とする**軽工業**からはじまった。1901年，現在の北九州市に**八幡製鉄所** [P.389▶▶] が操業してからは**重化学工業**が発達し，第二次世界大戦後は，鉄鋼や化学工業がさかんになった。現在は，**機械工業**が基幹産業としての役割を果たしており，機械工業の製造品出荷額は全製造品の約半分を占める（2017年）。また，日本の総輸出額の約6割を機械類が占める（2019年）。

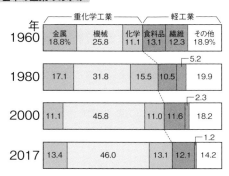

▲日本の工業の製造品出荷額等構成の推移

（日本国勢図会　2020/21年版）

## 2 工場の規模でみた工業——大工場と中小工場

日本は，従業員の少ない**中小工場の割合が高い**。中小工場は大工場の**下請け**（関連工場）となって，大工場で組み立てるための部品を製造することが多く，大工場のまわりに中小工場が立地する場合が多い。大工場の経営状態の影響を受けやすく，経営は概して厳しい。

しかし，近年は高い技術をもった中小工場が世界各国の大企業から注文を受けるなど，著しい発展を遂げているケースも数多くある。

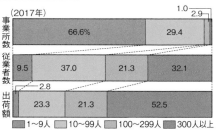

▲日本の工場規模

（日本国勢図会　2020/21年版）

## 3 伝統工業——どっこい生き残る伝統工業

江戸時代から伝わる技術で手づくりの工業が行われている伝統工業も日本には数多く残る。**織物**や**漆器**，**和紙**，**陶器**などの工芸品が，その伝統を受け継いでいる。

伝統工業の中には品質の高さから今でも注文を多く受けるものもある。また，地域の**地場産業**として，現在の工業生産と結びついたり，その製造技術が他製品の生産へ転換されて発展したものも多い。

参　考

**燕の金属加工**
新潟県の燕・三条はかつて和釘の生産を行っていた。現在はその技術を洋食器など家庭用品全般の生産にいかしている。

## 4　日本の工業の変化——日本に工場がなくなる？

　原料を輸入し，工業製品を生産して輸出する加工貿易で日本の製品は世界に進出し，日本のメーカーの名はよく知られるようになった。しかし貿易相手国では，自国の製品が売れず工場閉鎖や失業などの問題が発生し，「貿易摩擦」が起こることもある。1980年代後半，こうした貿易国との対立をさけるために，日本の企業は，欧米諸国各地に工場をつくり，現地の人をやとい，**現地で自動車や電気製品などを生産**している。

　また，**円高**の影響で日本製品の価格が外国製に比べて値上がりした1980年代後半からは東南アジアへ，2000年になると**中国などへ移転する工場**が増えた。これは，日本よりはるかに安い現地の労働力（人件費）や用地で低価格の商品を製造するためである。そのため，日本では工場の閉鎖が相次ぎ，「**産業の空洞化**」といわれる事態を招いている。

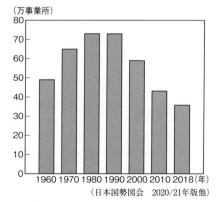

（万事業所）

（日本国勢図会　2020/21年版他）

▲製造業の工場数の推移

▲海外にある日本の自動車工場

## 5　空洞化の中で生き残る日本の工場——技術力の争い

　産業の空洞化が進む中で，国内の工業は新たな転換をはかっている。従来の大量生産で低価格の製品は，輸入品との競争に負けるため，**少量で高品質・高価格**の製品をつくることが求められてきている。

　東京や大阪などの大都市に立地する工場では，商品の製造ではなく新製品の研究・開発が進められている。また，新しい技術や高度な知識，独創的なアイディアをいかして，それまで誰も考えつかなかった製品や商品を開発する小規模のベンチャー企業もあらわれている。

　企業の中には，地元の大学が研究開発した知的財産の共同活用や，企業が長年培ってきた技術をまったく異なる業種の製品開発にいかした事例（例・フィルム会社がフィルム素材研究を転用し化粧品を開発した等）もある。

●●**もっとくわしく**

**技術流出を防ぐ**
海外で生産を進めると，安価で高品質の製品をつくる製造技術が海外に流出する可能性が高くなる。そこで，製造技術の海外流出を防ぐために，工場を国内に置き，内部を非公開にする企業も多い。

## 6　日本の工業地域をさぐる
### ——臨海型と内陸型に分けられる日本の工業地域

### ①臨海型の工業地域

　資源に乏しい日本では，外国から原材料を輸入したり製品を輸出したりするのに便利な**臨海地域**を中心に工業が発達した。

### ＜三大工業地帯＞

#### ○京浜工業地帯

　**東京**，**川崎**，**横浜**を中心に東京湾沿岸に広がる。湾岸の埋立地では機械，化学などの重化学工業がさかん。大消費地に近く，**出版・印刷**や**食料品**などの生産も多い。多摩川や隅田川に面した地域の中小工場のなかには，世界有数の技術をもった町工場もある。

#### ○中京工業地帯

　**名古屋**を中心に，四日市から豊橋までの地域に広がる。自動車の大企業やその関連工場があり，工業生産額の増加は近年著しい。機械や重化学工業のほか，**繊維業**や**窯業**（陶器）など，伝統工業から発展した工業が多い。

#### ○阪神工業地帯

　**大阪**，**神戸**など大阪湾を中心とした地域であり，京浜工業地帯や中京工業地帯と比べて，早くから工業地帯として栄えた。特に大阪の北東部は，有名な家電機械工業の創業の地である。重化学工業の中でも，**鉄鋼**や**金属工業**がさかんである。

---

●●◆**もっとくわしく**

**空港や高速道路に面した工業**
コンピュータの部品であるICは，非常に小さいが高価である。このためトラックで輸送したり，貨物機で空輸しても採算があう。九州地方や東北地方の空港や高速道路のインターチェンジ近辺には，IC関連の工場が多い。九州は，ICの材料であるシリコンから「シリコンアイランド」とも呼ばれている。

（日本国勢図会2020/21年版）
▲九州地方のIC工場の分布

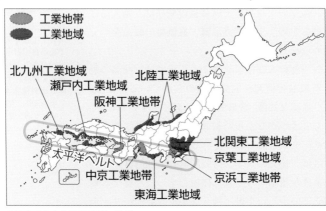

▲日本のおもな工業地帯・地域

## ＜その他の臨海型工業地域＞

### ○太平洋ベルトの工業地域

京浜工業地帯から九州北部にかけての臨海部は日本の工業の中心となっており，**太平洋ベルト**とよばれている。

- **北九州工業地域**　北九州市から福岡市につながる九州最大の工業地域。八幡製鉄所をもつ歴史から，古くは鉄鋼業で栄えたが，他地域と比べて相対的な地位が下がった。
- **瀬戸内工業地域**　瀬戸内海に面した**中国・四国地方**の都市に発達している。海運がよいことから発達した。造船や自動車産業がさかんなほか，倉敷や周南などに**石油化学コンビナート**がある。
- **東海工業地域**　京浜工業地帯と中京工業地帯の間に位置し，東名高速道路など交通の便にめぐまれている。中心は**浜松**で，二輪自動車や楽器製造など，浜松から生まれた有名な企業が多くある。

### ②内陸型の工業地域

1970年代以降，内陸部にも工業地域が形成されるようになった。各地で**交通網**が整備されると，安い地価と安価な労働力など，工場を建設するのにふさわしい条件が整ってきた。

- **北関東工業地域**　茨城県から栃木県・群馬県にかけての地域。**工業団地**が多く形成され，自動車や電気機械などの機械類の組み立て工業がさかんである。

📖 **用語**

**工業団地**
内陸部の高速道路インターチェンジ付近には，工業団地が立地している。工業団地とは，県や市町村など地元の自治体が，工場を誘致するために上下水道や電気などを整備し，造成した地区のこと。その地区に工場が進出すれば，税収も増え，地域の活性化につながるため地方によっては積極的に造成している。

| 京浜工業地帯 | | | | |
|---|---|---|---|---|
| 8.9% | 49.4 | 17.7 | 11.0 | 13.0 |

| 中京工業地帯 | | | | |
|---|---|---|---|---|
| 9.4% | 69.4 | | 6.2 | 4.7 |

| 阪神工業地帯 | | | | |
|---|---|---|---|---|
| 20.7% | 36.9 | 17.0 | 11.0 | 14.4 |

| 東海工業地域 | | | | |
|---|---|---|---|---|
| 7.8% | 51.7 | | 11.0 / 13.7 | 15.8 |

| 瀬戸内工業地域 | | | | |
|---|---|---|---|---|
| 18.6% | 35.2 | 21.9 | 8.1 | 16.2 |

| 北九州工業地域 | | | | |
|---|---|---|---|---|
| 16.3% | 46.6 | | 5.6 / 16.9 | 14.6 |

凡例：金属／機械／化学／食料品／その他

▲おもな工業地帯（地域）の製造品別出荷額割合（2017年）　　（日本国勢図会　2020/21年版）

地理編

第1章　世界と日本の地域構成
第2章　世界の国々
**第3章　さまざまな面からみた日本の姿**
第4章　身近な地域や都道府県のようす

# ⑥ 日本の林業

## 1 木材需要と輸入品への転換——かつては林業もさかんだった

　国土の約4分の3が山地である日本は，森林の占める割合も高い。かつては各地で林業がさかんに行われてきた。

　しかし，石炭から石油へのエネルギーの転換により，木炭や薪を使わなくなったことで，木材に対する需要は減った。さらに建築材や製紙用のパルプ材には，海外からの安い木材が多く使われるようになった。

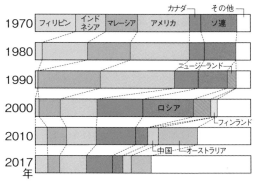

| | | | | | カナダ | その他 |
|---|---|---|---|---|---|---|
| 1970 | フィリピン | インドネシア | マレーシア | アメリカ | ソ連 | |

▲日本の木材輸入先割合の推移　（日本国勢図会　2020/21年版他）

　日本は世界有数の木材輸入国であり，主に東南アジアや北アメリカなどから，木材を大量に輸入している（2017年）。

## 2 林業を発展させる工夫——がんばる日本の林業

　林業のさかんな山間地帯では，価格の安い輸入材におされて収入が減少し，林業から離れる人が増えた。さらに就業者の高齢化が進み，林業にたずさわる人が少なくなっている。そのため，山林が管理されなくなり，山林の荒廃が進んでいる。

　そのような中で，東北地方の青森や秋田，長野・岐阜両県にまたがる木曽地方，紀伊半島の吉野，九州の日田などの地域では，現在でも林業がさかんである。これらの地域では，外国の木材に比べて多少割高でも，高級感のある木材を売り出し，生き残りをはかっている。

**参考**

**日本三大美林**
青森ひば・秋田すぎ・木曽ひのきは，日本三大美林とよばれる。これらの木材は，真っすぐに育ち，香りや見栄えも美しく，高級用材として古くから利用されてきた。

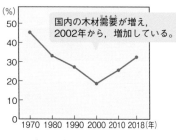

　国内の木材需要が増え，2002年から，増加している。

（日本国勢図会　2020/21年版他）

▲木材の自給率の推移

▲林業のようす

# ⑦ 日本の商業

## 1 先進国の主流産業──多種多様なサービス業まで

モノやサービスを売る第三次産業は世界の経済活動の中心であり，日本でも就業者人口の7割以上が従事している(2019年)。中でも商業に従事する人々の割合は4分の1を占め，最も多い。商業以外にも，リゾート地におけるホテル・旅館や土産物店などの観光業や，情報通信技術をいかしたIT（情報通信）産業など，多岐にわたっている。

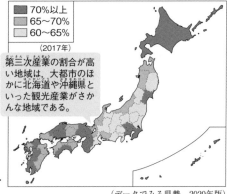

| | |
|---|---|
| ■ | 70%以上 |
| ▨ | 65〜70% |
| □ | 60〜65% |

(2017年)

第三次産業の割合が高い地域は，大都市のほかに北海道や沖縄県といった観光産業がさかんな地域である。

都道府県別第三次産業就業者率▶

(データでみる県勢　2020年版)

## 2 商業地域の変化──商店街から店舗をもたない店の出現まで

かつて人々は，平日は鉄道の駅前に個人商店が軒を連ねる商店街で日用品を，休日はターミナル駅のデパート（百貨店）で高級品を買い求めることが多かった。自動車が普及すると，郊外に広い駐車場をもったスーパーマーケットやショッピングセンターで買い物をするようになった。

コンビニエンスストアは，24時間営業の店舗が多く，品揃えとさまざまなサービスが充実している。人々の生活に必要不可欠で，その販売形態は，毎年のように進化をしつづけている。

運輸業（宅配便）や通信業（インターネット）の発達により，通信販売業は商業の形を大きく変化させている。店舗をもたず，注文された商品を倉庫から家へ直接配送するサービスは，多忙な現代人のニーズに合って拡大が進む。

▲ショッピングセンターの駐車場

▲コンビニエンスストア

**業態別小売業の販売額推移**

1990年頃から百貨店の販売額が低下，コンビニエンスストアの販売額が増加の傾向にある。

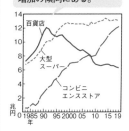

(日本国勢図会　2020/21年版)

▲百貨店・大型スーパー・コンビニエンスストアの販売額の推移

地理編

第1章 世界と日本の地域構成

第2章 世界の国々

第3章 さまざまな面からみた日本の姿

第4章 身近な地域や都道府県のようす

# §4 交通・通信からみた日本の特色

**重要ポイント**

- □日本は交通・通信・貿易などによって世界と結びついている。
- □航空交通は自然条件や外交問題などに左右されている。
- □ＩＣＴの普及は世界との結びつきに貢献する一方で，デジタル・デバイドなどの問題を引き起こしている。
- □日本の貿易品目や貿易体制の変化は産業構造の変化と密接にかかわっている。
- □日本国内での地域的な結びつきは東京中心のネットワークが形成されている。

## ① さまざまな指標からみた日本と世界の結びつき

### 1 航空交通による日本と世界の結びつき
——利便性と問題点

　航空交通の発達は「世界の一体化」に大きく貢献したといえる。だが，航空路線網は北米・西欧・日本など経済の発達している**先進国間**に偏っている。なかでも**アメリカ合衆国**は，国土が広大であるため，都市間移動に航空機は重要な役割を果たしている。経済発展の著しい**東アジア**や**東南アジア**諸国では，国際的な拠点となる空港（**ハブ空港**）の主導権争いも起きている。一方で，アフリカ諸国は地域内相互の路線網が発達しておらず，旧宗主国である西欧諸国との間の路線に偏っている。

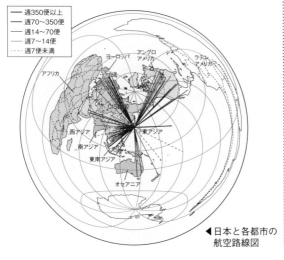

◀日本と各都市の航空路線図

週350便以上
週70〜350便
週14〜70便
週7〜14便
週7便未満

ヨーロッパ　アメリカ　ラテンアメリカ
アフリカ
日本
西アジア
南アジア　東アジア
東南アジア
オセアニア

## 研　究

**最短距離で北京へ飛べない理由**

空路で東京から北京へ行く場合，北朝鮮上空を通るルートが最短距離となる。だが，北朝鮮との国交がないため，韓国上空を抜け，黄海，渤海を大きく迂回して中国上空へ入らなければならないため時間がかかる。中国と韓国に国交がなかった冷戦時代は，上海経由で北京に入らざるを得なかったので，時間はさらにかかった。航空機の運航が外交関係に制約される一例である。

## 参　考

**ハブ空港**

ハブはもともと車輪の主軸をさす。ハブ空港とは，一定の地域に設定された中心空港で，長距離便を集中させ，周辺の空港へは乗り換え便を就航させることで，航空機の効率的な運用を可能にする。

日本では，経済的に関係の深い**北米・アジア・西欧諸国との路線網**が発達している。これらの諸地域には，日本人が仕事や観光で渡航する国々が多い。その反面，日本人がそれほど多く渡航しないアフリカ・中南米諸国への直行便はほとんどみられない。

航空交通は，他の交通機関と比べて短時間で目的地に着くことができるなど利便性の高い反面，数々の問題点が存在する。例えば，**騒音**の問題や大量の燃料消費による**地球温暖化**の問題，離着陸が天候などの自然条件に左右されること，路線開設にあたって国家間の利害や政治的・外交的な問題がからむこと，事故に遭遇した場合の死亡率が極めて高いこと，人件費やエネルギーのコストがかかるため，**運賃が鉄道などと比べて高い**ことなどがあげられる。

## 2 情報・通信による日本と世界の結びつき
### ——時空間距離の克服

**ICT**（Information and Communication Technology, **情報通信技術**）の発達した今日，私たちは**インターネット**や**国際電話**，**衛星放送**などを通じて日本にいながら瞬時に世界中の情報を入手することができる。その理由は，**光ファイバー**を用いた**海底ケーブル網**が世界中に張り巡らされていることに加え，宇宙空間に多くの**通信衛星**が打ち上げられていることにもよる。ICTの発達によって，世界の国々の距離は，時間的にも空間的にも縮まったといえる。だが，設備の敷設に多額の費用と高度な技術を要するため，通信網は**先進国や新興工業国**に偏っている。また，政治的自由の制約されている国々においても，統治上の都合から通信網が未整備である場合が多い。

世界各国の**ICT**の普及率をみると，アメリカ合衆国や北欧諸国，東アジア諸国の普及率が高いことがわかる。**インターネット**の発祥地である**アメリカ合衆国**は，マイクロソフトやアップルなどがパソコンソフトを多数開発している。寒冷な気候で，特に冬季は雪に閉ざされる北欧諸国は，人々の移動が制約されるため，ICTが著しく普及したといえる。東アジア諸国についても，**シンガポール**や**韓国**は，「ICTによる国づくり」を国家の方針に掲げており，ICT産業へ対応するための人材育成もさかんである。

### 研究

**インターネットは冷戦時代の産物？**

インターネットの開発は1969年にアメリカ合衆国の国防総省が軍事目的で実験を始めたことがきっかけとなっている。その後は大学を中心に学術目的で使用され，1990年頃から企業の宣伝に使用され，一般へと普及していった。

### 用語

**光ファイバーケーブル**

光通信に用いる伝送路をいう。石英ガラスなどを材料にしたものを開発し，レーザーを光源に用いることで進歩を遂げていった。銅線と比べて千倍以上の情報量を伝送することが可能である。ちなみにファイバーは繊維を意味する。

### 参考

**各国の100人あたりインターネット利用者率（2018年）**

日本 91.3%
韓国 96.0%
中国 54.3%
スウェーデン 92.1%
アメリカ合衆国 87.3%
（中国は2017年）
（世界国勢図会 2020/21版）

▲フェイスブックの画面

　日本でもパソコンやスマートフォンの所有者は増え続けており，Eメールや SNS（ソーシャルネットワークサービス）を使ったインターネットの利用が日常生活の一部になりつつある。

　ところで，ICT社会の到来は，数多くの利点を生み出した反面，数々の問題点も引き起こしている。たとえば，国家間や国家内部での情報格差（デジタル・デバイド），適切な利用方法についての世界共通ルールが未確立であること，**プライバシーの侵害**，**コンピュータウイルス**の侵入や有害情報の流出，電子商取引にからむ犯罪といった問題をあげることができる。

### **3** 貿易による日本と世界の結びつき——日本の貿易の特徴

　私たちの生活は，衣類，食べ物，文化などモノや情報を通じて諸外国と関わっており，もはや世界とのつながりなくして産業や生活の基盤がなりたたないといえる。

　ところで，モノを通じた日本と世界とのつながりは貿易によるところが大きい。日本の場合，原材料や燃料を輸入し，工業製品を輸出する**加工貿易**の形態がこれまでは主流であった。しかし，近年は**日本企業の海外進出**によって，現地で製品を製造するようになり，**工業製品**，特に**機械類の輸入**が最も多くなっている。

　輸出品目をみると，繊維製品から鉄鋼，船舶，自動車，電子部品へと変化していることがわかる。つまり，日本の産業構造は，**軽工業**から**重化学工業**，**先端技術産業**へと変化している。

**用　語**

**デジタル・デバイド**
本来は，国家間の情報格差をさしていたが，国内においてもこの問題は深刻になっている。
先進国では，若年層とIT機器の操作に慣れていない中高年層との間で，発展途上国では，富裕層と貧困層との間で情報量の格差が特に深刻である。

**参　考**

**垂直貿易と水平貿易**
垂直貿易とは，付加価値の高い工業製品を輸出する先進国と，資源などの一次産品を輸出する発展途上国との間に成立する貿易形態のことをいう。一方，水平貿易は，付加価値の高い製品を互いに輸出しあう先進国間の貿易形態のことをいう。
しかし，アジア諸国の工業化によって，先進国と発展途上国間の貿易形態は必ずしも垂直貿易の枠でくくることはできなくなってきている。

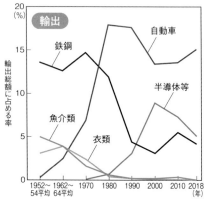

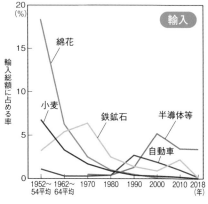

▲日本のおもな輸出品目と輸入品目　　　　　（データブック　オブ・ザ・ワールド2020年版他）

第二次世界大戦後の日本の貿易相手国としては，経済的な結びつきが強いアメリカが主要であった。だが，近年は再び中国や韓国，ASEAN（東南アジア諸国連合）などアジア諸国との貿易も活発になっている。

貿易収支については，一般に資源保有国との間では**輸入超過**，アメリカやEUとの間では**輸出超過**となっている。アメリカやEU諸国は，対日貿易赤字解消のために，**自由貿易**推進を名目に日本市場の開放を求めた。日本もそれに応じ，段階的に輸入品を増やしたり，欧米に企業の生産シフトを移転したりすることで，貿易収支の均衡に努力している。

主要貿易港の特徴についてみると，**成田国際空港や関西国際空港**は重量の割に付加価値が高いIT関連の部品・製品や貴金属類，野菜や魚介類など新鮮さを重視する生鮮食品の輸入が多い。名古屋港，三河港は大手自動車会社を控え，自動車の輸出が多い。石油化学工業地帯を控える横浜港や千葉港は石油などの工業原料の輸入が多い。各港の貿易品目は**周辺地域の産業と密接に関わっている**といえる。

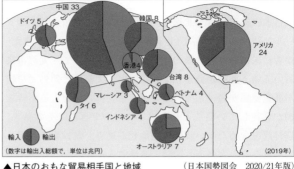

中国 33
ドイツ 5
韓国 8
香港 4
台湾 8
マレーシア 3
ベトナム 4
タイ 6
インドネシア 4
アメリカ 24
オーストラリア 7

輸入　輸出
（数字は輸出入総額で，単位は兆円）

▲日本のおもな貿易相手国と地域
(2019年)
（日本国勢図会　2020/21年版）

### 参考

**輸出で大きな利益をあげる日本の企業**

2018年で日本最大の売り上げをあげた企業は自動車会社である。この企業の売上高約2,700億ドルは，2018年のアイルランドの国民総所得に匹敵する。

**TPP11（環太平洋戦略的経済連携協定）**

太平洋のまわりの国々の間で，関税を原則的に全て撤廃することをめざした貿易協定。アメリカが離脱し，11か国で合意した。

## ？ Q&A 自由貿易体制にはどのような特徴と問題点があるのだろうか？

WTO（世界貿易機関）は，関税など貿易上の障壁を撤廃し，自由貿易体制を進めることを目的に1995年に設立された。そのねらいはモノだけでなく，生命保険などの各種サービスや特許権・著作権などの知的所有権も貿易の対象としている。世界規模でのモノやサービスの取り引きをさかんにすることで，全世界の経済発展をめざしている。だが，自由貿易体制が強まれば，工業製品や情報サービスなどの高付加価値商品を生産・輸出できる先進国が取り引き上有利な立場になる。また，先進国の商品が世界市場に氾濫することで，全世界に文化の画一化をもたらす可能性がある。一方，原料や食料など付加価値の低い一次産品の輸出に依存している発展途上国は，国際取り引き上不利な立場におかれる。これらの国々では外貨獲得のための商品作物の生産や急速な工業化により，自給用食料の不足や環境破壊が深刻化している。

# ❹ 交通による国内の結びつき——複雑な交通網

　日本の鉄道網は，北海道，本州，四国，九州が一本のレールで結ばれており，国土全体をほぼ網羅している。また，**旅客輸送における鉄道の比率が高い理由**として，大都市において**地下鉄網**が発達していること，**大都市**と**郊外**とを結ぶ**高速交通**が発達していること，主要都市間を走る**新幹線網**が発達していることをあげることができる。その結果，農村部を含めた広い範囲で宅地化が進み，新幹線を利用して東京などの大都市へ通勤・通学する人もいる。

　一方，地方では，採算があわない鉄道やバス路線の廃止によって，そのおもな利用者である高齢者・学生などのいわゆる**交通弱者**が不利な状況におかれていることもある。

　また，荷積みや積みかえに手間がかかる鉄道貨物輸送は，自動車輸送に完全に追い越された形だが，近年は環境保護の観点から転換する動き（モーダルシフト）も出てきている。日本の**高速道路**は，高度経済成長以降の自動車輸送の急激な伸びによって，全国に多数建設された。その結果，北海道と沖縄を除く全ての高速道路がつながり，高速道路網が確立された。日本でも他国と同様，**貨物輸送・旅客輸送**とも**自動車**の比率が高いが，その理由として小回りがきくこと，戸口から戸口へと品物を運搬できるなど，輸送に極めて便利なことがあげられる。現在では，高速道路網の確立により，**宅配便**が普及するとともに，**高速バス**が都市間を頻繁に行き来している。

　日本の航空路線網については，**航空機**は東京を中心に整備されている。一方で，地方都市間の結びつきは弱くなっていることを示している。

**参　考**

**各国の輸送機関の特徴**
交通機関の利用には国土や国の経済のようすが影響している。たとえば，国土の広いアメリカは，旅客輸送において航空の割合が高い。また，水運はまわりを海で囲まれた日本や大きな河川をもつヨーロッパなどで発達している。特に日本の貨物輸送全体における水運の利用率は約4割である。

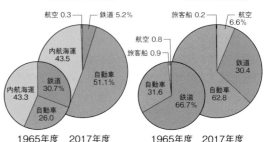

**貨物輸送**　　　　**旅客輸送**

航空 0.3　鉄道 5.2%　　　旅客船 0.2　航空 6.6%

内航海運 43.5　　　　　　航空 0.8
鉄道 30.7%　自動車 51.1%　旅客船 0.9　鉄道 30.4

内航海運 43.3　　　　　自動車 31.6　鉄道 66.7%　自動車 62.8
自動車 26.0

1965年度　2017年度　　1965年度　2017年度
（注）1965年度と2017年度では調査方法が変わっている。

▲日本の貨物輸送と旅客輸送の割合（日本国勢図会 2020/21年版ほか）

年間利用者数（150万人以上）
—— 200万人以上
—— 150～200万人
（2018年度）

札幌（新千歳）
大阪（伊丹）　小松
大分　広島
福岡　関西　東京（成田）
熊本　中部　東京（羽田）
鹿児島
那覇

▲おもな航空路線図　　（日本国勢図会 2020/21年版）

# §5 生活や文化からみた日本の特色

> **重要ポイント**
> □文化は衣食住などの物質文化と言語・宗教などの精神文化とに区分され，その分布や広がりにはそれぞれによって異なる特徴がみられる。
> □文化は各地域における人間の生活と密接に結びついている。
> □各地域の文化の形成にその地域固有の自然環境が密接にかかわっている。
> □経済のグローバル化や東京一極集中が進むことで伝統文化が消滅の恐れがある。

## ① 衣食住にみる日本の特色

### 1 文化とは何か──物質文化と精神文化

　文化とは，人間が成長する過程で学習によって身につけていく**生活様式全体**のことをさす。成長過程において文化を獲得するという行為は人間固有のものといえ，人間が他の動物と区別される理由はここにあるといってよい。文化は一般的に，衣食住などの**物質文化**と言語や宗教などの**精神文化**とに大きく分けられる。精神文化には，言語によるコミュニケーション，道具の製作，慣習化した決まりごと，人生や物事についての価値観などが含まれる。いわば，文化とは**人間の生活に密着したもの**であり，文化なしで人間の生活は成り立たないといえる。

　また，文化は狩猟・採集・牧畜・農耕などのように人間の自然環境への働きかけや，自然環境の人間へ及ぼす影響によって形成されていくものである。もちろん，地球上の自然環境は地域ごとに多様であるため，文化もまた地域によってかなり異なったものとなる。

　だが，経済のグローバル化や東京一極集中が進んでいる今日，地域固有の生活文化は徐々に変化を遂げている。このことの是非はともかく，文化は時代によっても大きく異なって表れるものである。

**用　語**

**情報技術（IT）革命**
情報技術（IT）革命によって，コンピュータが一般社会に広く浸透した結果，インターネット利用者は急激に増加し，私たちは世界の政治・経済の動きを瞬時に知ることができるようになった。なお最近ではラインやツイッターといったSNSなどのコミュニケーションの技術が飛躍的に発達したことからICTという言葉が欧米ではおもに使用されている。

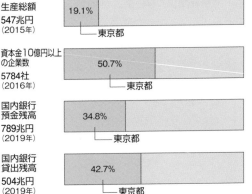

| | |
|---|---|
| 生産総額 547兆円 (2015年) | 19.1% ┗東京都 |
| 資本金10億円以上の企業数 5784社 (2016年) | 50.7% ┗東京都 |
| 国内銀行預金残高 789兆円 (2019年) | 34.8% ┗東京都 |
| 国内銀行貸出残高 504兆円 (2019年) | 42.7% ┗東京都 |
| 卸売業・小売業年間販売額 582兆円 (2015年) | 34.3% ┗東京都 |

（データでみる県勢　2020年版他）
▲東京一極集中のようす

## ❷ 日本の食文化とその変化——変わりゆく独特の食文化

　日本は，伝統的に米を主食としている。また，周囲を海に囲まれているため，副食としての魚の消費量が多く，寿司や刺身のように生で魚を食べる習慣がある。さらに，四季の変化がはっきりしているため，旬の食材を大切にする習慣があり，季節の変化を上手にいかした醤油・味噌・酢などの醸造技術も発達している。

　日本列島は南北に長いという地理的な特徴をもっているため，地域によって自然環境も多様である。そのため食材も地域によって異なり，**食文化**も地域的な違いがみられる。

　だが，第二次世界大戦後の経済発展とそれに伴う**食生活の欧米化**によって，肉や乳製品など動物性たんぱく質の摂取量が増え，米の摂取量は徐々に低下している。また，夫婦共働きの家庭が増え，それに伴い**食の簡便化**が進むなどライフスタイルに変化が生じた。インスタント食品やレトルト食品，冷凍食品の消費量の増大はその典型ともいえる。さらには，**外食産業**の成長も著しく，全国どこへ行っても同じ味で料理を提供してくれるファストフード店やファミリーレストランが和食・洋食の区別なく増大した。

　これら外食産業は，コストを抑えるために価格の安い輸入食材に依存している。特に季節が逆である**南半球産の農産物**が増大している。また，農業技術の発達により**促成栽培・抑制栽培**[P.125▶▶]が広がり，「旬の味覚」も消滅しつつある。

●●●**もっとくわしく**

**日本食は海外でも大人気**
海外で日本食はブームとなっている。世界中の日本料理店の数は実に156,000軒にのぼり，北米の29,400軒を筆頭に，韓国，台湾，オーストラリアと続く。日本食が世界に広がった背景には健康志向の高まりのみならず，独特の器や盛り付け，雰囲気，作法などの繊細さや細やかさといった他国にはない独特の文化が垣間見られるからだという。

日本人のライフスタイルの変化を読み取ることができる。

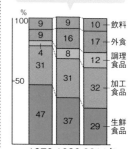

▲日本の種類別食料消費支出の変化

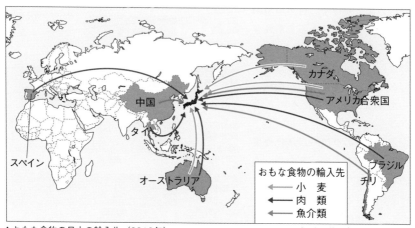

▲おもな食物の日本の輸入先（2019年）

（日本国勢図会　2020/21年版）

## 3 日本の衣服とその変化——欧米の影響を最も受けた文化

　日本の伝統的衣装である**和服**は，かつては普段着だったが，現在は特別な場で着用する**晴れ着**としての性格が強い。また，浴衣もかつての夏の普段着であり，通気性が良く，**高温多湿な夏**の季節に対応したものであったが，現在では盆踊りなどの祭事に着用することが多くなっている。

　明治以降は西洋化が進み，人々の多くは普段着や仕事着として機動性の優れた**洋服**を着用するようになった。また，**第二次世界大戦**後はアメリカ文化が浸透し，ジーンズの着用も多くなった。近年，地球規模で情報が共有できるようになると，世界各地のさまざまな流行の到来によって，**価値観の多様化**が進み，ファッションもそれに合わせて多様化している。最新の流行のファッションで町を歩く若者たちの姿が新しい日本の文化を創造しているという一面も見逃すことができない。もちろん最先端のファッションに身を包む若者たちの姿は日本だけでなく，世界の各都市においても同様の傾向にある。

## 4 日本の住居とその変化——今も変わらぬ木造建築の伝統

　日本列島の大半は温帯に属し，森林に恵まれている。そして，そのような自然環境が建築物をはじめとした木の文化をうみだしてきた。

　日本の**伝統的な住居**は，太い大黒柱を中心に，梁・桁・棟などが多くの柱と組み合わされた**木造家屋**である。室内には障子，襖，床の間が木目の美しさを出しており，開放的で，暑い夏に住居の風通しを良くするための工夫が施されている。また，多雨の気候に対応するため，雨よけのための軒や庇，雨戸の戸袋も備わっている。土間は雨や雪の日の作業場としての機能を果たしていた。高温多湿を避ける機能を持つ畳は，床上を清潔にするために考え出されたものであった。屋根の材料は古くは藁や萱が用いられていたが，今ではほとんど瓦などに変化している。

◀合掌造り

**日本家屋の屋根の形**
一般に屋根の形には以下の3つがある。
切妻造り：雨水を二方へ流す形。全国各地に分布。

寄棟造り：雨水を四方へ流す形。おもに東日本に分布。

入母屋造り：おもに近畿地方に分布。

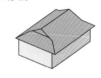

**参　考**
**合掌造り**
岐阜県白川郷と富山県五箇山の「合掌造り」は切妻屋根でかやぶきの家屋。一般の日本の民家に比べて規模が大きく，屋根の勾配が急傾斜となっている。このような形式の家屋が造られたのは，降雪に対処するためであるが，養蚕などの用に供するため家屋内の空間を広く大きくとる必要があったからでもある。

日本の住環境は，**近代化・都市化の影響**を受けて時代とともに変化をしてきた。明治以降は洋風建築がさかんに建てられ，その一部は重要文化財にも指定されている。高度経済成長期以降は都市部の人口増加に対応するために鉄筋コンクリートづくりの**集合住宅**が数多く建てられた。郊外には画一化された木造一戸建て住宅が数多く建てられたが，建築材は国産材ではなく，コストの安い輸入材が使用された。現在は都市再開発の一環として，都心部にあった工場や事業所の跡地，あるいは埋立地にタワーマンションともいわれる**高層マンション**が立ち並ぶようになった。

家屋の内部は**核家族化・個別化**に対応するための間取りになっているが，そのような場合でも畳や障子，襖の備わった**和室**を残すなど日本独自の特徴もみられる。

## ② 精神文化にみる日本の特色

### ❶ **多様な日本の言葉**——地域性あふれる方言の存在

世界の各言語はいくつかの語族に区分されるが，**日本語**の系統は十分に解明されていない。また，日本語の使用人口は世界的に見れば多い方だが，その使用はほとんど日本国内に限られている。

これに関連して，一民族＝一言語集団という考え方があるものの，日本が**単一民族国家**であると断定することはできない。なぜなら，古代から近世にかけての国家形成の途上で日本人とみなされた**アイヌの人々**や沖縄の人々，戦前の植民地政策によって日本に移住を余儀なくされた**在日韓国・朝鮮人**などが日本に居住しているからである。さらには，国際化の進展によってアジア諸国や南米諸国から多くの外国人が様々な理由で日本へ来ているという事実を踏まえるならば，日本という国は**多民族国家**であるといえるだろう。

国際連合憲章で規定されている国際連合の公用語は，中国語，英語，フランス語，ロシア語，スペイン語，アラビア語の6言語である。国連の安全保障理事会常任理事国及び話者の多い言語が該当する。

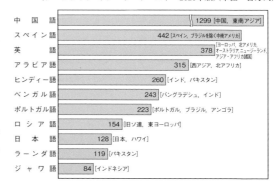

（データブック オブ・ザ・ワールド　2020年版）（単位　百万人）

| 言語 | 人口 | 主要な地域 |
|---|---|---|
| 中 国 語 | 1299 | [中国，東南アジア] |
| スペイン語 | 442 | [スペイン，ブラジルを除く中南アメリカ] |
| 英 語 | 378 | [ヨーロッパ，北アメリカ，オーストラリア，ニュージーランド，アジア・アフリカ諸国] |
| アラビア語 | 315 | [西アジア，北アフリカ] |
| ヒンディー語 | 260 | [インド，パキスタン] |
| ベンガル語 | 243 | [バングラデシュ，インド] |
| ポルトガル語 | 223 | [ポルトガル，ブラジル，アンゴラ] |
| ロシア語 | 154 | [旧ソ連，東ヨーロッパ] |
| 日 本 語 | 128 | [日本，ハワイ] |
| ラーンダ語 | 119 | [パキスタン] |
| ジャワ語 | 84 | [インドネシア] |

▲おもな言語別人口　　　（注）数値は第一言語の人口。[ ]内は主要な地域

日本には地域ごとに独自の方言がみられるが, このことは山がちな国土であるとともに, かつての封建制度の下で人の移動が制約されていたことのあらわれといえる。なお, 日本語は一般的に**本土方言**と**琉球方言**とに大別される。琉球方言は日本の古語に由来しているといわれ, **アイヌ語**は日本語の系統とは異なる言語といわれている。

日本列島は地域ごとに独自の方言がみられるために, 例えば青森の人と鹿児島の人とでは互いの言葉が通じないこともある。同じ国に住むものどうしが意思疎通をはかるために明治期の近代国家成立以降に**標準語**が普及したのは必然的だったといえる。標準語は東京の言葉をもとにしているが, その普及にあたって, 学校教育や**新聞・ラジオ**などのマスメディアがその役割をになった。

標準語の普及は同時に, 日本国家の枠組みに各地方が組み込まれていくことを意味した。東京文化の浸透によって, 地方に住む若者たちはそこで話されてきた方言を使用しなくなる傾向にあるといわれている。そうなれば将来的には地方から方言そのものが消え, 日本文化の多様性も喪失することになるだろう。

▼日本の方言区分図

日本語

- 琉球方言（奄美地方・沖縄地方）
- 本土方言
  - 九州方言
  - 西部方言
  - 東部方言

## ❓ Q&A 東京への一極集中はどのようにして起きた？

東京を中心に都市化が進み, そこで生まれた新しい文化が地方へと浸透することで東京と地方との主従関係も徐々に築かれていった。マスコミを通じて東京から発信された新しい情報が地方の人々に対し東京文化へのあこがれを増幅させ, 地方文化を遅れたものとみなす風潮が強くなっていった。その結果, 地方から東京への人の流れが加速化し, 一極集中の問題は深刻化していった。

各地方自治体も人口流出を食い止めようと, 都市の活性化に力を入れたものの, その多くは東京の都市景観をただ単にまねたり, 東京と同様の商業施設を誘致したりするなど, さながら「リトル東京」ともいえる光景をつくりあげてしまった。地域の特性をいかしたまちづくりをどのように進めていくのか。日本文化の多様性を維持するうえでの今後の課題ともいえる。

## 2 祭りや儀式にみる宗教的価値
### ——宗教は特別なものではない

　宗教とは人々の心のよりどころともいえる。人間誰しも科学的に割り切ることのできない何かを見えない神とみなし，それにすがったり，心の中で願い事をしたりということは必ずあるはずだ。合格祈願や神社での初詣，お守り，手を合わせる行為などはその具体例ともいえる。また，「困ったときの神頼み」という言葉は誰もが聞いた覚えがあるはずだ。宗教はそのような目に見えぬ神を信ずることにより**精神的な充足と安定**を図ろうとすることが誕生の発端となっており，やがて価値観を同じくする者どうしが寄り集まることで1つの大きな宗教集団が形成されていくのである。

　日本人の宗教観は**自然崇拝（アニミズム）**に由来するものが多い。例えば，山岳信仰，森や田んぼに対する敬意，祖先や死者を仏仏と奉る風習などがそうである。また，**自然崇拝・祖先信仰・農耕とかかわる信仰**が仏教や神道と結びついて日本独自の宗教や儀式，祭事がつくられてきたともいえる。このことは，「人間と環境とのかかわり」という地理が追究するべき根源的なテーマとつながるものがある。

　日本人は無宗教の人が多いといわれているが，盆踊りや秋祭り，春秋の彼岸での墓参りなど**生活の中に宗教的な儀式が根づいている**。また，**葬式や結婚式などは宗教的な色彩が強く**，宗教とはまったく無関係であるとはいえない。核家族化の進む中，コミュニティ内部の人間関係を深める役割を果たすうえでも宗教の意義はもっと理解されてもよいように思われる。

▼世界の宗教の分布とその広がり

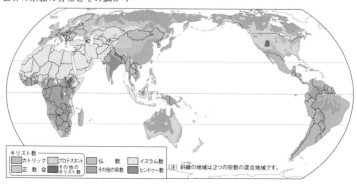

　キリスト教
　□カトリック　□プロテスタント　■仏　教　■イスラム教
　□正　教　会　■その他の　■その他の宗教　■ヒンドゥー教
　　　　　　　　　キリスト教
（注）斜線の地域は，2つの宗教の混合地域です。

### 研　究

**人々の生活と宗教の関連性**
宗教に由来する価値観は人々の生活に大きな影響を与えている。たとえば，イスラム教徒は豚肉を食べることや飲酒を禁じられ，女性はチャドルを着用する。ヒンドゥー教徒は牛肉を食べない。
宗教には，人種や民族をこえた教義をもつ世界宗教と，特定の民族を中心に信仰される民族宗教がある。

### 用　語

**アニミズム**
人だけでなく動物や植物，石や自然現象なども含めた全てのものに霊魂が宿ることがある，と考え，そのような存在に対して信仰をもつことをアニミズムという。「魂」を意味するラテン語のアニマに由来し，同じ語源から「絵に魂を吹き込む」アニメーションの語が派生している。

# §6　さまざまな特色を関連づけてみた日本

**重要ポイント**

□これまで学習した内容で，日本という国を特徴づける事象を整理する。

□それらの事象について，その理由となることや他の事象との因果関係をさぐる。

□気候や地形といった自然事象と人口や産業といった社会事象との関連を考える。

□国内でおきている地域差の原因・背景を考える。

□地図を組み合わせることで，これらの関連づけを表現できるようにする。

## ① 特色を関連づける

### 1　ここでは何を学習するのか？——特色と背景を結びつける

　これまでの章で，いろいろな地域のさまざまな姿を学習してきた。それらの事象は，必ず「なぜ」「どうして」の理由があって存在する。地理的事象の理由・背景を理解したうえで，地域を総合的にとらえるのがここでの学習である。地域の特色について関連性を考える際に，複数の地図を組み合わせて表現してみよう。また，それらを関連づけて読み取れるようにしよう。

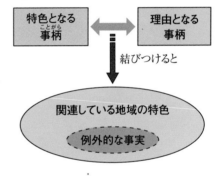

### 2　地理学習の「法則」をさぐろう！——まわりの地域を見てみよう

　数学や理科の学習で公式や法則があるように，地理の学習でも多くの地域にあてはまる「法則」が存在する。この「法則」を考えてみるのが，ここでの学習である。例えば身のまわりの地域で，こんな法則があてはまらないだろうか。

　　○大きな駅前に行くほど建物の高さは高くなり，土地
　　　ぎりぎりに建物が建てられる。

　　○銀行やコンビニエンスストアは，駅に近ければ近い
　　　ほど多く立地する。

　　○特急や急行のとまる駅であるほど駅前の商店の数は
　　　多くなる。

　これらの事実は，人々の行動や地価などに関連して成り立っている。もちろん例外もあって，例えば駅前なのに2階建ての家が存在する例もある。では世界や日本の地域の特色に関する「法則」を探してみよう。

**●●もっとくわしく**

**法則の理由**

大きな駅前に行くほど建物の高さが高いのは，駅前の土地の価値が希少なためである。人の往来が多く，便利がいいことから，土地の需要が高まる→土地が足りなくなることから，階層の高い建物をつくることでスペースを捻出しているのである。

# ② 世界からみた日本の特色

## ❶ 気候と食料生産——稲作がさかんなわけ

日本は温帯の気候にあり，人口が多い地域である。温帯
の中でも降水量が多く，稲作がさかんに行われている。

〈上記事項の整理〉

○温帯の気候にある地域は，日本に限らず人口が多いの
　かどうか

　　→　温帯の地域と人口分布との関係はどうなってい
　　　　るのか。

○稲作は降水量とどんな関係があるか

　　→　降水量と稲作地帯・小麦地帯との関係はどうな
　　　　っているのか。

地図であらわすと次のようになる。

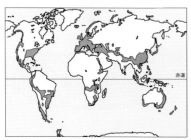

▲温帯の気候分布

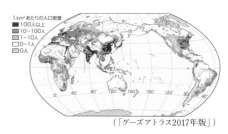

（「グーズアトラス2017年版」）

▲人口密度の分布

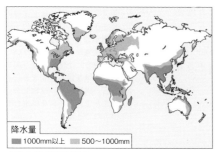

▲降水量の等量線図

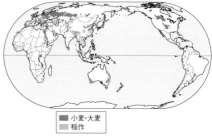

▲米と小麦・大麦栽培地域

〈結論〉

　　温帯の地域は地球上でも人口が多く居住する地域である。穀物の生産もさかん
であるが，降水量によって米と小麦栽培の地域に違いがあらわれる。

## ❷ 水産業と地域の特徴——気候と海流が影響

日本は四方を海に囲まれた島国で漁場に恵まれている。近海には暖流と寒流が交わるところがあり，大陸棚も広がっている。水揚げ量も魚介類の消費量も多い。

▲日本のまわりの潮の流れ

<上記事項の整理>

○島国や暖流・寒流が近くを流れる国は，魚の消費量が多いのかどうか

→ 暖流・寒流の流れと魚介類の消費量の関係を探る。

○水揚げ量の多い国にはどんな国があるのだろうか

→ 水域別漁獲量の地図と漁業生産量の関係を比較する。

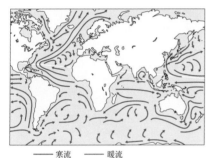

—— 寒流 —— 暖流

▲暖流と寒流

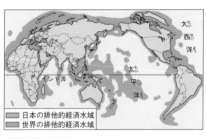

■日本の排他的経済水域
■世界の排他的経済水域

▲排他的経済水域
（データブック オブ・ザ・ワールド 2020年版）

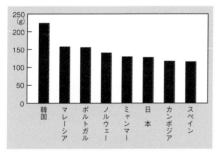

▲１人１日あたり魚介類供給量（消費量）上位８か国（2017年）
（世界国勢図会 2020/21年版）

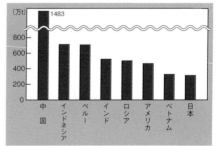

▲漁業生産量上位８か国（2018年）
（世界国勢図会 2020/21年版）

<結論>

暖流と寒流が交わるよい漁場が自国の排他的経済水域（200海里）内にある国では水産業がさかんである。しかし，国によって，魚介類の消費量には差がある。

# ③ 日本の各地の特色

## 1 日本全体でみた特色──山地が約4分の3　豊かな自然をいかす

日本は国土の約4分の3を山地が占めている。交通路も山地・山脈をさけたり，トンネルをつくるなどして発達してきた。日本には火山が多く，国立公園に指定されて観光地になったり，温泉地や地熱発電などに利用される。

▲主な山地・山脈

＜上記事項の整理＞

○交通路と地形にはどのような関係があるか
→　標高別に色分けした地形の段彩図と，新幹線の地図を比べる。

○火山の恩恵を受ける地域はどこに存在するか
→　国立公園や，温泉観光地，地熱発電所などの分布をあわせてみる。

▲地形の段彩図

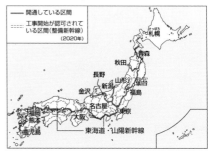

▲主な交通路の地図

▲主な国立公園と地熱発電所

▲主な火山の分布

＜結論＞
　日本は環太平洋造山帯にあるため山がちな土地で火山が多い。地形的な制約が人々の生活に影響を与えているが，恩恵も受けている。

　日本の人口は平野部に集中しており，特に東京・大阪・名古屋の三大都市圏に集中している。人口密度の高い地域では，工業や商業などが発達している。

〈人口〉
（2015年）

▲東京・大阪・名古屋圏の人口が全国に占める割合

＜上記事項の整理＞

○平野部に日本の人口が集まっている

　→　平野の分布と日本の人口分布の地図をあわせて考える。

○第二次・第三次産業と人口密度の関係を考える

　→　人口の分布と工業やコンビニエンスストアの分布を比べる。

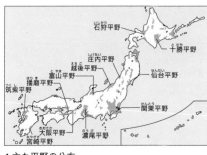

▲主な平野の分布

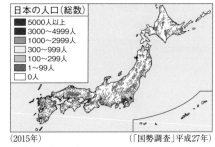

日本の人口（総数）

- 5000人以上
- 3000～4999人
- 1000～2999人
- 300～999人
- 100～299人
- 1～99人
- 0人

（2015年）　（「国勢調査」平成27年）

▲日本の人口分布

製造品出荷額等
（2017年）

- 15兆円以上
- 10～15兆円
- 5～10兆円
- 5兆円未満

▲都道府県別製造品出荷額等
（データでみる県勢　2020年版）

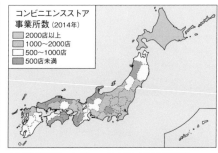

コンビニエンスストア
事業所数（2014年）

- 2000店以上
- 1000～2000店
- 500～1000店
- 500店未満

▲都道府県別コンビニエンスストア事業所数
（データでみる県勢　2017年版）

＜結論＞

　日本の人口は，海沿いの平野部に集中している。そこには大都市が存在し工業や商業が発達している。特に近年成長が著しく，人口の集中する地域に出店するコンビニエンスストアは，大都市に多く存在する。

地理編

第1章 世界と日本の地域構成

第2章 世界の国々

第3章 さまざまな面からみた日本の姿

第4章 身近な地域や都道府県のようす

日本の人口分布は不均衡であり，過疎地域が多く存在
する。過疎地域には第一次産業に従事する人が多い。
また，過密地域から離れた地域で発達する産業もある。

＜上記事項の整理＞

○**過疎地域は山間部や離島に多い**

→　過疎地域の分布と，標高別に色分けした地形の
　　段彩図を比べる。

○**過密地域ではないところで発達する産業の分布をとり
　あげる**

→　都道府県別第一次産業就業者割合と畜産の産出
　　額の地図を作成し，過疎地域の分布とあわせて
　　みる。

▲過疎地域の分布　　　　　　　（総務料資料）

▲都道府県別第一次産業就業者割合　（データでみる県勢　2020年版）

▲地形の段彩図

▲都道府県別畜産の産出額　（データでみる県勢　2020年版）

＜結論＞
　日本の過疎地域は山間部や離島に集中している。おもに第一次産業が営まれて
いる。過密地域では得られない広大な土地があることなどを背景に，過疎地域で
畜産業もみられる。

§6　さまざまな特色を関連づけてみた日本　151

地理編

第1章 世界と日本の地域構成

第2章 世界の国々

第3章 さまざまな面からみた日本の姿

第4章 身近な地域や都道府県のようす

**2　地域を細かくみた特色——工業を例に考える**

日本の工業は，それまで太平洋ベルトとよばれる海沿いの地域で発達してきたが，近年は高速道路沿いの内陸部や空港に近い地域にも発達してきている。

＜上記事項の整理＞

○太平洋ベルト以外の地域で工業が発達している

→　東北地方は近年工業化が進んでいるので地図にあらわす。

○高速道路沿いの内陸部や空港に近い地域の工業化

→　それぞれの交通施設と工業生産額を調べる。

▲東北地方　工業団地の分布

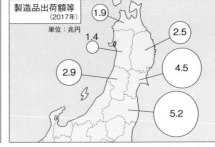

（データでみる県勢　2020年版）

▲東北地方　県別製造品出荷額等

▲栃木県　交通

▲栃木県　工業生産額

＜結論＞

太平洋ベルトに属していない東北地方は，内陸部にも工場が立地している。首都圏に近い福島県や山形県，大都市仙台のある宮城県で工業がさかんである。栃木県では，高速道路や鉄道の近辺で工業生産額が大きい。

# 第4章
# 身近な地域や都道

# 府県のようす

↑写真は，佐賀県にある棚田の風景である。棚田は，
日本の山がちのところではよくみられる。
この単元では，地形図の読み取り方や，各都道府県
の特徴について理解しよう。

# 都道府県のようす

□日本の地域区分は8地方区分が主であるが，基準によってさまざまな区分ができる。

□統計データから日本の特徴をつかみ，No.1や「三大○○」を挙げてみる。

□年により順位の変動があるデータと大きく変動しないデータがあることがわかる。

## ① 日本をいくつかに分ける

### 1　8地方区分と都道府県──みんなが住んでいる場所は？

　行政区分としてよく使われる分け方が8地方区分である。

　この他，中部地方を北陸，中央高地，東海の3つに区分する方法や，中国地方と四国地方を一緒にする方法，その2つの地方をさらに山陰，瀬戸内，南四国と3つに分ける方法もある。

　明治時代につくられた府県制により，現在47の都道府県に分かれ，「県」以外は，首都東京に「都」，かつて宮があった大阪，京都に「府」，奈良時代からの地方区分により北海「道」とつけられている。現在の都道府県の境界は，江戸時代の藩の区分をもとにしている場合が多い。

▲8地方区分

### 2　いろいろな分け方──いろいろな「地域」

　地域の分け方は，その他にも分ける基準によってさまざまである。

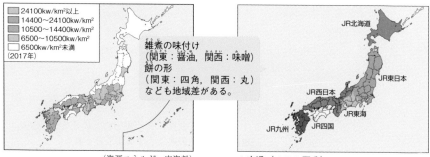

雑煮の味付け
（関東：醤油，関西：味噌）
餅の形
（関東：四角，関西：丸）
なども地域差がある。

（資源エネルギー庁資料）

▲面積あたりの太陽光発電量

▲交通（JRの区分）

# ② 統計からさぐる日本のすがた

統計は，必要に応じてツボをおさえて覚えよう。

## 1 日本の何でもNo.1──故郷の自慢

「日本一」という表現は，各地域に暮らす人々にとって故郷の自慢でよく使われる。どんなものがあるか確認しよう。

**統計資料**には，農作物の生産量や魚介類の水揚げ量などのように，年によって大きく変動するデータと，河川の長さなどのように，毎年ほぼ同じデータとがある。順位や数値を細かく覚える必要はないが，上位3〜5位までの都道府県を覚えたり，占める割合をつかむと，地域をイメージすることができる。

**研 究**

**都道府県の面積が増える？**
都道府県の面積は埋め立てによって増加することもある。まったく変化のないデータはないと思っておこう。

**長い河川**
1. 信濃川（367km）
2. 利根川（322km）
3. 石狩川（268km）
4. 天塩川（256km）
5. 北上川（249km）
（理科年表 2020年版）

長い川は東日本に多い。

**標高の高い山**
1. 富士山（3776m）
2. 北岳（3193m）
3. 奥穂高岳（3190m）
4. 間ノ岳（3190m）
5. 槍ヶ岳（3180m）
（理科年表 2020年版）

高い山は日本の中央部に多い。

**みかんの生産量（2018年）**
1. 和歌山県
2. 静岡県
3. 愛媛県
4. 熊本県
5. 長崎県
（日本国勢図会 2020/21年版）

みかんは暖かい気候の県の生産量が多い。

**日本一の都道府県**
どこの都道府県のことをさしているか，答えてみよう。（答えは下）
①温泉が一番多い都道府県　（　　　　）
②自動車の保有台数が一番多い都道府県　（　　　　）
③博物館が一番多い都道府県　（　　　　）（データでみる県勢 2020年版）

## 2 3つにまとめる日本の美──日本の名勝ここにあり！

日本人は3でまとめることが好きで，「三大○○」といって名所をまとめることが多い。

**日本の三大瀑布（滝）**
華厳の滝（栃木県）
袋田の滝（茨城県）
那智の滝（和歌山県）

**日本三景**
松島（宮城県）
天橋立（京都府）
安芸の宮島（広島県）

**日本三名園**
偕楽園（茨城県）
兼六園（石川県）
後楽園（岡山県）

（日本一の都道府県の答え）①北海道 ②愛知県 ③長野県

# §2　九州地方

□位置的に大陸に近く，古くから大陸と交流をもつ歴史がある。
□山がちであるが，標高2,000mをこえる山はない。
□火山活動や台風などの厳しい自然と共存してきた。
□かつて琉球王国が栄えた沖縄は，他地域と異なる歴史と文化をもつ。

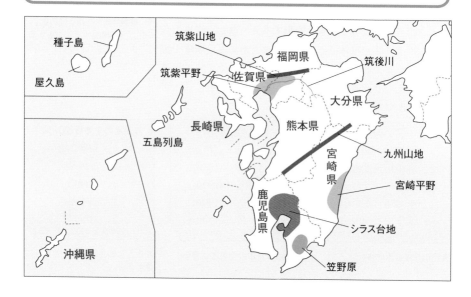

## 1　位置と自然環境

### a．位置

　朝鮮半島や中国に近い位置にある。大陸との交流が古くからあり，遣唐使や蒙古襲来，出島での貿易など歴史の舞台となった。沖縄は琉球王国としての歴史を歩み，中国や東南アジアとの中継貿易で発達してきた。

### b．気候

　温暖多雨で，梅雨前線と台風による6～9月の降水量が多い。台風上陸数は8地方で最も多い。南西諸島では強い勢力で激しい風雨を伴うことが多い。

### c．地形

　火山が多いのが特徴。世界最大級のカルデラである阿蘇山や，雲仙普賢岳，桜島などが知られている。別府は温泉地であり，くじゅう連山では地熱発電もさかんである。

〈全国に占める九州地方の割合〉

| | |
|---|---|
| 面積 （2019年・k㎡） | 11.9% （44512） |
| 人口 （2019年・千人） | 11.3% （14256） |
| 農業産出額 （2018年・億円） | 20.8% （18844） |
| 製造品出荷額 （2017年・億円） | 7.7% （247997） |

（日本国勢図会 2020/21年版）

## 2 人口・都市と生活文化

**人口** 北部に人口が多く，なかでも最も人口の集まる福岡県は九州地方の政治・経済の中心地となっている。

## 3 産業

### a．農業

北部は筑紫平野を中心に稲作がさかんである。また二毛作の割合が高く，米の収穫後に大麦などを栽培している。山間部は棚田での稲作が行われ，全国百選の棚田のうち九州が最も多い。南部は畜産がさかんで肉用の牛・豚・鶏の飼育頭数が全国有数であり，ブランド化も進んでいる。また温暖な気候を利用したハウス栽培（促成栽培）の野菜類や，南西諸島での南国フルーツ（パイナップル・マンゴー）の栽培もさかんである。

### b．工業

八幡製鉄所がつくられ，近代重工業発祥の地として鉄鋼業がさかんであった。1970年代以降は機械工業が中心となり，IC工場や自動車工場が多く立地する。現在はその他に，中国・韓国や東南アジア向けの産業用ロボット，豊かな自然を生かした環境・エネルギー産業など多様な業種に及んでいる。その他，宮崎県延岡の石油化学工業，長崎県の造船業は有名である。

## 4 交通・通信

### a．交通

九州内では十字型に整備された高速道路を中心に，物流を支えている。また九州新幹線が鹿児島まで開通し，大阪までの所要時間も大きく短縮された。東アジアとの結びつきも強く，各空港や東シナ海に面した港湾からは，航空や船舶の定期便が多く就航している。中国や韓国の観光客も多く訪れる地である。

▲棚田

▲ハウス栽培

▲博多駅

▲鳥栖ジャンクション

地理編

第1章 世界と日本の地域構成

第2章 世界の国々

第3章 さまざまな面からみた日本の姿

第4章 身近な地域や都道府県のようす

## 福岡県
ふくおかけん

### ポイント

○アジアとの交流の歴史
○古くから工業の発達した北九州
○自動車産業の復調

▼博多どんたく

（地図内の文字）
日本海
玄界灘
対馬海流
沖ノ島
関門海峡
北九州
八幡製鉄所
旧筑豊炭田
志賀島
元寇防塁跡
福岡
太宰府
筑紫山地
筑後川
佐賀県
大分県
久留米
熊本県

---

### 1　あらまし——大陸の窓口

　日本海・玄界灘に面し，冬に降雪もあるが，暖流の対馬海流の影響で，比較的温暖な地域である。位置的に朝鮮半島に近く，古くから**大陸からの文化**がいち早く伝わった地域である。漢（中国）から授けられた**金印**が発見された**志賀島**，九州全体を治め約500年もの間その役目を果たしてきた**太宰府**など，大陸との関係を表す歴史の舞台となった場所である。世界遺産に登録されている宗像・沖ノ島は4～9世紀の航海安全を祈る祭祀があり，「海の正倉院」とよばれる。

　福岡空港は九州の玄関口であり，アジアの主要都市を結ぶ多数の航空路線がある。

### 2　特色——工業の発達と転換

　明治時代から筑豊炭田の石炭や中国からの鉄鉱石を利用して，日本で重化学工業のさきがけとなった**八幡製鉄所**が操業した地である。北九州市は工業とともに発展した。石炭の衰退とともに一時期は全国に占める工業生産額が減少したが，近年は**自動車**などの産業が活発になり，以前の活気を取り戻しつつある。

---

### 参　考

**まぎらわしい地名**
同じ場所にありながら港や駅名は「博多」，市名は「福岡」が使われる。もともと博多は奈良時代からの港町で，商人の町として栄えた。一方，黒田氏の故郷の地名から城下町「福岡」が成立したのは江戸時代。以来，那珂川を境に東は博多，西は福岡として発展した。明治の合併時に1票差で福岡市になったのは有名な話である。伝統的な行事や物産には博多の名が使われている。

**志賀島と金印**
歴史編　P.246▶▶
**大宰府**
歴史編　P.258▶▶
**八幡製鉄所**
歴史編　P.389▶▶

# 佐賀県（さがけん）

## ポイント
○有明海の干潟と開発
○大陸とのつながりと陶芸
○海苔の養殖

▼ムツゴロウ

（地図中の表記）
筑紫山地　福岡県
吉野ヶ里遺跡
鳥栖
筑紫平野
伊万里
有田
佐賀
筑後川
有明海
長崎県
熊本県

（右端の見出し）
地理編
第1章 世界と日本の地域構成
第2章 世界の国々
第3章 さまざまな面からみた日本の姿
第4章 身近な地域や都道府県のようす

## 1 あらまし——有明海のめぐみと農業

福岡県との県境になる筑後川をはじめ，筑紫山地を源流にもつ嘉瀬川などの川は筑紫平野を形成し，有明海に流れている。有明海には広い干潟があり，ムツゴロウなど海の生物の宝庫となっている。有明海では海苔の養殖もよく知られており，特産品となっている。海産物以外にもさかんなのは農業で，麦類やいちごの生産が多い。鳥栖市は県内第2の都市である。鉄道や高速道路の分岐点で「九州のクロスロード」とよばれている。

## 2 特色——焼き物がさかん

県東部には，弥生時代の大規模な集落跡である吉野ヶ里遺跡がある。二重の濠や物見やぐらなど，当時の施設を目にすることができる。また，県西部の有田や伊万里では焼き物の生産がさかんで，有田焼や伊万里焼の名で知られている。これらの焼き物は，安土・桃山に豊臣秀吉が行った朝鮮出兵と関係がある。朝鮮から各大名が引き上げるときに，鍋島氏によって陶工・李参平が連行されてきた。透き通った透明感のある磁器をつくる技術はそれまで日本にはなく，はじめて有田の地に伝えられた。

### 参考

**泥のめぐみ**
有明海は，佐賀，福岡，長崎，熊本の4県に囲まれており，面積は，伊勢湾とほぼ同じである。佐賀県が面する領域は遠浅で，干潮時と満潮時の潮の差は最大で約6ｍと非常に大きい。有明海は「泥」の海で，海の色は茶色い。この泥が豊かな海の生物を育んでいる。毎年5月ごろには「鹿島ガタリンピック」という干潟での運動会が行われる。

**有田焼**
歴史編　P.314▶▶
**朝鮮出兵**
歴史編　P.312▶▶

## ながさきけん
# 長崎県

### ポイント

○島の数は日本一

○外国とつながってきた港の歴史と文化

▼グラバー邸

地図中のラベル：
- 日本海
- 壱岐
- 対馬
- リアス海岸
- 佐賀県
- 佐世保
- 九十九島
- 有明海
- 五島列島
- 長崎
- 東シナ海
- 大浦天主堂
- 雲仙岳

---

## 1　あらまし——海とともに暮らす

　県域の三方を海で囲まれ，佐賀県とだけ陸続きで県境を接している。長崎，島原など４つの半島は山がちで，海岸は入り組んだリアス海岸となっており，平野は少ない。海に目をむけると**五島列島**や**壱岐**，**対馬**など大小さまざまな島があり，離島の数は全国で１位，県の総面積の約45％が離島である。**西海漁場**とよばれる沖合は良い漁場であり，さばやあじなどの水揚げが多く，水産加工業も発達している。

## 2　特色——港町・長崎

　また，古くから外国との交流が行われ，江戸時代にはオランダ・中国との貿易港であった。町並みには今でも浦上天主堂やグラバー邸など，異国情緒あふれる施設や催しなどが残されており，訪れる観光客も多い。16世紀にキリスト教が伝来したときに集中的に宣教が行われた地である。長崎や五島列島・熊本県天草地方は潜伏キリシタン関連遺産が世界文化遺産に登録されている。産業では**造船業**が早くからさかんだった。戦前は海軍の施設もあったため，太平洋戦争では広島とともに原子爆弾の被害を受けた地である。

---

### 参　考

**長崎の「島」**
出島は，江戸時代の鎖国時代に貿易が行われた場所としてよく知られる。沖合いに浮かぶ離島も大陸文化受け入れの地として南蛮貿易が行われ，朝鮮通信使との交流の舞台となった場所である。
現在900以上の島があり，豊かな自然にめぐまれている。離島の交通の便は概して良くないが，小型飛行機や定期船が就航し，改善されつつある。

**日本の水産業**
P.126▶▶
**江戸時代の長崎貿易**
歴史編　P.322，P.329▶▶

# 熊本県
## くまもとけん

## ポイント

○さかんな野菜・米などの農業
○い草の生産日本一
○火の国・肥後の国

▼阿蘇山の火口

## 1 あらまし——九州一の農業県

　熊本平野や八代平野が県の中心にあり，県境の三方は九州山地などの山々で囲まれている。西側の天草灘に浮かぶ天草諸島は，江戸時代に島原・天草一揆[P.321▶▶]の舞台となった。大小さまざまな島からなるこの地は豊かな自然にめぐまれ，くるまえびの養殖など漁業もさかんである。農業では，米や麦をはじめ，特産品として畳表の材料のい草などがつくられている。トマトやすいかの生産量は日本一である。

## 2 特色——「肥後」と「火の国」

　手まり唄の「あんたがたどこさ」の歌詞にも登場する「肥後」とは，現在の熊本県を指す。熊本市には，熊本城とともに唄の由来地などがある。「肥の国」の由来は「火の国」であるといわれるが，熊本の「火の国」を象徴するのが阿蘇山である。世界最大の規模を誇るカルデラは国立公園として指定されており，多くの観光客を集めている。中岳は現在も噴煙を上げる活火山である。全国各地にマスコットキャラクターがあるが，熊本のくまモンは非常に有名で県の知名度を上げることに貢献している。

## 参考

### 大きなフライパン

東西約17km，南北約25km，面積約350km$^2$と世界最大級の大きさを誇る阿蘇のカルデラ。カルデラとはスペイン語で「なべ」を意味し，形状はフライパンのような形をしている。巨大噴火による陥没が鍋の底のような形状をつくり出した原因と考えられており，現在は鍋底部分に中岳をはじめ，高岳などの中央火口丘群が存在する。

## 参考

### 石垣の威容・熊本城

「日本三名城」の一つに数えられる熊本城は朝鮮出兵で名をあげた武将，加藤清正の手によって1607年に築かれた。当時の技術の粋を集めた設計で知られ，「武者がえし」が名高い石垣は美観と堅牢を誇っている。

## 大分県
おおいたけん

### ポイント

○おんせん県おおいた
○火山がもたらす地熱発電
○海沿いの工業と漁業

▼由布岳

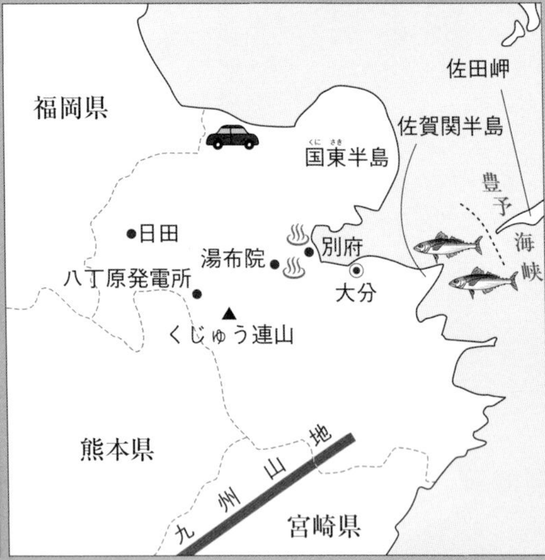

福岡県

佐田岬
佐賀関半島
国東半島
豊予海峡

日田
湯布院　　別府
八丁原発電所　　大分
くじゅう連山

熊本県

九州山地

宮崎県

### 1　あらまし——瀬戸内海に面した九州の県

　九州の北東部にあり，瀬戸内海に突き出した形に特徴がある。**豊予海峡**のすぐ先には，愛媛県の佐田岬半島があって四国に近い位置にある。最も陸地が狭まったところが佐賀関半島であり，この海域で，一本釣りでとれる脂ののったあじやさばを，**関あじ，関さば**という。

　県北部は瀬戸内の気候の影響を受けており，降水量が少なく温暖である。また**瀬戸内工業地域**と近い位置にあるため，九州でも福岡に次ぐ工業県となっている。特に大分市の臨海部では**鉄鋼業**や**石油化学工業**がさかんである。

### 2　特色——豊かな山のめぐみ

　山に目を向けると，**くじゅう連山**があり，八丁原一帯では地中のマグマを熱源とする**地熱発電所**がある。マグマは温泉ももたらし，県内には温泉地が多く，「**おんせん県おおいた**」としてPRしている。源泉数，湧出量が日本一の別府や人気の高い湯布院は多くの観光客が訪れる。北部の日田では林業が営まれ，高級すぎ材が生産されている。また，山々で栽培される椎茸を干した**乾しいたけ**は，全国的によく知られている**特産品**である。

### 参　考

**燃料は地球の熱**
ニュージーランドやアイスランドなど，火山が多い国では地熱発電によるエネルギー開発が進んでいる。日本では九州でおもに行われ，大分くじゅう連山の八丁原発電所は日本で最大の発電量を誇る。地熱発電とは地中のマグマに熱せられた水蒸気を取り出して発電する方法である。コストは割高であるが，資源枯渇のないエネルギーとして注目されている。

**魚もブランドの時代**
P.127▶▶
**日本の林業**
P.132▶▶

## 宮崎県
みやざきけん

### ポイント

○暖かい気候をいかした農業
○南国の町並み
○伝説の残る土地柄

▼日南海岸

（地図内）
熊本県
大分県
高千穂・
九州山地
日向
宮崎平野
日向灘
鹿児島県
宮崎
青島
黒潮

## 1　あらまし——南国・宮崎

　九州山地の南に位置し，冬の季節風は山地にさえぎられる。また暖流の黒潮（日本海流）の影響も受けるため，冬でも温暖で日照時間が長い。プロ野球の球団が春にキャンプを行うのもそのためである。日向灘に面した宮崎平野では，この温暖な気候をいかして，野菜の促成栽培が行われてきた。ピーマンやきゅうりなどが冬の時期に関東や関西の大都市に出荷される。南部の青島では，ヤシ科などの亜熱帯植物が自生している。近年は，南国フルーツの栽培が増え，外国産と違って検疫を受けなくてよい果実が全国に送られている。食用肉の生産も多く，宮崎地鶏は人気が高い。

## 2　特色——日本のはじまり

　日本古代の歴史書である『古事記』には，宮崎でうまれた神々や，日向・高千穂など宮崎の地名がたくさん出てくる。この地は，日本の国がはじまった地とされており，神話をもとにした神楽が，現在でも受け継がれている。高千穂峡は観光地として知られ，平均80mの断崖が7kmにわたり続く渓谷は国の天然記念物となっている。

### 参考

**南国の気候と促成栽培**

宮崎と高知では，冬の日照時間が長く，温暖な気候のため，冬に夏野菜の栽培がさかんである。ビニールハウス内では，夜に暖房をつけるが，晴れている日中は暖房なしで気温が上昇する。暖房の重油やビニールハウスなどの施設や輸送にかかる経費は膨大であるが，それを差し引いても収入があるのは，時期をずらして市場価格の高い時期に出荷できるからである。
P.125▶▶

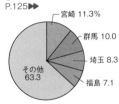

（円グラフ）
宮崎 11.3%
群馬 10.0
埼玉 8.3
福島 7.1
その他 63.3

▲きゅうりの生産地の割合
（2018年）

（日本国勢図会2020/21年版）

# 鹿児島県
（かごしまけん）

## ポイント

○九州の最南端
○火山灰地のシラス台地で行われる畜産業
○個性ゆたかな南西諸島の島々

▼桜島

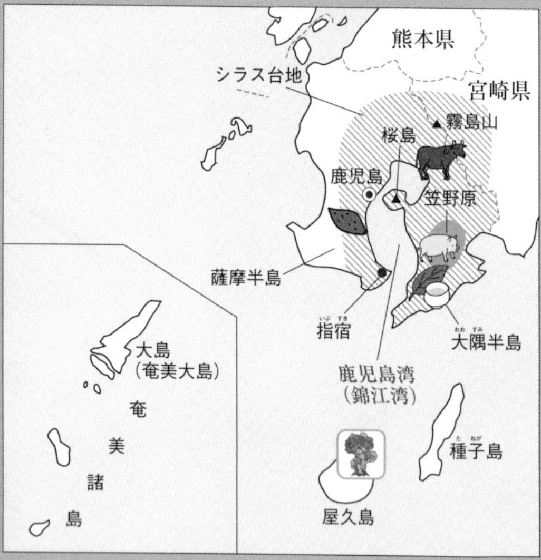

地図：熊本県、宮崎県、シラス台地、桜島、▲霧島山、鹿児島、笠野原、薩摩半島、指宿、大隅半島、鹿児島湾（錦江湾）、大島（奄美大島）、奄美諸島、種子島、屋久島

## 1　あらまし──シラス台地と産業

　鹿児島湾（錦江湾）をはさんで，東に**大隅半島**，西に**薩摩半島**がある。湾に面して鹿児島市があり，対岸の湾中央には，県のシンボルである**桜島**がある。1914年の噴火で大隈半島と陸続きになり，現在も噴火活動を繰り返している。

　過去の山々の噴火により噴出物が厚く堆積しており，シラス台地が広がっている。この土地は，養分が少なく保水性が少ないため，おもに畑作がさかんで，茶やさつまいも，麦などが栽培されている。また**畜産業**も大規模に行われており，鹿児島は豚や**ブロイラー**（肉用若鶏）の飼育が多い。温泉も多く，源泉数は大分県に次ぎ2位である。

## 2　特色──鹿児島の島々

　県域は，**大隅諸島**から**奄美諸島**にかけての島々も含んでいる。かつてポルトガル人が鉄砲を伝え，現在は日本の宇宙航空開発基地となっている**種子島**，世界自然遺産で樹齢7200年といわれる縄文杉がある**屋久島**，大島紬で有名な**奄美大島**などである。これらの地域は夏に台風がよく通過する。勢力の大きな台風の被害にあうことも少なくない。

## 参考

### シラスはどこから

鹿児島湾の北部を地図で見ると桜島を含む湾の形が丸くなっている。この部分が，姶良カルデラであり，カルデラの底に海水が浸入している。姶良カルデラ形成時の巨大噴火によって噴出物が大量に堆積した。これがシラス台地である。シラスは水を含むとがけ崩れを起こしやすく厄介ものであるが，近年は含まれる成分から建築材など資源としての開発が進んでいる。

### 種子島と鉄砲伝来
歴史編　P.308▶▶

§2 九州地方 **165**

地理編

第1章 世界と日本の地域構成

第2章 世界の国々

第3章 さまざまな面からみた日本の姿

第4章 身近な地域や都道府県のようす

## おきなわけん
# 沖縄県

### ポイント

〇日本の最南端
〇琉球としての独自の文化
〇亜熱帯の農作物
〇侵略が繰り返された歴史

▼シーサー

八重山列島
石垣島
西表島
先島諸島
沖縄諸島
名護
那覇
宮古列島
宮古島
先島諸島
首里城

## 1 あらまし——本土（ヤマト）4島にはない地域性

　かつて琉球王国として中国と日本との交易で栄えた歴史をもつ。三線が奏でる民謡やエイサーなどの踊り，紅型（染色技術）などは，本土とは違う**独特の文化**である。首里城などのグスク（城）や関連遺産は世界文化遺産に登録されており，それらはさんご礁の広がる美しい海とともに観光客をよび寄せる観光資源となっている。

　観光以外の産業として農業が特徴的である。**亜熱帯気候**で，本土では育たないさとうきびの栽培が広く行われてきた。近年は温暖な気候をいかし，**洋蘭**や**菊**などの花や果実，野菜などを生産する農家が増えている。

## 2 特色——繰り返された侵略の歴史

　日本本土や中国，東南アジアなどからほぼ同じ距離にある沖縄は，軍事的に絶好の位置にあるため，長い歴史の中で侵略を受け続けてきた。特に太平洋戦争ではアメリカ軍と激しい地上戦が繰り広げられ，**ひめゆりの塔**などの慰霊碑が建てられている。1972年の日本返還後も，県面積の約8％（2020年）が米軍基地となっている。

おきなわ
**沖縄の文化**
歴史編　P.292▶▶

### 参考

すなはま
**砂浜の白さの秘密**
沖縄は亜熱帯気候で温暖なためさんごが成育し，さんご礁が発達している。海岸の砂はさんごのかけらによってできているので，真っ白な色をしている。そのため星形の砂がみられることもある。近年，公共事業やリゾート開発などによるさんご礁の破壊が問題となっている。

おきなわ
**沖縄の歴史**
歴史編　P.292▶▶

# §3　中国・四国地方

◀

　□ほとんどの地域が北緯35度よりも南に位置し，気候も温暖である。
　□日本海側，太平洋側とも概して降水量が多いが，瀬戸内地方は少ない。
　□海上交通にめぐまれた瀬戸内を中心に，重工業が発達した。
　□本州四国連絡橋で人々の行き来がより頻繁になされるようになった。

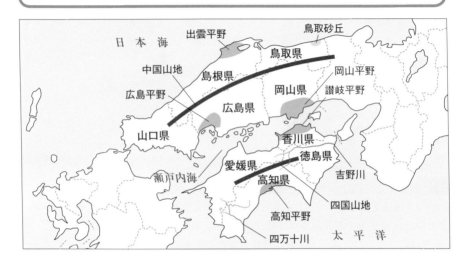

## 1　位置と自然環境

### a．位置

　九州と近畿地方の中間に位置し，古くから西廻り航路や朝鮮通信使の交通路として発達してきた。地域は東西に走る**中国山地**と**四国山地**により，大きく３つに分かれる。中国山地の北側を**山陰**，四国山地の南側が**南四国**であり，その２つの山地に挟まれている地域が**瀬戸内**である。（中国山地の南側は**山陽**とよばれる）

### b．気候

　山陰は日本海側の気候であり，季節風の影響で冬の降水量が多い。南四国は沖合を流れる黒潮（日本海流）の影響で年間を通じて温暖であり，夏は季節風の影響を受け降水量が多い。瀬戸内は年間を通じて降水量が少ない。

### c．地形

　山地から南北に流れる河川が多いため海岸までの距離が

〈全国に占める中国・四国地方の割合〉

| | |
|---|---|
| 面積<br>(2019年・km²) | 13.6%<br>(50725) |
| 人口<br>(2019年・千人) | 8.7%<br>(11004) |
| 農業産出額<br>(2018年・億円) | 9.7%<br>(8797) |
| 製造品出荷額等<br>(2017年・億円) | 10.9%<br>(350674) |

（日本国勢図会 2020/21年版）

短く，他の地域に比べて比較的の長い河川が少ない。四国の
吉野川は東西に流れる河川である。

## 2　人口・都市と生活文化

### a．人口

　山陽に多くの都市があり，広島市と岡山市が中心
都市である。一方で山陰や南四国の山間地では，人
口減少や高齢化が著しく過疎化が進行している。
ただし大規模開発がされてないため，自然豊かな
四万十川やしまなみ海道など，観光名所も多い。四
国でのお遍路「八十八か所霊場巡礼」は世界的にも
よく知られている。

▲八十八か所霊場

## 3　産業

### a．農業

　南四国では冬でも温暖な気候を利用してハウス栽
培（促成栽培）で野菜生産がさかんである。瀬戸内
では温暖な気候を利用し海岸に面する急勾配地の
段々畑で，みかんなどの柑橘系作物が生産されている。

### b．工業

　瀬戸内を中心に石油化学工業が発達し，石油関連
工場がパイプラインで結ばれるコンビナートが多く
あるのが特徴である。また広島県では自動車工業や
造船業がさかんである。地場産業としては愛媛県今
治市のタオル生産が有名で，高品質な国産品として
ブランド化している。

▲今治タオル

## 4　交通・通信

### a．交通

　映画『崖の上のポニョ』の舞台の「鞆の浦」のよ
うに，海上交通がさかんな瀬戸内には港町が多い。
また中国地方では東西の交通が発達しており，中
国・山陽自動車道や山陽新幹線の交通量が多い。中
国地方と四国地方の間はフェリーでの行き来がおも
であったが，1988年の瀬戸大橋開通以降，3つの本
州四国連絡橋が開通し，中国・四国間の旅客・貨物
の輸送量が増えている。

▲本州四国連絡橋（瀬戸内しまなみ海道）

▲鞆の浦

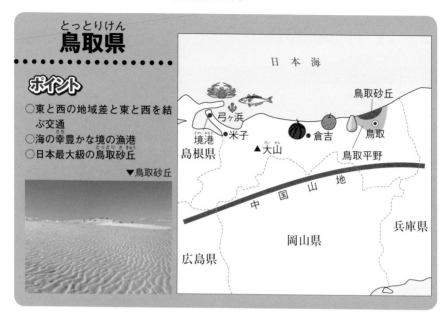

### とっとりけん
# 鳥取県

## ポイント

○東と西の地域差と東と西を結ぶ交通
○海の幸豊かな境の漁港
○日本最大級の鳥取砂丘

▼鳥取砂丘

---

## 1 あらまし——地形と人々の行き来

　県南部に**中国山地**があり，南北よりも東西方面への往来がさかんであった。位置的にも近畿地方に近く，山陽地方との結びつきよりも，大阪・京都との交流がさかんに行われてきた。

　県内は，**鳥取市**のある東部と，倉吉市のある中央部，米子市や**境港市**がある西部とに分かれる。西部には，中国地方で最も標高の高い**大山**がある。富士山に似た形をした火山で，別名**伯耆富士**ともよばれ，山岳信仰の舞台ともなっている。県東部・岩美町の浦富海岸は風光明媚な場所でユネスコ世界ジオパークに認定されている。

## 2 特色——海岸に発達した地形

　中国山地から平野を流れる川は，中国山地の土砂を運び，冬の日本海に吹く季節風と波の力で，さまざまな海岸地形をつくり出した。**鳥取砂丘**は日本最大級の砂丘であり，**弓ヶ浜**は，海流が運んだ土砂が堆積してできた砂州である。水はけが良い海沿いの平野では，なしなどの栽培がさかんである。

　また，漁業もさかんで，境港市では松葉がにやあじ・ぶりなどが水揚げされることで知られる。

---

### 参考

**ジオパーク**
地球・大地を意味するジオ（GEO）と公園を意味するパーク（PARK）を合わせた言葉で，地球科学的に価値がある「大地の遺産」とされる。ユネスコが認定したユネスコ世界ジオパークのうち，日本には９つのジオパークがある。（2020年）

**日本の水産業**
P.126▶

### もっとくわしく

**なしの種類**
糖度の高い幸水や豊水など，なしにもいくつかの種類があるが，鳥取県で主に栽培されているのは二十世紀なしである。みずみずしさとすっきりとした酸味が特徴。

# 島根県
### （しまねけん）

## ポイント

○東部の２つの湖と隠岐諸島
○世界遺産の石見銀山
○出雲大社と神話のふるさと

▼出雲大社

## 1 あらまし──自然の中で

　県域は東西に細長く，東部は島根半島が日本海に突き出ているのが特徴である。その半島の付け根には，しじみの生産で知られる**宍道湖**と，海水と淡水が混じる汽水湖で有名な**中海**がある。その沖合い約50kmには**隠岐諸島**があり，漁業が営まれている。県の南側は中国山地で広島県などと接している。中国山地は，牛の放牧の他に，砂鉄を使った**伝統的なたたら製鉄**が伝承されており，鉄の流通により民謡「安来節」などさまざまな文化も生まれた。

## 2 特色──神様の集まるところ

　**出雲**は，神の国，神話の国として知られている。その中心は「大国主大神」をまつる出雲大社である。出雲大社は，全国の神々が集まることで知られる。昔の暦の10月は，神々が出雲に出かけ留守になるため「神無月」というが，出雲では，神々が集まるので「神在月」という。島根は神話の舞台となっており，「**因幡の白兎**」などの神話が語り継がれている。

　また，県中部の大田市にある**石見銀山遺跡**などが**世界遺産**に登録されている。

### 参考

**隠岐諸島の歴史**

かつて日本海をゆく船が，航海の目印にしたのがこの島である。県本土から約50km離れた，自然豊かなこの島々は長い歴史の中で重要な役割を果たしたという一面も持つ。古代には大陸との外交の中継基地として発展し，中世以降は遠流の島と定められ，後鳥羽上皇など多くの人々が流された。江戸時代には，北前船が寄港し繁栄した。

### 参考

**竹島は島根県**

現在，日本と韓国の間で領土問題が取り沙汰されている竹島は，島根県に属する島である。住所は島根県隠岐郡であり，女島（東島）と男島（西島）の２つの島および周辺の岩礁からなる。

おかやまけん
# 岡山県

## ポイント
○交通の要所・瀬戸内海の歴史
○瀬戸内工業地域の中核
○四国への玄関口

▼水島工業地区

（地図内ラベル）
鳥取県
蒜山高原
島根県
中国山地
兵庫県
岡山平野
広島県
岡山
牛窓
瀬戸大橋
倉敷
児島湾
鷲羽山
瀬戸内海

## 1　あらまし——瀬戸内海に面した港町

　瀬戸内海は古くから海運が発達し、九州と大阪を結ぶ途中にある岡山には、牛窓や下津井などの港町が栄えた。**倉敷市**は、江戸時代に幕府の直轄地として米蔵がつくられ交易が発達し、明治時代以降は紡績業が栄えた地である。戦後は倉敷市南部の**水島**に埋め立て地を造成し、大規模な**石油化学コンビナート**がつくられ、**瀬戸内工業地域**のシンボルとなった。

## 2　特色——本四連絡橋の先駆け・瀬戸大橋

　岡山市南部は**児島半島**が南に突き出ている。児島湾はほとんどが干拓により陸地化され、その平地は水田となっている。その南の鷲羽山からは、瀬戸の島々や**瀬戸大橋**を眺めることができる。瀬戸大橋は本州と四国を結ぶ初めての連絡橋で、鉄道と道路の併用橋で全長は約12km。通勤通学で岡山県と対岸の香川県を行き来する人も増加した。

　観光地としては倉敷のほかに、日本三名園の1つの後楽園や「桃太郎」のモデル大吉備津彦命を祀る吉備津神社などが知られている。

### 参考

**桃太郎伝説**
昔の岡山は吉備という国で、県の花は桃、県の鳥はキジ…となれば、誰もが昔話「桃太郎」との関係を思い浮かべるだろう。この話は一説には「吉備津彦命」という大昔の天皇の皇子がモデルとなっている。この人物は「日本書紀」によると吉備の国を平定したとされる。この吉備津彦命を祀った吉備津神社や鬼ノ城など、桃太郎ゆかりのスポットが県内には残されている。

**瀬戸内工業地域**
P.131▶

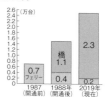

（グラフ）（万台）
1987（開通前）フェリー 0.7
1988年（開通後）橋 1.1、0.4
2019年（現在）2.3、0.2

▲瀬戸大橋開通前後1日あたりの車の通行量の変化
（本州四国高速道路株式会社資料）

### ひろしまけん
# 広島県

## ポイント
○中国地方最大の都市　広島市
○養殖かきの一大生産地
○2つの世界遺産

▼厳島神社と大鳥居

---

## 1　あらまし——中国地方で最大の県じゃけん

　太田川の河口の三角州を中心とする広島平野に広島市は位置している。かつて軍港として栄えた広島市は，現在は自動車などの工業が発達し，中国地方の政治・経済の中心となっている。市内には路面電車が今でも走り，名物になっている。

　この地に原子爆弾が落とされたのは第二次世界大戦末期。その被害を後世に語り継ぐために，市の中心には平和記念公園がつくられ，毎年8月に世界平和を祈る集会などの催しが行われる。

## 2　特色——瀬戸内海に浮かぶ神社

　瀬戸内海に面した平地は狭く，山陽新幹線は多くのトンネルを通る。瀬戸内海は大小さまざまな島が連なる。瀬戸内海に面した尾道は坂が多く，古い港町の面影が残る観光地である。

　宮島にある厳島神社は，満潮時には本殿が瀬戸内海に浮かび海に美しく映える。日本三景の一つで，平和記念公園の原爆ドームとともに世界遺産に登録されている。

---

## 参考

**名物　かき・もみじ　お好み焼き**

広島には多くの名物があるが，代表的なものが上の3つである。

かきは日本一の生産量があり，広島湾などで養殖されている。もみじは県の木である。宮島などもみじの名所が多く土産物のまんじゅうも有名。お好み焼きは大阪風のものと違い，小麦粉の皮と薄く焼いた卵の中にキャベツと焼きそばが挟まれている。調理にはコツが必要となる。

その他 17.5
岡山県 8.8%
宮城県 14.8%
広島県 58.9%

▲かきの生産県の割合
(2018年)
(農林水産業資料)

## 山口県（やまぐちけん）

### ポイント

○瀬戸内海の出入口（せとないかい）
○ふぐ，萩焼（はぎ）
○明治維新の歴史と長州（めいじいしん　ちょうしゅう）

▼秋吉台

日本海
島根県
広島県
萩
秋吉台
岩国
山口　周南
下関
壇ノ浦
関門海峡

### 1　あらまし——2つの海に面した本州の最西端（ほんしゅう　さいせいたん）

　本州の西の端に位置し，最西端にあるのは下関市である。下関と門司（北九州市）（もじ　きたきゅうしゅうし）との間は関門海峡であり，橋やトンネルで九州とつながっている（かんもんかいきょう）（きゅうしゅう）。下関では，特産のふぐ（地元では福を招くことから「ふく」とよぶ）の取り引きがさかんである。関門海峡の近くには，12世紀末に源平合戦の最後の舞台となった壇ノ浦がある（せいきまつ　げんぺい）（ぶたい　だんのうら）。

　観光地としては萩の武家屋敷の町並みなどの史跡や，秋吉台の石灰岩でできたカルスト地形が知られている（はぎ　ぶけやしき　しせき）（よしだい　せっかいがん）。

　瀬戸内海に面した都市では工業がさかんで，岩国や周南には大規模な石油化学コンビナートがある（せとないかい　いわくに　しゅうなん）。

### 2　特色——人材を育成する県（めいじいしん）

　長州藩は明治維新に力をつくしたことで知られる。吉田松陰と松下村塾の門下生たちは明治維新で大きな役割を果たした（ちょうしゅうはん）（よしだしょういん　しょうかそんじゅく）。伊藤博文をはじめ，内閣総理大臣を最も多く輩出しているのはこの県である（いとうひろぶみ　ないかくそうりだいじん　はいしゅつ）。長州藩ゆかりのまち萩は現在でも古い町並みが多く残り，町全体が「屋根のない広い博物館」とよばれている（はぎ）。

### 参考

**教育熱心な県（ねっしん）**
長野，岡山，山口県は教育熱心な県として知られる（ながの　おかやま　やまぐちけん）。それは，江戸時代に庶民の教育を行った寺子屋の数が多かったことが大きく関係している（しょみん　てらこや）。山口では，江戸時代には藩校の明倫館が置かれた（はんこう　めいりんかん）。吉田松陰が松下村塾で教えたのもこうした教育風土があったからであり，これが明治維新を推進する原動力となった（よしだしょういん　しょうかそんじゅく　しん　げんどうりょく）。

**壇ノ浦と源平合戦（だんのうら　げんぺい）**
歴史編　P.278▶▶
**吉田松陰と長州藩（よしだしょういん　ちょうしゅうはん）**
歴史編　P.362▶▶

# 香川県
かがわけん

## ポイント

○降水量の少ない瀬戸内気候
せとうちきこう

○本州とつながる瀬戸大橋
せとおおはし

○瀬戸内海の島々
せとないかい しまじま

▼瀬戸大橋

岡山県

小豆島
しょうどしま

瀬戸大橋

坂出　高松

讃岐平野
さぬきへいや

金刀比羅宮
ことひらぐう

満濃池　讃　岐　山　脈
まんのういけ

愛媛県

徳島県

## 1　あらまし──本州に一番近い四国
ほんしゅう　しこく

　日本で一番狭い県である香川県だが，県域には瀬戸内海
せとないかい
の島々を多く含んでいる。中でも「二十四の瞳」の舞台で
ふく　　　　　　　　　　ひとみ　ぶたい
あり，オリーブの島として知られる小豆島は，瀬戸内海で
しょうどしま
淡路島に次いで大きな島である。
あわじしま

　本州と四国の間が一番狭くなっている備讃瀬戸には多く
びさんせと
の島々がある。1988年に開通した瀬戸大橋は備讃瀬戸の坂
せとおおはし
出と本州の児島（岡山県）をつないでいる。
いで　　　　こじま　おかやまけん

## 2　特色──乾燥した気候と讃岐うどん
かんそう　　　　　　さぬき

　瀬戸内の気候は年間降水量が少ない。雨が少なく水不足
せとうち
の年には，取水制限や断水が行われることもある。讃岐平
しゅすい　　　　　だんすい　　　　　　　　　　　さぬきへい
野は大きな河川がないため，満濃池などのため池が昔から
や　　　　　　　　　　　　まんのういけ
多くつくられてきた。県花と県木として指定されているオ
リーブは，ヨーロッパの地中海地域[P.74▶▶]でおなじみの
ちちゅうかい
乾燥気候に適した植物である。
かんそうきこう

　乾燥気候のため，沿岸にはかつて塩田が広がっていた。
えんがん　　　　　えんでん

　乾燥した気候は，小麦の栽培に適していたことから，う
さいばい
んやそうめんが特産品となっている。讃岐うどんは全国に名
が知られており，だし汁とねぎで食べるのが一般的である。
じる　　　　　　　　　　　いっぱん

瀬戸内の気候
せとうちきこう
P.111▶▶

## 参考

**金刀比羅宮**
ことひらぐう

「讃岐のこんぴらさま」の名
前で知られる金刀比羅宮は，
古くから海の安全の神様とし
て，漁民や船乗りたちの信仰
を集めてきた。表参道の長い
石段は有名で，奥社まで登る
と1368段になる。宝物館や書
院などには第一級の美術品や
文化財が陳列されている。
ぶんかざい　ちんれつ

## 用語

**塩田**
えんでん

海水から塩をとるために，海
辺に設けた区画。海水を引き
入れ日光で水分をとばして濃
縮した海水をつくるタイプの
しゅく
ものが日本には多い。

## 愛媛県（えひめけん）

### ポイント

○文学の町　松山（まつやま）

○さかんなみかん栽培（さいばい）

○穏やかな海での養殖（おだ・ようしょく）

▼みかんの収穫

（地図内）しまなみ海道／今治／旧別子銅山跡／松山／石鎚山（いしづちやま）▲／四国山地（しこくさんち）／高知県／宇和海／宇和島

---

### 1　あらまし──坊っちゃんのまち・松山（まつやま）

「他の所は何を見ても東京（とうきょう）の足元にも及（およ）ばないが温泉だけは立派（りっぱ）なものだ。折角（せっかく）来たものだから毎日入ってやろう…。」

夏目漱石（なつめそうせき）の小説「坊っちゃん」の舞台（ぶたい）となった道後温泉（どうごおんせん）は，県庁所在地（けんちょうしょざいち）・松山市の北東部にある名湯（めいとう）である。野球がさかんな土地柄（がら）で，市内の松山中央公園野球場は「坊っちゃんスタジアム」の愛称（あいしょう）で呼ばれている。漱石の親友であった俳人・正岡子規（まさおかしき）や，高浜虚子（たかはまきょし）も愛媛県の出身であり，市内には句碑（くひ）が数多くある。

### 2　特色──耕（たがや）して天に至る　段々畑（だんだんばたけ）

海岸線をみると，県東部（東予（とうよ））はしまなみ海道で本州（ほんしゅう）とつながっており，近年はサイクリングを楽しむ人々で賑（にぎ）わっている。県南部（南予（なんよ））の宇和海（うわかい）に面した地域では，みかん栽培（さいばい）がさかんである。地形的に平地が狭（せま）く山が海岸線に迫（せま）っているので，斜面（しゃめん）にそって段々畑（だんだんばたけ）となっている。急な傾斜地（けいしゃち）でも農作業をしやすくするため，収穫（しゅうかく）したみかん運搬（うんぱん）用のケーブルが発達している。宇和海では，漁業がさかんで，真珠（しんじゅ）やはまち，たいなどの養殖（ようしょく）が行われている。

### 参考

**別子銅山（べっしどうざん）**
新居浜市（にいはまし）にあるこの銅山（どうざん）は，江戸時代（えどじだい）に発見され，300年近く銅を産出していた。当初から住友家（すみともけ）が経営し，住友グループの基盤（きばん）になったといわれている。現在は閉山（へいざん）したが，博物館や観光坑道（こうどう）があり，その歴史を今に伝える。新居浜市には，今でも住友系の工場が多くある。

**夏目漱石（なつめそうせき）**
歴史編　P.395▶▶
**日本の農業　果実**
P.125▶▶
**日本の水産業　養殖（ようしょく）**
P.127▶▶

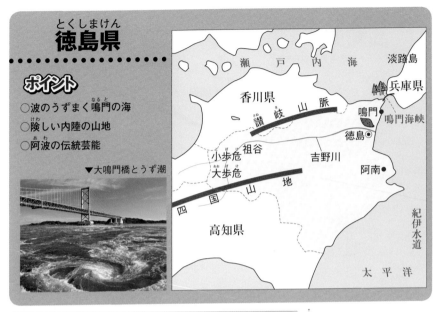

# 徳島県
（とくしまけん）

## ポイント

○波のうずまく鳴門の海

○険しい内陸の山地

○阿波の伝統芸能

▼大鳴門橋とうず潮

地図中：
- 瀬戸内海
- 淡路島
- 兵庫県
- 香川県
- 讃岐山脈
- 鳴門
- 鳴門海峡
- 祖谷
- 徳島
- 吉野川
- 小歩危
- 大歩危
- 四国山地
- 阿南
- 紀伊水道
- 高知県
- 太平洋

地理編

第1章 世界と日本の地域構成

第2章 世界の国々

第3章 さまざまな面から みた日本の姿

第4章 身近な地域や都道府県のようす

## 1 あらまし──うず潮は「泡」となってあらわれ消える

　鳴門市と兵庫県の淡路島を挟んで，うず潮で有名な鳴門海峡がある。潮の満ち引きの際に，海水面の高さの違いが激流をうみ，海峡の所々にうず潮がつくられることで知られる。「鳴門巻き」はこのうず潮にちなんで名付けられた。

　鳴門をはじめ，紀伊水道に面した県東部には漁港が多く，海の幸に恵まれた地となっている。

　県を東西に流れるのは吉野川で，河口に狭い平野を形成している。上流部は四国山地で，大歩危・小歩危の峡谷がある。また，その近くの祖谷も秘境として知られ，植物のつるでつくられた吊り橋「かずら橋」が有名である。

## 2 特色──同じ阿呆なら踊らなきゃ損！

　徳島といえば阿波踊り。起源には諸説があるが，徳島城築城の祝いで踊られたとする説が有力である。毎年8月に県内各地でこの踊りが行われる。テンポの良い2拍子で，両手を上げ，足を交互に運んで踊る。県内の芸能文化で阿波踊りとともに有名なのは，阿波人形浄瑠璃である。農村の娯楽として古くから行われ，現在でもその伝統が受け継がれている。

### 参考

**四国霊場八十八か所**

四国一周の巡礼で訪れるのが八十八か所の霊場である。全行程が約1,500kmに及び，徒歩では約2か月の時間を要する。白い装束に身を包み，杖をつくお遍路さんは，一一つの寺院を巡礼することで，煩悩を一つずつ取り除く。大自然の中で歩くことにより，自分自身を見つめ直す修行となる。

### 参考

**全国に広がる阿波踊り**

徳島の古いよび方である「阿波」の名がつく阿波踊りだが，最近では徳島をこえて東京都の杉並区や埼玉県越谷市などで町おこしに利用されている。

# 高知県
こうちけん

**ポイント**

○黒潮とかつお・まぐろ漁
○暖かい気候下の促成栽培
そくせいさいばい
○四万十川などの豊かな自然
しまんとがわ

▼坂本龍馬像

徳島県
愛媛県
四　国　山　地
高知◉
土佐湾
室戸岬
むろとみさき
四万十川
しまんとがわ
黒潮
足摺岬
あしずりみさき
太平洋

## 1 あらまし——黒潮が育む自然
くろしお

　四国で一番広い面積の高知県は，太平洋に面し，沖を流
しこく　　　　　　　　　　　　　　　　　　　　　　　　　おき
れる暖流の黒潮（日本海流）により，冬でも比較的温暖で
だんりゅう　くろしお　にほんかいりゅう　　　　　ひかくてき
ある。高知平野では，暖かい気候をいかして野菜の促成栽
こうちへいや　　　　　　　　　　　　　　　　　　　　そくせいさい
培がさかんで，冬に関東や近畿へ夏野菜が出荷されている。
ばい　　　　　　　　かんとう　きんき
陸地は高知平野の南東と南西方向に，室戸岬と足摺岬がそ
むろとみさき　あしずりみさき
れぞれのびている。夏から秋は台風の通り道で，この地か
たいふう
ら上陸することもある。

　長い海岸線が続く高知市には月の名所として知られる桂
かつら
浜があり，幕末の土佐藩士坂本龍馬像が立っている。
はま　　　ばくまつ　とさはんし さかもとりょうま

　沿岸では黒潮に乗って泳ぐかつおやまぐろ漁が伝統的に
行われてきた。現在でも漁獲量の約5割はかつおとまぐろ
ぎょかくりょう
であり，特にかつおは鰹節に加工され，土佐の鰹としてそ
かつおぶし　　　　　　　　と さ
の名が知られている。

## 2 特色——本物の川　四万十川
しまんとがわ

　大都市圏と離れた高知では工業化が進んでいない。しか
だいとしけん　はな
しそのおかげで手つかずの自然が残されている。四万十川は，
人工的な河川整備がほとんど行われていない河川として知ら
かせんせいび
れ，中流域で大きく蛇行する姿は川本来の原風景といえる。
だこう　　　　　　　　　　げんふうけい

**参　考**

**高知の人は「いごっそう」**
こうち
高知の男性を言い表す言葉と
して，昔から「いごっそう」
という言葉がある。単純にい
えば，「頑固者」といった意
がんこもの
味である。幕末に活躍した坂
ばくまつ かつやく
本龍馬は，信念を貫き，正し
もとりょうま
いと思った道を進もうとする
「いごっそう」な存在である。
「いごっそう」は土佐を象徴
とさ しょうちょう
する言葉である。

促成栽培
そくせいさいばい
P.125▶▶

台風
たいふう
P.110▶▶

# §4　近畿地方

> 重要ポイント
>
> □鈴鹿山脈より西では，山地・山脈がほぼ東西に走っている。
> □近畿（京阪神）地方の生活は琵琶湖の水が支えている。
> □人口が集まる大阪平野には，江戸時代から商業が発展した。
> □かつての政治の中心であった古都があり，文化財も豊富。

## 1　位置と自然環境

### a．位置

標準時子午線の東経135度線が通る位置にある。都が置かれ，長く日本の中心地であり，各地の産物が京都や大阪に集まった。

### b．気候

北部は日本海側の気候で冬の降水量が多い。南部は黒潮（日本海流）の影響で一年を通じて温暖で季節風の影響を受け，夏の降水量が極めて多い。中央部のうち瀬戸内海に面する大阪や神戸は年間を通じて降水量は少なめであり，内陸の盆地は昼と夜，夏と冬の気温差が大きい。

### c．地形

南部に紀伊山地，北部に丹波高地，西部に中国山地が東西に連なる。中央部に平地が広がるが全体的には少ない。

〈全国に占める近畿地方の割合〉

| | | |
|---|---|---|
| 面積<br>（2019年・km²） | 8.9%<br>（33126） | |
| 人口<br>（2019年・千人） | 17.7%<br>（22308） | |
| 農業産出額<br>（2018年・億円） | 6.5%<br>（5899） | |
| 製造品出荷額等<br>（2017年・億円） | 19.3%<br>（621572） | |

（日本国勢図会 2020/21年版）

## 2 人口・都市と生活文化

### a．人口

　江戸時代の物流の拠点で「天下の台所」と知られた西日本最大の商業都市・大阪市を中心に，京都市と神戸市にかけて大阪（京阪神）大都市圏を形成している。近年は周辺にニュータウンが開発され，さらに奈良県や琵琶湖周辺や兵庫県西部にも都市域が広がっている。

### b．歴史

　京都・奈良は約1100年にわたり都が置かれ日本の中心であった。世界文化遺産にも登録される寺社仏閣や伝統的古い町並みが残る地域が多く，全国の国宝や重要文化財の登録件数は約半分を占めている。日本で多く観光客が訪れる京都・奈良では，歴史的景観を残す努力がされている。

▲二条城

## 3 産業

### a．農業

　京阪神周辺では近郊農業が行われており大消費地向けの野菜生産が多い。近畿地方は牛肉消費額が全国的に高く，松阪牛や但馬牛，近江牛などの**ブランド牛**が飼育される。

### b．工業

　阪神工業地帯は繊維業を中心に発達し，1950年代以降，沿岸部で製鉄所や石油化学工場，内陸部で機械工場（家電）が立地した。また中小工場が多いことも特徴である。京都などでは伝統的工芸品を扱う工場が多く，さらに東大阪では，特殊な技術を有した町工場が**先端技術産業**を支えているケースもみられる。

▲松阪牛

▲東大阪市の町工場

## 4 交通・通信

### a．交通

　大阪を中心に鉄道網が発達している。私鉄各社は自動改札機の導入や沿線の娯楽施設開発など全国に先駆けて行ってきた。空港は埋め立ててつくられた人工島に関西国際空港や神戸空港などがあり，各地と結ばれている。

▲関西国際空港

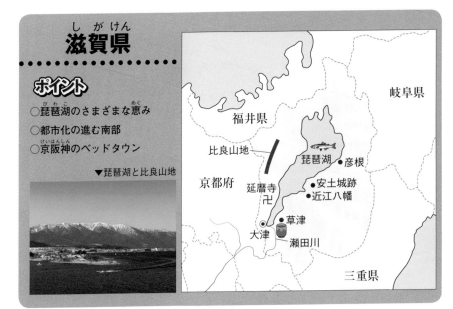

# 滋賀県
### しがけん

## ポイント

○琵琶湖のさまざまな恵み

○都市化の進む南部

○京阪神のベッドタウン

▼琵琶湖と比良山地

岐阜県

福井県

比良山地

京都府

延暦寺 卍

大津

草津

瀬田川

琵琶湖

彦根

安土城跡

近江八幡

三重県

## 1 あらまし——琵琶湖

　古来から残る楽器の琵琶にその形が似ていることから名付けられた**琵琶湖**をもつ県である。**湖の広さは日本一**，県の面積の約**6分の1を占めている**。県境は山地に囲まれ，県全体は湖を含めて盆地の状態になっており，南部の**瀬田川**以外の河川は，すべて湖に流れ込んでいる。湖岸の人々は湖を「うみ」とよぶ。夏になると海のように水辺のレジャーを楽しむ人々が多く訪れる。また，あゆやこいなどの湖水漁業もさかんであり，**ふなずし**は県を代表する伝統料理の一つとなっている。

## 2 特色——京阪神のベッドタウン

　京都や奈良に近く，古くから歴史の舞台として登場してきた。織田信長が築いた安土城，井伊家の居城であった彦根城の他，近江商人のふるさと近江八幡市もある。人口あたりの寺院数も多く，**延暦寺**などの有名寺院が存在する。
　現在は，**東海道新幹線**や**名神高速道路**など近畿地方の交通の大動脈となる南部を中心に工業化が進み，かつての農業中心の県の経済は大きく変化している。また京阪神との近さから，**ベッドタウン**として人口が増えている地域でもある。

参考

**琵琶湖をめぐる環境問題**
琵琶湖は滋賀だけでなく京阪神地域の水源となっている。それだけに琵琶湖の汚染は近畿の人々の生活に大きな影響を及ぼす。
特に湖の南部（南湖）は人口増加と工業化の進展の影響で汚染が進み，赤潮やあおこなどが発生してあゆが激減した。富栄養化を防止するため，リンを含む合成洗剤の使用を禁止する条例が制定されたことで知られている。

**安土城と織田信長**
歴史編　P.310▶▶
**延暦寺と最澄**
歴史編　P.267▶▶

# 京都府
きょうとふ

## ポイント

○町にあふれる文化遺産
○平安京以来の1200年の歴史
○南北の地域の違い

▼京都の町家

（地図中の地名）
丹後半島／舞鶴湾／天橋立／舞鶴／福井県／福知山／賀茂川／桂川／兵庫県／京都／岩清水八幡宮／平等院／滋賀県／卍／宇治／大阪府／奈良県／三重県

## 1 あらまし──1200年の歴史

　京都府の中心，京都市は，**平安京以来の1200年余の歴史**をもつ。市内には**碁盤の目状**に道路が走り，市内を流れる賀茂川や桂川は，歴史的情緒をかもし出す。**清水寺**や**金閣**などが有名で，「どこで降りても見所がある」といわれるように，寺院や**歴史的建造物**が町中に多く存在する。伝統産業も多く，**西陣織**など指定を受けた伝統的工芸品の指定品目数は日本で最も多い。

　**文化遺産**は京都市周辺にもあり，八幡市の**石清水八幡宮**や宇治市の**平等院**なども有名である。

　また，京都市は約150万の人口をもつ政令指定都市でもある。都市化・工業化が進み，ゲーム機や通信機器など世界に名の知れた京都生まれの会社も多い。

## 2 特色──忘れてはならない京都市以外の地域

　京都府の北部の丹波地方は日本海に面し，冬は積雪が多い。また，丹後半島の付け根には**日本三景[P.155▶▶]**の一つの**天橋立**や舞鶴の他に，海と住居が一体となった伊根の舟屋集落がある。

---

## 参考

**歴史的建造物の保存**
京都市は第二次世界大戦で大きな戦災を受けなかったため，歴史的建造物が多く残されている。
京町家はその一つで，特徴のある街並みが形成されている。「うなぎの寝床」のように間口が狭く奥行きが深い。夏に風を通すための坪庭や，防犯のための格子戸など，独特のつくりをしている。この町家も都市部の地価高騰とともに減りつつあるが，保存を求める声も多い。

**平安京**
歴史編　P.266▶▶
**平等院鳳凰堂**
歴史編　P.271▶▶
**金閣**
歴史編　P.297▶▶

# 大阪府
おおさかふ

## ポイント

○江戸時代からの商業地
えどじだい

○関西の経済の中心地
かんさい けいざい

○全国が注目する府民性

▼道頓堀

兵庫県

茨木

豊中

京都府

淀川　大阪

大阪湾

堺

大阪平野

関西国際空港

大阪城

奈良県

和歌山県

## 1 あらまし──「天下の台所」と「水の都」
てんか　だいどころ　　　みずと

　府域は西側の大阪湾に沿って三日月の形をし，三方を山々
　　　　　　　　おおさかわん　　　　　　　　　　　　さんぽう
に囲まれている。山地の切れ目に交通路が発達し，境を接す
る各府県とは，通勤する人々が行き来する。その中心が**大阪**
**市**である。豊臣秀吉が**大阪城**を築き，江戸時代には**商業の町**
し　　　　とよとみひでよし　おおさかじょう　　えどじだい　　　しょうぎょう
として発達した。各地からの物資が集まることから「**天下の**
**台所**」，それらの輸送手段として，水運が発達していたこと
から「**水の都**」とも称される。「くいだおれ」として知られ
　　　　みずと　　　　　しょう
る**道頓堀**は，大阪一の歓楽街で，美味しいものが全国から集
どうとんぼり　おおさか　かんらくがい　おい
まり「くいだおれ」てしまう，「**堀**」という水路の発達した地
　　　　　　　　　　　　　　　ほり
域なのである。堺を中心とした地域は**大仙古墳**などの古墳が
　　　　　さかい　　　　　　だいせんこふん　　こふん
多くあり，**百舌鳥・古市古墳群**は世界文化遺産となっている。
もずふるいちこふんぐん　いさん

## 2 特色──庶民性の街　人情のある人々
しょみんせい

　大阪は，上方漫才などの大衆芸能の街として知られ，テ
おおさか　かみがたまんざい　　かんさい
レビでも多くのお笑い芸人が関西弁を使って盛り上げてい
る。江戸時代以来の**町人文化**の名残りがみられ，実質本位の
えどじだい　ちょうにん
庶民性をもつ。人々の放つ冗談には，本音が入り交じるの
しょみんせい　　　　　　じょうだん
で面白さの中に温かみがあるともいわれる。その庶民性は，
さまざまな場面でアイディアを生み出す要因となっている。

🔍 **参考**

**大阪人はせっかち？**
おおさか

その地域の人々の気質のこと
を県民性といい，県民性を研
究した本も最近出版されるよ
うになった。中でも大阪人の
気質は他の地域から見て特異
で目立つ。「せっかち」とい
うのもその一つで，例えば信
号が青に変わる前に横断歩道
を渡り出す人が非常に多い。
そんな大阪人に対応してつく
られたのは，電車の案内表示
である。次の電車が駅に近づ
いていることを知らせること
を最初に始めたのは大阪の鉄
道会社である。

**大阪城と豊臣秀吉**
おおさかじょう　とよとみひでよし
歴史編　P.311 ▶▶
れきしへん
**天下の台所**
てんか だいどころ
歴史編　P.327 ▶▶
れきしへん
**阪神工業地帯**
はんしんこうぎょうちたい
P.130 ▶▶

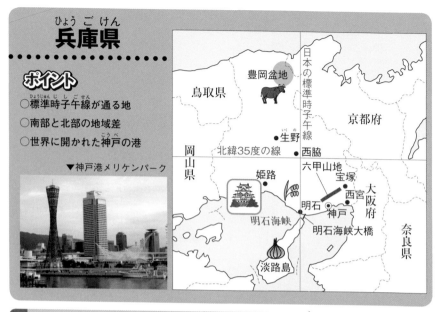

## 兵庫県（ひょうごけん）

### ポイント

○標準時子午線が通る地（ひょうじゅんじしごせん）

○南部と北部の地域差

○世界に開かれた神戸の港（こうべ）

▼神戸港メリケンパーク

地図内ラベル：
豊岡盆地／日本の標準時子午線／鳥取県／京都府／生野（いくの）／北緯35度の線／西脇／岡山県／姫路／六甲山地／宝塚／西宮／大阪府／明石／神戸／奈良県／明石海峡／明石海峡大橋／淡路島

---

### 1　あらまし——瀬戸内海の入口　日本の中心（せとないかい）

　日本標準時の基準となる東経135度（とうけい）の経線（けいせん）が通る明石市（あかしし）をもつ。また，東経135度の経線と北緯35度の緯線（いせん）が交わる西脇市（にしわき）は，「日本のヘソ」とよばれる。明石市には天文台（かしだい）があり，日本の時刻設定の基準となっている。明石海峡（あかしかいきょう）には大橋がつくられ，瀬戸内海最大の島である淡路島（あわじしま）と本州（しゅう）をつないでいる。

　県内で人口が多いのは南部地域であり，宝塚市（たからづかし）や西宮市（にしのみやし）は大阪（おおさか）と鉄道で結ばれ，ベッドタウンとなっている。最大都市は神戸市（こうべし）で，港とともに発展をしてきた。神戸港（こうべこう）は，かつて「大輪田泊（わだのとまり）」とよばれ，朝鮮半島（ちょうせん）や中国（ちゅうごく）との交易があり，日米修好通商条約（にちべいしゅうこう つうしょうじょうやく）で開港した歴史をもつ日本を代表する港である。市内には中華街や外国人墓地（ぼち）など，異国情緒あふれる場所が多い。姫路市（ひめじし）は世界文化遺産の姫路城（ひめじじょう）があることで知られている。

### 2　特色——日本海にも面する近畿地方最大の県（にほんかい）（きんき）

　兵庫北部では畜産（ちくさん）がさかんである。特に，但馬地域（たじま）の但馬牛（たじまうし）は和牛の原点とされている。また西部の播州手延べ（ばんしゅうてのべ）そうめんは江戸時代（えどじだい）に発展した特産品で，全国的に知られている。日本海に面した香美町（かみちょう）の香住（かすみ）は水産業がさかんでカニの水揚げ（みずあげ）が多く，豊岡市（とよおか）はかばんづくりがさかんである。

---

### 参考

神戸港の埋め立て事業（こうべこう）

　六甲山地の南側には，狭い平野が東西に広がっている。そのため六甲山地の山をけずってその土を海に埋め立て，ポートアイランドや六甲アイランドがつくられた。この人工島には高層住宅をはじめ，国際会議場などのさまざまな施設（しせつ）がある。山をけずりとった跡地には，住宅団地の須磨ニュータウンが建設され，人々が居住している。

日米修好通商条約（にちべいしゅうこうつうしょうじょうやく）
歴史編　P.361 ▶▶

# 奈良県
## ポイント
○さかんな伝統工芸

○日用雑貨の生産

○法隆寺などの歴史遺産

▼奈良公園

地図内：
京都府
唐招提寺　卍　卍東大寺
大阪府　　　奈良
　　　　卍法隆寺　　三重県
　　　　飛鳥地方
　　　　石舞台古墳
高松塚古墳
　　　吉野
　　吉野川
和歌山県　　紀　伊　山　地

---

## 1　あらまし──いろいろな「ものづくり」のさかんな県

　県内に中央構造線が東西に走り，地形的に南北に分かれる。北部は盆地で多くの人々が生活し，南部は紀伊山地で標高が高い山々が連なる。紀伊山地のうち「吉野・大峯」は，霊場と参詣道が世界文化遺産となっている。

　歴史ある地域が多く，地域に根ざした地場産業がさかんである。北部は瓦や筆，墨，茶道具などの和式生活に必要なもの，南部は木材を利用したものがつくられている。県中央部では，生活雑貨品を多くつくっており，靴下など日用品の生産量で日本一のものが多い。

## 2　特色──史跡の多い町

　飛鳥地方は，政治の中心があった飛鳥時代からの長い歴史を持ち，歴史的遺跡は，京都と並んで多い。奈良市内には大仏で有名な東大寺，鑑真がつくった唐招提寺，飛鳥には石舞台古墳や高松塚古墳などがある。また，斑鳩にある聖徳太子のつくった現存する世界最古の木造建築物とされる法隆寺とその周辺の建築物は，世界文化遺産に登録されている。この法隆寺は，670年に火災にあい，再建されたとする説が有力になっている。

---

**参　考**

**奈良公園と鹿**
奈良公園の名物といえば鹿。古くから春日大社の神鹿として守られてきた鹿は1000頭以上おり，毎年10月に，鹿の角きりの行事が行われる。

**法隆寺**
歴史編　P.263▶▶
**平城京**
歴史編　P.260▶▶
**唐招提寺と鑑真**
歴史編　P.264，P.265▶▶
**東大寺**
歴史編　P.263▶▶

みえけん
# 三重県

## ポイント

○北の工業　南の農林水産業

○食のブランド・伊勢，松阪

○京阪神と名古屋圏の中間地

▼英虞湾

鈴鹿山脈

滋賀県　　　愛知県

上野盆地　四日市

伊賀　　亀山

津　伊勢湾

松阪

伊勢

奈良県　　　志摩半島　　　伊勢神宮

英虞湾

尾鷲　　太平洋

熊野

黒潮
（日本海流）

## 1　あらまし——南北に細長い地域

　志摩半島を境に伊勢湾に面する北部と太平洋に面する南部に分かれる。南北に細長い県域で，気候もさまざまである。北部の**鈴鹿山脈**では季節風の影響で冬に降雪があり，南部は，**黒潮（日本海流）**の影響で温暖である。南部の**尾鷲市**の周辺一帯は，夏の季節風の影響を受けて，日本で最も降水量の多い地域の一つとして知られる。

　県の南北の境目にあたる**志摩半島**は，養殖を中心とした漁業がさかんであり，なかでも**英虞湾**は真珠の**養殖**が初めて行われた地として知られている。半島の付け根にある**松阪**は，肉牛の飼育がさかんで，「**松阪牛**」の名は全国的に有名である。

## 2　特色——関西？　それとも東海？

　三重県には皇室との関係が深い**伊勢神宮**があり，また伊勢から熊野へ向かう熊野古道は世界文化遺産である。また，**亀山**や**伊賀・上野**などの交通路にあたる地域は，古くから京都や大阪など，関西の都市との結びつきが強い。現在，行政区分では近畿地方に属しているが，三重県の経済の中心となっている**四日市**や**津**などの伊勢湾岸の地域は，工業や交通の結びつきで愛知県の名古屋との関係が深い。そのため，東海地方の一つの県とした区分であてはめることも多い。

### 参　考

にんじゃ　ばしょう　　　いがし
**忍者と芭蕉の町　伊賀市**
伊賀市の上野地区は，伊賀流忍者の里として知られる。距離的に京都や奈良に近く，情報を集めて相手の戦力を落とすための忍術が発達した。伊賀市はまた，江戸時代の俳人松尾芭蕉の生誕地でもある。「奥の細道」では，江戸から東北や北陸を訪れ，大垣にいたるまでの150日間の紀行文で，文中に俳句を織り交ぜている。
**歴史編　P.332▶▶**

**日本の水産業　養殖**
**P.127▶▶**

# 和歌山県
わかやまけん

## ポイント

○みかんとうめの生産

○さかんな林業

○信仰を集める山々

▼熊野古道

## 1 あらまし──「紀伊の国」・「木の国」

　県域は紀伊半島の南西部に位置し，**紀伊山地**と山地から流れ出る川がつくり出した狭い平野から成り立っている。南部は**降水量が非常に多い**地域であるが，瀬戸内海に近い北部は降水量が少なめである。**天神崎，白浜**など景勝地も多い。

　気候が温暖で，地形的に山がちな斜面の多い地域のため，**果実栽培**がさかんである。特に**みかん**は，江戸時代に紀伊國屋文左衛門が江戸へ輸送して財をなしたとされるほど栽培がさかんである。また**うめ**の栽培も「南高梅」がブランドとなっており，梅干しなどに加工されて売られている。

　かつては「木の国」ともいわれ，**林業**もさかんである。熊野川河口の**新宮市**は，材木の集散地として繁栄した。現在は価格の安い外国の木材におされ，操業中の製材所も輸入された外国材を加工しているケースが多くなった。

## 2 特色──信仰の山々

　紀伊山地には，空海の開いた**金剛峯寺**のある**高野山**や，**熊野古道**といわれる参詣道で結ばれた熊野三山がある。これらは霊山として信仰者を多く集めており，世界文化遺産として知られている。

## 参考

### 三重県に接する飛び地

北山村は和歌山県でありながら，三重県と奈良県に囲まれた飛び地の村である。

北山村では昔から林業が発達し，伐採された木材は，筏を組んで川で新宮まで運ばれた。村の人口の大半が林業に携わっていたため，明治の廃藩置県のときにも新宮市と同じ県に属すことを地元住民が求め，飛び地となった経緯を持っている。

**日本の農業　果実**
P.125▶▶

**日本の林業**
P.132▶▶

**金剛峯寺と空海**
歴史編　P.267▶▶

## §5　中部地方

□太平洋側と日本海側で冬の気候に違いがある。
□おおよそ静岡から新潟にかけて東西日本の境目（フォッサマグナ）がある。
□東西を結ぶ交易路周辺は経済的に活気がある。
□高速道路網の発達とともに臨海部から内陸部へ工業地域が移動している。

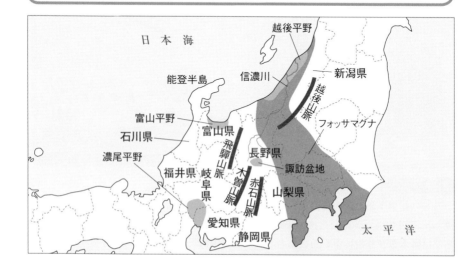

### 1　位置と自然環境

#### a．位置

　日本の中央部に位置する。日本海側を北陸，太平洋側を東海，内陸部を中央高地と3つの地域に分かれる。

#### b．地形

　日本アルプスとよばれる飛驒山脈，木曽山脈，赤石山脈が南北を走り，東には越後山脈や関東山地と関東平野との境にある。それらの山々を源流とし，日本海には信濃川，太平洋側には木曽川や富士川などが流れる。

#### c．気候

　中央高地の標高の高い山々により分け隔てられ，3地域の気候差がはっきりしている。太平洋側と日本海側の気候は季節風の影響を大きく受け，中央高地は内陸の気候で，冬の寒さが厳しい特徴をもつ。

〈全国に占める中部地方の割合〉

| | | |
|---|---|---|
| 面積<br>（2019年・km²） | 17.9%<br>（66807） | |
| 人口<br>（2019年・千人） | 16.8%<br>（21214） | |
| 農業産出額<br>（2018年・億円） | 15.5%<br>（14036） | |
| 製造品出荷額<br>（2017年・億円） | 28.8%<br>（926519） | |

（日本国勢図会 2020/21）

## 2　人口・都市と生活文化

### a．人口

東海は人口が多い地域で，名古屋市や浜松市，静岡市といった政令指定都市が東海道に沿って並ぶ。

### b．文化

東の江戸，西の大阪の間にあり，古くから言葉や食文化などの境目の地域となっている。

## 3　産業

### a．農業

北陸は農業生産額に占める米の割合が地方別の中で最も高い。冬季の積雪と豊富な雪解け水が良質な米を育む。中央高地は高冷地の野菜，扇状地の果実栽培がさかんである。東海は温暖な気候を利用し温室での施設園芸農業がさかんで，メロンや菊など高価格の作物が生産される。

### b．工業

伊勢湾に面した中京工業地帯は製造品出荷額が最も多い地帯で日本経済を支えている。特に豊田市を中心に自動車関連産業がさかんである。東海工業地域は，交通の便をいかし浜松で先端技術を扱う産業が多い。北陸工業地域は，繊維業の割合が高い。これは降雪時の副業として伝統産業の地場産業が発達したためである。現在は豊富な水力発電と地代の安さでアルミニウム加工業や化学工業が行われている。

## 4　交通・通信

### a．交通

江戸時代以降，東海道や中山道，北陸道の行き来がさかんになった。現在，鉄道は東海道新幹線と北陸新幹線があり，中央自動車道や北陸自動車道などの高速道路網も発達している。将来は北陸新幹線の延伸や中央新幹線（リニア中央新幹線）の開通が予定されている。北陸では日本海に面したロシアや中国，韓国との交流があり，定期航路も運行されている。

▲妻籠宿

▲レタス栽培

▲金沢箔

▲リニア中央新幹線

### <ruby>新潟県<rt>にいがたけん</rt></ruby>

**ポイント**

○日本最長の<ruby>信濃川<rt>しなのがわ</rt></ruby>

○大雪をいかした観光産業

○日本有数の米どころ

▼北陸自動車道と上越新幹線

## 1 あらまし——典型的な<ruby>日本海側<rt>にほんかいがわ</rt></ruby>地域

　県域は南北に細長く，京都に近い南から**<ruby>上越<rt>じょうえつ</rt></ruby>・<ruby>中越<rt>ちゅうえつ</rt></ruby>・<ruby>下越<rt>かえつ</rt></ruby>**，さらに，**<ruby>佐渡<rt>さど</rt></ruby>**に分かれる。

　<ruby>日本海<rt>にほんかい</rt></ruby>に面した**<ruby>豪雪地帯<rt>ごうせつ</rt></ruby>**であり，<ruby>湯沢<rt>ゆざわ</rt></ruby>などの内陸部は冬季に大量の積雪がある。かつての人々の冬の生活は雪に閉ざされた不自由な生活であった。現在は除雪設備も整い，**スキー**などの観光客が多く訪れ，にぎわいをみせている。

　日本海側の県の中でも**<ruby>交通網<rt>こうつうもう</rt></ruby>の発達は早く**，新潟市や**<ruby>上越市<rt>じょうえつし</rt></ruby>**は，交通の要所として発達してきた<ruby>経緯<rt>けいい</rt></ruby>をもつ。現在は，**<ruby>上越新幹線<rt>じょうえつしんかんせん</rt></ruby>**と**<ruby>北陸新幹線<rt>ほくりくしんかんせん</rt></ruby>**が走っている。

## 2 特色——日本を代表する米どころ

　県の南北を流れるのは**日本最長の<ruby>信濃川<rt>しなのがわ</rt></ruby>**で，**<ruby>阿賀野川<rt>あがのがわ</rt></ruby>**とともに**<ruby>越後平野<rt>えちごへいや</rt></ruby>**を形成した。越後平野から魚沼地方にかけての地域は，**コシヒカリ**の名産地として知られる。新潟県は，全国有数の米の<ruby>生産量<rt>せいさんりょう</rt></ruby>で<ruby>稲作<rt>いなさく</rt></ruby>がさかんである。米の加工食品も多く生産されており，**酒造り**は昔から冬の<ruby>風物詩<rt>ふうぶつし</rt></ruby>として，**<ruby>杜氏<rt>とじ</rt></ruby>**たちの手によって営まれてきた。他にもせんべい・あられなどの<ruby>製菓<rt>せいか</rt></ruby>工場が多くある。近年は米を原料にした土産物が増え，米どころならではの地域性が見受けられる。

**参　考**

**コシヒカリの産地**

県全域でコシヒカリの<ruby>栽培<rt>さいばい</rt></ruby>はさかんであるが，特に<ruby>魚沼<rt>うおぬま</rt></ruby>産のコシヒカリは，米の格付けで最高ランクの「特A」の<ruby>評価<rt>ひょうか</rt></ruby>を受けることがほとんどで，高値で<ruby>市場取引<rt>しじょう</rt></ruby>されている。

魚沼地方は，豊富な雪解け水と<ruby>粘土質<rt>ねんどしつ</rt></ruby>で肥えた<ruby>土壌<rt>どじょう</rt></ruby>，夏の朝夕の<ruby>寒暖差<rt>かんだんさ</rt></ruby>など，おいしい米がつくられるための<ruby>稲<rt>いね</rt></ruby>の生育に必要な条件が整っている。

**日本の農業　米**
P.124▶▶
**<ruby>燕<rt>つばめ</rt></ruby>の金属加工
（伝統工業）**
P.128▶▶

# 富山県
とやまけん

## ポイント

○神秘の湾　富山湾

○黒部川をいかした水力発電

○富山の象徴・立山

▼北陸自動車道と立山連峰

## 1　あらまし――富山湾に面する県

富山湾を囲んで県域が形成されている。富山湾に流れ込む黒部川，神通川，庄川などの河川は雪解け水を多く運ぶ。

冬は寒気の南下とともに「ぶりおこし」（＝ぶりが獲れる合図）の雷が鳴り，雪が降り始める。日本海側では冬の雷が多いのが特徴である。春先は，ほたるいかが獲れる。春から初夏には冷たい雪解け水と湾上空の暖められた空気の気温差で蜃気楼が現れるのも，富山湾の風物詩である。

## 2　特色――山々と豊かな雪解け水

立山に生える「タテヤマスギ」と，山中に生息する雷鳥は，県の木と鳥であり，立山を中心とした山々は，県の象徴的存在である。雪をいただいた山並みは特に美しく，立山黒部アルペンルートは北アルプスを貫き長野県と結ばれた山岳ルートであり，観光客に人気が高い。

黒部川を中心に，県内山間部では水力発電[P.121▶▶]がさかんである。これは，富山県が，アルミニウム工業などを中心に日本海側でいち早く工業化が進んだ理由の一つとなっている。

富山市は，人口減少に備えてコンパクトなまちづくりに取り組む。公共交通の充実としてLRT（路面電車）を整備した。

## 参考

### チューリップと散村のまち・砺波

県西部の砺波市を中心に県花であるチューリップ栽培がさかんである。冬の間に積雪があるこの地域では，チューリップの球根が土の中で春まで良い状態で保存できる。

砺波は散村集落の残る地としても知られる。集落の形態で，一軒一軒の家々が距離をおいて建てられている。理由は諸説あるが，土地の開拓にあたり予定地の中央に家を建てたという説が有力である。

▲LRTの車両

## いしかわけん
# 石川県

### ポイント
○九谷焼などの盛んな伝統工芸
○能登の輪島塗
○「加賀百万石」の文化の遺産

▼九谷焼

（地図内の地名）
輪島
能登（のと里山）空港
能登半島
河北潟
犀川
手取川
金沢
小松空港
富山県
岐阜県
福井県

## 1 あらまし——「加賀百万石」の伝統

　北陸地方の中心都市である**金沢市**は，江戸時代に**前田家**が治めていた。全国各地に約300あった大名のなかでも一番の米の収穫量があり，「**加賀百万石**」と称された。豊かな藩の財政を背景として，**加賀友禅**，**九谷焼**，**金沢箔**などの**伝統工芸**が栄えた。その伝統工芸は現在にも受け継がれ，盛んに行われている。金沢城は，県庁のある金沢市の中心部にあり，**石川門**が有名である。その隣にある前田家の庭園であった**兼六園**[P.155▶▶]は，県を代表する観光スポットである。武家屋敷跡や茶屋街も市内に残る。また小松空港のある小松市には，**安宅の関**跡がある。

## 2 特色——日本海に突き出る能登半島

　北部の能登地方では，山間の急傾斜地に**棚田**がみられる。なかでも**千枚田**は有名であるが，最近は過疎・高齢化により棚田を市民が保全することが多くなっている。
　能登の主要都市は**輪島市**である。漁港，木製漆器の**輪島塗**の産地，朝市が行われることなどで知られている。2003年に能登（のと里山）空港が開港し，交通が不便だったこの地域の発展に寄与している。

### 参考
**日本海側でさかんな伝統工芸**

かつて日本海側の各地域は，深い雪に閉ざされる冬の間は農業ができず，収入を得るために出稼ぎをしたり，副業として家内でできる手工業を営んだりしてきた。
また，冬の湿気が多いことは，漆器の漆や紬・友禅などの糸を利用するのに適している。豊富な雪解け水は，仕上がった織物を洗うことや，和紙づくりにも適している。

**日本の工業　伝統工業**
P.128▶▶

# 福井県
（ふくいけん）

日本海

石川県

九頭竜川

福井

鯖江

越前海岸

木ノ芽峠

三方五湖

敦賀

京都府

滋賀県

岐阜県

## ポイント

○若狭湾のリアス海岸
○永平寺などの歴史的遺産
○原子力発電所が多い

▼高浜原子力発電所

## ① あらまし——日本海と美しい海岸線

県域で一番狭い木ノ芽峠を境に，嶺北と嶺南に分かれる。嶺北には越前海岸があり，海岸段丘となっている。**東尋坊**の切り立った崖は名勝地である。嶺南の**若狭湾**は，**リアス海岸**であり，複雑な海岸線となっている。嶺北の九頭竜川は，県を代表する河川で，福井平野をつくり出した。

地形的にめぐまれた**敦賀**や小浜は港として発達した。江戸時代には，日本海側の物資がこの地を経由して琵琶湖から京都・大阪へ送られ，交通の要所として栄えた。京都につながる街道は，特に魚介類の中でも鯖が送られることが多く，鯖街道とよばれる。現在は敦賀付近，若狭湾岸のリアス海岸では，**原子力発電所**が多く建設され，京阪神地域に供給される電気がつくられている。日本海の海産物も豊富に獲れ，**越前**がにが有名で，冬の味覚として賞味される。

## ② 特色——戦乱の地

京都に近いこの地は，長い歴史で多くの戦いの舞台となった。古くは源平の戦いから，南北朝の争い，一向一揆や戦国時代のものである。坐禅修行の道場として知られる**永平寺**や一乗谷朝倉氏遺跡など**文化財**も数多く残されている。また，多くの恐竜の化石が発見されている。

### 参考

**なぜ福井県は恐竜王国なのか**

福井県の玄関口・福井駅には，恐竜広場があり，恐竜のモニュメントが多く並ぶ。駅以外にも街中にベンチに座った恐竜像をみかけることもできる。勝山市では1989年以降に発掘調査が進み，多くの恐竜化石が発見された。5体の新種の恐竜化石には「フクイサウルス」といった福井の名がつけられ，県立恐竜博物館が設立された。恐竜化石と発掘現場は国の天然記念物になっている。

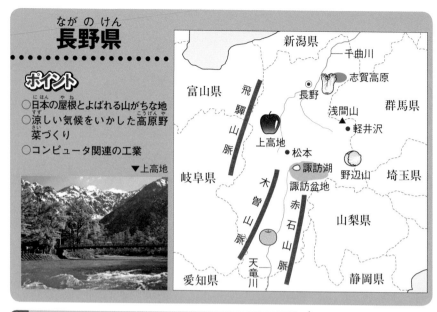

## なが　の　けん
# 長野県

**ポイント**

○日本の屋根とよばれる山がちな地
○涼しい気候をいかした高原野菜づくり
○コンピュータ関連の工業

▼上高地

### 1 あらまし── 「境連なる」山々

　日本で一番多く8つの県と県境を接する内陸県である。県境は高い山々に囲まれ,「平」とよばれる盆地が, 生活の舞台となっている。盆地をつなぐ川としては, 北部の千曲川と南部の天竜川がある。天竜川は, 諏訪湖から流れ出る川である。湖のほとりの諏訪盆地は, 中央自動車道が通る県内最大の工業地帯である。かつて県内では養蚕がさかんに営まれており, 諏訪市は原料の繭の集積地として生糸や絹織物づくりが発達した。現在は, コンピュータ関連などの機械工業がさかんなことで知られている。

### 2 特色──ヨーロッパ的な風土

　標高が高い高原地帯は, 夏でも比較的冷涼な気候下にある。涼しい気候を利用して菅平や野辺山原などでは高原野菜栽培, 松本・長野盆地では果実栽培が行われている。日本アルプス(飛驒,木曽,赤石山脈)や,上高地,軽井沢などの観光地は,明治時代に訪れた欧米人によりその美しさが紹介された。また, 登山や避暑など,当時の日本にはない習慣がもたらされた。現在でも観光レクリエーション施設が多くあり,長野冬季オリンピックを機に開通した新幹線を利用して, 観光客が多く訪れる。

🔍 **参　考**

**県民歌「信濃の国」**
信濃の国は　十州に
境連ぬる　国にして
そびゆる山は　いや高く
流るる川は　いや遠し
松本　伊那　佐久　善光寺
四つの平は肥沃の地
海こそなけれ　物さわに
万ず足らわぬ　事ぞなき

県民の愛唱歌として現在でも歌われる。歌詞は県の特徴をよくとらえている。一番の歌詞は, 県境(旧国境で10国との境)と自然環境を表し「海には面していないが不足しない」と締めくくっている。

**日本の農業　高原野菜**
P.125▶▶

# 岐阜県

## ポイント

○木曽三川が流れる濃尾平野
○洪水にそなえる輪中のしくみ
○合掌造りで有名な白川郷

▼世界一の美濃焼こま犬

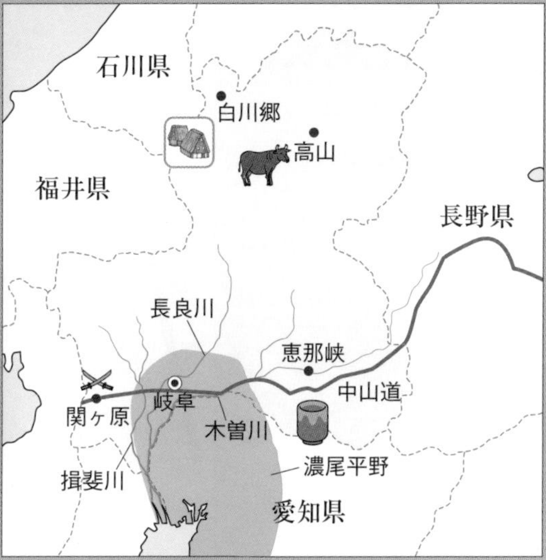

### 1 あらまし──「飛山濃水」の地

北部は山々の多い**飛騨地方**，南部は平地に川が流れる**美濃地方**に分かれることから「飛山濃水」と称されてきた。

南部の中心は岐阜市のある**濃尾平野**である。この地域は，**木曽**，**揖斐**，**長良川**の**木曽三川**が流れており，昔から洪水の多発地帯であった。周囲に堤防を築いたところを**輪中**といい，洪水から家財を守るために石垣の上に**水屋**という倉庫がつくられていた。

長良川では**鵜飼い**とよばれる伝統的な漁業がある。川にもぐり魚を獲る鵜ののどに縄をつけ，のどもとの「鵜呑み」状態の川魚を獲る。現在は観光客向けに披露されている。

### 2 特色──伝統が残る山間部

北部の高山市は，**木材の生産・集積地**であり，春慶塗が有名である。北西部には**白川郷**があり，「**合掌造り**」とよばれる屋根の傾斜が急な伝統的な民家が残されている。南東部の木曽川上流地域は，かつての**中山道**が通っていた地域である。**馬籠**は宿場町の町並みが残されており，恵那峡とともに観光地となっている。**飛騨高山**は古い町並みが残り，伝統行事として**高山祭**が行われ，屋台が街を練り歩く。

---

#### 参 考

**美濃和紙と関の刃物**
中央高地の岐阜県は古くから軽工業が行われ，伝統産業が今でも残されている。

豊富な水と木材を利用した美濃和紙は，岐阜の提灯や和傘などの原料として使われる。また，関は日本刀の生産が行われた地であり，金属加工技術が現在は医療器具や洋食器の分野に応用されている。

---

**伝統工業**
P.128▶▶
**合掌造り**
P.141▶▶
**中山道**
歴史編　P.326▶▶

---

地図内の地名：
石川県　福井県　白川郷　高山　長野県　長良川　恵那峡　中山道　関ヶ原　岐阜　木曽川　濃尾平野　揖斐川　愛知県

# やまなしけん
# 山梨県

## ポイント

○ぶどうの生産量日本一
○富士山と河口湖
○リニアモーターカーの実験場

▼ぶどうの収穫

長野県
八ヶ岳
関
埼玉県
中央自動車道
甲府盆地
雲取山　東京都
赤石山脈
甲府
勝沼
河口湖　大月
精進湖
本栖湖　西湖
山中湖
神奈川県
富士山
静岡県

## 1　あらまし──名山に囲まれた「山なし県」

　県域をみると，北は**八ヶ岳**，南は**富士山**，東は東京都で最高峰の雲取山をはじめとする関東山地，西は**南アルプス**の赤石山脈といった山々に囲まれている。中央部の**甲府盆地**は県の中心的な地域で，県庁所在地の甲府市がある。

　甲府盆地では寒暖の差があり，斜面は水はけも良いことから，果実，特にぶどうの栽培がさかんである。甲州市の勝沼を中心として，ももとともに日本一の生産量をほこっている。

　富士山のふもとには，溶岩によってせき止められてできた**富士五湖**（山中湖，西湖，本栖湖，河口湖，精進湖）がある。自然が豊かで名所も多く，東京からも近いことから観光客も多く訪れる。

## 2　特色──工業の発展とリニア新幹線

　中部地方ではあるが，首都圏にあり東京との距離も近いことから**内陸工業**が発達している。県の中央を走る**中央自動車道**は，東京と名古屋を結ぶことから，山間部を通るにもかかわらず交通量が多い。大月には**リニア中央新幹線**の実験施設があり，将来的には県内を走ることも計画されている。

**参　考**

**甲斐の戦国武将　武田信玄**
山梨は武田信玄のふるさとでもある。治山治水，鉱山開発，度量衡の統一などを実施する政治家としての能力も高く，「信玄堤」とよばれる自然の力を生かした堤防は今でも残されている。「人は城　人は石垣　人は堀」として他の戦国武将のように豪華な城は建築しなかった。

**日本の農業　果実**
P.125▶▶

その他
40.3
山梨
23.9%
長野
17.8
岡山
8.8
山形
9.2

（日本国勢図会2020/21）
▲ぶどうの生産地の割合
（2018年）

# 静岡県

<ruby>静岡県<rt>しずおかけん</rt></ruby>

## ポイント

○東京圏と名古屋圏の中間地

○日本の茶どころ

○二大都市 静岡と浜松

▼茶畑と富士山

長野県　山梨県

愛知県　富士山　東海道　神奈川県

浜名湖　清水　富士川　沼津

浜松　静岡　焼津　駿河湾　伊豆半島

牧ノ原　大井川　下田

天竜川　太平洋

## 1 あらまし——太平洋に面した地域

江戸時代，静岡は駿府ともよばれ，幕府の直轄地の一つであった。静岡県久能山には東照宮があり，徳川家康が祀られている。

太平洋沿岸は，黒潮（日本海流）の影響で冬でも温暖な気候である。それを利用した茶やみかん栽培がさかんである。海岸部は，地形的に行き来のしやすい交通路で，東海道は，日本の交通の大動脈として発展してきた。

海岸には港が発達している。伊豆半島の下田は日米和親条約によって開港した港であり，その他，清水や焼津などの港は，貿易港として，また漁港として発達してきた。

## 2 特色——「中間」に位置するメリット

東京と名古屋の中間にあり，県内の文化は東西の影響を受けている。東の静岡市と西の浜松市が県内の主要都市であるが，それぞれのようすは異なる。東西の文化が交わるため，消費について家計統計をとるとほぼ全国平均の数値をあらわす。そのため，企業で新商品を開発すると，まず静岡で試してから全国に売り出すことも多い。

大都市東京，名古屋の中間にあって工業も発達した。浜松市は，県内最大の工業都市で楽器や自動車工業がさかんである。

## 参考

**なぜ静岡県で茶の生産がさかんになったのだろうか**

静岡は茶の産地である。熱帯が原産の茶は，高温多雨の環境でよく育つ。静岡県には，牧ノ原の台地など水はけがよい土地が多く，茶の栽培環境に合っている。さらに，茶の栽培がさかんになったのは，明治時代に元武士や大井川の川越人夫の失業対策として政府が茶づくりを奨励したことによるところも大きい。

**日本の水産業**
P.126▶▶

**東海工業地域**
P.131▶▶

## 愛知県
（あいちけん）

### ポイント
○日本最大の中京工業地帯
○瀬戸・常滑でさかんな窯業
○菊やメロンの温室栽培

▼自動車の工場

地図内：
揖斐川　岐阜県　長野県
長良川
木曽川
小牧
瀬戸
名古屋
三重県
豊田
愛知用水
豊川用水
伊勢湾　常滑
中部国際空港　岡崎平野
知多半島　静岡県
渥美半島

## 1　あらまし──日本最大の工業地帯

　日本で製造品出荷額が最も多い県であり，「モノづくり王国」とされる。これは世界有数の企業がある豊田市を本拠地とする自動車会社と，自動車部品をつくる関連工場によるところが大きい。この企業の合理的な生産管理方法は，経済界や世界の企業からも注目を集めている。

　自動車以外にも，小牧市を中心として航空機やロケットなど，瀬戸市や常滑市などでは陶磁器やニューセラミックスなどの窯業がさかんである。2005年に開港した中部国際空港は，貨物の利用が多く，この地域の工業を支えている。

## 2　特色──知多半島と渥美半島

　愛知県の南部はカニのはさみのように二つの半島がのびている。西の知多半島も東の渥美半島も台地で，かつては水に乏しい地域であった。愛知用水や豊川用水の完成により，農業を安定して行うことができるようになり，この地では温室を利用し，菊やメロンの栽培がさかんになっている。電気を照らすと開花が遅れる菊の習性を利用して，「電照菊」の栽培が行われ，9月から11月には夜も電灯を照らす温室が見られる。

### 参考

**尾張名古屋は城でもつ**
織田信長，豊臣秀吉，そして徳川家康という3人の戦国武将。3人の共通点は尾張と関係があることだ。江戸時代に入り，尾張藩は徳川御三家の一つとして君臨し，金のシャチホコで知られる名古屋城が本拠地となった。名古屋人は，金のシャチホコのような派手さもあるが，総じて質素倹約を重んじてきた。これは徳川家康の政治の影響が大きく，実利主義の考えは，今でも受け継がれている。

**中京工業地帯**
P.130▶▶

# §6　関東地方

□日本の政治・経済・文化が集まる首都があり，人口密度が高い。
□太平洋側の気候で冬は乾燥する。
□大消費地の都市部に向けた近郊農業がさかん。
□太平洋沿岸部や北関東に工業地域が立ち並ぶ。出版・印刷業が多い。

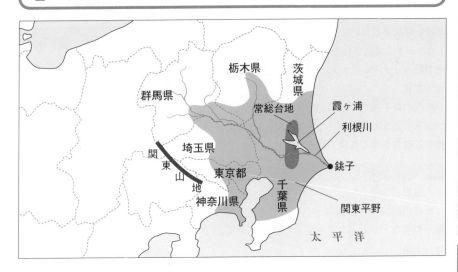

## 1　位置と自然環境

### a．位置

日本のほぼ中央部，逆「く」の字型をした本州の角部分に位置する。8地方区分の中では面積が最も狭い。

### b．気候

太平洋側の気候であり，冬には北西からの乾燥した季節風「からっ風」が吹き下ろすことが特徴的である。

### c．地形

日本最大の関東平野一帯には関東ロームといわれる火山灰の赤土が堆積している。

〈全国に占める関東地方の割合〉

| 面積<br>（2019年・km²） | 8.7%<br>（32433） |
| --- | --- |
| 人口<br>（2019年・千人） | 34.5%<br>（43465） |
| 農業産出額<br>（2018年・億円） | 18.5%<br>（16787） |
| 製造品出荷額等<br>（2017年・億円） | 25.7%<br>（826077） |

（日本国勢図会 2020/21）

## 2　人口・都市と生活文化

### a．人口

　首都・東京を中心に，日本の人口の約３分の１が居住する地域である。人口密度は高く，都市部では通勤ラッシュや生活環境の都市問題も発生している。

### b．都市

　東京都周辺には５つの政令指定都市（川崎・横浜・相模原・さいたま・千葉の各市）がある。都市の住宅問題を解決するために周辺部は1970年代以降，ニュータウンが多く建設されたが，半世紀経った現在は高齢化が進み「オールドタウン化」が問題となっている。

▲多摩ニュータウン

### c．文化

　時代の最先端をゆく情報が多く集まる地域であり，ファッションやアニメ，ゲームなど，様々な文化に関する情報が多く集積・発信する地域となっている。

▲秋葉原

## 3　産業

### a．農業

　大都市向けの**近郊農業**がさかんであり，野菜のほか花卉類や酪農などが北関東を中心に行われている。

### b．工業

　京浜工業地帯では出版業の割合が高い。関東地方全般では機械工業が多いが，北関東の内陸部で自動車や電気機械が多いのに対し，京浜工業地帯では企業の先端技術部門を中心に新製品等の研究開発が行われている。

## 4　交通・通信

### a．交通

　東京を中心に鉄道と高速道路が放射状に広がり，地下鉄も発達している。近年の鉄道は，新線が開通する，鉄道会社同士の相互乗入れがさかんになり乗り換えが少なく済むなど，利便性は高くなっている。道路は，環状線の整備によって自動車の流れが変わり，都心部ではかつての激しい渋滞も少なくなってきている。

▲東京駅（鉄道の様子）

### b．通信

　新聞社や放送局以外にも情報通信関係のＩＴ産業が発達し，コンピューター関連企業には，ソフトウエア開発など高度な技術を必要とする技術者が多く存在する。

▲六本木ヒルズ

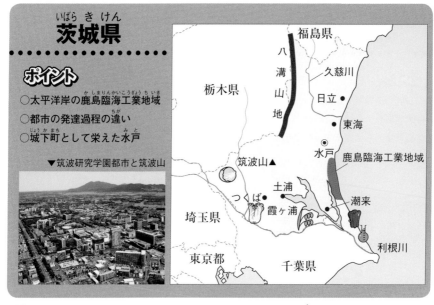

## 茨城県（いばらきけん）

### ポイント

○太平洋岸の鹿島臨海工業地域

○都市の発達過程の違い

○城下町として栄えた水戸

▼筑波研究学園都市と筑波山

（地図中の地名）

福島県　栃木県　八溝山地　久慈川　日立　東海　水戸　筑波山▲　鹿島臨海工業地域　土浦　つくば　霞ヶ浦　潮来　利根川　埼玉県　東京都　千葉県

## 1 あらまし──東京に近い農業県

　県北部は八溝山地があり，久慈川周辺を除けば山がちな土地である。一方で県南部は，霞ヶ浦と利根川流域を中心に低地が広がる。筑波山は関東平野にそびえ立つ，この県を代表する山である。利根川下流は，潮来市の水郷地帯として知られる。関東地方の中でも農業や畜産がさかんな県であり，生産された農作物は主に東京へ出荷される。太平洋岸の産業としては，南部に鹿島臨海工業地域，北部に原子力発電所をもつ東海村がある。

## 2 特色──都市それぞれの発達過程の違い

　県庁所在地の水戸市は，江戸時代に徳川御三家の一つ水戸藩の城下町として発達した。市郊外には日本三名園[P.155▶▶]の一つ偕楽園がある。

　県北の中心は日立市である。家電メーカーとして世界的にも知られる企業の本拠地として発展した都市である。

　県南の中心は，かつて霞ヶ浦のほとりに面する土浦市であった。研究学園都市のつくば市に，東京と結ぶ鉄道が開通してからは地位が逆転している。また，研究学園都市であるつくば市と東京を結ぶ鉄道が2005年に開通した。

### 参考

**利根川の流れ**

日本一の流域面積があり，「坂東太郎」の暴れ川として知られた利根川。現在は千葉と茨城の県境を通って太平洋に流れ出るが，江戸時代までは現在の東京湾に流れ込む川であった。江戸の町を洪水から守り，銚子から川を遡って江戸に至る河川交通を発達させ，外敵から防衛する，といった理由で，流れを現在のように変えたといわれている。

**原子力発電の課題**
P.121▶▶

# 栃木県
（とちぎけん）

## ポイント

○日光のもつ歴史と自然
○公害闘争，足尾銅山事件
○繊維業から機械工業への変化

▼日光東照宮

地図：
福島県
那須野原
群馬県
中禅寺湖
東北自動車道
足尾
日光
鬼怒川
宇都宮
渡良瀬川
日光街道
茨城県

---

## 1　あらまし──日光と那須

　関東の小学校の修学旅行先として多いのが**日光**である。東照宮で知られる市街地と，**中禅寺湖**から流れ出る華厳の滝や戦場ヶ原の湿原で知られる奥日光地区がある。東照宮は徳川家康が祀られており，江戸とは，五街道の１つである**日光街道** [P.326▶▶] で結ばれていた。日光街道には杉並木が植えられ，現在でも大切に保存されている。

　**那須野原**は，日光の北東にある高原である。**酪農**がさかんであるが，那須岳のふもとは，奥日光と同じように，温泉地，避暑地，スキー場として観光客が多く訪れる地である。

## 2　特色──東北自動車道と内陸工業の発達

　足尾で銅を採掘していた戦前，県内の工業は，日光の金属工業と**足利**の繊維業が主であった。現在は，**宇都宮市**を中心とした地域で，機械を中心とした工業が行われている。県内を**東北自動車道**が縦断する便の良さと東京への近さが要因である。企業を誘致するために，県で**工業団地**を造成した結果，多くの企業がこの地に工場を置くようになった。県の特産品は，いちご，かんぴょうであり，宇都宮市はぎょうざの消費量が多く，ぎょうざの街として知られている。

---

### 参考

**足尾銅山のつめ跡**

日光中禅寺湖の南に位置する足尾は，明治時代に銅山で栄えたが，日本で最初の公害事件が起こった地でもある。足尾から流れ出る渡良瀬川流域で銅山の鉱毒が問題化し，代議士田中正造が政府に公害対策を要求したことで知られる。また，銅の精錬の過程で出た亜硫酸ガスは山の木々を枯らし，はげ山になっていたが，治山工事が進み，山の緑も戻りつつある。

歴史編　P.391▶▶

# 群馬県
ぐんまけん

**ポイント**

○県域の多くを占める山地
○キャベツやこんにゃくなどが
　さかんな農業
○内陸性の気候

▼こんにゃく畑

## 1 あらまし——数ある山々と産業

　関東にありながら，**山地の多い県**であり有名な山が多い。県中央部には，関東を代表する**赤城山**，利根川をはさんで**榛名山**がある。武尊山や**谷川岳**は利根川上流にあり，周辺のダムは首都圏の水がめとなっている。県西部には江戸時代の大噴火で嬬恋地区に大きな被害をもたらした浅間山が長野県との県境にある。

　県域にはこれらの山々がもたらした火山灰が堆積しており，おもに畑作地が広がっている。かつては桑が栽培され**養蚕**がさかんに営まれていた。県を代表する作物は，**こんにゃくいも**であり，他にも野菜の栽培や畜産業がさかんである。

## 2 特色——夏の雷，冬のからっ風

　内陸にあり夏は気温が上昇しやすいが，乾燥しているのが特徴である。また，夏は雷が発生しやすい。
　上州名物は「かかあ天下とからっ風」といわれる。からっ風[P.111▶▶]とは，冬の間の季節風のことで，関東の場合は乾燥した冷たい風となる。前橋市や高崎市などの都市は，関東平野の縁にあるため風が直接吹き下ろし，寒さと乾燥が厳しくなる。

**参　考**

**かかあ天下とからっ風**
群馬名物を表す言葉で，このうち「かかあ天下」は，この地域で養蚕がさかんだったことと関係がある。養蚕で蚕に桑の葉を与えるなどの世話は女性の仕事で大変な重労働であった。家のこともすべて取り仕切ってよく働く女性のことを褒め称えたのがこの言葉である。かつて県内には富岡製糸場[P.371▶▶]があり，繊維産業が発達していた。なお，富岡製糸場は，「富岡製糸場と絹産業遺産群」として世界文化遺産に登録されている。

## さいたまけん
# 埼玉県

### ポイント
○関東の中心で交通の要所
○東京にほど近い新都心
○さかんな近郊農業

▼さいたま新都心

（地図）

栃木県
群馬県
利根川
荒川
長瀞
秩父
セメント
川越
武蔵野台地
さいたま
千葉県
関東山地
東京都
山梨県

## 1　あらまし──関東の中央

　県域を地図で見ると、神奈川県以外の関東地方のすべての都県と境を接している。位置も関東の中心にあり、**各都県を結ぶ交通の要所**となっている。東京都と長い距離の境界を有しており、**東京との関係が深く**、通勤通学圏として市街地が広がっている。

　県中央には荒川が、ほぼ西から東へと流れている。荒川上流にはライン下りなどの観光地の長瀞、石灰石の採掘と三十四か所霊場めぐりで知られる**秩父**がある。群馬県との県境を流れる利根川と合わせて、この地域の水資源となっている。

　東京に近いこともあり、**近郊農業**がさかんで、食料基地の役割を果たしている。畑作中心で、深谷など北部ではほうれんそうやねぎなどの生産量が多いことで知られる。

## 2　特色──県の中心・さいたま市

　県西部に比べて県東部は比較的平坦な土地が広がり、多くの都市がある。**さいたま市**は、大宮、浦和、与野の3市が合併してできた100万都市である。大宮駅の近くには新都心の施設が整備され、県独自の経済を成長させようとしている。

### 参考

**赤褐色の台地**
関東平野の東京から埼玉にかけての地域には武蔵野台地が広がっている。この台地に厚く堆積しているのが関東ローム層であり、この地域で畑作が発達してきた背景となっている。かつての武蔵野台地は、冬になると季節風によりロームの土が舞い上がる状況であった。そのため、季節風をさえぎるために畑や家に防風林（屋敷森）が植えられた。

**日本の農業　野菜**
P.125▶▶

# 東京都
とうきょう と

## ポイント

○首都機能と地域による分化

○全国から集まるヒト・モノ

○TV局，出版社などが集中

▼レインボーブリッジ

---

## 1　あらまし——日本の中心

　東京都には，政治や経済，文化の機能が集中している。霞ヶ関・永田町には，国会議事堂や各省庁，政党本部などが集まる。金融や商業の中心は日本橋や銀座である。そこから一歩足を運ぶと，**オフィス街**が集中する大手町や丸の内で，企業の本社も数多い。都心部には，この他にも大学，新聞社，外国の大使館など，さまざまな機関がある。

## 2　特色——最先端都市と自然豊かな島々

　都心部は**再開発**が進み，高層ビルの建築が相次いでいる。情報化に対応したインテリジェントビルが建てられ，六本木のビルには**IT関連の企業**が軒を連ねている。**東京湾岸地域**は埋め立てが進み，TV局などが移転している。また，地下の利用が多いのも東京の特徴で，地下深くまで**地下鉄**が網の目のように走り，ターミナル駅では地下街も発達している。都市空間は上空・地下・海へと範囲を広げ，有効に利用されているのである。

　一方で世界自然遺産に登録された小笠原諸島や伊豆諸島などは豊かな自然が残されている。

---

### 参　考

**ラッシュアワーは都市生活の洗礼**

首都圏の交通網は，東京駅を中心に放射状に広がっている。人々は都内だけでなく周辺の各県からも多く通勤・通学している。混雑の激しい時間帯は数分間隔で鉄道は運転され，車両は長く10両以上の編成であるにもかかわらず，ぎゅうぎゅうづめの状態である。

**東京都の人口**
とうきょうと
P.115▶▶
**東京一極集中**
とうきょういっきょくしゅうちゅう
P.139▶▶

# 神奈川県(かながわけん)

## ポイント

○交通路に沿って位置する県内の主要都市
○沿岸部の工業
○港「ヨコハマ」の歴史

▼横浜中華街

京浜工業地帯
東京都
山梨県
相模湖
新東名高速道路
丹沢山
東名高速道路
厚木
川崎
東京湾
横浜
火力発電所
箱根山　小田原
相模川
鎌倉
三浦半島
東海道新幹線
芦ノ湖
相模湾

## 1 あらまし——東西の交通路と主要な都市

　中央部を相模川が流れ，西には丹沢や箱根などの山々が連なる。東部は多摩川に沿って川崎市，その隣に**横浜市**，北部は相模原市と**政令指定都市**が続く。中世に幕府が開かれた**鎌倉**，秀吉の小田原攻めで知られる小田原，ペリーが来航した三浦半島，関所のあった箱根と，歴史的に有名な地も多い。かつての東海道の宿場町は，現在も主要な都市である。

　県を東西に走る交通の代表格は，**東名高速道路**と**東海道新幹線**である。工業の中心は**東京湾岸**であるが，高速道路沿いの**厚木**や相模原の内陸部にも**工業地域**が広がっている。

## 2 特色——日本の「はじめて」の地　**横浜**

　横浜は，港とともに発達してきた。日米修好通商条約[P.361▶▶]で開港後，日本を代表する**国際貿易港**に成長した。**外国人墓地**や**中華街**など，異国情緒あふれる施設が街にあふれる。東京（新橋）との間を初めて鉄道が走った他，電話，新聞，ガス灯，写真など，さまざまな欧米文化が明治時代に持ち込まれ普及が始まった「はじめて」の地である。また，横浜とともに鎌倉や江ノ島など，**湘南**の地は，人々に人気がある観光地である。

**参考**

**あこがれの海・湘南**
相模の国の南部，葉山から平塚にかけての地域は湘南とよばれ，地名のイメージにはとても人気がある。
東京に近く，夏には日帰りで海水浴やサーフィン，ビーチバレーなどのスポーツを楽しみに来る人々で賑わう。冬には箱根駅伝の舞台となり，大学生たちが湘南の海を横に見ながらたすきをつないで走る。

**京浜工業地帯**
P.130▶▶

# 千葉県（ちばけん）

## ポイント

○内房と外房の房総半島
○東京湾岸の京葉工業地域

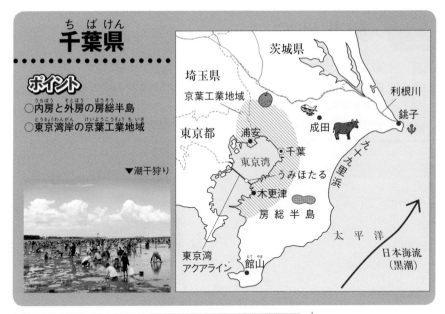

▼潮干狩り

---

## 1 あらまし——東京に近い南国 房総半島

　県の多くの面積を占める**房総半島**は，昔の国名の安房と上総・下総からつけられた。東京湾に面する内房は穏やかな海で，遠浅の砂浜での**潮干狩り**は春の風物詩である。太平洋に面する外房では，**九十九里浜**を中心にいわし漁が行われ，いわしは肥料に加工されていた。**銚子**はかつて，江戸の入口として利根川を利用した水運で栄えた。今でも水揚げの多い漁港として知られる。半島先端の南房総は，黒潮の影響で温暖であり，稲作の裏作として発達した**菜の花**の栽培がさかんであった。現在は初春に訪れる観光客向けに花をつくっている。

## 2 特色——東京に面した地域の発展

　房総半島の付け根から東京にかけての地域は，都市化・工業化の進んだ地域である。東京と結ぶ総武線や常磐線，京葉線などの沿線は，**都心の通勤圏**であり，東京のベッドタウンとなっている。東京湾沿いの埋め立て地帯に**京葉工業地域**が形成されている。湾岸の埋め立て地は工場以外にもリゾート施設や会議場，倉庫など幅広く利用されている。

---

## 参考

**東京と名のつく千葉**
国際便が多く飛び交う成田国際空港は，以前は「新東京国際空港」とよばれていた。このように，千葉県にあるにもかかわらず東京と名づけられているのは，東京の機能が他県へ広がった例であり，「東京」のネームバリューが強いといえなくもない。

**江戸時代のいわしの加工（干鰯）**
歴史編　P.325▶▶
**日本の水産業**
P.126▶▶

## §7　東北地方

**重要ポイント**

□緯度が高く北に位置しており，気候は比較的冷涼。

□南北に連なる山地，山脈が多いため，東西よりも南北のつながりが強い。

□豊かな伝統文化が残り，民芸品も多い。

□高速道路網の発達とともに工業地域が内陸部へ移動している。

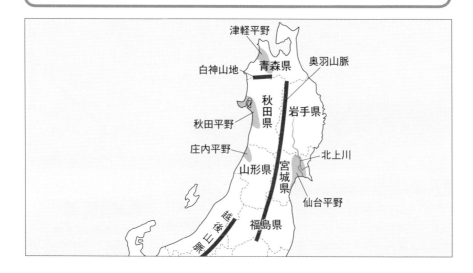

### 1　位置と自然環境

#### a．位置

「みちのく」は「道の奥」が由来である。12世紀，平泉を拠点として**奥州藤原氏**が東北地方を支配したが，江戸時代の幕藩体制がとられるまでは，開発が遅れていた。

#### b．気候

日本海側は，季節風の影響で冬は降雪が多い。太平洋側は親潮（**千島海流**）の影響で梅雨から夏にかけて冷たく湿った「**やませ**」という北東風が吹く。勢力が強いと霧の発生と日照時間の減少により，冷害をもたらすことがある。

#### c．地形

川の字のように山地・山脈が走るのが特徴で，中央部は奥羽山脈が走り，日本海側に出羽山地，太平洋側は北上高地と阿武隈高地が連なる。三陸海岸の南部は**リアス海岸**であり，津波の被害が大きくなりやすい。

〈全国に占める東北地方の割合〉

| | |
|---|---|
| **面積**<br>（2019年・km²） | 17.9%<br>（66948） |
| **人口**<br>（2019年・千人） | 6.9%<br>（8669） |
| **農業産出額**<br>（2018年・億円） | 15.8%<br>（14324） |
| **製造品出荷額等**<br>（2017年・億円） | 5.7%<br>（184430） |

（日本国勢図会 2020/21年版）

## 2　人口・都市と生活文化

### a．人口

　「杜の都」といわれる仙台市は，東北地方で唯一人口100万をこえる大都市で，政治や経済の中心である。

▲仙台市中心部

### b．文化

　古くからの伝統文化が各地に残っている。青森の**ねぶた祭**などの伝統的な祭りや，秋田の**なまはげ**などの伝統的な行事も数多く，観光資源となっている。また，冬の間の副業として発達した。**伝統工芸品**の中には，岩手県の南部鉄器のように，芸術性の高さとともに機能性が注目され，海外からの注文が増えたものもある。

## 3　産業

### a．農業

　東北地方は，米の地方別生産で全国の４分の１を占め，耕地面積の７割が水田であり「日本の穀倉地帯」となっている。全国の中でも銘柄米の種類が多く，高品質の新しい米の開発が続いている。また，盆地を中心に涼しい気候を利用した果実栽培がさかんで，青森のりんご，山形のさくらんぼ，福島のももが有名である。

▲南部鉄器

### b．工業

　首都圏に近い福島県や山形県の高速道路沿いは工業団地が造成され，機械類の工場が立地している。

## 4　交通・通信

### a．交通

　1980年代以降，東北新幹線と高速道路が開通して首都圏とつながり，地域の開発が進んだ。近年は山形・秋田方面の新幹線・高速道路が開通し，東西方向の交通網も整備された。1988年に青函トンネルが完成し北海道と陸続きになり，2016年には新幹線が北海道まで延伸した。

▲釜石市の復興の様子

▲北海道新幹線と青函トンネル

## <ruby>青森県<rt>あおもりけん</rt></ruby>

### ポイント

○りんごを中心とする農業
○冬の寒さが厳しい自然<ruby>環境<rt>かんきょう</rt></ruby>
○<ruby>陸奥湾<rt>むつわん</rt></ruby>の水産業

▼りんごの<ruby>収穫<rt>しゅうかく</rt></ruby>作業

津軽海峡
青函トンネル
下北半島
陸奥湾
津軽半島
岩木川
青森
津軽平野
十和田湖
八戸
弘前
白神山地
秋田県
岩手県
やませ

## 1　あらまし——県を囲む３つの海

　太平洋に面した**<ruby>下北半島<rt>しもきた</rt></ruby>**，日本海に面した**<ruby>津軽半島<rt>つがる</rt></ruby>**が，それぞれ**<ruby>津軽海峡<rt>つがるかいきょう</rt></ruby>**に向かって<ruby>伸<rt>の</rt></ruby>びている。２つの半島に<ruby>挟<rt>はさ</rt></ruby>まれるのが，ほたて貝の<ruby>養殖<rt>ようしょく</rt></ruby>がさかんな**<ruby>陸奥湾<rt>むつわん</rt></ruby>**である。湾に面した**<ruby>青森<rt>あおもり</rt></ruby>市**は，<ruby>函館<rt>はこだて</rt></ruby>との間を結ぶ船や鉄道の<ruby>玄関口<rt>げんかんぐち</rt></ruby>として，また夏にはねぶた<ruby>祭<rt>まつ</rt></ruby>でにぎわう都市として知られる。太平洋に面した**<ruby>八戸<rt>はちのへ</rt></ruby>**は，<ruby>三陸海岸<rt>さんりく</rt></ruby>の<ruby>漁場<rt>ぎょじょう</rt></ruby>に近く，全国でも有数の<ruby>水揚<rt>みずあ</rt></ruby>げ量があり，市内には食品加工工場も数多くある。

## 2　特色——りんご<ruby>栽培<rt>さいばい</rt></ruby>が中心の農業県

　**<ruby>青森県<rt>あおもりけん</rt></ruby>**の農業といえばりんごが中心であり，<ruby>涼<rt>すず</rt></ruby>しい気候をいかして，全国生産の約半分ほどの生産量がある。主な産地は，<ruby>岩木川<rt>いわきがわ</rt></ruby>の流れる津軽平野で，水田とともにりんご園がみられる。りんご以外には**にんにくやごぼう**などの生産もさかんな農業県である。

　県には世界自然遺産の**<ruby>白神山地<rt>しらかみさんち</rt></ruby>**があり，<ruby>三内丸山遺跡<rt>さんないまるやまいせき</rt></ruby>を中心とする<ruby>縄文遺跡群<rt>じょうもんいせきぐん</rt></ruby>も世界文化遺産の登録をめざしている。

### 参　考

**「やませ」による農業の<ruby>被<rt>ひ</rt></ruby><ruby>害<rt>がい</rt></ruby>の<ruby>特徴<rt>とくちょう</rt></ruby>は？**

夏に主に北海道から<ruby>東北地方<rt>とうほくちほう</rt></ruby>の北東部に，北東方向から<ruby>吹<rt>ふ</rt></ruby>く冷たい湿った風のことを「やませ」という。気温を下げ<ruby>霧<rt>きり</rt></ruby>をもたらし日照をさえぎるため，太平洋側の地域は<ruby>冷<rt>れい</rt></ruby><ruby>夏<rt>か</rt></ruby>となる。<ruby>稲<rt>いね</rt></ruby>の生育にとって成長期にあたる時期に「やませ」は吹く。１週間続けば稲の生育に影響が出るとされ，農家にとっては深刻な冷害の被害をもたらすことになる。

**日本の水産業　<ruby>養殖<rt>ようしょく</rt></ruby>**
P.127▶▶
**日本の農業　果実**
P.125▶▶

地理編

第1章 世界と日本の地域構成

第2章 世界の国々

第3章 さまざまな面からみた日本の姿

第4章 身近な地域や都道府県のようす

# 岩手県
いわて けん

## ポイント

○さかんな畜産業

○奥州藤原氏三代の歴史
おうしゅうふじわらし さんだい

○太平洋側のリアス海岸

▼中尊寺　金色堂

青森県

東北新幹線

東北自動車道

八幡平▲

奥

羽

山

脈

秋田県

●盛岡

北上高地

遠野●

北上盆地

三陸海岸

北上川

平泉

一関

宮城県

---

## 1 あらまし——岩手の人，牛のごとく

　北海道を除いた都府県の中で一番広い面積があり，県域は四国と同じ規模をもつ。

　太平洋側は冷害に見舞われやすく，北上高地では明治時代から小岩井農場がつくられるなど，畜産業が農業の中心となっている。馬と住居をともにする伝統的な民家である「曲り家」は，遠野を中心に県内各地にあった。現在ではほとんどみられないが，昔から牛や馬などの家畜を大事にしており，「チャグチャグ馬コ」の祭りは馬をいたわる祭りである。

## 2 特色——東北随一の歴史の舞台

　奥羽山脈と北上高地の間には，北上盆地があり北上川が流れる。北上盆地は，**東北新幹線**や**東北自動車道**といった主要幹線が通る県の中心である。南部の宮城県境に近い平泉では，12世紀に奥州藤原氏による政治が行われた。仏教文化の象徴である**中尊寺**は**金色堂**で有名であり，世界文化遺産に登録されている。松尾芭蕉[P.332▶▶]は「奥の細道」で「夏草や兵どもが夢の跡」と衣川の合戦の舞台を，「五月雨の降りのこしてや光堂」と金色堂を詠んだことで知られる。

---

**参考**

**岩手の偉人　宮沢賢治**
いわて いじん みやざわけんじ

「雨ニモマケズ」，「銀河鉄道の夜」などの名作を残した宮沢賢治は，岩手県の花巻の出身である。花巻農学校の教師を退職後，貧しい農民に農業を指導した。文学者であるが，農業，天文，宗教，化学，芸術分野などにも多彩な力を発揮していた。彼の童話の中には，花巻や岩手の風土がところどころに描写されている。

**三陸鉄道**
さんりく

三陸海岸は東日本大震災で津波による被害を受けた。海岸を南北に走る三陸鉄道も寸断されたがTVドラマなどで人気が出るなどして2020年に全線が再開した。

# 秋田県
あきたけん

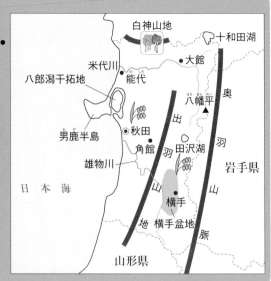

## ポイント
○平地の少ない土地
○世界自然遺産の白神山地
○なまはげなど深雪地域の伝統

▼秋田竿燈まつり

## 1 あらまし——平地の少ない土地柄

　県中央に南北に走る**出羽山地**，岩手県との県境には**奥羽山脈**が連なり，**八幡平**などの観光地がある。青森県との県境は**白神山地**で，ぶなの原生林が残り世界自然遺産に登録されている。全体的に山がちであるため，少ない平地や山間部で稲作が行われてきた。**八郎潟**を干拓して平地を造成したのも平地の少ない土地ゆえのことである。

　一方で，稲作以外の産業を振興させる政策は江戸時代からとられていた。米代川上流の木材業は，日本三大美林の一つである**秋田すぎ**を有名にした。また，かつては国内でも鉱業が発達した地であった。鉱山は現在操業していないが，木材加工などの**地場産業**は健在である。

## 2 特色——多雪地帯の伝統

　日本海側に面し，冬の積雪が多いこの地域には，みちのくならではの**伝統的な年中行事や文化**が多く残っている。冬の**なまはげ**やかまくら，夏の**竿燈まつり**などは，観光業と結びつきながら行われている。角館は現在も藩政時代の区画に武家屋敷などの重要伝統的建造物が残り，「みちのくの小京都」とよばれている。

## 参　考

**秋田の鉱山**
秋田大学には国際資源学部があり，鉱業博物館を独自にもつ。このことからも鉱業がさかんであったことがうかがえる。尾去沢の鉱山はかつて奈良の大仏建立にその金が使われたとの伝説がある。小坂などの鉱山では銅の生産が非常にさかんであった。しかし，鉱脈は細く採掘にコストがかかる。加えて価格の安い外国産の鉱物におされ，採算のあわない鉱山は次々と閉山した。

## ●●もっとくわしく

**なまはげ**
毎年，大晦日の晩に行われている年中行事。神々の使いと信じられている鬼の面をつけたなまはげは各家庭をまわり，「泣く子はいねが」などと言いながら練り歩く。2016年にユネスコの無形文化遺産に登録された。

# 宮城県
（みやぎけん）

## ポイント

○東北地方最大の都市，仙台市
○仙台平野の稲作
○南三陸の水産業

▼松島

## 1 あらまし――「杜の都」・仙台

　県庁所在地の**仙台市**は，古くは伊達政宗の城下町として，青葉城を中心とした町づくりが行われてきた。現在100万人をこえる人口がある政令指定都市で，**東北地方で中心的な役割を果たしている**。仙台市内の域内総生産は，東北地方の約15％を占めている。東北新幹線により，東京との間は最速1時間半で結ばれており，大企業の支店も集中している。

## 2 特色――海と山と

　平地が少ない東北にあって，**仙台平野**は比較的広い平野であり，**稲作がさかん**である。品種改良によって生み出された米が先進的につくられ，以前はササニシキ，現在ではひとめぼれなどの米がよく知られている。

　三陸海岸南部の**気仙沼**や**石巻**は，有数の漁港として知られており，さんまなどが水揚げされる。入り江では，かきなどの養殖，沿岸地域では水産加工工場が多くある。「笹かまぼこ」は県の名産品でもある。**松島**は，日本三景[P.155▶▶]の一つで名勝地として多くの観光客が訪れる地である。

　宮城の名産は「笹かまぼこ」のほかに「ずんだ餅」がある。「ずんだ餅」は枝豆をつぶして餅とからめた郷土料理として知られる。

**参考**

**東北三大祭り**
青森の「ねぶた祭」，秋田の「竿燈まつり」とともに，仙台の「七夕祭り」は，東北三大祭りの一つに数えられる。東北地方には伝統的な祭りや年中行事が多く残されている。
七夕祭りは，この地を治めていた伊達家が奨励したため，当地でさかんな年中行事になったといわれる。現在のような大がかりな七夕飾りは昭和に入ってからのものである。

**日本の農業　米**
P.124▶▶
**日本の水産業**
P.126▶▶

## 山形県
（やまがたけん）

### ポイント

○県域の中枢を流れる最上川

○庄内平野での米作り

○さくらんぼの生産量日本一

▼さくらんぼ

地図（秋田県・庄内平野・最上川・日本海・山形自動車道・酒田・羽黒山・湯殿山・月山・山形新幹線・奥羽山脈・山形盆地・宮城県・山形・蔵王山・米沢盆地・新潟県・米沢・福島県）

## 1　あらまし——最上川と山形

　五月雨を　あつめてはやし　最上川

　松尾芭蕉『奥の細道』の俳句にもうたわれる最上川は，県面積の約4分の3を流域面積にもつ。山形の象徴である。河口に庄内平野を形成し，流れる豊富な水は銘柄米「はえぬき」の生産を支えている。河口の酒田は，江戸時代に西廻り航路[P.326▶▶]の拠点となった港町で多くの蔵がつくられて繁栄した。県を代表する山は蔵王山と月山である。冬はスキー客で賑わう山である。

## 2　特色——変化する産業

　稲作以外の農業では，山形盆地・米沢盆地での果実栽培が有名である。涼しい気候を生かした果実栽培のなかでもさくらんぼは全国生産量の約4分の3を占める。

　近年，高速交通網の整備により工業化が進んでいる。山形新幹線は首都圏との結びつきを強め，山形自動車道により，仙台と行き来がしやすくなった。工業団地も建設が進み，土地代も安く，地元が誘致しており，米沢から山形にかけて，電気機械関連の工場が立地している。

### 参考

**山形の「山」**

山形の山は，全国的にもよく知られた「山」が多い。宮城県との県境にある蔵王は，スキーと温泉地として知られる。寒さの厳しい日は山頂に樹氷があらわれる。
県中央にある月山，湯殿山，羽黒山は「出羽三山」とよばれ信仰されてきた。

**日本の農業　果実**
P.125▶▶

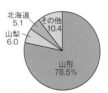

▲さくらんぼ生産地の割合
（2018年）
（日本国勢図会2020/21年版）

北海道 5.1
山梨 6.0
その他 10.4
山形 78.5%

ふくしまけん
# 福島県

## ポイント

○南北にのびる3つの地域
○自然・史跡の多い会津
○交通網の発達とともに増加した工業団地

▼猪苗代湖と磐梯山

## 1　あらまし──3つの異なる地域

　福島県は太平洋沿岸の「浜通り」，福島盆地や郡山盆地のある「中通り」，「会津地方」の3つの地域に分けられる。
　経済の中心は中通りである。奥州街道に沿って東北新幹線や東北自動車道が南北を通り，首都圏や仙台との結びつきが強い。**郡山市**は猪苗代湖から引かれた**安積疏水**によって開拓が行われた。用水はのちに発電用に利用され，工業化がいち早く進んだ。
　太平洋に面する浜通りは，気候が穏やかで雪が少ない。東日本大震災で大きな被害を受けた地域の一つである。

## 2　特色──会津は観光の「宝」

　西部の会津地方には，猪苗代湖と**磐梯山**を中心とした自然豊かな地域と，戊辰戦争[P.364▶▶]で激しい戦いが繰り広げられた**会津若松**に代表される歴史史跡の多い地域がある。猪苗代湖から磐梯山にかけての地域は五色沼などの湖沼がつくられ，現在でも豊かな自然が残っている。会津若松市は鶴ヶ城をもつ城下町で，江戸時代から漆器や酒造りなどの**伝統産業**がさかんな場所でもある。また，ももやりんごの生産が全国有数である。

### 参考

**磐梯山の湖はどのようにしてできたか**
首都圏から近いこともあって，会津を訪れる観光客は増加し，磐梯山周辺は一大リゾート地となっている。磐梯山は，1888年に起きた大噴火により大きな災害を引き起こし，同時に現在の裏磐梯一帯の土砂が川をせき止め，湖沼群をつくり出した。

**日本の工業　伝統工業**
P.128▶▶

# §8 北海道地方

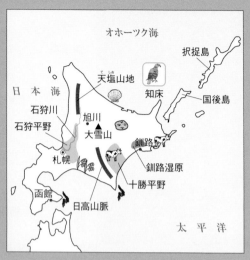

**ポイント**

○梅雨のない冷帯（亜寒帯）気候
○先住民族・アイヌの歴史
○広い耕地と大規模農業

▼札幌雪まつり

オホーツク海

択捉島
国後島
知床
天塩山地
日 本 海
石狩川
旭川
大雪山
石狩平野
釧路
札幌
釧路湿原
十勝平野
函館
日高山脈
太 平 洋

## 1　位置と自然環境——短い夏と長い冬

　北海道は，日本の最北に位置する。都道府県中最大の面積をもち，東北６県を合わせたよりも広い北海道は，８地方区分でも単独で区分される。広大な土地と豊かな自然が特徴。中央部には**大雪山**，南北に**日高山脈**などの山々が連なり，**石狩川**などの大きな川に沿って平野が存在する。東部にはタンチョウヅルなどが飛来しラムサール条約にも登録された**釧路湿原**がある。また，北部に突き出た知床半島は，世界自然遺産に指定されている。

　冷涼な気候で梅雨はなく，南北にそびえる山々を境に，冬の降雪が多い日本海側と，夏でも気温が低く**霧**の発生する太平洋側に分かれる。夏の気温は平均20℃を上回る程度で，本州の初夏の陽気である。短い夏に対して冬の寒さは厳しい。旭川などの内陸部では冬の気温が－20℃を下回ることもある。北東のオホーツク海では２月ごろに流氷が接岸する。

〈全国に占める北海道地方の割合〉

| | | |
|---|---|---|
| 面積<br>（2019年・km²） | 21.0% | （78421） |
| 人口<br>（2019年・千人） | 4.2% | （5250） |
| 農業産出額<br>（2018年・億円） | 13.9% | （12593） |
| 製造品出荷額等<br>（2017年・億円） | 1.9% | （62126） |

（日本国勢図会 2020/21年版）

## 2 北海道の歴史——自然とともに暮らした先住民族

　北の大地には古くからアイヌの人々が居住し，こんぶやさけ漁などの狩猟中心の生活を営んできた。江戸時代までは彼らを「蝦夷」と呼び，松前藩との間に交易があった。明治時代の新政府は**北海道開拓使**や**屯田兵**を送り，大規模な開発を行うようになった。森林資源や地下資源，広大な土地を農地として開拓することがその目的であり，この事業が現在の北海道における農業の基礎を築くことになる一方で，アイヌの人々は住む土地を追われた。今日の北海道の地名にはアイヌ語の音を漢字にあてた独特な発音のものが多く残っている。現在，**アイヌ文化を伝承する取り組み**も続けられている。

## 3 北海道の文化——「克雪」から「楽雪」へ

　厳しい寒さのため，家の窓は二重で，灯油の備蓄がある家庭が北海道には多い。夜は冷蔵庫の中よりも気温が下がるため，凍結を防ぐ対策もなされている。そういった寒さを観光の目玉にする動きもみられ，**雪まつり**などの催しはその1つである。スキーをはじめウィンタースポーツがさかんなのも特徴である。

## 4 北海道の産業——日本一の農業生産と海の幸

　北海道は豊かな自然資源をいかした農業・水産業がさかんな地域である。**石狩平野**を中心に日本有数の稲作地帯が広がり，品種改良された寒さに強い稲が育てられている。**十勝平野**などではじゃがいも，たまねぎなどの**畑作**が大規模に行われており，**てんさい**，**あずき**などは日本一の生産量となっている。

　夏の涼しい気候を利用して，根釧台地などでは乳牛を飼育する**酪農**がさかんなのも特徴の一つ。生産された生乳はチーズなどに加工されて全国に出荷されている。

　北海道は水産物の漁獲量も日本一の地域で，さけやほっけの水揚げが多いことで有名。ロシアやアラスカの沿岸まで漁に出るかつての**北洋漁業**から，**ほたて貝**や**こんぶの養殖**や**さけの栽培漁業**に現在では重点が移っている。これらの水産物や農産物を用いた**食料品加工業**が発達している。

### 🔍 参　考

**アイヌ語の地名**

北海道各地のアイヌ語由来の地名を見ると，「登別＝ヌプルペッ…水の色の濃い川」，「根室＝ニムオロ…樹木がしげるところ」，など，自然に寄りそったアイヌの人々の生活が浮かんでくる。「旭川」のように一見和名のようでももとはアイヌ語の名前を意訳したものもある。今では元のアイヌ語の意味がわからなくなってしまった地名も数多いが，近年のアイヌ文化見直しの努力と共に調査が続けられている。

### 📖 用　語

**てんさい**

さとうの原料となる植物。根を細かく切って煮つめ，さとうのもとになる汁をとる。その汁を冷やして結晶とし，さとうとする。

▲農業の様子

▲こんぶの養殖

## §9　身近な地域の調査

□自分の住む地域の特徴をつかみ，日本国土全体との共通点と差異を比べる。
□地形図を使った調査のために，縮尺，方位，等高線，記号の意味を理解する。
□統計資料の分析と，グラフや地図による表現や読み取りができるようにする。
□野外観察ができるように，準備から観察の方法，まとめ方をつかむ。

## ① 身近な地域を調べる

### 1 身近な地域を調べる目的——地域の本当の姿を知る

　本来，地理学習のおもしろさは，旅行のように地域に足を運んで観察し，そこに暮らす人と出会って話をすることで，地域を理解し，語句を覚えるだけではない地域の本当の姿を知ることにある。身近な地域を調査することで，自分の住む地域を基準として，日本の他の地域の学習をすると，比較しながらより理解を深めることができる。

### 2 地域調査をする前に——研究の準備をしよう

○地域の特色を考える…自分の住む地域には他の地域にないどんな特色があるか。
○テーマを考える………何を調べるのか，テーマを絞らないと研究がまとまらない。
○仮説を立てる…………地域の事象がなぜそうなるのか予想を立ててから調査する。

## ② 地形図を使って調べる

### 1 地形図の種類——地形図もいろいろ

　主な地形図は5万分の1と2万5000分の1地形図である。1万分の1地形図は大都市のものが発行されている。
　近年は，国土地理院のホームページ「地理院地図」で全国各地の地形図を手軽に閲覧や印刷ができるようになっている。

---

●●●もっとくわしく

**身近な地域の調査の流れ**
地域を見直す
・地形図の活用
↓・野外観察
テーマを決める
・仮説を立ててみる
↓・調査計画を立てる
調査
・聞き取りを行う
↓・文献・統計を使う，など
まとめ
・仮説を検証しよう
↓・結果を整理しよう
発表

---

📖 用 語

**地形図**
国土交通省の国土地理院が発行する，土地のようすや状態を調べてつくった地図。地図記号によって土地利用のようすが，等高線によって土地の高低や傾斜のようすがわかるようになっている。

## 2 地形図の読み方──どっちが「北」かな?

①**方位**　地図は普通，図の上を北にして描く。上を北にしない場合は，方位記号を使って北を表す。

②**縮尺**　地図は広い地域を1枚の紙に表す。その縮めた割合のことを縮尺という。5万分の1の縮尺の場合，1：50000と表され，［地図上の長さ］：［実際の距離］という割合となる。計算では，比を使い，距離の単位を間違えないようにしよう。

③**等高線**　海面（基準は東京湾）を0mとして**土地の高さ**（標高）の等しい点を結んだ線。山の傾斜のきつさや，谷や尾根などの地形の起伏を読み取ることができる。

④**地図記号**　どの地域にもある林など自然のものや建造物などは，地図記号が使われる。地図記号には，土地利用（田，畑など）や交通（道路，鉄道など），公共施設（役所など）があり，それぞれの記号には由来もある。

●○●もっとくわしく

**主な地図記号と記号の由来**

| | | |
|---|---|---|
| 田（稲の切り株） | 畑・牧草地（双葉） | 果樹園（果実） |
| 広葉樹林（広葉樹の形） | 針葉樹林（針葉樹の形） | 茶畑（茶の実） |
| 警察署（警棒の交差） | 消防署（消防具のさすまた） | 寺院（まんじ） |
| 神社（鳥居） | 小・中学校（文の字） | 工場（歯車） |

## 3 地形図の読み取り──さまざまな見方・使い方

①古い地形図と新しい地形図を比較して，地域の変化をとらえる。

1913年の釜石市のようす

2003年の釜石市のようす

（5万分の1地形図，50%縮小）

▲釜石市（岩手県）市街地の古い地形図と新しい地形図を比較してみよう。

②地形の起伏を読み取る。

（2万5000分の1地形図「養老」岐阜県，40%縮小）

▲扇状地のようす
山のふもとから広がる平地が扇状になっていることが読み取れる。

③土地利用を色で表す。

▲神奈川県の土地利用のようす
田は水色，畑はオレンジ色，果物畑はピンク色といったように色分けされている。

# ③ 図表を使ってまとめる

　統計資料を使うと，他地域に比べて多い，少ないという**比較**ができる。また，過去の統計を利用すれば，多くなった，少なくなった，変化が激しいなど，地域の特徴をつかむこともできる。

## 1 グラフで表す
### ——用途によって使われるグラフの種類を確認しよう

### ①棒グラフ

　数や量を，棒の長さに置き換えて各項目の多い，少ないという関係がわかるようにしたグラフ。

### ②帯グラフ

　各項目の全体に対する**割合**をわかりやすく表現したグラフ。各項目の帯は量に関係なく，同じ長さで全体量を表し，その中の割合を表している。**棒グラフとの違いに注意**。

### ③円グラフ

　帯グラフを円形にしたもので，割合を表す際に使われる。360度で100％を表すので，1％は3.6度で表される。

### ④折れ線グラフ

　数値の変化のようすを表したもの。グラフの各項目の点を結んで表す。

## 2 図表作成のポイント
### ——もっとわかりやすくするには？

### ①表題とデータの年度を記す

　年によって変化するデータもある。

### ②項目ごとに色や線の種類を変える

　わかりやすい表現を考えよう。

### ③単位と凡例をはっきりと

　何のデータなのか，情報を盛り込もう。

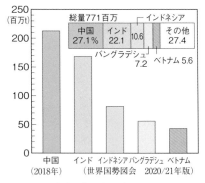

▲米の国別生産量(棒グラフ)と米の国別生産量割合(帯グラフ)

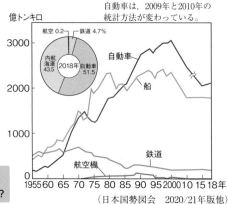

▲国内輸送(貨物)割合(円グラフ)と国内輸送量(折れ線グラフ)

**参考**

**表計算ソフト**
自宅や学校にコンピュータがある人は，Microsoft Excel などの表計算ソフトを使うと，手早くグラフを作成することができる。いろいろなグラフを作成してみよう。

# ④ 地図に表してまとめる

地理の学習は地図とともに始まり，地図とともに終わる。地図で表現するための方法を理解し，地図で表現された事象の理解につなげよう。

## 1 分布図で表す──地図を「読む」

### ①メッシュ（網目）マップ

等区画のメッシュを色分けして示した図。

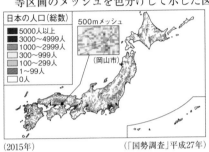

日本の人口（総数）
- 5000人以上
- 3000～4999人
- 1000～2999人
- 300～999人
- 100～299人
- 1～99人
- 0人

500mメッシュ
（岡山市）

(2015年)　　　（「国勢調査」平成27年）

### ②図形表現図

数値の大小を図形の大きさで示した図。

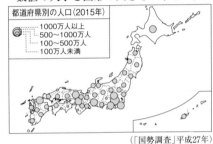

都道府県別の人口（2015年）
- 1000万人以上
- 500～1000万人
- 100～500万人
- 100万人未満

（「国勢調査」平成27年）

### ③階級区分図

それぞれの区域の数値を範囲（階級）に合わせて色を付けて示した図。

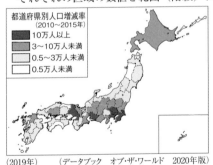

都道府県別人口増減率
（2010～2015年）
- 10万人以上
- 3～10万人未満
- 0.5～3万人未満
- 0.5万人未満

(2019年)　（データブック　オブ・ザ・ワールド　2020年版）

都道府県別人口増減率
（2010～2015年）
- 1%以上増加
- 0～1％未満増加
- 0～1％未満減少
- 1～2％未満減少
- 2%以上減少

（「国勢調査」平成27年）

### ④流線図

人や物の移動や方向を線で表した図。

東京都への人口移動
- 5万人以上
- 1万人以上5万人未満

(2019年)　　（「住民基本台帳人口移動報告」）

### ⑤カルトグラム（変形地図）

数値に基に地図を変形させた図。

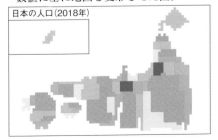

日本の人口（2018年）

# 社会科を「読解」「思考」「表現」する

## ■ 資料を読み取り，自分の考えを文章にしよう

| ねらい | 社会科の授業では，地図やグラフなどの統計資料を読み取り，グループワークで発表することが多くなりました。今後の社会で，膨大なデータを読み取る能力が求められるからです。入試では，教科書に載っていない資料を読み取り，「自分のことば」で答える問題が増えています。 |
| --- | --- |

資料の読み取りのコツを教えてください。

地理の資料を読み取るコツは次の3つです。
①データの違いをつかむ
②地域の変化を読み取る
③地域差を読み取る
まず観光関連資料を読み取ってみましょう。

### ① データの違いをつかむ

下の表は，日本に訪れる外国人の宿泊者の割合のうち，上位8都道府県を示しています。この資料から読み取れることを自由に述べてください。

> **違いをつかむ** 東京は圧倒的に割合が高いね。ホテル等の宿泊施設が多いからだろうね。

> **題名に注目** 「宿泊者」だから，観光だけでなくビジネス目的で来る人も含むね。

訪日外国人のうち上位8都道府県への宿泊者が占める割合 (2019年)

| 国・地域<br>都道府県 | 中国 | 韓国 | アメリカ合衆国 | ヨーロッパ | オーストラリア |
| --- | --- | --- | --- | --- | --- |
| 東京都 | 20% | 17% | 46% | 43% | 39% |
| 大阪府 | 19% | 19% | 8% | 8% | 12% |
| 北海道 | 9% | 13% | 3% | 2% | 7% |
| 京都府 | 6% | 3% | 12% | 18% | 12% |
| 沖縄県 | 7% | 10% | 4% | 1% | 1% |
| 千葉県 | 5% | 2% | 5% | 2% | 5% |
| 愛知県 | 5% | 2% | 1% | 1% | 1% |
| 福岡県 | 3% | 12% | 1% | 1% | 1% |
| その他 | 27% | 23% | 19% | 24% | 21% |

注　1) 中国に台湾と香港を含む　2) ヨーロッパはイギリス・ドイツ・フランス・イタリア・スペインの合計。観光庁資料より

> **違いをつかむ** 北海道へオーストラリアからのスキー客が多いことを学習したけど欧米からの客の割合は低いね。

> **違いをつかむ** 韓国から福岡に来る人の割合はとても高いね。近いから往来しやすいのかな？

> **違いをつかむ** 京都は欧米の客に人気だけど，アジアは低いね。宿泊費が高いからかな？

**Point** 他の項目と比べて多い・少ない特徴をとらえ，その原因を予想してみましょう。

## ② 地域の変化を読み取る

地域の変化は，グラフや表以外に新旧の地図で読み取ることもあります。

（問題）　下のⅠとⅡは，首都圏のある都市における1999年と2017年の変化を地図で表したものです。Ⅲは太線部分の人口の変化を示しています。これらの資料から読み取れる太線部で囲まれた地域の変容について述べなさい。　（2019年度　東京都より改題）

**地図を読み取る**　首都圏での電車の乗り換え駅だ。駅の北側は住宅地かな？通勤に便利そうだね。

**地図を読み取る**　工場とその関連施設がなくなっているよ。工場は移転や閉鎖したのかな？駅前は再開発が進んだね。新しく商業施設ができたのかな？

**地図を読み取る**　21階以上の建物が増えているよ。タワーマンションや高層オフィスビルができたのかな？

Ⅰ
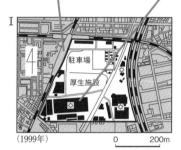
（1999年）　0　200m

Ⅱ

（2017年）　0　200m

■ 10階以下の建物
▨ 11～20階の建物
▩ 21階以上の建物

Ⅲ

|  | 1999年 | 2017年 |
|---|---|---|
| 人口（人） | 269 | 6017 |

（総務省資料）

**変化を読み取る**　わずか18年で20倍以上増加しているよ。日本の人口は減少しているのにね。

**読み取りのキーワード**

| 乗り換えが便利な駅 | 駅前の再開発 | 高層住宅地による人口増加 |

**Point**

地図から読み取った地域の変化のうち，重要な事項をキーワードに挙げ，自分の考えを整理して述べましょう。

この地域は，鉄道の乗り換えができ交通の利便性が高い。再開発により，工場などの施設があった地区に高層マンションなどが建設されて住宅地となり，人口が急激に増えた地域であると考えられる。

## ③ 地域差（地域の違いや地域の特性）を読み取る

（問題）右のように，中国とインドのサービス業を比べると，生産額に占める割合はほぼ同じなのに対して，就業者数に占める割合は，大きく異なります。（赤枠部分）資料A～Cを見て，サービス業の産業別就業者数に占める割合のなかでもインドに比べ中国の教育産業の割合が高い理由として考えられることを述べなさい。

（2019年度　宮城県より改題）

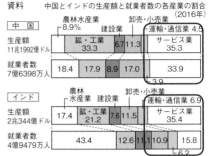

資料　中国とインドの生産額と就業者数の各産業の割合（2016年）

※数字は四捨五入している。　（「2018/19世界国勢図会」）

| 地域差を<br>読み取る | 中国は教育と医療・福祉の分野の割合が高く，インドは宿泊・飲食と不動産・専門サービスの分野の割合が高いことがわかるよ。 |

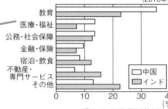

資料A　サービス業の産業別就業者数の割合（2016年）

（「2018/19世界国勢図会」）

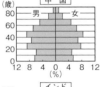

資料B　中国とインドの人口ピラミッド（2016年）

| 地域差を<br>読み取る | 中国は，8年間で国民総所得が倍増し，幼児教育の就学率も急速に増加している。インドは，総所得は増えているが就学率が低いままだ。 |

資料C　一人あたりの国民総所得と幼児教育の就学率の推移

|  |  | 2008年 | 2012年 | 2016年 |
|---|---|---|---|---|
| 中国 | 国民総所得（ドル） | 3,487 | 6,236 | 7,963 |
|  | 就学率（％） | 49.8 | 69.6 | 83.7 |
| インド | 国民総所得（ドル） | 1,071 | 1,462 | 1,685 |
|  | 就学率（％） | 8.5 | 7.9 | 12.9 |

（注）就学率は四捨五入している。
（「2018/19 世界国勢図会」など）（「データブック国際労働比較 2017」）

| 地域差を<br>読み取る | 中国はつぼ型でインドはピラミッド型の人口分布だね。中国は少子高齢化が進んでいるから，わが子を大事に育てるため教育熱心になるね。 |

読み取りのキーワード

| 教育分野の割合が高い中国 | 国民総所得と就学率が高い中国 | 少子化が進み教育熱が高い中国 |

**Point**

資料が複数ある場合，すべての読み取り結果を文にして表現しましょう。

インドに比べて少子化が進む中国では，国民総所得が増え経済的に豊かさが増したため，幼児教育がさかんになっていると考えられ，教育産業の需要が高いと思われる。

# 社会科を「読解」「思考」「表現」する

## ■ 観察レポートを書いてみよう　～ハンバーガーから食料問題を探る～

| ねらい | ふだん見慣れているもの，自分の身の回りにあるものを注意深く観察し，そこから疑問点や問題点を見つける力を身につけます。 |
|---|---|

⇨ 次のハンバーガーのイラストと，資料や地図帳をもとにして読み取れる内容をレポートにまとめてみましょう。

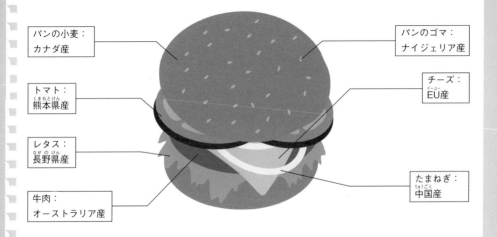

パンの小麦：
カナダ産

パンのゴマ：
ナイジェリア産

トマト：
熊本県産

チーズ：
EU産

レタス：
長野県産

たまねぎ：
中国産

牛肉：
オーストラリア産

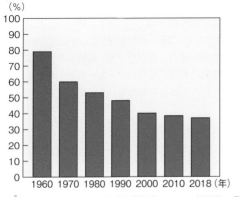

A：日本の食料自給率　（日本国勢図会　2020/21年版他）

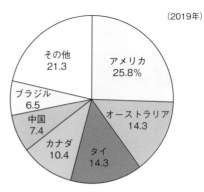

（2019年）

その他 21.3
アメリカ 25.8%
ブラジル 6.5
中国 7.4
カナダ 10.4
タイ 14.3
オーストラリア 14.3

B：日本の肉類の輸入先　（日本国勢図会　2020/21年版）

## 資料を読み取ってみよう

材料は輸入されたものが多いね。

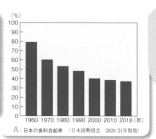

A：日本の食料自給率 （日本国勢図会 2020/21年版他）

日本の食料自給率はだんだん下がっているね。

## 考えよう

今日の課題は，日本の食料問題だね。テーマをハンバーガーにしようと思うんだけど，材料のそれぞれの産地はどうやって調べるの。

学校の図書室には統計集があるよ。「日本国勢図会」という本は毎年出されていて，信頼できる統計だよ。

なるほど，小麦やトマト，肉類などの生産地や輸入先が出ているね。これは便利だ。

でもそれだけではだめよ。食料問題なんだから，どのくらい日本が自給できているかを調べなきゃ。

授業で習った食料自給率だね。そしてその変化も調べよう。えぇー，こんなに食料自給率は低いのか。何でこんなに低いんだろう。

少しは自分で考えなさいよ。実はさらに調べる方法があるんだけど。今，太一君が調べたことは日本の食料全体で，ハンバーガーの材料だけではないでしょ。インターネットで調べれば，各ハンバーガー会社の原料原産地一覧が出ているよ。これを比べてみるのもおもしろいね。

検索サイトに，「ハンバーガー　材料　産地」と入れてみるね。いくつかの会社が出てきたよ。いやーすごいね。これでレポートはばっちりだ。

さらに深めるとすれば，たとえば肉類を育てる時の飼料や水はどうなっているか，どれくらい必要なのかを考えることもできるよ。

# ハンバーガーからみた日本の食料問題

### 1年2組 吉田 太一

## ① イラストからわかったこと

　わたしたちが普段食べているハンバーガーのパンや材料のほとんどは輸入されたものです。日本産のものは，野菜くらいしかありません。また，それらは世界のあちこちから輸入されていることがわかりました。

## ② 輸入食材に頼る利点

　これだけいろいろな国から具材を輸入しているのに，ハンバーガーの値段が安いのはなぜでしょうか。たぶん，輸入した方が安く作れるからだと思います。地図帳で見ましたが，アメリカなどは日本の何百倍もある広い畑で，小麦を栽培していました。オーストラリアでも一度にたくさんの牛を飼っているのだと思います。その結果として，日本でも安く食材を得ることができるのでしょう。

## ③ 輸入食材に頼る問題点

　しかし，Aのグラフからもわかるように，1960年には79%もあった食料自給率が，2018年には40%以下にまで下がってしまいました。自給率が下がったということは，現在必要な食料が日本だけではまかないきれないということです。また，Bのグラフから日本の肉類の輸入先を見ると，アメリカやオーストラリアや中国がありました。ニュースによると，アメリカやオーストラリアでは森林火災や干ばつが続いているそうです。そして，中国は人口が増加して中国国内の食料の消費がどんどん増えているようです。日本の人口は減少していますが，世界の人口は増加しています。ということは，今後，世界の食料は足りなくなることがあるかもしれないということです。そのときに食料をほかの国に頼っていると，日本の食料も足りなくなる恐れがあります。

## ④ 課題

　このようなことを考えてみると，実際の農業のようすを知りたくなりました。外国からの安い農産物と競争している日本の農業はどのような工夫をしているのでしょうか。また，外国からの農作物輸入に対するチェック体制に問題はないのでしょうか。さらに調べてみたくなりました。

**ここがOK**
学習した知識をもとに自分なりに思考し，結論を導き出せています。

**資料から読み取る**
Aのグラフをきちんと読み取っています。

**ここがOK**
資料を読み取り，結論を導き出せています。

**資料から読み取る**
Bのグラフをきちんと読み取っています。

**ここがOK**
ニュースなどで最近のその国の実情に注目し，その知識を生かすことができています。

**ここがOK**
資料を読み取り，結論を導き出せています。

**別の視点**
今回のテーマを発展させて，「日本の農業の特色」「輸入農産物の問題点」といった別のテーマでまとめることもできます。

# 社会科を「読解」「思考」「表現」する

## ■ プランニングをしてみよう　～過疎化する島の将来を考える～

| ねらい | 社会科の授業では，地域が抱える問題について，どう改善していくかを自分たちで計画を立てて考えていくことがあります。このプランニングと呼ばれる手法によって，自分たちの身の回りの問題を解決する力が身につきます。 |

⇨ 下の文章や資料をもとにして，実際にプランニングをしてみましょう。

【ある島の現状】

　　ここで紹介するのは，周囲20kmの小さな島である。本土に出るためにはフェリーで1時間ほどかかる。

　　この島の人口は減少に向かっており，過疎化が激しい。島には唯一の高校があるが，ほとんどの生徒が卒業すると島を離れ，本土や都市部で進学や就職をする。残るのは農家や漁師のあとをつぐ子どもたちだけである。

　　島内では未婚化，晩婚化が進み，少子高齢化が著しい。2020年度には年少人口割合が10%を切るとともに老年人口割合が50%をこえるに至った。

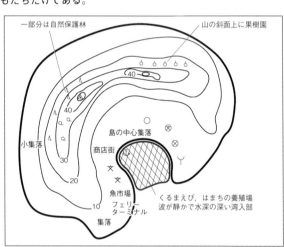

▲島の模式図

（図中ラベル：一部分は自然保護林／山の斜面上に果樹園／島の中心集落／小集落／商店街／魚市場／フェリーターミナル／集落／くるまえび，はまちの養殖場 波が静かで水深の深い湾入部）

▲島の人口推移

（グラフ：（人）1980年 10,000／1985年 9,000／1990年 8,000／1995年 7,000／2000年 6,000／2005年 5,000／2010年 4,800／2015年 4,300／2020年 4,000）

| 年齢階層別人口 ＼ 年度 | 1960 | 1970 | 1980 | 1990 | 2000 | 2010 | 2020 |
|---|---|---|---|---|---|---|---|
| 年少人口比（0〜14歳） | 35% | 28% | 25% | 20% | 15% | 12% | 7% |
| 生産年齢人口比（15〜64歳） | 58% | 58% | 55% | 50% | 52% | 47% | 41% |
| 老年人口比（65歳〜） | 7% | 14% | 20% | 30% | 33% | 41% | 52% |

▲島の年齢別人口構成（年次推移）

　あなたは，地域プランナーとしてこの島を活性化するためのプロジェクトを立ち上げることになりました。A〜Ｉに示す９つのプロジェクトを上から順に並べながらランクづけを行い，この島のあるべき姿について具体的なプランを作成してみましょう。

---

Ａ：若者の多い活気のある島を目指すために，大学のセミナーハウスを誘致する。

Ｂ：島から多くの雇用者を生み出すために，電気機械の部品工場を誘致する。

Ｃ：マリンリゾートを中心とした島の観光地化を図る。

Ｄ：柑橘類や養殖物の品種改良を行い，○○ブランドとして全国に売り出す。

Ｅ：都会の子どもに自然環境に親しんでもらうために，島の小・中学校への留学制度を設ける。

Ｆ：島の高校に農業・水産業関係の学科を設置し，産業の担い手を育成する。

Ｇ：有機栽培をメインとした，自然にやさしい農産物の栽培を島の売りにする。

Ｈ：島の小・中学生に，島の良さを理解してもらうための地域学習を島をあげて行う。

Ｉ：現在の未婚化を解消するために，島暮らしに興味のある島外の人との婚活イベントを開く。

---

ただし，各プロジェクトには以下のような問題点も予想されます。

---

Ａ：規範意識の低い大学生も島に入ってくることで，島社会全体の秩序が乱れる可能性がある。

Ｂ：部品工場は広大な土地を必要とするし，産業廃棄物の処理の不備により，公害問題発生の可能性がある。

Ｃ：リゾート客の残したゴミによって海洋汚染が進み，水産業が壊滅する可能性がある。

Ｄ：品種改良に多額のコストがかかるし，そのことが環境に大きな影響を与える可能性がある。

Ｅ：都会の子どもが島の生活に慣れるとは限らず，島の子どもと価値観の違いから対立する可能性がある。

Ｆ：現在は農業・水産業に従事する若者は多くなく，そのような学科を設置しても生徒が集まらない可能性がある。

Ｇ：大量生産ができず市場への出荷数が限られるため，利益を得られるかが難しい。

Ｈ：テレビやインターネット，ＳＮＳなどで都会のようすを知っている子どもたちに島の良さを訴えても，効果が出ない可能性がある。

Ｉ：結婚は個人の問題で，自治体が関与するのはおかしいという意見が出る可能性がある。

9つのプロジェクトの問題点の改善策としては，以下が考えられます。

---

A：大学のセミナーハウスは，その利用に際して，大学を通して予約することを原則にして，島内での学生の行為については，大学にも責任を持たせる。

B：公害防止の最先端の技術を導入し，産業・経済の発展と自然環境保全とがバランスを取って両立することのできるモデル地域とする。

C：学生たちにゴミ拾いなどのボランティアへの参加を促し，ボランティアに参加した大学生には，島の特産品を無料で提供する。

D：インターネットで宣伝することで，宣伝コストの削減に努める。宣伝に当たって，「みかんなどの柑橘類は有機栽培，養殖物は天然に近い状態のいけすで育てられた」ことを強調する。

E：離島での留学の魅力を島外の人たちにSNS等で宣伝する。学校のチューターには教員志望の大学生を活用し，子どもたちの教育の補助に当たるとともに，彼ら彼女らの身近な相談相手として位置づける。

F：全国から生徒を募集し，農業・水産業の魅力についてPRするとともに，島の農業・水産業とタイアップし，産業の育成と後継者育成を意識する。

G：大量生産が難しい農産物を島の特産品として位置づけ，PRに努めるとともに，国内のみならず，近隣のアジア諸国をはじめとする国外へも，インターネットでの販売を積極的に行う。

H：小・中学生に積極的に島の政治や経済，観光についての意見を求め，彼ら彼女らの考えを島の活性化に生かす。

I：婚活イベントではなく，あくまでも自由参加を原則にした，島の観光キャンペーンを兼ねた特産品試食パーティーなどを都会や海外で開催する。

---

① A〜Iのプロジェクトから，優先すべきものを上からランクづけしてみましょう。

② ①であなたが示したランクづけの根拠を，簡単に述べてみましょう。

③ A〜I以外にあなたが地域活性化にふさわしいと思うプロジェクトを具体的な文章にしてみましょう。また，そのようなプロジェクトを提案した理由について述べてみましょう。

④ 島の将来像はどうあるべきでしょうか。①・②・③を踏まえて，あなたの意見を具体的に述べてみましょう。SDGsの17の目標[P.608▶▶]に照らし合わせてもよい。

| プランニング |

# 過疎化する島の将来像について考える

### 3年1組 山田 さゆり

## 改善策に対するランクづけとその根拠

　既存の産業の発展は島の活性化にとって大切なことですが，そのために，まずは島の将来を担う人材をじっくりと時間をかけて育成することが不可欠と私は考えました。それとともに，島に大学のセミナーハウスが建設されることを前提に，そこに滞在する大学生にボランティアとして島づくりに関わってもらうことで，学生の何人かが島での生活の魅力にひかれ，将来ここに居住してくれること，そして島社会の担い手になってくれることも意図しています。さらに，島の魅力をPRするために，全国から小・中学生を対象とした留学制度を設けることで，若い人の人口が増え，島に活気をもたらすと考えました。そこで，以下のランクづけにしました。

①H（地域学習の充実）
②A（大学のセミナーハウス）②E（留学制度）
③C（マリンリゾート）③D（柑橘類や養殖物の品種改良）
③F（高校に農業・水産業関係の学科を設置）
④G（有機野菜の栽培）④I（婚活イベント）
⑤B（電気機械の部品工場）

Hが1番目の理由：社会科の学習で島の現状を子どもたちにきちんと認識させて，これからの地域のあり方を考えてもらうことが長い目で見て島の活性化につながると考えた。
A，Eが2番目の理由：大学のセミナーハウスを誘致すれば，大学が行政の協力の下で学生たちへの指導の一環として島社会への関わりを促すことができる。特に教員志望の学生たちが子どもたちの教育に関わってくれるのならば，行政にとっても大学にとってもウィンウィンの関係になることができる。
C，D，Fが3番目の理由：マリンリゾートで出たゴミの処理を，学生たちにボランティアで担ってもらい，その代わりに島の特産品を提供することで，彼ら彼女らは島の美しい自然環境や食文化，人々の生活に一層魅力を感じると思う。また，島の特産品である柑橘類とはまち，くるまえびはインターネットを駆使すれば，広告費を抑えることができ，それで浮いた分を品種改良に回し，健康と環境に配慮した製品をつくることができる。そうすれば，高い付加価値を付けて市場に出

**○ここが OK**

②の問いに対する答えがきちんと書かれています。ここでは，選択肢を「将来の担い手を育てる方法」（A，E，F，H）と「手っ取り早い経済効果を狙う方法」（B，C，D，G，I）の2つに分け，どちらを優先するのかをきちんと明示されています。

**○ここが OK**

ダイヤモンドランキングという手法を使って，優先順位をわかりやすく図にできています。

**資料から読み取る**

地図からこの島の特性を読み取り，プロジェクトと関連づけて考えられています。

**ページ参照**
本書P.216参照
2 地形図を使って調べる
（2）地形図の読み方

| プランニング |

荷することができる。そのような技術の担い手を育成するには，既存の高校に農業・水産業関係の学科を設置するのが得策である。全国から生徒を募集すれば，農業や水産業に興味を持っている中学生は必ずいるので，必ず定員を充足することができるはずである。

G，Ｉが４番目の理由：大量生産ができないことを逆手にとり，健康志向の強い消費者に，卸売業者を通さず，インターネットを使って直接販売することで，経費は大幅に削減できるはず。国内のみならず，海外に目を向ければ，購入希望者は増える。また，国内外の大都市で試食会や即売会を行うことで，島の特産品のみならず，島そのものに興味を持つ人も現れ，将来的な移住者の確保が可能になるかもしれない。販売によって得た利益を元手に大量生産が可能になるような技術力の向上に努めていく。

Ｂが５番目の理由：公害防止のための最先端技術の導入には多額の資金が必要となるため，工場の誘致には慎重になるべきである。農水産物の売れ行きが好調で，島の財政にゆとりができれば，技術の導入も可能になるかもしれない。

### 自分自身が立てた活性化プラン

　島の特性に配慮して，農産物や水産物の加工品を製造する工場の設置を希望します。高校生たちが得た農業や水産業に関わる技術を生かすためにも，それらの加工品の製造工場を建設した方が理に適っていますし，良い意味での雇用拡大にもつながると考えるからです。もちろん，島内出身の生徒たちの中には，第一次産業へ魅力を感じていない者，都会へ出たい者も多いと思いますので，どうやって島の産業，そして島そのものの魅力を伝えていくのかが課題となります。小・中・高校の一貫教育も必要になります。

### 島の将来像についての意見

　SDGsの４「質の高い教育をみんなに」，８「働きがいも経済成長も」，９「産業と技術革新の基盤をつくろう」，11「住み続けられるまちづくりを」，14「海の豊かさを守ろう」，15「陸の豊かさも守ろう」，17「パートナーシップで目標を達成しよう」の７つの観点から島の将来像について考えていく必要があります。７つの観点を実現するためには，国や自治体の支援とともに，島民の意識の向上と協力関係の構築が不可欠です。

③の問いに対する答えがきちんと書かれています。Ａ～Ｉ以外の新しい具体的なプロジェクトを文章にできており，プロジェクトを提案した理由についても述べられています。

④の問いに対する意見がきちんと書かれています。SDGsの17の目標に照らし合わせてみた上で，その観点から島の将来像についての意見が述べられています。

本書P.608参照「SDGsが変える未来」

# 歴史編

第1章

# 歴史の始まりと日

本

↑写真は，青森県にある三内丸山遺跡である。
この単元では，古代の日本でどのような政治が行わ
れており，人々がどのような生活をおくっていたか
について学習しよう。

# 第1章　歴史の始まりと日本

**原始社会　　　　　古代社会**

3世紀　4世紀　5世紀　6世紀　7世紀

**日本のおもなできごと**

| 時代 | 旧石器時代 | 縄文時代 | 弥生時代 | 古墳時代 | 飛鳥時代 |
|---|---|---|---|---|---|

- 約1万年前　日本列島が現在の形になる
- 採集・狩りなどを中心とした生活
- 稲作・金属器の使用が始まる
- 57　奴国の王が中国に使いを送る
- 239　邪馬台国の卑弥呼が魏に使いを送る
- 414 478　高句麗好太王の碑文がつくられる／倭王武が中国の南朝に使いを送る
- 593　聖徳太子（厩戸皇子）が摂政になる
- 603 604　冠位十二階の制度／十七条の憲法
- 607　遣隋使が派遣される
- 645　大化の改新が始まる
- 663　白村江の戦い起こる
- 672　壬申の乱起こる

**社会・経済**
- 各地に小さな国ができる
- 大和政権の統一が進む
- 仏教が伝わる
- 中央集権国家を目指した動きが強まる

**文化**

| 縄文時代 | 弥生文化 | 古墳文化 | 飛鳥文化 |
|---|---|---|---|
| 縄文土器 | 弥生土器,銅鏡,銅鐸 | 古墳,はにわ | 法隆寺 |

**朝鮮**
- 楽浪郡（朝鮮北部）　高句麗
- 三韓（朝鮮南部）　百済

**中国**

| 殷 | 周 | 春秋・戦国 | 秦 | 漢 | 新 | 後漢 | 三国 | 晋 | 五胡十六国 | 南北朝 | 589 隋 | 618 |
|---|---|---|---|---|---|---|---|---|---|---|---|---|

**世界のおもなできごと**
- 前1500〜　殷の支配が進む
- インダス文明がおこる
- メソポタミア文明がおこる
- エジプト文明がおこる
- 中国文明がおこる
- 前221　秦の始皇帝が中国を統一する
- 前27　ローマ帝国が生まれる
- 前4　イエスが生まれる
- 589　隋が南北朝を統一する
- 610ころ　ムハンマドがイスラム教を開く
- 618　唐が隋を滅ぼす
- 676　新羅が朝鮮半島を統一する

西洋社会　原始社会　　　古代社会

①古代文明の誕生と日本列島の人々の生活について理解する。②渡来人の影響を考えつつ，国家形成の過程を理解する。③国家のしくみや中央集権国家の確立について理解する。④国際的な文化，文化の国風化について理解する。

(p. 253〜271)

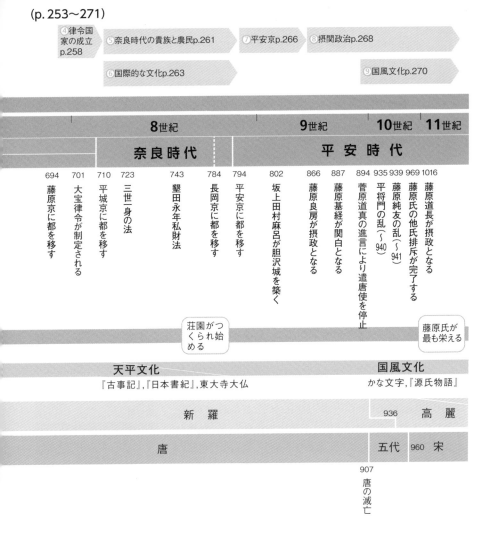

④律令国家の成立 p.258
⑤奈良時代の貴族と農民 p.261
⑥国際的な文化 p.263
⑦平安京 p.266
⑧摂関政治 p.268
⑨国風文化 p.270

| | 8世紀 | | 9世紀 | 10世紀 | 11世紀 |
|---|---|---|---|---|---|

**奈良時代**　　　　　　　**平安時代**

- 694 藤原京に都を移す
- 701 大宝律令が制定される
- 710 平城京に都を移す
- 723 三世一身の法
- 743 墾田永年私財法
- 784 長岡京に都を移す
- 794 平安京に都を移す
- 802 坂上田村麻呂が胆沢城を築く
- 866 藤原良房が摂政となる
- 887 藤原基経が関白となる
- 894 菅原道真の進言により遣唐使を停止
- 935 平将門の乱（〜940）
- 939 藤原純友の乱（〜941）
- 969 藤原氏の他氏排斥が完了する
- 1016 藤原道長が摂政となる

荘園がつくられ始める

藤原氏が最も栄える

天平文化
『古事記』，『日本書紀』，東大寺大仏

国風文化
かな文字，『源氏物語』

新羅　　　　　936　高麗

唐　　　　　五代　960　宋

907 唐の滅亡

封建社会

## §1 文明のおこりと日本

□人類の祖先は約700万年前に出現したサヘラントロプス・チャデンシス（2001年発見）。

□打製石器のみを使っていた時代を旧石器時代，磨製石器も使いだした時代を新石器時代と呼ぶ。

□文明は，エジプト，メソポタミア，インダス，中国の大河の流域に生まれた。

□ヨーロッパのローマ帝国とアジアの漢はシルクロードで結ばれた。

□日本では約１万2000年前から縄文土器がつくられた。

□弥生時代には稲作が広まり，弥生土器が使用された。

□邪馬台国を卑弥呼という女王が治めていた。

□古墳時代には前方後円墳などの古墳が盛んにつくられた。

□大和政権は日本国内を統一した。

## ① 人類の出現と日本列島

### 1 人類の進化——地球カレンダーから見ると人類は…

　地球の歴史は，現在約46億年と考えられている。その地球上に生命が誕生したのが，約35億年前。最初は単細胞の生物が，次第に複雑になり，爬虫類（３億１千万年前），哺乳類（２億１千万年前）と進化していった。

　現在のところ最古の人類は，今から約700万年前に出現した。地球の歴史を１年のカレンダーに例えると，地球の始まりを１月１日午前０時として，人類の出現は12月31日の午前10時40分ごろのことになる。これは，地球の歴史に比べ，人類の歴史が非常に短いものであることを示すとともに，その短いわずかな間に，地球のあらゆる場所に人類が進出したことをも示している。

　最初の人類，猿人は，それまで樹上生活をしていたサルとヒトの共通の祖先のうち，木から下りて，直立歩行を始めたものだとされる。直立歩行により，両手が自由になり，手が発達し，背骨がまっすぐになって脳を支えることができるため，重い脳を持つことが可能になったのである。

　約700万年前の最古の人類は，2001年アフリカのチャドで発見され，サヘラントロプス・チャデンシス（トゥーマイ猿人）と呼ばれた。この人類は，石を打ちかいてつくる打製石器を使っていた。打製石器は，石を磨いてつくる磨製石器と区別して，旧石器と呼ばれる。

### ●●もっとくわしく

**地球年代と生物**

| 先カンブリア時代 約46～約5.7億年前 |
|---|
| 単細胞生物・菌類 |

| 古生代　約5.7～約2.5億年前 |
|---|
| 多細胞生物（植物・節足動物・両生類・昆虫・爬虫類） |

| 中生代 約2.5億～約6000万年前 |
|---|
| 恐竜・哺乳類 |

| 新生代 約6000万年前～現在 |
|---|
| 霊長類 |

| 約700万～約150万年前 |
|---|
| 猿人（サヘラントロプス・チャデンシスなど） |

| 約200万年前～約20万年前 |
|---|
| 原人（ペキン原人など） 旧人（ネアンデルタール人など） |

| 約20万年前～約1万年前 |
|---|
| 新人（クロマニョン人など） |

約200〜約20万年前の人類は**原人**と呼ばれ，1891年ジャワ原人，1927年ペキン原人などが発見されている。特にペキン原人は，火を使用していたことがわかっている。猿人が原人へと進化したのでなく，何万年かは，同時に生存していたと思われる。

私たちの直接の祖先と考えられる**新人**（ホモ・サピエンス）は，今から約20万年前に出現した。新人には，1868年にフランスで発見されたときの地名をとって名づけられた**クロマニョン人**などがいる。クロマニョン人は，洞穴に住み，狩りや木の実を採集して生活し，洞窟に狩りの絵を描いた。集団で生活しているということは，言葉があったことを推定させる。

こうして，人類は**道具，火，言葉の使用**ができるようになり，サルと決定的に違う生活をしていくようになった。

## 2 日本列島の旧石器時代
### ──縄文より昔から人が生活していた！

今から数十万年前の日本列島は，海面が100m以上も低く，大陸と陸続きで，日本海は湖であった。それが現在のような日本列島の形になったのは，今から**1万年前**のころだと推定されている。

戦前まで，日本列島には1万年以上前には，人は住んでいなかったと思われていたが，1946年（昭和21年）**相沢忠洋**が**岩宿**（群馬県）で，関東ローム層の中から**打製石器**を発見したのをきっかけに，日本各地で**旧石器時代**の人々の痕跡がみつかった。

この時代の人々は，まだ土器を持たない生活をしていたので，**先土器時代（無土器時代）**とも呼ばれている。

現在の
日本海

▲約50万年前ころの日本列島　　▲約3万年前ころの日本列島

歴史編

第1章 歴史の始まりと日本

第2章 中世の日本

第3章 近世の日本

第4章 近代日本のあゆみと国際関係

第5章 2つの世界大戦と日本

第6章 現代の日本と世界

# ② 文明の発生

## 1　農耕・牧畜の発達
### ——自然に依存する生活から，自然にはたらきかける生活へ

今から1万年ほど前に，氷河時代が終わり，気候が温暖になり，地形もほぼ現在の形になっていった。同じころ人類の歴史に大きな変化がおとずれた。それまで，狩りや採集の生活をしていた人類は，農耕・牧畜という新たな生活の手段を手にいれることになった。最初はバナナなどの簡単に再生していく植物から始まり，次第に計画的な収穫ができるようになったと考えられている。また野生の牛などを飼いならして肉や乳をとることをするようになるなど，自然に依存しているだけの生活から，自然にはたらきかける生活になっていった。

また，土が焼くことにより固くなる性質を知り，土器を発明した。また石を打ちかき，できた形を利用する打製石器から，石を磨いて目的に応じて加工していく磨製石器もつくりだした。石器を使う時代のうち，狩りや採集をし，打製石器を使っていた時代を旧石器時代，農耕・牧畜を行い，磨製石器を使い始めた時代を新石器時代という。

▲打製石器

▲磨製石器

## 2　文明のおこり——農耕・牧畜は富を生み支配者を生み出した

農耕・牧畜により，計画的に食料の生産が可能になると，人々はその日に食べる以上の生産物をつくれるようになった。より多くの生産物を得ることや，より効率よく生産ができるように，人々は努力をしていくが，その中から分業が生まれ，その指示を出す指揮者が生まれた。指揮者は，初めは人々の中から選ばれ，食料などを管理したが，次第に大きなかんがい工事などの指揮をした。よい指揮者による仕事は，より多くの生産物を生み出すことができた。この生産物が富として蓄えられるようになると，富をめぐって争いがおこるようになり，戦争が行われるようになった。戦争の結果，勝った指揮者は，生産物や私有地を手に入れ，戦争で負けた人々を支配し，奴隷として使うようになった。そして人々を自分に奉仕させ，人々から税をとりたてる支配者となった。また支配者は，かんがい工事や戦争を指揮するだけでなく，豊作を祈る祭りの指揮もした。そして支

●●もっとくわしく

**道具による時代区分**
人間が使用する道具の変化が，生活の変化をもたらすことがある。「道具」による時代区分は，主に打製石器を使用していた旧石器時代，主に磨製石器を使用していた新石器時代，主に青銅器や鉄器を使用していた金属器時代に分けることができる。

配者はその地位や富を子孫に伝え，こうして**支配する者**（王・貴族）と支配される者（農民・奴隷）との区別ができ，国家が生まれた。このような国家では，独自の文字が使われ，**青銅器・鉄器**の使用が始まった。これが人類最初の文明であり，紀元前3000年から1500年ごろに，エジプト，メソポタミア，インダス，中国の4地域から始まった。

### 3 エジプト文明——エジプトはナイルのたまもの

エジプト文明は，ナイル川流域に，紀元前3000年ごろから発達した。エジプトのほとんどはさばくであるが，ナイル川の上流には熱帯の多雨地域があり，その水がエジプトの夏に洪水をもたらした。洪水の水が引いた後の土地には，上流からもたらされた肥えた土が残り，そのため作物がよく育った。「エジプトはナイルのたまもの」という言葉は，ここから生まれた。また，ナイル川の洪水の時期を知る必要から，天文学が発達し，**太陽暦**がつくられた。さらに，洪水の後の土地を整理する必要から，測量技術も発達し，それらは，**パピルス**に**象形文字**で記録された。

王は「神の子」として君臨し，その体は永遠の命を持つと信じられ，ミイラにされて保存され，多くの人を動員して築かれた**ピラミッド**に葬られた。

### 4 メソポタミア文明——二つの川がつくる肥沃な土地

チグリス川とユーフラテス川の流域に，紀元前3000年ごろから発達したメソポタミア文明では，月の満ち欠けをもとにした**太陰暦**がつくられ，**7曜制**や時間や角度をはかる時に便利な**60進法**が発明された。また，記録には粘土板が用いられ，**くさび形文字**が使用された。

紀元前18世紀ごろには，バビロニアがこの地方を統一し，その王ハンムラビは，「目には目を」で有名な**ハンムラビ法典**を定め，支配を強めていった。

### 5 インダス文明——いまだに解読できない文字

インダス文明は，インダス川流域に，紀元前2500年ごろから発達した文明で，そこで用いられた**象形文字**（インダス文字）は，いまだに解読されていない。下流のモヘンジョ・ダロなどでは，立派な都市計画にもとづいた町がつ

### 用語

**青銅器・鉄器**
青銅器は銅とすずの合金でつくられ，加工しやすく，鋭利であったため，農具や祭器，武器に使われた。鉄器は青銅器に遅れて発明されたが，青銅器よりも硬いため，利用が広がった。日本には，弥生時代にほぼ同時に伝わった。

### 参考

**エジプトはナイルのたまもの**
歴史家ヘロドトスの言葉。昔はエジプトの南の現在のエチオピアのあたりで雨が降ると，ナイル川流域で洪水がおこった。洪水は多くの被害ももたらしたが，同時に，農民は水が引いた後に種をまいてたくさんの農作物を収穫することができた。エジプトがこのナイル川の恵みによって成り立っているという意味である。

### もっとくわしく

**ハンムラビ法典**
1902年フランスの調査隊により現在のイラン南西部の古都スーサで，高さ225cm，直径61cmの黒色石柱を発見。最頂部に神がハンムラビ王に杖と腕輪を授ける場面が彫ってあり，その下に282条の条文がある。その中に，「目には目を，歯には歯を」という言葉で有名な法令がある。「もし人が自由人の目をつぶしたときは，かれの目をつぶす」というのは復讐を認めていると誤解されることがあるが，これは復讐が報復合戦にまで拡大しないように一定の合理的な限度を定めたものなのである。

くられ，れんが造りの建物，大浴場や下水道も整っていた。

　紀元前1500年ごろアーリア人が侵入し，紀元前1000年ごろには，ガンジス川流域にまで支配地を広げ，新しい社会と文化をつくった。ここでバラモン教が成立し，神に仕える僧（バラモン）を頂点とした厳しいカースト制という身分制度がつくられた。

　紀元前5世紀ごろには，シャカが出て，バラモン教を批判し，人々の平等を説き，仏教をおこした。

## 6 中国文明——確認されている最古の王朝は殷王朝

　中国文明は，紀元前4000年～3000年ごろから，黄河・長江流域で土器を用いた農耕文化が存在した。紀元前1500年ごろにおこった殷では，王の墓，青銅の武器や祭りの道具などが発見されている。動物の骨や亀の甲羅に書かれた甲骨文字により，その社会と生活が明らかになってきた。この甲骨文字が，現在の漢字の源流となっている。

　紀元前1100年ごろ，周がおこり殷を滅ぼした。

　やがて北方の遊牧民族がしばしば侵入してくると，周の力は衰え，各地で独立した国ができ，互いに争うようになった。この戦乱は紀元前8世紀ごろから数百年続いた。この時代，鉄製の農具や武具が広まり，作業の能率や強度を高めた。青銅製の貨幣が使われ，商業も発達した。また儒教（儒学）のような新しい思想も多く生まれた。

▲古代の文明がおこった地域

温暖な気候の河川流域におこった。

### 用 語

**甲骨文字**

（魚）

（雨）

漢方薬として売られていた骨に文字が刻まれているものがあることから発見された。この骨は，亀の甲羅や牛の骨であり，殷の占い師が文字を書いて，裏から火をあて，表にできたひび割れと文字との関連で占っていたことがわかった。

▲甲骨文字

# ③ 古代文明の出現

## 1　ギリシア文明——奴隷制の上に立つ民主政治

　紀元前8世紀ごろ，ギリシアでは，アテネやスパルタなどの**都市国家（ポリス）**ができ，独自の文明を発達させた。

　紀元前5世紀にはペルシアの侵入をしりぞけ，市民による**民主政治**が行われた。しかしこれは，奴隷による労働の上に成り立っていたものであった。

　ギリシア人は，オリンピアの神殿で4年ごとに競技会を開き，ギリシア神話をつくり，野外の劇場で悲劇や喜劇を上演するなどした。町では人間の生き方や政治のあり方を語る**哲学**などの学問が生まれた。

## 2　ヘレニズム——アレクサンドロス大王の東方遠征

　紀元前4世紀，ギリシア北方のマケドニアがアレクサンドロス大王の下で勢力を伸ばし，ギリシアから東方のインダス川までの大帝国をつくった。帝国は長続きはしなかったが，ギリシアの文化とオリエントの文化が結びつき，ヘレニズムと呼ばれる新しい文化が生まれた。ヘレニズム文化の影響は，のちに，インド・中国・日本にまで及んだ。

## 3　ローマ文明——すべての道はローマに通ず

　紀元前3世紀には，都市国家ローマがイタリア半島を統一し，さらに勢力をヨーロッパ，西アジア，北アフリカにのばした。紀元前1世紀には皇帝が立ち，**ローマ帝国**となった。

　ローマ帝国では首都のローマと各都市とを，石を敷きつめた**道路**で結び，**水道橋**，**競技場**などの大規模な施設もつくられた。また，エジプトの**太陽暦**を改良した暦や**ローマ文字**などがつくられ，**法律**の整理も行われた。

## 4　秦——万里の長城をつくった大帝国

　中国では紀元前221年に，秦の**始皇帝**が中国を統一して大帝国をたてた。秦は，中央から各地に役人を派遣し，命令を徹底させ，はかりや物差しの目盛りを統一し，貨幣もしっかり管理した。その一方で，政治の方針に合わない儒教やその他の書物を焼いたり，政治を批判する多くの学者

---

### ●●もっとくわしく

**都市国家（ポリス）**
古代ギリシアの都市は，一つ一つ独立した国家を形成していた。アテネやスパルタなどが有名で，王がいない民主政治を行っていた。

▲アクロポリス

▲コロッセオ

### 人　物

**始皇帝**
紀元前259年〜前210年。当時の中国は，群雄割拠の戦国時代で互いに争っていたが，紀元前221年に全国を統一し，秦を建国した。王よりも高い上帝という意味で「皇帝」と名乗った最初の人物なので，始皇帝と呼ぶ。万里の長城をはじめ，宮殿や陵墓の建設，周辺諸国への遠征など，多くの人民に大きな負担を強いた。

を殺したりした。

　中国では，北方からの遊牧民族の侵入に長く苦しめられていたので，その対策として，万里の長城が築かれた。この工事には，多くの農民が働かされた。

　秦の厳しい政治に不満を持った農民たちによる反乱が各地でおきた。始皇帝の死後，いっそう反乱は激しくなり，秦は統一後15年という短い期間で滅びた。

### 5 漢（前漢）──西洋との交流

　紀元前202年には，農民出身の劉邦が漢をたて，中国を統一した。漢では儒教が重んじられ，歴史の書物や紙の製法が発明された。漢は紀元前2世紀の武帝の時，西は中央アジアから，南はベトナム北部，東は朝鮮北部まで勢力を拡大した大帝国となり，シルクロードを通じて西のローマ帝国との交流が行われた。西方からはぶどうや仏教が漢に，漢からは絹織物が西方に伝わった。

▲ シルクロード

### 6 高句麗──漢の影響は半島にも

　大帝国となった漢は，朝鮮半島にも出先機関として楽浪郡を置いて支配した。その結果，朝鮮半島に中国の文化が伝わり，独自の発展をとげた。紀元前後のころには，漢の影響を受けて，国をたてる気運が高まり，小国を統一した高句麗が誕生した。

# ④ 宗教のおこり

## 1　仏教——心の迷いを取り去る

　仏教は，紀元前5世紀ごろ，インドのシャカ（シャカは一族の名，個人名はゴータマ・シッダールタ）が説いた教えで，王族として豊かな生活を送っていたシャカが，人生の苦に悩み，苦行の末，悟りを得てブッダ（仏陀）となり，苦から逃れるためには，心の迷いを取ることと説いた。紀元前

▲世界の宗教の分布

後になると，仏教にはそれまでの戒律の厳しい考え方に対して，まわりの人の救済をめざす考え方が生まれ，前者は**上座部仏教**，後者は**大乗仏教**と呼ばれ，インドからアジア各地に広がった。日本には大乗仏教が6世紀に伝わって来た。

## 2　キリスト教——人はみな平等である

　キリスト教は，紀元前後ごろ，パレスチナのイエス・キリストが説いた教えにもとづいて発展した宗教で，神の前では人はみな平等であると布教した。イエスは十字架にかけられたが，3日後に復活して救世主となったとされる。イエスの教えは後にまとめられ**新約聖書**となった。ローマ帝国では最初は迫害されていたが，4世紀には国教とされ，後にヨーロッパ中に広まった。16世紀に改革がおこり，それまでの教えが**カトリック（旧教）**，改革した教えが**プロテスタント（新教）**に分かれ，日本には16世紀中ごろカトリックが伝わった。

▲ガンダーラ仏

## 3　イスラム教——アッラーの神は偉大なり

　イスラム教は，7世紀にアラビアのムハンマド（マホメット）が説いた教えである。メッカ（マッカ）の商人であったムハンマドが，唯一神アッラーの啓示を受け，預言者としてこの教えを説いた。これは**クルアーン（コーラン）**としてまとめられ，北アフリカからアラビア，東南アジアに広がった。日本には明治時代以後に正式に伝わってきた。仏教やキリスト教に多くの絵画や像があるのに対して，イスラム教は偶像崇拝を禁じているため，ムハンマドの姿を伝えるものは少なく，顔は描かれていない。

▲キリスト像

▲コーラン

# ⑤ 縄文時代

## 1 縄文土器の発見——日本考古学の夜明け

　明治時代の日本には多くの外国人が来た。その中のアメリカ人動物学者モースが東京にある**大森貝塚**を発見，調査をし，出土した縄目の文様（cord marked）の土器を英語で世界に紹介した。後にこの英語の訳として，**縄文土器**という言葉が生まれ，日本考古学研究のさきがけとなった。

## 2 縄文時代の生活——集団で狩猟・採集の暮らし

　今から1万年前ごろ，日本列島が現在のような形になった。当時の人々が捨てたものが集まってできた**貝塚**から発見されたものから，人々は共同で**集団生活**をし，鹿や猪，魚や貝を獲り，木の実を採集して暮らしていたと考えられる。また，たて**穴住居**に住み，縄文土器をつくり，**磨製石器**も使用していたことがわかっている。また，当時の呪術的風習を示す遺物として，**土偶**がある。

▲たて穴住居（復元）

## 3 三内丸山遺跡の発見——縄文時代のイメージを一新！

　青森市で1992年（平成4年）より発掘が始められた**三内丸山遺跡**は，今から約5500年前から1500年以上続いた**縄文時代**の遺跡であることがわかった。

　この遺跡では，直径1mもある太い柱の穴が6つ発見された。穴から推測した建物を復元すると，高さ約15mとなる。このような大きな建物がつくられた目的はよくわかっていない。大型の住居跡も発見され，くりの栽培や遠く新潟産のヒスイが発見されたことなど，

▲三内丸山遺跡

それまでの縄文時代の常識をくつがえし，縄文時代の豊かさが現代に伝わった。

📖 **用　語**

**縄文土器**

時期により草創期，早期，前期，中期，後期，晩期の6期に大別できるが，地域とのかねあわせで，数百の型式に分類されている。

🔍 **参　考**

**たて穴住居**

地面を約50〜60cm掘りこんでつくった住居なので，たて穴住居と呼ぶ。半地下の構造にすることで，人が立って動ける空間をつくりだし，寝た時の保温が確保できる。

歴史編

第1章 歴史の始まりと日本

第2章 中世の日本

第3章 近世の日本

第4章 近代日本のあゆみと国際関係

第5章 2つの世界大戦と日本

第6章 現代の日本と世界

# ⑥ 弥生時代

## 1 弥生土器の発見——東京都文京区弥生から

　1884年（明治17年）東京都文京区弥生で，縄文土器とはちがう性質を持った土器が発見された。この土器は発見された地名から**弥生土器**と名付けられた。

　その後日本各地で，同じ性質の土器が発見されたほか，炭化した米やもみの跡も見つかった。戦後の1947年（昭和22年）には静岡県静岡市の**登呂**で土器とともに大きな水田跡が確認された。

## 2 弥生時代の生活——稲作は人々の生活を変える

　弥生土器を使用していたと考えられる紀元前4世紀ごろから紀元3世紀ごろまでの約700年の間を弥生時代と呼ぶ。紀元前4世紀ごろには，大陸から稲作が九州に伝えられ，急速に日本に広まった。水田や，稲を貯蔵するための倉庫もつくられ，狩猟・採集中心の縄文時代の生活から，定住し，安定した生活へ人々の暮らしは変わっていった。

　稲作の伝来とともに，**青銅器や鉄器などの金属器**も伝わった。青銅器は，銅鏡や銅鐸のように宝物や祭の道具として，鉄器は，武器や農具・工具として利用された。

### 📖 用　語

**弥生土器**
貯蔵用の壺，煮炊き用の甕，盛りつけ用の鉢と高坏が主な形。

### ●●もっとくわしく

**吉野ヶ里遺跡**
佐賀県にある，弥生時代の大規模な集落跡。集落を囲む二重の濠や物見やぐらなど，当時の人々の生活を知ることができる。

### 🔬 研　究

**銅鏡はどこが鏡なのか。**
博物館などにある銅鏡の展示物は，鏡の裏の面を見せている。鏡の映る面は老化して剥落していることが多く，文化的に見て，裏の文様で鏡の型式を分けている。

▲弥生土器

▲金属器（青銅器）

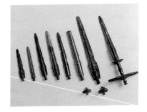

---

## 縄文土器と弥生土器，どこが違うのだろうか？

　縄文土器は縄目の文様の付いているものと思われがちだが，縄目の文様のないものも多く発見されている。弥生土器は，縄文土器と比べ，薄手で硬い。色が薄く赤味をおびているものが多いうえ，模様が簡単である。これは，弥生土器の方がより高温で焼くことができたからだと考えられている。

# ⑦ 国々の誕生

## 1 中国の歴史書に見える日本——歴史に登場する日本の姿

　記録として，日本の姿が初めて出てくるのは，中国の漢の時代[P.242▶▶]の歴史書（『漢書』地理志）である。紀元前後のころ，楽浪郡（朝鮮半島）の海のかなたに，倭人が住み，100あまりの国に分かれていたとある。

## 2 漢委（倭）奴国王——金印が示す関係

　後漢のころの歴史書（『後漢書』東夷伝）で，紀元57年，倭の奴国という国が，貢ぎ物を持って後漢に来て，後漢の光武帝はくみひものついた金印を与えたとある。このことから中国の後漢と日本の倭の関係は，倭が後漢に仕えていたという関係であったことがわかる。中国の基本的な外交関係は，こうした朝貢関係で成り立っていた。

　後漢書には，さらに紀元107年には，倭の国王帥升らが，生口（奴隷）160人を献上したとある。

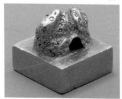

◀金印

金印
の印面▶

| 王朝 | 年代 | 内　　容 |
|---|---|---|
| 漢（前漢） | 紀元前後 | 楽浪郡の海のかなたに倭の人々が住んでいて，100あまりの国に分かれている。（『漢書』地理志） |
| 漢（後漢） | 57年 | 倭の奴国が貢ぎ物を持った使者をわが国（後漢）に送った。光武帝は，奴国王にくみひものついた金印を与えた。（『後漢書』東夷伝） |
| | 107年 | 倭の国王帥升らが生口（奴隷）160人を献上した。（『後漢書』東夷伝） |
| 魏 | 239年 | 魏の皇帝は倭の女王卑弥呼に親魏倭王の称号と金印などを与えた。（『魏志』倭人伝） |

▲中国の歴史書に見る日本

### 参　考

『漢書』
漢（後漢）の時代に班固によってつくられた，紀伝体の歴史書。本紀（帝王一人一人の事跡を記した部分）・列伝（著名な臣下の伝記）・表（年表）・志（諸制度ほか）の計100巻からなる。地理志はそのうちの1つ。

### ●●もっとくわしく

金印
1784年（天明4年）に，博多湾の志賀島で農民が水田の溝を修理していた時，大きな石の下から発見した。これがうわさとなり，金印は福岡藩に差し出された。「漢委（倭）奴国王」ときざんであることから，後漢書に出てくる記録を裏付けるものとなった。物証と記録が合致したケースであった。
つまみの部分は，中国から見たその国のイメージがあらわれている。この金印には蛇の形がつくられている。

▲志賀島の位置

## 3　邪馬台国——なぞの女王卑弥呼の国

　3世紀になると，中国では後漢が滅び，魏・呉・蜀の3国に分かれて争っていた。このうち魏の歴史書（『魏志』倭人伝）に3世紀の日本の様子が伝えられている。

　このころの日本では，**邪馬台国**が勢力を持っていた。邪馬台国では，元は男の王が国を治めていたが，戦乱が続いたため，人々が相談して，**卑弥呼**という女性の王を立てた。卑弥呼は，神と交信をする呪術的な力を持ち，人々をひきつけた。実際の政治は弟とともに行った。王となってからの卑弥呼を見た者は少なく，宮殿の中で召使にかこまれて生活していた。また，239年には魏の皇帝より「**親魏倭王**」の称号と金印を授けられたとされている。卑弥呼が死ぬと，大きな墓がつくられ，100人あまりの奴隷も墓に入った。

　その後，男の王が立ったが，また戦乱になり，13歳の少女壱与（台与）を王として，国は治まった。

**『魏志』倭人伝**

『魏志』倭人伝とは通称の呼び名で，正式には「三国志」のなかの魏書の「烏丸鮮卑東夷伝」倭人条という。

▲卑弥呼の館（復元模型）

▲3世紀の東アジアの様子

▲銅鏡

## Q&A　邪馬台国はどこにあったのかがわからないって，本当？

　邪馬台国がどこにあったかについては，江戸時代以来いまなお定説はないが，大きく分けて2説ある。後漢書にある奴国が北九州にあったと推定されるので，その流れで邪馬台国も北九州にあったとする説と，後に大和地方に出現する大和政権の位置から，その前にあった勢力である邪馬台国もすでに大和地方にあったという説である。

　これは日本の国家がいつ誕生したかをめぐる大きな問題であり，北九州の政治の中心がいつ大和に移ったか，または北九州の政権を滅ぼして大和政権ができたのかなど多くの謎を解く鍵ともなる。

　『魏志』倭人伝の記録から，実際の場所を推定した場合，たくさんの場所が挙がっているが，最近の考古学の成果によると大和説がより有力とされている。

歴史編

第1章　歴史の始まりと日本

第2章　中世の日本

第3章　近世の日本

第4章　近代日本のあゆみと国際関係

第5章　2つの世界大戦と日本

第6章　現代の日本と世界

# ⑧ 古墳と古墳文化

## 1 前方後円墳──世界最古のお墓

　邪馬台国の記録から後，中国では国内で紛争が続き，4世紀の日本についての記述がない。そこで謎の4世紀という言葉が生まれた。しかし記録はなくとも，考古学的な遺物は残存している。このころ日本各地で，土を小山のようにもりあげた大きな墓がつくられるようになった。これが**古墳**である。古墳は3〜4世紀ごろからつくられ始め，5世紀ごろには**前方後円墳**を中心とした巨大な古墳も出現した。しかし古墳が墓であることは確かだが，古墳の主がだれかは実はあまりよくわかっておらず，確実なものは少ない。

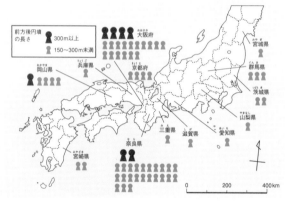

▲150m以上の前方後円墳の分布

## 2 はにわ──古墳のなぞを解きあかす素焼きの土器

　現在残っている古墳は，植物が生い茂る緑の山という感じであるが，本来は古墳の表面には，形が崩れないようにするため石が敷きつめられて，**円筒はにわ**と呼ばれる土留めの役割をした素焼きの土器が，古墳の周辺に配置されていた。また円筒はにわとは別に，**形象はにわ**と呼ばれる武人，踊り手，馬，家，船などを形どったはにわも，古墳の周辺や頂上に配置されていた。これは死者が，死後の世界にいっても不自由しないように置かれたものと考えられている。はにわはその**古墳の主人がどんな人物で，勢力がどのくらいかを示す**ものでもある。

📖 **用　語**

**前方後円墳**
葬られた遺体は円形の頂上付近にあった石室に納められるようになっていて，本来の墓は円形の部分をさす。その前に祭祀場として，四角い場所がついた形となっているので，前方後円墳と呼ぶ。3〜4世紀ごろからつくられはじめ，5世紀には岩手県から鹿児島県にまで及んだ。長さは20mから400mで，最大のものは，大仙古墳（仁徳天皇陵─大阪府堺市）で486mに及ぶ。また体積では，誉田御廟山古墳（応神天皇陵─大阪府羽曳野市）が最大である。6世紀に入ると激減し，7世紀にはつくられなくなった。
P.252▶▶

▲円筒はにわ

▲形象はにわ（家形）

## 3　古墳の副葬品——生前の権力の象徴

　古墳には，死者の眠る石室がつくられ，その中に棺が納められた。死者とともに葬られた副葬品は，玉，剣，鏡などで，銅，メノウ，水晶など貴重な材料でつくられ，後に鉄製の武具・馬具・農具も入れられた。

　副葬品の価値は，大変大きい。まが玉を例にしてみると，まが玉の形は，自然にあるものではない。形をつくる技術と労力は大変なものである。さらに穴をあけることについては，当時は鉄製の道具が普及していないことを考えると，木や骨，砂などを利用して穴をあける作業は，膨大な時間と労力を費やすこととなる。まが玉一つで権力の大きさを示していることになる。

 研究

**どうやってまが玉に穴をあけたのか。**
石に穴をあけることは，鉄製の道具が普及していない時代では，果てしない時間と労力がかかり，不可能のように思われるが，考古学の研究により，いろいろな方法が考えられてきた。例えば石の少しの溝に砂の粒を入れ，その上から木の枝を回してほっていけば，砂の粒がドリルの役目を果たしてくれるので，効率よく穴があく。

▲大仙古墳（大阪府堺市）

▲まが玉などの副葬品

▲副葬品の武具

 **大仙古墳（仁徳天皇陵）は世界一の墓なのだろうか？**

　世界一の墓というと，まず，エジプトのクフ王のピラミッドが思いうかぶ。長さは230mだが，高さが146m，平均2.5tの石を230万個積み上げたものであった。大仙古墳（仁徳天皇陵）は長さ486mだから，長さでは世界一だが，高さが違う。ピ

そこで労働力で計算した数字がある。ピラミッドはヘロドトスによれば，のべ800万人を要したことになる。対して大仙古墳は，のべ680万人の労力が使われたと考えられている。やはり大仙古墳は，世界一とはいえないまでも，世界一レベルの墓であることはまちがいない。

歴史編

第1章　歴史の始まりと日本

第2章　中世の日本

第3章　近世の日本

第4章　近代日本のあゆみと国際関係

第5章　2つの世界大戦と日本

第6章　現代の日本と世界

# ⑨ 大和政権と渡来人

## 1 高句麗好太王(広開土王)の碑文——日本の国内統一を示す証拠か?

　4世紀の中国では内乱が生じて,日本についての記録がないが,朝鮮で石に書かれた碑文として,日本の存在を示しているものがある。**高句麗好太王(広開土王)の碑文**である。当時朝鮮では,**高句麗・新羅・百済**の三国が勢力を争っていた。日本は百済と手を結び,朝鮮半島南部の**加羅(任那)** 地方に進出し,高句麗・新羅と戦っていた。

　碑文には,391年に,倭が朝鮮を攻めてきたので,高句麗の好太王(広開土王)が追い返したとの記述がある。この碑については疑わしい点もあるが,この内容が事実だとすれば,日本は当時,対外戦争を起こせるだけの勢いがあり,国内勢力の統一がなされていたのではないかと考えられる。

▲4世紀末の朝鮮半島

▲高句麗好太王碑に刻まれた文字(部分)

## 2 倭の五王——実在した天皇の手紙

　5世紀になると,中国では,北に北魏,南に宋が勢力を強めていった。宋の**宋書**には,日本の5人の王(**倭の五王**)の名,讃・珍・済・興・武が書かれてある。このうちの**武**は,**雄略天皇**と考えられている。武が478年に宋の皇帝に送った手紙が残っている。この

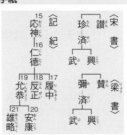

▲倭の五王の系図

### 参 考

**高句麗好太王(広開土王)の碑文**

414年に建てられた高さ6.34mの碑。現在は中国吉林省集安市に所在する。高句麗の神話から,当時の情勢までが書かれている。

**碑文に刻まれた内容**

(部分要約)

「…百済と新羅はもともと高句麗に従っていたが,倭が391年に海を渡ってやってきて,百済や新羅を征服してしまった。396年に高句麗の好太王は水軍を率いて百済を攻め,百済は従うことを誓った。しかし399年に百済は誓いを破って倭と手を結んだので,好太王は南下して平壌付近に軍を進めた。このとき新羅が使者を寄こして,倭の占領への助力を求めた。好太王は400年に歩兵や騎兵を送り新羅を助けた。404年に倭は再び帯方郡に侵入してきた。…」

### 人 物

**雄略天皇**

418年〜479年(日本書紀による)。ワカタケルとされる,第21代天皇。名は大泊瀬幼武(オオハツセワカタケ)。

手紙により，武が日本国内をほぼ統一しており，高句麗（コグリョ）と戦っていること，また日本が宋に貢ぎ物をもっていくという上下関係が読み取れる。

▲5世紀後半の東アジア

ワカタケル大王

雄略天皇とされる「ワカタケル大王」の字がある。

▲鉄剣

### 3 大和政権——日本を統一したのはだれ？

5世紀には，大和（奈良県）を中心にした豪族による連合国家ができた。九州南部と東北地方をのぞいたほぼ日本の大部分を支配する勢力をもった。その政権を大和政権とよび，その長を大王と呼んだ。

大和政権は，豪族が連合して，大王を支えた連合国家であって，豪族は，同じ祖先を持つと信じる集団で，同じ氏を名のり，氏には身分の上下を示す姓という呼び名が与えられた。有力な豪族としては，軍事警察を担当した大伴氏や物部氏，財務を担当した蘇我氏などがいた。

| | |
|---|---|
| 臣…有力な豪族 | |
| 連…特定の職業で仕える豪族 | |
| 君…地方の有力豪族 | |
| 首…地方の小豪族 | |
| 村主…渡来人系の豪族 | |

▲与えられた主な姓

#### 参考

**武が宋の皇帝に送った手紙**
（部分要約）

「私の国は中国から遠い国です。祖先は，東は55か国，西は66か国，海を渡って朝鮮の95か国を征服しました。皇帝への貢ぎ物を運ぼうとすると高句麗が邪魔をしますので，高句麗を退けて下さい。」
（『宋書』倭国伝）

#### 参考

**氏姓制度**
大和政権が国内を統一していくにあたり，旧来の有力豪族を服属させていくために用いられた制度。しかし近年の研究では氏一族に姓が与えられるよりも，個人に授けられたものであるとの見解も示されている。

#### 用語

**渡来人**
中国や朝鮮半島より渡来し，日本に定住した人々とその子孫をさす。昔は帰化人との呼称を用いたが，現在はあまり使用されない。代表的な氏としては，秦氏，東漢氏などがいる。渡来人が日本にもたらした技術，思想，文化などの影響は大きい。P.252▶▶

歴史編
第1章 歴史の始まりと日本
第2章 中世の日本
第3章 近世の日本
第4章 近代日本のあゆみと国際関係
第5章 2つの世界大戦と日本
第6章 現代の日本と世界

### 4　渡来人の伝えた文化──大陸からの新しい文化

　大陸との交流が盛んになると、朝鮮半島から進んで日本に渡来する中国人や朝鮮人が増加した。かれらは**渡来人**とよばれ、一族まとまって移り住む人々もいた。

　渡来人によって、古墳や用水路をつくる土木技術をはじめ、鉄製の農具をつくる技術、養蚕・機織り、**あながま**によるかたい質の土器（**須恵器**）のつくり方など、数多くの技術が伝わった。また、漢字や儒学、**仏教**[P.243▶▶]も渡来人によって伝えられたものであり、思想や生活スタイルにも影響を与えた。特に仏教の伝来によって瓦や礎石を使う建築技術、火葬なども同時に持ち込まれた。

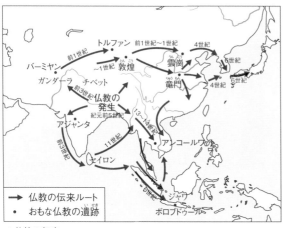

▲仏教の伝来

**研　究**

**古墳はなぜ姿を消したのか。**それまで天皇や豪族は土葬によって古墳に葬られていたが、仏教思想の影響で埋葬方法が土葬から火葬に変わっていったことが、古墳が姿を消す大きな要因になった。7世紀の前後よりかまど塚とよばれる遺体を焼却する施設ができており、徐々に火葬が広がっていった。また、朝廷によって、豪族が権力を示すために古墳をつくることを規制したこともあって、古墳をつくる習慣はすたれてしまい、7世紀には古墳はほとんど姿を消した。ちなみに天皇の火葬として一番早いのは持統天皇の703年のことである。

▲須恵器

---

### ❓Q&A　あながまの技術はどのような点がすぐれているのだろうか？

　縄文土器のように直接焚き火の中で土器を焼いたことのある人は、土器をひび割れをつくらず焼くことがいかに難しいかを知っているだろう。それは、焚き火の場合、火の当たるところが一定せず、土器の表面に炎が当たったり、当たらなかったりするからだ。

　あながまは、下から火をたくことで、その熱風が上にのぼり、その熱せられた空気により、土器が焼かれる仕組みになっており、土器の表面が均等に熱せられる。また煙突が小さいために下からの空気が上にのぼり圧力が高まった中で焼くので、高温高圧の状態をつくりだすことができるのである。

　さらにかまの内部を広くつくることで、一度に大量の土器をつくりだすことも可能となった。

歴史編

第1章 歴史の始まりと日本

第2章 中世の日本

第3章 近世の日本

第4章 近代日本のあゆみと国際関係

第5章 2つの世界大戦と日本

第6章 現代の日本と世界

# §2　古代の日本

□聖徳太子は冠位十二階、十七条の憲法をつくり、天皇中心の国家づくりをめざした。
□中大兄皇子や中臣鎌足らによって大化の改新が進められた。
□701年に本格的な律令である大宝律令が完成した。
□710年に都は平城京に移り、奈良時代が始まった。
□奈良時代の農民は、租や調、庸、兵役など重い税に苦しんだ。
□飛鳥文化と天平文化はともに国際的な仏教文化であった。
□794年に都は平安京に移り、平安時代が始まった。
□摂関政治は藤原道長・頼通父子の時に最盛期を迎えた。
□かな文字が生まれるなど、日本の風土や生活に合った国風文化が盛んになった。

重要ポイント

## ① 東アジアの動向

### 1 隋帝国——大運河をつくった煬帝

　中国では、589年に隋という帝国が南北に分かれていた中国を統一した。隋は農民一人ひとりに耕地を割り当てる均田制をしき、役人の登用に科挙という試験を行った。2代目皇帝煬帝の時、北京と杭州を結ぶ南北約1800kmにおよぶ大運河を、100万人を動員して完成させた。運河の完成により経済は活発になり、現在も重要な輸送路として利用されている。

　しかし、大工事による重い負担と3度の高句麗遠征の失敗などのため反乱がおき、煬帝が側近に殺され、隋は中国統一後29年間で滅んだ。

**参考**

**科挙**
598年ごろ、隋の文帝楊堅により採用された。それまでのように家柄で役人を決めるのではなく、学力で役人を登用する試験制度。科目別に選抜されたので、科挙という。最初は3科であったが唐代に12科に増えた。難関であるが、合格すれば、将来が約束されたため、多くの人々が臨んだ。

▲隋の統一

▲大運河

## ② 唐帝国──長安の都は世界一

隋にかわって，中国を支配したのは唐であった。唐は618年から907年まで約300年間の長い時期を支配していたので，日本をはじめ近隣諸国への影響も大きかった。

唐は隋の行った均田制や科挙の制度をひきつぎ，**律令**という法典を整備し，**戸籍**をつくり，**租・調・庸**などの税制，また兵制を整えた強大な帝国となった。

唐の時代，農業や手工業の技術は発達し，文化的にも進歩した。**李白・杜甫**などが優れた詩や文を著し，今日の日本でも親しまれているものも多い。都の**長安**は，人口100万人の大都市で，外国からの商人や進んだ唐の文化や制度を学ぼうとする留学生も多く集まった。

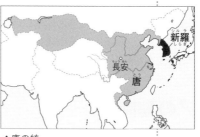

▲唐の統一

そして西方の国やインドの文化が伝わり，さらに唐の文化が発展していった。

## ③ 朝鮮の統一──新羅が朝鮮を制する

朝鮮半島では，**新羅**が勢力を強め，7世紀に日本を**白村江の戦い**[P.257▶▶]で破り日本の勢いを奪い，唐と協力して，百済と高句麗を征服した後，676年半島を統一した。都の金城（現在の慶州）では，仏教文化が栄えていった。

# ② 聖徳太子（厩戸皇子）の政治

## ① 聖徳太子の政治──天皇中心の国家づくり

朝鮮半島の勢力を失ったことなどを契機にして，大和政権内で豪族どうしの争いが続いた。とくに，仏教など外国の新しい知識や制度を積極的に取り入れようとする**蘇我氏**と日本古来のしきたりを守ろうとする**物部氏**が対立した。また強大な隋帝国の出現により，日本でも**大王**（のちには天皇）を中心にした強力な国づくりをする必要が出てきた。

女帝の**推古天皇**が即位すると，593年その甥の**聖徳太子**（厩戸皇子）が**摂政**となり，蘇我馬子と協力して政治を行った。聖徳太子は天皇中心の国家体制をめざし，603年冠

**参　考**

**律と令**
律とは，してはならないことやそれを犯したものに対する刑罰をさし，令とは，政治の制度ややりかたを定めたものをさす。

**●●もっとくわしく**

**白村江の戦い**
663年，朝鮮半島西南部の白村江で行われた日本・百済軍と唐・新羅軍の海戦。この戦いで日本・百済は完敗し，日本は朝鮮半島での勢力を失い，北九州に退いて，防備を固めた。

**人　物**

**聖徳太子（厩戸皇子）**
574年〜622年。父は用明天皇，母は穴穂部間人の皇女。厩戸皇子が通称で，他に豊聡耳命などの名がある。聖徳太子とは，仏教の興隆の徳をたたえて，後世つけられた称号。

**用　語**

**摂政**
天皇に代わって政務を行う役職。天皇が幼少，女性，病気の時に置かれた。古くは神功皇后の時の伝承があり，皇族がその地位についた。後に藤原良房が皇族以外で初めて摂政になった。

位十二階の制度を定め，氏や姓にとらわれずに，有能な人材や功績のあった者を，役人として取りあげた。続いて604年には十七条の憲法をつくり，天皇の命令に従うべきことなど，仏教や儒教をもとにした役人として守るべき心構えを示した。

## 2 聖徳太子の外交政策
### ――「日出づる処の天子…」

聖徳太子は，607年に小野妹子らを隋に，遣隋使として遣わし，隋と対等な外交を開こうとした。隋の煬帝はこうした日本の態度に怒ったが，高句麗遠征のために，日本を味方にしたかったので，使者を送ってきた。このとき隋に同行した留学生や留学僧は，のちの日本の政治や文化に大きな役割を果たした。

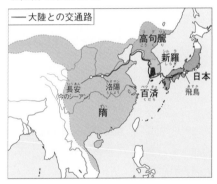

▲遣隋使の航路

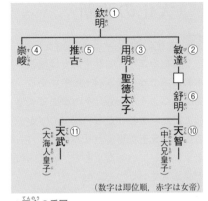

（数字は即位順，赤字は女帝）

▲天皇の系図

一に曰く，和をもって貴しとなし，さからうことなきを宗とせよ。
二に曰く，あつく三宝を敬え。三宝とは仏・法（仏教の教え）・僧なり。
三に曰く，詔（天皇の命令）をうけたまわりては必ずつつしめ。

▲十七条の憲法（はじめの3条の一部）

**遣隋使**
隋に派遣された外交使節。608年からは留学生などが同行するようになった。

---

## ？Q&A なぜ煬帝は手紙を見て怒ったのだろうか？

聖徳太子の使いとして小野妹子が持っていった手紙には「日出づる処の天子，書を日没する処の天子にいたす。つつがなきや，…」とあった。当時から中国では，中華思想というものがあり，この世の中の中心に中国があると考えていた。そのため，まるで対等な関係のような太子の手紙の内容に，無礼である，と不快をあらわにした。しかし，隋は高句麗遠征を行うなど，高句麗との関係が悪く，日本が高句麗側につく可能性を考慮して，日本との外交関係を保ったと考えられる。

歴史編
第1章 歴史の始まりと日本
第2章 中世の日本
第3章 近世の日本
第4章 近代日本のあゆみと国際関係
第5章 2つの世界大戦と日本
第6章 現代の日本と世界

# ③ 大化の改新

## 1 大化の改新——中大兄皇子たちのクーデター

　7世紀中ごろ，朝鮮半島では緊張が高まっていたが，日本の国内では，豪族同士の争いから，蘇我氏が独裁的な権力を持つようになり，その勢力は天皇をもしのぐほどになっていた。まわりからの信望の厚かった聖徳太子の子である山背大兄王を自害させるなど，自らの勢力をおびやかす者を排除していったことで，朝廷内の蘇我氏に対する不満が高まっていくことになった。

　645年，中大兄皇子は中臣鎌足（のちの藤原鎌足）らとともに，秘密に計画をねり，武力で蘇我氏を倒し，政権をにぎった。

## 2 改新の詔——具体的な4つの指針

　中大兄皇子は，遣唐使がもたらした唐の律令による政治[P.254▶▶]を取り入れようとし，蘇我氏を倒した翌646年に，改新の詔として，4つの指針を示した。

---

〈改新の詔〉
①今まで皇族や豪族が私有していた土地と人民を全て国家のものとする。（**公地公民**）
②全国を**国・郡・里**に分け，**国司・郡司**の制度をつくる。都の付近を畿内とする。
③全国人民の**戸籍**と**計帳**（調・庸の課税台帳）をつくり，田を割り当てて耕作させる。（**班田収授法**）
④古い税制を改め，田の面積による課税や戸別の税をとることにする。

---

▲中央集権を目的とした改新の詔

　しかし，この指針が実現していくのには，さらに50年余りの年月を要した。またこの時はじめて「**大化**」という**元号**が使われたので，この一連の改革を**大化の改新**と呼ぶ。

---

## 人物

**中大兄皇子**
626年～671年。父は舒明天皇。母は皇極（斉明）天皇。中臣鎌足らとともに大化の改新を進めた指導者。

**中臣鎌足**
614年～669年。中大兄皇子らとともに大化の改新を進めた指導者。臨終に際して，藤原姓をたまわった。平安時代に栄えた藤原氏P.268▶▶の祖。

## 参考

**豪族と貴族の違い**
一般に豪族とは，地方で大きな権勢のある者をさして呼ぶ。貴族とは，律令制施行以後，五位以上の官人とその家族をさして貴族と呼び，血縁が重んじられ，政治的経済的特権が与えられた世襲の支配階級をいう。

**奈良時代の貴族の生活**
P.261▶▶

**元号**
中国において皇帝が時間を支配するという思想から，漢の武帝P.242▶▶ が始めたもので，日本では，645年を大化元年としたのが最初と考えられている。701年（大宝元年）からは連続して今日まで続いている。明治以前は，同一の天皇の時代に祥瑞や災害・迷信などでしばしば変えることがあったが，明治以後は，一世一元といって，一人の天皇には1つの元号のみ使用することになっている。

歴史編

第1章 歴史の始まりと日本

第2章 中世の日本

第3章 近世の日本

第4章 近代日本のあゆみと国際関係

第5章 2つの世界大戦と日本

第6章 現代の日本と世界

## ❸ 壬申の乱——古代最大の内乱

大化の改新の後，朝鮮半島の百済を助けるために，中大兄皇子は大軍を送ったが，**663年白村江の戦い**で，**唐・新羅**軍に敗れ，以後日本は半島から撤退した。その後西日本の防備をかため，都を大津に移した中大兄皇子は，即位して**天智天皇**となり，全国の戸籍をつくるなど国内の政治に力を入れた。

天智天皇の死後，あとつぎをめぐる争いが，天皇の弟**大海人皇子**と天皇の子**大友皇子**の間でおこり，豪族たちも2つに分かれ，畿内を中心にした大戦乱となった。これを壬申の乱という（672年）。

この戦いで勝利した大海人皇子は，**天武天皇**となり，天皇の祖先や日本の歴史を整理してまとめる仕事を命じるなどして（後の**古事記**，**日本書紀**になる），天皇の地位を高め，新しい天皇中心の政治体制を強力につくりあげていった。

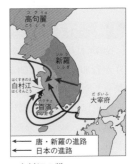

▲白村江の戦い

▲壬申の乱の関係図

> 皇（すめらぎ（＝天皇））は神にしませば，
>  天雲の雷の上に　いほりせるかも — 万葉集

と天皇は神として歌われる存在となった。

天武天皇の死後，皇后が即位して持統天皇となった。都を飛鳥の地より北方の大和三山の中に移し，藤原京とした。藤原京は，中国の都城制度を模範とし，碁盤目状の道路を整備した日本初の本格的な都となった，「日本」という国号を定めたのも，この時代であった。

**人 物**

**大海人皇子（天武天皇）**
631年？～686年。父は舒明天皇，母は皇極（斉明）天皇，兄は中大兄皇子（天智天皇）。

**研 究**

**壬申の乱を戦前は教えていなかったというのは本当だろうか。**
壬申の乱は教科書から削除されていた時期があった。戦前の国史教育では，天皇家は争わないことになっていたためであった。

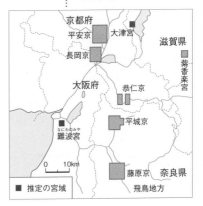

# ④ 律令国家の成立

## 1 大宝律令——本格的な制度や法の確立

　646年に出された改新の詔以降，唐にならった律令づくりが行われたが，701年（大宝元年）にはじめて本格的な整った形の律令が完成した。これが**大宝律令**である。

　中央には**2官8省**がおかれた。最高機関である2官とは，神祇官と太政官に分かれ，神祇官が祭祀関係一切をつかさどり，太政官は行政を統括し，下に8省をおき，政務を処理した。これらの役職は，貴族が位に応じてついた。

　地方には，中央から**国司**を派遣し，中央集権化をはかり，具体的な政務については，地元の豪族を**郡司**として任命して行った。とくに**大宰府**は九州をまとめ，大陸との外交と国防を担当した。

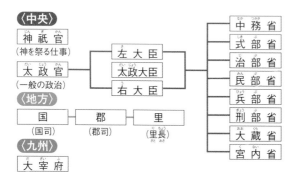

▲大宝律令によって決められたしくみ

## 2 古代の行政区分——「東海道」の名の由来は

　大宝律令において，行政区分としての**五畿七道** [P.259▶▶]が整えられた。「畿」とは，天皇の直轄地を表す言葉で，その内側を畿内，近くの5国をもって五畿と呼ぶ。七道とは，東海道，東山道，北陸道，山陽道，山陰道，南海道，西海道で，現在の地方区分が，関東地方や九州地方のように地域的にまとまりのある形なのに対して，地方の国府につなぐ交通路がつくられ，そのルートに沿ったものであった。道には**駅**（うまや）[P.259▶▶] が設けられていた。

[P.259▶▶]

### 📖 用語

**大宝律令**
701年（大宝元年）に制定された律令。編纂には刑部親王，藤原不比等などのほか多くの渡来人も参加した。律6巻，令11巻で，現存はしていないが，のちに成立した養老律令と大差ないとされる。律令国家の概要が，この大宝律令でほぼ決まっていった。

**神祇官**
和名では「カミツカサ」という。天神地祇（天の神，地の神）の祭礼の執行と諸国の神社の管理にあたる。

**太政官**
和名では「オオイマツリゴトノツカサ」という。天皇の下で国政を審議し，執行する役職。

**国司・郡司**
国司は，中央から地方へ派遣され，任国の行政，財政，司法，軍事を掌握し，地域の豪族の郡司を統括した。
郡司は，国がいくつかの郡に分かれ，その郡の行政全般をつかさどる役人で，その地域の実質的な勢力を持つ者が任じられた。

**大宰府**
現在の福岡県太宰府市にあった西海道を統括し大陸からの防衛にあたった役所。「遠（とお）の朝廷（みかど）」とも呼ばれ，官職の上では重要であった。鎌倉時代の元寇のころまで機能を果たしていた。

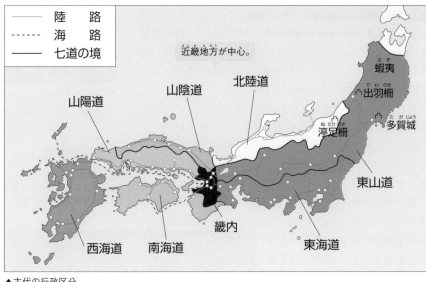

凡例
—— 陸　路
------ 海　路
—— 七道の境

近畿地方が中心。

蝦夷（えぞ）
出羽柵（でわのき）
多賀城（たがじょう）
渟足柵（ぬたりのき）
北陸道
山陰道
山陽道
東山道
畿内
西海道
南海道
東海道

▲古代の行政区分

公地公民
P.256▶▶〈改新の 詔（みことのり）〉①

## 3 班田収授法（はんでんしゅうじゅのほう）——公地公民制の具体的な運用

　唐の均田制（きんでんせい）[P.254▶▶]にならって，6年ごとに戸籍（こせき）がつくられ，これにもとづいて人々には，田（口分田（くぶんでん））が与えられた。また，人々を良民（りょうみん）（公民（こうみん）など）と賤民（せんみん）（奴婢（ぬひ）など）に分け，6歳以上（さい）の良民の男には2段（約24 a（アール）），女にはその3分の2を，私奴婢（しぬひ）には，それぞれの3分の1を与え，死んだら返すこととした。田を配り（班（はい）），6歳になったら与え（授（じゅ）），死んだら返させる（収（しゅう））。これが班田収授法である。

## 4 和同開珎（わどうかいちん）——日本の貨幣鋳造（かへいちゅうぞう）スタート!

　日本では，貨幣は流通していたが，中国の貨幣を利用していた。708年（和銅元年）に，**日本で初の公式な貨幣として和同開珎ができた**。古代の貨幣（皇朝十二銭（こうちょうじゅうにせん））の最初のものである。

　和同開珎には銀と銅と2種類あり，主となったのは銅銭であった。畿内（きない）では流通していたが，他の地域では，貨幣としての流通より，中央からの結びつきの象徴（しょうちょう）などをあらわしていた可能性が高い。中国でも2か所から出土している。

参 考

五畿七道（ごきしちどう）
五畿とは，山城（やましろ）（京都府）・大和（やまと）（奈良県）・河内（かわち）（大阪府）・和泉（いずみ）（大阪府）・摂津（せっつ）（大阪府・兵庫県）の国をさす。

●●もっとくわしく

**駅（うまや）**
駅は約16kmごとに設けられ，伝令を届ける役人は中央からの命令を駅の馬を乗り継いで，すみやかに伝えた。地方へ出かける役人は，駅鈴（えきれい）という鈴を持っていった。

歴史編

第1章 歴史の始まりと日本

第2章 中世の日本

第3章 近世の日本

第4章 近代日本のあゆみと国際関係

第5章 2つの世界大戦と日本

第6章 現代の日本と世界

### 5 平城京——あおによし　奈良の都は…

　天皇中心の強力な律令国家をめざした朝廷は，唐の長安[P.254▶▶]にならって，新しい都として710年（和銅3年）奈良に平城京をつくった。この平城京に都のあった70年余りを奈良時代と呼ぶ。

　平城京は，現在の奈良市やその周辺の地域を含んでおり，**広い道路が碁盤の目のようにめぐらされた壮大な都で，**

> あおによし　奈良の都は　咲く花の
> 　にほふ（う）がごとく　いまさかりなり—万葉集

とよまれた。

　都の中心には南北に走る**朱雀大路**があり，その北側に平城宮がおかれた。平城宮には天皇の住む皇居や役所があり，そのまわりに貴族の屋敷や大きな寺院があった。こうした建物は瓦屋根に白い壁，朱の柱でできていた。しかし，南に下るほど，庶民の家が多くなり，都といっても，田畑や草原や荒れ地もあったと考えられ，庶民の家はかやぶきの屋根で床は土間となっているものが多かった。

　平城京の南部には，**東西の市**が開かれ，**各地の物産が集められ，取り引きが行われていた。**ここで和同開珎も使われていた。

▲朱雀門（復元）

**参　考**

**平城京の道の広さ**
平城京のメインストリートである朱雀大路の道幅は約70m。

▲平城京の様子（復元模型）

---

### Q&A 和同開珎より古い貨幣？　富本銭が見つかった。

　1998年に飛鳥池より大量に「富本」と書かれた貨幣が出土し，富本銭と呼ばれるようになった。調査の結果，つくられた時期は7世紀後半とされ，和同開珎より古い貨幣となった。しかし富本銭は記録による証拠がまだ確認されていないため，どのくらい流通していたかはわかっていない。これに対して和同開珎は，記録にあらわれ，古代に使用された皇朝十二銭の最初のものとして位置づけられている。

▲和同開珎

▲富本銭

# ⑤ 奈良時代の貴族と農民

## 1 貴族の生活——0.003％の人たちの生活

当時の日本の人口は約600万人、そのうち平城京に約10万人（1.7％）、朝廷に仕えた役人は約1万人（0.17％）で、そのうち**貴族**と呼ばれる人は約200人（0.003％）である。

貴族の生活は、錦や綾などの**絹織物**の服を着て、食事は**1日2回**で、**米**を主食に、**野菜や魚介**、**肉類やチーズに似た乳製品**も食べていた。住居は大きなものは6万㎡（東京ドームの約1.3倍）以上のものから、下級役人でも約500㎡（150坪）の敷地を持っていたと考えられている。

▲貴族の食事（料理復元　奥村彪生）

役人は夜明け前に朱雀門に集まり、夜明けとともに門が開かれると、持ち場に着き仕事を始め、午前中で終わって、家に帰るという生活であった。

▲長屋王の邸宅（復元模型）

## 2 農民の生活——あまりに重い負担に農民たちは…

農民は**麻の衣服**を着て、食事もとだえがちといったように、貴族とは比べようもない暮らしをしていた。住居は弥生時代などと変わらない、**たて穴住居**であった。山上憶良がよんだ「**貧窮問答歌**」を見ても、農民たちのぎりぎりの生活をうかがうことができる。

負担としては、**収穫の約3％の米を国衙に納める租**をはじめ、**都へ特産物などを納める調・庸**、**出挙**と呼ぶ強制的な稲の貸し付けがあり、これは実質的には税となった。また調・庸を都に運ぶ**運脚**や労働である**雑徭**も割り当てられたほか、**兵役**として、都を警護する**衛士**や、九州の警護にあたる**防人**は大変な負担であった。

このために、**逃亡**する者も多く、**戸籍**を偽る者もいた。

📖 **用　語**

**租**
田の面積によって課せられた税。1段につき稲2束2把と決められており、これは当時の収穫高の約3％にあたった。

**調・庸**
調は、17歳以上の男子にのみ課せられた税で主に絹や布のほか、海産物などの特産品で徴収されていた。
庸は本来労役を意味していたが、労役にかえ布を納めることが一般的となった。この物税を都に運ぶのも農民自身であった。

**出挙**
「出」は貸与、「挙」は回収の意味で、稲などを農民に貸し付け、利息を取って回収する税の一種。農民は借りたくなくても、貸し付けられ、利息を払うしくみになっていた。

**雑徭**
17歳以上の男子に課せられた労役。国司のもとで年間60日以内の労働が課された。道路や溝の改修、役所の建物の建設などさまざまな仕事につかされた。

**衛士**
宮中または都の警備にあたる兵士。

**防人**
東国の兵士に課せられた兵役。3年間の期間に加えて、九州への往復の食料も自分でまかなった。

歴史編

第1章 歴史の始まりと日本

第2章 中世の日本

第3章 近世の日本

第4章 近代日本のあゆみと国際関係

第5章 2つの世界大戦と日本

第6章 現代の日本と世界

| 名称 | 課税対象 | 税の内容 |
|---|---|---|
| 租 | 水田 | 収穫高の約3％の稲<br>（1段につき2束2把） |
| 調 | 17歳以上の男子 | 絹，糸，真綿，特産物<br>都に運ぶのも農民（運脚） |
| 庸 | 21歳以上の男子 | 本来は労役，かわりに布で納めるの<br>が一般的となった |
| 雑徭 | 17歳以上の男子 | 年間60日以内の労働 |
| 兵役 | 21歳以上の男子<br>（3人に1人） | 1年（防人は3年）<br>食料や武器などは自分で負担 |
| 出挙 | —— | 稲などを貸し付けられ，5割の利息を払う |

▲農民の負担

「…海草のようなぼろの服しか着られ
ず　つぶれそうな傾いた家の中で　地
面にわらをしいて　……ご飯を蒸すこ
しきにも　くもの巣がはってしまった
それなのに　むちを持った里長が　税
を出せと戸口でわめいている　こんな
にもつらいものか　この世に生きてい
くことは」（部分要約）

（『万葉集』）

▲貧窮問答歌

### 3　墾田永年私財法——公地公民制の崩れ

　自然災害や逃亡によって荒れてしまった田や，人口増加
による口分田の不足，加えて貴族や寺社に多くの田を与え
たため，口分田が足りなくなった。
　班田収授法では，死んだら田を国に返却していくことに
なっていた[P.259▶▶]。朝廷は723年に三世一身の法を出し
て，田の開墾や前からある田の整備をうながしたが，国に
返すことは基本的にはかわりがないので，ほとんど効果が
なかった。そこで，743年（天平15年）に墾田永年私財法
を出して，開墾をすすめた。これにより貴族たちは，逃亡
した農民を使って開墾をすすめ，私有地を広げていったの
で，公地公民制は40年余りで崩れていった。[P.256▶▶]

●●もっとくわしく

**三世一身の法**
723年に発布された，口分田
を増やすための法令。新たな
かんがい施設を設けて開墾し
た者は3世代，既にあるかん
がい施設を活用して開墾した
者は1世代の土地私有を認め
た。期限つきのため効果があ
がらず，20年後に墾田永年私
財法が出された。

### ？Q&A　戸籍に女性の名前が多いのはなぜ？

　班田収授法では，女子より男子の方が多
くの田を与えられた。しかし，その分男子
には，調・庸，運脚，雑徭，兵役が課せら
れた。特に運脚は都まで，地方の調・庸を
運ばなくてはならず，その途中にはこうし
た税を強奪しようとする者も多く，命の危
険もともなう。また兵役も，本当の戦いが
なくとも，一定期間家を離れることにはか
わりなく，特に防人は3年間も任期があっ
た。こうしたことから，戸籍などで男子を
女子と偽って登録してあるケースが多かっ
たと考えられている。

# ⑥ 国際的な文化

## 1 飛鳥文化——日本最初の仏教文化

6世紀中ごろ，仏教は百済から伝えられた[P.252▶▶]。それまでの日本では自然の全てに神の存在を求め，神に対して単純な畏敬の念を持っていた。仏教は体系的で壮大な宇宙を示す教えであり，聖徳太子や蘇我氏などは進んで，仏教を理解しようとつとめ，聖徳太子は斑鳩に**法隆寺**を，蘇我氏は飛鳥寺を建てた[P.254▶▶]。聖徳太子没後，渡来人の鞍作鳥（止利仏師）によって**釈迦三尊像**などの仏像が製作された。仏教をもとにしたこの文化は，都のある飛鳥地方を中心に栄えたので，飛鳥文化という。

▲法隆寺の釈迦三尊像

## 2 天平文化——国際的な仏教文化

奈良時代は**遣唐使**がたびたび送られ，唐の長安に世界から集まった文物が，日本にも伝わった。この文化は天平期に最も栄えたので，**天平文化**と呼ばれる。東大寺の**正倉院**には，1万点あまりの所蔵品があり，ラクダとナツメヤシが描かれた螺鈿紫檀五絃琵琶や瑠璃杯など西アジアの文物が保存されている。1000年以上も良い保存状態を保てたのは，正倉院が**校倉造**であったためと考えられている。

また，自然災害やききん，伝染病の流行などに対して，仏教によって国を守っていく**鎮護国家**という考えが信じられた。そのため，奈良の都では次々に大きな寺が建てられるなど，仏教が盛んになった。**聖武天皇**はあつく仏教を信じ，**国ごとに国分寺と国分尼寺**を建て，都には**東大寺**を建てた。

### ●●もっとくわしく

**仏教の日本伝来**
538年，百済の聖明王の使者が欽明天皇の時代に仏像や経典，僧侶を献呈したことが始まりとされている。これを天皇は蘇我稲目に授けたといわれている。また，『日本書紀』では，552年に伝来したといわれている。

### 📖 用 語

**法隆寺**
7世紀初め，聖徳太子により建立された。日本書紀には全焼した記事があり，再建・非再建の論争があったが，現在は発掘調査などにより再建説で落ちついている。現存する世界最古の木造建築。

▲法隆寺

**国分寺・国分尼寺**
8世紀中ごろ，聖武天皇が全国の国ごとに建てた寺。続く伝染病や天災・ききん等の社会不安から仏教の力で国を守ってもらおうとしたもの。

**東大寺**
728年，聖武天皇が皇子の供養として建てたのが起源で748年ごろには東大寺と呼ばれていた。別称総国分寺。752年，大仏開眼を行った。大仏づくりには，多くの人からの信頼を集めていた行基の協力などもあった。

歴史編

第1章 歴史の始まりと日本

第2章 中世の日本

第3章 近世の日本

第4章 近代日本のあゆみと国際関係

第5章 2つの世界大戦と日本

第6章 現代の日本と世界

　東大寺の本尊は，高さ約16mの盧舎那仏で，工事にはのべ約260万人以上が動員された。752年の開眼式には1万人以上が参加し，遠くインド，ベトナムの僧も参加した。

　また，今日に残るものとしては，建造物では東大寺法華堂（三月堂）や唐招提寺，仏像では東大寺の大仏の他，興福寺の阿修羅像などが挙げられる。

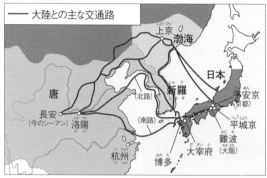
▲遣唐使の航路

▲東大寺の大仏
（盧舎那大仏像）
©00924AA

**研究**

正倉院には，なぜ古い品がよい保存状態で残っていたのか。

正倉院が校倉造であることが重要な点として挙げられる。正倉院は地面から2.4mの高さに床があるので，地面の湿気を直接受けず，また，木の組み方が，湿度を適度に調節できる機能を果たしていたためと考えられている。

▲正倉院正倉

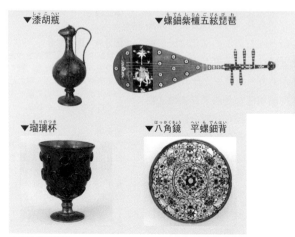
▼漆胡瓶　　▼螺鈿紫檀五絃琵琶

▼瑠璃杯　　▼八角鏡　平螺鈿背

▲正倉院の宝物

▲阿修羅像（興福寺）

**3** **編集される書物──歴史書と万葉集**

　国際的な交流が盛んになると，中国の歴史書などの影響を受けて，日本のおこりや天皇の祖先についてまとめる動きが出てきた。日本の神話や伝承については6世紀のころから大和政権ではまとめられてきたが，天武天皇[P.257▶▶]が具体的に指示を出して編集されたものが，**古事記**と**日本書紀**である。古事記は712年に，日本書紀は720年にできあがった。なぜ2つの書物があるかというのは，古事記が天皇家の内部の人たち向けにつくられた内輪の書物に対して，日本書紀が外部の人たち向けにつくられた公式の書物という色合いが強い。よってこの後の日本や天皇家の記録である**続日本紀**は日本書紀の続編という形式をとっている。

　万葉集は8世紀中ごろまでの約300年間につくられた和歌を約4500首集めた初めての和歌集で，**皇族**から**貴族**，**農民**，**女性**，**東国**の**防人**がよんだ和歌まで，はば広く選ばれ編集された。

> からころも　裾にとりつき　泣く子らを
> 　置きてぞ来ぬや　母なしにして　　（防人の歌）

> 春過ぎて　夏来たるらし　白妙の
> 　衣干したり　天の香具山　　（持統天皇）

## 用　語

**古事記**
712年に成立。全3巻。天武天皇が稗田阿礼にそら読みさせた内容を太安万侶が編纂したもの。神話の時代から推古天皇までの天皇系譜の伝承や歴史をまとめている。

**日本書紀**
720年に成立。全30巻。天武天皇が舎人親王らに編纂させたもの。神代から持統天皇までの天皇を中心とした国家が成立するまでの歴史をまとめたもの。

**続日本紀**
797年に成立。全40巻。文武天皇から桓武天皇までの歴史をまとめている。聖武天皇が宣言した「大仏造立の詔」も示されている。

---

## Q&A　鑑真は失明してまで，なぜ日本にきたのだろうか？

　当時は，日本には，僧に戒を授ける（正式に僧になる許可を与える）僧がいなかったため，僧になるためには，唐に渡り戒を授けてもらう必要があった。そこで2人の僧が，戒を授けることのできる僧を，唐から日本へ呼ぼうとした。この呼びかけに応じたのが，唐の仏教界で中心的な存在であった鑑真であった。5回の渡航失敗の結果，失明しても決心は崩れず，6回目によ うやく日本に着くことができた。鑑真は，まず東大寺に戒壇院を設け，多くの僧を生み出した。聖武太上天皇も鑑真によって戒を授けられた一人であった。

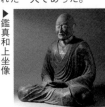
▶鑑真和上坐像

歴史編

第1章 歴史の始まりと日本

第2章 中世の日本

第3章 近世の日本

第4章 近代日本のあゆみと国際関係

第5章 2つの世界大戦と日本

第6章 現代の日本と世界

# ⑦ 平安京

## 1　平安遷都——僧の発言をおさえるには…

　奈良時代の中ごろから，公地公民制 [P.256▶▶] は崩れはじめ，貴族の勢力争いが激しくなった。また仏教の隆盛にのって，僧の政界への発言力も高まった。特に，僧道鏡は天皇に重く用いられ，勢力をふるい，皇位にさえつこうとした。結局，貴族の和気清麻呂によって皇位につくことに失敗し，天皇の死後流されたが，天皇中心の政治のあり方は難しくなった。そこで桓武天皇は人心を一新するため，784年に都を長岡京にうつしたが，病気などがはやり，その10年後の794年には，現在の京都の地に平安京をつくった。

　それまでは都をうつすと，役所や寺もうつしていたが，平城京の寺はすべて奈良に残し，**寺院の勢力を平安京にはもちこませなかった**。また桓武天皇は国司を監督する**勘解由使**という役職をつくり，農民から兵士を集めることをやめ，郡司の子弟から兵士を徴集して強力な兵団をつくるなどによって，政治のひきしめをはかった。

▲平安京（復元模型）

**👤 人　物**

**桓武天皇**
737年～806年。父は光仁天皇，母は渡来人（百済系）を祖先に持つ。

## 2　東北地方の征服——最初の征夷大将軍

　桓武天皇のころ，東北地方には，朝廷に抵抗していた**蝦夷**と呼ばれた人々がいた。蝦夷のリーダーである**アテルイ**は，789年の戦いでは，朝廷軍5万人に対して800人でもひるまず戦い続け，朝廷軍の背後から400人の蝦夷軍の攻撃をしかけさせ，朝廷軍を敗退させた。そこで桓武天皇は**坂上田村麻呂を征夷大将軍**に任じて，797年には10万の兵を，801年には4万の兵をもって蝦夷を攻め，802年に胆沢城（岩手県奥州市）を築き，**東北地方を平定**した。勇敢に戦ったアテルイは，これ以上の抵抗は死者を多く出すだけと判断し，田村麻呂に降伏した。田村麻呂は捕虜としてアテルイを平安京に連れて行き，朝廷に助命を頼んだが，その願いは受け入れられず，処刑された。清水寺には，その霊がまつられている。

**●もっとくわしく**

**大和朝廷の東北進出**

| 724年 | 多賀城設置 |
| --- | --- |
| | （宮城県多賀城市） |
| 767年 | 伊治城設置 |
| | （宮城県栗原市） |
| 802年 | 胆沢城設置 |
| | （岩手県奥州市） |
| 803年 | 志波城設置 |
| | （岩手県盛岡市） |

**坂上田村麻呂**
758年～811年。791年に征東副使，797年に征夷大将軍に任じられる。京都の清水寺を建立。

歴史編

第1章 歴史の始まりと
日本

第2章 中世の日本

第3章 近世の日本

第4章 近代日本のあゆみと国際関係

第5章 2つの世界大戦と日本

第6章 現代の日本と世界

### 3 最澄と空海——平安時代の新しい仏教

桓武天皇は奈良に仏教勢力を残したが，仏教そのものを否定したわけではなかった。平安時代初めには，最澄と空海を唐に渡らせ，新しい仏教を取り入れることに力を尽くした。日本に戻った二人は，政治と密着するよりも，人里離れた山の中に修行の道場を建てた。最澄は比叡山に延暦寺を建て，天台宗を広めた。空海は高野山に金剛峯寺を建て，真言宗を広めた。これらは密教と呼ばれ，山中の厳しい修行や祈りやまじないにより，病気や災いを取り除けると説き，朝廷や貴族に重んじられるようになった。

| 最澄（伝教大師）767年〜822年 | 開祖 | 空海（弘法大師）774年〜835年 |
|---|---|---|
| 天台宗（台密） | 宗派 | 真言宗（東密） |
| 比叡山延暦寺園城寺（三井寺） | 道場 | 高野山金剛峯寺教王護国寺（東寺） |
| 法華経 | 経典 | 大日教金剛頂経 |
| 円仁・円珍によって教団がつくられる。のち，円仁・円珍の解釈の違いから派閥対立が起こる。 | 特徴 | 加持祈禱が中心。貴族の支持を受けて発展。 |

▲最澄と空海

## 研究

**最澄と空海はライバル？**

年は最澄が7歳上。2人とも優秀な僧として，遣唐使の随員に選ばれたので，当然意識していたと考えられる。しかし同じ遣唐使の随員として入唐した2人だが，同じ船ではなく，途中で嵐に遭ったために，船は別れてしまい，唐に着いたのは最澄が先であった。目指した教えも違い，いた師も違う。帰国後，2人とも教えを開くが，最澄が不完全な密教的な方面で，空海に教えを乞うたことにより，接点があった。しかし最澄の弟子を空海につかせるが，この弟子が最澄のもとに戻らなかったり，密教について相違がはっきりしてきたりして，交流が断たれてしまい，以後完全に独自の道を歩むようになった。

◀最澄

空海▶

## ❓ Q&A 平城京から長岡京へと遷都し，10年後にすぐ平安京へと遷都した理由は？

現在京都の少し南に長岡京という地名が残っている。発掘調査によれば，東西43m南北22mの大極殿が建てられていて，桓武天皇も住んでいたという。784年に長岡京に都が移されたが，都造営の責任者である藤原種継が暗殺されてしまった。後に犯人はつかまるが，その中に皇太子早良親王もいたことから，この遷都に対して，多くの反対があったことがうかがえる。親王は淡路島に流されることになり，そこへ行く途中で死んでしまった。その後，桓武天皇の母と妻が続いて死に，新しい皇太子も病に倒れた。これは先に亡くなった早良親王のたたりであるとし，淡路島に墓をつくり供養をした。さらに自然の災害なども重なり，長岡京は縁起の良い土地ではないと判断し，10年後にさらに北東の平安京に移ったわけである。

# ⑧ 摂関政治

## ❶ 摂関政治──天皇あっての摂関政治

　奈良時代からおこっていた貴族の勢力争いは，平安時代になっても衰えなかった。その中で藤原氏が，たくみに他の貴族を退けながら，**娘を天皇のきさきとして**，その皇子を次の天皇に立てることで，**自らが天皇の祖父（外祖父）**となり，勢力をのばしていった。9世紀半ばから，**天皇が幼い時は摂政**として，**成人した場合は関白**として，政治の実権をにぎった。このような政治のあり方を摂関政治と呼ぶ。

　摂関政治は，11世紀初めの**藤原道長，頼通**父子の時にもっとも盛んで，道長は4人の娘を天皇のきさきにしていった。3人目の娘がきさきになる時によんだ歌は望月の歌として有名である。

「この世をば　わが世とぞ思ふ　望月の
　　　　　　　かけたることも　なしと思へば」

（意：この世は自分のもので，満月のように欠けたところがない）。平安時代の33人の天皇のうち24人は，藤原氏の娘が母であった。また律令政治の実権をにぎる公卿（太政大臣などの最高クラスの役職の者）の数では，道長の時代に，23人中17人を藤原氏が占めたこともあった。

　しかし摂関政治は，天皇の存在があってこそ成り立つもので，天皇の地位をおびやかすものではない。藤原氏の栄華は天皇との外戚関係を保っていることにより成り立っていた。よって藤原氏との関係が薄い天皇が即位すると，たちまちその栄華は崩れていくことになる。

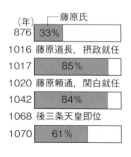

▲公卿に占める藤原氏の割合

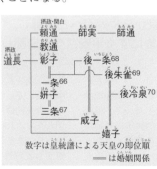

▲藤原氏の系図

---

**摂政** P.254▶▶
藤原良房は，皇族以外では初の摂政となった。

**関白**
成人男性の天皇を補佐する役職。887年藤原基経が正式に任じられたのが最初である。天皇が幼少の時には摂政，成人すると関白という摂関政治が確立した。

### 人　物

**藤原道長**
966年～1027年。藤原兼家の子。兄の死後，政敵であった甥の伊周を退けて，氏の筆頭となった。

### 参　考

**藤原氏の他氏排斥の歴史**

| 842年 | 承和の変<br>→伴健岑・橘 逸勢を配流 |
|---|---|
| 866年 | 応天門の変<br>→伴善男配流 |
| 888年 | 阿衡の紛議<br>→橘 広相を処分 |
| 901年 | 昌泰の変<br>→菅原道真を左遷 |
| 969年 | 安和の変<br>→源 高明を左遷 |

## 2 荘園——事務所をもつ田

　奈良時代の半ばに出された**墾田永年私財法**[P.262▶▶]により，私有地をもつことが許されるようになったため，力のある貴族や寺社は逃亡した農民などを使って，田を開墾した。この開墾した地は私有地なので，経営のために倉庫や荘と呼ばれた事務所をつくり管理した。この荘を持つ田畑を**荘園**と呼ぶ。

　平安時代，勢力をほこった藤原氏には，自分で開墾した荘園のほかに，贈り物として贈られた荘園（寄進）も多数あったが，それは富の集中を示すものでもあった。

## 3 国司の横暴——転んだところの土をもつかめ

　藤原氏が栄華をほこるようになると，中央で出世の望みがうすくなった貴族のなかには，**国司**[P.258▶▶]として地方に行き，その**地位と権力**で，**富をたくわえる**者も出てきた。その後，国司となっても任地に行かず，代理の者を送って収入だけを得る者も出てきて，地方の政治は乱れていった。

　**今昔物語集**には，国司のがめつさを伝える次のような話がある。信濃国の国司であった藤原陳忠は，任期が終わって京都にもどる最中，馬ともども谷に落ちてしまった。お付きの者が驚いて騒いでいると，下の方から声がした。「かごに縄をつけておろせ」という。かごをおろすと，「引き上げろ」と命令があった。あげてみると，かごいっぱいにきのこがはいっていた。もう一度かごをおろせというので，おろしたら，次は陳忠がかごに乗ってやってきた。片手にいっぱいのきのこを持って，どうしたのかとたずねれば，「国司は転んだところの土をもつかめというではないか」といった。

### 🔎 研　究

**なぜ荘園を寄進したのか**
貴族や有力寺社のなかには，税を納めなくてもよい「不輸の権」や，検田使などの立ち入りを認めない「不入の権」が与えられた荘園をもつ者もいた。この権利によって，本来朝廷に納めるべき税を納めずに富を独占することができ，国司の監視の目を逃れ，税の二重取りや労役の提供から解放される。このことから，貴族や有力寺社に荘園の寄進が行われた。

▲清涼殿に落雷　逃げまどう公卿たち（下段Q＆A参照）

## ❓ Q&A 菅原道真ってどんな人？

　道真は幼少の頃より学業優秀で，宇多天皇の信任篤く，朝廷内で最も出世した人物であった。899年には醍醐天皇のもとで，道真が右大臣，藤原時平が左大臣に任命され，国家の政務を統括する。ところが道真の活躍をこころよく思わなかった時平は，醍醐天皇を天皇の地位から退かせるなどの画策をしていると身に覚えのない罪を道真に負わせ，九州の大宰府に左遷をする。道真はその地で無念の死を遂げ，その後，都では時平をはじめとする左遷に関わった者たちに次々と不幸な出来事が起こり，宮中に雷が落ちて火災になるなどのできごとが続いた。

　朝廷をはじめ世の人々はこれらを無念の死を遂げた道真の成せる業と考え，道真の荒ぶる霊を慰めるとともに，都を守る王城鎮護の神として京都御所の乾の隅にあたる北野天満宮にその御神霊を手厚く祀ったのである。学業に秀でた道真は，今も「学問の神様」として信仰され続けている。

# ⑨ 国風文化

## 1 遣唐使の停止——東アジア情勢の変化に対応して

　630年から約20回にわたり計画されてきた**遣唐使**が，**菅原道真**の建議により，894年に停止された。9世紀になって唐の国内では乱が多発し，唐の勢力が急速におとろえたことと，唐への渡航に大変な危険がともなうことが原因として挙げられた。907年，唐は滅亡し，かわって960年に**宋**がおこった。朝鮮半島では，936年に**新羅**が滅び，**高麗**が半島を統一した。これらの国々とは，正式な国交は結ばれなかったが，商人の活動は盛んであった。

▲11世紀のころの東アジア

## 2 国風文化——かな文字の発達の影響は…

　遣唐使の停止により，大陸からの新しい文化は来なくなったが，それまで吸収した唐の文化を日本の風土や生活にあった形にし，**日本独自の文化を形成**していくことになった。

　**漢字**はこの時代の正式な文字としていたので，漢字を**真名**と呼ぶのに対して，漢字を書き崩したり，漢字の一部を使って略したりしたものを，**仮名**（かな）といった。日本語の発音をあらわせる**かな文字**の発達により，細かな感情を表現できるようになった。また漢字よりも簡単なかな文字の発達により，多くの人々が文字を書けるようになった点は，日本の文化に与えた影響を考えるときわめて大きいものであった。

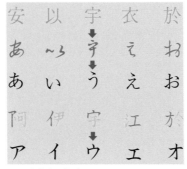

▲かな文字の発達

**遣唐使**

630年犬上御田鍬が最初に派遣されて以来，約20回計画された。しかし，4回の中止などで，唐の長安まで行ったのは13回だった。最初は2隻の船で行ったが，8世紀になり4隻での航海となった。1隻に120〜150人が乗るため，総勢600人のときもあった。唐から先進の文物を持ちかえり，また留学生，留学僧を送るといった文化交流がその主な目的であった。しかし，航海には常に危険がともなった。自分が遣唐使となった菅原道真も，航海の危険を停止の理由の一つにあげている。

**貴族の生活**

唐の文化をふまえながら日本独自の生活様式を確立していった。寝殿造の住まい，日本の自然や風俗を屏風などに描いた大和絵が当時の様子を伝えてくれる。

かなは当初，女性の使う文字とされていたので，かなの発達は女性の文学への進出をうながした。**清少納言**は宮廷の生活などで感じたものを，随筆として『**枕草子**』にあらわした。**紫式部**は宮廷の生活などを題材にして，小説『**源氏物語**』を書き上げた。また和歌集としては，**紀貫之**らの編纂により『**古今和歌集**』がつくられた。

### 3 浄土へのあこがれ——阿弥陀仏の信仰

平安時代の中ごろ，自然災害や社会の乱れに対して，**末法思想**が広まった。これはシャカの死後1000年は「正法」，その後1000年は仏教の力がすたれ「像法」，この後が天災や戦乱の続く「末法」の世になるという考えである。1052年はその末法の世の第1年目にあたると考えられた。この世では幸福にはなれないが，あの世では**極楽浄土**に往生したいという思いが人々の心をとらえ，**念仏**を唱え**阿弥陀仏**にすがる**浄土信仰**が盛んになり，**貴族から庶民にも広まった**。

このような浄土信仰は美術に影響を与え，阿弥陀仏の絵画，仏像などが流行した。藤原頼通の建てた**平等院鳳凰堂**は代表的な建物で，この世に浄土をあらわそうとしたものである。浄土信仰は京都から地方にも広まり，奥州（現在の岩手県）の平泉には，豪族藤原氏が**中尊寺金色堂**を建てた。

 **人　物**

**清少納言**
966年～？。平安時代の随筆家・歌人。一条天皇の皇后となった中宮定子に仕える。

**紫式部**
970年代生～1010年代没。平安時代の物語作家・歌人。一度は結婚し，子をもうけるが死別する。藤原道長に才能を見出され，道長の娘である中宮彰子に仕える。

**用　語**

**古今和歌集**
天皇の命令でつくられた最初の和歌集。選者は紀貫之らで約1100首がおさめられており，後の和歌集の模範となった。

**平等院鳳凰堂**
京都府宇治市に所在。藤原道長が買った屋敷を，子の頼通が1052年に寺に改め，定朝作の阿弥陀如来像をまつる阿弥陀堂をつくった。この阿弥陀堂の形から，江戸時代以降に鳳凰堂と呼ばれるようになった。

---

**？Q&A　清少納言と紫式部は宮中のライバルだったのだろうか？**

二人とも結婚がうまくゆかず，一条天皇のきさきたちに仕えたことは，大変似た境遇であった。

当時のきさきたちは容貌の美しさに加え，教養の高さが問われた。そこで才能があり優れた女性の家庭教師を競って雇った。一条天皇に関係する二人のきさきに仕えたことは，当然ライバル視していたと考えられる。唐の白氏文集という本についての逸話が残っている。紫式部は，自分の仕える中宮彰子にこの本を教える時，人のいる前では教えなかった。それは自分の才能をできるだけ隠そうとしたためであった。対して清少納言は，やはり仕える中宮定子の「香炉峰の雪は」との問いに，そばにいた女官のだれもが答えられなかったとき，清少納言はだまって，すだれを巻き上げた。「香炉峰の雪は，すだれをかかげてみる」という詩があることを知っていたからである。清少納言は，なんでも人に認められないと気が済まなかった人であった。紫式部は清少納言のことを「高慢で軽薄で目立ちたがりな女」と評したという。

# 第 2 章
# 中世の日本

↑写真は，京都府にある龍安寺の石庭である。室町
時代の東山文化で学習する，枯山水の様式で作られ
ている。
この単元では，武士が政権をにぎった鎌倉時代，室
町時代について学習しよう。

# 第2章｜中世の日本

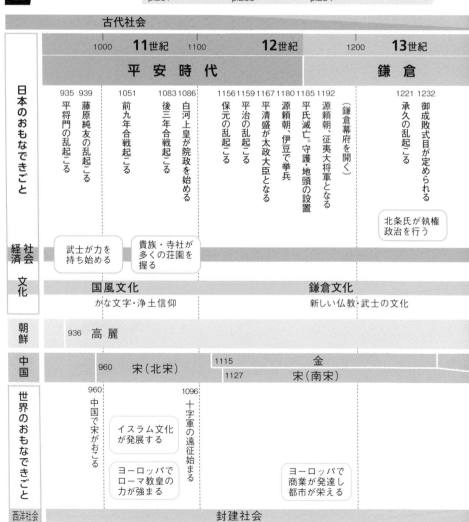

古代社会

|  | 1000 | 11世紀 | 1100 | | 12世紀 | | 1200 | 13世紀 |

**平安時代** ｜ **鎌倉**

日本のおもなできごと

935 平将門の乱起こる
939 藤原純友の乱起こる
1051 前九年合戦起こる
1083 後三年合戦起こる
1086 白河上皇が院政を始める
1156 保元の乱起こる
1159 平治の乱起こる
1167 平清盛が太政大臣となる
1180 源頼朝、伊豆で挙兵
1185 平氏滅亡。守護・地頭の設置
1192 源頼朝、征夷大将軍となる
（鎌倉幕府を開く）
1221 承久の乱起こる
1232 御成敗式目が定められる

北条氏が執権政治を行う

社会・経済

武士が力を持ち始める

貴族・寺社が多くの荘園を握る

文化

国風文化
かな文字・浄土信仰

鎌倉文化
新しい仏教・武士の文化

朝鮮

936　高麗

中国

960　宋（北宋）
1115　金
1127　宋（南宋）

世界のおもなできごと

960 中国で宋がおこる

1096 十字軍の遠征始まる

イスラム文化が発展する

ヨーロッパでローマ教皇の力が強まる

ヨーロッパで商業が発達し都市が栄える

西洋社会　　封建社会

①武士による政権の成立と社会の展開を理解する。また，東アジア世界とのかかわりに気づく。②諸産業の発達と，畿内を中心とした都市の発達について理解するとともに，武士や民衆による新しい文化について考える。

## §2 社会の変動と室町幕府(p.286〜299)

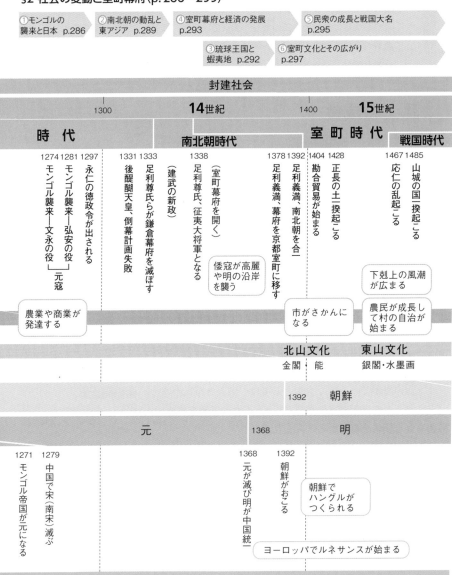

封建社会

| 1300 | 14世紀 | 1400 | 15世紀 |

時　代　　南北朝時代　　室町時代　戦国時代

1274 1281 1297　1331 1333　1338　1378 1392 1404 1428　1467 1485

モンゴル襲来─文永の役┐元寇
モンゴル襲来─弘安の役┘
永仁の徳政令が出される

後醍醐天皇、倒幕計画失敗
足利尊氏らが鎌倉幕府を滅ぼす
（建武の新政）

足利尊氏、征夷大将軍となる
（室町幕府を開く）

足利義満、幕府を京都室町に移す
足利義満、南北朝を合一
勘合貿易が始まる
正長の土一揆起こる

応仁の乱起こる
山城の国一揆起こる

倭寇が高麗や明の沿岸を襲う

農業や商業が発達する

市がさかんになる

下剋上の風潮が広まる

農民が成長して村の自治が始まる

北山文化　　東山文化
金閣　能　　銀閣・水墨画

1392　朝鮮

元　　1368　明

1271 1279　1368 1392

モンゴル帝国が元になる
中国で宋（南宋）滅ぶ

元が滅び明が中国統一
朝鮮がおこる

朝鮮でハングルがつくられる

ヨーロッパでルネサンスが始まる

## §1　武士の台頭と鎌倉幕府

重要ポイント

□農民が自衛のため武装化していったのが武士。代表的武士団は源氏と平氏。
□平氏政権は，藤原氏と同じように天皇の外戚となり，勢力を伸ばした。
□将軍と御家人の関係は，御恩と奉公の関係で結ばれていた。
□鎌倉幕府のしくみは簡素。中央に侍所・政所・問注所，地方に守護と地頭。
□幕府の実権は執権北条氏が握り，承久の乱の後，幕府の勢力は全国に広まった。
□裁判の基準を御家人に示すために，北条泰時は御成敗式目を定めた。
□鎌倉仏教は，わかりやすく，実行しやすかったので，多くの支持を集めた。

## ① 武士の成長

### 1　武士の登場——武装する農民

　平安時代の中ごろになると，地方の政治は乱れ，治安も悪くなってきた。国司の横暴な税の取り立てに対して，農民の中には，自衛の手段として武装化していく者もあった。また都では，貴族の身辺や屋敷の警護をする者も出てきた。こうして武士という身分が生まれてきた。**武士は主人を中心にして次第に組織され，家の子，郎党などの主従関係を持つ従者たちが集まり，武士団となっていった。**

　935（〜40）年の平将門の乱や939（〜41）年の藤原純友の乱は，記録に残る武士の姿として最も早い時期のものである。

### 2　源氏と平氏——天皇家との血脈

　武士団のなかで，有力なものとしては，源氏と平氏があげられる。**ともに天皇家の子孫として，人々の信望を集め，強力な武士団に成長したと考えられる。**

　源氏は，関東から東北に勢力を伸ばし，東北の豪族安倍氏を倒すためにおこった**前九年合戦**（1051年〜），次いで起こった**後三年合戦**（1083年〜）と続く東北の戦乱で名をはせた。このとき，**源義家は朝廷からのほうびがなくとも，従ってくれた者たちに私財を出して報いることにより，絶対的な信頼関係を築くようになった。**そのころ，平氏は，西国に勢力を伸ばしていった。

●●もっとくわしく

**前九年合戦と後三年合戦**
前九年合戦では，陸奥国で国司と争っていた安倍氏を，源頼義・義家父子が中心となり，清原氏の助けを借りて平定した。しかし，戦功は，地元の清原氏に行ってしまう。その後，清原氏の内紛に乗じて源義家が勢力を伸ばしたのが後三年合戦である。

**参　考**

**寄進地系荘園**
荘園は，本来自分の力で田畑をつくった者に，私有地として認められたものであったが，国司の荘園に対する横暴な取り立てに対して，国司より権力がある者に荘園を寄進することで，国司の圧迫から逃れた。院政が始まると，上皇のもとに荘園が集まった。

# ② 院政と平氏政権

## 1 院政——はじまりは白河上皇

　都では，摂関政治にかげりが見えはじめた。藤原氏を外戚としない後三条天皇が即位すると，天皇は藤原氏の勢力を退けることに力を注ぎ，次の白河天皇は，天皇を退位し上皇（院）になってからも権力をほしいままにしたので，院政と呼ばれる政治の体制ができあがった。武士はこの院にも仕え，しばしば強訴を行うなど横暴であった大寺院の僧兵などとも戦った。

## 2 平氏政権——平氏にあらずは人にあらず

　武士が都で，その勢力をゆるぎないものにしたのは，1156年の保元の乱であった。朝廷内の対立は，戦いにたけた武士をどれだけかかえることができるかが，戦いの勝敗を決めた。この乱で活躍したのは，源義朝と平清盛であった。しかし，その恩賞は平清盛に厚く，不満を持った源義朝が，上皇の御所を襲ったことから，1159年の平治の乱が始まった。戦いは平清盛の勝利に終わり，源氏は勢力を失い，義朝の子頼朝は伊豆へ流された。今までの戦いは，何らかの形で朝廷や貴族に原因があったが，歴史の上で武士だけの戦いが初めて起こったことも，武士の勢力が伸びていったことを物語っている。

　その後，平清盛は藤原氏のように自分の孫を天皇に即位させるなどして天皇の外戚となることで，勢力を拡大した。また，厳島神社の「平家納経」に見られるように，次第に貴族化していった。平清盛は本来，後白河上皇に仕える身であったが，勢力が逆転してしまった。この後，後白河上皇も勢力を挽回しようと画策するが，計画がもれて，逆に幽閉されてしまった。

▲屋敷を守る武士

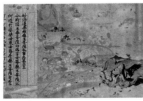
▲平家納経（模本）

### 参考

**僧兵**

武装した僧で，長刀を持ち，裹頭で頭をかくした姿が絵巻物に残っている。白河上皇の三大不如意として，賀茂川の水，サイコロの目，そして僧兵の名があがるように，時の権力者であっても，思うようにならなかった。

### 参考

**侍（さむらい）**

「さむらい」という言葉は，「さぶらふ」からきていて，「仕える」という意味である。貴族や院に仕えることが武士の本分であったということを示している。

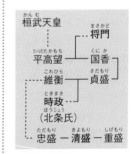
▲平氏の系図

### ●●もっとくわしく

**平氏の栄華の源泉**

平清盛は，現在の神戸港（兵庫県）の一部（当時は大輪田泊）を整備して，中国の宋と貿易を行った。刀剣や硫黄などを輸出し，宋銭・陶磁器・香料などを輸入して，平氏の富の拡大に大きく寄与した。また，多数の荘園から得られる収入，天皇の外戚としての大きな政治力を持っていることが平氏が栄えるよりどころとなった。

# ③ 源平の争乱

## 1 以仁王の令旨——命令は死なず

栄華を極めた平氏は，**後白河上皇を幽閉**し，権力をほしいままにしたために，貴族や寺社の反発を招いた。また，貴族化していったことで，武士の中にも不満が高まった。後白河上皇の近臣には平氏打倒の計画を立てる者も出てきたが，未然に防がれてしまった。上皇の子である**以仁王**は，「平氏追討」の令旨（皇太子など皇族の命を伝える文書）を各地の武士に出した。以仁王は戦いに敗れ，死んでしまうが，命令は生き続けた。

## 2 頼朝の挙兵——20年間の辛抱の末

この令旨に応じたのが，伊豆の**源 頼朝**であり，木曽の**源 義仲**であった。1180年源頼朝は挙兵したが，石橋山の戦いで負け，安房国（千葉県）に逃げた。そこで態勢を立て直し，鎌倉に入った。平氏は大軍を送り，対して頼朝も軍をくり出し，**富士川の戦い**（静岡県）となった。この戦いは水鳥の羽音に驚いた平氏が戦わずに逃げてしまった。頼朝はこれを追わず，関東武士の言葉に従い，**鎌倉で武士政権樹立の準備を始めた**。

1181年平清盛が熱病で亡くなり，平氏の勢力にかげりが見え始めた。1183年には，木曽の**源 義仲**が**倶利伽羅峠の戦い**で勝利し，一気に京都に入ってきた。最初は義仲を歓迎した後白河上皇であったが，その行いが粗暴であったため京都の人々からの信望を失ったのを見て，今度は「義仲追討」の命令を，鎌倉の頼朝に送った。頼朝は自ら出向くことなく，弟の**範頼・義経**をつかわした。義経らは1184年に義仲を滅ぼし，さらに平氏を追い，**一ノ谷の戦い**，**屋島の戦い**と勝利し，ついに**壇ノ浦の戦い**で，**平氏を滅亡させた**。

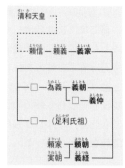

▲源氏の系図

東から西へと戦いが移動した。

▲源平合戦

歴史編

第1章 歴史の始まりと日本

第2章 中世の日本

第3章 近世の日本

第4章 近代日本のあゆみと国際関係

第5章 2つの世界大戦と日本

第6章 現代の日本と世界

## ④ 鎌倉幕府の成立

### 1 御恩と奉公——鎌倉時代の give and take

　頼朝は，味方となった武士と主従関係を結び，頼朝の家来となった武士を御家人と呼んだ。この関係は，頼朝が家来となった武士の領地を保護し，勲功に対しては新しい土地を与えるなどする御恩と，御家人が戦いの時に一族郎党を率いて頼朝に忠誠を尽くす奉公によって成り立っていた。

領地を認め，手がらによって新しい領地を与える

将軍　御恩　御家人

奉公

将軍のために命をかけて戦う

▲御恩と奉公の関係

### 2 鎌倉幕府のしくみ——簡素な組織

　頼朝は，御家人を統率するために侍所を設置し，ついで領地争いの裁判を扱う問注所，財政や一般政務を扱う政所を設けた。

　また頼朝と義経が不仲になると，頼朝は義経をとらえる口実として，朝廷に国ごとに守護を，荘園や公領ごとに地頭[P.281▶]を置くことを認めさせた。まだ東国に限られているとはいえ，頼朝の勢力を各地に広げることとなった。

　こうして頼朝は，1192年に朝廷から征夷大将軍に任じられ，名実ともに鎌倉幕府を開いた。以後約140年間を鎌倉時代と呼ぶ。それに続く約700年間の武家の時代の始まりである。

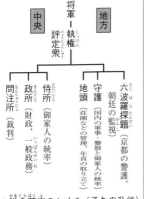

中央　　将軍－執権　　地方
　　　　評定衆

問注所（裁判）　政所（財政，一般政務）　侍所（御家人の統率）　地頭（荘園などの管理，年貢の取り立て）　守護（国内の軍事・警察と御家人の統率）　六波羅探題（京都の警護，朝廷の監視）

▲鎌倉幕府のしくみ（承久の乱後）

? Q&A

### 鎌倉幕府はいつできたか？

侍所の設置（1180年），問注所の設置（1184年），守護・地頭の設置（1185年），政所の設置（1190年）と諸説あるが，実質的に権力を広げた1185年が有力。

**御家人**
特に将軍家の家人として，「御」という言葉を付けて呼ぶようになった。

**侍所**
平安時代に公家を警護することを職務とした機関であったが，鎌倉では，1180年御家人の統率を主な目的として設置された。長官を別当といい，初代は和田義盛，のちに執権の北条氏がかねるようになった。

**問注所**
鎌倉幕府の裁判機関。御家人の訴訟全般を取り扱った。1184年に設置された。

**政所**
平安時代の公文所で，政務を行う機関。頼朝が権大納言・右近衛大将に任じられて後，1190年に改称された。

**幕府**
将軍の指揮する場所は戦いの現場であり，野外で幕を引いた内側に陣取って指揮をするところから，将軍の行う政治の場所またはそのスタイルを幕府と呼ぶようになった。

💡 参　考

**執権**
将軍の権力の代行者として，鎌倉幕府の実務の中心となった職で，1203年北条時政が，将軍実朝の執権となったのが始まり。

# ⑤ 執権政治

## 1 北条氏の政治——将軍はロボット？

　頼朝の死後，2代目将軍頼家は，頼朝の妻**北条政子**の実家である**北条氏**と対立し，伊豆に幽閉され殺害された。その弟実朝も，甥の公暁により殺され，頼朝からの源氏の血統は，3代27年で途絶えてしまった。4代目以降の将軍は，京都から貴族を，のちには皇族を迎えていくが，名ばかりの将軍となり，幕府の実権は，北条氏が握っていった。北条氏は**将軍の補佐役**である**執権**という役職を独占したために，**執権政治**と呼ばれる。

## 2 承久の乱——武家と公家の戦い

　こうした鎌倉の武家政治の混乱を見た**後鳥羽上皇**は，これを機に，幕府を倒し，朝廷の勢力を盛り返そうと画策し，1221年（承久3年）執権**北条義時**の追討の命令を発した。後鳥羽上皇からの命令に動揺した武士たちに向かって，北条政子は，**頼朝の御恩を強調し，幕府への忠誠を誓わせた。**時代の流れは武士に傾いており，戦いは鎌倉側の勝利となった。この乱を**承久の乱**という。

　幕府の大軍は京都を占領し，天皇を退位させ，三人の上皇を遠国に流した。こうしてそれまで東国に限られていた幕府の勢力は一気に全国に及ぶようになり，京都には朝廷の監視役として，**六波羅探題**を設置した。ここに初めて，武士は朝廷と戦い勝利し，本格的な武家の時代となった。歴史上，武士が朝廷に勝った唯一の例としても意義が深い。

📖 **用 語**

**六波羅探題**
鎌倉幕府が京都に設置した役職。承久の乱の時，幕府側が京都の六波羅で指揮を執ったのが始まりで，探題は北条氏に独占されていた。

▲北条氏の系図

---

❓**Q&A** 🟧 **なぜ義経は奥州に逃げることができたのだろうか？**

　頼朝は義経に対して不審の念をいだき，対立を深めていったが，鎌倉武士はすべて頼朝に従い，義経に味方する者はほとんどいなかった。頼朝は簡単に義経を討つことができたはずだが，義経は奥州に逃げることができた。これはなぜだろうか。

　その答えは次のように考えられている。まず頼朝は，義経を探すという名目を利用して，国ごとに守護を，荘園や公領ごとに地頭を置くことで，自分の家来を各地に配置させることに成功した。さらに，かつて平氏から逃げ延び，そこで生きていくことを許された奥州藤原氏を，義経を保護したという名目で，義経ともども滅ぼした。藤原氏は，中尊寺金色堂に見られるような栄華をほこっていたので，頼朝はその富をも手に入れることができた。義経は，頼朝の全国支配の名目として利用されたのである。

# ⑥ 武士と民衆の動き

## 1 武士と地頭──泣く子と地頭にはかなわぬ

武士はふつう，荘園の地頭として，村に住み，一族や郎党を従えて，農民を支配していた。

屋敷は，堀ややぐらをもった戦いを想定した造りとなっており，板ぶきの簡素なものであった。

武士は自分の領地を広げるために，農民などを使って土地を開発していった。荘園は本来ならば荘園領主のものであるが，地頭となった武士は土地や農民を勝手に支配していった。そのため，荘園領主と地頭との間に，しばしば争いが起こった。その結果，地頭が農民からの年貢の取り立てを一手にひきうけるようになったり，荘園の土地の半分を地頭のものとするようになったりして，地頭の力は確実に農村に浸透していった。

## 2 武士の道──一所懸命

武士の家では，父が子に対する教育は厳しく，男子は幼いころから武芸をみがくことが大切とされた。当時は，武士の道は剣の道より，弓や馬の武芸の道が中心とされ，流鏑馬・笠懸・犬追物などの「弓馬の道」が「兵（つわもの）の道」「もののふの道」などと呼ばれ，名を重んじ，恥を知ることが武士としての気構えとされた。

領地は，分割相続により子孫へ受け継がれたが，女子にも権利があり，女性の地頭もいた。

武士の願いは，命懸けで戦功をあげて，領地を守り，増やすことであった。そこから「一所懸命」という言葉も生まれた。

## 3 御成敗式目（貞永式目）──武士の規範

武士の力が強まると，御家人同士の領地争いが多くなり，裁判の基準をつくる必要が出てきた。そこで執権北条泰時は，1232年（貞永元年），武士のしきたりや頼朝以来の先例を整理して，51か条からなる御成敗式目をつくり，裁判の基準や御家人の権利と義務をはっきりさせた。これは武家社会の法律の基準となり，幕府政治のよりどころとなった。

歴史編

第1章 歴史の始まりと日本

第2章 中世の日本

第3章 近世の日本

第4章 近代日本のあゆみと国際関係

第5章 2つの世界大戦と日本

第6章 現代の日本と世界

### 参考

**流鏑馬・笠懸・犬追物**

いずれも武士が馬に乗り，弓を射る武芸で騎射三物と呼ばれている。流鏑馬は疾走する馬上から，連続した3か所の的を次々に射るもの。笠懸は遠距離の的を騎乗して射るもの。犬追物は垣の内側に犬を放し，馬上より射るものである。

▲笠懸

### 用語

**御成敗式目**

1232年（貞永元年）に制定された鎌倉幕府の基本法。貞永式目ともいう。後の室町幕府や戦国時代の分国法にも影響した。

〈条文〉

一，諸国の守護の仕事は，頼朝公の時に定められた。守護の国内の御家人を京都の警備に当たらせること，謀反や殺人などの犯罪人をとりしまることである。それ以外の職務を行うような，慣例に外れたことは，行ってはならない。

一，武士が20年を超える間，その土地を支配していれば，慣例どおりその支配を認める。

（一部要約）

## 4　農業の進歩——二毛作の始まり

　武士の時代となり，社会が安定していくと，牛馬の力で，鉄製のすきを使って，田を耕すこと（牛馬耕）が広まり，草や木を焼いた灰（草木灰）が肥料に利用され，**農業生産が高まった**。畿内を中心に米と麦の**二毛作**も始まっていった。

## 5　農民の訴え——阿氏河荘の農民

　農民は生産力が向上しても，荘園領主へ年貢を納め，さらに地頭も年貢や労役をかけてくるので，二重の負担となった。農民のなかには，**阿氏河荘**のように地頭のひどい行いについて，荘園領主に訴えるものも出てきた。これは地頭の横暴をあらわす証拠ともなるが，一方，農民による地頭に対する抵抗と受け取れ，農民などがまとまって行動を起こしていることも読み取れる。

**部分要約**
　阿氏河荘の上村の農民らが申し上げます。…荘園領主に納める木材が遅れていますが，地頭の上京の際や，近くの工事の際に村人を集め使うので，ひまもありません。わずかに残った村人が領主のための木材を切り出しに行くと，地頭が「逃亡した農民の畑に麦をまけ」と命じ，山から追いもどされます。
（部分要約）

紀伊国（和歌山県）の農民が荘園領主である京都の寺に対し，地頭の横暴を訴えたもの。カタカナを中心として書かれている。

▲阿氏河荘の農民の訴状

## 6　市の発達——三斎市

　農業生産が向上すると，農作物に余剰が生まれ，それを市に持っていき，貨幣に換えることも可能になってきた。農具を専門につくる**鍛冶屋**や染物を行う**紺屋**などの手工業者も出てきた。

　寺社の門前や交通の要所には，多くの人が集まり，そこに定期的に市がひらかれるようになった。商業が活発になると，京都や鎌倉は経済の中心となり，地方でも月3回の**定期市（三斎市）**が開かれる所も出てきた。

　売り買いには，中国からの宋銭が使われることもあった。

○●もっとくわしく
**二毛作**
同じ耕地で一年の間に二種類の異なる作物をつくること。例えば，春から秋まで米をつくり，秋から春までは麦などをつくるということ。同じ耕地で同じ作物をつくる，二期作と混同しないように。

◯◯研　究
**鎌倉時代の裁判は，どのように行われたのだろうか。**
鎌倉幕府では，三問三答という原告と被告により，それぞれ三回ずつ書面により訴えや反論がある。次いで原告と被告が出頭し口頭弁論で対決，その後で幕府の審理に入って判決が出る。しかし必ずしも，こうした形になっていないこともあった。一回のみの訴えで，特に反論がない場合は，そのまま判決となったりもした。

○●もっとくわしく
**「市」の名のつく都市**
現在に残る「市」の名のつく都市としては，四日市（三重県），五日市（広島県），今市（栃木県，今は日光市）など，数多くある。また八日町（東京都 八王子市）などは，「市」の字がなくとも，市の存在を暗示している。

§1 武士の台頭と鎌倉幕府 **283**

歴史編

第1章 歴史の始まりと日本

第2章 中世の日本

第3章 近世の日本

第4章 近代日本のあゆみと国際関係

第5章 2つの世界大戦と日本

第6章 現代の日本と世界

# ⑦ 鎌倉時代の宗教

## 1 鎌倉仏教のおこり——新しい仏教の教え

鎌倉時代には，平安時代の貴族を中心に信仰を集めた天台宗や真言宗[P.267▶▶]の他に，新しい仏教の教えがおこった。人々は源平の争乱や飢饉などを通して，心のよりどころを求めていた。新しい教えは，わかりやすく，実行しやすかったので，武士や民衆の支持を得て，大きな広がりを見せるようになった。

## 2 浄土の教え——南無阿弥陀仏

源平の争乱以前から，主に貴族の間に広まっていた浄土信仰を，天台宗に学んだ法然が，一心に「南無阿弥陀仏」と念仏を唱えれば，だれでも極楽浄土に行けると説き，浄土宗を開いた。法然の弟子親鸞は，師の教えをさらに進めて，悪人正機説を唱え，浄土真宗（一向宗）を開き，多くの人々に信仰された。一遍は，踊りながら，念仏を唱える時宗を広めた。

## 3 日蓮宗（法華宗）——南無妙法蓮華経

念仏の教えに対して，日蓮は，他の宗派を激しく攻撃し，法華経の「南無妙法蓮華経」という題目を唱えれば，人も国家も救われると説き，日蓮宗を広めた。

## 4 禅宗——自力でさとりを得る

宋（中国）にわたって禅宗を学んできた栄西と道元は，禅宗を伝えた。浄土の教えが他力本願で救いをもとめるのに対して，座禅により自分の力でさとりを得ようとするもので，武士の気風に合い，栄西が臨済宗を，道元が曹洞宗をそれぞれ開いた。

📖 **用語**

**阿弥陀仏**
西方の極楽浄土に住む仏。平安時代末期，社会的不安と末法思想（仏の徳がなくなった時代の到来を説く考え）の流行の中で，この世では救われなくても，死後の世界では救われたいと考え，極楽浄土に往生することを願い，阿弥陀仏にすがる阿弥陀信仰が盛んになった。

✏ **参考**

**悪人正機説**
親鸞の説く考え。善人でも往生できるとしたら，悪人は当然往生できる。なぜなら，悪人の方が善人よりも，自分の悪い所を自覚して，ひたすらに阿弥陀仏にすがる気持ちが強いので救われるはずであると説く。

📖 **用語**

**法華経**
仏教の経典の一つで，聖徳太子の時代から重視された。奈良時代には聖武天皇の命により国分寺・国分尼寺で唱えられた。平安時代に最澄により開かれた天台宗の根本経典として広まった。妙法蓮華経を略した名称である。

| 宗派 | 浄土宗 | 浄土真宗（一向宗） | 時宗 | 禅宗 | | 日蓮宗（法華宗） |
|---|---|---|---|---|---|---|
| | | | | 臨済宗 | 曹洞宗 | |
| 開祖 | 法然 | 親鸞 | 一遍 | 栄西 | 道元 | 日蓮 |
| 支持層 | 貴族，庶民，武士 | 関東の武士，農民 | 武士，庶民 | 将軍，鎌倉幕府有力者 | 地方武士 | 関東の御家人，地方武士 |
| 特徴 | 南無阿弥陀仏という念仏を唱えれば，極楽浄土に往生することができる。 | | | 座禅を通して自らの手で真理を悟る。 | | 南無妙法蓮華経という題目を唱えれば救われる。 |

▲鎌倉仏教のまとめ

# ⑧ 鎌倉時代の文化

## 1 鎌倉時代の文化の特色——武士好みの文化

　鎌倉時代の文化には，武士の台頭による影響が表れている。文化の担い手は貴族や僧であっても，**武士の好みに合った文化**が広まっていった。

## 2 文学——無常の文学

　文学では，後鳥羽上皇の指示により**藤原定家**らが『**新古今和歌集**』を編さんし，後の世に大きな影響を与えた。随筆としては，戦乱や飢饉を通して，この世の無常をあらわした**鴨長明**の『**方丈記**』や**吉田兼好**の『**徒然草**』が書かれた。武士の勇ましい姿をつづった軍記物の『**平家物語**』は，平家の栄華と滅亡が**琵琶法師**によって語られ，人々に親しまれた。

## 3 建築・彫刻——実的で力強い

　寺院建築では，宋（中国）から，**簡素であるが力強い様式**が伝えられ，**東大寺南大門**などが代表的なものである。南大門には，**運慶**らによる**金剛力士像**がある。東大寺を守る木造の仁王像であるが，これまでの仏像とはちがい，**写実的で力強さ**をはっきりあらわしたものである。

### ●●もっとくわしく

**喫茶の習慣**

日本に茶を飲む習慣をもたらしたのは，臨済宗を開いた栄西であった。中国の『茶経』などをもとに茶の効用，種類，利用法を記した『喫茶養生記』を著した。最初は薬として紹介され，将軍源実朝にもすすめられた。

### ●●もっとくわしく

**その他の文学**

説話集
　宇治拾遺物語
　　…こぶとりじいさん
　十訓抄
　　…教訓を示した書
歴史書
　愚管抄
　　…僧侶慈円による歴史書
　吾妻鏡
　　…平安時代末から鎌倉時代の6代将軍までのできごとを記録した書

▲東大寺南大門（現在）
©00925AA

▲金剛力士立像（仁王阿形像）
©00926AA

歴史編

第1章 歴史の始まりと日本

第2章 中世の日本

第3章 近世の日本

第4章 近代日本のあゆみと国際関係

第5章 2つの世界大戦と日本

第6章 現代の日本と世界

**4** 絵画——ストーリー性の高い絵巻物

　絵画では，実在の人物を写実的に描いた**似絵**や，当時の戦争のようすを描いた戦記絵巻や，高僧の伝記絵巻など，多くの絵巻物が生み出された。中でも代表的なものには，元寇のようすを描いた『**蒙古襲来絵詞**』[P.287▶▶]や，時宗の開祖である一遍の生涯を描いた『**一遍上人絵伝**』などがある。

▲似絵（伝 頼朝像）
長らく源頼朝の肖像とされてきたが，現在はそうではないという説も示されている。

▲一遍上人絵伝（部分）

| 文学 | | | 美術 | |
|---|---|---|---|---|
| 和　歌 | 『新古今和歌集』（藤原定家ら） | 建　築 | 東大寺南大門 |
| | 『山家集』（西行） | 彫　刻 | 東大寺南大門の**金剛力士像** |
| | 『金槐和歌集』（源実朝） | | （運慶・快慶ら） |
| 軍記物 | 『平家物語』 | 絵　画 | 似絵 |
| | →琵琶法師が広める | | 絵巻物…僧の伝記，合戦など |
| 随　筆 | 『方丈記』（鴨長明） | | 『蒙古襲来絵詞』 |
| | 『徒然草』（吉田兼好） | | 『一遍上人絵伝』 |

▲代表的な鎌倉文化

**？Q&A　禅問答とは何か？**

　座禅をして，さとりを得るとはどういうことなのか。ひとり静かに目を閉じて，座っていると，実に多くのことが頭の中に浮かんでくる。これをひとつひとつ整理していくのであるが，大変である。禅宗には，臨済宗と曹洞宗があるが，臨済宗には，禅問答というものがある。例えば「片手の拍手の音を聞きなさい。」というものである。片手では，拍手ができないが，それをじっくり考えることにより，余計な物事を考えないで，ひたすらその問いに集中できる。こうして浮世のわずらわしさから解放されると説かれている。

**§2　社会の変動と室町幕府**

**重要ポイント**

□フビライ・ハンによる日本襲来は，文永の役と弘安の役の2回あった。

□鎌倉幕府は鎌倉武士である足利尊氏や新田義貞によって滅ぼされた。

□後醍醐天皇による建武の新政は，2年ほどで崩壊した。

□農村では自治が発達し，一揆などがおきた。

□応仁の乱は戦国時代の幕開けとなった。

□室町文化は武家と公家の文化が融合したもので，地方へ広がった。

# ① モンゴルの襲来と日本

## 1 モンゴル帝国

### ──アジアからヨーロッパに広がる史上最大の帝国

　13世紀初め，モンゴル高原で遊牧民族の中からあらわれたチンギス・ハンは，モンゴルの諸部族を従え，征服をすすめた。そして，東は中国北部から西はロシアに広がる大帝国を築いた。さらにその子孫が60年ほどで東ヨーロッパまで領土を広げ，ユーラシア大陸の東西にまたがるモンゴル帝国をつくった。

　チンギス・ハンの孫のフビライ・ハンは，中国北部を中心にした元を建て，都を大都（現在の北京）に定めた。このころ，マルコ・ポーロが元に来て，各地を見聞し，イタリアに戻ってからその体験を口述し，『世界の記述（東方見聞録）』が完成した。その中で，日本はジパングという名の黄金の島として紹介されている。

**人　物**

**フビライ・ハン**
1215年〜1294年。モンゴル帝国の第5代目の君主（ハン）で，元の初代皇帝。1279年に南宋を滅ぼし，中国を統一した。

**マルコ・ポーロ**
1254年〜1324年。イタリアのベネチアで商人の子として生まれる。1271年〜1295年にかけて父とともにアジア各地を旅行し，元に17年間滞在した。その時のことを帰国後口述したものが『世界の記述（東方見聞録）』である。この本には，フビライ・ハンが日本を占領する計画をたてていることも書かれていた。

**●●もっとくわしく**

**モンゴル帝国の役割**
遊牧民族のモンゴル族は，高い文化を持たず広大な帝国を築いたといわれるが，中国の文化とヨーロッパの文化を融合し，東西の交流を促進するという重要な役割を果たした。

▲13世紀のユーラシア　モンゴル帝国　ユーラシア大陸の大部分を支配下に。

## ② 元寇——文永の役と弘安の役

　フビライ・ハンは，**高麗**（朝鮮）を服属させると，日本にも使者を送り，服属を迫った。これに対し，執権**北条時宗**は，元の要求を断り，北九州の守りを固めた。そこで元は，1274（文永11年）高麗の軍と合わせて約３万の兵を900隻の船に乗せて，対馬と壱岐を占領し，博多湾に上陸した。日本の武士は，元軍の**集団戦法**とすぐれた**火器**の前に苦しんだ。しかし，日が暮れ，元軍が船に引きあげた後，暴風雨が吹き荒れ，多くの船が沈没してしまったので，元軍は退却した。この戦いを**文永の役**という。その後，日本では，**石塁**を築いて博多湾の防備を固めた。

　元は，1281年（弘安４年），朝鮮半島から４万（高麗軍），大陸から10万（元・旧宋軍）の計14万の兵の大軍をもって，再び日本に襲来してきた。先発の高麗軍は，石塁や前回の戦いの教訓を活かした日本の御家人たちの奮戦により，上陸することができず，本隊の元・旧宋軍と合流することにした。しかし合流後，暴風雨にあい，兵員の４分の３を失い，退却した。この戦いを**弘安の役**という。そしてこの２回の元軍の襲来を元寇という。

　その後も，日本への遠征計画があったが実現しなかった。

▲蒙古襲来絵詞（左が元軍，右が竹崎季長）

▲元軍の進路

## ③ 永仁の徳政令——借金ぼう引きで御家人は救われる？

　元を退けたものの，戦利品がないうえに，多額の出費を強いられた幕府の財政は，困難におちいった。また，御家人たちは，**恩賞がもらえず幕府への不満が高まった**。鎌倉時代の後半には，御家人たちは領地の**分割相続**により，次第に御家人一人がもてる領地が少なくなり，生活が苦しくなっていた。中には借金をしたり，土地を手放したりする者も出てきていた。元寇はこうした御家人たちの生活の苦しさに追い打ちをかける形となった。

**人物**

**北条時宗**

1251年～1284年。北条時頼の子。1268年に鎌倉幕府の執権となり，元寇を退ける。禅宗に帰依し，円覚寺を建てた。

**参考**

**てつはう**

「蒙古襲来絵詞」には，1274年の文永の役のとき，元軍が火薬を詰めたものを空中で爆発させ，鎌倉武士や馬を驚かせたことがのっている。これは，後の鉄砲とはちがうものであるが，火薬を使用したという事実を後世に残した。

**参考**

**徳政の意味**

本来は地震や彗星などの天変地異が，為政者の不徳の政治に原因を求め，徳のある政治をすることにより災いからまぬかれるという思想をした。そこから，徳政とは，本来の姿やもとにもどす意味合いが強くなった。

幕府は御家人の救済として，1297年，**御家人の失った領地をただで返させ**，以後御家人の領地の売買や質入れを禁止した。これを**永仁の徳政令**という。しかし，徳政令は一時しのぎにはなっても，御家人たちが借金をする生活は変わらず，かえって借金がしにくくなったり，より高い利息を払うはめになったりして，社会や御家人たちの生活を混乱させる結果となった。

### 4　悪党の出現——異類異形の変わり者が世の中を動かす！

14世紀になると，畿内を中心に，幕府に従わない者が出てきた。彼らは土着の武士や農民を率いて，荘園の年貢を奪ったり，荘園領主に反抗したりし，**悪党**と呼ばれた。悪党は最初こそ，異類異形の風変わりな者とみられていたが，次第に力をつけ，姿形も立派な武士とみられる者も出てきた。後醍醐天皇の新政権樹立に貢献し，新政権崩壊後，**足利尊氏**に湊川で敗れて戦死した**楠木正成**もその一人だった。

### 5　鎌倉幕府の滅亡——鎌倉幕府を滅ぼしたのは鎌倉武士！

社会の混乱や北条氏の失政の中，**後醍醐天皇**が幕府を倒し朝廷に政権を取り戻す計画をたてた。この計画は幕府側にもれ，後醍醐天皇は隠岐に流された。しかし，幕府に反抗する勢力は，楠木正成などを中心にして大きくなっていき，ついには後醍醐天皇を島から脱出させることに成功した。

この動きに対して，京都の**六波羅探題**は，鎌倉に援軍を要請した。幕府側から派遣されたのは，下野（栃木県）の御家人**足利尊氏**であったが，尊氏は幕府の命にそむいて，六波羅探題を攻めた。また上野（群馬県）の御家人**新田義貞**も鎌倉を攻めて，1333年鎌倉幕府を滅ぼした。

**用　語**

**永仁の徳政令（1297年）**
北条貞時が発令。ほかに裁判での再審請求の停止と，債権や債務についての訴訟を取り扱わないことが示されている。

**人　物**

**足利尊氏**
1305年～1358年。祖先に源氏の血統を持つ鎌倉武士。1333年，後醍醐天皇の命に従って，六波羅探題を攻撃し，鎌倉幕府を滅ぼした。建武の新政樹立を助けたとして，名を「高氏」から後醍醐天皇の尊治の一字を賜って「尊氏」とした。しかし新政権に対する不評と武士政権復活の期待の中，1335年鎌倉でおこった中先代の乱で，新政権と訣別し，1338年に征夷大将軍に任じられ幕府を開いた。

**新田義貞**
？～1338年。祖先に源氏の血統を持つ鎌倉武士。1333年に鎌倉幕府を攻撃して，北条氏を滅亡させた。足利尊氏が新政権から離反後，南朝の武士として戦った。

▲鎌倉末期のようす

§2　社会の変動と室町幕府　**289**

歴史編

第1章　歴史の始まりと日本

第2章　中世の日本

第3章　近世の日本

第4章　近代日本のあゆみと国際関係

第5章　2つの世界大戦と日本

第6章　現代の日本と世界

# ② 南北朝の動乱と東アジア

## 1 建武の新政——二条河原の落書が表しているものは…

後醍醐天皇は幕府が滅ぶと，年号を**建武**と改め，これ以後，後醍醐天皇はすべてに直接命令を出して，政策を決定していった。これを**建武の新政**という。

　幕府を実質的に倒したのは，足利尊氏や新田義貞であったのに，征夷大将軍の位は自分の子に授け，功労は公家に厚く武家には冷たいものであった。そこで武士たちの中には，不満が生まれた。

　また農民も，北条氏の政治から解放されたと思っていたが，公家が年貢を取る二重支配となり，不満は高まった。

　二条河原にはりだされた落書から，当時の混乱した社会のようすがうかがえる。

### 研　究

**「建武」とはどういう意味なのか？**

中国で長く続いた王朝の一つに漢がある。漢は，前漢と後漢とに分けられ，その間に王莽による新という王朝が建てられた。後醍醐天皇は，天皇に権力のあった平安時代を前漢，武士の鎌倉時代を王莽の新になぞらえ，天皇が再び権力を持つことを期待したこの時代を後漢に例えた。「建武」とは，後漢の最初の年号が建武であったことにちなんでいる。

▼二条河原の落書

此比都ニハヤル物，

夜討・強盗・謀綸旨

召人・早馬・虚騒動

生頸・還俗・自由出家

俄大名・迷者

安堵・恩賞・虚軍

本領ハナルル訴訟人

文書入タル細葛

追従・讒人・禅律僧

下克上スル成出者

器用ノ堪否沙汰モナク

モルル人ナキ決断所

キツケヌ冠・上ノキヌ

持モナラハヌ笏持テ

内裏マジハリ珍シヤ

〔建武年間記〕

意味

　このごろ都ではやるものを挙げてみると，夜討ち（夜襲）や強盗やにせの天皇の命令が出ることも多い。また，囚人や変事を告げる使者の早馬や意味のない騒ぎや，僧になるのも俗人にもどるのも正しい手続きもなしに勝手気まま，にわかに成り上がって低い身分から大名に出世した者もあれば落ちぶれて路頭に迷う者もある。土地や恩賞をもらおうとありもせぬ戦いを申し出る者もある。

　土地を失った者が証書の入った小さなつづらを背負って都にのぼって来る。おべっかや告げ口や僧の口出しで政治が行われる。主人をたおして成り上がる者も多い。才能もおかまいなしに，だれもかれもが裁判所の役人に任用されて，着なれない冠や服を着て，持ったこともない笏を持って内裏に出入りしているのもおかしい。

## 2 南北朝時代のはじまり——天皇が2人いる時代

　源氏の流れをくむ足利氏の長である尊氏に対して，多く
の武士は，武士の地位を取り戻してくれることを期待した。
1335年鎌倉で北条氏の残党がおこした乱（中先代の乱）の
平定を尊氏が志願したが，後醍醐天皇はこれを拒否した。
そこで，尊氏は，勝手に鎌倉に出向いて残党を倒し，武士
たちに恩賞を与えた。これを天皇は裏切りとみなし，新田
義貞に尊氏討伐を命じた。尊氏は，箱根竹ノ下の戦いで義
貞を破ったものの，1336年京都での戦いに敗れたため，い
ったん九州に逃げ延び態勢を立て直して，京都に再び入っ
た。

　京都を占領された後醍醐天皇は，**吉野**（奈良県）に逃げ
延びた。いっぽう京都では，尊氏が支えた光明天皇が即位
して，ここに2人の天皇がいる時代となった。吉野を**南
朝**，京都を**北朝**と呼び，この時代を**南北朝時代**と呼ぶ。

▲南朝と北朝

## 3 南北朝の動乱の実情
　　　　　　　　　　　——動乱が長びく間に，諸国の守護は…

　1338年，尊氏は**征夷大将軍**に任じられ，幕府を開いた。
　南朝と北朝による動乱は，最初こそ活発な戦いがあった
が，次第に南朝側の勢力が弱くなっていった。1338年に新
田義貞が倒れ，翌年には，後醍醐天皇が亡くなった。しか
し，北朝側も内部で尊氏と弟直義と家臣との間で足並みが
そろわず，南朝を攻めきるまでにはいたらなかった。結局
南北朝を合一させることができたのは，1392年3代将軍
**足利義満**の時であった。約60年間続いた内乱の中で，諸国
の**守護**はその勢力を伸ばし，荘園などに権力を浸透させ，
支配力を強めていった。こうした守護を**守護大名**といい，
のちには数か国をおさめる者も現れた。

🔍 **研　究**

なぜ天皇が2人たつことが
できたのか。
88代天皇の後嵯峨天皇は，2
人の息子を即位させた。89代
は兄が即位し，後深草天皇と
なったが，父の後嵯峨天皇の
意志により，天皇位を弟に譲
り90代亀山天皇が即位した。
これ以後兄弟の2つの皇統が
でき，交代で天皇となること
が慣例となった。後深草天皇
の皇統を持明院統，亀山天皇
の皇統を大覚寺統と呼んだ。
後醍醐天皇（96代）は，自分
の皇統である大覚寺統に天皇
位を一本化したいというねら
いがあった。
いっぽうで，足利尊氏が，持
明院統の光明天皇を即位させ
ることは，今までの慣例に従
っていることになったわけで
ある。

🔍 **参　考**

**天龍寺**
京都市嵯峨にある臨済宗寺院
である天龍寺は，足利尊氏が
後醍醐天皇亡き後，その菩提
を弔うために，建立した。

🔍 **参　考**

**1392年の朝鮮**
南北朝の合一がなされた1392
年，朝鮮半島では，高麗が滅
んで，李成桂が朝鮮国を建国
した。李朝第4代の世宗は朝
鮮の言葉をよりよく表現する
ために，ハングルという文字
をつくり，現在まで使われて
いる。

### 4　倭寇——海賊，港町を襲う！

九州や瀬戸内海に住む貧しい武士や漁民の中から，明の海禁政策に対して武力で貿易船や朝鮮・中国の沿岸を襲う者が出てきた。彼らは，海賊として船を襲うだけでなく，昼間なにごともないように港に入り，夜になると強盗，略奪や放火を繰り返した。朝鮮や中国では，このような人々を**倭寇**といっておそれた。やがて倭寇は朝鮮南部の済州島の漁民も参加し，東アジア全体の問題となった。

▲室町時代の海上交通と倭寇

### 5　勘合貿易——勘合を持つものが正式の貿易船

倭寇対策に困った**明**（中国）は，しばしば日本に取り締まりを求めた。義満は，倭寇の取り締まりと同時に，貿易による利益にも目をつけた。そして，自らを「日本国王」と称して貿易を開始した。この時，**正式な貿易船であるという証明として勘合が用いられたので，この貿易を勘合貿易と呼ぶ。**

日本からは刀剣や硫黄などが輸出され，銅銭や生糸，絹織物などが輸入された。のちには，守護大名や大きな寺社も貿易に加わり，実際の仕事では**堺**や**博多**などの商人が活躍した。

▲勘合（勘合符）

## ❓Q&A　なぜ義満は自らを「日本国王」と称したのだろうか？

中国は，臣下として貢ぎ物を持ってきた者を快く迎え入れていた。この場合，貢ぎ物を送った者は国の代表であり，「日本国王」となる。

天皇がいる日本で，なぜ義満が日本国王と名のれたかは，当時の権力の大きさによる。当時は天皇家は南北朝合一直後であり，それをなし遂げたのが義満であった。そこで日本を代表する人物として，自分を「日本国王」と称したと考えられる。

加えて義満は，武家のトップであり，公家のトップともなり，仏教の世界でもトップにのぼりつめたが，さらに天皇の位まで手に入れようと計画していたとの説もある。義満の急死で，計画は立ち消えになった。義満がなぜ急死したのかは謎となっている。

歴史編

第1章　歴史の始まりと日本

第2章　中世の日本

第3章　近世の日本

第4章　近代日本のあゆみと国際関係

第5章　2つの世界大戦と日本

第6章　現代の日本と世界

# ③ 琉球王国と蝦夷地

## 1 琉球王国の役割——中国や東南アジアとの中継貿易

　琉球の歴史は古く，日本の縄文時代に人が住み着いていた証拠が残っている。10世紀頃まで，狩猟・採集の生活をしていたが，次第に農耕社会へと移行した。11，12世紀には城（グスク）を中心として按司と呼ばれる支配者が誕生し，14世紀ごろには北山・中山・南山の3つに分かれて争っていた。そして，1429年中山王の**尚巴志**が統一を果たし，**琉球王国**が誕生した。その後日本や中国をはじめ，東南アジア諸国間との**中継貿易**をしていたことがわかっている。1458年につくられた旧首里城の鐘の銘には「琉球国は…明や日本と密接に助け合っている。船を進め物を運び，万国の架け橋となり…」と書かれてある。これらの交易の結果，**紅型**や**三線**などの独特の文化が発達した。

▶沖縄の伝統的な「紅型」の衣装

▲三線

## 2 蝦夷地

　現在の北海道は，13世紀の頃から蝦夷地と呼ばれ，**アイヌ民族**が住み，狩りや漁をしたり，交易も行っていた。14世紀になると，津軽の豪族安藤氏が十三湊（現在の青森県五所川原市）を拠点として交易を盛んにした。15世紀には安藤氏が中心となって，現在の函館のあたりに道南十二館を築いて進出し，北の産物・文化を京都にも伝えた。また函館市郊外の志苔館跡からは大量の宋銭が発見され，交易が大陸まで及んでいたことがわかった。

　しかし15世紀半ば，不公平な交易に対し不満を持ったアイヌの人々は，首長コシャマインを中心に蜂起した。これを鎮圧したのは蠣崎氏で，和人勢力の中心人物となった。蠣崎氏は和人とアイヌ民族の交流を促し，本州の品物がアイヌ社会に渡っていった。後に蠣崎氏が松前氏と改姓し，蝦夷地との交易や税を取り立てる権利を独占した。

▲首里城守礼門

### 📖 用 語

**紅型**
沖縄の伝統的な染色技術のこと。型紙を用いて顔料や染料で彩色し，多彩な絵柄を表現する。

**三線**
おもに沖縄県および奄美群島で演奏される弦楽器。棹とよばれる棒に蛇の皮を張った胴がついており，三本の弦を弾いて演奏する。中国の三弦がその起源で，16世紀に大阪へ渡って三味線のもととなった。

### 👀 研 究

**その後の琉球**
1609年から薩摩藩の支配下にあった琉球の正式な帰属については日清両国が対立していた。しかし，日清戦争に日本が勝利したことで日本へ帰属することで決着した。

▲志苔館から出土した宋銭

# ④ 室町幕府と経済の発展

## 1 室町幕府——花の御所とよばれた邸

　3代将軍足利義満は，京都の室町に邸をかまえ，そこを幕府とした。そのため，**足利氏によってできた幕府は，後世に室町幕府と呼ばれるようになった。**

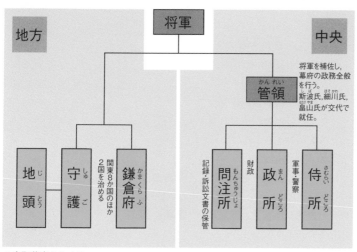

```
                      将軍
        ┌───────────────┴───────────────┐
      地方                            中央

                                      管領        将軍を補佐し，
                                                  幕府の政務全般
                                                  を行う。
                                                  斯波氏，細川氏，
                                                  畠山氏が交代で
                                                  就任。
   ┌──────┬──────┬──────┐      ┌──────┬──────┬──────┐
  地頭    守護   鎌倉府      問注所  政所   侍所

           関東8か国のほか   記録・訴訟文書の  財政  軍事・警察
           2国を治める        保管
```

▲室町幕府のしくみ

　約240年間続いた室町時代は，実に約160年間は戦乱に明け暮れた時代であった。最初の約60年は**南北朝の動乱**[P.290▶▶]があり，**1467年の応仁の乱**[P.295▶▶]以降は戦乱の世であった。

　そうした意味で，3代将軍義満の時代は，幕府の権力が最も安定した時期といえる。邸の中には，宋や元から渡来した書画や茶器が多く飾られ，和歌や生け花を楽しむ部屋も用意され，「**花の御所**」と呼ばれた。京都の様子を今に伝える狩**野永徳**[P.313▶▶]の「**洛中洛外図屏風**」にも，室町幕府の「花の御所」が描かれていて，その華やかな面影をしのばせている。

▲洛中洛外図屏風

歴史編

第1章　歴史の始まりと日本

第2章　中世の日本

第3章　近世の日本

第4章　近代日本のあゆみと国際関係

第5章　2つの世界大戦と日本

第6章　現代の日本と世界

## 2　産業の発展——各地に特産物誕生

　この時期，農村では，かんがい用の**水車**や**竜骨車**を導入し，肥料に牛馬の糞や堆肥を使用して，農作物の収穫高を飛躍的にふやした。さらに**二毛作**が各地で行われるようになり，農村は次第に豊かになって，余剰生産物を生み出すようになった。

　また，**京都の茶**，**三河**（愛知県）の**綿花**，**紀伊**（和歌山県）の**みかん**，**瀬戸内海の塩**のように，それぞれの地方で特産物が発達していった。

▲竜骨車

　手工業でも，京都の**西陣**や**博多の絹織物**のように，各地に陶器，紙，酒，油などの特産物が生まれた。また刀や農具をつくる鍛冶・鋳物業などもさかんになった。

　農作物や手工業品の生産が増えると，各地に**市**ができ，定期的に開催されるようになった。寺社の門前や交通の要地では，市は月3回から6回へ，さらに店となっていった。商業の発達は，物資の運送や保管業を活発にし，**馬借**や**問**と呼ばれる業者が活躍するようになった。

　室町時代に使われていた貨幣は，中国の**宋銭**，**明銭**が主流であった。京都や奈良などでは，**土倉**や**酒屋**が金融業を営むようになった。

　商人や手工業者は，業種ごとに**座**と呼ばれる団体をつくり，営業を独占していった。座は，領主に**営業のための税を払い**，そのかわり**営業における特権**を獲得した。

### 用　語

**馬借**
馬の背に荷物をのせて運ぶ運送業者。

**問**
港町に居住し，主に船を用いて，品物の保管・運送に携わった業者。座のように特権をもち，馬借などを支配下におく者もあった。楽座令で座とともに禁止されたが，卸売の業務のみ許された者は問屋となった。

---

## なぜ室町幕府の組織は鎌倉幕府に似ているのか？

　足利氏は鎌倉武士であり，その足利氏がたてた幕府が，鎌倉幕府を模したものとなるのは当然であった。[P.279▶▶]

　鎌倉幕府と室町幕府で異なる点は主に以下の4点である。
①守護が強大な権力をにぎるようになって，地頭をその配下に従えていること。
②将軍の補佐役に管領という役職がつき，三家（細川・斯波・畠山）が交代で就任

した。管領は，鎌倉幕府の執権よりも権力が弱かった。
③管領に次ぐ役職に侍所の長官があり，これは四家（赤松・一色・山名・京極）が担当した。
④鎌倉幕府が，京都や西国を警備するために六波羅探題を設置したのに対して，京都に幕府が置かれた室町時代には，鎌倉に鎌倉府という機関をつくった。

§2　社会の変動と室町幕府　**295**

歴史編

第1章 歴史の始まりと日本

第2章 中世の日本

第3章 近世の日本

第4章 近代日本のあゆみと国際関係

第5章 2つの世界大戦と日本

第6章 現代の日本と世界

# ⑤ 民衆の成長と戦国大名

## 1 村の自治——自治的になるということ

　戦乱などから自分たちの土地や利益を守ることが必要になった農村は，自治的にまとまっていくようになった。そこで，有力な農民が中心となって寄合を開き，村が共同で管理する用水路や入会地などについて村のおきてを定めた。また，荘園領主に年貢の減免を願い出たり，百姓請といって村の責任で年貢を請け負ったりすることもあった。このように自治的にまとまった組織を惣，村を惣村といった。

　村の自治が高まり，加えて商工業が発達すると，農民たちは生活を豊かにするために，団結して戦うようになった。

　1428年（正長元年）には，畿内で借金の帳消しを願う農民が大規模な一揆をおこした。幕府はそれを認めなかったが，領内の寺社や荘園領主が徳政[P.287▶▶]を認めたため，農民たちは実質的な勝利を得た。その勝利の碑は，奈良県の柳生街道に残っている。これを正長の土一揆という。

　1485年には，山城国（京都府）の南部で，国人と農民たちが，あとつぎ問題で内紛をおこしていた守護大名の畠山氏を国外に退けた。その後，国人ら36人を中心に，山城国を8年間自分たちの手で治めた。これを山城国一揆という。

　1488年には，加賀国（石川県）で，一向宗の門徒20万人が，守護大名である富樫氏の圧政に対して，城を取り囲み，ついには守護大名を自害に追い込んだ。その後，農民たちの手で，守護をたてたので「百姓の持ちたる国」と呼ばれた。自治は100年近く続いた。これを加賀の一向一揆という。

## 2 応仁の乱——都は野辺の夕雲雀…

　1467年（応仁元年）将軍足利義政のあとつぎ問題をめぐって，細川氏と山名氏の間で争いがおき，以後11年にわたる応仁の乱がおきた。乱は京都を舞台に両陣営に対して，各地から応援の軍が加勢され，京都を焼け野原にしてしまった。各地に広がったこの戦乱は，もはや

▲応仁の乱

### 用語

**惣**
惣という字は，「あつめる」「たばねる」「すべて」という意味で使われた。惣は，農民たち全体の意志をあらわす組織であった。

**一揆**
揆とは「はかりごと」「計画」という意味で，一揆とは「はかりごとを一緒にする」という意味である。一揆の前には，人々は神前で誓いをたて神水をくみかわした。神と一体化し，要求に正当性をもたせることで，裏切る者が出ないようにした。

**一向宗**
P.283▶▶

※開戦2年目に義視は山名方に，義尚・富子は細川方に。

東軍
細川勝元 — 将軍家 — 山名持豊 西軍
義視 — 義政 — 義尚
斯波家　日野富子
義敏 — 畠山家 — 義廉
政長 （＝は養子を示す） 義就

止まらなくなっており，両軍の大将が死んで幕府が乱の終了を宣言したのちも続いた。戦国時代の幕開けである。

　土一揆や国一揆，一向一揆もこうした中でおこり，守護大名[P.290▶▶]の中には，京都に戦いに行っている隙に，家臣がその地域の支配者となったり，実力で地位や領地を獲得する者が出てきた。こうした**実力ある下の者が上の者にうちかつ社会の風潮を下剋上**という。荘園領主の力は衰え，多くの守護大名が没落する中で，幕府の統制力は失われていった。また，足軽と呼ばれる軽装の武士の中には，混乱に乗じて乱暴狼藉をくりかえす者もいた。

▲足軽

### 3 戦国大名——天下統一の夢

　実力によって新しい大名となった戦国大名は，旧勢力を一掃し，領地をまるで独立国のように支配した。戦国大名は**分国法**を定め，領国の支配を徹底した。領国を富ませるため，治水やかんがいの整備などによって農村を活性化させた。また，自分の居城を交通の要地に定め，そのまわりに家臣や商工業者を招いて，**城下町**をつくった。

　こうして幕府の命令からまったく独立した国が各地におこった。そしてその領地の国境を巡って隣国との対立が次第に激化していった。戦国大名の夢は，京都に上り，天下を統一することであった。

参　考

**分国法**
戦国大名が領国を支配するために決めた法律。初期には戦国大名たちの家にあった家訓などを成文化したものが多く，家法とも呼ばれたが，次第に領国を統治するための規範という意味合いが強くなり，分国法と呼ぶことが多くなった。戦国大名は独立国家として，法をつくっていった。

## ？ Q&A　応仁の乱はなぜおこったのだろうか？

　6代将軍足利義教の死後，守護大名の間の対立は激しさを増していた。その中で，7代目も幼くして亡くなり，8代目の義政のあとつぎ問題がおこった。そこで出家していた弟の義視を養子とした。しかしその後義政と日野富子との間に実子義尚が生まれると，9代目の将軍位を争い対立がおこっていった。この2人の後見人として，実力者である細川勝元と山名持豊（宗全）がそれぞれについた。

　同じころ，管領家の畠山氏と斯波氏にも同様のあとつぎ問題がおこった。そこに細川と山名の守護大名が，それぞれのうしろについたために，対立は深刻なものとなった。

# ⑥ 室町文化とその広がり

## 1 室町の文化——武家+公家の文化

　室町時代には，将軍をはじめ都に住む武士の多くは，公家の生活に近いものとなり，**公家文化と武家文化が融合した文化**が生まれた。この文化は，禅宗を通じて元・明の影響も受けた。また，庶民の文化が発達し，今日の日本の文化の底流をなすものがこのころおこった。

　鎌倉時代の新仏教[P.283▶▶]は，大きな広がりをしめし，**浄土真宗は武士と農民**に，**日蓮宗は商工業者**に広まり，**臨済宗は幕府の保護**を受けて，京都や鎌倉の五山（5つの重要な寺院）を中心に発展した。

　3代将軍義満は京都の**北山**に別荘を建てた。鹿苑寺の中の**金閣**は，公家文化と武家文化の融合文化の代表的なものである。3層の構造で，1階が寝殿造風の阿弥陀堂，2階が観音堂，3階が禅宗様の仏殿となっており，2階と3階の外壁に金箔が施してある。また，義満は，**観阿弥・世阿弥**父子を保護し，それまで民間に流行していた猿楽・田楽を**能**として大成させた。

▲金閣　　　　　　　　鹿苑寺　蔵

▲現代の能

▲能面（小面）

歴史編
第1章 歴史の始まりと日本
第2章 中世の日本
第3章 近世の日本
第4章 近代日本のあゆみと国際関係
第5章 2つの世界大戦と日本
第6章 現代の日本と世界

　8代将軍義政は，応仁の乱をよそに，東山に祖父義満のように別荘を建てた。その中の銀閣や東求堂は，禅宗の影響を強く受けた書院造の特徴をそなえたものであった。銀閣は2層の構造で，1階は書院造，2階は禅宗様の仏殿となっている。東求堂の同仁斎という部屋は全面に畳をしきつめ，付書院があり，障子があり，今日の和風建築の土台となっている。

　書院造では，今日の日本文化や生活の原型がみられ，床の間が設けられ，生け花や水墨画が飾られた。庭には，石や砂でたくみに表現した枯山水の様式や，立木を見事に組み合わせたものがつくられた。そして，部屋の中では，当時流行した茶の湯がたしなまれた。

**参　考**

**生け花**
日本古来から，神仏に花を飾ることがあったが，書院造の成立とともに，池坊専慶などの立花という飾り方が流行した。

**水墨画**
墨と筆で描いた絵画。中国の唐の時代から始まり，宋の時代には，中国絵画の主流となった。日本では鎌倉時代からみられ，室町時代には，大和絵と並ぶ日本画の主流となった。

▲銀閣

▲東求堂同仁斎

▲水墨画

**枯山水**
池や小川を設けずに主として石で作った庭。禅僧が狭い空間に広大な自然や宇宙を表現したものが多い。龍安寺や大徳寺大仙院などが代表的である。

**茶の湯**
喫茶を楽しむ芸道で，南北朝時代には中国の器を用いた茶会が流行したが，15世紀末村田珠光が器の楽しみだけでなく精神的な修養を加えた茶の湯の基礎を築いた。武野紹鷗は茶室や作法を考案し，その弟子千利休により茶道具や茶室の形式が完成した。

**2　文化の広がり——地方に，庶民に…**

　応仁の乱は，京都を焼け野原にしたが，文化の担い手である公家や僧を地方に追いやり，そこで文化の花をさかせることになった。多くの水墨画を描いた雪舟が山口（山口県）

に身を寄せたりし、現在、「小京都」と呼ばれる町が生まれるきっかけともなった。また、宗祇は、諸国をめぐり、連歌を指導した。

そして、文化は庶民の間にも広がりをみせた。

下剋上の風潮を受けて、能と能の合間に上演される狂言が生まれた。狂言は笑いを基本としており、当時の支配者層である武士や領主（主人）など日常では対抗できない相手を演劇の中で皮肉ったり嘲ったりして庶民は楽しんだ。

お伽草子は、仏教や儒教の教訓や民間に伝わる話をまとめた短編小説である。「一寸法師」や「ものぐさ太郎」のように庶民の夢や希望がこめられた、絵入りの物語であった。

また京都の祇園祭は、応仁の乱で途絶えてしまったが、町衆と呼ばれる富裕な町の人々によって復活した。復活後の祇園祭は、本来の八坂神社の祭礼という宗教的意味合いから、町の人々の楽しみとなって、現在に至っている。

▲現代の狂言

歴史編
第1章 歴史の始まりと日本
第2章 中世の日本
第3章 近世の日本
第4章 近代日本のあゆみと国際関係
第5章 2つの世界大戦と日本
第6章 現代の日本と世界

### 用語

**連歌**
5・7・5の発句に、7・7と受ける脇句、さらにまた5・7・5と続く和歌の形式。新たな句が続くたびに、新しい世界が開けるところにおもしろさがある。宗祇は『新撰菟玖波集』を編集した。連歌は、俳諧（俳句）の元となった。

---

## ❓ Q&A なぜ室町時代の文化が現代の日本文化の源流となったのだろうか？

畳、障子、生け花、茶の湯、枯山水、水墨画、能、狂言、これらはみな室町時代に始まった文化であり、日本的とか日本文化と呼ばれるものである。

文化の担い手には、3種類あるといわれる。「作品をつくる人」「その人にお金を出す人」「その作品をみる人」である。室町文化とそれ以前の文化との違いは、「その作品をみる人」である。室町時代より前の時代では、文化を楽しむのはごく限られた人々であった。しかし、室町時代には、文化が庶民へと広がっていった。時代とともに変わってしまう為政者と異なり、庶民はいつの世にも変わらずいる。よって庶民の楽しみは、現在に受け継がれる文化となった。

# 第 3 章

# 近世の日本

↑写真は，兵庫県にある姫路城である。桃山文化を
代表する城郭建築で，美しい天守閣を持つ。
この単元では，織田信長・豊臣秀吉の天下統一から，
民衆が産業や文化の発展に大きく貢献した江戸時代
について学習しよう。

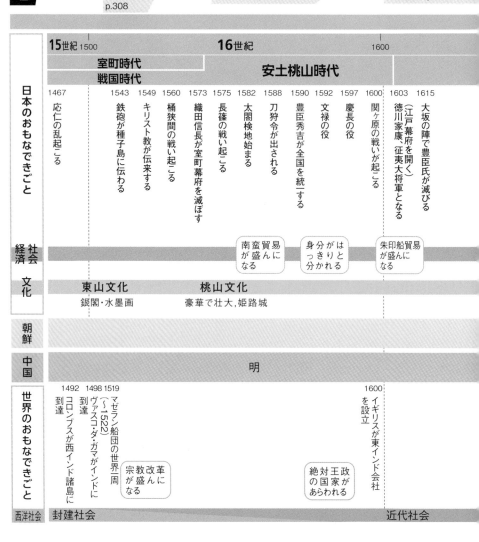

| | 15世紀 1500 | | | | | 16世紀 | | | | | | 1600 | | |
|---|---|---|---|---|---|---|---|---|---|---|---|---|---|---|
| | 室町時代 / 戦国時代 | | | | | 安土桃山時代 | | | | | | | | |

日本のおもなできごと

| 1467 | 1543 | 1549 | 1560 | 1573 | 1575 | 1582 | 1588 | 1590 | 1592 | 1597 | 1600 | 1603 | 1615 |
|---|---|---|---|---|---|---|---|---|---|---|---|---|---|
| 応仁の乱起こる | 鉄砲が種子島に伝わる | キリスト教が伝来する | 桶狭間の戦い起こる | 織田信長が室町幕府を滅ぼす | 長篠の戦い起こる | 太閤検地始まる | 刀狩令が出される | 豊臣秀吉が全国を統一する | 文禄の役 | 慶長の役 | 関ヶ原の戦いが起こる | 徳川家康、征夷大将軍となる（江戸幕府を開く） | 大坂の陣で豊臣氏が滅びる |

社会・経済

南蛮貿易が盛んになる　身分がはっきりと分かれる　朱印船貿易が盛んになる

文化

東山文化　銀閣・水墨画　　桃山文化　豪華で壮大,姫路城

朝鮮

中国　明

世界のおもなできごと

| 1492 | 1498 | 1519（〜1522） | | 1600 |
|---|---|---|---|---|
| コロンブスが西インド諸島に到達 | ヴァスコ・ダ・ガマがインドに到達 | マゼラン船団の世界周 | | イギリスが東インド会社を設立 |

宗教改革が盛んになる　　絶対王政の国家があらわれる

西洋社会　封建社会　　　　　　　　　　　　　　　　　近代社会

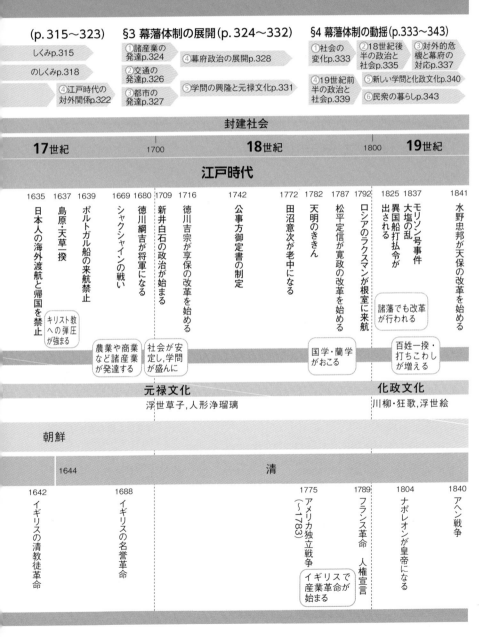

①ヨーロッパ人の来航と統一事業が，近世の基礎をつくったことをつかむ。②幕府と藩による支配，「鎖国」とよばれる体制を理解する。③産業の発達，文化の広がりをとらえる。④社会や対外関係の変化をふまえ，幕府政治の展開を考える。

封建社会

17世紀　　1700　　18世紀　　1800　　19世紀

江戸時代

1635　1637　1639　1669　1680　1709　1716　1742　1772　1782　1787　1792　1825　1837　1841

日本人の海外渡航と帰国を禁止

島原・天草一揆

ポルトガル船の来航禁止

シャクシャインの戦い

徳川綱吉が将軍になる

新井白石の政治が始まる

徳川吉宗が享保の改革を始める

公事方御定書の制定

田沼意次が老中になる

天明のききん

松平定信が寛政の改革を始める

ロシアのラクスマンが根室に来航

モリソン号事件

大塩の乱

異国船打払令が出される

水野忠邦が天保の改革を始める

キリスト教への弾圧が強まる

農業や商業など諸産業が発達する

社会が安定し，学問が盛んに

国学・蘭学がおこる

諸藩でも改革が行われる

百姓一揆・打ちこわしが増える

元禄文化　浮世草子，人形浄瑠璃

化政文化　川柳・狂歌，浮世絵

朝鮮

1644　清

1642　1688　1775（〜1783）　1789　1804　1840

イギリスの清教徒革命

イギリスの名誉革命

アメリカ独立戦争

フランス革命　人権宣言

ナポレオンが皇帝になる

アヘン戦争

イギリスで産業革命が始まる

## §1 ヨーロッパ人の来航と全国統一　▼

**重要ポイント**

□宗教改革を契機に，キリスト教はカトリックとプロテスタントに分かれた。

□新航路を開拓したポルトガルとスペインは，アジア・アメリカ大陸に進出した。

□鉄砲とキリスト教が日本に伝えられ，戦国の世に大きな影響を与えた。

□織田信長とその後継者豊臣秀吉によって，全国が統一されることになった。

□秀吉は検地と刀狩によって兵農分離を進め，近世社会がつくられていった。

□秀吉はキリスト教を取りしまり，朝鮮侵略をくわだてたが失敗した。

□大名や豪商をにない手として，豪華で壮大な桃山文化が生まれた。

## ① ルネサンスと宗教改革

### 1 中世ヨーロッパとキリスト教世界
——キリスト教が政治と社会を支配した時代

　4世紀末，ローマ帝国[P.241▶▶]は東西に分裂した。コンスタンチノープルを首都とする**東ローマ帝国（ビザンツ帝国）**は15世紀まで続いたが，ローマを首都とする西ローマ帝国は，ゲルマン人の侵入をうけて**476年**に滅亡した。以後，ヨーロッパは中世とよばれる時代に入った。

　東ローマ帝国は，**ギリシア正教**を国の宗教とし，東ヨーロッパを支配した。いっぽう，西ヨーロッパでは，**カトリック教会**が，ゲルマン人がたてたフランク王国と結んで影響力を拡大した。カトリック教会の頂点にたつ**ローマ教皇（法王）**は大きな権力をふるった。こうして，11世紀までにキリスト教世界は，ギリシア正教会とカトリック教会の二つに分裂した。

凡例：
■ カトリックの地域
■ ギリシア正教の地域
■ イスラムの地域

十字軍の遠征路
→ 第1回（1096～99）
--→ 第3回（1189～92）

ロンドン　パリ　神聖ローマ帝国　ウィーン　フランス王国　リヨン　ヴェネツィア　ハンガリー王国　マルセイユ　ローマ　コンスタンチノープル　ポルトガル　カスティリャ　ジェノヴァ　ビザンツ帝国　セルジューク朝　アレクサンドリア　エルサレム

▲11世紀末のヨーロッパ

### ●●もっとくわしく

**ゲルマン人の大移動**

ゲルマン人とは，ヨーロッパの中央で狩猟・牧畜・農業を営んでいた人々である。4世紀後半からローマ帝国に侵入し，5世紀以後，移動した各地に国々をつくった。ゲルマン人の大移動は，約200年間におよんだ。

### ●●もっとくわしく

**イスラム教の広まり**

ムハンマドの死後，イスラム教徒は後継者を意味するカリフを選んだ。アラビア半島に住むアラブ人たちは，カリフの指導のもとに征服活動にはげみ，北アフリカやイベリア半島，中央アジアなどに進出した。8世紀半ばに成立したアッバース朝は，カリフを頂点とする政治機構を整え，西アジアから北アフリカを支配した。10世紀半ばにアッバース朝が衰えると，自立したイスラム教の王朝が各地に生まれた。

## 2 十字軍の遠征——ローマ教皇がエルサレムの奪回をめざす

　ビザンツ帝国の東方では，**イスラム教**[P.243▶▶]の国々が影響力を拡大した。11世紀までにイスラム教世界は，東はインド，西は北アフリカやイベリア半島に及んでいた。

　キリスト教の聖地でもある**エルサレム**が，ビザンツ帝国から奪われると，キリスト教世界では危機感が高まった。ビザンツ皇帝がローマ教皇に援助を求めると，ローマ教皇は西ヨーロッパの国々の王や貴族に対して，エルサレムの奪回を目的とする**十字軍**を呼びかけた。十字軍の派遣は，11世紀末に始まり，13世紀末に至るまで7回にわたって行われたが，最終的にエルサレムの奪回はできなかった。**十字軍の失敗により，ローマ教皇の権威は次第に弱まった。**

## 3 ルネサンス——西ヨーロッパの新しい文化の動き

　十字軍の遠征などによって東方との交流がさかんになると，西ヨーロッパでは，忘れられていた**ギリシア・ローマの優れた古代文明**[P.241▶▶]を学びなおし，人間らしい生き方を求める動きがさかんになった。これを**ルネサンス**といい，14世紀から16世紀にかけて展開した。このころには地理学や天文学も発達し，地球球体説や地動説もとなえられた。

## 4 宗教改革
——キリスト教はカトリックとプロテスタントに分立

　16世紀初め，西ヨーロッパでは**カトリック教会を批判する宗教改革**がおこった。当時，ローマ教皇は**免罪符（贖宥状）**を買えば人は神に救われるとしていた。これに対し，ドイツの**ルター**は，聖書の教えを重視して，人は**神への信仰によってのみ救われる**と説いた。次いで，**カルヴァン**はフランスとスイスで，勤勉な労働が神の教えにかなうと説き，商工業者の支持を得た。

　いっぽうカトリック教会は勢力の立て直しをはかるために，スペインやポルトガルに支援されて，アジアやアメリカ大陸に宣教師を送り，**海外の布教活動**に力を入れた。その中心となったのは，ローマ教皇の許可を得て，**イグナティウス・ロヨラ**らによって結成された**イエズス会**である。

### 🔍 研 究

**羅針盤・火器・活版印刷術はどのような影響を与えたのだろうか。**
　ルネサンスのなかで，羅針盤や火器（鉄砲・大砲），活版印刷術が実用化した。羅針盤によって遠洋航海が可能となり，火器は未知の世界にふみこむ勇気を与え，いずれも新航路の開拓に大きな役割を果たした。活版印刷術は，書物とりわけ聖書の普及に役立ち，宗教改革をおしすすめる重要な要因となった。

### 🔍 参 考

**免罪符（贖宥状）の販売**
　「贖宥」とは，カトリック教会に寄付をすれば，その人の罪が許されるという意味。信者の罪をあがなう「善行」とされたが，じつはカトリック教会の金集めに過ぎなかった。

### 📖 用 語

**プロテスタント**
カトリック教会を批判し，ルターやカルヴァンの教えに従う人々をいう。「抗議する人」という意味。プロテスタントは，オランダ，イギリス，そして後にアメリカにも広がった。

# ② 大航海時代と世界の一体化

## 1 新航路の開拓
### ——ヨーロッパ人は何を求めて新航路を開拓したのだろう？

　15世紀のころ，ヨーロッパ人は，インドなどのアジアには香辛料をはじめとする豊かな産物があると考えていた。そこで，羅針盤の実用化を背景に，15世紀後半になるとヨーロッパ人はアジアへの新航路の開拓に乗り出し，**大航海時代**が始まった。その中心となったのは，**ポルトガルとスペイン**である。

　1492年，スペインの援助を受けた**コロンブス**は，地球球体説に基づいて大西洋を西へ進めばアジアに着くと考え，航海に出発した。コロンブスは，当時のヨーロッパ人が知らなかったアメリカ大陸の東側の**西インド諸島**に到達した。その後，1498年に，ポルトガルの**ヴァスコ・ダ・ガマ**が，アフリカ南端の喜望峰をまわって**インド**に到達し，アジアへの新航路が開拓された。さらに，1522年には，**マゼ**ランに率いられたスペインの船団が**世界一周**に成功した。

参　考

**香辛料**
香辛料とは，こしょうなどの肉の保存や調理などに使うスパイスをいう。肉食が中心だったヨーロッパでは，香辛料は生活に欠かせないものだった。しかし，イスラム商人が産地であるアジアとの仲介をしていたため，銀と同じくらいの値段がするほど高価だった。そこでヨーロッパ人は，直接，香辛料の産地であるアジアと交易をしようと考えたのである。

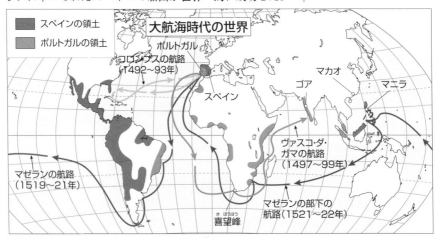

▲新航路の開拓とポルトガル・スペインの勢力範囲

| コロンブス | ヴァスコ・ダ・ガマ | マゼラン |
|---|---|---|
| イタリア出身。西まわりでインドへ行くことをめざし，1492年，西インド諸島のサンサルバドル島に到達した。本人は死ぬまでインドの一部と信じていた。 | ポルトガル出身。アフリカ南端（喜望峰）をまわり，1498年，インド西岸のカリカットに到達。 | ポルトガル出身。南アメリカ南端（マゼラン海峡）を通り，1521年フィリピンに到達した。本人はフィリピンで殺され，部下が世界一周をはたした。 |

## 2 アメリカ大陸の植民地化——スペインによる征服活動

　アメリカ大陸に進出したスペインは，16世紀前半にアステカ帝国・インカ帝国を武力で制圧して滅ぼした。中央・南アメリカを植民地としてスペインは，先住民を労働力として使い，銀の鉱山やさとうきびの農園の開発を進めた。

　先住民は，厳しい労働とヨーロッパから持ち込まれた伝染病で激減した。労働力の不足を補うために，ヨーロッパ人は大西洋をまたぐ三角貿易をはじめ，アフリカの人々を奴隷としてアメリカ大陸に連れて行った。

　アメリカ大陸で産出した銀は，ヨーロッパだけでなくアジアにも送られるようになった。また，砂糖のほか，じゃがいもやトマトが持ち込まれたことは，ヨーロッパの食生活や農業を大きくかえた。

## 3 イスラム世界の再編——アジアでは三つのイスラム帝国が繁栄

　16世紀のアジアでは，オスマン帝国・サファヴィー朝・ムガル朝の三つのイスラム帝国が繁栄した。いずれもヨーロッパの商人らを利用して，活発な貿易活動を行った。

　トルコ系民族を中心に成立したオスマン帝国は，1453年にビザンツ帝国を滅ぼした。16世紀にはスレイマン1世のもとで最盛期をむかえ，西アジア・北アフリカ・バルカン半島を支配下においた。

　16世紀に入ると，イラン高原ではサファヴィー朝が成立した。アッバース1世のときに最盛期をむかえ，首都イスファハーンは「世界の半分」といわれるほど栄えた。

　インドでは，16世紀にムガル朝が成立した。人々の多くはヒンドゥー教徒だったため，皇帝アクバルは，非イスラム教徒にかける税を廃止するなど柔軟な政策をとった。

### ●●もっとくわしく

**アステカ帝国とインカ帝国**
アメリカ大陸では，先住民であるインディオが独自の文明を築きあげていた。現在のメキシコにあったアステカ帝国は，壮大な神殿・宮殿をつくり繁栄していたが，1521年にスペイン人コルテスに滅ぼされた。現在のペルーにあったインカ帝国は，太陽の子として国王が権力をにぎり，マチュピチュ遺跡P.94▶▶にみられるような高度な文化をもっていたが，1533年にスペイン人ピサロに滅ぼされた。

### ●●もっとくわしく

**三角貿易**
黒人奴隷は「黒い積荷」，砂糖は「白い積荷」と呼ばれた。

## 4 明の覇権——周辺諸国の朝貢をうながす

中国では，1368年に漢民族が明を建国し，モンゴル民族を北に追いはらった。15世紀初め，**永楽帝**は北京に遷都し，モンゴルに遠征して領土を広げた。また，朝貢を促すために，鄭和を東南アジア・インド洋に遠征させた。その結果，東アジア・東南アジアの諸地域は，**明を中心とする朝貢関係**のなかに組み込まれた。

## 5 海でつながる世界——「世界の一体化」がはじまる

16世紀にアジアに進出したポルトガルは，インドの**ゴア**や中国の**マカオ**などを拠点に，**香辛料**を中心とする貿易を行い，大きな利益をあげた。アメリカ大陸の銀を独占したスペインが，フィリピンの**マニラ**を占領してアジアに進出すると，大量の銀がアジアに流入した。

16世紀末になると，スペインはおとろえはじめた。代わって，スペインの無敵艦隊を破った**イギリス**や，スペインから独立した**オランダ**が勢力を強めた。プロテスタントの国であるイギリスとオランダは，国内の産業を発達させた。そして，1600年以降，**東インド会社**をあいついで設立し，香辛料や銀などを求めてアジアに進出をはかっていった。

こうして，16世紀にはヨーロッパ・アジア・アメリカの各世界は海を通じてつながり，ヨーロッパ諸国の進出というかたちで結びつけられ，「世界の一体化」がはじまった。

# ③ ヨーロッパとの出会い

## 1 鉄砲の伝来——新兵器が戦国の世を変えた

16世紀にポルトガルがアジアに進出して貿易の実権をにぎると，ポルトガル人が日本に来航するのは必然のなりゆきとなった。1543年，**ポルトガル人**を乗せた中国人の倭寇の船が種子島に漂着した。このとき日本に伝えられた**鉄砲**は，新兵器として戦国大名に注目され，各地に広まった。鉄砲は，**堺**（大阪府）や**国友**（滋賀県）などで刀鍛冶の職人によって生産されるようになり，戦国の世に大きな影響を与えていった。

**研　究**

**明は東アジア・東南アジアの諸国とどのような関係を結んだか。**

朝貢とは，周辺諸国の王が中国皇帝に貢ぎ物を差し出すことをいう。周辺諸国の王は，中国皇帝から支配者としての地位を認めてもらうほか，高価なお返しの品を得ることができた。このような関係は，漢の時代に始まり，唐の時代までさかんであった。しかし，宋や元の時代には，民間の貿易や文化交流はさかんだったものの，国家間の関係はほとんど結ばれなかった。明は，漢民族がうち立てた国であり，中国を中心とする伝統的な国際秩序の回復をめざし，周辺諸国に朝貢を求めた。日本の室町幕府，朝鮮や琉球王国は，これに応じて明に朝貢したのである。また，鄭和を遠征させ，東南アジアなどの諸国の朝貢も促すことをはかった。

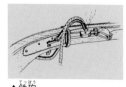

▲鉄砲

ポルトガル人がもってきたとされる鉄砲は，長さが100cm程度で有効射程は約50m。つつの先から火薬とたまをこめ，火縄で点火した。

§1　ヨーロッパ人の来航と全国統一　**309**

歴史編

第1章 歴史の始まりと日本

第2章 中世の日本

第3章 近世の日本

第4章 近代日本のあゆみと国際関係

第5章 2つの世界大戦と日本

第6章 現代の日本と世界

### 2 南蛮貿易──ポルトガル・スペインとの貿易がはじまった

中国のマカオを拠点とするポルトガル人は毎年のように九州の港に来航し，日本との貿易を行った。やがてスペイン人も，日本に来航して貿易をはじめた。

当時の日本人は，ポルトガル人・スペイン人を**南蛮人**と呼んだので，この貿易を**南蛮貿易**という。九州の**長崎**や**平戸**などで行われた貿易では，中国産の**生糸**や鉄砲などが輸入され，日本からはおもに**銀**が輸出された。

### 3 キリスト教の伝来
──またたくまに日本に広まったキリスト教

南蛮貿易は，キリスト教の布教と一体のものとして行われた。1549年，**イエズス会**[P.305▶▶]の宣教師**フランシスコ・ザビエル**は，日本にキリスト教を広めるために**鹿児島**に上陸した。ザビエルは，2年ほどの滞在中に山口や豊後府内（大分県）などで布教した。

その後もあいついで宣教師が来日し，積極的な布教活動が行われた。各地に南蛮寺と呼ばれる教会や神学校などもつくられ，キリスト教は急速に日本に広まった。

南蛮船は布教を保護する大名の領地の港にやってきたから，大名のなかにはキリスト教の洗礼をうける者もあらわれた。これを**キリシタン大名**という。**大友宗麟**ら3人のキリシタン大名は，宣教師のすすめにより，1582年に4人の少年を使節としてローマ教皇のもとにおくった（**天正遣欧少年使節**）。

---

**🔍 参　考**

**日本産の銀**
16世紀前半に，朝鮮から灰吹法と呼ばれる新しい技術が伝えられると，石見銀山を中心に銀が飛躍的に増産されるようになった。日本産の銀は，世界の産出量の約3分の1をしめ，倭寇やポルトガル人によってさかんに輸出され，世界市場をゆるがすほどの影響力をもった。

**人　物**

**フランシスコ・ザビエル**
スペイン人。カトリック教会の勢力を立て直すため，イグナティウス・ロヨラらとともにイエズス会を結成し，アジアへの布教に向かった。マラッカで日本人のアンジローと出会い，日本での布教を決意した。

---

**❓ Q&A　鉄砲とキリスト教の伝来は日本にどのような影響を与えたのだろうか？**

**①鉄砲の伝来**
1. それまでの騎馬戦から足軽鉄砲隊による集団戦へと戦術がかわった。
2. 築城法がかわり，堀と高い石垣をめぐらし，やぐらなどに鉄砲を発射する小窓を設けるようになった。
3. 全国統一への動きを早めた。

**②キリスト教の伝来**
1. 宣教師によって，天文学や医学などヨーロッパの新しい知識や技術が伝わった。
2. 布教とともに南蛮貿易が盛んになり，時計などのヨーロッパの珍しい品々がもたらされた。
3. キリスト教の信仰にもとづく信者の団結は，のちに島原・天草一揆をおこす力となった。

# ④ 織田信長と豊臣秀吉の統一事業

## 1 織田信長の統一事業——全国統一の基礎を築いた織田信長

　戦国大名のなかで最初に全国統一に乗り出したのは，尾張の織田信長であった。信長は，1560年，**今川義元を桶狭間の戦い**で破って勢力をひろげ，1568年に京都にのぼり，**足利義昭**を擁立して将軍にした。

　信長は畿内周辺の平定をめざし，1571年に**比叡山延暦寺**を焼き打ちにして，その力をうばった。その後，1573年には，反抗的な態度をとるようになった義昭を追放し，**室町幕府をほろぼした**。1575年，信長は**長篠の戦い**で，足軽鉄砲隊を使って武田氏を破り，翌年から琵琶湖のほとりに**安土城**を築きはじめた。1580年には，各地の一向一揆の中心であった**石山本願寺**を屈服させた。

　信長の統一事業は着々と進み，畿内・中部地方を勢力下におき，中国地方の毛利氏の制圧に乗り出した。しかし，1582年，家臣の**明智光秀**のむほんにあい，京都の本能寺で自害した（**本能寺の変**）。

　信長は，物資の流通をさまたげる**関所を廃止**したり，安土などの**城下町**に**楽市・楽座**の政策をとったりした。そして，貿易や鉄砲の生産で経済力をもつ**堺**の自治をうばって直轄地にした。こうして伝統的な寺社や貴族の力は弱まり，新しい秩序がつくられていった。

### 人　物

**織田信長**
尾張の戦国大名。美濃を攻めたあとから，「天下布武」の印章を用いるようになった。敵対勢力への容赦ない態度は，戦国の世を統一する基礎を築いた。その反面，うらみを買うことも多く，家臣の明智光秀に裏切られ，自害した。

### 用　語

**楽市・楽座**
従来の市では，寺社や貴族と結んだ商工業者が座を結成し，営業を独占していた。信長は，座の特権を廃止し，市場の税を免除して，商工業者に自由な営業活動を認めた。

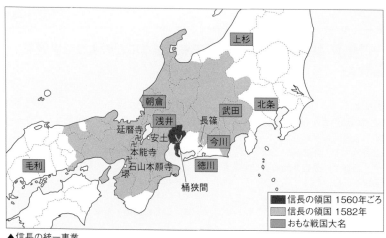

▲信長の統一事業

## 2 豊臣秀吉の全国統一——戦国の世を統一した豊臣秀吉

信長の家臣であった**豊臣秀吉**は，本能寺の変のあと，いち早く山崎の戦いで光秀を討った。そして，秀吉は石山本願寺の跡に**大坂城**を築いて本拠地とした。朝廷から**関白**に任じられると，天皇の権威を利用して各地の大名に対して戦いをやめるよう命じ，それに従わない九州の島津氏などを攻めて降伏させた。1590年には，小田原の北条氏をほろぼし，東北地方の伊達氏らを従わせて，ここに**全国統一**を完成した。

秀吉は，征服した約220万石の領地のほかに，大坂・京都・堺・長崎などの重要な都市を直轄地とした。また，**石見銀山・生野銀山・佐渡金山**などを直接支配し，その金銀によって**天正大判**などの統一的な貨幣を発行した。政治組織は整わなかったが，秀吉の晩年になって，徳川家康らの有力大名を**五大老**として合議させ，石田三成らの家臣を**五奉行**として政務を分担させることが行われた。

# ⑤ 豊臣政権の政策

## 1 検地と刀狩
——秀吉はなぜ検地と刀狩を行ったのだろうか？

**豊臣秀吉**は，ものさしやますを統一し，全国の田畑・屋敷の面積や土地のよしあしを調査し，予想される収穫量を米の体積である**石高**であらわした。秀吉が行った検地を**太閤検地**という。これによって大名は，領地の石高に応じて，軍事上の負担である**軍役**を義務づけられた。

検地の結果を記した**検地帳**には，村ごとに一つ一つの田畑の面積と石高，その土地の耕作者などが書き記された。この検地帳に登録された百姓は，耕作する権利を認められたいっぽうで，領主に**年貢**を納める義務を負った。

また，一揆の恐ろしさを知っていた秀吉は，1588年に**刀狩令**を出して，百姓から刀や鉄砲などの武器を取りあげた。また，百姓が田畑を離れて町人になったり，武士が百姓や町人になったりすることを禁止した。

こうして**検地**や**刀狩**などの政策によって，武士と百姓を区別する**兵農分離**が進み，武士・百姓・町人の身分が固定され，近世社会の基礎がつくられていった。

**人物**

**豊臣秀吉**
尾張の出身。秀吉はよく百姓の子といわれるが，実際には戦いにも参加する地侍の出身である。信長の家臣となり，機転がきいたことから信長に気に入られ，城を与えられるほどに出世した。はじめは木下藤吉郎，のちに羽柴秀吉と名乗り，関白に就任したのち，朝廷から豊臣の姓をもらった。

**参考**

**大坂と大阪**
現在は「大阪」と表記するが，江戸時代までは「大坂」と表記するのが一般的である。「坂」の字は「土」に「返る」ので忌み嫌ったといわれ，明治時代に「阪」を用いることが広まった。

**用語**

**石高**
田畑・屋敷の予想される収穫量を米の体積であらわしたもの。畑や屋敷についても，石高に換算された。1石は米の重さにすると約150kgとなり，成人一人が1年間に食べる米の量にあたる。

**歴史編**

第1章 歴史の始まりと日本

第2章 中世の日本

第3章 近世の日本

第4章 近代日本のあゆみと国際関係

第5章 2つの世界大戦と日本

第6章 現代の日本と世界

## Q&A　太閤検地によって支配のあり方はどのようにかわったのだろうか？

①全国の土地が石高という統一的な基準によってあらわされるようになった。武士は石高であらわされた領地を与えられ，それに見合った軍役をつとめることになった。
②百姓は，田畑を耕作する権利を認められたが，そのいっぽうで石高を基準として

定められた年貢を納入する義務を負うことになった。
③それまで，荘園領主などが持っていた複雑な土地の権利はすべて否定された。荘園制はなくなり，荘園領主であった寺社や貴族は勢力を失うことになった。

## 2　秀吉の対外政策——宣教師の追放と朝鮮侵略

織田信長は仏教勢力と対抗するために，キリスト教の宣教師[P.305▶]を保護した。はじめは秀吉もこの方針をとったが，やがてキリスト教の勢力が全国支配のさまたげになると考え，1587年に宣教師の国外追放（バテレン追放令）を命じた。しかし，**貿易はかわりなく許したので，キリスト教の取りしまりは徹底しなかった。**

秀吉は，倭寇[P.291▶]などの海賊行為を禁じる（海賊取締令）いっぽうで，商人の海外渡航をすすめるなど貿易は盛んに行った。そして，国内を統一すると，明にかわって日本を中心とする東アジアの秩序をつくろうとした。ゴア・マニラ・高山国（台湾）などにも手紙を送り，日本に服従して貿易を行うことを求めた。さらに明の征服をくわだて，朝鮮に対しても服従してともに戦うことを要求した。

朝鮮が要求を断ると，1592年，秀吉は名護屋城（佐賀県）を拠点として築き，大名を動員して大軍を朝鮮に送った。日本軍は漢城（現在のソウル）などを占領し，明の国境近くまで攻め入った（文禄の役）。しかし，朝鮮の民衆が各地で立ち上がり，**李舜臣**率いる朝鮮水軍の活躍や明の援軍などにより，日本軍は押し戻された。秀吉は休戦して講和を結ぼうとしたがまとまらず，1597年に再び出兵したが，苦戦が続き，秀吉が病死すると日本軍は引き上げた（慶長の役）。

2度の戦いで，朝鮮では多くの人々が殺され，田畑は荒れ果て，文化財も焼失した。また，日本でも戦費や兵力を無駄に費やした結果，**豊臣政権の没落の原因**となった。

### 参考

**李舜臣と亀甲船**
李舜臣は，亀甲船という軍船を中心に朝鮮水軍を編成し，日本水軍をうち破った。このため，日本軍は補給を得られず，苦戦をしいられた。亀甲船は，もともと倭寇対策のためにつくられた軍船で，上部を厚い板でおおい，数多くの鉄のくぎを付けてある。李舜臣は，1598年，最後の戦いで戦死したが，朝鮮を救った英雄として，現在も韓国の各地に銅像がたっている。

歴史編

第1章 歴史の始まりと日本

第2章 中世の日本

第3章 近世の日本

第4章 近代日本のあゆみと国際関係

第5章 2つの世界大戦と日本

第6章 現代の日本と世界

**Q&A 豊臣秀吉はなぜキリスト教の布教を禁止したのだろうか？**

秀吉は，九州の島津氏を降伏させた帰りに，キリシタン大名の大村氏が長崎をイエズス会の教会に寄進していることを知った。宣教師は，まず大名を信者にさせ，それを通じて家臣や民衆にも布教を進めていた。キリスト教がキリシタン大名を通じて力をもちはじめていることを実感したのである。

一向一揆のように，信者が信仰のもとに団結すれば，秀吉の全国支配をさまたげることになる。それゆえ秀吉は宣教師の国外追放に踏み切ったのである。

しかし，貿易は奨励したので，布教と貿易が一体化している以上，キリスト教の布教の禁止を徹底することはできなかった。

# ⑥ 桃山文化

## 1 桃山文化——桃山文化の特徴は？

全国統一が進むなかで，大名や豪商たちはその権力と富を背景に，**豪華で壮大な文化**を生み出した。これを**桃山文化**という。室町時代までの仏教の影響力がうすまり，ヨーロッパ人の来航によって新しい文化がもたらされた。

## 2 建築と美術——壮大な天守閣をもつ城の内部には豪華な絵や彫刻が

支配者の**権威**を示すために，安土城や大坂城，**姫路城**などの高くそびえる**天守閣**をもつ壮大な城がつくられた。建物には，**書院造**が取り入れられ，らんまなどには豪華な彫刻がほどこされた。また，ふすまや屏風などには**障壁画**と呼ばれる華やかな色彩の絵が描かれ，絵師として**狩野永徳**・狩野山楽らが活躍した。

▲姫路城（完成は江戸時代の1609年）

▲狩野永徳「唐獅子図屛風」

### 3　茶の湯と陶磁器——わび茶の作法の完成

　いっぽうで心の静けさを求める**茶の湯**も，大名や豪商の間で流行した。堺の商人であった**千利休**は，茶の湯を通してかざらない静かな心の大切さを説き，**質素なわび茶の作法**を完成した。茶の湯の流行にともない，茶碗などの陶磁器も各地でつくられた。とりわけ，豊臣秀吉の朝鮮侵略の際に日本に連れてこられた朝鮮人陶工によって，**有田焼**・萩焼・薩摩焼などの優れた陶磁器がうまれた。

### 4　民衆の文化——民衆の文化からうまれたさまざまな演劇

　民衆のあいだでも，現世を楽しむ風潮が生まれ，さまざまな芸能が生み出された。**出雲の阿国**という女性がはじめたかぶき**踊り**は人気を集め，後の**歌舞伎**へと発展した。また，琉球から伝わった楽器をもとに**三味線**がつくられ，これにあわせて浄瑠璃が語られるようになり，人形あやつりとも結びついて，**人形浄瑠璃**という演劇が生まれた。衣服では簡素な小袖が広まっていった。

### 5　南蛮文化——ヨーロッパの影響を受けた新しい文化

　南蛮貿易が盛んに行われたことにより，パン・カステラ・カルタなどが日本にもたらされた。これらの**ポルトガル語**は，そのまま日本語となって定着していった。キリスト教の宣教師は，天文学・医学・地理学・**活版印刷術**[P.305▶▶]などの新しい学問や技術を伝えた。西洋画の技法をもとに，日本人絵師によって南蛮船来航の様子が描かれた（**南蛮屏風**）。活版印刷術は，布教に必要な書物の印刷などに使われ，『**平家物語**』などの日本の書物もローマ字で印刷された。こうした**ヨーロッパの影響を受けた文化**を**南蛮文化**という。

▲かぶき踊り

**千利休**

堺の商人であった利休は，堺・京都で茶の湯を修行し，若くしてその名を知られた。織田信長に仕え，ついで豊臣秀吉に重く用いられた。しかし，茶の湯を権力に利用しようとする秀吉と，質素な茶の湯を求める利休との間のみぞは，しだいに深まっていった。1591年，大徳寺の山門に自分の木像をかかげたという理由で，利休は秀吉に切腹させられた。

**李参平と有田焼**

豊臣秀吉の朝鮮出兵は，別名「焼き物戦争」とも呼ばれ，多くの朝鮮人陶工が日本に連れてこられた。李参平もその一人で，肥前の有田焼をはじめたとされる。有田焼は，その後，佐賀（肥前）藩のお国焼として発展し，江戸時代には遠くヨーロッパにまで輸出された。なお，有田焼を伊万里焼ともいうのは，伊万里港から積み出されたからである。

▲有田焼

歴史編

第1章 歴史の始まりと日本

第2章 中世の日本

第3章 近世の日本

第4章 近代日本のあゆみと国際関係

第5章 2つの世界大戦と日本

第6章 現代の日本と世界

# §2 幕藩体制の成立

**重要ポイント**

- □徳川家康は江戸幕府を開き，徳川家光のころまでに幕府の組織が完成した。
- □軍事力と経済力で圧倒する江戸幕府は，大名・朝廷・寺社を厳しく統制した。
- □幕藩体制のもとで，武士が町人・百姓を支配する身分制度がつくられた。
- □村や町では，村役人や町役人を中心に自治的な運営が行われた。
- □百姓の年貢が幕府や藩の財政を支えていたので，百姓はさまざまな統制を受けた。
- □当初は海外との交流が盛んであったが，禁教のために交流は制限されていった。
- □「鎖国」下では，オランダ・中国・朝鮮・琉球と交流した。

## ① 江戸時代の政治のしくみ

### 1 江戸幕府の成立——徳川家康はどのように政権を握ったか？

　東海地方で勢力を伸ばした**徳川家康**は，豊臣秀吉が全国を統一すると関東に移され，江戸城を拠点として約250万石の領地を支配した。秀吉が亡くなると，**五大老**の最有力者として政治の実権を握った家康と，豊臣氏の政権を守ろうとする**石田三成**らが対立した。両者は，1600年に**関ヶ原の戦い**で激突し，家康側が勝利をおさめた。全国の大名を従えた家康は，1603年に**征夷大将軍**に任じられ，**江戸に幕府を開いた**。以後，徳川氏が支配した約260年に及ぶ時代を**江戸時代**という。大坂城にいた秀吉の子秀頼が，徳川氏の全国支配の障害になっていたが，1614〜15年の**大坂の陣**（大坂の役）で豊臣氏を滅亡させた。

### 2 江戸幕府の軍事力と経済力——諸大名を圧倒したパワー

　江戸幕府は，圧倒的な軍事力と経済力に支えられていた。軍事力は，将軍の直属の家臣である**旗本・御家人**と，**軍役**と呼ばれる諸大名の軍事動員によって構成された。また，約400万石の直轄地（**幕領**）をもち，佐渡金山・生野銀山などの重要鉱山を直接支配して収益を得た。さらに，京都・大坂・長崎など商工業や流通・貿易における重要都市を直轄し，貨幣鋳造権[P.327▶▶]を独占した。

**人　物**

**徳川家康**

三河の戦国大名。幼いときから隣国の織田氏・今川氏の人質になるなど苦労を重ねた。織田信長と同盟を結び，豊臣秀吉とは一戦を交えた後に従うなど，我慢を重ねながら，戦国の世を巧みに生き抜いた。「人の世は重荷を背負って坂道をゆくようなものだ」とは，家康の有名な言葉である。

**参　考**

**旗本と御家人**

ともに領地が1万石未満の将軍の直属の家臣。旗本は将軍に謁見（お目見え）できたが，御家人はできなかった。18世紀初めのころ，旗本は約5,200人，御家人は約17,400人いた。

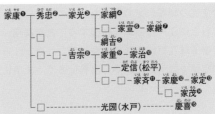

▲徳川氏系図（数字は将軍になった順序）

## 3 江戸幕府のしくみ
### ——幕府の組織はどうなっていたのか？

　幕府の組織は，3代将軍徳川家光のころに定まった。政務全般を老中がまとめ，それを若年寄が補佐した。老中の下には多くの役職がおかれた。寺社をとりしまる寺社奉行，江戸の町政にあたる町奉行，幕府の財政や幕領を監督する勘定奉行はとくに重要で，これを三奉行といった。地方には京都所司代や大坂城代がおかれ，さらに，京都や大坂・駿府には町奉行が，長崎などには遠国奉行が派遣された。その他の幕領は代官が支配にあたった。これらの重要な役職には，譜代大名や旗本が任命された。

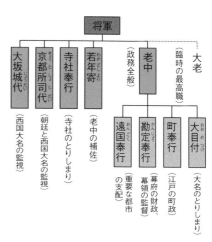

▲江戸幕府のしくみ

## 4 大名の統制
### ——戦国の世を争った諸大名たちをどのように従わせたか？

　江戸時代は，幕府と藩が全国の土地と人民を支配する政治制度であったことから，これを幕藩体制という。大名とは，将軍から1万石以上の領地を与えられた武士をいい，大名の領地とその支配組織を藩という。幕府は大名の配置にあたって，関東や東海・近畿などの要地には，徳川氏の一門である親藩や古くからの家臣である譜代大名を置き，関ヶ原の戦い前後に従った外様大名は九州や東北などの遠い地域に置くようにした。

　大坂の陣の後，幕府は武家諸法度を定めて，大名が勝手に居城の修理をしたり，無断で結婚したりすることなどを禁止した。武家諸法度に違反した大名は，改易（取りつぶし）・減封（領地の削減）などの厳しい処分を受けた。

　3代将軍の徳川家光のときの武家諸法度の改定では，参勤交代の制度が定められた。この制度によって，大名は1年おきに江戸と領地を往復することが義務づけられ，大名の妻子は江戸に住むことが強制された。江戸と領地の往復や江戸での生活にかかる出費は多く，次第に藩の財政を圧迫していった。

**江戸幕府の役職**
江戸幕府の役職には，複数名が任命された。老中の場合は，4・5名が定員である。一般的な政務は，1カ月交代で政務を担い，役職をまたがる事項などは，老中と三奉行が合議して裁決した。

### 参考

**藩のしくみ**
江戸時代，全国には約270の藩があった。藩のしくみは，それぞれの藩で異なったが，基本的には幕府のしくみと類似しており，藩主の下で政務全般を家老が統括し，勘定奉行や町奉行などが政務を分担した。

§2　幕藩体制の成立　**317**

歴史編

第1章 歴史の始まりと 日本

第2章 中世の日本

第3章 近世の日本

第4章 近代日本のあゆみ と国際関係

第5章 2つの世界大戦と 日本

第6章 現代の日本と 世界

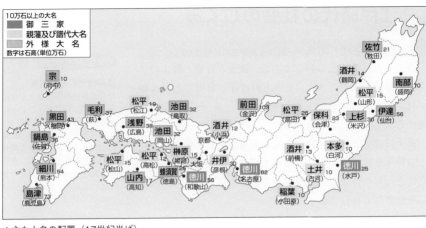

▲主な大名の配置（17世紀半ば）

## ？Q&A　参勤交代はどのような制度であったのだろうか？

　外様大名の参勤は4月で，西国の大名が江戸にやってくると，江戸にいた東国の大名が領地に帰った。譜代大名の参勤は6月か8月で，関東の大名は半年交代で参勤を行うのがならわしだった。

　道中では，鉄砲や弓，槍などの武器を家臣に持たせ，大名行列を組んで移動した。戦時の行軍に準じた形式をとったからである。

　参勤交代は，将軍と大名の主従関係を確認する儀礼であった。将軍に従うというこ

とは，妻子を人質として江戸に居住させ，大名自身も江戸に詰めることを要求される。

　江戸時代後期の松江藩の場合，江戸藩邸の経費と旅費が，人件費を除く藩財政に占める割合は，それぞれ約53％と約5％である。領地と江戸の二重生活は藩財政を圧迫していた。

　参勤交代を経済的な面からみると，江戸の発展，水陸交通の発達や宿場町の繁栄を生み出した。

## 5　朝廷・寺院の統制──朝廷・寺院と幕府との関係は？

　幕府は，儀式の復興を認めるなど，伝統的な権威をもつ朝廷を保護したが，いっぽうで政治的な動きをしないように統制を加えた。禁中並公家諸法度を定めて天皇や公家の行動を規制し，京都所司代をおいて朝廷を監視した。

　寺院についても，寺院法度をつくり，寺社奉行をおいて取り締まった。キリスト教の禁止[P.321▶▶]後には，宗門改めと呼ばれる信仰調査を行って宗門改帳をつくらせ，仏教徒であることを寺院に証明させた。

**宗門改帳**
キリスト教の禁止を徹底するため，幕府は人々をいずれかの寺院に所属させ，それを寺院に証明させる寺請制度を設けた。宗門改帳は，家ごとに宗旨と所属寺院である檀那寺を記した帳簿である。戸籍の役割も果たしたため，移転や結婚などには寺院の証明が必要とされた。

# ② 江戸時代の社会のしくみ

## 1 武士・百姓・町人──武士に支配された百姓と町人

　豊臣秀吉は検地と刀狩によって，**武士と百姓・町人の区別を明確にした**［P.311▶▶］。この方針は江戸幕府にも引き継がれ，武士と町人は城下町に集められ，身分が固定され，制度として確立した。

　武士は政治と軍事を独占する支配身分で，**名字・帯刀**などの特権を持っていた。村の住人で農業や漁業などを行う**百姓**と，町の住人で商業や手工業などを行う**町人**は，武士に支配される身分であった。

## 2 村と百姓──村のしくみと支配

　村の多くは農村だったが，漁村や山村などもあった。百姓は全人口の約85％を占め，自治的な共同体である村で生活をおくり，幕府や藩に主に米で**年貢**を納め，**諸役**と呼ばれる労働を負担した。

　村では，肥料や燃料をとる林野やかんがいのための用水は共同で利用し，田植えや稲刈りなども助け合って行った。村を自治的に運営するために**寄合**が開かれ，**村掟**などが定められた。このように村の結束は強かったので，しきたりや掟を破る者は，仲間外れにされる**村八分**という制裁を受けた。

　百姓には，**自分の土地を持ち，年貢・諸役を負担する本百姓**と，**自分の土地を持たず，田畑を借りて耕作する水呑百姓**があった。有力な本百姓は，**名主（庄屋）・組頭・百姓代**などの村役人となって，村の自治をになった。

　幕府や藩はこうした村の自治を利用して，**四公六民（収穫の40％）** や**五公五民**といった重い年貢を本百姓から取り立て，財政をまかなった。幕府は，1643年に田畑の売り買いを禁止し（**田畑永代売買の禁止令**），1673年には土地の分割相続を制限した（**分地制限令**）。さまざまな規制を加えたのは，**本百姓が没落することを防ぎ，安定した年貢を確保できるようにするためだった**。また，**五人組**の制度をつくって納税や犯罪に対して連帯責任を負わせた。

○●●**もっとくわしく**

**江戸時代の身分制度**

身分と身分の間には大きな区分があり，同じ身分のなかにも区分があった。武士には，上は将軍から下は諸藩の足軽にいたるまでさまざまな身分があり，百姓や町人も，自分の土地をもっているかどうかなどで区分がされた。

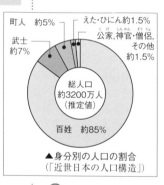

▲ 身分別の人口の割合
（「近世日本の人口構造」）

**参　考**

**田畑永代売買の禁止令**
1643年，本百姓が田畑を手放して没落することを防ぐために，幕府の法令として出された。実際には，田畑の質入れ・質流れが行われたため，土地の所有者がかわることはあった。

一，暮らし向きのよい百姓は田地を買い取ってますます裕福となる。家計が苦しい百姓は田畑を売り払って，ますます暮らし向きが悪くなる。今後は田畑の売買を禁止する。

 **幕府や藩はどのようにして村を支配したのだろうか？**

**①武士は村に住んでいたか？**
江戸時代は，兵農分離によって武士は城下町に住むことになっていた。だから，原則として武士は村には住んでいない。

**②村はどのように運営されたか？**
百姓は結・もやいと呼ばれる共同作業を通じて結びつき，村は寄合を開いて自治的に運営されていた。こうした村の自治に依存して，幕府や藩は武士が住んでいない村を支配することができた。

**③村の運営の中心はどのような人々か？**
名主・組頭・百姓代などの村役人が，村の運営の中心である。幕府や藩が年貢を村に割り当てると，村役人を中心にして村の責任でとりまとめて納入した。幕府や藩が出した命令なども，村役人を通じて百姓に伝えられた。このようなしくみを村請制という。

**④村役人に必要な能力は？**
年貢の割り当てや命令の伝達などを行うためには，文字の読み書きや計算ができなくてはつとまらない。だから，村役人は，読み・書き・そろばんを習得することが必要だった。

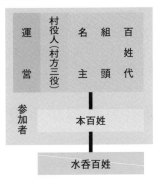

▲村の運営

## 3 町と町人——町のしくみと支配

江戸時代には，城下町，宿場町，港町などさまざまな都市がうまれた。都市に住む商人や職人を町人と呼んだ。

都市の代表となるのが，武士と町人が集められた**城下町**である。城下町では，武家地・寺社地・町人地など**身分に応じて住むところが分けられた**。

町人地には，**町**と呼ばれる共同体があった。町には，屋敷をもって商工業を営む**地主・家持**がおり，町ごとに町年寄などの町役人を選んで，**町掟**を定めて自治的に運営していた。町には，借地あるいは借家して商工業を営む地借や店借，路地裏の長屋に暮らす行商人，商家の奉公人や職人の徒弟などもいたが，町の運営には参加できなかった。

町人は営業の自由を認められ，屋敷にかかる税（地子）は免除されたが，**運上・冥加**と呼ばれる**営業税**などを幕府や藩に納めなければならなかった。

### ●●もっとくわしく

**城下町の構造**
城下町には，城を中心として，面積の大半を占める武家地があり，兵農分離によって移住した家臣たちの武家屋敷が配置されていた。さらにその周囲には町人地が設けられ，呉服町・鍛冶町・大工町などのように，商人・職人が同業者ごとに集められており，武士の日常生活に必要な物資を取り扱った。寺社地には，寺院や神社が集められ，僧侶や神職が居住した。

### 4 身分による差別——差別されたえた・ひにん

えた・ひにんと呼ばれ，居住地や服装など生活全般において，社会的に差別された身分の人々もいた。えたは，農業で生活したり，牛馬の解体処理や皮革業などを営んで社会や文化を支えた。幕府や藩は，皮革を納めさせたり，牢番をつとめさせたりした。また，ひにんも，役人の下働きや芸能などで生活した。

### 5 家制度——家のなかにも身分の上下があった

社会の基礎単位となる家でも，親と子，長男と弟・姉妹，夫と妻，主人と奉公人などの間に上下の身分意識が生まれた。家においては，家長（戸主）の権限が強く，財産や家業を相続する長男が重んじられ，女性の地位は低かった。

## ③ 貿易の振興から統制へ

### 1 朱印船貿易と日本町——当初は盛んであった海外との交流

徳川家康は，西国の大名や京都・堺・長崎などの大商人に対し，日本の商船であることを証明する朱印状を与えて海外への渡航を許可し，貿易を盛んにしようとした。これを朱印船貿易という。朱印船は，シャム（タイ），安南（ベトナム），ルソン（フィリピン）などへ渡航し，東南アジアの各地には日本町が生まれた。

### 2 オランダ・イギリス船の来航——プロテスタントの国の来航

当時のアジア最大の交易品は，日本産の銀[P.322▶▶]と中国産の生糸で，これらの取り引きはポルトガルが独占していた。1604年，家康は，ポルトガル商人が持ってくる中国産の生糸を，糸割符仲間と呼ばれる日本商人がまとめて安く購入する制度（糸割符制度）をつくり，ポルトガルの利益独占を排除しようとした。

1600年，オランダ船リーフデ号が豊後に漂着した。乗組員だったオランダ人ヤン・ヨーステンとイギリス人ウィリアム・アダムズは，江戸に招かれて家康の外交顧問となった。その後，オランダは1609年に，イギリスは1613年に，家康から自由な貿易の許可を得て，平戸（長崎県）に商館を開いた。

●●もっとくわしく

**江戸時代の女性**
江戸時代には男尊女卑の風潮が広まり，女性は家にあっては父に，結婚しては夫に，夫死しては子に従うものとされた。また，男性には都合よく離婚の自由があった一方，女性から離婚を望む場合には，縁切寺と呼ばれる寺に駆け込み，修行する必要があった。

研　究

**朱印船はなぜ東南アジアに渡航したのか。**
豊臣秀吉の朝鮮侵略以来，明との関係は悪化していた。徳川家康は国交の回復を試みたが，明に拒絶され，中国産の生糸を直接に輸入する道が絶たれた。一方で，東南アジアの各地には明の商船が渡航していた。そのため，東南アジアに渡航すれば，日本の銀を元手に，明の商船と取り引きを行うことができたのである。

参　考

**耶揚子と三浦按針**
ヤン・ヨーステンとウィリアム・アダムズの日本名。現在の東京駅周辺に八重洲という地名があるが，これは耶揚子がなまったもので，ここにヨーステンの屋敷があった。アダムズは，水先案内人（按針役）で，三浦半島に領地をもらったことにちなむ。

### ③ 禁教と貿易の統制
#### ——盛んだった海外との交流はなぜ制限されたか？

　貿易の発展と宣教師の布教によって，キリスト教の信者（キリシタン）は増大していった。家康は，貿易の利益のために，キリスト教を黙認していた。しかし，信者が団結してかつての一向一揆のような勢力になって幕府に反抗することやスペイン・ポルトガルによる侵略を恐れ，1612年に幕領に禁教令を出してキリスト教を禁止し，翌年には全国におよぼした。以後，キリシタンの迫害が行われ，絵踏などを行って信者を見つけ出すなど，禁教政策がおしすすめられた。

▲朱印船の渡航先と日本町

　幕府は禁教を徹底するため，貿易の統制に踏み切った。2代将軍徳川秀忠は，1616年にヨーロッパ船の来航を平戸・長崎に限定した。1623年にイギリスは自主的に商館を閉鎖し，1624年にはスペイン船の来航が禁止された。さらに，1635年，3代将軍徳川家光は日本人の海外渡航と帰国を全面的に禁止し，朱印船貿易は停止された。

### ④ 島原・天草一揆と「鎖国」
#### ——幕府が「鎖国」に踏み切ったのはなぜか？

　キリシタンの多かった九州の島原・天草地方では，新しい領主による厳しい年貢の取り立てに対して，1637年，約3万7千人の領民が天草（益田）四郎という少年をおし立て，一揆をおこした。幕府は，大名を動員して約12万人の軍勢で，ようやく鎮圧した。これを島原・天草一揆という。

　島原・天草一揆に幕府は衝撃を受けた。1639年，宣教師を密入国させるポルトガル船の来航を禁止し，報復を恐れて沿岸の警備を強化した。さらに，1641年には，平戸にあったオランダの商館を長崎の出島に移した。

　こうして，幕府は，日本人の海外渡航を禁止し，外国船の来航を規制し，中国船とオランダ船のみに長崎での貿易を許すという体制をつくりあげた。このような幕府による禁教と貿易・外交統制を「鎖国」という。

---

## 研　究

**なぜポルトガルが来航を禁止され，オランダが来航を許されたのか。**
ポルトガルはカトリックの国で，オランダはプロテスタントの国である。海外へのキリスト教布教をねらうポルトガルは，貿易と布教を一体化させており，禁教後も宣教師を密入国させていた。オランダは，キリスト教布教の意思はなく，貿易の利益のみをねらっていた。そこでオランダは，「ポルトガルは日本の領土に野心を持っている」と幕府に密告した。

**キリスト教のおこり**
P.243▶▶

**宗教改革**
P.305▶▶

**キリスト教の日本伝来**
P.309▶▶

**豊臣秀吉の宣教師追放**
P.312▶▶

**歴史編**

第1章 歴史の始まりと日本

第2章 中世の日本

**第3章 近世の日本**

第4章 近代日本のあゆみと国際関係

第5章 2つの世界大戦と日本

第6章 現代の日本と世界

# ④ 江戸時代の対外関係

## 1 四つの窓口——「鎖国」は国を閉ざしていたわけではない

　「鎖国」は完全に国を閉ざしていたわけではなく，**長崎・対馬・薩摩・松前**という**四つの窓口**を通して，世界と結びついていた。幕領である**長崎**には**オランダ船**と**中国船**の来航が許され，長崎奉行の監督下で貿易が行われた。また，幕府は**朝鮮**や**琉球**と国交をもち，それぞれ**対馬藩**と**薩摩藩**を介して貿易と外交が行われた。さらに，**松前藩**を介して蝦夷地の**アイヌ**との交易が行われた。対馬・薩摩・松前の各藩は，幕府から相手側との貿易の**独占権**を認められていた。

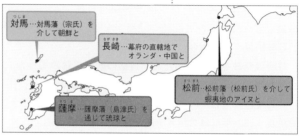

対馬…対馬藩（宗氏）を介して朝鮮と

長崎…幕府の直轄地でオランダ・中国と

松前…松前藩（松前氏）を介して蝦夷地のアイヌと

薩摩…薩摩藩（島津氏）を通じて琉球と

▲四つの窓口

●●もっとくわしく

**鎖国**
「鎖国」という言葉が生まれたのは，19世紀初めのことである。蘭学者の志筑忠雄が，17世紀末にオランダ商館の医師として来日したドイツ人ケンペルの著作『日本誌』の一部を翻訳し，これに『鎖国論』という題をつけたのが最初である。

## 2 オランダ・中国——長崎で貿易が許されたオランダと中国

　長崎にはオランダと中国の貿易船が来航したが，商人がやってくるだけで，国と国との正式な国交はなかった。

　オランダは，**東インド会社**[P.308▶▶]の商船が長崎に来航して，**出島**の商館を通じて日本と貿易を行った。オランダ商館長は，貿易が許されている謝礼を将軍に伝えるために，毎年のように江戸に出向いた（**江戸参府**）。中国では，17世紀半ばに**明**が滅び，中国東北部の女真族が**清**をたてて支配した。だが，中国の民間商船は引き続き長崎に来航し，幕府によって中国人が居住する**唐人屋敷**もつくられた。また，オランダ船・中国船は来航するごとに，**オランダ風説書・唐船風説書**を幕府に提出して海外情勢を報告した。

　長崎貿易では，当初はおもに**中国産**の**生糸**や絹織物，砂糖などが輸入され，金・銀が輸出された。しかし，17世紀後半に金・銀の産出量が減ると，海外に流出することが問題とされ，**貿易額に制限**が加えられるようになった。18世紀になると，輸出品は**銅・俵物**[P.325▶▶]が中心となり，生糸などの**輸入品の国産化**が進められた。

参　考

**オランダ風説書**
幕府は，オランダ風説書を通じて，ヨーロッパやアジア情勢を知っていた。オランダ風説書には，フランス革命やアヘン戦争の情報も記されていたし，ペリーの来航も予告されていた。「鎖国」をしても，海外情報を定期的に入手していたのである。

**輸出品の変化**
P.325▶▶
**輸入品の国産化**
P.333▶▶

歴史編

第1章 歴史の始まりと日本

第2章 中世の日本

第3章 近世の日本

第4章 近代日本のあゆみと国際関係

第5章 2つの世界大戦と日本

第6章 現代の日本と世界

## 3 朝鮮・琉球——国交があった朝鮮と琉球

朝鮮と琉球は、国王の外交使節が来日するなど国と国との国交があった。

朝鮮と日本は、**対馬藩**の**宗氏**の仲介により、徳川家康のもとで国交が回復した。宗氏は、釜山に倭館を設けて家臣を常駐させ、朝鮮から**木綿**や**朝鮮人参**などを輸入した。また、朝鮮からは、将軍の代がわりごとに**朝鮮通信使**が派遣され、江戸まで国書を持参した。

中国との朝貢貿易で栄えていた**琉球王国**は、家康の許可を得た**薩摩藩**の**島津氏**によって、武力で制圧された。島津氏は、琉球の検地を行い、役人を派遣して琉球を実質的に支配した。いっぽうで、中国との朝貢貿易は続けさせ、その利益を島津氏のものとした。琉球は、将軍の代がわりごとに**慶賀使**を、琉球国王の代がわりごとに**謝恩使**を、江戸へ派遣した。

## 4 蝦夷地とアイヌの人々
——蝦夷地の支配とアイヌの人々の暮らし

蝦夷地では、アイヌの人々が漁業などに従事していた。幕府は、蝦夷地を外国でも国内でもない地域として位置付けた。

家康は**松前藩**の**松前氏**にアイヌの人々との取り引きを独占することを許した。松前藩では、領地ではなく、アイヌと交易する権利を家臣に与えた。

アイヌの人々は、さけ・こんぶなどの海産物を、米などの産物と交換したが、不正な取り引きを強いられることが多かった。不満をもったアイヌの人々は、1669年に**シャクシャイン**を指導者として立ち上がったが、鎮圧され、次第に松前藩に服従させられるようになっていった。

---

### 研究

**朝鮮通信使とはどのような使節であったか。**

江戸時代を通じて、通信使は12回派遣された。当初は、豊臣秀吉の朝鮮侵略で日本に連行された人々を帰国させるために来日したが、後には将軍の代がわりを祝う外交使節として来日するようになった。一行は、総勢500人近くになり、往来する各地では、日本人と朝鮮人の盛んな交流が行われた。一行には優れた儒学者が含まれていたことから、日本の知識人は、宿舎を訪れ、漢詩文をよみあって交流した。

### ●●もっとくわしく

**場所請負制度**

アイヌとの交易地は場所（商場）と呼ばれた。18世紀になると、場所の多くは、本州から進出した和商人が経営を請け負うようになった。肥料となるにしんや、長崎貿易の輸出品である俵物の産地として、蝦夷地の経済的価値が高まったことが背景にある。アイヌの人々は、漁業労働に使役されていった。

---

## ？ Q&A 江戸時代の商品流通と琉球・蝦夷地はどのように結びついていたのだろうか？

①琉球は蝦夷地でとれたこんぶなどの海産物を薩摩藩を介して入手し、中国に輸出した。また、琉球の黒砂糖は、薩摩藩を通じて大坂で売られた。

②蝦夷地のアイヌの人々が中国の東北部との交易を通じて入手した衣服は、蝦夷錦として江戸や大坂で珍重された。また、畿内周辺の農業では、蝦夷地でとれたにしんを加工した肥料が使われた。

## ① 諸産業の発達

### 1　農業の発達——大開発と農民たちの工夫

　戦国時代から発達した築城や鉱山の技術を利用して，江戸時代には大規模な治水や干拓の工事，用水路の造成が可能となった。幕府や諸藩は年貢を増やすために，**新田開発**を進めた。その結果，江戸時代を通じて，**全国の耕地面積は2倍以上に拡大**した。

　農具の改良も進み，田畑を深く耕すための**備中ぐわ**，脱穀を楽にする**千歯こき**，もみとそれ以外のごみを選別する**唐箕**などが利用され，作業の効率は大幅にあがった。また，肥料は，**干鰯**や油かす・〆かすなどの購入肥料（**金肥**）も使用されるようになり，商品作物の栽培などに利用された。このような進んだ農業技術は，宮崎安貞の『農業全書』などの農書によって各地に伝えられた。

　農村では，現金収入を得るため，年貢として納める米以外に，**商品として売る作物（商品作物）を栽培**するようになった。都市の需要を背景に，衣料用の麻や綿，灯火用の**菜種**，染料用の**紅花・藍**などが各地で栽培され，風土に適した**特産物**も生まれた。

収穫した稲からもみをとる脱穀の様子が描かれている。新しい農具は，作業の効率を高めた。農作業が，村の百姓の助け合いで行われている様子もわかる。

唐箕　　　千歯こき

▲江戸時代の農具

▼各地の特産物

| 地域 | 特産物 |
|---|---|
| 出羽村山（山形） | 紅花 |
| 駿河（静岡）・宇治（京都） | 茶 |
| 備後（広島） | いぐさ |
| 紀伊（和歌山） | みかん |
| 阿波（徳島） | 藍 |

## ② 漁業の発達——さかんな漁業と海産物の商品化

漁業では網の改良によって漁獲高が増え，海産物は食料にとどまらない重要な商品として取り引きされた。**九十九里浜**ではいわし漁がさかんに行われ，とれたいわしは**干鰯**に加工されて，畿内周辺の綿作の肥料として使われた。また，**蝦夷地**でとれたこんぶは中国向けの輸出品として，にしんは〆かすという肥料に加工されて利用された。蝦夷地でとれたなまこなども，**俵物**として加工され，中国向けに輸出された。他に，**土佐**などの南西海域では，**かつお漁**や**捕鯨**がさかんに行われた。

## ③ 鉱山業の発達——貨幣や輸出品となった金・銀・銅

採掘や精錬の技術が発達したことにより，**佐渡金山**や**生野銀山**，**石見銀山**，**別子銅山**などの開発が進み，重要な鉱山は幕府が直接支配した。金・銀の産出量は17世紀前半には世界有数だったが，17世紀後半になると急減し，かわって**銅**の産出量が増えた。金・銀・銅は貨幣の材料として使われるとともに，長崎貿易の重要な輸出品であった。

## ④ 手工業の発達——織物業などでは各地に特産物が誕生

手工業はもともと都市で行われていたが，商品作物の栽培が広まるにつれ，農村内でも行われるようになった。とくに**麻・木綿・絹**などは，衣料品としての需要があったため，農家の副業として各地で生産された。また，諸藩が収入を増やすために領内の産業を振興したことから，**紙や漆器・陶磁器**などの生産もさかんになり，各地に**特産物**が生まれた。また，しょう油や酒などの醸造業でも，特産物がつくられた。

**研究**

**長崎貿易の輸出品はどのように変化したか。**
17世紀前半，日本は世界有数の金・銀の産出国だった。とりわけ銀は，世界の産出量の約3分の1を占め，オランダ・中国によってさかんに輸出された。しかし，17世紀後半に金・銀の産出量が激減すると，貨幣の材料が不足した。そこで幕府は長崎貿易の貿易額を制限するとともに，銅や俵物の輸出をすすめた。俵物とは，干して俵につめて輸出されたいりこ・ほしあわび・ふかのひれをいう。中国向けの輸出品で，中国料理の食材として用いられた。

**商品経済の発達**
P.333▶▶

| 絹織物 | 西陣織（京都）・桐生絹（群馬）・足利絹（栃木） |
|---|---|
| 綿織物 | 尾張木綿（愛知）・河内木綿（大阪） |
| 麻織物 | 奈良晒（奈良）・越後縮（新潟） |
| 陶磁器 | 瀬戸焼（愛知）・清水焼（京都）・九谷焼（石川）・有田焼（佐賀） |
| 漆器 | 輪島塗（石川）・会津塗（福島） |
| 紙 | 美濃紙（岐阜）・越前紙（福井） |
| しょう油 | 野田（千葉）・銚子（千葉） |
| 酒 | 灘（兵庫）・伊丹（兵庫） |

▲各地の特産物

歴史編

第1章 歴史の始まりと日本

第2章 中世の日本

第3章 近世の日本

第4章 近代日本のあゆみと国際関係

第5章 2つの世界大戦と日本

第6章 現代の日本と世界

# ② 交通の発達

## 1 陸上交通の発達——街道によって全国的な道路網が実現

　幕府によって，江戸の日本橋を起点とする**五街道**と，それにつながる**脇街道**が整備された。街道によって全国が結ばれることになり，物資の輸送，**飛脚**による通信などが便利になった。

　街道の途中には，宿駅がおかれ，一里塚や橋・渡船場・**関所**などの施設が整えられた。街道は，参勤交代や幕府の公用の通行が優先され，使用される人馬は周辺の村々が提供しなければならなかった。宿駅には，**問屋場**がおかれ，宿駅の宿役人が人馬の手配や公用の荷物・書状の継ぎ送りにあたった。また，参勤交代の大名などが宿泊する**本陣**や，民衆が利用する**旅籠屋**などの宿泊施設も設けられた。

## 2 海上交通の発達——海運によって全国的な流通網が実現

　物資の大量輸送には，海運がもっとも適していた。17世紀後半に江戸の商人**河村瑞賢**が，東北・北陸地方の年貢米を大坂や江戸に運ぶため，**西廻り航路**（海運）・**東廻り航路**（海運）を整備した。江戸と大坂を結ぶ**南海路**には，**菱垣廻船・樽廻船**が定期的に往復し，**木綿や油，酒などを大坂から江戸へ運んだ**。こうして全国が海運によって結ばれ，全国的な商品流通が可能となった。18世紀末になると，日本海沿岸を拠点とする**北前船**が台頭し，蝦夷地の特産物などを西廻り航路を使って大坂に運ぶようになった。

**関所**
五街道では，東海道の箱根・新居，中山道の碓氷・木曽福島などに関所が設けられた。江戸時代の関所は主に軍事・警察上の目的から設置されたもので，通行者は手形を見せることが求められた。とりわけ，関東の関所では「入鉄砲に出女」を厳しく取り締まった。入鉄砲とは，江戸に鉄砲が持ち込まれることを意味している。鉄砲が入ってきて反乱に使われることを幕府は警戒した。また，出女とは，参勤交代の制度によって江戸に人質とされている大名の妻がひそかに江戸から逃げ出すことを意味している。

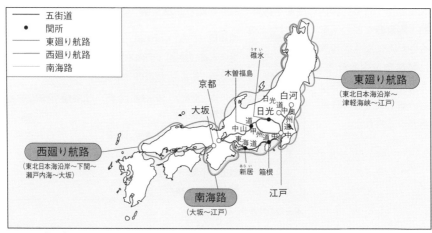

凡例
――― 五街道
● 関所
――― 東廻り航路
――― 西廻り航路
――― 南海路

碓氷
木曽福島
京都
日光道
白河
日光　中山道
大坂
中山道　甲州道中
中山道　奥州道中　甲州道中
東海道
新居
箱根
江戸

**東廻り航路**
（東北日本海沿岸～
津軽海峡～江戸）

**西廻り航路**
（東北日本海沿岸～下関～
瀬戸内海～大坂）

**南海路**
（大坂～江戸）

▲江戸時代の交通

# ③ 都市の発達

## 1 三都の発達——江戸・大坂・京都のそれぞれの特徴は？

幕府の直轄地である**江戸・大坂・京都**は，全国の政治・経済・文化の中心として**三都**と呼ばれた。

**江戸**は，「**将軍のお膝元**」と呼ばれた将軍の城下町で，旗本・御家人が住み，諸藩の江戸藩邸もおかれた。多くの武士の生活を支える商人や手工業者も集まったため，18世紀の初めには，人口100万人をこえる大都市となった。

**大坂**は，全国の物資が集められた商業都市であったことから，「**天下の台所**」と呼ばれた。諸藩は大坂に**蔵屋敷**を置き，年貢米や特産物（**蔵物**）を運びこんで，蔵元・掛屋と呼ばれる商人たちに販売させ，貨幣を得た。各地から送られる民間の商品（**納屋物**）の取り引きもさかんであった。

**京都**は，朝廷のある伝統的な都市として栄え，**西陣織**などの高度な技術を必要とする手工業などが発達した。

## 2 商人の成長——都市の繁栄によって商人が力をつけた

江戸時代の経済は，城下町に住む武士たちが，年貢米を売り，その代金で政治や生活に必要な物資を買うことを軸に展開した。そのため，城下町[P.296▶▶]を中心とした都市では，商業が発達し，商品の流通を扱う**問屋**や**仲買**が力をつけていった。

問屋や仲買などの商人は，同業者ごとに**株仲間**を結成し，**幕府の許可を得て独占的に商品を扱う**ようになった。問屋の株仲間として，江戸では十組問屋，大坂では二十四組問屋がつくられた。幕府は，株仲間に営業の独占を認めるかわりに，**運上・冥加**という営業税を納めさせ，**株仲間を通じて物価や流通を統制**しようとした。

## 3 貨幣制度の整備——金貨・銀貨・銭貨からなる貨幣制度

幕府は貨幣鋳造権を独占し，**金貨・銀貨・銭貨の三貨**を発行し，全国に流通させた。江戸や京都に設けた**金座**や**銀座**では，大判・小判・一分金などの金貨や，丁銀・豆板銀などの銀貨を鋳造し，各地に設けた**銭座**では銭貨の寛永通宝などを大量に発行した。江戸を中心とする**東日本では金貨**が，大坂を中心とする**西日本では銀貨**が，それぞれ取り引きの中心として使用された。三貨の間の両替は，相場によって常に変動した。

---

### 研　究

**越後屋の商法はどのようなものだったか。**

越後屋は，三井高利が1673年に江戸に開いた呉服店である。当時の取り引きでは，お金はあとでひとまとめにして支払えばよかったが，実際の売り値より高くなるかけ値となるのが一般的だった。越後屋は「現金かけ値なし」の新商法を打ち出し，その場で現金取り引きをする代わりに，かけ値をしない取り引きを始めた。この新商法は人気を集め，越後屋は大繁盛し，両替商も兼業するまでに成長した。

### 参　考

**三貨の単位**

金貨は，両・分・朱を単位とし，4進法（1両＝4分，1分＝4朱）の計数貨幣である。銀貨は，貫・匁・分・厘・毛を単位とし，取り引きごとに目方をはかる秤量貨幣である。銭貨の単位は貫・文で，1貫は1000文とされた。

歴史編

第1章 歴史の始まりと日本

第2章 中世の日本

第3章 近世の日本

第4章 近代日本のあゆみと国際関係

第5章 2つの世界大戦と日本

第6章 現代の日本と世界

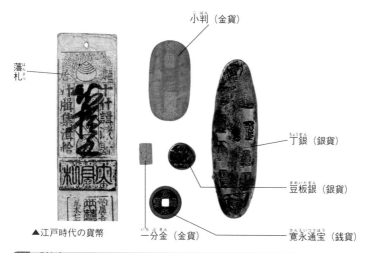

小判（金貨）

藩札

丁銀（銀貨）

豆板銀（銀貨）

一分金（金貨）

寛永通宝（銭貨）

▲江戸時代の貨幣

### 4 豪商の出現──大名にも金を貸す豪商

　三貨の両替を行う**両替商**のうち，江戸や大坂の有力な両替商は，両替業務だけではなく，幕府や諸藩の公金の出納なども請け負った。なかには，江戸の**三井**や大坂の**鴻池**などのように，大名に金を貸す豪商も出現し，藩の財政にも影響力を与えた。

## ④ 幕府政治の展開

### 1 家綱政権の政治──平和と秩序による幕政の安定

　17世紀半ば，半世紀に渡る動乱を経て**清**が中国全土を統一すると，東アジアに平和がおとずれた。日本でも，島原・天草一揆以降，大規模な戦乱はなくなった。
　徳川家綱が幼くして4代将軍となると，兵学者の由井正雪が**牢人**を集めて反乱をくわだてた（**慶安の変**）。この事件をきっかけに，幕府は大名のあとつぎの規制をゆるめ，牢人の増加を防ごうとした。また，**殉死を禁止**して，主人の死後は，あとつぎの新しい主人に奉公することを義務づけた。こうした政策により，**戦国時代以来のしきたりは取り除かれていき**，幕府の政治は安定していった。

○●**もっとくわしく**

**牢人**
奉公する主家を失って，俸禄を得られなくなった武士のこと。3代将軍徳川家光の治世までは，大名の改易が相次ぎ，大量の牢人が発生した。大名の改易は，急死によってあとつぎがいないときなどに行われた。平和の到来によって，牢人は新たな奉公先を得ることが難しく，政治・社会問題となっていた。

### 2 徳川綱吉の政治──綱吉はどのような政治を行ったのか？

17世紀後半，5代将軍徳川綱吉は，武力のかわりに制度や儀礼を整えることで，**将軍の権威を高める政治**を行った。綱吉は，**朱子学**を重んじ，江戸に孔子をまつる聖堂（**湯島聖堂**）を建てた。しかし，**生類憐みの令**を出して極端な動物愛護を命じたことは，民衆の反発を招いた。

綱吉の治世は，年号から**元禄時代**とよばれ，諸産業や都市が発達したが，幕府や藩の財政は悪化していった。金・銀の産出量の減少によって財政収入が減ったところへ，**明暦の大火**にともなう江戸城と江戸市街の再建費用などで支出が増大し，**幕府財政は赤字**となった。それを補おうとした幕府は，**改鋳して質を落とした貨幣**を大量に発行したため，物価が上がり，民衆の生活を苦しめた。

**人物**

**徳川綱吉**
学問好きで，大名に対して朱子学を講義するほどだった。生類憐みの令を出して，とりわけ，「犬公方」と呼ばれるほど犬を大事にした。生類憐みの令は，民衆の反発を招いたが，殺生をいみきらう風潮を社会に根づかせていった。

### 3 新井白石の政治──綱吉の政治との共通点と相違点は？

18世紀初め，6代将軍徳川家宣，7代将軍徳川家継のもとでは，朱子学者の**新井白石**が政治を担当し，年号から**正徳の政治**と呼ばれた。白石は，生類憐みの令を廃止したが，制度や儀礼を整えて将軍の権威を高める元禄時代の政治方針は引き継いだ。白石は，将軍の呼び名を朝鮮国王と対等にするため「**日本国王**」に改め，**朝鮮通信使の待遇**を簡素にした。また，貨幣の質をもとに戻すとともに，金・銀の海外流出を防ぐために長崎貿易に制限を加えた（**海舶互市新例**）。

**人物**

**新井白石**
牢人として苦労を重ねたが，朱子学を学び，やがて家宣の朱子学の先生となる機会を得て，幕府の政治を担当した。学者としても優れた人物で，『西洋紀聞』や『読史余論』など，多くの著作を書いた。

---

**? Q&A　幕府や藩の財政はなぜ窮乏していったのだろうか？**

8代将軍徳川吉宗の政治顧問をつとめた荻生徂徠は，吉宗に提出した意見書『政談』のなかで，幕府や藩の財政が窮乏する理由を次のように指摘している。

まず，徂徠は，兵農分離によって武士は城下町に住むことになり，年貢米をお金にかえて生活に必要な物資を買っている現状を指摘する。とりわけ，大名は参勤交代によって江戸と領地との二重生活を強いられており，武

士のぜいたくと物価の値上がりによって，出費がますますかさんでいるという。

このような現状では，武士の生活に必要な物資は商人ににぎられており，武士は商人に頭があがらない。そして，商品経済の発達によって消費量は増大し，物価の値上がりが進んでいるため，ますます幕府や藩の財政が悪化するのだと結論している。

歴史編

第1章 歴史の始まりと日本

第2章 中世の日本

第3章 近世の日本

第4章 近代日本のあゆみと国際関係

第5章 2つの世界大戦と日本

第6章 現代の日本と世界

### 4 享保の改革——財政再建のために吉宗が行った改革は？

18世紀前半，8代将軍徳川吉宗は享保の改革を行った。第一の課題は**幕府財政の再建**である。吉宗は，まずは倹約を命じて支出をおさえた。大名には**上げ米**を命じ，参勤交代で江戸にいる期間を半年にする代わりに米を献上させ，収入不足を補った。また，年貢収入を増やすため，**定免法**を採用して**年貢率を引き上げ**，商人に出資させて**新田開発**に取り組んだ。さらに，大坂の**堂島米市場**を公認して米価の調節を試み，問屋や仲買を**株仲間**として認めて物価を操作しようとした。幕府財政は一時的に立ち直ったが，米価を上げ，物価を下げることは容易ではなかった。

第二の課題は江戸の都市政策である。町奉行に**大岡忠相**を登用し，防火対策として**町火消**をつくり，延焼を防ぐ空き地を設けた。また，**目安箱**を設置して民衆の意見を求め，その意見をもとに，貧民に医療をほどこす**小石川養生所**をつくった。

このほか，裁判の基準として**公事方御定書**を定めた。また，ききん対策として**さつまいも**（甘藷），国産化をはかる目的でさとうきびや**朝鮮人参**の栽培を奨励した。吉宗は，西洋の技術にも関心を持ち，漢訳されたヨーロッパの書籍（**漢訳洋書**）の輸入制限をゆるめた。

### 5 田沼意次の政治——商人の力を利用して財政再建を試みる

18世紀後半，10代将軍徳川家治のもとで老中**田沼意次**が商人の力を利用して，幕府財政を再建しようとした。意次は，商人たちが**株仲間**[P.327▶▶]を結成することを奨励して，**運上・冥加**という営業税を増やそうとしたり，商人の資金を活用して印旛沼（千葉県）の干拓に取り組んで**新田開発**をすすめようとしたりした。また，長崎貿易を活発化するために，**銅の専売制**を実施し，**俵物**の増産をはかって，輸出品を確保した。さらに，俵物の産地でもある**蝦夷地の開発**を計画して，蝦夷地に調査団を派遣して，開発の可能性やロシアとの貿易を調査させた。

これらの政策は，商品経済の発達に対応したものであったが，地位や利権を求めて**わいろ**が横行した。批判が高まるなか，**天明のききん**がおこり，**百姓一揆**や**打ちこわし**が急増すると，意次は老中を辞めさせられた。

**人　物**

**徳川吉宗**
徳川氏の本家がとだえたため，御三家の紀伊徳川家から8代将軍に迎えられた。幕府財政を再建するために努力し，米価の調整にはとりわけ気をつかったため，「米公方」と呼ばれた。

**参　考**

**検見法と定免法**
年貢率の決め方で，毎年収穫を調査して決めるのが検見法，一定の期間，年貢率を固定するのが定免法である。検見法は役人の不正が多く，毎年の年貢収入が安定しなかった。

**●●もっとくわしく**

**米価安の諸色高**
年貢収入の増加をはかった結果，米市場では供給が増え，米価が下落した。いっぽう商品経済の発達によって，需要の増大した諸物資の価格（諸色）は上昇した。幕府や諸藩は年貢米を換金し，必要な物資を購入していたので，「米価安の諸色高」の状況は，財政悪化につながった。

**人　物**

**田沼意次**
身分の低い武士だったが，9代将軍家重の小姓となり，10代将軍家治の信頼を得て，異例の出世で老中にまでなった。商品経済の発達に注目して，従来の幕府政治の枠組みにとらわれず，新たな財源を求める政策を次々とうち出した。

歴史編

第1章 歴史の始まりと日本

第2章 中世の日本

第3章 近世の日本

第4章 近代日本のあゆみと国際関係

第5章 2つの世界大戦と日本

第6章 現代の日本と世界

# ⑤ 学問の興隆と元禄文化

## 1 儒学の発達——なぜ幕府や諸藩は朱子学を重視したのか？

　幕藩体制が確立すると，社会の道徳や政治のあり方を説く儒学がさかんになった。なかでも，**朱子学**は，**忠孝を重んじ，身分の上下の秩序を尊んだ**ので，幕府や諸藩にとって都合のよい学問であった。

　朱子学では，徳川家康のとき，**林羅山**が政治顧問となり，その後も林家が代々幕府の学問と教育をつかさどることになった。また，徳川綱吉のときには，孔子をまつる**湯島聖堂**を建て，ここに林家の塾を開かせて武士の教育にあたらせた。

　朱子学以外の儒学では，実践を重んじる**陽明学**が中江藤樹らによって広められた。また，朱子学や陽明学が宋や明の時代に始められた儒学であったことに対し，孔子の古典にたちかえろうとする**古学**がおこり，伊藤仁斎や荻生徂徠らが出た。

## 2 諸学問の発達——さまざまな学問が出てきた

　社会が安定するなか，武士などから多くの学者が出て，学問がさかんになった。歴史学では，水戸藩主の**徳川光圀**が『**大日本史**』の編纂を始め，**新井白石**は朝廷や武家の歴史の移り変わりを『**読史余論**』で論じた。また，白石は，密入国したイエズス会の宣教師を取り調べて知った海外事情を『**西洋紀聞**』にまとめた。他には，土木工事や測量の必要などから**和算**という日本独自の数学がおこり，**関孝和**が優れた研究を残した。宮崎安貞は，体験や見聞をもとに農業の心得や技術を『**農業全書**』という農書にまとめた。

## 3 元禄文化——元禄文化の特徴は？

　17世紀末の元禄時代には，都市の繁栄を背景に，**町人**に支えられた文芸・美術などの文化がさかんになった。おもに**大坂・京都**などの**上方**を中心に栄えた。これを**元禄文化**という。

**人　物**

**徳川光圀**
水戸藩主で，朱子学を学び，『大日本史』の編纂を始めた。水戸黄門の名前で有名である。黄門は光圀の官位である中納言の中国風の言い方で，『大日本史』を編纂するため，各地を調査させたことから，時代劇のようなつくり話が生まれた。『大日本史』の編纂は明治時代まで続けられた。水戸藩では，この事業を通じて天皇を尊ぶ思想が生まれ，幕末の尊王論に大きな影響を与えた。

**参　考**

**和算の広まり**
全国各地の神社には，算額という絵馬が多く残されている。この算額とは，和算家が出題した問題を解答し，研究が進展することなどを願い，絵馬にして奉納したものである。和算が民衆にも愛好され，全国に普及したことがうかがえる。

### 4　文学——元禄文化の文学を代表するのは誰？

　大坂の町人であった井原西鶴は，町人の生活や欲望を浮世草子という小説にいきいきと書いた。西鶴の代表作には，『日本永代蔵』や『世間胸算用』などがある。人形浄瑠璃や歌舞伎の脚本を書いた近松門左衛門は，義理と人情の板ばさみになって悩む男女の悲劇などをえがき，民衆の人気を集めた。近松の代表作には，『曽根崎心中』や『国性（姓）爺合戦』などがある。人形浄瑠璃や歌舞伎は民衆の演劇として発展し，成人男性が演じるようになった歌舞伎では，上方の坂田藤十郎や江戸の市川団十郎などの名優が出た。また，連歌 [P.299▶▶]からわかれた俳諧では，松尾芭蕉が自己の内面を表現する独自の文学に成長させ，優れた作品を残した。芭蕉の作品では，紀行文の『奥の細道』が有名である。

▲菱川師宣「見返り美人図」
参　考

**国性爺合戦**
近松門左衛門の脚本。人形浄瑠璃や歌舞伎で演じられ，日本と中国を舞台にした雄大な構想が民衆の共感を呼んだ。主人公の鄭成功は，明の遺臣鄭芝竜と日本人の妻の間に，平戸で生まれた実在の人物である。明の再興を図り，台湾を拠点に清に抗戦を続けた。『国性爺合戦』は，史実をもとに，大幅に脚色が加えられている。
### 5　美術——豪華・華麗な元禄文化の美術

　美術では，江戸時代初期の俵屋宗達の装飾的な画法を取り入れた尾形光琳が，豊かな色づかいと大胆なデザインで，大和絵風の装飾画を大成した。光琳らの装飾的な技法は衣裳の模様などにも用いられた。美しい模様を染め出す友禅染が宮崎友禅によって考案され，華やかな衣裳が流行した。また，江戸で活躍した菱川師宣は，浮世絵の版画をはじめ，美人・役者などの都市の風俗を美しく描いて民衆の人気を得た。

▲尾形光琳「紅白梅図屏風」

▲友禅染の振袖

歴史編

第1章　歴史の始まりと日本

第2章　中世の日本

第3章　近世の日本

第4章　近代日本のあゆみと国際関係

第5章　日本　2つの世界大戦と

第6章　現代の日本と世界

# §4　幕藩体制の動揺

**重要ポイント**

□商品経済の発達により，問屋制家内工業や工場制手工業による生産が始まった。
□農村では百姓の貧富の差が広がり，都市では下層の住人が増えた。
□ききんのときには，百姓一揆・打ちこわしが激増した。
□松平定信は，農村と都市の変化やロシアの接近に対応した寛政の改革を行った。
□通商を求めるロシアの要求を拒絶した幕府は，「鎖国」を祖法と位置付けた。
□異国船打払令を出したが，後に薪水給与令に改めた。
□水野忠邦は，幕藩体制を動揺させる内憂外患に対応した天保の改革を実施した。
□江戸を中心に化政文化がおこり，国学・蘭学などの新しい学問もおこった。
□寺子屋の普及によって，民衆教育が広まった。

## ① 社会の変化

### 1　商品経済の発達——農村でも始まった手工業生産

　都市が繁栄すると，都市の近郊の農村では野菜などを，遠い農村では菜種や綿花などの**商品作物**を栽培して販売するようになった。また，貿易額の制限により，高価な**輸入品の国産化**が進められた。18世紀になると，綿の栽培が各地に広まり，養蚕もさかんになった。こうして商品作物の栽培とともに，農村のなかでも手工業が行われるようになった。綿織物業は畿内周辺や尾張などで発達し，絹織物業は京都の**西陣織**の技術が北関東などに伝わった。

　商品生産の進んだ地域では，都市の問屋が百姓に**原料や道具を前貸しして，できた製品を受け取る問屋制家内工業**が発展した。19世紀になると，地方商人や地主が，自分の工場に農村などから働き手を集めて，**分業して製品を仕上げる工場制手工業（マニュファクチュア）**も始まった。こうした生産の方法は，尾張の**綿織物業**や，桐生・足利の**絹織物業**などでみられた。

#### 研究

**なぜ輸入品の国産化が進められたのか。**
江戸時代の初め，西陣織などの絹織物業ではもっぱら中国産の生糸を使っていた。しかし，金・銀の海外流出を防止するために，長崎貿易の貿易額の制限が行われると，生糸の輸入を減らすために国産化が進められた。こうして，北関東の農村では養蚕が始まり，桐生や足利では西陣織の技術をもとに絹織物業が発展した。同じように，輸入品だった朝鮮人参やさとうきびも国産化が進められた。

**江戸時代の手工業**
P.325▶▶

▶問屋制家内工業

▶工場制手工業
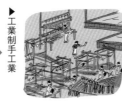

## 2 農村と都市の変化——農村と都市の変化とその関係は?

　18世紀後半は, 幕藩体制の基礎である村と町が大きく変化した時期である。

　商品作物の栽培や手工業の生産が進展すると, 農村は商品経済に巻き込まれていった。商品の取り引きに成功して豊かになる百姓と, 失敗して貧しくなる百姓が出て, **百姓のあいだで貧富の差が広がった。**質入れした土地を手放して**小作人**となる貧しい百姓(**貧農**)が増加するいっぽう, 土地を買い集めて**地主**となり, 商品生産の担い手となる豊かな百姓(**豪農**)が登場した。**本百姓を中心とする村の住民構成は大きく変化し, 豪農と貧農が村の運営や小作料などをめぐって対立すること(村方騒動)も多くなった。**

　貧農が都市に出かせぎに行くこともあり, **江戸などでは生活基盤が弱い下層の住民が増えていった。**また, 貧農が村を離れたことで, **荒廃する農村も見られるようになった。**

## 3 百姓一揆と打ちこわし——団結して立ち上がる百姓たち

　商品経済の発達により, 武士の生活はぜいたくとなり, 幕府や諸藩は財政が苦しくなっていった。幕府や諸藩は財政の立て直しのために, 百姓に対して年貢を増やしたり, 商品作物の取り引きに新しい税をかけたりした。

　負担の増大に苦しむ百姓たちは団結し, **不正をはたらく役人の交代, 年貢の軽減や自由な取り引きなどを要求して, 百姓一揆**をおこした。幕府や諸藩は百姓一揆の要求を認めることもあったが, 多くは弾圧し, 指導者を厳罰に処した。しかし, 百姓一揆の発生は増加し続けていった。

　**江戸**や**大坂**などの都市では, **ききんなどで米価が上がると, 生活に苦しむ貧しい下層の住民が米屋などをおそう打ちこわし**が発生した。

**傘連判状**
　郡上一揆は, 1754年に年貢を増やすための検地に反対しておこった百姓一揆である。下の写真は, このとき, 二日町村の百姓67名が, 村々で決定したことに背かないことを約束し, 署名したものである。名前を円形に書くのは, 指導者をわからなくするためである。

18世紀後半以降, 百姓一揆と打ちこわしが増加している。増加の背景にある農村と都市の変化, 幕府や諸藩の政策を確認しよう。ききんのときに百姓一揆と打ちこわしが激増する理由も考えてみよう。

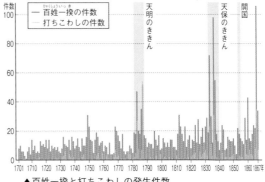

▲百姓一揆と打ちこわしの発生件数

# ② 18世紀後半の政治と社会

## 1 天明のききん——東北地方をおそった大ききん

1780年代に東北地方の冷害からはじまった凶作は，**浅間山の大噴火**も重なり，東北地方の農村を中心に数十万の餓死者を出す大被害となった。この**天明のききん**によって，各地で百姓一揆や打ちこわしが激増した。江戸で激しい打ちこわしが起こる中で，白河藩主**松平定信**が老中となり，改革に取り組んだ。

## 2 寛政の改革——農村と都市の変化やロシアの接近への対応は？

18世紀末，11代将軍徳川家斉のもとで老中**松平定信**は，農村と都市の変化やロシアの接近に対応すべく，**寛政の改革**を行った。

改革は，まず天明のききんで荒廃した**農村の復興**に重点がおかれた。**旧里帰農令**を出して，江戸に出かせぎにきていた貧農を農村に帰すこととした。また，農村を再建する資金の貸し付けを行った。

次に，ききんの対策として，各地に蔵をつくらせて米をたくわえさせた（**囲米**）。江戸では，**七分積金**の制度によって，貧民を救うために町の費用を節約して積み立てさせた。

生活苦におちいった旗本・御家人には，**棄捐令**を出して**札差**からの借金を帳消しにした。そして，ゆるんだ武士の気風を引き締めるために，**質素・倹約**を命じ，**文武を奨励**した。

思想や学問については，**寛政異学の禁**によって湯島聖堂の学問所で**朱子学**以外の講義を禁止した。定信の退任後，学問所を**昌平坂学問所**という幕府の機関にした。そして，人材登用のために旗本・御家人を対象とした朱子学の試験をはじめた（**学問吟味**）。また，政治の批判をしたり，風俗を乱したりする出版物を厳しく取り締まった。

対外政策では，1792年にロシア使節**ラクスマン**が根室に来航して通商を求めたのに対し，定信は要求を拒絶した。

寛政の改革は，人々から厳しすぎるとの批判を受け，定信が将軍家斉と対立したこともあり，定信の老中辞任によって6年間で幕を閉じた。

**参考**

**浅間山の大噴火**
浅間山は現在の群馬県と長野県の境にある火山である。1783年の大噴火では，ふもとの鎌原村のほとんどが溶岩流にのみこまれた。火山灰は江戸でも数センチ降り積もった。高く舞い上がった火山灰は，日光をさえぎって天候不順をおこし，天明のききんを引き起こす一因となった。

**人物**

**松平定信**
徳川吉宗の孫で，幼いころから優秀だったが，田沼意次の画策で白河藩に養子に出されたといわれる。白河藩主のとき，天明のききんで一人の餓死者も出さなかった力量がかわれて老中となり，寛政の改革を行った。学問を好み，絵画も得意で，多くの著作や作品が残されている。

**用語**

**札差**
旗本・御家人に対して，俸禄として年貢米を支給することを幕府から請け負った商人。支給される年貢米を担保に金融業も営んでおり，旗本・御家人に金を貸していた。

## 3 諸藩の改革——財政難を解決して優れた人材を育てる

　財政難に苦しむ諸藩では，豪商から借金をするだけでなく，藩札という藩内だけで使われる紙幣を発行したり，家臣に支給する俸禄を減らしたりしてきた。

　18世紀後半，幕府が寛政の改革を行っていたころ，米沢藩や熊本藩などの諸藩でも改革が行われた。多くの藩では，特産物の栽培を百姓に奨励し，藩がみずから専売制を行うことで利益をあげ，財政を再建しようとした。また，藩士の子弟を教育する藩校を設立して，藩のあらたな政治をになう人材の育成につとめた。

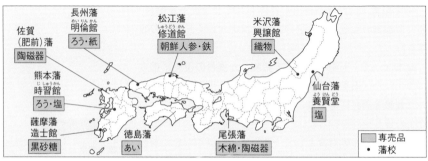

▲諸藩の藩校とおもな専売品

### ？ Q&A　たび重なるききんはなぜおきたのだろうか？

　江戸時代には，天候不順による冷害やうんかなどによる病虫害によって凶作となり，多くの餓死者を出すききんがたびたび発生した。とりわけ，享保（1732）・天明（1782〜87）・天保（1833〜39）のききんは，三大ききんと呼ばれている。

　たび重なるききんがおきたのは，天候不順や病虫害の対策が十分でなかったこともあるが，財政難にあえぐ幕府や藩が年貢などを増やしたため，百姓の生活が苦しくなっていったこともあげられる。とくに，18世紀後半から増加する貧農は凶作への抵抗力が弱かった。

　また，幕藩体制のしくみから考えれば，年貢を米で徴収するので，冷害にみまわれやすい東北諸藩でも米をつくらなければならなかった。そしてききんになると，諸藩は自分の藩の米の確保につとめ，他の藩へ米を持ち出すのをさしとめたため，被害が拡大することもあった。

　結局のところ，ききんは，天災というより，江戸時代の政治・社会のしくみに基づく人災としての性格が強いのである。

# ③ 対外的危機と幕府の対応

## 1 18世紀後半の世界
### ——なぜ欧米諸国の船が日本にやってくるようになったのだろうか？

18世紀後半は，イギリスで最初に産業革命[P.352▶▶]がはじまり，アメリカ合衆国の独立[P.350▶▶]やフランス革命[P.351▶▶]によって市民社会が誕生するなど，世界の歴史も大きな転換期となった。欧米諸国は，国外の市場を求めて東アジアにも進出するようになり，ロシア・イギリス・アメリカなどの船が日本の近海に姿をあらわすようになった。幕府が鎖国の方針を守り続けるためには，対外関係を明確にし，海岸の防備を確立することが課題となり，対外的危機が重くのしかかってきた。

## 2 ロシアの接近——日本は「鎖国」を守ろうとした

シベリアの開発を進めていたロシアは，食料の供給などのために，日本との通商を求めるようになった。

1792年，ロシア使節ラクスマンは，漂流民大黒屋光太夫を連れて根室に来航し，幕府に通商を求めた。老中松平定信は要求を断ったが，戦争になることを恐れ，窓口の長崎に行くよう指示した。

1804年，ロシア使節レザノフが長崎に来航して通商を求めると，幕府は朝鮮・琉球・オランダ・中国以外の国とは関係をもたないと返答し，要求を断った。こうして，「鎖国」が先祖以来の法（祖法）と位置付けられた。

その後，レザノフは部下に命じて樺太や択捉島を襲わせたので，ロシアとは戦争状態になった。幕府はロシア海軍の軍人ゴローウニンを，ロシアは蝦夷地の交易で活やくしていた高田屋嘉兵衛を捕まえたので，関係はますます悪化したが，1813年に両者を交換するかたちで解決をみた。

この間，幕府は江戸湾をはじめ，全国的な海岸の防備を固めていった。ロシアの接近を警戒した幕府は，近藤重蔵や間宮林蔵を蝦夷地や樺太に派遣して，各地を調査させた。そして，幕府は蝦夷地を直轄にして開発をこころみるとともに，防備を強化した。

### 人物

**大黒屋光太夫**

伊勢の白子（三重県）の船頭だった光太夫は，1782年に江戸に向かう航海の途中に大しけにあい，ロシアに漂着した。帰国をのぞむ光太夫は，ロシアの都サンクトペテルブルクに行き，女帝エカテリーナ二世に申し出た。ロシアは日本と国交を開くチャンスと考え，1792年，ラクスマンに光太夫を連れて帰らせた。帰国した光太夫は，11代将軍徳川家斉の謁見を受けた。光太夫は江戸にとめおかれ，幕府に伝えたロシア情報は，対外政策の参考とされた。

### 参考

**間宮海峡の発見**

当時のヨーロッパでは，樺太が海峡でへだてられた島であるか，陸続きの半島であるかわかっていなかった。間宮林蔵は，1808年に幕府の命令で樺太を調査し，島であることを確認した。この発見は，後に交遊のあったシーボルトによって間宮海峡と名付けられ，ヨーロッパの学界に紹介された。こうして世界地図に間宮海峡の名前が記されることになったのである。

歴史編

第1章 歴史の始まりと日本

第2章 中世の日本

第3章 近世の日本

第4章 近代日本のあゆみと国際関係

第5章 2つの世界大戦と日本

第6章 現代の日本と世界

## 3 イギリス・アメリカの接近——幕府はどう対応した？

　1808年，イギリス軍艦フェートン号が長崎に侵入して，当時，敵対関係にあったオランダ人を人質にして，幕府に食料などを強要する事件がおこった（フェートン号事件）。その後もイギリスの捕鯨船が，日本の近海にたびたび現れ，食料などを求めて無断で上陸する事件がおきた。そこで，1825年，幕府は異国船打払令を出して，**外国船は見つけしだい追いはらうこと**を命じた。

　1837年，アメリカ船モリソン号が漂流民を届け，通商を交渉するために浦賀に来航したが，幕府は異国船打払令によってモリソン号を撃退した（モリソン号事件）。このときの幕府の対応を，蘭学者の渡辺崋山や高野長英が批判すると，幕府は逆に彼らを厳しく処罰した（蛮社の獄）。

　1840年に清とイギリスの間ではじまった**アヘン戦争**で清が大敗しているという情報が幕府に伝わった。1842年，老中**水野忠邦**[P.339▶▶]は，異国船打払令は外国と戦争をおこしかねないと考え，**天保**の**薪水給与令**を出して，**漂着した外国船には薪や水を与える**ことにした。また，西洋の砲術を導入し，諸藩には海岸の防備を強化するよう命じた。

　1844年，オランダ国王は，アヘン戦争で清が敗れたことを理由に，日本の開国を勧告したが，幕府はこれを拒否した。また，1846年，アメリカ使節ビッドルが浦賀に来航して通商を求めたが，幕府は拒絶した。

▲北方の調査

幕府は，ロシア問題に対応し，蝦夷地の直轄と開発に取り組むうえで，北方の地理を明らかにする必要にせまられた。近藤重蔵は開発を意図して択捉島を調査した。間宮林蔵の調査で樺太が島であると判明した。

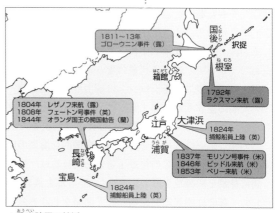

▲欧米諸国の接近

# ④ 19世紀前半の政治と社会

## 1 天保のききん──大ききんがもたらした影響

1830年代にはふたたび凶作が続き，**天保のききん**と呼ばれる全国的な大ききんとなり，多くの餓死者が出た。ききんと商人の米の買い占めにより米価は値上がりし，各地で**百姓一揆**や**打ちこわし**が激増した。

このようななか，1837年には大坂町奉行所の元役人であった**大塩平八郎**が，生活に苦しむ人々の救済をかかげ，門弟をひきいて反乱をおこした（**大塩の乱**）。反乱は一日でしずめられたが，直轄地の大坂で幕府の元役人が反乱をおこしたことに，幕府は大きな衝撃を受けた。

## 2 天保の改革──内憂外患に対してどのような改革をしたのか？

19世紀半ば，外国船がたびたび来航し，国内では百姓一揆・打ちこわしが激増する**内憂外患**の状況に対して，12代将軍徳川家慶のもとで老中**水野忠邦**は**天保の改革**を行った。

忠邦は，武士だけではなく民衆にも厳しい**倹約令**を出して，ぜいたく品を禁止した。そして，民衆の楽しみであった歌舞伎や寄席などに規制を加えるとともに，政治を批判したり，風俗を乱したりするとした出版物を厳しく取り締まった。

また，**人返しの法**を出して，江戸に出てきた百姓を農村に強制的に帰らせることで，江戸の下層の住民を減らして**農村人口の回復**をはかろうとした。物価の値上がりについては，**株仲間**[P.327▶▶]が商品流通を独占しているためだとして，**株仲間の解散**を命じた。

天保の改革は，**対外的危機と密接に関わった改革**である。**アヘン戦争**の情報をきっかけとして，1842年，**天保の薪水給与令**を出すとともに，西洋の砲術の導入と訓練を行い，海岸の防備を強化した。また，外国船の江戸湾封鎖に備えて**印旛沼**を工事し，内陸の水路をつくろうとした。

さらに忠邦は，江戸や大坂周辺の大名・旗本領を幕領にしようと，**上知令**を出した。これは，幕府の支配を強化し，江戸湾の防備を固めるためであった。しかし，大名・旗本の反対にあい，忠邦は老中をやめさせられ，改革はわずか2年余りで幕を閉じた。

### 人物

**大塩平八郎**

大坂町奉行所の下級役人である与力をつとめていた。陽明学者としても有名な人物で，引退後は私塾を開いて門弟の教育にあたっていた。米価が値上がりして生活に苦しむ人々を救済するよう幕府に願い出たが，聞き入れられず，反乱をおこした。

### 人物

**水野忠邦**

はじめ唐津藩主で，のちに浜松藩主。若いころから老中になることを夢見ていたが，唐津藩主は長崎の防備を担当するので，老中にはなれなかった。そこで，浜松に領地をかえてもらい，その後，大坂城代や京都所司代などをつとめて，12代将軍徳川家慶のもとで，老中になった。

**アヘン戦争**
P.359▶▶

### 参 考

**印旛沼の水路**

江戸の人口をまかなう食料などの商品は，各地から廻船で運ばれた。外国船が来航して江戸湾に入る廻船をじゃますると，江戸に食料などが入らなくなる。そこで，銚子から利根川に入り，印旛沼を通って江戸湾に抜ける水路が必要とされたのである。

第1章 歴史の始まりと日本

第2章 中世の日本

第3章 近世の日本

第4章 近代日本のあゆみと国際関係

第5章 2つの世界大戦と日本

第6章 現代の日本と世界

## 3 諸藩の改革——思い切った改革で力をつけた薩摩藩と長州藩

　19世紀半ば，幕府が天保の改革を行っていたころ，薩摩藩や長州藩，佐賀（肥前）藩などの諸藩でも改革が行われた。薩摩藩や長州藩では，有能な下級武士を重く用い，商人への借金を強引なやり方で整理し，特産物の専売制[P.336▶▶]を強化した。このような思い切った改革で，藩の財政収入の増加をはかり，鉄の大砲をつくる反射炉を設けるなど，軍事力の増強につとめた。

　こうした改革を通じて力をつけた藩は雄藩と呼ばれ，幕末の政治に強い発言力をもつようになった。

| 薩摩藩 | 琉球経由で清との貿易を拡大，奄美群島産の黒砂糖の専売制 |
|---|---|
| 長州藩 | 下関で廻船に対する金融業を営む，ろう・紙の専売制 |
| 佐賀（肥前）藩 | 有田焼の専売制，最初に反射炉をつくる |

▲改革を成功させた雄藩

# ⑤ 新しい学問と化政文化

## 1 蘭学の発達——オランダ語で学んだヨーロッパの学術

　蘭学とは，オランダ語を通じてヨーロッパの医学などの学術を学ぶ学問である。享保の改革で，徳川吉宗がキリスト教に関係のない漢訳洋書の輸入制限をゆるめたことから，ヨーロッパへの関心が深まっていった。

　18世紀後半，杉田玄白・前野良沢らはオランダ語で書かれたヨーロッパの解剖書を苦心して翻訳し，『解体新書』として出版した。これをきっかけに蘭学が発展し，しだいにオランダ語の辞書や文法書などもつくられるようになった。19世紀初めには，伊能忠敬が全国を測量して歩き，「大日本沿海輿地全図」という正確な日本地図をつくった。また，オランダ商館の医師として来日したシーボルトは，長崎で多くの蘭学者を育てた。そして，対外的危機が深まると，世界地理や西洋の砲術も学ばれた。

　このように蘭学は，医学・兵学・天文学などの分野でさかんになったが，蘭学者が幕府の政策を批判したりすれば，蛮社の獄[P.338▶▶]のように幕府から弾圧された。

📖 用　語

**専売制**

専売制は，幕府や諸藩が財政収入を増やすために行われた。特産物などの特定の物品について，生産・流通・販売を全面的に管理下におき，そこから得られる利益を独占する制度である。

👤 人　物

**シーボルト**

1823年に出島のオランダ商館の医師として来日したドイツ人。幕府の許可を得て，長崎の郊外に鳴滝塾を開き，高野長英らに医学の教育を行った。そのかたわら，日本の動植物や歴史・地理，言葉などを熱心に研究した。1828年に帰国する際，国外に持ち出すことを禁止されていた伊能忠敬の地図などを持っていたことから，翌年，国外追放の処分を受けた。シーボルトの日本研究の成果は，帰国後，『日本』としてまとめられ，ヨーロッパで広く読まれた。

歴史編

第1章 歴史の始まりと日本

第2章 中世の日本

**第3章 近世の日本**

第4章 近代日本のあゆみと国際関係

第5章 2つの世界大戦と日本

第6章 現代の日本と世界

**2** 国学の発達——日本古来の精神を明らかにしようとした藩

　国学は，日本の古典や古い言葉を研究し，儒教や仏教などの外来の思想にとらわれない，**日本の古来の精神を明らかにしようとする学問**である。元禄時代のころから，日本の伝統文化を見直そうとして，和歌や古典への関心が深まっていった。

　18世紀後半に，**本居宣長**は，『**古事記**』[P.265▶▶]を研究して『**古事記伝**』を著し，国学を大成した。19世紀初めには，**平田篤胤**が復古神道を唱え，儒教や仏教を批判した。古来の日本の姿をあきらかにしようとする国学の姿勢は，天皇を尊ぶこと，また外国の思想を排除することにつながったので，幕末の**尊王攘夷運動**[P.362▶▶]に大きな影響を与えることになった。

**3** 学問と思想の広がり——学問は地方にも広まる

　儒学・国学・蘭学といった学問では，学者が私塾を開き，武士だけではなく町人や百姓に入門を許した。大坂で**緒方洪庵**が開いた**適塾**では，蘭学・医学が教えられ，入門者は全国に及んだ。このようにして，**学問は地方にも広まって**いった。また，職業のほこりや生活の道徳をとく**心学**も，民衆のあいだに広まっていった。

　人　物

**本居宣長**
伊勢の松坂（三重県）の商人の家に生まれ，医学や儒学を学んだ後，国学の研究をこころざした。国学の研究で有名だった賀茂真淵を，旅先の宿に訪ねて，『古事記』の研究を決意した。儒教や仏教の影響を受けていない『古事記』が，国学の研究に一番ふさわしいと考えたからである。

**？ Q&A** 「**鎖国**」のもとでの海外の情報や知識はどのように伝えられたのだろうか？

　江戸時代は，「鎖国」と呼ばれる体制のもとで，外交が制限されていた。しかし，海外の情報や知識が伝えられなかったわけではない。
①オランダ・中国は，船が来航するたびごとに風説書を幕府に提出した。これによって幕府は定期的に海外の情報を知っていた。フランス革命やアヘン戦争の状況，ペリーの来航なども風説書に記されていた。
②漂流民を通じて伝えられた海外の情報もある。ロシアから帰国した大黒屋光太夫らの経験などは漂流記にまとめられ，貴重な

情報とされた。
③オランダ人は江戸参府の機会があったから，江戸の宿舎に押しかけて直接に海外の事情を聞く機会もあった。『解体新書』の刊行で有名な杉田玄白らも，江戸参府の機会にオランダ人と面談をしている。
④輸入品を通じての知識や情報もある。ワインや時計といった珍しい品々だけでなく，象やらくだが輸入されたこともある。また，輸入された書籍は，蘭学として研究され，日本にさまざまな知識をもたらした。

## 4 化政文化——化政文化とは？

18世紀後半の宝暦・天明年間には，さかんな経済活動を背景に，富裕な町人を担い手とする文化がおこった。この文化は寛政の改革で統制を受けたが，19世紀前半の文化・文政年間になると，上方とならぶ繁栄をみせた江戸を中心に，より民衆向けの文化へと展開した。また，商品経済の発達によって人・物と情報の交流も活発となり，文化は地方への広まりもみせた。この文化を化政文化という。

## 5 文学——どのような文学が人気を集めた？

皮肉やこっけいを喜ぶ風潮が生まれ，世相を皮肉った川柳や狂歌が流行した。19世紀前半，十返舎一九は，庶民の旅の道中を，『東海道中膝栗毛』という小説におもしろおかしく描いた。また，歴史に題材を求めた滝沢馬琴の『南総里見八犬伝』などの長編小説も人気を集めた。

俳諧では，自然の風景を絵画のように表現した与謝蕪村や，弱い立場の人々を人間味豊かにうたった小林一茶などが優れた作品を残した。俳諧は，都市の町人や地方の百姓などが各地に集まりをつくるほど，全国的に広まった。

## 6 美術——民衆に大人気だった浮世絵

18世紀後半に，鈴木春信が，錦絵といわれる多色刷りの版画をはじめると，浮世絵は全盛期を迎えた。東洲斎写楽や喜多川歌麿は，民衆に人気のあった歌舞伎の役者絵や美人画を描いた。19世紀前半，民衆の旅行がさかんになると，葛飾北斎や歌川広重の優れた風景画が人気を集めた。

研　究

江戸時代後期に文学がさかんになった背景は何か。
まず，大坂や江戸の繁栄を背景に出版業が栄えたことがある。そして，高価な本を安い値段で貸す貸本屋が広まっていったことが大きい。また，寺子屋の普及によって，多くの人々が文字を読めるようになったこともある。しかし，政治を皮肉ったり，風俗を乱したりするとされた文学は，寛政の改革や天保の改革で厳しく取り締まられた。

●●もっとくわしく

多色刷り版画の制作工程

① 下絵をかく

② 版木をほる

③ 複数の版木を使ってすり重ねる

▲歌川広重「東海道五十三次」

▲葛飾北斎「富嶽三十六景」

歴史編

第1章 歴史の始まりと日本

第2章 中世の日本

第3章 近世の日本

第4章 近代日本のあゆみと国際関係

第5章 2つの世界大戦と日本

第6章 現代の日本と世界

# ⑥ 民衆の暮らし

## 1　教育の広まり──寺子屋で身につけた読み・書き・そろばん

　商品経済の発達にともない，民衆にとっても**読み・書き・そろばん**といった実用的な知識・技能が必要となった。このような教育を行うために，都市でも村でも多くの**寺子屋**がつくられた。こうした**教育の広まり**が，**都市や地方の文化**を支えることになった。

## 2　民衆の衣・食・住──江戸時代の民衆の衣・食・住は？

　綿織物の生産が広まると，民衆の衣料はそれまでの麻に代わって**木綿**が普通となった。食事は，**1日3食**となり，ごはんを主食にみそやしょうゆで味付けしたおかずを食べるようになった。住まいは，礎石の上に柱をたてる方法が一般的になり，家が長持ちするようになった。菜種油を使った灯りも普及した。

## 3　旅行の流行──民衆はどのようなところへ旅行した？

　民衆が遠くの寺社まで参詣に行ったり，それを名目に名所や温泉に出かけたりすることもさかんになった。とくに，伊勢神宮まで集団で出かけて参詣する**おかげ参り**は大流行した。

▲おかげ参り

## 4　民衆の娯楽──民衆の楽しみは何？

　都市には民衆を楽しませる場が数多くあった。**歌舞伎**や**寄席**，見世物は都市のあちこちで行われ，神社の祭礼や縁日には露店がならび，多くの民衆が集まった。村でも，祭りのときの相撲や村芝居などを楽しみ，村中でいっせいに仕事を休む**遊び日**も生まれた。また，五節句・うら盆・彼岸などの**年中行事**が，民衆の生活に節目をつける行事として定着し，楽しみの一つになった。

**参　考**

**読み・書き・そろばん**
　民衆は，読み・書き・そろばんを身につけることで，さまざまな本を読んだり，証文や手紙を書いたり，取り引きの計算をしたりすることができるようになった。寺子屋の普及によって，民衆が「読み・書き」できる割合は当時世界一だったといわれる。ペリーをはじめ，幕末に来日した外国人は，日本の民衆の多くが文字を読み書きできることに驚いている。

| 行　事 | 時　期 | 内　　容 |
|---|---|---|
| 元旦 | 1月1日 | 1年の始まりに，年神さまをむかえて，去年の無事を感謝し，今年の豊作を願う。 |
| 七草 | 1月7日 | 今年1年の邪気を払い，七草がゆを食べる。 |
| 上巳の節句 | 3月3日 | 桃の節句ともいう。人形をつくって川へ流す。今のように布製，段飾りになったのは，江戸時代半ばから。 |
| 彼岸 | 3月下旬 9月下旬 | 春分と秋分をはさんだ前後7日間。極楽浄土を思い祖先をしのぶ。 |
| 端午の節句 | 5月5日 | 野原で薬草をつみ，遊ぶ。こいのぼりが飾られるようになったのは江戸時代半ばから。 |
| 七夕 | 7月7日 | 織姫・彦星の2星を祝い，願いをたくす。 |
| うら盆 | 7月15日 | 迎え火・送り火をたいて先祖をむかえ，位牌や供えものを並べるなどして先祖をまつる。 |

▲主な年中行事

第**4**章

# 近代日本のあゆみ

# と国際関係

↑写真は，長野県松本市にある旧開智学校である。
開智学校は，明治初期，洋風の建築をまねて建てら
れた小学校である。
この単元では，人々の生活を大きく変えた明治時代
について学習しよう。

# 第4章 近代日本のあゆみと国際関係

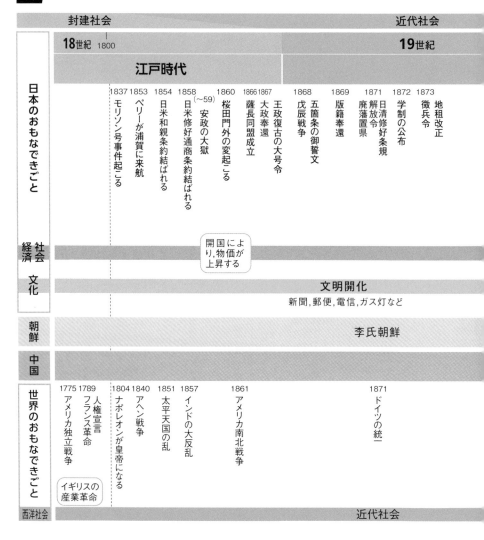

| | 封建社会 | | 近代社会 |
|---|---|---|---|
| | 18世紀　1800 | | 19世紀 |
| | 江戸時代 | | |

日本のおもなできごと

1837 モリソン号事件起こる
1853 ペリーが浦賀に来航
1854 日米和親条約結ばれる
1858(〜59) 日米修好通商条約結ばれる
　　安政の大獄
1860 桜田門外の変起こる
1866 薩長同盟成立
1867 大政奉還
　　王政復古の大号令
1868 戊辰戦争
　　五箇条の御誓文
1869 版籍奉還
1871 廃藩置県
　　日清修好条規
1872 学制の公布
1873 徴兵令
　　地租改正

社会 経済

開国により,物価が上昇する

文化

文明開化

新聞,郵便,電信,ガス灯など

朝鮮

李氏朝鮮

中国

世界のおもなできごと

1775 アメリカ独立戦争
1789 人権宣言　フランス革命
1804 ナポレオンが皇帝になる
1840 アヘン戦争
1851 太平天国の乱
1857 インドの大反乱
1861 アメリカ南北戦争
1871 ドイツの統一

イギリスの産業革命

西洋社会

近代社会

①市民革命などを経た欧米諸国のアジア進出と，その影響を理解する。②明治維新のあらましと，新政府の改革による近代化や生活の変化について考える。③日本の国家としての近代化と国際関係について理解する。

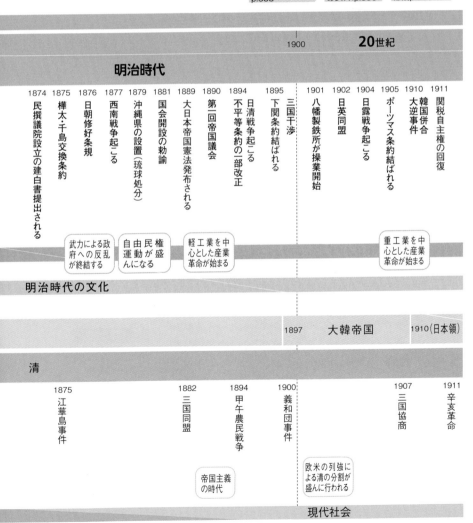

1900　　20世紀

明治時代

1874 民撰議院設立の建白書提出される
1875 樺太・千島交換条約
1876 日朝修好条規
1877 西南戦争起こる
1879 沖縄県の設置（琉球処分）
1881 国会開設の勅諭
1889 大日本帝国憲法発布される
1890 第一回帝国議会
1894 不平等条約の一部改正／日清戦争起こる
1895 下関条約結ばれる／三国干渉
1901 八幡製鉄所が操業開始
1902 日英同盟
1904 日露戦争起こる
1905 ポーツマス条約結ばれる
1910 韓国併合
1911 関税自主権の回復／大逆事件

武力による政府への反乱が終結する
自由民権運動が盛んになる
軽工業を中心とした産業革命が始まる
重工業を中心とした産業革命が始まる

明治時代の文化

1897 大韓帝国 1910(日本領)

清

1875 江華島事件
1882 三国同盟
1894 甲午農民戦争
1900 義和団事件
1907 三国協商
1911 辛亥革命

帝国主義の時代
欧米の列強による清の分割が盛んに行われる

現代社会

## §1　欧米諸国のアジア進出と日本の開国

**重要ポイント**

□イギリスでは，清教徒革命と名誉革命により議会政治が確立した。

□アメリカ独立戦争によって，アメリカはイギリスからの独立を果たした。

□フランス革命で出された人権宣言は，自由と平等，国民主権などを明らかにした。

□ヨーロッパでは，産業革命の進展によって資本主義社会が成立した。

□アジアでは，イギリスの進出に対して，インドの大反乱が起こった。

□日本は開国して欧米との貿易を行った。

□薩摩藩や長州藩は，尊王攘夷運動の挫折から倒幕へと進んでいった。

□15代将軍徳川慶喜が大政奉還を行って朝廷に政権を返上した。

□朝廷は王政復古の大号令を出して，天皇中心の政治を行うことを宣言した。

# ① 市民革命

### 1　絶対王政——国王は絶対である！！

　16世紀の後半から18世紀のヨーロッパの多くの国では，国王が絶対的な権力を握っていた。国王は**強力な軍隊と役人**を従え，議会を無視して**国王を中心とする専制的な政治**を行った（**絶対王政**）。絶対王政諸国の国王は，軍隊や役人を維持するため，**国内産業を統制**し，一部の大商人に特権を与えて**海外貿易**を進めていった（**重商主義**）。

　このような絶対王政の国王として，イギリスの**エリザベス１世**や，フランスの**ルイ14世**などがあげられる。エリザベス１世は，イギリスへの侵略を考えていた強敵スペインを破り，海外進出を積極的に行った。また，1600年にはアジアに進出するため，**東インド会社**[P.308▶▶]という貿易会社を設立した。ルイ14世は，莫大な資金と20余年の歳月を費やし，華麗なベルサイユ宮殿を建設し，フランス王室主催のパーティーなどが開かれた。しかし，一般民衆の生活はその日に食べるパンさえも手に入らないほど困窮したものであった。

　このように国王が絶対的な権力をふるう中で，民衆の不満は，自由な生産活動を制限されていた商工業者の不満と結びつき，**市民革命**を起こす大きな流れとなっていった。

●●もっとくわしく

**絶対王政の理論**

絶対王政をささえる理論となったものに王権神授説がある。これは，国王の権威を高めるために唱えられたもので「国王の地位と権力は神から授けられたものであるため，国王は神にのみ責任を負い，国民には責任を負わない」という考え方である。

🔍 **参考**

**絶対王政の王の言葉**

エリザベス１世
「私は国家と結婚している」

ルイ14世
「朕は国家なり」

フリードリヒ２世（大王）
「君主は国家第一の僕」

## 2　イギリスの市民革命——国王は君臨すれども統治せず

エリザベス1世の死後も、国王は議会を無視して重税をかけ、清教徒（ピューリタン）を圧迫するなどの専制政治を行った。そこで、1628年に、議会は国民の基本的人権や議会機能の回復を求める**権利請願**を国王に提出した。しかし、国王はこれを無視したため、国王と議会の対立は深まっていった。

1642年、内戦が起こると、議会側の指導者となった**クロムウェル**は、清教徒を中心とした軍隊で国王軍を破った。そして、1649年、当時の国王であったチャールズ1世を処刑し、**議会による共和政治を行うことを宣言した（清教徒革命）。**

しかし革命後、クロムウェルは独裁政治を強め、国民の不満は高まった。彼の死後王政が復活し、再び国王による専制政治が行われるようになった。そのため、1688年、議会は当時の国王を退け、オランダから新国王を迎えた。旧国王は抵抗せずにフランスに亡命した。この革命は流血も混乱もなく行われたため、**名誉革命**とよばれている。

新国王は1689年、議会の要求を受け入れ**権利の章典**を制定した。この権利の章典は、権利請願の内容を受け継いだもので、**議会の役割を明確にし、国民の生命・財産などが保障される**ことになった。名誉革命によって、イギリスでは、王政の下に議会政治が確立し、「国王は君臨すれども統治せず」という原則が定まった。このように、商工業者などの市民層が中心となった革命のことを**市民革命**という。

## 3　啓蒙思想の広まり——市民革命をささえた理論

イギリスの市民革命後、**合理的な考えによって古い制度などを打破**しようとする啓蒙思想が広まっていった。これは、国王や教会の支配に苦しんでいた民衆に、絶対王政を倒す思想として受け入れられていった。

**ロック（イギリス）**は、人間は生まれながらにして自由で平等な権利を持っていると主張し、名誉革命を支持した。また、彼の思想はアメリカ独立戦争に大きな影響を与えた。**モンテスキュー（フランス）**は、『**法の精神**』を著し、司法・立法・行政の三権分立の必要性を説いた。**ルソー（フランス）**は、『**社会契約論**』の中で、人民主権の考え方を主張した。

---

**参考**

**清教徒（ピューリタン）**
イギリスのプロテスタントの信徒でカルヴァンP.305▶▶の教えを支持する人々。市民階級に信徒が多く、中には信仰の自由を求めてアメリカに渡った者もいた。

**共和政治**
国王などの君主をおかない政治の仕組み。

**権利の章典（一部要約）**

1、王は議会の同意なしに、法または法の執行を停止する権力があるという主張は違法である。
4、王の権限を口実に、議会の承認なしに、課税を行うことは違法である。
6、議会の同意なしに、王国内に常備軍を徴集・維持することは違法である。
8、国会議員の選挙は自由でなければならない。

**ロック**
公民編　P.494▶▶

**モンテスキュー**
公民編　P.495▶▶

**ルソー**
公民編　P.495▶▶

第1章 歴史の始まりと日本

第2章 中世の日本

第3章 近世の日本

第4章 近代日本のあゆみと国際関係

第5章 2つの世界大戦と日本

第6章 現代の日本と世界

### ④ **アメリカ独立戦争**——代表なくして課税なし

　もともと, 北アメリカでは先住民族である**ネイティヴ・アメリカン（インディアン）**が狩猟や農耕生活を営んでいた。1620年, イギリスの絶対王政のころ, 信仰の自由を奪われた清教徒たちは, 信仰の自由を求めてメイフラワー号で北アメリカ東海岸に渡ってきた。これ以後, 清教徒たちは次々と移住し, 18世紀の中ごろまでに13の植民地が成立した。これらの植民地は, イギリス本国のようにそれぞれが議会を持ち, 住民による自治が行われていた。

　イギリスは13の植民地に対し, 原料の生産地・製品の市場として扱いながらも, 自治を認めていた。しかし, 18世紀後半, フランスとの植民地獲得競争で財政が苦しくなると, イギリスは13州に対してさまざまな課税を行うようになった。これに対して, 13州の住民たちは「代表なくして課税なし」と主張してこれに抵抗した。しかし, イギリス本国はこれ以後も, 自分たちの都合でアメリカの政治を行おうとしたため, 13の植民地との対立は深まっていった。

　1775年, 13の植民地は**ワシントン**を総司令官とする独立軍を編制し, **独立戦争**を始めた。この戦争は, イギリスの支配に対するアメリカ植民地の人々の革命という意味も持っていたため, **アメリカ独立革命**ともいう。この翌年には, 13の植民地の代表は, フィラデルフィアでジェファーソンらが起草した**独立宣言**を発表した。これは, **人間の平等, 自由・幸福を追求する権利, 圧政に対する抵抗権**などが盛り込まれており, イギリスの**啓蒙思想家ロック**の影響を受けたものである。

　戦争当初は食料・武器の不足などから苦戦をした独立軍だが, フランス・スペインの支援やロシアなどが中立の立場を取ったため次第に優勢となり, 8年もの戦いに勝利を収めた。1783年, 13の植民地はイギリスと**パリ条約**を結び, 正式に独立が認められた。

　1787年にフィラデルフィアで憲法制定会議が開かれ, 世界初の近代的成文憲法である**合衆国憲法**が制定された。この憲法は, **大統領制**の下での**連邦共和制**を採用し, **三権分立**などを原則とした。また, 初代大統領にはワシントンが就任した。

▲アメリカ合衆国の独立

1776年　独立を宣言した13州
1783年　イギリスが譲った地域

**代表なくして課税なし**
「我々は本国の議会に代表を送っていないのだから, 本国であるイギリスは植民地に課税する権利はない」という意味。

**独立宣言**（一部要約）

われわれは次のことを自明の真理として信じる。すべての人々は平等につくられ, 創造主によって, 一定の譲ることのできない権利を与えられていること。そのなかに, 生命・自由及び幸福の追求が含まれていること。

**公民編**　P.497▶▶

## 5　フランス革命——国民のための議会を

18世紀のフランスでは，絶対王政の下で特権身分の聖職者（第一身分）と貴族（第二身分）が，農民や商工業者からなる平民（第三身分）を支配していた。聖職者や貴族は税の免除などの特権を持っていたが，農民や商工業者は重い税に苦しみ，経済の自由が制限されていた。しかし，啓蒙思想やアメリカ独立戦争の影響で，平民たちは身分による差別を批判しはじめた。

アメリカ独立戦争の支援や贅沢な宮廷生活により，当時のフランスは財政難に陥っていた。国王ルイ16世は，聖職者や貴族にも課税を行おうとした。これに反対する聖職者や貴族たちは，聖職者・貴族・平民からなる三部会という議会を175年ぶりに開いた。しかし，聖職者・貴族と平民の間で議決方法をめぐって対立した。そこで，平民たちは三部会を脱退し，国民議会を開いて憲法の制定を要求した。

しかし，ルイ16世は国民議会を武力で弾圧しようとした。そのため，1789年，国民議会を支持していたパリの民衆たちは，バスチーユ牢獄を襲撃し，フランス革命が始まった。革命の波はフランス全土に広がり，国民議会は人権宣言を発表し，自由と平等，主権は国民にあることなどを明らかにした。

当初の議会では，立憲君主制を望む者が多かった。しかし，ルイ16世は国外に逃亡しようとし，途中で連れ戻された。これにより，ルイ16世は国民の信頼を失い，1792年，議会は王政を廃止して共和政を樹立し，翌年にはルイ16世を処刑した。

周辺諸国は，革命の広がりを恐れてフランスを攻撃したが，フランスの義勇軍に撃退された。このような混乱の中で民衆の支持を得たのが，周辺諸国を次々と打ち破った軍人のナポレオンであった。彼は1804年に国民投票で皇帝になると，自由・平等というフランス革命の成果を各国に波及させようとした。しかし，ロシア遠征の失敗をきっかけに，周辺諸国の軍隊に逆に追いつめられて敗北した。そして，1814年，退位させられたナポレオンはエルバ島に流されることとなった。

参考

**三部会の議決方法**
三部会の議決方法は多数決ではなく，1身分1票と決められていた。そのため，平民の要求は，聖職者・貴族の反対にあうと，通らないようになっていた。

**人権宣言**（一部要約）

> 1、人間は生まれながらにして自由かつ平等な権利を持っている。
>
> 3、あらゆる主権の原理は，本来，国民のうちにある。
>
> 11、思想・言論・出版の自由は人権のもっとも貴重な一つであり，すべての市民に保障されなくてはならない。
>
> 13、課税はすべての市民のあいだで，平等に分担されなくてはならない。

公民編　P.497▶▶

▲ナポレオンのヨーロッパ支配

第1章　歴史の始まりと日本

第2章　中世の日本

第3章　近世の日本

第4章　近代日本のあゆみと国際関係

第5章　2つの世界大戦と日本

第6章　現代の日本と世界

# ② 資本主義の成長

## 1 イギリスの産業革命——蒸気機関は世界を変える

　18世紀のイギリス産業は**工場制手工業（マニュファクチュア）**による毛織物工業が中心であった。しかし，インド産の綿布が輸入されるようになると，綿織物の需要が急速に高まっていった。そのため，インド産の綿織物に対抗できる綿糸・綿布のイギリス国内での生産を行うため，**綿工業の機械化，技術の改良，新たな発明**が必要になった。

▲イギリスの紡績工場

　このような中で，18世紀の半ばから紡績機や織機の改良が次々と行われた。特に，**ワット**が**蒸気機関**の改良に成功すると，これが紡績機・織機の動力に利用され，生産力をさらに高めることとなった。このように，これまでの工場制手工業から，大規模な工場で**大量生産**を行う**工場制機械工業**に変わることで，**産業・経済・社会の仕組みが大きく変化**したことを**産業革命**といい，イギリスでは綿工業から始まった。

　産業革命はさらなる進展を見せていった。機械による綿布産業が発達していくと，その機械のもととなる製鉄業，そして，蒸気機関や製鉄に欠かすことのできない鉄鉱石，石炭の採掘などが発達した。また，このような産業の発達に伴い，原料，製品，鉄鉱石，石炭などを，大量に，できるだけ早く，そして安く輸送するため，**交通機関を改革**することが望まれるようになった。1807年にはアメリカ人のフルトンが蒸気船を，1814年にはイギリス人のスティーブンソンが蒸気機関車をそれぞれ発明した。このような交通・輸送での変革は，各地域・各国との距離を短縮することになり，産業・貿易の発展をさらにおし進めることとなった。

　産業革命により，イギリスは良質で安価な製品を大量生産して，他国へも輸出できるようになり，「**世界の工場**」と呼ばれるようになっていった。また，19世紀に入ると，産業革命はフランス・ドイツ・アメリカ・ロシアにも広がっていった。そして，この産業革命は日本にも広がり，日露戦争ごろから本格化していくこととなる[P.388▶▶]。

### 参考

**紡績機と織機**

紡績機とは，綿の原料である綿花から綿糸を紡ぐ機械のこと。織機とは，綿糸を織り，布にする機械のこと。

### ●●もっとくわしく

**綿工業の技術改良**

| ジョン・ケイ | 飛び杼* |
|---|---|
| ハーグリーブズ | ジェニー紡績機 |
| アークライト | 水力紡績機 |
| クロンプトン | ミュール紡績機 |
| カートライト | 力織機 |

\*杼とは，縦にあらかじめはられている糸に対して，横糸をはる道具のこと。杼を手で持たず，ひもをつけて引っぱり左右に飛ばすことで，横糸を通す作業が早く簡単になり，織物の大量生産が可能になった。

## 2 資本主義社会の成立と労働問題の起こり
—— 産業革命の光と影

　産業革命の進展により，機械を用いた大規模な工場が次々と建設され，工業都市が広がっていった。その結果，**工場などを経営する資本家**と，資本家に**雇われて賃金をもらう労働者**という2つの階級が生まれた。このように，資本家が労働者を雇って生産を行う仕組みを**資本主義**といい，その生産方法が基本となる社会を**資本主義社会**という。

　資本家は，これまでの大商人や地主などに代わり，その国の経済を動かす力を持つようになっていった。また，資本家たちは多くの利益を得るために，労働者に低賃金・長時間の労働を行わせた。このため，成人男性のみならず，安い賃金で働かせることのできる，女性や子どもなども労働者として雇われるようになった。

　労働者は長時間労働に苦しみ，また，不衛生で危険な場所も多いため，病気やけがなどに常におびやかされていた。一方，工業都市では，労働者の人口が急増するものの，衛生や治安の面での整備が追いつかず，伝染病なども広がった。

　このような労働問題が発生すると，労働者たちは団結して**労働組合**を結成した。そして，労働条件の改善，労働者保護の法律の制定などを政府や資本家に要求する**労働運動**が盛んになっていった。また，労働者と資本家の貧富の差は資本主義の問題であると考え，**平等な社会をめざす社会主義思想**が唱えられるようになった。

### ●●もっとくわしく

**労働者の過酷な生活**

イギリス北西部のリバプールという都市では，労働者の平均寿命は35歳まで低下した。その理由が子どもの労働者の死亡率の増加である。5，6歳の幼い子どもまでも労働者として働かされたため，過労や栄養失調，事故などにより，彼らの死亡率は59%にも達していた。

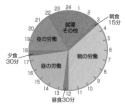

▲ある子どもの労働者の一日

### ？ Q&A 資本主義や社会主義をささえる思想にはどのようなものがあったのか？

　イギリスのアダム=スミスは，『諸国民の富（国富論）』を著し，国家は経済活動に介入すべきではなく，経済活動の自由が保障されなければならないと主張した。これは，自由主義競争による経済の発達を説くもので，資本主義経済の土台となる考え方である。それに対し，ドイツのマルクスは『資本論』や『共産党宣言』を著し，資本主義の矛盾を指摘し，労働者が団結して社会主義国家を樹立しなければならないと主張した。このマルクスの理論は，その後の労働運動や社会主義運動に大きな影響を与えた。

第1章 歴史の始まりと日本

第2章 中世の日本

第3章 近世の日本

第4章 近代日本のあゆみと国際関係

第5章 2つの世界大戦と日本

第6章 現代の日本と世界

### 3　ヨーロッパの近代国家——革命の動きは止まらない

　ナポレオンの退位後，ヨーロッパ諸国の王や指導者などが，オーストリアのウィーンに集まり会議を開いた。この会議により，ヨーロッパを**フランス革命以前の状態に戻す**ことが決められた（**ウィーン体制**）。これは，市民革命で達成した自由と平等を原理とする近代市民社会を否定する動きであった。

　これにより，フランスでは王政が復活し，議会を無視するなどフランス革命以前のような政治が行われた。1830年，これに不満を持った市民は蜂起して国王を追放し，ルイ＝フィリップを新しい王として迎えた（**七月革命**）。しかし，ルイ＝フィリップの政治も，財産によって選挙権が制限されていた。このため，1848年に労働者たちは選挙権を要求してパリで革命を起こし，ルイ＝フィリップを退位させた（**二月革命**）。その後，フランスでは第二共和政の下，**世界で初めて21歳以上の成人男子の本格的な普通選挙**が実施された。

　この二月革命は，ヨーロッパ各国に影響を及ぼした。オーストリアでは，ウィーン体制の主導的役割を果たしたメッテルニヒが追放された。また，**プロイセン**でも，ベルリンで市民が蜂起し，プロイセン王は改革を約束した。また，ドイツやイタリアでも統一の気運が一層高まっていった。オーストリアの支配下だったハンガリーでも独立運動が展開された。しかしこの運動は，ロシア軍の援助もあり，オーストリア軍に鎮圧された。このように，1848年はヨーロッパ各国で自由主義・国民主義の運動が起こり，「諸国民の春」とも呼ばれた。

　イギリスでは，1832年に選挙法が改正され，資本家に選挙権が与えられた。しかし，労働者や農民には選挙権が与えられなかった。そのため，労働者たちは普通選挙を求めて**チャーチスト運動**を起こした。その後，1867年・1884年の選挙法改正で，労働者・農民も選挙権を獲得した。その後，ビクトリア女王の時代には，保守党と自由党の2大政党による議会政治が展開され，**議会制民主主義**が発達していった。

▲「民衆を導く自由の女神」
ドラクロワが七月革命をテーマにして描いた。

---

🔍 **参　考**

**「会議は踊る，されど進まず」**
フランス革命，ナポレオン戦争が終結した後のヨーロッパの秩序再建をめざして開かれたウィーン会議だが，諸国の利害が対立して会議が遅々として進まなかった。この様子を皮肉ったのが，上の言葉。ナポレオンが幽閉されていたエルバ島から脱出したとの報を受け，諸国の妥協により締結されたウィーン議定書により出現した，ヨーロッパにおける現状維持をめざす国際秩序を「ウィーン体制」という。

---

●●●もっとくわしく

**イギリスの選挙権**

| 1832年 | 財産による制限つきで資本家に認める |
|---|---|
| 1867年 | 都市の労働者のみに認める |
| 1884年 | 農民にも認める |
| 1918年 | 21歳以上の男性と30歳以上の女性の全員に認める |
| 1928年 | 21歳以上の男女全員に認める |

## 4 ラテンアメリカ諸国の独立——植民地にも広がる革命の波

　アメリカ大陸の中南部はヨーロッパ諸国の植民地となっていた。しかし，アメリカ独立戦争やフランス革命の影響によって，19世紀に入ると独立の気運が高まっていった。1816年から22年にかけて，アルゼンチン・チリ・ペルー・メキシコがスペインから，ブラジルがポルトガルから独立した。

## 5 アメリカ合衆国の発展——北部と南部はなぜ対立したのか？

　独立後，アメリカ合衆国では，戦争や買収によって領土が広がり，19世紀中ごろには太平洋沿岸にまで拡大した。新しく獲得した西部では開拓が進められ，多くの移民が住むこととなった。しかし，この西部開拓によって，先住民のネイティヴ・アメリカン（インディアン）たちは住む場所を奪われて，特定の地域への強制移住をさせられた。

　そのころ，アメリカの北部と南部はその政策の違いから，次第に対立を深めていった。南部は黒人奴隷を使った綿花栽培などの農業が中心であったため，農作物を自由に輸出できる**自由貿易**を主張し，各州に自治権の強い**地方分権**を望んでいた。また，綿花栽培には大量の労働力が必要であったため，**奴隷制の存続**を主張していた。それに対して，北部は商工業が発達していたため，イギリスなどからの安い輸入品が入ってくることを制限する**保護貿易**を主張し，国内市場の統一のための**中央集権**を望んでいた。また，人道的な立場から，奴隷制には反対していた。

　1860年，奴隷解放を主張する**リンカン**が大統領に当選すると，南部は合衆国からの独立を宣言した。このため，1861年，南部と北部による**南北戦争**が始まった。この戦争は，リンカンが**奴隷解放宣言**を発表したため，多くの支持を集めたこともあり北部が勝利した。こうして，アメリカは再び統一され，**資本主義**が発達していった。1869年には，最初の大陸横断鉄道が完成し，東部と西部を結びつけた。また，黒人の一部も選挙権を獲得し，民主主義も進展していった。しかし，奴隷制は廃止されたが黒人への社会的差別は根強く残ることとなった。

歴史編

第1章　歴史の始まりと日本

第2章　中世の日本

第3章　近世の日本

第4章　近代日本のあゆみと国際関係

第5章　2つの世界大戦と日本

第6章　現代の日本と世界

### 参考

**ネイティヴ・アメリカン（インディアン）**

チェロキー族などのインディアンたちは強制移住に反発して各地で激しく抵抗したが，1880年代までに鎮圧された。現在はオクラホマ州，ノースカロライナ州などに住む。

### 人物

**リンカン**

アメリカの16代大統領。北部の貧しい農夫の子に生まれたが独学で弁護士になり，大統領に就任。南北戦争では北部を指揮し，1863年に奴隷解放宣言を出し，多くの人の支持を集める。ゲティスバーグの演説での「人民の，人民による，人民のための政治」という有名な言葉を残した。戦後，南部派の青年に射殺された。

▲アメリカ合衆国の領土の拡大

## 6　統一国家への道──自由の前に統一を

イギリスやフランスでは，市民革命により近代市民社会が成立したが，ヨーロッパの他の国々では封建制が残っていたり，小国に分裂していたりと混乱が続いていた。そのような国々では，近代化と統一国家をめざしていった。

ロシアは，地主が農民を支配する農奴制が続いており，また皇帝の専制政治が行われていた。しかし，オスマン帝国との戦争（クリミア戦争1853年～1856年）に敗れると，皇帝アレクサンドル2世は，近代化の必要性を痛感した。そのため，1861年に農奴解放令を発布して近代化をはかろうとした。しかし，これは不十分なもので，地主の農民支配が残る結果となった。また，皇帝自身も専制的な政治を続けたため，革命の気運は高まっていった。

▲1870年ごろのヨーロッパ

イタリアでは，ウィーン体制後も小国に分裂し，北部はオーストリアの支配を受けていた。二月革命後，サルディニア王となったヴィットーリオ＝エマヌエーレ2世は，自由主義者のカヴールを首相とし，イタリア統一をめざして各国を併合した。1861年，ヴィットーリオ＝エマヌエーレ2世はイタリア王国の初代国王となった。また，1870年にローマ教皇領を占領し，イタリアをほぼ統一した。

ドイツもイタリア同様に，ウィーン体制後はオーストリアやプロイセンなどを含む35の君主国と4自由市に分裂していた。そのような中で，プロイセンでは，国王ヴィルヘルム1世の下でビスマルクが首相に就任し，武力による国家統一をめざした。彼は議会の反対を押し切って，軍備を拡張する鉄血政策をおし進めていった。プロイセンは，統一の妨げとなるオーストリア，フランスと戦って勝利した。1871年，ヴィルヘルム1世は，占領したベルサイユ宮殿でドイツ皇帝となり，ドイツ帝国が成立した。ドイツ帝国では，議会もおかれ普通選挙も実施されたが，議会の力は弱く，皇帝や政府の権力がきわめて強いものであった。そのような中で，ビスマルクは首相として内政・外交に力を発揮し，ドイツの国力を高めていった。

一方，ドイツ統一から除外されたオーストリアは，領内のハンガリーに自治を認め，オーストリア＝ハンガリー帝国を樹立した。

### 📖 用　語

**農奴**
封建社会での隷属農民のこと。家族をもつことができ，住居や財産の所有も認められた。しかし，土地にしばられて，多くの賦役と貢納の義務がかせられた半自由民であった。

### 👤 人　物

**ビスマルク**
プロイセンの貴族出身。プロイセンの首相となった当初の議会で，「ドイツの現在の大問題（統一）は，言論や多数決では解決できない。鉄（武器）と血（兵士）によってのみ解決される。」と演説し，鉄血政策をおし進めていった。

▲ドイツ帝国の成立（ベルサイユ宮殿でのヴィルヘルム1世の即位式）

# ③ 欧米諸国のアジア進出

## 1 アジアの3大帝国——繁栄していた国々が次々に衰える

　18世紀から19世紀に展開された産業革命によって，資本主義が発達したヨーロッパ諸国は，**大量生産した工業製品の市場と原料の供給地として，盛んに海外に勢力を広げようとした**。そして，その矛先は近代化の遅れていたアジアに向けられることとなった。そのころ，アジアには，**オスマン帝国，ムガル帝国，清という3つの大国が存在した**。

　イスラム教の国家であるオスマン帝国は，13世紀末に建国され，16世紀にはヨーロッパ・アジア・アフリカまで領土を広げ，東西貿易の利益を独占して繁栄した。しかし，オスマン帝国はウィーンへの攻撃が失敗したことをきっかけに，18世紀ごろから急速に衰えはじめた。また，国内に多くの異民族や異教徒を抱えていたため，19世紀に入ると**独立運動**が起こるようになり，ヨーロッパ諸国はこれを支援した。そのため，オスマン帝国の領土は縮小していった。

　インドでは16世紀の初め，イスラム教徒が進出してムガル帝国を建国した。第3代皇帝アクバルは，ヒンドゥー教徒を従えてインドをほぼ統一した。ムガル帝国では，**タージマハル**に代表されるインド＝イスラム文化が繁栄し，**綿織物業**などの産業も発展した。しかし，18世紀になると，イスラム教徒とヒンドゥー教徒の対立が激化し，各地に地方政権が誕生して急速に衰えた。イギリスとフランスは，この機会を利用し，**東インド会社**を中心にインドに根拠地を築き，互いに争うようになった。1757年，イギリスは**プラッシーの戦い**でフランスを破り，インド進出を強めていった。

　中国では，17世紀に明が滅んだ後，満州族の清が中国を統一した。清は，17世紀後半〜18世紀の**康熙帝・雍正帝・乾隆帝**の時代に全盛期を迎えた。清の皇帝は，人口の大部分を占める漢民族の不満を抑えるため，役人は満州族と漢民族を同数にするなどの政策を行った。その一方で，満州族の髪型（辮髪）を強制し，言論や思想などを厳しく取り締まった。貿易では，ヨーロッパに**絹・茶・陶磁器**などを盛んに輸出したため，大量の**銀**が清に流入した。しかし，18世紀後半から重税に苦しむ民衆の反乱が相次ぎ，国力を弱めていった。

---

### 参考

**オスマン帝国からの独立**

| | |
|---|---|
| 1829年 | ギリシャの独立 |
| 1877年 | ロシア・トルコ戦争（露土戦争）オスマン帝国内のスラブ民族保護を口実にロシアが宣戦 |
| 1878年 | ロシアとの講和条約により，ルーマニア，セルビア，モンテネグロが独立 |

### 用語

**東インド会社（イギリス）**
1600年に設立された貿易会社。アジア全域での貿易独占権を与えられ，アジア進出の中心的な役割を果たした。

### もっとくわしく

**満州族**
中国東北部が発祥のツングース系民族。古くは女真族といい，12世紀には金王朝を創始し，中国の北半分を治めた。17世紀はじめ太祖ヌルハチが八旗制度（軍事・行政に関わる制度）を創設し，満州文字をつくり，民族の呼称を「満州」とした。17世紀に明を滅ぼした清は改称である。
現在は中華人民共和国の55少数民族の1つと位置づけられ，その中で人口は2番目に多い。満州族は全国各地に居住しているが，中でも遼寧省が最も多い。

## ❷ インドの植民地化——立ち上がるインド民衆

インドに進出したイギリスは，産業革命によって大量生産した**綿製品**をインドに輸出していった。その結果，インドの綿産業は衰退し，多くの職人は職を奪われた。また，農村では，**綿花や茶**などの栽培を強要された。こうして，インドの民衆の生活は大変苦しくなり，イギリスに対する不満の増大から，抵抗運動が各地で続けられた。

1857年，東インド会社に雇われたインド人兵士（シパーヒー，または**セポイ**ともいう）が蜂起すると，イギリスの侵略に不満を持つ旧王族，農民や職人など幅広い階層のインド人が加わり，インド全域に広がった。これを**インドの大反乱**（セポイの乱）という。この蜂起は，一時デリーを占領し，ムガル帝国の統治の復活などを宣言した。しかし，イギリスは2年がかりでこれを鎮圧し，インドの大反乱に協力したという理由で，1858年にムガル帝国を滅ぼした。また，それまでインドを支配していた東インド会社を解散し，インドをイギリス本国の直接統治とした。

1877年には，イギリスのビクトリア女王がインド皇帝を兼ねて**インド帝国**が成立し，インドはイギリスに植民地化された。そして，インド帝国の領土保全を口実に，ビルマ（現在のミャンマー）・アフガニスタン・マレー半島へと勢力を伸ばしていった。

イギリスがインドを植民地化したように，他の欧米諸国も同様に東南アジアの国々を植民地にしていった。イギリスとのインドを巡る争いに敗れたフランスは，インドシナに進出した。ベトナム・カンボジアの両国を保護国とすると，1887年にはここに**インドシナ連邦**を形成し，後にラオスをこれに編入した。オランダは早くから東南アジアに進出していたが，イギリスの進出によってその勢いは押されていた。しかし，19世紀末にはスマトラ島やジャワ島のイスラム教国を次々と征服し，**オランダ領東インド**を形成した。アメリカ合衆国はスペインとの戦争に勝利し，スペイン領であったフィリピンを獲得した。

輸出額（万ポンド）

インドからヨーロッパへの輸出

イギリスから東洋への輸出

▲イギリスとインドの綿布輸出

1857年インドの大反乱

アフガニスタン　チベット　ネパール　ブータン　デリー　ビルマ　カルカッタ　シャム　ボンベイ　ゴア　マドラス　マレー半島

イギリス領域
インドの大反乱地域

▲イギリスのインド支配

📖 **用　語**

**インドの大反乱**
1857年に始まったイギリスの侵略に反する民族独立運動。きっかけは，新式銃の弾薬包に塗られた脂が，イスラム教では禁忌である豚と，ヒンドゥー教では神聖とされている牛のものであったからである。インド側の健闘もむなしく2年後に鎮圧され，イギリスによるインドの植民地化が進んだ。宗教や身分などをこえた蜂起であったため，インドの独立運動の原点といわれている。

## 3 アヘン戦争と太平天国の乱
―― 漢民族の国をつくろう!!

　19世紀に入ると, イギリスでは紅茶を飲むことが習慣化した。そのため, 清からの茶の輸入は増加していき, 大量の銀が中国に流出し, 茶の支払いのための銀が不足することとなった。そこで, インドでアヘンを栽培して清へ密輸し, 清から茶を輸入する三角貿易を行った。この結果, 逆に清の銀が国外へ流出することとなった。

▲欧米諸国のアジアへの進出 (19世紀末ごろ)

　銀の流出による財政の悪化とアヘン患者の増大を防ぐため, 清はアヘンの密輸を禁止したが効果は上がらなかった。1839年, 清の役人林則徐は, イギリス商人のアヘンを没収して焼き捨てた。これを口実に, 1840年にイギリスは清に宣戦布告を行いアヘン戦争が始まった。近代的な兵器を持っていたイギリスは, 広州や上海を占領し, 南京に迫り, 清を降伏させた。1842年, 清はイギリスと南京条約を結んだ。この内容は①広州・上海など5港の開港, ②香港の割譲, ③多額の賠償金の支払いなどであった。翌年追加条約として, 領事裁判権を認める, 関税自主権がない[P.361▶▶]など, 清には不平等な条約が新たに結ばれた。また, フランス・アメリカも同様の条約を結び, 清への進出を行った。

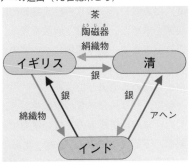
▲イギリスの三角貿易

　アヘン戦争による多額の賠償金は中国民衆を苦しめることとなった。また, 欧米諸国の侵略を食い止められない清政府に対しても, 民衆は不満を強めていった。洪秀全はこのような民衆を率いて, 1851年に太平天国の建国を宣言した (太平天国の乱)。太平天国は南京を首都とし, 平等主義に基づいた土地の分配や男女平等などを掲げ, 貧民などから絶大な支持を得た。太平天国は10年あまり続いたが, 清の志願兵や外国の部隊により, 1864年に滅亡した。しかし, 太平天国の乱は, 中国におけるその後の民族運動に大きな影響を与えた。

参　考

**アヘン**
ケシの実からつくられ, 薬用の鎮痛剤として使用されていた。しかし, 服用し続けることによって強い中毒症状を引き起こす麻薬となる。常習性が強いため需要が高く, イギリスの資金源となり, 財源を潤した。

歴史編

第1章 歴史の始まりと日本

第2章 中世の日本

第3章 近世の日本

第4章 近代日本のあゆみと国際関係

第5章 2つの世界大戦と日本

第6章 現代の日本と世界

# ④ 日本の開港（開国）

## 1 ペリーの来航——黒船が来た！

　産業革命後，欧米諸国は市場を求め，アジアの諸国との貿易に乗り出していった。特に，アメリカは，メキシコからカリフォルニアを得て，太平洋岸まで領土を伸ばすと，清との貿易，そして捕鯨船の寄港地として，日本の開国を強く望んでいた。

▲ペリーの航路

　1853年，アメリカの使節ペリーは，４隻の軍艦を率いて，琉球を経由して浦賀（神奈川県）に来航した。ペリーは大統領の国書を提出し，日本の開国を求めた。幕府は，回答を翌年に延期し，大名から幕臣に至るまで，広く開国についての意見を集め，朝廷にも報告した。このことは，幕府の影響力を低下させ，朝廷の権威を高める原因となった。

　翌年，ペリーは７隻の軍艦を引き連れ，再び日本に来航した。幕府は７隻もの軍艦の圧力の前に，**日米和親条約**を結び，**下田**（静岡県），**函館**（北海道）を開港し，**アメリカ領事の駐在**も認めた。また，イギリス・ロシア・オランダとも同じような条約を結んだ。これにより，200年以上にわたる江戸幕府の鎖国政策は終わりを告げた。

### 📖 用 語

**日米和親条約**
開港以外の主な内容
①アメリカ船に燃料・食料・水を供給する。
②アメリカの難破船や乗組員を救出する。
③日本が他の国と有利な条約を結んだ場合，アメリカとも同様の条約を結ぶ。

## ❓ Q&A　なぜアメリカは，日本に開国を迫ったのか？

　その理由として２つのことがあげられる。

**①アジア貿易の中継地としての日本**
　ペリーが航海したように，大西洋からアフリカ大陸を経て，香港に品物を運んだ場合，約130日もかかってしまう。しかし，太平洋を横断すれば，約50日で香港へ品物を運べる。しかし，この航路には，横断した後の燃料の供給地が必要である。そのため，日本に開国を迫ったのである。

**②捕鯨船の寄港地としての日本**
　当時，鯨油は灯油や機械の潤滑油として，必要不可欠になっていた。アメリカでも捕鯨業は盛り上がりを見せ，北太平洋の海域を，盛んに航海していた。そのため，北太平洋地域に捕鯨船の寄港地が必要であった。

## 2 通商条約の締結——清のようにはなりたくない

　日米和親条約によって，下田に着任したアメリカ総領事ハリスは，イギリスやフランスの強硬なアジア政策を説明し，日本に貿易を行うように強く迫った。アメリカをはじめとする列強との戦争になることを恐れた幕府は，国内の激しい意見の対立をおさえるために朝廷に許しを得ようとした。しかし，朝廷も貿易には反対をしていた。

　そこで，大老の井伊直弼は，朝廷の許しを待たずに，1858年に日米修好通商条約を結んだ。これによって，下田（横浜開港後閉鎖）・函館の他，神奈川（横浜），長崎，新潟，兵庫（神戸）の港を開き貿易を始めた。この条約は，領事裁判権（治外法権）を認める，関税自主権がないなど，日本にとって不平等な条約であった。その後，日本はオランダ・ロシア・イギリス・フランスとも同様の条約を結んだ。

## 3 開国の影響——開国によって生じた問題は？

　貿易は，翌年の6月から，神奈川（横浜）を中心に，長崎や函館で開始された。貿易額では，横浜が全体の約90%を占めていた。また，主な取引国はイギリスであり，船舶の国籍別貿易総額の約86%を占めていた。

　外国からは，綿織物や毛織物，戦艦や鉄砲などの軍需品が輸入され，日本からは，生糸や茶などが大量に輸出された。しかし，機械によって大量生産された安価な綿製品が大量に輸入されたため，国内の綿織物工業や綿花栽培は大打撃を受けた。また，輸出する品物を中心に，米などの生活必需品までも価格が上昇していった。それに加え，金の海外流出を防ぐため，幕府が質の悪い金貨を造ったことで，さらに物価は上昇し，民衆の不満は高まっていった。

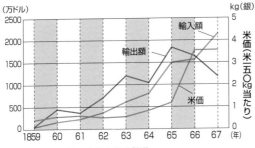

▲開国後の貿易額の変化と米の値段

歴史編

第1章 歴史の始まりと日本

第2章 中世の日本

第3章 近世の日本

第4章 近代日本のあゆみと国際関係

第5章 2つの世界大戦と日本

第6章 現代の日本と世界

## 4 尊王攘夷運動——外国人を追い払え！

　外国との交流が始まり，社会や経済が大きく変化すると，幕府に不満を持つ人々も数多く現れてきた。彼らは，朝廷の許しを得ないまま条約を結んだ井伊直弼を批判した。また，将軍の跡継ぎ問題もあり，それも井伊への批判を大きくしていた。このような批判に対し，井伊は，反対派の公家や大名を処罰し，長州藩（山口県）藩士の吉田松陰や，越前藩（福井県）藩士の橋本左内らを処刑した（**安政の大獄**）。1860年，安政の大獄に反発した水戸藩（茨城県）の浪士たちは，江戸城の桜田門外で井伊を暗殺した（**桜田門外の変**）。

　また，開国への不満は，日本に滞在している外国人にも直接及んだ。下級武士の間では，開国は日本を植民地にするものであるとして，外国人を追い払おうとする**攘夷論**が広まっていった。この攘夷論は，天皇を敬う**尊王論**と結びつき，**尊王攘夷運動**に発展していった。

　尊王攘夷運動の盛り上がりに対し，幕府は，朝廷（公）との関係を強めることで，幕府（武）の力を維持しようと考えた（**公武合体**）。そこで，孝明天皇の妹を，14代将軍徳川家茂の妻に迎えることにした。しかし，尊王攘夷派は，政略結婚であると反発を強めていった。

## 5 攘夷の実行——外国を攻撃はしたものの……

　尊王攘夷運動の中心であった**長州藩**は，1863年に下関海峡を通る外国船を砲撃し，攘夷を実行に移した。しかし，翌年に，イギリス・アメリカ・フランス・オランダの4か国の反撃を受け，下関の砲台を占領された（**四国艦隊下関砲撃事件**）。

　また，**薩摩藩**も，生麦事件の報復として，イギリス艦隊から砲撃を受けた（**薩英戦争**）。

　1863年，薩摩藩と会津藩（福島県）は，過激な尊王攘夷運動に不安を感じ，長州藩と，急進派の公家である三条実美らを京都から追放した（**8月18日の政変**）。長州藩は，発言力を取り戻すため，翌年に京都に攻めのぼったが，薩摩・会津・桑名藩に敗れた（**禁門の変**，または**蛤御門の変**）。幕府はただちに長州藩に兵を向けたが，長州藩は四国艦隊下関砲撃事件の直後であったため，戦わずに降伏した（**第一次長州征討**）。

**将軍の跡継ぎ問題**
13代将軍徳川家定には子はおらず，次の将軍として，一橋家の慶喜と，紀伊藩主慶福（後の家茂）のどちらがなるのか激しく対立していた。多くの大名が慶喜をおしていたが，井伊直弼は反対派を押し切り慶福を将軍の跡継ぎに決定した。

**尊王論と攘夷論**
尊王論とは儒学の発達によって生まれた思想である。当初は天皇を敬うことで，将軍の権威を高めようとするものであった。しかし，外国を敵とする攘夷論と結びつくことで，反幕府的な色合いを強めていった。

**吉田松陰**
長州藩士。松下村塾を主宰して，幕末から明治時代に活躍することになる多くの門下生を育てた。幕府の対外政策を批判し，刑死。

**生麦事件**
1862年，横浜近郊の生麦村で，薩摩藩の行列を横切ったイギリス人を藩士が殺傷した。

## 6 倒幕運動——幕府を倒して強い国家を

外国と直接戦った長州藩と薩摩藩は、欧米諸国の力を目の当たりにし、攘夷の実行が不可能であることを知った。そして、攘夷よりも開国を進め、先進文化を取り入れ、外国に対抗できる強力な国家をつくることが必要であると考えるようになった。

長州藩では、高杉晋作・桂小五郎（木戸孝允）などの下級武士が中心となって、藩内の改革に乗り出した。また、薩摩藩でも、西郷隆盛・大久保利通らの下級武士によって、イギリスの援助を受け、軍備を強化していった。

両藩は、ともに近代的な国家をめざしていたが、互いに対立していた。しかし、土佐藩（高知県）出身の坂本龍馬らが仲立ちとなり、1866年、両藩は薩長同盟を結び、幕府を倒すための計画を進めた。この同盟に、朝廷方の岩倉具視なども結びつき、倒幕運動は一大勢力へと成長していった。

同年、幕府は再び長州藩を攻撃したが連敗を続け、14代将軍徳川家茂の急死に伴い戦闘を中止した（第二次長州征討）。これにより、幕府の権威は衰え、倒幕運動はさらに盛り上がっていった。

## 7 世直し——新しい時代への期待

このころ、国内は、開国による経済混乱と政治的混乱が重なって、物価が急激に上がった。そのため、江戸や大阪周辺で大規模な百姓一揆や打ちこわしが起こった。彼らは借金の帳消し、物価の値下げ、耕地の返還などを要求した。このような百姓一揆や打ちこわしは、貧困からの解放と救済をめざし、世直しを求めていたため、世直し一揆と呼ばれた。

また、1867年の夏から翌年にかけ、伊勢神宮のお札が天から降ってきたといって、「ええじゃないか」とはやしたてながら、集団でおどり歩き、熱狂する騒ぎが各地で流行した。

民衆の世直し一揆や「ええじゃないか」は、激変する時代の中で、新しい時代が来ることへの期待、そして不安の現れであった。民衆の力によっても、幕府の権威は揺らいでいったのである。

### 人物

**高杉晋作**
長州藩士。吉田松陰の松下村塾で学ぶ。彼の組織した奇兵隊は、倒幕運動の中心となった。江戸幕府滅亡を見ずに、1867年に病死。

**桂小五郎（木戸孝允）**
長州藩士。吉田松陰の松下村塾で学ぶ。坂本龍馬らの仲立ちで薩長同盟を結ぶ。明治政府に参加し、版籍奉還や廃藩置県 P.366▶▶ などに力を尽くした。

**西郷隆盛**
薩摩藩士。大久保利通らと協力して薩長同盟を結び、明治政府に参加。征韓論が受け入れられず鹿児島に戻り、西南戦争を起こすが敗れ、自殺した。

**大久保利通**
薩摩藩士。薩長同盟・王政復古などで活躍する。明治政府でも、岩倉使節団に参加するなど、政府の中心として活躍する。1878年に暗殺された。

**坂本龍馬**
土佐藩士、のち脱藩。対立する長州と薩摩を結びつけ、薩長同盟を成功させた。1867年に暗殺された。

### 研究

**「ええじゃないか」はなぜおきたのだろうか。**
「ええじゃないか」のはやしの中には、「日本国の世直りはええじゃないか」と歌い上げるものもある。つまり、江戸幕府の滅亡という激変する時代と関係し、世直し要求を伴った行動であると考えられる。

### 8 大政奉還と王政復古──江戸幕府の滅亡

　倒幕運動が盛り上がりを見せる中で，前土佐藩主の山内豊信（容堂）は幕府に対し，朝廷に政権を返上するように進言した。これは，いったん朝廷に政権を返上し，倒幕派との争いを避けることで幕府の勢力を温存し，朝廷の下に組織される新政府の中で主導権を握り，政治を行おうとする考えであった。15代将軍徳川慶喜はこれを受け入れ，1867年，政権を朝廷に返上した（大政奉還）。

　これに対し，薩摩藩の**西郷隆盛**や**大久保利通**，公家の**岩倉具視**らの倒幕派は朝廷に働きかけ，**王政復古の大号令**を出し，将軍を廃止して天皇中心の政治を行うことを宣言し，江戸幕府の政治への参加を排除した。こうして，約260年あまり続いた江戸幕府は滅び，約680年もの間続いた武家政治の歴史は終わった。

　その後に組織された新政府は，慶喜に内大臣の辞任と領地の一部返上を命じた。これに反発した旧幕府軍は，1868年，京都の**鳥羽・伏見**で，薩摩・長州を中心とする新政府軍に戦いを挑むが敗れた。新政府軍はさらに軍を進め，江戸城を**無血開城**に導き，翌年，函館の**五稜郭**で旧幕府軍を降伏させた（**戊辰戦争**）。

▲大政奉還（邨田丹陵画　明治神宮聖徳記念絵画館蔵）

#### ○●もっとくわしく

**江戸城の無血開城**

新政府軍の責任者の西郷隆盛と，幕府側の代表の勝海舟が会談して決定された。江戸での戦争を避け，内乱状態からの早期脱却が，双方の考えであった。

---

### ？Q&A 日本が欧米諸国の植民地にならなかったのはなぜだろうか？

　江戸時代の終わりごろになると，幕府側にはフランス，薩摩・長州・朝廷側にはイギリスが武器などを売るなど，それぞれ軍事的に後押ししていた。これらの欧米諸国はどうして日本を侵略し植民地としなかったのだろうか。

　この理由として，日本と欧米両方の事情が考えられる。

　日本の条約締結は，清が戦争に敗れて結んだものとは異なり，交渉によって成立した。これは，江戸幕府がアヘン戦争による清の敗北を事前に知っていたからである。また，新政府軍は戊辰戦争を前に，欧米諸国に日本と結んだ諸条約の条件を守り，日本の内戦に中立を保つことを要請している。

　欧米諸国の側も，他国との戦争や，植民地での独立運動鎮圧により，日本を武力侵略する余裕はなかったのである。イギリス外務省は，総領事に任命したオールコックに対し，「イギリス政府は，日本の中枢部に絶対的な影響力を及ぼすことをねらってはいない」と指示し，日本の国内問題に関しては介入すべきでないと強調している。

§1　欧米諸国のアジア進出と日本の開国　／　§2　明治政府の成立と諸改革の展開　**365**

歴史編

第1章 歴史の始まりと日本

第2章 中世の日本

第3章 近世の日本

第4章 近代日本のあゆみと国際関係

第5章 2つの世界大戦と日本

第6章 現代の日本と世界

# §2 明治政府の成立と諸改革の展開

**重要ポイント**

- □ 新政府は五箇条の御誓文を発布して，政府の基本方針を示した。
- □ 廃藩置県によって，政府は中央集権体制を強化した。
- □ 不平等条約の改正を交渉するため，政府は岩倉具視を代表とする使節団を欧米に派遣した。
- □ 清と日清修好条規，朝鮮と日朝修好条規を結んだ。
- □ 政府は富国強兵をめざし，地租改正や徴兵制などの改革を行った。
- □ 政府は欧米の進んだ技術を取り入れ，近代産業を育成する殖産興業を進めた。
- □ 藩閥政治に不満を持つ人々は自由民権運動を起こし，国会開設と憲法制定を要求した。
- □ 政府は君主権の強いドイツの憲法を参考に，大日本帝国憲法を制定した。

## ① 明治維新

### 1　新政府の樹立──近代国家をめざして

　新政府は，日本を欧米のような近代国家にするため，さまざまな改革を進めていった。まず，**新政府の基本方針**として，**五箇条の御誓文**を公布した。これは天皇が神に誓うという形をとっており，**新政府の権力の主体が天皇である**ことを表明していた。民衆に対しては，5枚の立て札で守るべき道を示した（**五榜の掲示**）。しかし，その内容はキリスト教や一揆の禁止などで，江戸時代とあまり変わらないものであった。

　また，政体書を公布し，太政官制という政治の仕組みを整えた。

　さらに，江戸を**東京**と改め，年号を**明治**と定めて，首都を京都から東京へ移した。このような一連の政治改革を**明治維新**という。

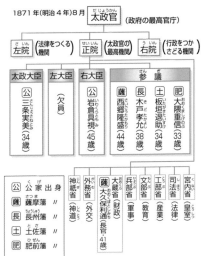

▲新政府の仕組み（廃藩置県のころ決められたもの）

**参考**

**五箇条の御誓文**

一、広ク会議ヲ興シ万機公論ニ決スヘシ

一、上下心ヲ一ニシテ盛ニ経綸ヲ行フヘシ

一、官武一途庶民ニ至ル迄各其志ヲ遂ケ人心ヲシテ倦マサラシメンコトヲ要ス

一、旧来ノ陋習ヲ破リ天地ノ公道ニ基クヘシ

一、智識ヲ世界ニ求メ大ニ皇基ヲ振起スヘシ

第一は世論の尊重，第二は国民の協力，第三は人心の一新，第四は旧制度の改革，第五は新しい知識の吸収を述べている。

## ② 廃藩置県
### ——土地と人民は誰のもの？

　明治維新の目的の一つは，政府が全国を直接治める**中央集権国家**を作り上げることであった。しかし，地方では，いまだに藩主が政治を行っていた。

　明治政府は1869年，**大久保利通**や**木戸孝允**らの提案で，各藩の**版（領地）と籍（人民）**を朝廷に返上させた（**版籍奉還**）。しかし，旧藩主が引き続き領地を治めたため，あまり効果がなかった。

　そこで，1871年に**藩を廃止して府と県を置き**，府知事や県令（後の県知事）は政府が任命した（**廃藩置県**）。これによって，政府は地方の権力も握ることとなり，中央集権体制は強化されていった。

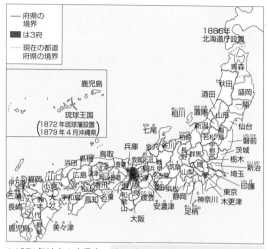

▲1871年時点の府県名　初め全国に1使3府302県が設置され，同年11月に1使3府72県となった。

## ③ 四民平等——古い身分制度はいらない

　明治政府は江戸時代の身分制度を廃止し，天皇の一族を**皇族**，公家・大名を**華族**，武士を**士族**，農民や町人を**平民**とする身分制度をつくった（**四民平等**）。平民にも名字が許され，他の身分との結婚や住居転居，職業選択も自由となった。しかし，皇族と華族は特別な身分であり，必ずしもすべての身分が平等であるとはいえなかった。

　また，江戸時代に差別され続けた人たち[P.320▶▶]は1871年の**解放令**によって平民とされた。しかし，民衆の意識はなかなか変わることはなかった。

## ④ 明治政府の外交政策
### ——欧米へのまなざしとアジアへのまなざし

　明治初期の政府の主な外交政策は，欧米諸国との**不平等条約改正**と，中国・朝鮮との条約締結であった。

　1871年，政府は**不平等条約の改正**を交渉するため，**岩倉具視**を代表とする使節団を欧米に派遣した。この**岩倉使節団**には，大久保利通・木戸孝允・伊藤博文など，当時の政府の中心人物や，留学生も多数参加し，総勢100人を超え

### ●●もっとくわしく

**差別との戦い**
明治政府は，江戸時代に身分上で差別されていた人々に対する差別意識を解消する政策を何もとらなかった。そのため，明治時代になっても人々の差別意識は残ったままであった。また，身分上で差別されていた人々がそれまで特権的に行っていた皮革業などにも多くの人々が参入したため，苦しい生活を送らざるを得なくなった。人として当然の権利を要求する彼らのさまざまな運動は，大正時代に結成された全国水平社P.412▶▶に引き継がれていく。

る大規模なもので，2年近くもの間，欧米諸国の空気に直接触れてきた。交渉は失敗に終わったが，彼らは欧米諸国の進んだ政治，経済，法律などを学び，日本の国力を充実させる必要があることを痛感した。この体験は，帰国後，政府の政策に反映されていった。

1871年，政府は清との間に**日清修好条規**を結んだ。この条約は，政府が初めて対等な立場で結んだ条約であった。

また，政府は朝鮮に開国を迫ったが拒否されていた。この対応について，政府内で2つの意見が対立した。**西郷隆盛**や**板垣退助**は，武力によって開国させようとする**征韓論**を主張したが，欧米視察から帰国した岩倉や大久保は，国内の改革を優先すべきであると主張し，この意見を退けた。その結果，西郷・板垣らは政府を去った。しかし，1875年に起こった**江華島事件**を口実に，武力を背景に開国を迫り，翌年，**日朝修好条規**を結んだ。これは日本に有利な不平等条約であった。

一方，政府は領土の画定の交渉も行っていった。1875年，ロシアと**樺太・千島交換条約**を結び，樺太はロシア領，千島を日本領とした。また，1876年，小笠原諸島が日本領であることを宣言し，各国もそれを認めた。

▲明治初期の日本の外交と国境の画定

---

参　考

**江華島事件**（カンファド じけん）
日本の軍隊がソウル付近の江華島で，無断で演習や測量をして圧力をかけたため，砲撃を受けた事件。

▲江華島の位置

---

用　語

**樺太・千島交換条約**（からふと ちしまこうかんじょうやく）
開国時に結んだ日露和親条約（日露通好条約）では，択捉島以南を日本領，得撫島以北をロシア領とし，樺太の帰属は不明確なままであった。しかし，この条約によって，日本は千島列島を，ロシアは樺太を，領土と画定した。

▲日露和親条約時の国境

---

参　考

**尖閣諸島・竹島の編入**（せんかくしょとう たけしま）
政府は，1895年に尖閣諸島を沖縄県，1905年に竹島を島根県に編入して日本の領土とした。

### 5 北海道と沖縄
#### ——沖縄，アイヌの人々の立場から考えると……

　広大な土地に豊富な資源が眠る北海道は，政府にとって格好の開発の対象となった。1869年，政府は北方の開発を進めるため，蝦夷地を北海道と改めた。そして，**開拓使**という役所を置き，大規模な土地開拓や資源の開発を進めた。

　また，ロシアとの距離が近い北海道の開拓は，軍事的にも重要な意味を持っていた。失業した士族などが，開拓とロシアに対する警備をかねる**屯田兵**として，次々と北海道に入植した。1876年には札幌農学校（現在の北海道大学）が設立された。

▲北海道の開拓（屯田兵）

ここでは，**お雇い外国人**である**クラーク**の指導により，アメリカ式の大農場制度が取り入れられた。

　しかし，北海道には，独自の文化を持つアイヌ民族が以前から暮らしていた。このように政府主導で行われた開拓は，次第にアイヌの人々の生活を脅かしていった。土地所有の考え方を持たないアイヌの人々に対し，政府は一方的に土地を取り上げて国有地とすると，新しく入植してきた人々に安く売っていった。また，山や河川の利用を制限されたため，川でさけを捕れば密漁，山で木を切れば盗伐など，従来の生活を送ることが困難になっていった。さらに，名前や言葉も日本式に改めさせられていった。土地も奪われ，生活の場も失い，文化までも否定されたのである。

　一方，日本の南には，明治初期まで**琉球王国**という独自の国が栄えていた。江戸時代以来，琉球は事実上，薩摩藩の支配[P.323▶▶]を受けていたが，清とも深い関係を保っていた。そのため，政府は琉球を日本の正式な領土にしようとした。

　1872年，政府は**琉球藩**を設置し，当時の国王であった尚泰を藩王とした。しかし，清はこれを認めなかった。1871年，琉球の漁民が台湾人に殺害されたことを口実に，1874年に台湾に出兵し，清に琉球の統治を認めさせた[P.292▶▶]。その後，1879年，政府は琉球の強い抵抗を抑えるために軍隊を送り，琉球藩を廃止して**沖縄県**を設置した（**琉球処分**）。

**参　考**

**屯田兵**
屯田兵には，はじめ東北地方の貧窮した士族が送られた。つまり，北海道の開発は，四民平等によって職を失った士族に職や土地を与える側面もあった。

**江戸時代のアイヌの人々**
P.323▶▶

**用　語**

**琉球処分**
琉球を日本の領土にするため，1879年，軍隊・警察を派遣し，首里城に入り込み，琉球藩の解体と沖縄県の設置を布告した。琉球王国最後（第19代）の国王となった尚泰は，その後，東京に居を移して華族として過ごすことになった。

**Q&A** その後の北海道と沖縄の人々の生活は
どのようなものであったのだろう？

　アイヌの人々は社会的差別を受けること
となった。江戸幕府はアイヌの人々を差別
的な意味を持つ「土人」と呼び，明治政府
も「旧土人」とその呼び方を引き継いだ。
この差別的な「土人」という用語は1997年
にアイヌ文化振興法が成立するまで使用さ
れていた。
　沖縄県民の生活は本土よりも苦しく，海
外移住や本土への出稼ぎが相次いだ。ま
た，琉球でもアイヌの人々同様に，琉球の
言葉を使用することは制限され，徹底した
同化政策が進められていった。

# ② 富国強兵をめざす政策

### 1 地租改正——江戸時代の年貢との違いは？

　欧米との国力の差を痛感した明治政府は，欧米諸国に対
抗するため，**先進国から新しい技術や制度を学び，経済を
発展させて国力をつけ，軍隊を強くする**ことをめざした
（**富国強兵**）。そのためには，国家財政を安定させることが
求められた。

　明治の初期，国家の収入の多くは農民が米で納めていた。
しかし，この方法では豊作や不作で米価が変動するため，
国家の収入は不安定であった。そこで，近代的土地所有制
度の確立と安定した租税を得るため，**地租改正**を行った。
全国すべての土地の所有者と土地の値段（**地価**）を定め，
土地の所有者に**地券**を与えた。そして1873年，地租改正条
例を公布し，**地価の３％を租税として現金で納めさせる**こ
とにした。地租改正は，全国の土地の所有者と土地の値段
を調査しなければならないため，調査が終了したのは1880
年前後のことであった。

　地租改正により，農民の土地所有権が認められ，売買も
自由に行えるようになった。また，政府の収入を安定させ
ることにも成功した。しかし，地価はこれまでの収入を減
らさない方針で決められたため，農民の負担は江戸時代と
変わらなかった。年貢負担が減ることを期待した農民たち
は，**地租改正反対一揆**を各地で起こした。その結果，1877
年に地租は３％から2.5%に引き下げられた。

### 用語

**富国強兵**
明治初期の国家目標。安定し
た租税で国の基礎を強固にし，
徴兵制で軍事力を確保して近
代国家をめざした。

▲土地の所有者に与えられ
た地券

### 2 徴兵令——本当にみんなが兵士になったのか？

　富国強兵のためには，近代的な軍隊が必要であった。1873年，政府は「国民皆兵」の名の下に，20歳以上のすべての男性に３年間の兵役を義務づける**徴兵令**を公布した。これに対して，これまで軍事を担当していた士族は自分たちの特権を奪われたことに不満をつのらせていった。また，新たに負担が増えることを嫌った民衆は，**徴兵反対一揆**を起こした。

　この徴兵令には多くの免除規定が存在していた。具体的には，①役人，陸海軍生徒，官立専門校生徒，外国で勉強している者や医学を学んでいる者，②一家の主人，跡継ぎ，養子，父母の代わりに家を治める者，独り子，③代わりの人を立てるお金270円を支払える者などである。そのため，これを利用して兵役を逃れる人々が続出した。1874年に徴兵を免除された者は全体の約82％に達し，貧しい家の次男・三男が多く徴兵される結果となった。

### 3 学制——義務教育の始まり

　明治政府は，フランスの近代的な学校制度にならって，1872年に**学制**を発布した。これにより，**6歳以上のすべての男女に学校教育を受けさせる**ことになり，**小学校が義務教育となった**。しかし，当時の子どもは貴重な働き手であり，「授業料」などのお金がかかることもあり，**学制反対一揆**が起こった。このような反発により，当初は小学校に入学する子どもは多くはなかったが，明治の中ごろから徐々に増加していった。

　一方，政府は高等教育の充実も進めていった。各地には小学校教員の養成機関である師範学校がつくられた。1877年には東京大学が設立され，外国人教師を招き，高等教育の充実に努めた。また，多くの留学生を欧米に派遣して，欧米諸国から近代的な学問を取り入れようとした。

●○●もっとくわしく

**どうやって兵役を逃れたのか？**

徴兵を逃れたいと考えた人々は，免除項目の②にある養子を多く利用した。いくらかのお金を払い，養子縁組を組んでもらっていたのである。1889年に徴兵令は改正され，免除規定が廃止されることで，多くの人々が軍隊に行くようになった。

▲兵役逃れの方法を説明したガイドブック

▲当時の小学校の授業風景

歴史編

第1章　歴史の始まりと日本

第2章　中世の日本

第3章　近世の日本

**第4章　近代日本のあゆみと国際関係**

第5章　2つの世界大戦と日本

第6章　現代の日本と世界

### 4　殖産興業——欧米に追いつけ追い越せ

　富国強兵のためには近代産業を育成することが必要であったが，民間にはその力は備わっていなかった。そこで，政府自らが強いリーダーシップを発揮して，**近代産業を育成する政策**を実施していった（**殖産興業**）。殖産興業を達成するため，政府自ら，高い給料を払って海外から技術者や教師を雇うこともよく行われ，様々な分野で欧米の技術，制度が積極的に導入されていった。

　産業面では，幕府や藩が持っていた鉱山を引き継ぐとともに，政府が直接経営する紡績や製糸の**官営模範工場**をつくり，民間に手本を示した。群馬県につくられた**富岡製糸場**は官営模範工場の代表的なものである。さらに，新しい技術や機械を普及させるために各地で博覧会を開催した。

　金融面では，1871年，1円＝100銭，1銭＝10厘という円・銭・厘の貨幣制度を整えた。また，国立銀行条例が定められ，この政策には**渋沢栄一**も携わった。政府の援助の下で**国立銀行**も設立され，日本の金融制度は整えられていった。

　経済発展に不可欠な交通機関や通信も整備されていった。1872年には**新橋—横浜間**，その2年後には神戸—大阪間に**鉄道**が開通し，汽船の登場で海運も盛んになり，モノの輸送は活発になっていった。また，1869年，**東京—横浜**間に**電信**が開通し，1871年，**前島密**らの努力によって**郵便制度**が始まるなど通信機関も整えられていった。

**人　物**

**渋沢栄一**

群馬県出身。明治時代に官僚，実業家として活躍した。第一国立銀行の初代頭取を勤めた他，500以上の企業の設立に関わった。このようなことから「日本資本主義の父」と呼ばれている。

**用　語**

**富岡製糸場**

群馬県の富岡に建てられた官営模範工場。フランス人技師ブリューナを招き，フランス製の機械を導入することによって，近代的な技術が伝えられた。集められた職人は士族の子女たちで，ここで学んだ技術を他の工場に伝える役目を担っていた。

**江戸時代の貨幣制度**
P.327▶▶

### ？ Q&A　日本に技術・制度を紹介した外国人には，どのような人がいたのだろうか？

・**ボアソナード**：フランス人法学者。1873年に来日し日本の民法・刑法を起草した。

・**ナウマン**：ドイツ人地質学者。1875年に来日し東大の教授となる。ナウマン象は彼の名前が由来となっている。

・**ベルツ**：ドイツ人内科医。1876年に来日し東大などで講義した。

・**クラーク**：アメリカ人教育学者。1876年に来日し札幌農学校の教師となった。内村鑑三や新渡戸稲造などを育てた。

・**モース**：アメリカ人動物学者。1877年に来日し東大で講義。大森貝塚を発見した。

・**フェノロサ**：アメリカの日本美術研究家。1878年に来日し東大で講義。岡倉天心と共に東京美術学校（後の東京芸術大学）の設立に力をそそいだ。

## ⑤ 文明開化
### ——外見だけでなく考え方も大変化

▲当時の銀座の様子

　欧米文化の導入は人々の生活にも大きな影響を与えた。特に東京・横浜・神戸などの都市部や貿易地では，欧米の生活様式が取り入れられ，人々に受け入れられていった。町にはレンガ造りの**洋風建築**が建ち並び，ランプや**ガス灯**がともった。大きな通りには**人力車**や**馬車**が走り，歩道はレンガで舗装された。服装も洋風化が進み，**コート**や**帽子**，**こうもり傘**などで着飾り，チョンマゲを切った**ザンギリ頭**などが流行した。このような，生活や社会の大きな変化を**文明開化**という。

　現在の食生活になじみの深いスキヤキ，パンなども登場した。また，暦も太陰暦から**太陽暦**に改められ，１日が24時間，１週間が７日，日曜が休日となることなども決められた。このように，現在の私たちの生活に深く浸透しているものには，文明開化が始まりであるものも多くみられる。しかし，このような生活の変化は東京などの都会からあらわれ，農村部への広がりには時間がかかった。

　欧米の文化が取り入れられると，古いものの考え方も批判されていった。知識人たちは欧米の思想に学び，日刊新聞や雑誌などを通じて，新しい考え方が次々に人々の間に紹介されていった。中でも，**人間の平等**と**自立**することの重要性を説いた福沢諭吉の『**学問のすゝめ**』は，大ベストセラーになり，多くの人々に影響を与えた。また，**中江兆民**は，フランスの**ルソー**が著した『**社会契約論**』を翻訳して，**民主主義思想**を広めていった。中村正直は，イギリスのミルが著した『**自由論**』を翻訳して，自由の大切さを説いた。

　このように，フランスやイギリスの市民革命の中で生まれた民主主義や人権思想は，日本でも広く受け入れられていった。これらの自由や平等，権利の重要性を説く主張は，後の**自由民権運動**をささえる思想となった。

### ●●もっとくわしく

**文明開化を象徴することば**
「ざんぎり頭をたたいてみれば文明開化の音がする」は，「半髪頭をたたいてみれば，因循姑息な音がする。総髪頭をたたいてみれば，王政復古の音がする」に続くものである。「半髪（ちょんまげ）頭の人は，古いものにしがみついて変わらない。総髪頭（長い髪）の人は，（それよりかは少しはいいけれど，）まだ王政復古のころで止まっている。ざんぎり頭の人こそ文明開化の波に乗り，進んでいる人だ」の意を表している。

### 🔍 参　考

**散髪脱刀令**（1871年）
まげを切ること，刀をもたないことを個人の自由とする法令。
**廃刀令**（1876年）
刀の帯刀を禁止する法令。

### 👤 人　物

**福沢諭吉**
啓蒙思想家。『西洋事情』や『学問のすゝめ』を著し，西洋の啓蒙思想を広め，自由民権運動に大きな影響を与えた。

# ③ 立憲政治をめざす動き

## 1 自由民権運動のおこりとひろまり
　　　　　　　　──言論による政治改革

　明治政府では，薩摩や長州などの一部の藩の出身者が実権を握って政治を行っていた（**藩閥政治**）。これに対して，四民平等や徴兵制によって多くの特権を奪われた士族の中には，不満をつのらせ，武力によって反乱を起こす者も現れた。1877年，**征韓論**をめぐる争いで政府を去った**西郷隆盛**[P.363▶▶]を指導者として，鹿児島の士族約4万人が**西南戦争**を起こした。政府は徴兵令で集められた軍隊によってこれをしずめた。

　一方，西郷とともに政府を去った**板垣退助**は，武力ではなく言論で政治に関わろうとした。1874年，政府に「**民撰議院設立の建白書**」を提出して，藩閥政治に反対し，民衆の意思を政治に反映させるための**国会開設**を求めた。政府はまだその時期ではないと無視したが，その内容が新聞に掲載されると，士族に加えて商工業者・地主なども板垣の意見に共感し，この運動に参加した。このように，政府に対して**民主主義的な改革を要求する運動を自由民権運動**といい，その運動を行った人々を民権派と呼んだ。

　1874年，板垣たちは故郷の高知で政治結社である**立志社**をつくり，翌年には全国の同志を集めて**愛国社**を結成して自由民権運動をおし進めた。このような政治結社は各地に結成され，演説会や新聞紙上に自らの意見を掲載した。1880年には全国の代表者が大阪に集まり**国会期成同盟**を結成し，約10万人が署名した**国会開設の請願書**を政府に提出しようとした。民権派の活動に対し，政府は，1875年には讒謗律・新聞紙条例制定と出版条例改正，1880年には集会条例を制定し，民権派の言論を厳しく弾圧した。

　1881年，政府が開拓使の施設を大商人に不当に安く払い下げようとする事件が発覚した（**開拓使官有物払い下げ事件**）。この事件をきっかけに，自由民権運動はさらに盛り上がりを見せていった。政府は民権派を抑えることはできないと判断した。そのため，払い下げを中止し，政府内で早期国会開設を主張していた**大隈重信**をやめさせるとともに，ついに1890年には国会を開設することを約束した。

**人　物**

いたがきたいすけ
**板垣退助**

高知県出身。征韓論を主張したが，反対されて政府を去った。その後立志社や愛国社をつくり，自由党を結成するなど自由民権運動の中心人物として活躍する。

おおくましげのぶ
**大隈重信**

佐賀県出身。国会の早期開設を主張していた。政府を去ると，立憲改進党を結成し党首となる。その後は外務大臣として条約改正などに活躍。第一次世界大戦のときの内閣総理大臣。

歴史編

第1章 歴史の始まりと日本

第2章 中世の日本

第3章 近世の日本

第4章 近代日本のあゆみと国際関係

第5章 2つの世界大戦と日本

第6章 現代の日本と世界

## ② 政党の結成と憲法草案——我々の手で憲法をつくろう！！

　民権派は，10年後の国会開設に備え政党を結成した。1881年，**板垣退助**を中心にフランスの人権思想を取り入れた**自由党**が結成され，翌年には**大隈重信**を党首として，イギリスの立憲政治を主張する**立憲改進党**が結成され国会開設に備えた。**自由党**は，主権在民・一院制議会などのフランス流の急進論を主張し，農村の中小の**地主**や貧しい農民層，**士族**など幅広い人々に支持された。**立憲改進党**は，二院制議会，制限選挙などを要求する穏和なイギリス流立憲主義の立場に立ち，**大地主**や都市の**商工業者**，知識人などに支持された。

　また，自由民権運動は憲法の内容にまでその活動範囲を広げていった。当時の思想家，**中江兆民**らがフランスの人権思想を紹介する本を出すことで，「**基本的人権の尊重**」「**議会制民主主義**」といった思想が，民権派の憲法草案にまで影響を与えた。その一つ，植木枝盛が起草した『**東洋大日本国国憲按**』では，「日本の国家は，人民の自由と権利に反する規則をつくってはならない」として民衆の基本的人権を最大限に尊重した。また，この草案では政府が人民の望まない政治をした場合，政府を倒す権利を民衆に認める抵抗権や革命権までも認めていた。現在まで，日本各地で発見されているこれらの憲法草案は，民主的な憲法と議会政治をつくることを願う民衆の熱意を示すものであった。

　各政党は新聞や演説会を通じ，政府の政策を批判した。そのため，政府は彼らに対する弾圧を強化していった。そのような政府の姿勢と，当時の深刻な不況による社会不安から，農民や自由党員が実力行使するなどの事件が起こった。政府は軍隊を使ってそれを弾圧したため，自由党やその他の政党は力を失っていった。しかし，国会開設の時期が近づくと，民権派の活動は再び活発になり，全国から東京に集まりだした。1887年，政府は**保安条例**を出して，天皇が住む皇居から12km以内に民権派の出入りを禁止し，彼らを追放した。

●●**もっとくわしく**

**憲法草案にはどのようなものがあったのか？**

民間の憲法草案は『東洋大日本国国憲按』の他にも多数発見されている。千葉卓三郎が起草した『五日市憲法草案』は，地元住民による討論会によってまとめられた憲法草案である。全204条の条文のうち，36条が国民の権利について述べており，人権や自由などについて，きめ細かく規定していることが特徴である。また，福沢諭吉と親しい者が集まって結成した交詢社の『私擬憲法案』は，二院制，議院内閣制などイギリス的な議会制度を主張していた。

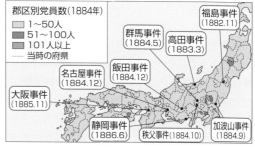

▲自由党員の分布と各地で起きた事件

## 福沢諭吉と中江兆民の思想の違いは？

福沢諭吉と中江兆民は，当時の代表的な思想家であり，自由民権運動に大きな影響を与えた。しかし，アジア諸国との関係や国家のあり方に関しては，異なる考えを持っていた。

福沢は，後に，西洋文明が最も優れているが，アジア諸国は野蛮な状態なので，日本はアジア諸国との関係を断ち切って，早く欧米の仲間入りをすべきだと説いた（脱亜論）。それと同時に，アジア諸国を武力支配することも支持した。

これに対して，フランスの思想に学んだ中江は，人権を重視する国家を構想した。また，「すべての人間は平等である」という考え方にたち，アイヌ民族差別や被差別部落問題にも厳しい批判を行った。そのまなざしはアジアにも向けられ，隣国との戦争に備えて軍事力を強化する政府を批判し，アジア諸国と連帯する道を説いた。

### 3 大日本帝国憲法の制定——民間の憲法草案との違いは？

日本各地で民間の憲法草案がつくられる中で，政府も国会開設に備えていった。1882年，政府は，伊藤博文たちを憲法調査の目的でヨーロッパに派遣した。伊藤は君主権の強いドイツ（プロイセン）の憲法が天皇制を中心とする日本の見本になると考え，帰国後すぐに政治制度の改革と憲法草案の作成に取りかかった。

まず，国会開設に備えて華族令を制定し，特権的身分を保障するとともに，貴族院の土台をつくった。1885年には，これまでの太政官制[P.365▶▶]を廃止して，近代的な内閣制度をつくった。初代内閣総理大臣には，伊藤博文自らが就任し，多くの大臣を薩摩藩や長州藩出身者で固めた（藩閥政府）。

一方，憲法草案の作成は伊藤を中心に少人数で進められた。政府の法律顧問であるロエスレル（ドイツ）たちの助言を受けながら，1888年に憲法草案が完成すると，天皇が出席する枢密院で審議が積み重ねられていった。

1889年，大日本帝国憲法（明治憲法）が発布された。憲法草案の審議は公開されなかったため，国民は発布の日に初めて憲法の内容を知ることになった。この憲法は，明治天皇が定め，これを国民に与えるという欽定憲法であった。

### 人物

**伊藤博文**

山口県出身。大久保利通の死後，政府の中心として憲法制定などに活躍。初代内閣総理大臣，枢密院議長などを務める。その後，韓国統監となるが暗殺された。P.386▶▶

### 参考

**初代内閣の構成**

| 総理大臣 | 伊藤博文（長州） |
|---|---|
| 外務大臣 | 井上 馨（長州） |
| 内務大臣 | 山県有朋（長州） |
| 大蔵大臣 | 松方正義（薩摩） |
| 陸軍大臣 | 大山 巌（薩摩） |
| 海軍大臣 | 西郷従道（薩摩） |
| 司法大臣 | 山田顕義（長州） |
| 文部大臣 | 森 有礼（薩摩） |
| 農商務大臣 | 谷 干城（土佐） |
| 逓信大臣 | 榎本武揚（幕臣） |

大日本帝国憲法の内容を見ると、主権は天皇にあり（第1条）、軍隊を指揮する統帥権（第11条）や、外国と条約を結ぶ権利（第13条）はすべて天皇にあった。また、国民の権利は法律で制限されるとされ（第29条など）、議会や内閣、裁判所は天皇を助けるもの（第5、49、55、57条）とされた。

このように大日本帝国憲法は、天皇の権限がきわめて強いものであった。しかし、それでも国民は、議会を通じて政治に参加する道を手に入れたのである。また、憲法に続いて、民法・商法などの法律も定められた。

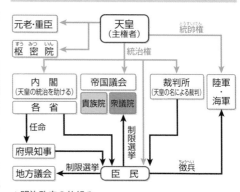

### 大日本帝国憲法（抜粋）

第1条　大日本帝国ハ万世一系ノ天皇之ヲ統治ス

第3条　天皇ハ神聖ニシテ侵スヘカラス

第4条　天皇ハ国ノ元首ニシテ統治権ヲ総攬シ此ノ憲法ノ条規ニ依リ之ヲ行フ

第5条　天皇ハ帝国議会ノ協賛ヲ以テ立法権ヲ行フ

第11条　天皇ハ陸海軍ヲ統帥ス

第13条　天皇ハ戦ヲ宣シ和ヲ講シ及ビ諸般ノ条約ヲ締結ス

第29条　日本臣民ハ法律ノ範囲内ニ於テ言論著作印行集会及結社ノ自由ヲ有ス

▲明治政府の仕組み

### 4　帝国議会の開設
### ——選挙権を持ったのはどんな人？

帝国議会は、皇族や華族、多額納税者などからなる貴族院と選挙で選ばれた衆議院の二院制であった。しかし、選挙権が与えられたのは満25歳以上の男子で、国に直接納めている税金が15円以上の者のみであった。1890年に第一回衆議院議員総選挙が行われたが、選挙権を持った人は、当時の日本の人口の約1.1％とわずかであった。また、帝国議会は予算の審議や法律の制定などの権限を持っていたが、実際は制限が加えられていた。

第一回の帝国議会は、衆議院議員全300人のうち、170人ほどが自由民権運動の流れをくむ民党（野党）議員であった。そのため、軍備拡張問題や地租軽減などをめぐり、政府と真っ向から対立し、ついに衆議院の解散となった。

そこで、1892年に実施した第二回衆議院議員総選挙では、政府は民党を抑えるため、激しい選挙干渉を行った。しかし、またしても民党が多数を占め、政府は世論の厳しい批判を浴びた。このような対立は、その後も続いたが、1894年、日清戦争が起こると民党も政府に妥協する態度をとった。

大日本帝国憲法の仕組み
◯ 公民編　P.500▶▶

選挙権拡大の歴史
◯ 公民編　P.514▶▶

### 参考

**第1回衆議院議員総選挙の党派別議員数**

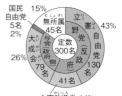

国民自由党 5名 2%

無所属 45名 15%

立憲自由党 130名 43%

大成会 79名 26%

立憲改進党 41名 14%

野党（反政府側） 与党（政府側）

定数 300名

（『議会制度七十年史』など）

§2　明治政府の成立と諸改革の展開 ／ §3　国際社会の中での日本　377

歴史編

第1章 歴史の始まりと 日本

第2章 中世の日本

第3章 近世の日本

第4章 近代日本のあゆみ と国際関係

第5章 2つの世界大戦と 日本

第6章 現代の日本と 世界

# §3　国際社会の中での日本

**重要ポイント**

□朝鮮で起こった甲午農民戦争をきっかけに，日清戦争が始まった。

□日本は下関条約により多額の賠償金を獲得，後に三国干渉によって遼東半島を返還した。

□日本はイギリスと日英同盟を結んだ後，日露戦争を引き起こした。

□アメリカの仲介でロシアとポーツマス条約を結び，日露戦争が終結した。

□陸奥宗光・小村寿太郎の交渉によって，欧米諸国との不平等条約が改正された。

□日本は韓国併合によって韓国を植民地とし，朝鮮総督府を設置した。

□孫文は辛亥革命を指導し，南京を首都とする中華民国を建国した。

## ① 日清戦争

### 1 朝鮮をめぐる対立——朝鮮半島はだれのもの？

　日本と締結した**日朝修好条規**[P.367▶▶]により，朝鮮では日本の商人が朝鮮の安い農作物を大量に買い上げていた。そのため，品不足が深刻な問題となった。また，清は朝鮮半島への影響力が次第に弱くなることを恐れ，日本と対立を深めていった。

　朝鮮国内でも，現状のまま清との関係を維持しようとする事大党と，日本にならって近代化を進めようとする独立党が対立していた。1884年，独立党が武力によって政権を奪おうとしたが，出兵した清国の軍隊に攻撃されたために失敗した。

　この結果，日本と清の対立はさらに深まり，両国の間に武力衝突の危機が強まっていった。この関係を打開するため，**1885年**，両国の間で**天津条約**が結ばれた。条約の内容は，①日清両国の軍隊の朝鮮撤退，②朝鮮に出兵するときは互いに通知し合うことなどであり，当面の武力衝突は回避されることとなった。

### 2 甲午農民戦争——日清戦争の始まり

　1894年，朝鮮では，**東学**という民間宗教を信仰する人々が中心となり，減税と排日を要求して蜂起した（**甲午農民戦争**）。

▲日本と清の対立の様子の風刺画（ビゴー）

日本と清が，朝鮮という魚を釣ろうとしている。釣り上げたほうから朝鮮を取り上げようと，橋の上から狙っているのがロシアである。

●●**もっとくわしく**

**東学とはどんな宗教？**

東学とは，西学（キリスト教）に対抗するという意味で名付けられた民間宗教。中心の教義は「人がすなわち天である」という思想で，身分や階級をこえてあらゆる人間が平等でなければならないと説いた。

朝鮮政府は農民軍を抑えることができず，清に救援を求めた。清はただちに大軍を送り，天津条約に基づき，それを日本に通告した。通告を受けた日本は，朝鮮での主導権を握るために，清に対抗して朝鮮半島に出兵した。

農民軍は清軍と日本軍の出兵を知ると，朝鮮政府と休戦し，日本と清の軍隊を撤退させようとした。しかし，両国とも撤退せずに対立を深めていった。1894年8月，日本は清に宣戦布告を行い，**日清戦争**が始まった。

▲日清戦争の戦場

近代的な軍備を持つ日本軍は，各地で清の軍隊に勝利し，開戦から約2か月で朝鮮から清国軍を撤退させた。

朝鮮半島が主な戦場になった。

### ③ **下関条約と三国干渉**——戦争には勝利したが新たな対立が

朝鮮半島を主な戦場とした日清戦争は日本の勝利で終わった。1895年，山口県の下関で，日本側は**伊藤博文**と**陸奥宗光**，清国側は**李鴻章**が交渉に立ち，**下関条約**を結んだ。主な内容は以下の通りである。

①清国は**朝鮮の独立**を認める。
②**台湾**と**遼東半島**，澎湖諸島を日本に譲る。
③日本に2億両（約3.1億円）の賠償金を支払う。

この条約により，日本は朝鮮の支配権を得て，南方進出の拠点としての台湾と中国進出の足場となる遼東半島を確保した。また，多額の賠償金を得たことによって，資本主義の発展と軍事力の強化が可能となった。

日本が朝鮮半島や清へ進出したことは，**南下政策**を進めていた**ロシア**を刺激した。ロシアは**フランス・ドイツ**とともに，日本に**遼東半島返還**を要求した（**三国干渉**）。日本は三国の軍事力を恐れ，やむなくこの要求を受けて遼東半島を清に返還し，その代わりに清から新たに3,000万両（約4500万円）の追加賠償金を獲得した。三国干渉により，国民の間にはロシアへの反感が高まった。また，政府はロシアのアジア進出に備え，軍備増強に努めていった。

●○●もっとくわしく
**ロシアはなぜ三国干渉を行ったのか？**
当時，ロシアは貿易のための不凍港（冬になっても凍らない港）を求めて，南方へ進出する南下政策をとっていた。そのため，日本の遼東半島獲得に危機感を抱いたのである。

🔍 **参　考**
**日清戦争の賠償金の現在価値と使いみち**
賠償金（追加含む）で得た約3億6,000万円は，当時の国家予算の約4倍近くで，現在の価値は，約9,000億円以上にもなる。そのうち80％以上を軍事関連に支出した。

※遼東半島返還の代償金と利子をふくむ。

# ② 帝国主義の世界

## 1 帝国主義の政策——植民地獲得競争

産業革命に成功した欧米諸国では，**資本主義**が発達し，経済力を強めていった。これらの国々は**列強**とよばれ，原料の供給地や大量に生産した製品を輸出するための販売市場を確保するため，経済発展の後れた地域に進出し，現地の産業や人々を支配していった。

このように，19世紀末から20世紀の初めごろの，**経済力と軍事力を背景に侵略を行い，植民地を獲得していく動き**を**帝国主義**という。アジアやアフリカの多くの国々が，これら帝国主義諸国により植民地とされていった。

## 2 アフリカの分割——アフリカ大陸に引かれた国境線

列強による植民地獲得が，もっとも露骨に進められたのはアフリカ大陸であった。

1875年，**イギリス**は**スエズ運河**を買収してアジアへの貿易路を確保した。そして，反英運動を武力によってしずめ，**エジプト**を保護国とした。また，1910年には**南アフリカ連邦**を建設して自治領にした。こうして，アフリカ南北の重要地を獲得したイギリスは，カイロから**スーダン**を経由し，ケープタウンまでを結ぶ**アフリカ縦断政策**をおし進めた。

一方，**フランス**は，**アルジェリア**，**チュニジア**を保護国とした後，**サハラ砂漠**を占領し，**ジブチ・マダガスカル**へと結ぶ**アフリカ横断政策**をおし進めようとした。このため，イギリスの縦断政策と衝突したが，フランスの譲歩によって戦争は避けられ，両国は和解した。以後，両国はドイツに対抗するため**英仏協商**を結び，イギリスはエジプトに，フランスはモロッコに優越権を持つことを相互に認めた。

また，ドイツやイタリアなどの国々も次々と植民地を獲得していった。このような植民地獲得によって，アフリカ大陸は，20世紀の初めには**エチオピアとリベリア**をのぞき，**帝国主義諸国に完全に分割**されてしまった。

●●もっとくわしく

**列強が獲得した植民地の面積**（万km²）

| 年 国 | 1850 | 1900 | 1920 |
|---|---|---|---|
| 英 | 650 | 3417 | 3510 |
| 仏 | 52 | 972 | 1196 |
| 独 | 0 | 267 | 0 |
| 伊 | 0 | 49 | 354 |
| 米 | 0 | 185 | 185 |
| 日 | 0 | 4 | 156 |

※全陸地面積は13600万km²

参 考

**スエズ運河**
1869年，フランス人のレセップスによって開通した地中海と紅海を結ぶ，全長約160kmの運河。ヨーロッパからアジアへの航路として，重要な拠点となった。

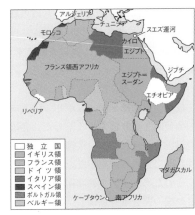

▲アフリカの分割（20世紀初め）

歴史編

第1章 歴史の始まりと日本

第2章 中世の日本

第3章 近世の日本

第4章 近代日本のあゆみと国際関係

第5章 2つの世界大戦と日本

第6章 現代の日本と世界

## ③ 列強の中国分割
### ──租借とは名ばかりの中国侵略

「眠れる獅子」と呼ばれた清が，日本に敗れると，帝国主義諸国は次々に清に進出し，重要地を**租借地**としていった。

1898年，**ロシア**は三国干渉によって日本に放棄させた遼東半島の**旅順・大連**を租借し，**イギリス**は**威海衛・九竜半島**を，**ドイツ**は山東半島の**膠州湾**を租借した。翌年には**フランス**が**広州湾**を租借した。各国はこれらの租借地を拠点に鉄道建設や鉱山の開発を行い，中国内での支配力を強化していった。

中国分割に出遅れたアメリカは，中国における**門戸開放・機会均等・領土保全**を日本やその他の帝国主義諸国に提案し，中国での通商の自由を要求した。各国はこれを受け入れたため，これ以後，アメリカも中国市場に進出していった。

▲列強に分割された中国（20世紀初め）

## ④ 義和団事件──列強の仲間入りを果たした日本

帝国主義諸国の侵略を受けた中国では，外国製品の流入や天災などによって人々は苦しめられていた。そのような状況の中で，**義和団**という民間宗教を信仰する人々は，「**扶清滅洋**」（清を助け，西洋を滅ぼすという意味）を掲げ，帝国主義諸国の中国分割に反発し，外国人を追い払おうという運動を起こした。

彼らの運動は全国に広がり，1900年には北京に迫り，外国公使館を取り囲んで攻撃した。各国の公使は清に義和団の鎮圧を要求したが，清国政府は義和団を支持し，帝国主義諸国に宣戦布告をした。

そのため，帝国主義諸国は，日本とロシアを中心とする**8か国の連合軍を派遣**し，義和団と清軍を鎮圧した（**義和団事件**）。この事件後，帝国主義諸国は**北京議定書**を結び，多額の賠償金を獲得し，軍隊の北京駐留を認めさせた。

# ③ 日露戦争

## 1　日英同盟——イギリスという後ろ盾

　**南下政策**を進めていた**ロシア**は，義和団事件後も中国東北部の満州に大軍を駐留させ，この地を占領し続けることを清に認めさせた。さらに，朝鮮半島の支配もねらい，韓国（朝鮮は1897年に国号を大韓帝国と改めた）国内での政治的影響力を強めようとしていた。そのため，**韓国から満州へと進出しようとしていた日本との利害対立**が強まっていった。

　また，**イギリス**もロシアの南下政策によって，中国やインドの利益をおびやかされていた。そのため，**利害の一致した日本とイギリスは，1902年，日英同盟を結んだ。**

　この同盟によって，日本は，ロシアと開戦したとき，**イギリスの資金援助**を頼りにすることができた。また，イギリスにとっては，日本を組み込むことによって，**ロシアの南下を抑える**ことをねらったものであった。また，**アメリカは満州でロシアが勢力を拡大することを嫌い，日英を支持する態度**をとった。

　一方，ロシアには**露仏同盟**によるフランスの支援があった。また，ドイツはロシアとバルカン半島で対立しており，ロシアが東進することを望んでいた。

　以上のように，**帝国主義諸国の思惑**が入り乱れる中で，日本はロシアとの戦争に備え準備を進めていった。

▲日英同盟の風刺画
左は栗を焼くロシア人（栗は韓国）。火中の栗を拾いにいく日本人をけしかけるイギリスと，そのうしろで様子をうかがうアメリカの図

### 参　考

**日英同盟の内容**

① イギリスは清に，日本は清と韓国に持つ利益を認め合うこと。
② 日英どちらかが他の1国と戦う場合，一方は中立を保つ。
③ 2国以上と戦う場合，共同して戦う。
④ 期間は5年とする。

---

## ❓Q&A　ロシアとの戦争を人々はどのように考えていたのだろうか？

　ロシアとの戦争に対しては，**主戦論**と**非戦論**という考え方があった。

　東京帝国大学の七博士は，以下のような意見書を政府に提出して主戦論を主張した。「ロシアが満州を占領すれば，次に朝鮮に進出しようとすることは誰が見ても明らかである。また，朝鮮を占領した後，次にどこに進出しようとするかも明らかである。そのため，今日満州問題を解決しなければ朝鮮も危うく，朝鮮が危うければ日本の防衛も難しい。」

　これに対し，**幸徳秋水・堺利彦**は次のような意見を新聞に掲載して反戦論を主張した。「日本政府は戦争の責任はロシア政府にあるという。ロシア政府は戦争の責任は日本政府にあるという。しかし，平和が乱れて被害を受けるのはすべて民衆である。彼ら平和を乱す人は少しも罰を受けることなく，その責任は常に民衆にかぶせられる。そのため，民衆はあくまで戦争を否認すべきである。」

歴史編

第1章　歴史の始まりと日本

第2章　中世の日本

第3章　近世の日本

第4章　近代日本のあゆみと国際関係

第5章　2つの世界大戦と日本

第6章　現代の日本と世界

## 2 日露開戦——日本有利，しかし戦争は続けられない

政府には，日本は韓国，ロシアは満州の支配権をそれぞれ認め合うことで，ロシアとの対立を避けようという主張もなされていた（日露協商論）。しかし，日本とロシアの交渉は思うように進まなかった。

当時，ほとんどの新聞や雑誌が，盛んにロシアとの開戦をあおっていた。そのため，日本国内では，ロシアと戦争を行うべきだという**主戦論の考え方が大多数を占める**ようになった。一方で，ロシアとの開戦を避けようとする考え方も少数ながらも存在した。**内村鑑三はキリスト教徒の立場**から，**幸徳秋水・堺利彦は社会主義者の立場**から，ロシアとの戦争に反対する**非戦論・反戦論**を唱えた。しかし，国民は，次第に戦争支持に傾いていった。

1904年，これまで続けていたロシアとの交渉は，ついに決裂した。そこで，日本は**仁川港内のロシア艦隊を攻撃**し，その後に宣戦布告を行い，**日露戦争**は始まった。日本軍は苦戦をしながらも，旅順を占領し，奉天会戦に勝利した。また，**日本海海戦**では，ロシアのバルチック艦隊を全滅させた。

しかし，日本の戦力は限界に達しており，戦争の継続は不可能な状態になっていた。軍事的に見ると，兵器・弾薬・兵士の補充は不可能といえるほど消耗していた。経済的に見ると，約17億円の軍事費のうち，13億円を借金に依存していた。国民の生活は軍事費調達として税金が上がり，物価も高騰したため，さらに苦しくなっていた。また，ロシアも国内で革命運動が起こっていたため，戦争継続は困難な状況になっていた。

このため，日本は，アメリカ大統領の**セオドア・ローズベルト**にロシアとの講和の仲介を依頼した。アメリカは，どちらかが勝利して満州を占領することを嫌い，この依頼を引き受けた。

**人物**

**東郷平八郎**
薩摩藩出身。明治時代の日本海軍の司令官，元帥。日清戦争，日露戦争の勝利に貢献。特に日露戦争の日本海海戦では連合艦隊を率い，当時世界最強のバルチック艦隊を巧みな戦術で粉砕。圧倒的な勝利に導いた。「東洋のネルソン」と呼ばれて，世界的に尊敬を集めた。

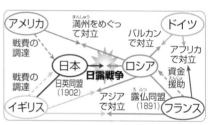

▲日露戦争をめぐる列強の関係

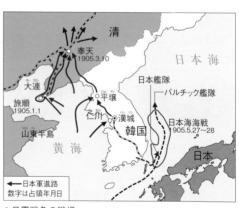

▲日露戦争の戦場

歴史編

第1章 歴史の始まりと日本

第2章 中世の日本

第3章 近世の日本

第4章 近代日本のあゆみと国際関係

第5章 2つの世界大戦と日本

第6章 現代の日本と世界

## 3 ポーツマス条約——日露戦争の与えた影響

1905年，アメリカのポーツマスで，日本側は**小村寿太郎**，ロシア側は**ウィッテ**を代表として講和条約が結ばれた（**ポーツマス条約**）。条約の内容は以下の通りである。

①ロシアは日本の韓国に対する優越権を認める。
②北緯50度以南の樺太と付属諸島を日本に譲る。
③旅順・大連の租借権と長春以南の鉄道とその付属の利権を日本に譲る。
④沿海州・カムチャツカ沿岸の漁業権を日本に認める。

この条約によって日露戦争は終結した。日露戦争で，日本は約110万人の兵士を動員し，死者は約8万人・負傷者は約15万人にものぼった。しかし，戦争中多大な犠牲を払いながら耐えてきた国民は，賠償金が取れないことに不満を持ち，**日比谷公園**に集まり，講和反対を唱え，新聞社を襲い，警察署や交番を焼き打ちした（**日比谷焼き打ち事件**）。

日露戦争の勝利は海外に大きな影響を与えた。アジアの多くの民族は，**植民地からの解放をめざす運動**を高めた。一方，欧米諸国は**日本への警戒心**を強めていった。また，韓国や中国では日本の侵略が強まることに反対し，民族運動が活発になっていった。

### ●●もっとくわしく

**なぜ，賠償金が獲得できなかったのか？**
ロシアは戦争には負けたが，国内にはまだ戦争を続けられる戦力を残していた。そのため，負けたとは思っておらず，賠償金については払う姿勢を見せず，強気で交渉に臨んでいた。日本側も交渉が決裂して，戦争が継続され，ロシア側が増援部隊を送れば，勝ち目がないことはわかっており，ロシアの賠償金拒否を受け入れざるを得なかった。

### ❓ Q&A 韓国での民族運動はどのようなものであったか？

韓国の民族運動は，**日清戦争**の最中から農民主体の反日**義兵闘争**として始まっていた。これは，**甲午農民戦争**と結びつき，朝鮮半島を戦場とした日本軍の補給路などを脅かしていた。そのため，日本軍は，義兵やそれを支援する農民を，農村ごと焼き払うなどによって弾圧した。日露戦争後は，日本政府が韓国軍隊を強制的に解散させたこともあり，韓国軍隊も合流し，反日義兵闘争は全国規模で高まりを見せた。1907年から1910年に至る4年間に，日本軍と韓国義兵の交戦回数は4184回，延べ約17万人もの義兵が参加したと記録されている。

また，義兵のような武力を用いた民族運動以外にも，言論による民族運動も進められた。1896年には，独立協会という団体が組織され，自主独立を守り，国民の自由民権を獲得するための改革運動を進めていった。独立協会の運動は議会の開設を要求するなど，多くの人々を啓蒙し，民衆の自主独立の意識を高めていった。以上のような民族運動は，その後の**三・一独立運動**に継承されることとなる。

# ④ 条約改正のあゆみ

## 1 条約改正の交渉過程——ビゴーの風刺画に見る条約改正

　江戸時代に結んだ日米修好通商条約は，領事裁判権を認める，関税自主権がないなど，日本にとって不平等な条約であった［P.361▶▶］。このため，明治政府はこのような条約を改正し，**欧米諸国と対等な関係になる**ことをめざし，交渉を行ってきた。

　1871年，**岩倉具視**を代表とする使節団を欧米に派遣し，条約改正の予備交渉を行った。しかし，欧米諸国は法律が整備されていないという理由から，これに応じなかった。

　この失敗の後，政府は，まずは関税自主権の回復を第一の目的と考えた。当時，日本は外国からの輸入が輸出を上回っていたため，それを抑えることが政府のねらいであった。この考えの下，外務大臣の寺島宗則が交渉にあたり，アメリカの同意を得ることに成功した。しかし，イギリス・ドイツなどが反対し，この交渉は無効となった。

　その後を引き継いだ**井上馨**は，領事裁判権の撤廃と関税自主権の一部回復の両方を改正しようと交渉を行った。彼は，欧米の理解を得るため，鹿鳴館をつくり外国人を招いて舞踏会を催すなど，**欧米の風俗や習慣を取り入れた欧化政策**をとって交渉に臨んだ。交渉では，欧米側は領事裁判権を撤廃する代わりに，外国人裁判官の採用を要求してきた。しかし，この案は国内の反発を受けて失敗した。

　そのような中で，1886年，イギリスの貨物船ノルマントン号が沈没し，**日本人乗客25人は全員死亡**，船長を含めた**イギリス人乗組員は全員助かる**という事件がおきた（ノルマントン号事件）。しかし，裁判で船長は無罪となり，日本政府の抗議によって再度行われた裁判でも，禁固３か月という軽い罪となった。この事件は，日本国民に**領事裁判権の不平等性**を強く印象づけ，その**撤廃を求める声**をいっそう強めることとなった。

　**大隈重信**が挑んだ交渉では，大審院への外国人裁判官の任用を認めていたため，再び反対運動が起こり，大隈が反対派の青年に負傷させられたこともあって，交渉は失敗した。

**参　考**

**鹿鳴館**
日比谷に建設された社交場。
イギリス人のコンドルによる
設計。

▲舞踏会の様子の風刺画
　（ビゴー）
男の左の「名磨行」とは
「なまいき」と読める。

▲ノルマントン号事件の風刺画（ビゴー）

歴史編

第1章 歴史の始まりと日本

第2章 中世の日本

第3章 近世の日本

第4章 近代日本のあゆみと国際関係

第5章 2つの世界大戦と日本

第6章 現代の日本と世界

## 2 条約改正の完成——半世紀後に達成した条約改正

憲法が制定され，議会を持つ立憲政治が実現すると，欧米の日本への信用も高まっていった。また，条約改正に消極的であったイギリスも，ロシアの東アジアでの南下政策を警戒し，日本に好意的になり，条約改正に応じる姿勢を見せ始めた。そこで，外務大臣となった青木周蔵は，領事裁判権の撤廃をめざし，イギリスと交渉を行った。この交渉は順調に進んだが，1891年に**大津事件**が起こり，その責任をとって青木が辞職したため交渉は失敗した。

しかし，日清戦争の直前の1894年，陸奥宗光が，イギリスと**領事裁判権の撤廃**と**関税率の引き上げ**，相互対等の最恵国待遇を内容とする**日英通商航海条約**を結ぶことに成功した。また，日清戦争後，アメリカ・ロシア・フランスなどの他の欧米諸国も条約改正に応じていった。

日露戦争後の1911年，**小村寿太郎**がアメリカとの交渉を行い，**関税自主権**[P.361▶▶]が完全に認められた。それに引き続き，他の欧米諸国とも条約改正が達成され，半世紀を経て，日本は列強との対等な関係を結ぶことに成功した。

### 用語

**大津事件**
1891年，訪日したロシア皇太子が，滋賀県の大津で警備の巡査に切りつけられた事件。

公民編 　P.547▶▶

▲日英通商航海条約の風刺画（ビゴー）
領事裁判権の撤廃によって自身が日本人に裁かれることを描いている。

## ？ Q&A 風刺画を描いたビゴーとはどのような人物か？

フランス人画家ジョルジュ・ビゴーは1882年，21歳のときに日本美術の研究のために来日し，以後，1899年に帰国するまで，17年間を日本で過ごした。彼は日本人と結婚し，庶民の生活など，フランス人の視点から温かいまなざしで描いていった。その一方，自由民権運動や朝鮮半島をめぐる外交，憲法制定などの政府の政策を風刺画で鋭く批判した。しかし，日本人に理解を示していたビゴーだが，領事裁判権が撤廃されると，刑務所には外国人があふれると考えていた。日本人を苦しめた領事裁判権のおかげで，逆に明治政府を自由に批判しても罰せられなかったからである。事実，彼は警察に監視されていたことも風刺画の中で描いている。ビゴーは日英通商航海条約が発効する前にフランスに帰国するが，予想通り，彼の画集はその後すべて発禁処分になった。ビゴーの興味は常に「日本人」にあり，「日本人とは何か」を独特のユーモアに包み込んで細かく描写した。

# ⑤ 日本の動きと東アジア

## 1 韓国併合と満州進出——日本の侵略と韓国民衆の抵抗

　朝鮮では国王である高宗が，1897年に国名を**大韓帝国（韓国）**に改め，国内政治の改革を行い，日本をはじめとする外国勢力に対抗しようとしていた。しかし日本は，イギリス・アメリカと交渉を行い，韓国を日本の保護下に置くことを認めさせて，朝鮮半島への政治介入を強めていった（第一次日韓協約）。日露戦争に勝った1905年には第二次日韓協約を結び，これにより，韓国の外交権を奪い，**統監府**を設置し，**伊藤博文**が初代統監となった。

　これに対して，韓国は1907年にオランダのハーグで開かれた万国平和会議に使者を送り，日本の不当な侵略を世界の人々に知らせようとしたが失敗に終わった。日本は，この事件を口実に韓国皇帝を退位させ，軍隊を解散させるとともに，内政権をも奪った（第三次日韓協約）。

　このような状況の中で韓国民衆は，日本の侵略に反対し，**義兵運動**を起こし，各地で激しい抵抗運動を繰り広げた。また，1909年には，満州のハルビン駅で，韓国独立運動家の安重根が伊藤博文を暗殺するという事件が起こった。

　1910年，日本は，韓国政府に韓国併合条約を結ばせ，植民地とした（韓国併合）。そして，首都の漢城を京城と改めさせ，そこに**朝鮮総督府**を設置した。

　また，日本政府は，土地調査を口実に，多くの土地を民衆から奪い，安い値段でそれを日本人に分け与えた。土地を奪われた人々は，満州や日本への移住を余儀なくされた。また，学校では，朝鮮の歴史を教えることを禁じ，日本史や日本語を使うことを強要し，日本人に同化させる政策を行った。こうした日本の傲慢な態度に反発し，朝鮮半島の人々は，義兵となって戦い続けた。

　また，**ポーツマス条約**で**旅順・大連**を租借地とし，満州での勢力を確保した日本は，**南満州鉄道株式会社（満鉄）**を設立した。満鉄は，ロシアから譲り受けた鉄道に加え，炭鉱などの経営も行うことで，満州支配の中心としての役割を担うこととなった。このような日本の満州支配に，満州市場に関心をもっていたアメリカは危機感を抱いていった。

| | |
|---|---|
| 1897年 | 大韓帝国成立 |
| 1905年 | ポーツマス条約で朝鮮半島における日本の優位が決定 |
| | 大韓帝国の保護国化 |
| | 統監府が置かれる |
| 1907年 | 皇帝退位 |
| | 統監府が内政権を握る |
| 1909年 | 伊藤博文の暗殺 |
| 1910年 | 韓国併合 |

▲朝鮮植民地化の流れ

▲韓国民衆の抵抗運動（1906年〜1911年）

### 📖 用　語

**朝鮮総督府**
韓国併合後に，統監府に代わって設置された朝鮮統治機関。天皇に直属し，軍事・行政の一切を統括した。

歴史編

第1章 歴史の始まりと日本

第2章 中世の日本

第3章 近世の日本

第4章 近代日本のあゆみと国際関係

第5章 2つの世界大戦と日本

第6章 現代の日本と世界

## 朝鮮半島の植民地化に反対した日本人はいなかったのか？

　1910年に朝鮮半島が日本の植民地になったとき，日本の多くの民衆は，政治家や軍部とともに領土が増えたことを喜んだ。しかし，中には，それを悲しむ日本人もいた。その一人が歌人の石川啄木である。石川は自分の国がなくなった朝鮮の人たちの心に思いを寄せ，次のような短歌を詠んでいる。

地図の上
朝鮮国にくろぐろと
墨をぬりつつ
秋風を聴く　　　　　　　―石川啄木―

　しかし，このような考えを持った人は当時数えるほどしかいなかった。

### 2 辛亥革命——アジア初の共和国の誕生

　1840〜42年のアヘン戦争[P.359▶▶]以来，清は帝国主義諸国の侵略を受け，半植民地の状態になった。その動きは，義和団事件[P.380▶▶]を経てさらに加速していった。

　民衆の中には，清国政府を倒し，民族の独立を守ることのできる近代国家を建設しようという革命運動が起こった。その中心となった人物が孫文である。彼は，中国同盟会を結成し，三民主義を唱えて革命運動をおし進めていった。

　清国が，外国から資本を借り受け，民間鉄道を国有化しようとすると，革命運動はさらに高まり，1911年，武昌で軍隊が反乱を起こした。これをきっかけに，革命運動は全国に広がり，多くの省が清国からの独立を宣言した（辛亥革命）。

　翌年には，革命軍は孫文を臨時大総統とし，南京を首都とする中華民国を建国した。これによって，アジアで初の共和政国家が誕生した。清国政府は，軍閥である袁世凱に臨時政府を倒すよう命じた。しかし，袁は中華民国政府が戦争継続の資金がないことを知ると，皇帝の退位を条件に，自らが臨時大総統になるという密約を中華民国政府と交わした。そのため，皇帝は退位して清国は滅んだ。

　袁は孫文から大総統の地位を譲り受けると，革命勢力を弾圧し，首都を北京に移した。また，憲法や議会を無視して，独裁政治を行った。彼の死後，中国各地では，軍閥によってばらばらに支配されることとなり，国内は混乱が続いた。

#### 人物

**孫文**（スンウェン）（そんぶん）
辛亥革命の指導者。三民主義を主張した。革命前は日本で亡命生活を送り，支援を受けた。日本人との交友関係も幅広く，深かった。革命後に臨時大総統となるが，次に大総統となった袁世凱（ユワンシーカイ）（えんせいがい）と対立した。

#### 用語

**三民主義**（さんみんしゅぎ）
孫文（スンウェン）の唱えた民族主義・民権主義・民生主義の3つの主義。民族主義とは民族の独立，民権主義とは主権在民，民生主義とは近代化と社会福祉の充実を意味する。

#### 参考

**軍閥**（ぐんばつ）
中国各地を支配していた軍人を中心とする勢力。

# §4 産業革命と近代文化の形成

□軽工業などの分野で工場制機械工業が発達し，日本の産業革命は始まった。

□政府は日清戦争の賠償金の一部をもとに，八幡製鉄所を建設して重工業の発展を促した。

□財閥と呼ばれた大資本家たちは，政治・経済に大きな影響を与えるまでに成長した。

□農村では金納が進むことにより，地主と小作人の貧富の差はますます広がった。

□劣悪な労働条件の改善をめざし，労働者は労働運動や社会主義運動を起こした。

□政府は教育勅語を発布し，国家主義的な教育方針への転換を強化した。

□殖産興業の結果，北里柴三郎など世界的な業績を上げる学者も数多く現れた。

## ① 日本の産業革命

### 1 軽工業の発達——日本の産業革命のはじまり

日本の近代産業は，政府主導によって，富岡製糸場[P.371▶▶]などの官営模範工場などが建てられ，殖産興業が進められた。しかし，これらの官営模範工場は，政府財政の大きな負担であった。それに加え，民間産業の育成を行う必要があったため，政府は極端に安い金額で軍事工場以外の官営工場を払い下げた。

こうして，民間企業が育成されていくと，製糸・紡績業などの軽工業の分野を中心に，工場制機械工業が発達し，産業革命[P.352▶▶]が始まった。このように，日本の産業革命は，イギリスに遅れること100年，1880〜1900年代にかけて進展した。

その結果，紡績業などで大工場が次々と建設され，大量生産が行われることとなった。しかし，日本は国内の市場が狭いため，資本家たちは販売市場を海外に求めていった。そのため，日本は中国や朝鮮へ進出していったのである。こうして，中国や朝鮮への綿糸・綿織物などの輸出が増え，1890年代末には，綿糸輸出量が，輸入量を上回ることとなった。

参考

**製糸と紡績**
製糸…蚕がつくるまゆから生糸をつくる。
紡績…綿花や麻，羊毛など，動植物の繊維を処理・加工して糸をつくる。

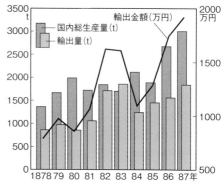

▲生糸の生産と輸出

歴史編

第1章 歴史の始まりと日本

第2章 中世の日本

第3章 近世の日本

第4章 近代日本のあゆみと国際関係

第5章 2つの世界大戦と日本

第6章 現代の日本と世界

## 2 重工業の発達──軍事工業発展のために

　日清戦争の勝利で，清国から多額の賠償金を得た政府は，これをもとに，軍事工業を中心に重工業の発展を促す政策をおし進めた。そのため，政府は，その基礎となる鉄鋼の国産化をめざし，賠償金の一部をもとに，北九州に官営の八幡製鉄所を建設した。八幡製鉄所は，製鉄の国内生産の約80%を占め，重工業発展の基礎となった。

　日露戦争後は，民間の製鉄会社の設立が相次ぎ，鉄鋼・造船・機械などの重工業が発達していった。特に，造船技術では，世界水準に追いつくほどまでに成長した。

　しかし，当時は軍事力増強のための軍需品の輸入が大量に増えていた。そのため，日本経済は大幅な赤字となり，深刻な影響を受けた。

▲各種産業の発展の様子

## 3 鉄道・海運業の発達──なぜ鉄道が必要なのか？

　鉄道は，1889年には東海道線の全線，1891年には東北本線が開通し，全国に鉄道網が広がっていった。1906年，政府は軍事上・経済上の理由から，鉄道国有法を制定し，これらの鉄道の多くを国有化した。

　また，海運業では，国内航路に加え外国航路が開設された。日清・日露戦争で，アジアを中心とした市場が広がったことで，海運業はさらに発展していった。こうした交通機関の発達により，製品や人の大量輸送が可能となった。

**開通した時期**
- ── 1872〜1887年
- ── 1888〜1897年
- ── 1898〜1907年
- ── 1908〜1917年
　　　（大正6）

▲明治期の鉄道

## 4 財閥の形成──資本家の成長

　官営工場の払い下げを受けたのは，三菱や三井などの政府と関係が深い政商と呼ばれる商人たちであった。

　彼らは事業の拡大や独占を進めていった。特に三菱・三井・住友・安田などは，金融・貿易・運輸など多くの分野にわたって企業を経営し，財閥へと成長していった。この財閥は，経済界のみならず，政治にも大きな影響を持つようになっていった。

# ② 社会問題のあらわれ

## ▮ 農村の生活の変化
### ——土地を手放した人はどのように生活したのだろうか？

　近代産業が発展すると，今まで必要なものを自給自足でまかなっていた農民たちにも，日用品や肥料などを現金で買う者が多く現れた。また，税金も米ではなく現金で支払うようになったため，常に現金が必要になった。しかし，当時の農民の負担する租税は重く，税金が払えない者は自らの土地を手放していった。そして，土地を手放した者は，土地を借りて，収穫高の中から**小作料**を払う**小作人**となった。こうして，地主と小作人の貧富の差はますます広がった。一方，これまでは手動の機械で綿織物を行ってきた農村では，産業革命の進展によって，安価な製品が出回ると，大打撃を受けた。

　その結果，貧しい小作人の次男や三男，女子の多くは都市へ出て，**工場労働者**となっていった。特に，製糸・紡績業は**女性労働者（女工）**が多く，**低賃金・長時間の労働**を行っていた。

　また，男性労働者は炭鉱などで働いており，ここでの労働条件も女工と同様に劣悪であった。健康状態などを無視したまま働かされたため，死者も多数出た。

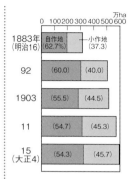

▲小作地と自作地の割合
（「続日本経済史概要」より）

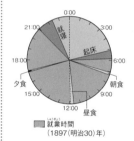

▲女工の一日の生活
（「職工事情」より）

---

## ? Q&A　女工たちはどのような生活をしていたのだろうか？

　この当時の製糸業の女工の生活の様子は，1899年に発行された横山源之助著『日本之下層社会』に詳しく描かれている。

　「労働時間は，忙しいときには朝起きてすぐに作業を始め，深夜の作業が12時までかかることも珍しくない。食事はわり麦6分に米4分，寝室は豚小屋のようで，その汚さは見ていられない。特に驚くことは，仕事が暇な時は，一定期間女工を外へ働きに出し，その稼ぎは雇い主が自分のものにしてしまう。しかも，一年間の賃金は，多くても20円にしかならない。」（『日本之下層社会』を一部要約）

　ここに登場する20円を1日あたりの金額にすると6銭弱である。当時，この金額では米1kgも買えないほどの低賃金であった。また，このような厳しい作業をしていた女工たちの年齢は，15〜20歳までが最も多く，中には7，8歳の女工もいたといわれている。以上のように当時の女工は過酷な労働を強いられていた。

## 2 社会問題の発生──日本初の公害発生

　低賃金・長時間の労働状態の中で，健康面で被害を受ける労働者も多数現れた。製糸業や紡績業などの工場では，ホコリの中で作業を行うため，呼吸器系の病気になる者が続出した。また，当時の紡績業での労働状況を記した本の中には，長時間に及ぶ過酷な労働によって，1年間で7kgも体重が減ってしまう事例なども記述されている。そのため，女工たちは平均1年で職場を変えるか，病気となり故郷へ帰っていった。

　このような状況は男性労働者も同じであった。長崎県の高島炭鉱では，1884年にコレラが流行したとき，不衛生な生活環境のため，3,000人の労働者のうち，1,500人が死亡したといわれている。

　このような実際に働いている労働者以外に，一般の国民に被害を与える事件も起こった。明治初期に民間に払い下げられた栃木県の**足尾銅山**は，軍需品として銅を大量に産出していた。しかし，付近の山林は開発のための乱伐や，排出されるガスによってはげ山となり，わずかな雨でも洪水を引き起こすようになった。また，流れ出た**鉱毒**によって，**渡良瀬川流域**では魚が死んだり作物が育たなくなり，農業や漁業に大きな被害を与えた。

　この問題に対して，地元出身の衆議院議員である**田中正造**は，議会でその責任を追及した。また，農民たちも，田中正造とともに，銅山の操業停止を政府に陳情しようとした。しかし，政府は問題の解決に当たろうとしなかった。1900年には，陳情のため上京しようとした農民3,000人が，待ちかまえていた200人の警察隊・憲兵と衝突し，数十人が逮捕されるという事件も起こった。政府の消極的な姿勢を見て，1901年，田中正造は議員を辞職し，天皇に直訴するという行動を取ったが，これも失敗に終わった。

　政府は，鉱毒の流出そのものは取り締まらず，洪水の防止のみを問題として取り上げた。そして，渡良瀬川に遊水池をつくろうとして，被害の中心であった谷中村を遊水池の底に沈めるという方針を打ち出した。田中正造は谷中村に移り住み，農民とともに最後まで残って抵抗した。

### 人　物
**田中正造**

足尾銅山鉱毒事件を解決しようとした中心人物。栃木県県会議員，衆議院議員を歴任。1901年，鉱毒事件を天皇に直訴するために議員を辞職した。

▲鉱毒の被害地域

### ③ 労働運動のおこり——立ち上がる労働者

　製糸業の女工の生活の様子からもわかるように，当時の労働者は，労働条件も悪く，安い賃金で長時間働いており，重労働と貧困に苦しんでいた。労働者の中には，**労働組合**を結成して団結することで，劣悪な労働条件の改善を要求しようとする動きも現れた。こうして，労働者はストライキなどの**労働争議**を起こし，待遇改善を要求して資本家と対立した。1897年，高野房太郎や片山潜たちは労働組合期成会をつくり，労働組合の結成を指導した。

　また，社会主義の立場から資本家に対抗して労働者の生活を擁護する運動も起こっていった。1901年安部磯雄・片山潜・**幸徳秋水**・木下尚江たちは，日本最初の社会主義政党である**社会民主党**を結成した。しかし，前年に制定された**治安警察法**によって結成直後に解散を命じられた。また，日露戦争の危機が深まる中で，1903年，幸徳秋水・堺利彦たちは**平民社**をおこし，『平民新聞』を発行して戦争反対を訴えた。日露戦争後の重工業の発達により，工場労働者が増えていくと，労働争議の件数も多くなり，その規模も大きくなっていった。1906年には，堺利彦たちが日本社会党を結成し，政治の面から労働者の待遇改善を行おうとした。

　このような労働運動・社会主義運動の盛り上がりに対し，政府は，1900年の治安警察法制定により，労働者の団結権やストライキ権を制限し，労働運動・社会主義運動を厳しく弾圧した。また，1910年には，明治天皇の暗殺を計画したとし，社会主義者数百名を逮捕し，非公開の裁判で幸徳秋水を含む12名を死刑とした（**大逆事件**）。この事件を機に，政府は社会主義運動の弾圧を強めていったため，運動は一時期衰退し，「冬の時代」を迎えることとなった。

　その一方，高まる労働運動を抑えるため，政府は1911年に工場法を制定し，日本初の労働者保護法を成立させた。これにより，12歳未満の児童の就業禁止，女性，年少者の深夜労働の禁止，12時間労働制などが決められた。しかし，14人以下の小工場には適用されないなどの例外規定が多く，資本家の反対により施行が1916年まで延ばされるなど不十分なものであった。

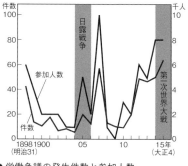

▲労働争議の発生件数と参加人数

**労働組合期成会**
高野房太郎・片山潜たちが労働組合の結成を促すために組織した。しかし，治安警察法による弾圧で衰え，1901年に解消した。

**幸徳秋水**
明治時代の思想家・社会主義者。自由民権運動に参加し，中江兆民の弟子となる。のちに社会主義者の立場から，日露戦争に対して非戦論を唱えて反対した。無政府主義を唱え，明治天皇の暗殺を計画したといううたがいで大逆事件で捕らえられ，処刑された。

**○●●もっとくわしく**
**工場法の改廃**
1923年の改正では，最長労働時間の短縮（1時間），適用年齢の引き上げ（16歳未満）が行われた。1929年の改正では年少者・女子の深夜業の全面禁止を定めた。第二次世界大戦後の1947年，労働基準法制定により廃止された。

## ③ 近代文化の形成

### 1 教育の普及——高まる就学率

1872年に学制が発布されて以降，小学校教育は徐々に普及し，また，教育制度も整えられていった。1886年，初代文部大臣である森有礼によって学校令が制定され，尋常小学校の4年は義務教育と定められた。この法律は，国家主義的な教育方針への方向を強めるものであった。

このような教育方針に伴い，1890年には，教育勅語が発布された。これは忠君愛国（天皇に忠誠を誓い国を愛する）の精神を養うという目的のためにつくられたもので，以後，学校教育の基本理念とされたのみならず，国民道徳の規範ともなった。この教育勅語は，全315字からなり，全国の学校に配布され，拝礼・奉読を義務づけられた。また，1903年からは，小学校の教科書は，国が定めたもののみを使用することとなり，教育の国家統制が強化されていった。

日露戦争後，さらに教育の普及は進み，1907年には，義務教育は6年に延長された。学制発布の当初はわずかであった就学率も，このころには97％に達し，国民教育の基礎が固まっていった。

高等教育の充実も同時に進められた。東京大学は東京帝国大学に改称され，京都・東北・九州の各帝国大学が設立された。帝国大学は，国家の要求に応じた学問研究を行い，官吏・技術者の養成機関，学術研究機関として大きな役割をはたした。

また，福沢諭吉の慶應義塾，大隈重信の東京専門学校（現在の早稲田大学），新島襄の同志社英学校など，特色ある私立学校も数多く設立されていった。岩倉使節団に留学生として同行した津田梅子は，女子英学塾（現在の津田塾大学）を設立し，女子教育の普及に努めた。しかし，政府は，官学を重視する方針から，私立学校を学校令に基づく大学とは認めなかった。これらの私立学校が大学として認められたのは，大正時代に入ってからであった。

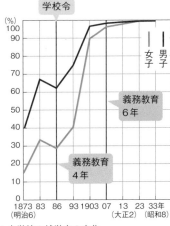

▲小学校の就学率の変化

歴史編

第1章 歴史の始まりと日本

第2章 中世の日本

第3章 近世の日本

第4章 近代日本のあゆみと国際関係

第5章 2つの世界大戦と日本

第6章 現代の日本と世界

## 2　科学の発達——世界的な発見の数々

政府は富国強兵・殖産興業政策の推進のため，欧米の近代的な科学技術の導入に努めた。明治初期には多くの外国人教師を招き，新技術を取り入れ，科学教育の振興をはかった。また，留学生を派遣し研究に当たらせた。この結果，日本人学者が養成され，19世紀後半には独創的な研究も行われ，世界的な業績を上げる学者も数多く現れた。

医学では，ドイツに留学した北里柴三郎が1890年，破傷風の血清療法を発見し，帰国後に伝染病研究所を創設した。この研究所で彼はペスト菌を，そして志賀潔は赤痢菌を発見した。その他にも，薬学では高峰譲吉・鈴木梅太郎，物理学では長岡半太郎，地震学では大森房吉，天文学では木村栄などが優れた業績を残した。

**人　物**

**北里柴三郎**

現在の熊本県生まれ。ドイツに留学してコッホに師事。細菌学の世界的な研究者として，近代日本の予防医学の発展に貢献。

| 医　学 | 北里柴三郎 | 破傷風の血清療法の発見，ペスト菌の発見，伝染病研究所の創設 |
| --- | --- | --- |
| | 志賀　潔 | 赤痢菌の発見 |
| | 野口　英世 | 黄熱病の研究（大正期） |
| 薬　学 | 高峰　譲吉 | タカジアスターゼの創製 |
| | 鈴木梅太郎 | ビタミンB$_1$の発見 |
| 物理学 | 長岡半太郎 | 原子構造の研究 |
| 地震学 | 大森　房吉 | 地震計の発明 |
| 天文学 | 木村　栄 | 地球の緯度変化に関する研究 |

## ? Q&A　黄熱病を研究した野口英世はどんな人物だったのだろうか?

野口英世は1876年，福島県の貧しい農家に生まれ，子どものころの名は清作。幼いころに左手にやけどを負い百姓になれなくなり，勉学に励んでいくこととなる。学校では生長（今でいう生徒会長）を務めるほど優秀であった。高等小学校のころに，周囲の援助を受け左手の手術を受ける。そのときの経験から，医学の道を志すことになる。1897年に21歳の若さで医師免許を取得し，1年後に名前を「英世」に改名。その後はアメリカに渡る。黄熱病の研究のため南米各地を回り，ワクチンを完成させる。しかし，そのワクチンではアフリカの黄熱病は治らないという報告を受け，ガーナへ自ら赴く。研究施設を建設し，病原体の特定に全力を注ぐが，自身が黄熱病に感染し，1928年に51歳でこの世を去った。

## 3 近代文学の成長——新しい文体で小説を書こう

　明治初期は，江戸時代のような戯作文学などが引き続き流行した。また，自由民権運動の高まりとともに，政治小説なども現れた。このような流れに対して，**坪内逍遙**は，1885年に『**小説神髄**』を著し，人間の内面や世の中をありのままに表現すべきであるという**写実主義**の理論を主張し，近代文学の道を切り開いた。**二葉亭四迷**は言文一致体で『**浮雲**』を著し，写実主義の理論を具現化した。

　日清戦争前後，日本の近代化が進むにつれ，人間の感情を重んじ，自己の理想を文学の中で表現しようとする**ロマン主義文学**が盛んになっていった。小説では，ドイツ留学から帰国した**森鷗外**や**泉鏡花**が活躍した。また，当時の貧しい女性の姿を同性の視点から描いた**樋口一葉**も，ロマン主義の影響を受けた。詩歌では，**島崎藤村**や明星派の**与謝野晶子**などがこの時期の代表的な人物としてあげられる。一方，**正岡子規**は，写生を重んじ，俳句・短歌の革新を行った。

　日露戦争前後には，ヨーロッパの自然主義の影響を受け，人間や社会の暗い側面や醜い側面もそのままに描こうとする**自然主義文学**が主流となっていった。小説では，**田山花袋**や，ロマン主義から自然主義へと傾斜していった**国木田独歩**・**島崎藤村**などが代表的な人物である。詩歌の分野では，同じくロマン主義から出発した**石川啄木**が，社会主義思想の影響を受け，農民や労働者などの生活の厳しさを歌った。

　このような自然主義の流行に対し，**夏目漱石**は対象から離れてながめる態度で人生を描こうとした（**反自然主義**）。また，ロマン主義の先駆けとなった森鷗外も歴史小説を著し，新境地を切り開いていった。

### 参考

**言文一致体**
話しことば（口語）で文章を書く手法。これまでの小説は，文語で書かれており，日常使っている口語とは大きな違いがあった。

### 人物

**石川啄木**
歌人・詩人。貧しい生活の中で，口語による生活を描いた短歌や詩を発表する。代表作には『一握の砂』『悲しき玩具』などがある。

**夏目漱石**

小説家。帝国大学の学生時代から文学活動を始め，中学・高校教師を経てロンドンに留学する。『吾輩は猫である』『坊っちゃん』『三四郎』『それから』『明暗』『こころ』などの小説を書いた。

### 主な文学作品

| | | | |
|---|---|---|---|
| 坪内　逍遙 | 小説神髄（評論　1885） | 与謝野晶子 | みだれ髪（詩歌　1901） |
| 二葉亭四迷 | 浮雲（1887） | 国木田独歩 | 武蔵野（1901） |
| 森　　鷗外 | 舞姫（1890）即興詩人（翻訳　1892） | 田山　花袋 | 蒲団（1907）田舎教師（1909） |
| | 阿部一族（1913） | 石川　啄木 | 一握の砂（詩歌　1910） |
| 泉　　鏡花 | 高野聖（1900） | | 悲しき玩具（詩歌　1912） |
| 樋口　一葉 | にごりえ（1895）たけくらべ（1895） | 夏目　漱石 | 吾輩は猫である（1905） |
| 島崎　藤村 | 若菜集（詩歌　1897）破戒（1906） | | 坊っちゃん（1906）草枕（1906） |

（　）内の数字は発表された年

第1章 歴史の始まりと日本

第2章 中世の日本

第3章 近世の日本

第4章 近代日本のあゆみと国際関係

第5章 2つの世界大戦と日本

第6章 現代の日本と世界

## 4　明治の美術と音楽──日本の美と西洋の美

　明治初期の文明開化により，日本の伝統美術の価値を軽く見る風潮が人々の中に広がっていった。しかし，アメリカ人の**フェノロサ**が日本美術を高く評価するなど，ヨーロッパでも**日本画**が賞賛されると，政府は日本の伝統美術を保護する政策を打ち出すようになった。**岡倉天心**は，師であるフェノロサの協力を得て，1887年に**東京美術学校**を設立した。ここでは，橋本雅邦などが教師となり，**横山大観**・下山観山・菱田春草など若い美術家を育てた。

　**洋画**では，1876年にイタリア人のフォンタネージを教師として招き，本格的な洋画技法の指導が行われたが，日本画の復興によりその勢いは衰退した。しかし，明治中期になると，フランス印象派の技法を学んで帰国した**黒田清輝**などの活躍によって次第に盛んになっていった。彼は，白馬会を創設して西洋画の普及に尽力した。

　**彫刻**の分野では，**高村光雲**が伝統的な木彫りの技法に西洋彫刻の写実性を加え，木彫に新風を吹き込んだ。また，洋風彫刻では，フランスのロダンに感銘を受けた**荻原守衛**が活躍した。

　西洋音楽は，小学校で歌われる唱歌の中に取り入れられた。1887年には，東京音楽学校が設立され，本格的な音楽教育が行われるようになった。ここで学んだ作曲家の**滝廉太郎**は，「**荒城の月**」や「**花**」などの名曲を残した。

### 人　物

**岡倉天心**
フェノロサとともに，東京美術学校を創設，初代校長となる。インド・欧米旅行を通じて東洋文化の優秀性を唱えた。英文で日本や東洋の文化に関する本を書き，その理解を促した。

### 参　考

**東京美術学校**
**東京音楽学校**
1949年に両学校は合併し，現在の東京芸術大学となった。

▲老猿（高村光雲）

▲読書（黒田清輝）

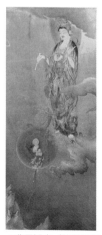

▲悲母観音（狩野芳崖）

## 5 明治時代の演劇
——当時の大衆芸能はどのようなものがあったのか？

　明治時代の演劇は，**歌舞伎**がいぜんとして民衆に親しまれた。明治初期には河竹黙阿弥が文明開化の新風俗を取り入れた新作を発表した。1878年には新富座，1889年には**歌舞伎座**など近代的設備を有する大劇場ができると，歌舞伎は民衆のみならず，政府の役人や外国の大使が鑑賞する社交場としての役割も兼ねるようになった。

　明治中期には，9代目市川団十郎・5代目尾上菊五郎・初代市川左団次などの名優が活躍し，「**団菊左時代**」という歌舞伎の黄金時代をつくり上げ，低かった社会的地位も向上した。

　一方，**川上音二郎**は，自由民権運動などの時事問題を題材とした壮士芝居を確立し，「**オッペケペー節**」などをうたい好評を博した。これは，のちに**新派劇**へと発展した。新派劇は，当時の人気のあった通俗小説を劇化し，人気を博した。

　さらに，日露戦争後は，坪内逍遙・島村抱月が文芸協会，小山内薫・2代目市川左団次が自由劇場を結成し，西洋の近代劇の翻訳を行って上演した。これらの劇は，歌舞伎や新派劇に対して**新劇**と呼ばれた。このように，明治時代には，演劇が民衆の娯楽として成長していった。

▲明治時代の新富座の様子

●●もっとくわしく

**新派劇**

歌舞伎を古い劇とみなし明治時代中期に新しくおこった演劇。はじめは自由民権運動鼓吹の壮士芝居であったが現代劇も行うようになった。

## ？ Q&A 川上音二郎が歌った「オッペケペー節」とはどのようなものだったのだろうか？

　自由民権運動の活動家であった川上音二郎は，政府から厳しく弾圧され，演説などの活動が思うようにできなくなっていた。そこで，政府批判を演説の代わりに歌によって行った。

権利幸福嫌いな人に自由湯をば飲ましたい。
オッペケペー，オッペケペッポー，
ペッポーポー。

　彼は，赤い陣羽織に白い鉢巻，日の丸の扇を持つといういでたちで歌い，大評判となった。

　また，政府の批判のみならず，当時の文明開化がうわべだけで，欧米の真似をしているだけであるという痛烈な批判も歌い，人気を博した。彼の歌った歌は民衆の心情の代弁であったからこそ，拍手喝采を受けたといえる。

▲川上音二郎のオッペケペー節
（おっぺけぺー歌入双六 （No.00939））
早稲田大学演劇博物館所蔵）

歴史編
第1章 歴史の始まりと日本
第2章 中世の日本
第3章 近世の日本
第4章 近代日本のあゆみと国際関係
第5章 2つの世界大戦と日本
第6章 現代の日本と世界

# 第5章
# 2つの世界大戦と

# 日本

↑写真は，広島市にある原爆ドームである。
1945年8月6日に投下された原子爆弾によって大
きな被害を受けた。
この単元では，日本が経験した2つの世界大戦の背
景と影響について学習しよう。

# 第5章　2つの世界大戦と日本

この本の項目

§1 第一次世界大戦と日本(p.402～408)
①第一次世界大戦と日本 p.402　②国際協調の時代 p.406　　　　　①世界恐慌 p.4

§2 大正デモクラシーと関東大震災(p.409～413)
①大正デモクラシー p.409　②社会運動の高まり p.411
③新しい生活と文化 p.413

近代社会

1900　　　　　　　　　　　　　　　　　20世紀

大正時代

**日本のおもなできごと**

|  |  |
|---|---|
| 1912 | 第一次護憲運動起こる |
| 1913 | 大正政変 |
| 1914 | 第一次世界大戦に参戦 |
| 1915 | 二十一か条の要求 |
| 1918 | 米騒動起こる／シベリア出兵／原敬内閣成立 |
| 1920 | 国際連盟に加盟する |
| 1921 | ワシントン会議 |
| 1922 | 全国水平社設立 |
| 1923 | 関東大震災 |
| 1925 | 治安維持法が制定される／普通選挙法が制定される |
| 1930 | ロンドン海軍軍縮会議 |

**社会 経済**

第一次護憲運動

社会主義運動が広がる

**文化**

大正時代の文化

ラジオ放送が始まる

**朝鮮**

**中国**　清　1912

**世界のおもなできごと**

|  |  |
|---|---|
| 1912 | 中華民国成立 |
| 1914 | 第一次世界大戦起こる |
| 1917 | ロシア革命 |
| 1919 | 三・一独立運動／五・四運動 |
| 1920 | 国際連盟発足／ベルサイユ条約 |
| 1922 | ソビエト社会主義共和国連邦が成立 |
| 1929 | 世界恐慌 |

西洋社会　　　　　　　　　　　　　　現代社会

①第一次世界大戦前後の国際情勢とともに，日本の政治的な高まりについて考える。
②第二次世界大戦終結までの日本の政治・外交，アジア・欧米諸国との関係に着目し，戦争までの経過や戦時下の国民生活について理解する。

## §3 第二次世界大戦と日本（p. 414〜425）

③日本経済の混乱と軍部の台頭 p.417　④日中戦争の勃発 p.420

②ファシズムの台頭 p.415

⑤第二次世界大戦 p.422

## 昭和時代

|  |  |
|---|---|
| 1931 | 満州事変 |
| 1932 | 満州国を建国<br>五・一五事件起こる |
| 1933 | 国際連盟から脱退する |
| 1936 | 二・二六事件起こる |
| 1937 | 日中戦争起こる |
| 1938 | 国家総動員法が出される |
| 1939 | 第二次世界大戦起こる |
| 1940 | 日独伊三国軍事同盟 |
| 1941 | 真珠湾などを攻撃。太平洋戦争始まる<br>日ソ中立条約結ばれる |
| 1942 | ミッドウェー海戦 |
| 1945 | ポツダム宣言を受諾して降伏<br>広島・長崎に原爆投下<br>アメリカ軍が沖縄に上陸 |

世界恐慌の影響を受け，昭和恐慌が起こる

天皇機関説問題

言論などの取り締まりが強まる

学童疎開が始まる

（日本領）

中華民国

|  |  |
|---|---|
| 1933 | ドイツでナチス政権成立 |
| 1939 | 第二次世界大戦起こる |
| 1945 | 国際連合成立<br>ドイツ降伏 |

ファシズムの台頭

# §1 第一次世界大戦と日本

**重要ポイント**

□大戦前，ヨーロッパの大国は三国同盟と三国協商とにわかれて対立していた。

□大戦前，バルカン半島は「ヨーロッパの火薬庫」と呼ばれるほど緊張度を高めた。

□サラエボ事件をきっかけに連合国側と同盟国側にわかれて戦う世界大戦がおきた。

□連合国側として参戦した日本は二十一か条の要求を中国に突きつけた。

□大戦後，パリ講和会議で国際協調と民族自決がはかられた。

□中国の五・四運動，朝鮮の三・一独立運動などアジアの民族運動が高まった。

## ① 第一次世界大戦と日本

### 1 大戦前夜のヨーロッパ——大国の思惑が交差する前夜

　プロイセンの首相であったビスマルク[P.356▶▶]は，**鉄血政策**によってドイツの統一をすすめ，1871年にプロイセン王を皇帝とする**ドイツ帝国**を成立させるとともに，強国である隣国フランスに対抗するため，1882年に**イタリア**と**オーストリア**との間で**三国同盟**を成立させた。

　その後，ドイツでは親政を始めた皇帝ヴィルヘルム２世がビスマルクを退け，海軍の増強と**３Ｂ政策**をかかげ植民地の拡大をはかった。しかしバルカン半島からトルコ，西アジアへの勢力拡大をはかる**３Ｂ政策**は，**３Ｃ政策**をかかげる**イギリス**を刺激し，またバルカン半島に勢力を伸ばし黒海から地中海にぬける貿易路を確保しようとしていた**ロシアの南下政策**と衝突することになった。ドイツの勢力拡大を恐れた**イギリス**と**ロシア**は，**フランス**とともに1907年に**三国協商**を成立させた。これによりヨーロッパでは６つの大国が，ドイツを中心とする三国同盟とドイツに対抗する三国協商とにわかれて激しく対立することになった。

### 2 バルカン問題——今に続く民族の争い

　15世紀からオスマン帝国[P.307▶▶]に支配されていた**バルカン半島**では，ゲルマン系・スラブ系・アジア系の諸民族が入りまじって生活していたが，オスマン帝国の衰退とともに19世紀ごろから各民族が**独立運動**を起こすようになった。

**参　考**

**ビスマルクと鉄血政策**

1862年にプロイセンの首相となったビスマルクは，鉄と血によってのみドイツの国家統一ができるとして軍備の増強をはかった。鉄は武器を，血は兵士を指している。

**●●もっとくわしく**

**３Ｃ政策**

インドのカルカッタ（Calcutta，現在のコルカタ），エジプトのカイロ（Cairo），南アフリカのケープタウン（Cape Town）を結ぶ地域の植民地化をめざすイギリスの帝国主義政策。Ｃは各都市の頭文字。

**３Ｂ政策**

ドイツのベルリン（Berlin），オスマン帝国のビザンチウム（Byzantium，現在のイスタンブール），イラクのバグダッド（Bughdad）を結ぶ高速鉄道の建設によって，西アジアの経済的・軍事的支配をめざそうとしたドイツの帝国主義政策。Ｂは各都市の頭文字。

歴史編

第1章 歴史の始まりと日本

第2章 中世の日本

第3章 近世の日本

第4章 近代日本のあゆみと国際関係

第5章 2つの世界大戦と日本

第6章 現代の日本と世界

　この独立運動に対して，ロシアはスラブ系民族を支援して地中海への南下をはかろうとし，オーストリアはゲルマン系民族を支援してバルカン半島での勢力の安定をはかろうとした。この結果，バルカン半島ではオスマン帝国からの民族独立運動に，ロシア及びロシアが支援するスラブ系民族と，オーストリア及びオーストリアが支援するゲルマン系民族との対立が加わり，緊張感が高まった。そして３Ｂ政策をかかげる**ドイツが積極的にオーストリアを通してゲルマン系民族を支援する**ようになると，**ロシアもスラブ系民族への支援を強め**，バルカン半島をめぐる情勢は「**ヨーロッパの火薬庫**」と表現されるほど緊張を高めた。

▲三国協商と三国同盟

▲バルカン半島を風刺した絵

### 3　大戦の始まり――一人の青年の行動が大戦を引き起こす

　バルカン半島での緊張が高まる中，スラブ系民族が多く住む**ボスニア地方の領有**をめぐって**オーストリアとセルビアは激しく対立**していた。結局，ボスニアはオーストリアに併合されてボスニア州となったが，これに不満を持つボスニア出身のセルビア人青年が，1914年６月，ボスニア州の州都**サラエボ**を訪問中の**オーストリア皇太子夫妻を暗殺**した（**サラエボ事件**）。この事件に対して，セルビア政府がその責任を認めなかったので，オーストリア政府は1914年７月にセルビア政府に宣戦した。

　これに伴いロシアはセルビアを，ドイツはオーストリアを支援するために参戦した。また，フランスとイギリスはセルビア・ロシア側に立って参戦した。オーストリアとセルビアとの対立から1914年に始まったこの戦争は，３Ｂ政策や３Ｃ政策など列強の思惑，三国同盟と三国協商の対立，バルカン半島をめぐる諸民族の対立などが複雑にからみあい，**ドイツ・オーストリア・オスマン帝国**などからなる**同盟国**側と，**ロシア・イギリス・フランス・セルビア**などからなる**連合国**側とが戦う史上初の世界大戦へと発展した（**第一次世界大戦**）。

#### ●●もっとくわしく

**セルビア**
1878年にロシアの軍事的支援を受けてオスマン帝国から独立したスラブ系民族の国。バルカン半島におけるスラブ系民族の勢力拡大に努め，ゲルマン系民族を支援するオーストリアと政治的に対立した。

#### 参考

**イタリアとオスマン帝国の参戦**
イタリアは三国同盟の一員であったが，領土をめぐってオーストリアと対立していたため，大戦初期には中立を守った。しかし国内で参戦論が高まり1915年に連合国側としてオーストリアに宣戦した。一方，ロシアによって領土を奪われていたオスマン帝国はドイツに接近してロシアと対抗しようとし，同盟国側の一員として参戦した。

### 4　日本の参戦と大戦景気——戦争が天の助けとは

　第一次世界大戦の開始を聞いた元老の井上馨は「大正新時代の天佑（天の助け）」と叫んだといわれる。この言葉には，1912年から続く藩閥政府と政党の対立，日露戦争時にアメリカやイギリスから借りたばく大な借金，造船や鉄鋼などの生産に必要な原料の輸入に伴う貿易赤字など，政治的にも経済的にも混乱していた当時の日本の状況を大戦が解決してくれるという考えが込められている。

　この考えは当時の首相であった大隈重信[P.373▶▶]たちも同様で，日本政府はこの大戦に参戦する明確な理由がないにもかかわらず，日英同盟[P.381▶▶]を根拠にドイツへ宣戦布告を行い連合国側の一員として参戦した。大戦への参戦は，政府の考え通りに，勝利を目標とする政府と政党の協力関係を生み出し，経済面でもヨーロッパ列強が後退したアジア向けの綿織物，アメリカ向けの生糸などの輸出増とイギリスやフランスなどへの軍需・生活物資の輸出によってばく大な貿易黒字をもたらした。またドイツからの輸入が止まった化学肥料や薬品の国産化がすすめられ，これまでの軽工業，重工業に化学工業が加わり工業国としての基礎ができあがっていった。このように第一次世界大戦は日本にとって天佑となり，国内は好景気（大戦景気）にわき，成金と呼ばれる人も現れたが，一方で物価が上昇して労働者や小規模な農民の生活は苦しくなった。

### 5　二十一か条の要求——中国政府への強硬な要求

　日本政府は大戦を日本国内の政治的・経済的混乱を解決する機会ととらえる一方で，列強の関心がヨーロッパに向けられている間に東アジアへの勢力拡大をはかるチャンスと考えた。これに対して中国政府は，いち早く自国の領土・領海で戦闘行為を行わないことを各国に要請し，大戦に中立であることを宣言したが，日本はこれを無視してドイツの東アジアの根拠地であった中国の青島を攻撃して占領した。さらに日本は太平洋上に位置するドイツ領南洋諸島を占領したが，これらの戦闘は参戦後わずか３か月あまりで終了した。

　日本政府は続いて1915年に中国政府に二十一か条の要求

### 参　考

**大正時代**
明治天皇は1912年7月30日に亡くなり，同日に大正天皇が即位し元号は大正となった。

●●もっとくわしく

**イギリスの対応**
イギリスは日本の野心を警戒して参戦に消極的で，東アジアと太平洋に限って軍事行動を認めた。しかしドイツの潜水艦による被害が増大したため，連合国は地中海への日本海軍の派遣を要請した。派遣された日本の駆逐艦隊は船団の護衛に努めて連合国側から高く評価された。

▲成金
お札を燃やして靴をさがしている成金を風刺した絵。

一，中国政府は，ドイツが山東省内で持っている利益を日本に譲る。
一，日本の旅順・大連の租借権と南満州鉄道などの利権借り受けの期限を99年延長する。
一，中国政府内に政治・財政・軍事面の日本人顧問を置く。

▲二十一か条の要求（一部）

を突き付けて中国への権益拡大をはかろうとした。この要求には財政・軍事顧問への日本人の採用などの主権侵害も含まれ，中国では袁世凱大総統はもとより，国民をあげてこれに反対した。しかし1912年の**中華民国**の建国以来，混乱の続く中国には日本の要求をはねかえす力はなく，1915年5月9日，日本人顧問の採用など要求の一部を除いた16か条を中国政府は受け入れた。これに激怒した中国国民は，以後5月9日を「国恥記念日」と呼び，反日運動の動きが高まった。

▲第一次世界大戦当時の東アジア

### 6 ロシア革命とシベリア出兵——衝撃を与えた皇帝の処刑

　第一次世界大戦が始まったころ，多くの人々はこの戦争が年内には終わるだろうと考えていた。しかし，相手の陣地や塹壕を奪い合うという塹壕戦によって**戦争は長期化**したうえ，戦車や毒ガスなどの**新兵器**によって兵士の被害はばく大な数を数えるようになった。また，ドイツによる連合国側船舶への潜水艦攻撃，イギリス・フランスによるドイツの海上封鎖は，海外から輸入されていた物資の不足をまねき，国民は食料や衣服の不足に苦しむようになった。

　ヨーロッパ各国は**総力戦**で戦争にのぞんだが，国力の弱かったロシアでは労働者が1917年3月，首都のペトログラード（現在のサンクトペテルブルク）で戦争の中止と皇帝による専制政治の廃止を求めてストライキを行った。そして，ソビエトが結成される中で，ついにニコライ2世は退位し，資本家を中心とする臨時政府が樹立された（**三月革命**）。

　しかし，臨時政府は戦争を続ける方針をとったため，戦争の中止と労働者と農民の利益の優先を主張する**レーニン**は臨時政府を倒し**ソビエト政府**を樹立した（**十一月革命**）。その後レーニンはドイツと講和の交渉をすすめ，地主の土地を農民に分配し，銀行や鉄道，工場などを国有化する**社会主義**国家の建設をめざした。これに対して資本主義国家であるアメリカ，イギリス，フランス，日本は**ロシア革命**の影響が及ぶことを恐れて1918年に**シベリア出兵**を行った。シベリア出兵に伴い日本では**米騒動**[P.410▶▶]が起こった。

**もっとくわしく**

**戦争の長期化（塹壕戦）**
砲撃の後で騎兵と歩兵が突撃して決着をつける今までの戦いに対し，機関銃の使用が主流になった第一次世界大戦では，騎兵や歩兵に多くの被害が出たため，塹壕を掘って銃弾を避けながら敵の塹壕を奪い合うという塹壕戦を行うようになった。

**参考**

**ソビエト**
労働者や農民，兵士の代表者会議のこと。ペトログラードで結成された後，各地でも結成された。

**もっとくわしく**

**シベリア出兵**
ソビエト政権打倒を目的としたが激しい抵抗にあった。日本は約10億円の戦費と3,000人以上の死者をだした。他国は1920年に撤退したがシベリアへの野心を持つ日本は出兵を続け，国際批判をあびる中でようやく1922年に撤退した。

## ② 国際協調の時代

### 1 大戦の終結──国民が終戦を決める

イギリス・フランスによる海上封鎖によって食料不足が深刻となっていたドイツは，1917年2月以降，敵国・中立国の区別なくすべての船舶を攻撃するという無制限潜水艦作戦を実施した。これに対して**ルシタニア号事件**によってドイツへの批判を強めていたアメリカは1917年4月にドイツに宣戦布告し，物資の不足に悩んでいたイギリスやフランスに豊富な物資と200万人を超える軍隊を送りこんだ。

　一方，1918年3月にソビエト政府と講和したドイツは，ロシアと戦っていた軍隊も使って西部戦線での反撃を試みたが成功しなかった。11月に，無理な出撃命令に対してキール軍港で水兵が起こした暴動をきっかけに，休戦と皇帝の退位を求める革命が起こった。この結果，ヴィルヘルム2世はオランダに亡命し，共和国となったドイツは1918年11月に連合国側と休戦協定を結び，4年あまり続いた**第一次世界大戦**は終結した。

### 2 ベルサイユ条約と国際連盟──理想と現実のはざまに

　第一次世界大戦の終結に伴い1919年に**パリ講和会議**が開かれ，連合国32か国によって敗戦国への講和条約の内容が話し合われた。当初は戦勝国と敗戦国の区別なく平和な国際社会を構築しようというアメリカ大統領**ウィルソンの14か条の平和原則**の理念によって会議はすすめられた。しかし，フランスとイギリスによるドイツへの責任追及は厳しく，ドイツとの間で結ばれた**ベルサイユ条約は植民地の放棄，軍備制限，領土削減**そして**多額の賠償金**をドイツに求める非常に厳しい内容となった。その結果，ヴィルヘルム2世の退位後，帝政から共和国に生まれ変わったドイツは植民地やルール地方など有力な工業地帯を失い，多額の賠償金の支払いもあわせて苦しい経済状況におちいっていった。

　一方，ウィルソンの**民族自決**の考え方はバルカンの民族問題を大戦の原因の一つと考えるヨーロッパ社会に受け入れられ，敗戦国のドイツ，オーストリア，トルコや革命によって混乱していたロシアの領内から，民族自決の名の下

| （億金マルク） | 500 | 1000 | 1500 | 2000 | 2500 |
|---|---|---|---|---|---|
| ドイツ | | 戦　費 | | 181万人<br>1940億金マルク | |
| ロシア | 1060 | | | 170 | |
| フランス | 1340 | | | 139 | |
| イギリス | 95 | | | | 2680 |

▲各国の戦死者数と戦費

▲紙くず同様になったマルク紙幣で遊ぶ子供たち

に東ヨーロッパの国々を中心に独立が認められていった。

▲第一次世界大戦後のヨーロッパ

第1章 歴史の始まりと日本

第2章 中世の日本

第3章 近世の日本

第4章 近代日本のあゆみと国際関係

第5章 2つの世界大戦と日本

第6章 現代の日本と世界

●●もっとくわしく

**大戦後のドイツとソ連**
ドイツはばく大な賠償金の支払いによって経済が混乱した。しかし、アメリカの支援で経済復興を成しとげ、1926年には国際連盟に加盟して国際社会に復帰した。
またレーニンのソビエト政府は内戦と列強の干渉を切り抜け、1922年にソビエト社会主義共和国連邦の樹立を宣言し、1934年には国際連盟に加盟して国際社会の一員として認められた。

またウィルソンの**国際協調**の考え方も大戦に疲れ切った国際社会に広く受け入れられ、紛争の平和的解決を目的として1920年にスイスのジュネーブに本部を置く**国際連盟**が設立された。国際連盟はイギリス・フランス・イタリア・日本の４カ国を常任理事国とする平和維持のための史上初の国際機関であった。しかし武力制裁の手段はなく、世界一の大国であるアメリカが議会の反対で加盟せず、ドイツとソ連も発足時には加盟できないなどの問題点をかかえての出発となった。

この国際連盟の設立とともに軍縮の必要性を痛感した各国は、アメリカの呼びかけで1921～22年にかけてワシントン会議を開いた。この会議では各国の主力艦の保有を制限する**ワシントン海軍軍縮条約**、太平洋における各国の勢力範囲の現状維持を定めた**４か国条約**、中国における中国の領土保全と主権尊重を定めた**９か国条約**が結ばれた。

なお４か国条約では太平洋でおきた紛争の共同解決が盛り込まれたが、アメリカはこれによって日本とイギリスによる共同解決を定めた日英同盟は不要であるとしてこの同盟の廃止を求め、日英政府もこれに同意した。

●●もっとくわしく

**ワシントン海軍軍縮条約で定められた主力艦の保有比率**

| 国 | 比率 |
|---|---|
| 英 | 5 |
| 米 | 5 |
| 仏 | 1.67 |
| 伊 | 1.67 |
| 日 | 3 |

参　考

**各条約の参加国**

| 4か国条約 | アメリカ・イギリス・フランス・日本 |
|---|---|
| 9か国条約 | アメリカ・イギリス・フランス・日本・イタリア・オランダ・ベルギー・ポルトガル・中国 |

また中国の領土保全を求めた9か国条約によって，日本はベルサイユ条約で認められた第一次世界大戦でドイツから得た中国の山東省の利権のほとんどを放棄することとなった。

### 3 アジアの民族運動——ウィルソンの民族自決を信じて

大戦中，中立を宣言した中国，日本の植民地支配の下にあった朝鮮，大戦後の自治を条件にイギリスに協力したインドなど，アジアの国や地域の動きは様々であった。そして，大戦後，国際協調と民族自決をかかげたパリ講和会議にアジアの人々は熱い視線を送るとともに強い期待をいだいた。

中国はパリ講和会議に代表を送り二十一か条の要求の破棄を求めたが，秘密協定ですでに日本の要求を認めていた英仏はアメリカとともにベルサイユ条約で山東省のドイツ権益を日本が継承することを認めた。この知らせを受けた北京大学の学生は1919年5月4日，「ベルサイユ条約反対」「二十一か条の要求の破棄」をスローガンにデモを行った。この運動は中国全土に広がり学生に知識人や労働者も加わって帝国主義の侵略に対する国民運動へと発展した（五・四運動）。

朝鮮では1919年3月1日，ソウルのパゴダ公園に集まった数千人の学生，市民が民族自決による独立を求め「独立万歳」を叫んでデモ行進を行った。これをきっかけに朝鮮全土に独立を求める運動（三・一独立運動）が広まった。日本の総督府は武力で運動を鎮圧したが多くの死傷者を出し，衝撃を受けた日本はこれまでの武断的な支配政策をゆるめた。しかしその後も朝鮮では独立運動が続けられた。

インドでは大戦後に自治を認めるという約束でイギリスに対して物資や資金，兵士を送り込んだ。しかしイギリスはパリ講和会議後もインドの自治を認めなかったため，各地で独立運動が起こった。イギリス軍とインド人との激しい衝突に対して，ガンディーは暴力からは何も生まれないとして非暴力・不服従の運動によって自治を勝ち取ることを唱えた。彼の運動は民衆に支持されたものの，やがて力による独立を唱えるネルーらの急進派が勢力を伸ばした。

### 人　物

**新渡戸稲造**
『武士道（Bushido: The Soul of Japan, An Exposition of Japanese Thought）』を英文で執筆・刊行し，「日本」の精神的伝統を広く世界に紹介した。日露戦争に際して，アメリカ合衆国が終始日本びいきだったのは，同書による影響が大きかったといわれる。国際連盟の事務局次長を7年務めた。

### 人　物

**袁世凱** P.387▶▶
清朝末期の軍人。辛亥革命を経て中華民国を率いた。国家の近代化をめざしたが，日本の「二十一か条の要求」に屈した。

### ●○もっとくわしく

**インドの独立運動の4つの綱領**
英貨排斥…外国製品の不買。
スワデーシ…国産品の愛用。
スワラージ…自治の要求。
民族教育…インド固有の言語，文化，宗教（ヒンドゥー教）に基づく教育。

### 参　考

**ガンディーとインド独立**
生涯をインドの独立に捧げたガンディーを人々はマハトマ（偉大な魂）と呼んだが，1948年，イスラム教徒とヒンドゥー教徒の対立に心を痛める中，ヒンドゥー教徒に暗殺されこの世を去った。

# §2 大正デモクラシーと関東大震災

重要ポイント
- □自由主義と民主主義の実現をめざす大正デモクラシーの風潮がおこった。
- □原敬によって日本初の本格的な政党政治が始まった。
- □大正時代には労働運動，農民運動，解放運動など社会運動が高まった。
- □大正時代にはサラリーマンが増加し，都市では大衆文化が成長した。

## ① 大正デモクラシー

### 1 第一次護憲運動——民衆に藩閥が負けた

日本は1910年に韓国を併合した[P.386▶▶]。これに伴い陸軍は植民地とした朝鮮半島の支配を安定させるために2個師団の増設を政府に求めた。しかし政府がこれを拒否したため当時の陸相が辞表を提出し，内閣は総辞職に追い込まれた。そこで陸軍の長老であった桂太郎が新たに内閣を成立させ，議会を無視して強引に増強をすすめさせようとした。

▲国会議事堂に押しかけた民衆

これに対して尾崎行雄（立憲政友会）や犬養毅（立憲国民党）らは，桂らの藩閥政治は議院が予算や法律について承認をする権利を定めた大日本帝国憲法に反するとして桂内閣の退陣を要求した。この退陣要求と憲法を守ろうという要求（第一次護憲運動）はやがて民衆にも広がり，1913年2月には数万人の民衆が国会議事堂に押しかける事態にまで発展し，ついに民衆と政党の力によって桂内閣はわずか53日で退陣することになった（大正政変）。

### 2 大正デモクラシー——民衆の合い言葉はデモクラシー

大正政変によって桂太郎内閣が倒れた後，藩閥の元老たちは政党や国民にある程度の理解は示しつつも，自分たちの政策に従う首相を選び政治を行わせるという形を持ち続けた。

しかし長州藩出身で陸軍出身の寺内正毅内閣が1918年にシベリア出兵[P.405▶▶]を強行すると，兵士用の大量の米が必要になると考えた米屋が米を買い占め，米価は急騰した。これに怒った富山の漁村の主婦が米屋を襲うと，各地でも

**人物**

桂太郎
長州藩出身。ドイツ留学後，陸軍の軍政改革にあたり，陸軍及び藩閥内で大きな発言力を持った。第一次護憲運動時は3度目の組閣で，退陣後の1913年10月に亡くなった。

**人物**

尾崎行雄
1890年〜1953年まで衆議院議員として護憲運動や普通選挙運動の中心となって活躍し「憲政の神様」と言われた。

第1章 歴史の始まりと日本

第2章 中世の日本

第3章 近世の日本

第4章 近代日本のあゆみと国際関係

第5章 2つの世界大戦と日本

第6章 現代の日本と世界

同じような騒動が起こり70万人以上の民衆がこれに加わった（米騒動）。寺内内閣は軍の力でこの騒動を抑えたが，約30人の死者を出したため退陣に追い込まれた。

このような大正政変から米騒動へと続く藩閥政治への国民の批判は**自由主義と民主主義の実現を求める大**

▲米騒動

正デモクラシーという風潮をつくりだした。そして大日本帝国憲法下においてその実現をめざすための理論的根拠として，吉野作造の**民本主義**や美濃部達吉の**天皇機関説**が唱えられるようになった。

### 3　政党政治の実現――平民宰相原敬に国民の期待が集まるが

米騒動によって寺内内閣が退陣すると，藩閥の元老たちは国民から支持される人物として，**立憲政友会総裁の原敬**を首相にした。原内閣は大正デモクラシーの風潮を受け，陸軍・海軍・外務以外の大臣すべてを政友会党員で組織し，日本で初の本格的な**政党内閣**を成立させた。

原内閣は国民が期待した普通選挙の実現については，激しくなった社会運動に伴い，社会主義者や労働者などに選挙権を与えることは国内の混乱を招くと考え，納税条件を引き下げる制限選挙の緩和にとどめた。また，教育や産業の振興をはかるなどの政策は政党と資本家との結びつきを深めた。そして，原はこれらに不満を持つ一人の青年によって1921年に東京駅で暗殺された。

原の暗殺後，政党と関係の薄い軍や官界出身の首相が続いて再び議会を無視し始めると，憲政会，立憲政友会など護憲三派を中心に，**普通選挙の実現や政党内閣の樹立を求める第二次護憲運動**が起こった。護憲三派は1924年に行われた選挙で国民の支持を得て圧勝し，第一党の憲政会総裁**加藤高明**が首相となった。以後，**衆議院で多数を占める政党が内閣を組織して政治を行うという「憲政の常道」**による政党政治が1932年に犬養毅が暗殺されるまで続いた。

📖 **用語**

**民本主義**
天皇主権の下で，普通選挙法と政党政治を実現し民主主義社会の実現をめざそうとする考え。「民主主義」＝「国民主権」＝「天皇主権の否定」になることを恐れて民本主義という言葉を使った。

**天皇機関説**
主権は天皇にではなく国家にあるとし，天皇は国家の最高機関として憲法に従い統治するという考え。その後，軍部の政治的発言力が強まると，美濃部達吉は，軍部や右翼による激しい攻撃を受け，1935年には不敬罪で告訴され，著書は発禁処分となった。

**政党政治の仕組み**
公民編　P.518▶▶

| 成立年・月 | 首　相 | 出　身 |
|---|---|---|
| 1918・9 | 原　敬 | 立憲政友会 |
| 1921・11 | 高橋　是清 | 立憲政友会 |
| 1922・6 | 加藤　友三郎 | 海軍 |
| 1923・9 | 山本　権兵衛 | 海軍 |
| 1924・1 | 清浦　奎吾 | 官僚 |
| 1924・6 | 加藤　高明 | 憲政会 |
| 1925・8 | 加藤（二次） | 憲政会 |
| 1926・1 | 若槻　礼次郎 | 憲政会 |
| 1927・4 | 田中　義一 | 立憲政友会 |
| 1929・7 | 浜口　雄幸 | 立憲民政党 |
| 1931・4 | 若槻（二次） | 立憲民政党 |
| 1931・12 | 犬養　毅 | 立憲政友会 |

▲1918年～1931年の歴代内閣

# ② 社会運動の高まり

## 1　労働運動と農民運動の高まり——自分たちも力を合わせれば

産業革命の進展とともに増大した労働争議や小作争議に対して政府は1900年に**治安警察法**[P.392▶▶]を制定してこれを取り締まった。また，1901年の**社会民主党**結成（結成2日後に解散させられた）によって広まった社会主義運動に対しては，1910年の**大逆事件**で徹底的な弾圧を行った。これによって労働運動や農民運動は下火となったが，日露戦争後に続く増税や経済不振に伴う生活苦への民衆の不満は日増しに高まっていった。

この不満が最初に爆発したのが第一次護憲運動であったが，以後，米騒動，第二次護憲運動を通して，民衆は自分たちが組織的に行動することによって政治の流れを変え，要求を認めさせることができることに気づくようになった。これに**大正**デモクラシーの風潮やロシア革命[P.405▶▶]の影響を受けて，**労働運動**や**農民運動**，**解放運動**などの**社会運動**が活発になった。

労働運動では，1912年に15名の労働者がお互いに助け合い，資本家と協調して地位の向上をはかろうと友愛会を設立した。その後，友愛会は資本家との対立姿勢を取るようになり，1921年には**日本労働総同盟**と名を改め全国組織へと発展していった。1920年には最初のメーデーが上野公園で開かれ8時間労働などの要求を行った。

農民運動では，1922年に253人が最初の全国的な農民組合である**日本農民組合**を組織し，地主と協調しつつ小作料の減免を求めた。翌年には組合員が2万5,711人に増大したが，地主制の否定など，活動はしだいに戦闘的になっていった。

また労働運動や農民運動の高まりの中で，1922年にはロシア革命の影響を受けた**日本共産党**が秘密のうちに設立され，国民主権，天皇制反対，普通選挙法の実現などを掲げて活動を行った。これに対して政府は激しい弾圧を加えた。

### 📖 用語

**大逆事件**
天皇の暗殺を謀ったとして数百名の社会主義者が逮捕され，幸徳秋水 P.392▶▶ ら12人が死刑となった。しかし実際には主犯とされた幸徳秋水をはじめ多くの人は事件にかかわっていなかった。

**メーデー**
1886年5月1日にアメリカのシカゴで労働者が8時間労働制を要求してストライキをしたことを記念して，毎年5月1日に開かれる労働者の世界的祭典である。

### ●●●もっとくわしく

**鐘淵紡績争議**
1930年に鐘紡の給料4割減に反発し，各工場で起こった労働争議。中間派の日本労働組合総連合が指導したが，敗北的な解決に終わった。

| 団体名 | 設立年 | 設立目的 |
|---|---|---|
| 新婦人協会 | 1920 | 女性参政権実現や女子高等教育の充実 |
| 日本労働総同盟 | 1921 | 最低賃金制や8時間労働制の実現 |
| 日本農民組合 | 1922 | 小作料の引き下げ実現 |
| 日本共産党 | 1922 | 貧富のない国家の建設 |
| 全国水平社 | 1922 | 被差別部落の人々への差別のない社会実現 |
| 北海道アイヌ協会 | 1930 | アイヌの人々への差別のない社会の実現 |

▲20世紀前半に設立された団体

第1章　歴史の始まりと日本

第2章　中世の日本

第3章　近世の日本

第4章　近代日本のあゆみと国際関係

第5章　2つの世界大戦と日本

第6章　現代の日本と世界

## 2 解放運動と女性運動の高まり——元始，女性は太陽だった

　1871年の解放令[P.366▶▶]以降も身分差別に苦しむ被差別部落の人々は，1922年，京都にて全国水平社を結成し，差別からの解放をめざす運動（部落解放運動）をすすめていった。また1899年に公布された北海道旧土人保護法によって農耕民化がすすめられていたアイヌの人々は，1930年に生活改善を求めて北海道アイヌ協会を設立した。

　1911年には青鞜社を設立して女流文学の振興と女性の解放をめざした平塚らいてう（雷鳥）らによって女性運動が起こった。1920年には平塚らいてうと市川房枝らが新婦人協会を設立して男女同権を求める運動，特に女性参政権の獲得に力を注いだ。

## 3 普通選挙法の実現——アメ（普通選挙法）とムチ（治安維持法）

　第一次世界大戦中，イギリスやアメリカなどの連合国は，この戦争が自分たち民主主義（デモクラシー）の国をドイツなど専制主義の国から守るための戦いであると国民に訴えた。国民もこれにこたえて戦争に協力した。その結果，イギリスやアメリカは民主主義国家としての発展のために普通選挙の拡大を行った。また，敗戦国のドイツはワイマール憲法によって普通選挙を実施するようになった。

　この世界的な風潮は日本にも伝わり，大正デモクラシーの風潮や社会運動の高まりとともに，国民は普通選挙の実現を政府に対して強く求めるようになった。その結果，加藤高明内閣は1925年に25歳以上のすべての男子に選挙権を与える普通選挙法を成立させた。しかし，社会運動の高まりに危機感を覚える政府は治安維持法も成立させ，国体（天皇が統治する国家）を変革しようとしたり私有財産制を否定したりする政治活動をいっさい禁止した。

📖 用　語

**ワイマール憲法**
1919年に制定され，国民主権，20歳以上の男女の普通選挙，国民の生存権の保障などが盛り込まれ，当時，史上最も民主的な憲法といわれた。1933年にナチス政権によって事実上廃止となった。
公民編　P.499▶▶

🔎 研　究

**女性参政権はなぜ拡大したのか？**
イギリスは第一次世界大戦中の1918年に21歳以上の男子と30歳以上の女子に選挙権を与えた。選挙権の拡大によって労働党が勢力を伸ばし，1924年には初の労働党内閣が成立した。1928年には21歳以上の男女に選挙権を与えた。
1918〜1919年にはカナダ，スウェーデン，ポーランドなどで，1920年にはアメリカで女性に参政権が与えられた。
これらは大戦中の女性の働きが認められたことと，男性だけが参政権をもったため，悲さんな大戦を引き起こしたことを反省した結果といえる。

| 法改正年 | 1889 | 1900 | 1919 | 1925 | 1945 |
| --- | --- | --- | --- | --- | --- |
| 実施年 | 1890 | 1902 | 1920 | 1928 | 1946 |
| 年齢(以上) | 男25 | 男25 | 男25 | 男25 | 男女20 |
| 直接国税(円) | 15 | 10 | 3 | 普通選挙 | |

全人口にしめる有権者の割合：1.1%，2.2，5.5，20.8，50.4

▲有権者の増加

歴史編

第1章 歴史の始まりと日本

第2章 中世の日本

第3章 近世の日本

第4章 近代日本のあゆみと国際関係

第5章 2つの世界大戦と日本

第6章 現代の日本と世界

# ③ 新しい生活と文化

## 1 市民生活の変化と大衆（市民）文化の成長
──サラリーマン登場

日露戦争後から第一次世界大戦にかけて工業が発展していくと，都市には工場や会社，銀行が集中し始めた。その結果，働き場所を求めて農村から都市に移住する人々が増えた。職場から給料をもらって生活する人々（サラリーマン）が増えるとともに，都市の生活スタイルや文化にも変化がみられるようになった。

大家族で暮らす農村と違って，市民生活では，父母と子どもが暮らせる程度の**機能的でコンパクトな設計の文化住宅**が，通勤に便利で割安な郊外に建てられた。また，義務教育の普及に伴い中学校や女学校への進学率が高まり，都市部では大学や専門学校が増設された。

このような市民生活の変化のなかで，余暇を楽しむ**大衆雑誌**や**大衆小説**，**トーキー**（有声映画）などの大衆文化が広まった。また，文学においても**志賀直哉**や**武者小路実篤**などの人道主義に根ざした**白樺派**の作家をはじめ，優れた短編小説を残した**芥川龍之介**などが多くの作品を残した。また，新聞や1925年に始まった**ラジオ放送**は市民の貴重な情報源となった。このころ，**バスガール**など女性の職場進出もみられるようになった。

## 2 関東大震災──今も語り継がれる震災の恐怖

1923年9月1日正午前，東京付近でおきた**関東大震災**は死者・行方不明者10万人以上を数え，全焼・倒壊した家屋は57万戸以上を数えた。これにより日本経済は大打撃を受け，1927年には**金融恐慌**が起こり銀行の倒産が相次いだ。しかし，**三井**，**三菱**，**住友**などの大銀行は逆に預金が集まり，**財閥**としての発展の基礎がつくられた。

また，混乱の中で，朝鮮人が暴動を起こすというデマが流れ，多くの朝鮮人が警察や市民に殺されるという事件も起こった。

震災後，東京では計画的に道路や家を復興し，震災に強く住みやすい環境の町づくりを行った。こうして，少しずつ活気を取り戻す中で大衆文化はさらに花開いていった。

### 参 考

**日本の都市の人口変化**

| | 1878年 | 1920年 |
|---|---|---|
| 東京 | 67万人 | 217万人 |
| 横浜 | 6万人 | 42万人 |
| 名古屋 | 11万人 | 43万人 |
| 大阪 | 29万人 | 125万人 |
| 神戸 | 4万人 | 61万人 |

### 📖 用 語

**文化住宅**

大正時代にはいると西洋風の生活様式が流行し，住宅の一部に洋間（たたみのない部屋）を設計することがはやった。文化住宅ではこの洋間と台所，浴室をそなえ，庶民のあこがれとなった。また，ライスカレー，トンカツ，コロッケなどの洋食も人気となった。

### 👤 人 物

**芥川龍之介**（1892〜1927）
『羅生門』『芋粥』など古典から題材をとった作品が多い。優れた純文学作品におくられる芥川賞は，彼を記念した文学賞である。

▲関東大震災

# §3 第二次世界大戦と日本

**重要ポイント**

- □世界恐慌に対し，アメリカはニューディール政策，イギリス・フランスはブロック経済をとった。
- □不況に悩むイタリアやドイツでは，ファシズム政権が権力を握っていった。
- □日本では軍部が台頭して満州事変を起こし，満州国を建国した。
- □日中戦争が始まり，日本では国家総動員法などによって国民統制が強まった。
- □ドイツのポーランド侵攻によって第二次世界大戦が始まった。
- □太平洋戦争によって第二次世界大戦は全世界に広がったが連合国の勝利に終わった。

## ① 世界恐慌

### ■1 世界恐慌——世界中がパニックに

　第一次世界大戦中，大戦による被害もなくヨーロッパ向けの輸出で大戦景気にわいたアメリカは，ヨーロッパ諸国に代わって世界経済の中心となった。しかし大戦後，ヨーロッパ諸国が大戦の被害から立ち直り工業が復興してくると，しだいにアメリカのヨーロッパへの輸出量は減少し，国内の消費もふるわなくなり生産過剰に悩むようになった。

　このような不安定な経済状況の中で，1929年ニューヨークのウォール街にあった証券取引所（株の売り買いを行う所）で株価の大暴落がおきた。これ以降，アメリカでは銀行や会社の倒産が相つぎ，失業者が町にあふれた。世界経済の中心となっていたアメリカの混乱は世界経済に大きな打撃を与え，ソ連を除く各国で銀行や会社の倒産が相ついだ（世界恐慌）。

**参考**

**暗黒の木曜日**
ウォール街の証券取引所での株価の大暴落は，木曜日におきたので，人々は，この日を「暗黒の木曜日」といった。

▲ウォール街

### ❓Q&A　株価の暴落はなぜおきたのだろうか？

　大戦景気で事業を広げたい資本家は株を発行して資金を調達した。しかし生産過剰によって売り上げが落ちてくると倒産のうわさが広がり，投資家たちは株が紙くずにならないうちにわれさきに売却しようとした。買う人のいない株は暴落して，株を大量に保有していた銀行の資産は大きく下がった。さらに，預金を引き出そうとした預金者が殺到し，体力のない銀行は次々と倒産していった。

### 2 ソ連の計画経済——我が道を行くが，行かない者には死を

　ソ連はレーニン[P.405▶▶]のあとをついだ**スターリン**の指導の下で，1928年から農業国から工業国への転換をはかる「**五か年計画**」によって農業の集団化と重工業の発展をすすめていた。「五か年計画」は国内の資源を活用する自給体制の確立をめざしたため，世界恐慌の影響を受けず工業生産は飛躍的に増加した。一方でスターリンは自分の政策に反対する多くの人々を逮捕し処刑した。

### 3 アメリカとイギリス，フランスの恐慌への対応
——もてる国の政策

　広い国土と多くの人口をかかえるアメリカや広大な植民地を持つイギリスやフランスは，それぞれの国の特色をいかして世界恐慌を乗り切ろうとした。

　アメリカでは，1933年に大統領となった**フランクリン・ローズベルト**が，アメリカの伝統的な経済における自由放任主義的姿勢をあらため，政府が積極的に経済に介入する**ニューディール（新規まき直し）政策**で経済回復をはかろうとした。この政策によってアメリカは経済の復興に成功した。イギリスやフランスでは，その広大な植民地を活用して世界恐慌を乗り切ろうとした。具体的には，これまでの自由貿易主義をやめて，本国及び植民地への他国製品の輸出を高い関税によって制限することにより，本国と植民地との間の貿易を増やして経済を立て直そうとする政策をとった。このような排他的な経済政策を**ブロック経済**という。これによって，輸出が制限された国々では，さらに経済が悪化した。

## ② ファシズムの台頭

### 1 イタリアのファシズム——ローマ帝国の復活をめざす

　1919年にファシスト党を結成した**ムッソリーニ**は，強い指導者による社会の安定を求める国民，そして社会運動や共産主義の広がりを危険視する資本家や地主と軍部の幅広い支持を集めていき，1922年，政権を獲得して首相となった。ムッソリーニは議会政治を否定して反対する勢力を暴力で押さえつけるという**独裁政治（ファシズム）**を行い，国

---

#### 📖 用語

**ニューディール政策**
失業者を無くせば賃金を得た人々が消費活動を行って景気が上向くという考えに基づき，公共事業をおこしたり，労働組合を保護して賃金や雇用の保障を行ったりした。公共事業としては，ＴＶＡ（テネシー川流域開発公社）が有名で，これにより周辺住民300万人の生活を向上させた。

#### 🔍 研究

**イタリアでムッソリーニが登場した背景は何だったのか。**
イタリアは第一次世界大戦の戦勝国ながら，60万人以上の戦死者を出しながら新しい領土は得られなかった。そのうえ，多額の戦費が重い負担となり財政難が続き物価も上がり続けたため，生活の苦しい労働者や農民達はロシア革命の影響を受けて過激な労働運動や農民運動を展開した。この大戦後の情勢が強い指導者による社会の安定を求める風潮につながり，ムッソリーニの台頭を許した。

第1章 歴史の始まりと日本

第2章 中世の日本

第3章 近世の日本

第4章 近代日本のあゆみと国際関係

第5章 2つの世界大戦と日本

第6章 現代の日本と世界

▲ムッソリーニとヒトラー

民の支持を得た。また，世界恐慌によって1932年には失業者が100万人を超えるまでに経済状況が悪化していくと，ムッソリーニはエチオピアを侵攻（1935年）・併合（1936年）することで国民の不満をそらそうとした。これに対して国際連盟はイタリアへの経済制裁を行ったが効果はうすく，1937年，イタリアは自ら国際連盟からの脱退を通告した。

### 2 ドイツのファシズム——20世紀の悪魔の登場

　1921年にヒトラーを党首としたナチス（**国民社会主義ドイツ労働者党**）は，ベルサイユ条約[P.406▶▶]の打破による強いドイツの再建と経済復興による労働者や農民の生活安定を公約として国民の支持を求めた。ナチスはしだいに生活に苦しむ労働者や農民，そして共産主義に不安をおぼえる資本家や軍部に支持を広げていった。そして，1932年に第一党となり，翌年ヒトラーが首相に任命された。

　政権を握ったヒトラーは，共産党を弾圧し，ナチスによる一党独裁を行った。1933年には再軍備を認めない国際連盟から脱退し，1934年に総統となるとワイマール憲法[P.412▶▶]を無視して完全な独裁体制をとり，1935年にはベルサイユ条約を破棄して再軍備宣言を行い，条約で失われた領土の回復をはかるようになった。

　ヒトラーは秘密警察を使い反対する勢力に徹底的な弾圧を加え，国民の言論や自由を統制する**全体主義国家**をつくりあげていったが，国民は強いドイツの復興と公共事業や軍需産業の振興によって経済の復興をなしとげたヒトラーを熱烈に支持した。

### 3 反ファシズムの動き——ペンでファシズムと戦う文学者も

　ムッソリーニやヒトラーのファシズム勢力に対し，各国政府は強い態度で対決する姿勢をとらなかったため，フランスやスペインではファシズムと戦争に反対する共産党や社会主義者，文化人らが**人民戦線**と呼ばれる組織をつくった。スペインでは1936年に人民戦線政府が成立したが，フランコ将軍率いる保守派勢力が反乱を起こし内乱となった。この時，人民戦線政府を助けるために欧米の社会主義者や知識人，そしてソ連はスペインに義勇軍を派遣したが，ドイツやイタリアに支援されたフランコ将軍側の勝利に終わった。

---

### 🔍 研 究

**ドイツでヒトラーが登場した背景は何だったのか。**
アメリカの支援によって経済復興をはかっていたドイツは，世界恐慌によってアメリカが資本を引きあげると経済状況が急速に悪化した。さらに，イギリス，フランスによるブロック経済の影響もあり，1932年には失業者が558万人を数えるほどの経済状況に落ち込んだ。これに対して政府は有効な経済政策を打ち出せず，ベルサイユ条約に従って協調外交を続けたため，国民の激しい非難をあびることになった。この状況下において，議会では共産党とナチスが勢力を伸ばしていった。

### 🔍 参 考

**ユダヤ人の虐殺**
ヒトラーは「優秀」なゲルマン人の国家を建設するために，人種差別政策をすすめた。ユダヤ人，精神障害者，身体障害者などが抑圧されたり，大量に虐殺されたりした。

> スペイン人の画家ピカソは，都市無差別爆撃を受けたゲルニカの人々の怒りや悲しみをこの絵に描いた。

▲パブロ・ピカソ「ゲルニカ」（1937年）

# ③ 日本経済の混乱と軍部の台頭

## 1 日本経済の混乱と政党政治の行きづまり
### ——ライオン宰相浜口の政策は？

　金融恐慌[P.413▶▶]をようやく克服した日本だったが，1929年に起こった**世界恐慌**によって再び深刻な不況にみまわれた（**昭和恐慌**）。さらに豊作による農産物の価格の大暴落や翌年の北海道・東北地方の冷害によるききんで農民の生活はいっそう苦しくなった。

　この結果，都市では1931年をピークに失業者が増大し，解雇や賃金の切り下げに反対する労働者たちの**労働争議**が相ついだ。

　また失業した労働者たちの中には生まれ故郷の農村にもどる人も多く，農村の困窮はいっそう深まり，農民の中には娘を借金の肩代わりに身売りする者もでて大きな社会問題となった。このような状況の中で1934〜1935年をピークに**小作争議**が相ついだ。

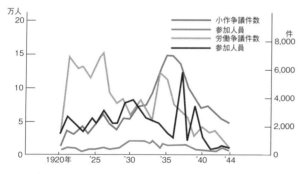

▲小作争議・労働争議の件数

　これに対して，立憲民政党総裁の**浜口雄幸**首相は産業の合理化で生産力を上げ，製品を中国や欧米へ輸出することによって経済の立て直しをはかろうとした。そのためには欧米との協調外交による国際平和の維持が必要と考えた浜口は，1930年に開かれた**ロンドン海軍軍縮会議**において海軍の兵力の削減に調印した。

　しかし，産業の合理化に伴う財閥への保護政策をめぐる財閥と政党政治家との選挙資金や利権のやりとりに対して，国民は強い不満をあらわした。また，軍縮条約調印に

---

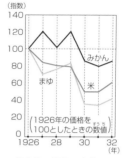

▲農作物の価格の変化
（『長期経済統計』）

### 人物

**浜口雄幸**（1870〜1931）
ロンドン海軍軍縮会議が行われたときの内閣総理大臣。その風貌から「ライオン宰相」とよばれ，大衆に親しまれた。

### 用語

**ロンドン海軍軍縮会議**
財政難に苦しんでいたアメリカ・イギリス・日本は軍事費の削減と国際平和の維持を目的に会議を開き，補助艦の保有割合を制限するなどの条約を結んだ。

| 英 | 10.29 |
|---|---|
| 米 | 10 |
| 日 | 6.98 |

▲補助艦の保有割合

　浜口内閣の協調外交，軍縮政策に不満を持った軍部の一部や右翼は天皇の統帥権を無視した統帥権侵犯に当たるとして激しく攻撃した。浜口は1930年に東京駅で右翼の青年に狙撃され，翌年に亡くなった。

**歴史編**

第1章 歴史の始まりと日本

第2章 中世の日本

第3章 近世の日本

第4章 近代日本のあゆみと国際関係

第5章 2つの世界大戦と日本

第6章 現代の日本と世界

対しては，軍部の一部や右翼などが強く反発した。

　ただし，経済面では円相場の下落や生産コストの削減により綿製品や雑貨などの輸出が伸びるなど世界恐慌の打撃から回復した。政府による軍需産業の保護政策により，重化学工業も発展し，軽工業の生産を上回っていった。

**2 満州事変——関東軍の野望の実現**

　日本で金融恐慌が起こった1927年，中国では蔣介石が率いる中国国民党が南京に国民政府を樹立して共産党を弾圧しながら中国の統一をすすめた。関東軍は，このままでは満州に中国国民党の勢力がおよぶのも時間の問題とし，そうなった場合には日本が満州に持つ日本の権益確保は困難になると考えた。そこで関東軍は，山東省へ出兵し，満州の軍閥 [P.387▶▶] の指導者張作霖を殺害してこれを防ごうとした。しかし，張作霖の子の張学良が国民政府に合流し，満州も1928年に国民政府の勢力下に入った。

　中国統一を果たした国民政府をアメリカやイギリスは承認し，国民政府のすすめる鉄道権益の回収や外国軍隊の撤退などの国権回復に応じて，中国の関税自主権を承認するなどの姿勢をみせた。

　一方，国民政府と敵対していた日本は国際的に孤立したため，1930年には国民政府を承認し，中国の関税自主権を認めるなどの協調外交をすすめた。この動きに対して満州を対ソ戦の拠点，重工業発展の資源供給地，そして貧しい農民の移住先として重要視していた軍部の一部や右翼，知識人は「日本の生命線」である満州の確保を国民に訴えた。しかし浜口内閣後の内閣も協調外交をすすめた。さらに，中国では国民政府が満州における権益回収の方針を発表するなど，満州をめぐる情勢は軍部にとって危機感をいだかせるものとなった。

　この情勢の中で1931年 9 月18日，ついに関東軍は独断で奉天（現在の瀋陽）郊外の柳条湖で南満州鉄道を爆破し，これを中国側のしわざとして国民政府に対する軍事行動を開始した（満州事変）。関東軍は日本政府の不拡大方針を無視し，約 4 か月半で満州全域を占領した。続いて関東軍は清朝最後の皇帝溥儀を執政として1932年に満州国を建国し，実質的に支配するようになった。

**参　考**

**関東軍**
1919年，関東州や南満州鉄道を守るために満州におかれた日本陸軍の出先機関のこと。

**山東省への出兵**
1927年から 3 次にわたって，国民革命軍の北上を抑えることをねらい，山東省の在留日本人保護を名目に出兵を行った。

**●●もっとくわしく**

**張作霖の殺害**
日本の支援によって満州を支配した張作霖は，国民革命軍に敗れて北京から奉天に引き上げる途中，1928年，関東軍によって列車ごと爆殺された。関東軍は忠実でなくなった張を暗殺し，混乱に乗じて満州占領をはかろうとしたが失敗に終わった。日本政府は国民党のしわざとして，国民に知らせないようにしたが，議会で明らかになり政府は総辞職した。

紅は南方，青は東方
白は西方，黒は北方
黄は中央を表している。

▲満州国の国旗

日本政府は満州国の建国が満州に住む日本人，朝鮮人，漢人，満州人，モンゴル人（五族）の自らの意志によるものであるという立場をとったが，中国はこれを認めず満州事変を日本の侵略行為として国際連盟に訴えた。

それに対して国際連盟は満州問題の調査のために**リットン調査団**を派遣したが，その調査結果をもとに国際連盟は日本政府に対して満州国の建国取消と日本軍の引き上げの勧告案を提案した。その提案に対する採決は42対1（反対は日本のみ）で可決となり，この可決後に日本の松

▲満州国と日本

▲リットン調査団

岡洋右代表はすぐさま会場を後にした。その後，1933年3月に日本は**国際連盟の脱退**を表明し，本格的に満州経営に乗り出した。1934年には溥儀を満州国皇帝としたが，その実権は満州国解体の日まで日本が握り続けた。

### 3 軍部の台頭——軍部に逆らう者は殺される

満州事変前後から軍部の一部には，政党政治とそれに結びついている資本家や地主を倒さない限り，国民を救うことはできないという過激な考えが広まり始めていた。1932年5月15日，海軍の青年将校らがその考えを実行し，満州国の承認に反対していた**犬養毅**首相を暗殺した（**五・一五事件**）。これによって1924年以来続いた**政党政治は終わり**，軍部出身者を首相とする内閣が続いた。また1936年2月26日には天皇の命に従って軍部が政治を行っていこうという考えの陸軍の青年将校たちが，約1,400名の兵士を率いて首相官邸や警視庁などを襲った（**二・二六事件**）。このクーデターは失敗したが，これを鎮圧した軍部の力はさらに強まり，国民も軍部を支持していった。

歴史編

第1章 歴史の始まりと日本

第2章 中世の日本

第3章 近世の日本

第4章 近代日本のあゆみと国際関係

第5章 2つの世界大戦と日本

第6章 現代の日本と世界

**参 考**

**満州国**
関東軍は「王道楽土」（王道によって治められた安楽な土地）と宣伝し，満州，漢（中国），モンゴル，朝鮮，日本の五族が共に繁栄（五族協和）していくことを旗頭とした。

**満州国承認の背景**
満州事変当時の若槻内閣は9か国条約に反するとして満州国の承認には反対で，犬養毅も同様に反対した。犬養が暗殺された後，次の斎藤内閣の時，軍部の圧力によって満州国は承認された。

**●●もっとくわしく**

**満州国へ渡った日本移民**
農地の開拓と対ソ戦の際の予備兵力の目的で日本は組織的に開拓団を満州に送り込んだ。1945年8月8日に対ソ戦が始まると開拓団の人々も戦いに巻き込まれ多くの死傷者を出し，戦後の混乱で日本に戻れず戦争孤児となった子どもたちも多くいた。

# ④ 日中戦争の勃発

## 1 中国国民党と中国共産党──中国国内における争い

　1928年に中国統一を果たした国民政府は蔣介石が主席となって実権をにぎり，1924年に結んだ中国国民党と中国共産党との協力関係（**第一次国共合作**）を破棄して中国共産党の弾圧を始めた。この弾圧によって中国共産党は壊滅的な打撃を受けたが，その後の立て直しで1930年ころには勢力を拡大し始めた。そのため蔣介石は1931年から中国国民党軍による**中国共産党軍**（紅軍）への攻撃を本格化し，激しい戦闘が中国各地でくり広げられた。

　この中国内部の混乱の中で，関東軍は満州事変や満州国建国を強行したが，関東軍との戦いの拡大を望まない蔣介石は，**関東軍との戦闘停止**を行った。そして，日本が国際連盟の満州国建国取り消しなどの勧告を拒否した後も，共産党との内戦で手一杯の蔣介石は，日本政府と関東軍による満州地域における行動を静観する姿勢をとった。

## 2 日中戦争の勃発──1か月で終わるはずが

　一方，二・二六事件以後，軍部の政治的発言力が増した日本では，1936年に**大陸進出**と**南方進出**の方針が国策として打ち出され，同年11月には共産主義勢力の進出に対抗するという目的で**日独防共協定**が結ばれた。翌年にはイタリアを加えて（**日独伊三国防共協定**）日独伊枢軸を形成したが，この間，日本は大陸進出への準備を整えた。

　中国では中国共産党の指導者**毛沢東**が国民政府に対して協力して日本に対抗することを呼びかけた。1936年12月に蔣介石がこれを受け入れて共産党と国民政府との内戦が停止され，中国では抗日運動が高まった。

　この緊迫した情勢の中で1937年7月7日，北京郊外の盧溝橋付近で夜間演習中の日本軍に向けて数発の銃弾が撃ち込まれる事件（**盧溝橋事件**）が起こり，これを中国軍（中国国民党軍）側の発砲とみた日本軍による反撃で，宣戦布告のないまま**日中両軍は全面戦争**に突入した。以後，太平洋戦争が終結する1945年8月15日まで日本と中国は戦争を続けたが，この戦争を**日中戦争**という。

**参　考**

**青天白日旗**
辛亥革命によって中華民国が建国されると，孫文は国旗をデザインした。この国旗は青天白日旗と言われ，蔣介石らの国民政府に受けつがれた。1949年の中国共産党による中華人民共和国建国によって，国民政府が台湾に追われた後も台湾ではこの青天白日旗を使用している。

▲青天白日旗

**人　物**

**蔣介石**（1887～1975）
しょうかいせき

**毛沢東**（1893～1976）
もうたくとう

## 3　抗日民族統一戦線——中国人の誇りを持って

　戦線を南に広げた日本軍はこれまでの中国との戦いから，中国軍は弱体で戦争は短期間に終わると考えていた。しかし中国共産党との内戦を停止した国民政府は，1937年9月に中国共産党から示された国共合作を受け入れて（**第二次国共合作**），事実上の**抗日民族統一戦線**を成立させた。そして，首都**南京**が日本軍に占領されると首都を漢口，重慶へと移してねばり強く戦いを続けた。また共産党も農民の支持を受けてゲリラ戦を展開して日本軍を苦しめた。

　これに対して日本はドイツを仲介に和平工作をすすめたが，不利な和平条件を国民政府が拒否すると，1938年には「**国民政府を対手（相手）とせず**」として国民政府に代わる親日政権の出現と和平の実現を呼びかけた。しかしアメリカ，イギリス，ソ連の援助を受けた国民政府と中国民衆の抗日意識は高く，1940年に南京で成立した親日政権も中国民衆の支持を得ず，日本の短期決戦の見込みは大きくはずれて，日中戦争は**総力をあげて戦う全面戦争**になった。

▲日本の侵略範囲

凡例：
「満州国」の範囲
開戦1年後までの戦線
以後の戦線
太平洋戦争中の作戦地域（1941.12～45.8）

**南京事件**
1937年12月，日本軍が南京を占領したとき，暴行や略奪を行い無抵抗の市民を含む多数の中国人を殺害したといわれる事件。ただしその真相については様々な意見がある。

## 4　国家総動員法の成立——すべてを国家のために

　日中戦争が長引くと国家予算のほとんどが軍事費にあてられ国民生活は苦しくなった。さらに政府は，1938年に国の総力をあげて戦争が遂行できるように**国家総動員法**を制定して国民生活を統制した。また，1940年には挙国一致で戦争を遂行できるよう**大政翼賛会**を結成して政党を統制した。また反戦的な思想や自由主義的な思想は厳しく取り締まられ，**隣組**によって住民はお互いに監視し合うようになった。人手不足や肥料不足から農村の収穫が減り，食料難が深刻となって生活必需品は切符制となり，米は**配給制**となった。

　朝鮮・台湾では，日本人に同化させる**皇民化政策**がすすめられ，朝鮮では日本式の姓名にあらためさせる**創氏改名**や神社への参拝が強制されるようになった。

▲贅沢は敵だ

**戦前までの政党の変遷**
公民編　P.519▶▶

**▼戦時体制下にできた法律や制度・組織**

| 1938年 | 国家総動員法 | 議会の承認なしで政府が国民生活全体を統制できる。 |
|---|---|---|
| 1940年 | 切符制 | 生活必需品（砂糖やマッチなど）が対象。41年には米が配給制に。 |
| 1940年 | 大政翼賛会 | 政党や団体を解散して，戦争に協力する大政翼賛会に一本化する。 |
| 1940年 | 大日本産業報国会 | 労働組合を解散して大日本産業報国会に入り戦争に協力する。 |

歴史編

第1章　歴史の始まりと日本

第2章　中世の日本

第3章　近世の日本

第4章　近代日本のあゆみと国際関係

第5章　2つの世界大戦と日本

第6章　現代の日本と世界

# ⑤ 第二次世界大戦

## 1 大戦の始まり——ドイツ第三帝国建設のために

　ヒトラー[P.416▶▶]は1935年に再軍備宣言を行うと，ドイツのヨーロッパ東方への勢力拡大をはかり，1938年3月にゲルマン系民族の多いオーストリアを併合した。続いてヒトラーは1939年3月にチェコスロバキアを支配下におさめたが，ドイツとの全面戦争を恐れたイギリスとフランスはドイツの行動を黙認した。しかし，同時にイギリスとフランスはポーランドの独立をドイツが脅かす場合は，軍事的対決も辞さないとの警告をヒトラーに送った。

　これに対して，ヒトラーはポーランドに領土の割譲を要求するとともに，1939年5月にイタリアと軍事同盟，8月には独ソ不可侵条約を結び，イギリス，フランスとの対決姿勢を示した。そして，ドイツは1939年9月1日，宣戦布告なしで突然にポーランドに侵攻していった。驚いたイギリスとフランスは警告通りにドイツに宣戦布告を行い第二次世界大戦が始まった。

## 2 ヨーロッパ戦線の長期化——大英帝国の威信にかけて

　ドイツ軍の電撃作戦によってわずか1か月あまりでポーランドを降伏させることに成功したヒトラーは，7か月後の1940年4月から5月にかけて，中立を宣言していたデンマーク，ノルウェー，ベルギー，オランダに侵攻した。ドイツ軍がまたたく間にこれらの国々を占領してフランスのパリまで目前にせまった6月，ドイツが優勢と判断したイタリアは，イギリス，フランスに宣戦を布告した。

　イタリアが参戦した直後に，ドイツ軍はパリに入城してフランスを降伏させた。一方，イギリスはチャーチルが首相となって国をあげての戦時体制をつくりあげて，ねばり強くドイツへの反撃を行った。またイタリアがギリシャやエジプトへの勢力拡大をはかったため，バルカン半島や北アフリカに戦場が広がった。さらに，1941年6月にはドイツが独ソ不可侵条約を破ってソ連への侵攻を開始したため戦争は長期化し始めた。

▲ポーランドに侵攻するドイツ

**ドイツの電撃作戦**
ドイツ軍はまず航空隊が敵の陣地を爆撃し，反撃能力を失った敵陣を高速の戦車部隊が突破し，最後に歩兵がこれを占領するという電撃作戦を行い短期間で各国の軍隊を打ち破った。

**不思議な戦争**
ポーランド占領後，ヒトラーは英仏に和平提案を行い戦闘を停止した。英仏がこの和平提案を拒否すると，ヒトラーは次の作戦準備に入った。英仏も積極的に反撃せず，約7か月間膠着が続いたため，人々は不思議な戦争と呼んだ。

**チャーチル**（1874〜1965）

## 3 太平洋戦争の始まり──アメリカとの戦いにふみだす

　1939年5月に満州国国境付近で日本軍とソ連軍が衝突した事件（**ノモンハン事件**）によって日本軍が大敗すると、北進論と南進論の二つの作戦を打ち出していた軍部の考えは、**南進論**に傾いた。さらに、フランスがドイツに降伏してインドシナへのフランスの統治力が及ばなくなると、日本は、1940年9月に軍隊を送ってインドシナの北部に駐留させた。これに反発するアメリカやイギリスに対して、日本は**日独伊三国同盟**を結び、対決姿勢を鮮明にした。

　アメリカはこうした日本の行動に対して強い警戒感を持ち、経済制裁によって日本の行動を抑えようとしたが、日本は1941年4月に**日ソ中立条約**を結んで北方の安全を固めた後、フランス領インドシナの南部に侵攻を開始した。アメリカはただちに日本に対する軍需物資と石油の全面禁輸を行い、中国とインドシナからの軍隊の引き上げを要求した。日米戦争を避けたい日本政府（近衛文麿内閣）はアメリカとの和平交渉を行ったが、アメリカとの開戦を決意した軍部の圧力によって政府の方針は開戦へと傾いていった。そして1941年10月に陸軍大臣の**東条英機**が首相になるとアメリカなどとの開戦のための戦争準備を始め、12月1日に昭和天皇が出席した御前会議でついに開戦を決定した。

　この決定に基づき1941年12月8日、日本海軍はハワイの**真珠湾**にあるアメリカ海軍の基地を奇襲攻撃し、日本陸軍は**イギリス領マレー半島**への上陸を行い**太平洋戦争**が始まった。そして三国同盟を結んでいたドイツ、イタリアも同盟に基づきアメリカに宣戦を布告したため、戦争は全世界に拡大し、**第二次世界大戦**は**日独伊**の枢軸国側と**米英ソ**などの**連合国**側との戦いとなった。

　日本はこの戦争の目的を、欧米からアジアの植民地を解放し、アジアの諸民族の自立によって繁栄する「**大東亜共栄圏**」の建設にあると国民やアジアの民衆に呼びかけた。

歴史編

第1章 歴史の始まりと日本

第2章 中世の日本

第3章 近世の日本

第4章 近代日本のあゆみと国際関係

第5章 2つの世界大戦と日本

第6章 現代の日本と世界

### ●●もっとくわしく

**南進論と北進論**
満州を越えてソ連領内に侵攻し日本の勢力を広げようとする考えが北進論。一方欧米の植民地がある東南アジアを占領して、英米がここから中国に物資を送っている援助ルートを断ち切り、あわせて資源も獲得しようという考えが南進論。

### 📖 用　語

**日独伊三国同盟**
まだ参戦していない第三国（アメリカ）から攻撃されたときには政治的、軍事的に援助しあうことを取り決め、日本のアジア、ドイツ・イタリアのヨーロッパでの指導的立場を確認した。そのためアメリカの反発を買った。

▲真珠湾攻撃

▲太平洋戦争における勢力図

### 4　長期化する太平洋戦争——多くの青春が散る

　大東亜共栄圏の建設をかかげた日本のアジア，太平洋地域での戦いは，1941年12月8日の開戦以来，わずか半年足らずでフィリピン諸島など東西5,000km，南北6,000kmの地域を占領するにいたった。

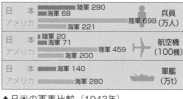

▲日米の軍事比較（1943年）

| | | | | |
|---|---|---|---|---|
| 日　本 | | 陸軍 290 | | 兵員 |
| | 海軍 68 | | 陸軍 699 | （万人） |
| アメリカ | | 海軍 221 | | |
| 日　本 | 陸軍 20 | | | 航空機 |
| | 海軍 71 | 陸軍 459 | | （100機） |
| アメリカ | | 海軍 200 | | |
| 日　本 | 海軍 140 | | | 軍艦 |
| アメリカ | | 海軍 280 | | （万t） |

　しかしこれはイギリスが対独戦で手一杯だったこと，そしてアメリカも開戦準備が遅れて十分な兵士と兵器を派遣できなかったことによる。そのためアメリカが兵器製造を本格化し，大量の兵士の育成を始めた1942年半ばには，日本の快進撃はとまり防戦におわれ始めた。そして1942年6月のミッドウェー海戦における海軍の大敗をきっかけに，日本は連合国側に連敗を重ねるようになっていった。

　こうして日本が劣勢になるにつれて多くの兵士が必要になり，徴兵制のもとで台湾や朝鮮の男性も兵士として戦場に送られた。そして1943年からは日本の大学生や高等専門学校の文科系学生も学徒兵として戦場にかり出されていった（**学徒出陣**）。また，多くの労働者が戦地にかり出され労働力が不足したため，中学生や女学生が工場や農村で働かされる（**勤労動員**）ようになり，強制的に日本に送られて炭鉱などで働かされる中国人や朝鮮人も増えていった。

　その中で，大東亜共栄圏を掲げて占領した地域では，強制的に米や資源の取り立てや，占領政策に反対する住民の弾圧を行う日本軍の軍政に対して，ベトナムやビルマ（ミャンマー），フィリピンなど各地で**抵抗運動**が増加していった。

### 5　ドイツ・イタリアの降伏——独裁者たちの最期は

　ヨーロッパの戦いで優勢だったドイツは，1942年8月から1943年2月にかけて行われたスターリングラード攻防戦でソ連に大敗した。それ以降，ドイツ軍はソ連軍の西方への進撃を止められず，東ヨーロッパの国々がドイツの支配から解放されていった。また地中海沿岸地域で激しい戦闘を行っていた米英軍は，1944年6月に北フランスのノルマンディーに上陸を果たし，8月にはフランスのレジスタンスの市民とともにパリを解放した。その間，すでにイタリアは1943年9月に降伏し，逃亡したムッソリーニに代わる新政権は10月にドイツへの宣戦布告を行った。そして1945

●○もっとくわしく

**ミッドウェー海戦**
1942年6月，ミッドウェー島を攻略することによってアメリカの空母部隊をさそいだし，これを撃滅しようとしたが，逆に日本の空母4隻が沈められた。これによって日本の海軍力とアメリカの海軍力が逆転し，日本は防戦にまわるようになった。

●○もっとくわしく

**ノルマンディー上陸作戦**
第二次世界大戦中の1944年6月6日に連合軍によって行われた，史上最大規模の上陸作戦。最終的に300万人近い兵員がドーバー海峡を渡ってフランス上陸を果たした。この後2ヶ月ほど激戦が続いた。

○　参　考

**レジスタンス**
ドイツ占領下の人々が行った，ドイツへの協力を拒否したり，ドイツ軍の作戦を妨害したりするなどの抵抗運動。

年4月，ムッソリーニがレジスタンスの人々によって処刑<sub>しょけい</sub>された2日後，ヒトラーがベルリンで自殺し，5月7日にドイツは連合国軍<sub>れんごうこく</sub>に無条件降伏した。

## 6 日本の降伏<sub>こうふく</sub>——あと2週間決断が早ければ

　1944年6月，太平洋上のサイパン島に上陸したアメリカ軍は，占領<sub>せんりょう</sub>後この島を基地として爆撃機<sub>ばくげきき</sub>B29で日本本土への空襲<sub>くうしゅう</sub>を本格的に開始した。日本の多くの都市や軍事施設<sub>しせつ</sub>では大きな被害<sub>ひがい</sub>が出たため，政府は大都市の小学生を地方に疎開<sub>そかい</sub>させた（**学童疎開**<sub>がくどうそかい</sub>）。1945年3月10日の**東京大空襲**<sub>とうきょうだいくうしゅう</sub>では一夜にして約10万人の死者を出すにいたった。

　この間，**アメリカ，ソ連<sub>れん</sub>，イギリス**の首脳は1945年2月，ソ連領ヤルタで会談を開き，ドイツの戦後処理とソ連の対日参戦を決定した（**ヤルタ会談**<sub>かいだん</sub>）。そして1945年3月に沖縄<sub>おきなわ</sub>への上陸を開始したアメリカ軍は，6月には**沖縄を占領**した。こうして戦争の行方は日本にとって絶望的となったが，軍部はいぜんとして本土決戦に向けて作戦準備をすすめていった。

　アメリカ，ソ連，イギリスの首脳は7月にドイツのポツダムで会談を開いて，日本に無条件降伏を勧告<sub>かんこく</sub>する宣言<sub>せんげん</sub>（**ポツダム宣言**）を発表したが，日本政府（鈴木貫太郎<sub>すずきかんたろう</sub>内閣）は，宣言の黙殺<sub>もくさつ</sub>と戦争継続<sub>けいぞく</sub>を決めた。これに対して，戦争の早期終結をめざす**アメリカは8月6日に広島<sub>しま</sub>，9日に長崎<sub>ながさき</sub>に原子爆弾<sub>げんしばくだん</sub>を投下**した。**ソ連もヤルタ会談に基づいて8月8日，日本に宣戦<sub>せんせん</sub>して満州<sub>ちょう</sub>や朝鮮<sub>せん</sub>，千島列島<sub>ちしま</sub><sub>しんげき</sub>に進撃を開始した。

　その結果，ついに日本政府は8月14日にポツダム宣言の受け入れを決定し，15日にラジオ放送によって天皇<sub>てんのう</sub>は降伏を国民に知らせ**太平洋戦争**<sub>たいへいようせんそう</sub>**は終結**した。

### 参考

**沖縄戦**<sub>おきなわせん</sub>
沖縄戦では中学生が兵として，女学生も看護要員として戦闘<sub>せんとう</sub>に加わり，沖縄の住民の約4分の1にあたる約12万人が亡くなった。

**ポツダム宣言**<sub>せんげん</sub>
日本の軍国主義の永久追放，戦争犯罪人の処罰，基本的人権<sub>けんり</sub>の尊重などが盛り込まれたが，天皇については言及<sub>げんきゅう</sub>していない。

▼原爆ドーム

広島では5年以内に約20万人，長崎では約14万人の人々が亡くなったとされる。

## 無条件降伏<sub>こうふく</sub>とはどういうことなのだろうか？

　通常，戦争の終結においては，まず休戦し，その期間中に和平交渉<sub>こうしょう</sub>を行って降伏の条件を決め，敗戦国がその条件をのんで終戦となる手順が一般的<sub>いっぱん</sub>である。しかし第二次世界大<sub>だいにじせかい</sub>戦では，連合国軍は，ドイツと日本に対して休戦の機会と和平交渉の余地を一切与えず，連合軍側の降伏条件をのまない限り戦争を続行するという無条件降伏を突き付けた。

第1章 歴史の始まりと日本

第2章 中世の日本

第3章 近世の日本

第4章 近代日本のあゆみと国際関係

第5章 2つの世界大戦と日本

第6章 現代の日本と世界

# 第6章

# 現代の日本と世界

↑写真は，1989年，ドイツのベルリンを東西に分けていたベルリンの壁が崩壊した時の様子である。翌1990年，東西に分かれていたドイツは統一した。この単元では，第二次世界大戦後の世界と，日本の発展，これからの課題について学習しよう。

# 第6章 現代の日本と世界

## この本の項目

**§1 日本の戦後改革(p.430〜432)**
- ①連合国の占領下におかれた日本p.430
- ②財閥解体と農地改革p.431
- ③日本国憲法の制定と教育の民主化p.432

**§2 東西対立と日本の発展(p. 433〜437)**
- ①冷戦とアジア・アフリカ諸国の独立p.433
- ②国際社会に復帰する日本p.435

## 現代社会 ／ 20世紀 ／ 昭和時代

### 日本のおもなできごと
- 1945　ポツダム宣言を受諾して、無条件降伏／財閥解体／女性参政権が実現／農地改革
- 1946　日本国憲法が公布される
- 1947　教育基本法が制定される
- 1950　朝鮮戦争起こる／警察予備隊が発足する
- 1951　サンフランシスコ平和条約に調印する／日米安全保障条約結ばれる
- 1954　自衛隊が発足する
- 1955　原水爆禁止世界大会が開かれる
- 1956　日ソ共同宣言が出される／国際連合に加盟する
- 1960　新日米安全保障条約結ばれる／所得倍増計画表明

### 社会 経済
- GHQによる間接統治が行われる
- 朝鮮戦争の影響で好景気が続く

### 文化
- 昭和時代の文化

### 朝鮮
- 1948
- 1948

### 中国
- 中華民国
- 1949

### 世界のおもなできごと
- 1945　国際連合成立
- 1947　インドが独立
- 冷戦が始まる
- 1949　北大西洋条約機構成立／中華人民共和国成立
- 1950　朝鮮戦争
- 1955　アジア・アフリカ会議

### 西洋社会
- 現代社会

429

①日本の民主化と再建の過程，国際社会への復帰について世界の動きと関連して理解する。②高度経済成長以降の日本について，経済の発展や国際社会での役割などとともに理解する。

## §3 国際化する世界と日本(p.438〜445)

①新安保条約の締結と日本経済の発展 p.438 ②高度経済成長のひずみp.441 ③多極化する国際社会p.442 ④日本の今後の課題 p.445

2000 **21世紀**

**平成時代**

| 1963 | 1964 | 1965 | 1967 | 1968 | 1971 | 1972 | 1973 | 1978 | 1979 | 1992 | 1995 | 2004 | 2011 |
|---|---|---|---|---|---|---|---|---|---|---|---|---|---|
| 部分的核実験停止条約に調印する | 東京オリンピックが開かれる | 日韓基本条約結ばれる | 公害対策基本法が出される | 小笠原諸島が日本に復帰 | 環境庁設置 | 日中共同声明沖縄が日本に復帰 | 石油危機 | 日中平和友好条約 | 国際人権規約を批准 | 国連平和維持活動協力法成立 | 阪神・淡路大震災 | イラクに自衛隊を派遣 | 東日本大震災 |

欧米諸国との貿易摩擦が激化する

**高度経済成長**

朝鮮民主主義人民共和国
大韓民国
中華人民共和国
中華民国（台湾）

| 1965 | 1967 | 1973 | 1980 | 1990 | 1991 | 1993 | 2001 | 2003 | 2010 |
|---|---|---|---|---|---|---|---|---|---|
| ベトナム戦争が激化する（〜1975） | ASEANが成立 | 第四次中東戦争 | イラン・イラク戦争（〜1988） | 東西ドイツが統一 | 湾岸戦争 ソ連解体 | EUが発足する | 同時多発テロ | イラク戦争 | アラブ諸国の反政府運動 |

## §1 日本の戦後改革

□終戦後，日本はGHQの占領統治下に入った。
□GHQは日本の非軍事化と民主化を目的とした戦後改革を行った。
□財閥解体と農地改革が行われた。
□日本国憲法が制定され，教育でも教育基本法により民主化がすすんだ。

## ① 連合国の占領下におかれた日本

### 1 占領下に入った日本
——日本が初めて他国の占領下におかれる

　日本の領土は**ポツダム宣言**によって本州・北海道・四国・九州とその周辺の島々に限られた。さらに，アメリカ軍を主力とする連合軍が進駐して日本を占領した。1945年8月，**GHQ**（**連合国軍最高司令官総司令部**）のマッカーサーが神奈川県厚木飛行場に降り立ち，9月に東京湾上のアメリカ戦艦ミズーリ号で降伏文書の調印が行われると，日本は正式にGHQの統治下に入った。

### 2 GHQによる戦後改革——非軍事化と民主化がすすむ

　GHQの占領統治方式は直接的な軍政ではなく，最高司令官が日本政府に指令や勧告を行い，それに従って日本政府が政策を実行するという間接統治の方式をとった。その政策の基本は日本の**非軍事化**と**民主化**で，この基本に従い五大改革指令を中心として多くの**戦後改革**が実行された。

　まずGHQは1945年9月に日本軍の解散と戦争犯罪人として指定した指導者の逮捕を指令し，戦争犯罪人を1946年から行われた**極東国際軍事裁判（東京裁判）**にかけた。また軍国主義者や戦争中に重要な地位にあった職業軍人や政治家などを公職から追放し，昭和天皇には自分が神の子孫ではないとする「**人間宣言**」を行わせるなど，非軍事化をすすめた。続いてGHQは治安維持法の廃止と政治犯の釈放を指令し，政治活動の自由を認めた。さらに，**20歳以上の男女に選挙権**を与えて民主化の基盤づくりをすすめた。1946年4月に行われた戦後初の衆議院議員総選挙では初の女性代議士が誕生した。

**参　考**

**沖縄と小笠原諸島**
沖縄と小笠原諸島はその軍事的位置からアメリカ軍の軍政下に置かれた。小笠原諸島は1968年，沖縄は1972年に日本に復帰した。またポツダム宣言によって日本は植民地を放棄したが，満州では約60万人の日本兵がソ連によってシベリアなどに抑留され，強制労働によって6万人以上の人々が亡くなった。

**参　考**

**五大改革指令**
①女性の解放
②労働組合の結成奨励
③教育の自由主義化
④圧政的制度の廃止
⑤経済の民主化

**○○●もっとくわしく**

**極東国際軍事裁判（東京裁判）**
戦争を計画し実行した責任を問われたA級戦争犯罪人28人に対して，連合国が行った軍事裁判。1946年5月から東京で開かれ，東条英機ら7名を死刑，18名を禁固刑とした。この裁判では天皇の戦争の責任は問われなかった。

**男女平等選挙への道のり**
公民編　P.499▶▶

# ② 財閥解体と農地改革

## 1 財閥解体——本音は日本の経済力をおそれて

　日本では大正時代から，財閥による経済の独占化がすすんだ。ＧＨＱは，財閥による経済の独占が，財閥に大きな利益をもたらし，その利益でさらに大きくなった財閥が工業生産能力を増して，軍部に大量の兵器や軍需物資を供給したので戦争が長期化したと考えた。

　そこでＧＨＱは経済の自由化を名目に，財閥の解体と資産の凍結を指令した。これによって**三井**，**三菱**，**住友**，**安田**などの一族が所有していた財閥系の会社の株が一般に公開され，それぞれの会社は財閥から独立させられることになった（**財閥解体**）。しかし，実際には独立した会社はその後，旧財閥系の大企業グループを形成して再び力を持つようになった。そのため，財閥解体は不十分な改革に終わった。

　また，ＧＨＱは，**労働組合法**を公布させ，労働者が労働組合をつくりストライキを行う権利を認めた。さらに，労働条件の最低基準を定めた**労働基準法**も制定させた[P.572▶▶]。

## 2 農地改革——主従的な関係の解消

　日本の農村における地主と小作人の関係は主従的で，小作人は重い小作料によって苦しい生活を送っていた。さらに，日本政府は明治時代から終戦まで，主たる納税者である地主の権利を保護し，小作争議など地主制を脅かす運動を厳しく取り締まった。

　ＧＨＱは日本の民主化をすすめるにあたり，このような非民主的な農村の現状を壊して，自立した農民を多く生み出すことが必要だと考えた。そこで，**農地改革**を指令して改革をすすめさせ，最終的には村に住んでいない地主の貸付耕地全部と，村に住む地主の平均1町歩（北海道は4町歩）を超える部分の貸付地を国が安く地主から買い取り，改めて小作人に安く売り渡した。この改革によって**自作農が大はばに増えて，地主と小作人の主従的な関係は解消**されていった。ただ山林や原野などは解放されずに大山林地主などが残った。

### 研究

**マッカーサーが日本に残したもの。**

▲マッカーサー

　来日したマッカーサーは日本人の政治はまだ子どもだとして非軍事化や民主化を強引におし進めていった。これに反発する政府関係者もいたが，多くの日本人はマッカーサーを熱烈に支持した。のちに大統領と衝突して最高司令官の職を解任され日本を去る際には，日本の国会は感謝決議を可決し，沿道には20万人の人々が見送ったといわれる。帰国後，議会で証言した彼は「老兵は死なず，ただ消え去るのみ」という名言を残したが，アメリカでも彼は戦争を終結させたヒーローとして大歓迎を受けた。

●自作地と小作地の割合

| | | |
|---|---|---|
| 1930年 | 自作地 52.3% | 小作地 47.7% |
| 1950年 | 89.9% | 10.1% |

●自作・小作別農家の割合

| | | | |
|---|---|---|---|
| 1930年 | 自作 31.1% | 自小作 42.4% | 小作 26.5% |
| 1950年 | 62.3% | 32.6% | 5.1% |

▲自作・小作農の割合

歴史編

第1章 歴史の始まりと日本

第2章 中世の日本

第3章 近世の日本

第4章 近代日本のあゆみと国際関係

第5章 2つの世界大戦と日本

第6章 現代の日本と世界

# ③ 日本国憲法の制定と教育の民主化

## 1 日本国憲法——GHQによってつくられた憲法？

　日本に新しい民主主義国家を誕生させるためには，天皇主権に基づく大日本帝国憲法に代わる新しい憲法が必要であった。そこでGHQは，日本政府に新しい憲法の作成を指示した。憲法案は議会で審議・承認され1946年11月3日，日本国憲法として公布され，1947年5月3日から施行された。

▲皇居前広場での憲法公布の記念式典

　日本国憲法は，**国民主権・基本的人権の尊重・平和主義（戦争の放棄）** を三原則とし，天皇は日本国及び日本国民統合の象徴となった。また，この憲法に基づき**地方自治法**が制定され，任命された知事が政府の命令に従って都道府県の政治を行うこれまでの制度が改められ，住民に選ばれた知事が住民の意向をくみとって政治を行う**地方自治**の制度に代わった。民法には**個人の尊厳**や**男女平等**がもりこまれた。

## 2 教育の民主化——子どもたちが将来の民主的な日本をつくる

　GHQは，教育の自由主義化を打ち出し，軍国主義教員の追放，修身・日本歴史・地理の授業を停止させた。1947年3月には，**教育基本法**が制定され，教育の目標が民主的平和的な国家を形成する国民の育成にあることを示し，義務教育は小・中9年間に延長された。また，**学校教育法**により，学校制度も**6・3・3・4制**となった。

　また地域住民が選んだ**教育委員会**が設置され，地域の実情にあわせた教育が行われるようにした（1956年から任命制）。

### 参考

**日本国憲法ができるまで**

GHQの指令によって，作成されていた政府案は，大日本帝国憲法を手直ししたもので，統治者も天皇のままであった。そこで，GHQは，日本政府の憲法案を全面的に拒否して，自ら作成した憲法案を日本政府に提示した。日本政府は，これをもとにつくり直した。

**日本国憲法の仕組み**
公民編　P.501 ▶▶

**地方自治の仕組み**
公民編　P.522 ▶▶

公民編　P.501 ▶▶　公民編　P.522 ▶▶

## ？ Q&A　日本国憲法はGHQがつくったのだろうか？

　現在，憲法の改憲問題が議論されているが，その議論の中で日本国憲法はアメリカを中心とするGHQが作成し日本に押しつけた憲法であるという論がある。たしかに，日本人が自らの意志で考えた憲法案を自らが可決したという解釈には無理がある。しかし，日本初の男女普通選挙で国民が選んだ国民の代表が衆議院で憲法案を可決したという事実から，押しつけられたという解釈にも無理がある。憲法をめぐる論議は今後も続くだろうが，この日本国憲法が戦後の平和と民主化をすすめたことは間違いない。

§1 日本の戦後改革 ／ §2 東西対立と日本の発展 **433**

歴史編

第1章 歴史の始まりと日本

第2章 中世の日本

第3章 近世の日本

第4章 近代日本のあゆみと国際関係

第5章 2つの世界大戦と日本

第6章 現代の日本と世界

# §2 東西対立と日本の発展

**重要ポイント**

- □戦後の世界は西側陣営と東側陣営が対立する冷戦状態になった。
- □アジアやアフリカでは多くの国が独立し，アジア・アフリカ会議も開かれた。
- □朝鮮戦争によって特需景気が起こり日本経済は復興した。
- □サンフランシスコ平和条約で日本は独立し，国連加盟も果たした。

## ① 冷戦とアジア・アフリカ諸国の独立

### 1 国際連合の成立——今に続く国際連合の誕生

　第二次世界大戦が終わっていない1945年4月に，連合国50か国の代表が国際連盟よりも強力な国際平和機関の設立を話し合うためにサンフランシスコで会議を開いた。この会議の後，1945年10月に51か国からなる**国際連合（国連）**が発足した。国際連合は，本部をニューヨークに置き，アメリカ・イギリス・ソ連・フランス・中国が**安全保障理事会**の**常任理事国**となった。

### 2 冷戦の始まり——見えない鉄のカーテンが東西を分ける

　国際連合が発足したものの，国際社会ではアメリカとソ連が超大国として発言力を強めた。しかし自由主義国家のアメリカと社会主義国家のソ連とは政治や経済の仕組みが大きく異なり，それぞれが自分の陣営に世界の国々を引き入れようとした。ソ連は，大戦中にドイツから解放した**東ヨーロッパ地域**に，ソ連の指導による**社会主義政権**を次々と誕生させた。**アメリカ**は復興に悩むイギリスやフランスなど**西ヨーロッパ諸国**に積極的な資金援助を行った。

　こうしてアメリカを中心とする**西側陣営**とソ連を中心とする**東側陣営**の対立（冷戦）が始まると，西側陣営の国々は1949年に反ソ軍事同盟である**北大西洋条約機構（ＮＡＴＯ）**を結成した。これに対抗して，東側陣営の国々は1955年に**ワルシャワ条約機構（ＷＴＯ）**を結んだ。この間，ドイツは**西ドイツと東ドイツに分割**され，ベルリンも東西に分断された。

●●もっとくわしく

**国際連盟と国際連合の違い**
国際連合では全会一致でなく多数決によって決議を行い，武力制裁も認められたため国際紛争などにすばやく対応できるようになった。

**国際連盟**
P.407▶▶

●●もっとくわしく

**西ドイツと東ドイツのその後**
正式名称は西ドイツがドイツ連邦共和国，東ドイツがドイツ民主共和国。西ドイツは西側陣営，東ドイツは東側陣営についた。両国は1990年，平和的に統一を果たした。国名は西ドイツのものを引きついだ。

鉄のカーテンとは，冷戦による東西の分断を表した言葉

▲冷戦下のヨーロッパ

**3** **アジア諸国の独立**——日本が去ったあとの植民地の人々は

終戦によって日本が軍隊を引きあげると，アジアでは次々と独立宣言が行われた。これに対して，大戦で戦力や戦費を使い果たしていた宗主国の多くは，武力による植民地支配を続けるよりも，独立を認めて経済的な結びつきを保つ方が得策であると判断した。

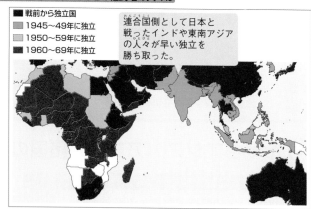

■ 戦前から独立国
　 1945〜49年に独立
　 1950〜59年に独立
■ 1960〜69年に独立

連合国側として日本と戦ったインドや東南アジアの人々が早い独立を勝ち取った。

▲アジア・アフリカの独立国

　その結果，インドはイギリスから，フィリピンはアメリカから平和的な独立を果たした。ベトナムはフランスと，そしてインドネシアはオランダと戦争になったが，やがて国連や国際機関の調停により独立を果たした。

　中国では国共合作[P.421▶▶]によって協力して日本と戦っていた蔣介石の率いる国民政府と毛沢東の率いる共産党とが，日本の敗戦後，再び内戦を始めた。最初はアメリカの支援を受けた国民政府が優勢だったが，ソ連の支援を受けた共産党が土地改革などにより民衆の支持を集めた。1949年に毛沢東を主席とする**中華人民共和国**が成立すると，敗れた国民政府は**台湾**へと追われた。

　日本の降伏後，朝鮮は北緯38度線を境に，北はソ連，南はアメリカに占領された。その後，冷戦が始まると北には**朝鮮民主主義人民共和国（北朝鮮）**，南には**大韓民国（韓国）**が建国された。そして，1950年6月に北朝鮮が武力統一をめざして南下を始めたことをきっかけに**朝鮮戦争**が始まった。

●●もっとくわしく

**台湾の国際的立場**

アメリカの支援を受けた国民政府は中華民国として地位を認められていたが，1971年の国連総会で中華民国の代わりに中華人民共和国（中国）が国連の代表権を獲得すると，中華民国は中国の一部という立場に追い込まれた。1972年の日中国交回復によって日本は中華民国（台湾）と結んでいた日華平和条約を破棄することとなり，中華民国を国として承認しない立場をとることとなった。

▼朝鮮戦争

1950年9月
北朝鮮の最南下

1950年11月
国連軍の最北上

1953年7月
休戦協定（軍事境界線）

国連の安全保障理事会は、ソ連欠席のまま北朝鮮を侵略者として決議し、アメリカ軍を主力とする国連軍が韓国の支援にあたった。一方、中国の人民義勇軍が北朝鮮を支援したため、戦況は一進一退の状態をくり返した。1953年に休戦協定が結ばれるまで、朝鮮半島では激しい戦いがくり広げられた。

### 4 アジア・アフリカ会議
──世界初、アジア・アフリカの国々の国際会議

アフリカでも多くの国が宗主国からの独立を果たした。1955年にはインドのネルーなどが中心となりインドネシアの**バンドン**にアジア・アフリカ29か国の代表が集まり、史上初のアジア・アフリカの国々による国際会議（**アジア・アフリカ会議**）を開いた。この会議は東西両陣営のいずれにも属さない非同盟中立の立場から話し合いがもたれ、民族独立と平和共存を軸とする**平和十原則**が決議された。

## ② 国際社会に復帰する日本

### 1 占領政策の転換──労働運動・共産主義の弾圧と大企業の保護

**ＧＨＱ**がすすめる民主化によって、日本では労働者の地位向上を求める**労働運動**が盛んになった。また、部落解放運動が再建され北海道アイヌ協会も再組織化されるなど**解放運動**も高まりをみせた。しかし、労働運動に多くの社会主義者がかかわって運動が過激化していくと、ＧＨＱは日本の社会主義国化と経済復興の後れに警戒感を持つようになり、しだいに労働運動を制限するようになった。さらに冷戦が激しさを増した1948年、アメリカ政府高官は社会主義勢力への防壁として機能できる強力な日本政府の育成と、戦争時の兵器修理にあたる「**極東の工場**」化を行うという占領政策の転換を訴えた。

このようにして、日本の**非軍事化**と**民主化**をすすめて経済力の弱体化をはかるというこれまでの占領政策は転換され、ＧＨＱは大企業の独占禁止をゆるめて経済援助を増額し、日本の経済復興を助けた。しかし、インフレは収束したが、不況は深刻化し、1949年には中小企業の倒産が相つぎ、失業者が増大した（**安定恐慌**）。

第1章 歴史の始まりと日本
第2章 中世の日本
第3章 近世の日本
第4章 近代日本のあゆみと国際関係
第5章 2つの世界大戦と日本
第6章 現代の日本と世界

　国鉄などで大規模な人員整理が行われた1949年には激しい労働運動が起こったが，これらに対してGHQは過激な労働運動や共産党の活動を厳しく取り締まった。また，戦争中の指導者追放を解除した。

## ② 特需景気と自衛隊の設立——朝鮮戦争が日本を救う？

　1950年に朝鮮戦争[P.434▶▶]が始まると，日本本土や沖縄のアメリカ軍基地に国連軍の前線基地がおかれ，大量の軍需物資の調達が日本で行われた。また朝鮮戦争で破損した兵器も日本の工場に持ち込まれ修理された。そのため日本は安定恐慌から好景気に変わり経済復興がすすんだ（**朝鮮特需**）。

▲警察予備隊

　また，日本に駐留していたアメリカ軍のほとんどが朝鮮に渡ったため，マッカーサーの指令により1950年に国内の治安を守るという名目で**警察予備隊**が発足した。警察予備隊は1952年に保安隊に，**1954年には自衛隊**になった。

## ③ サンフランシスコ平和条約
### ——6年8か月に及ぶ占領が終わる

　朝鮮戦争が始まると，アメリカは日本を独立させて西側陣営の強力な一員にさせるために日本の独立を急いだ。1951年9月，日本を含む52か国が**サンフランシスコ**に集まって**講和会議**を開いた。しかし，この会議には中華人民共和国と中華民国は招かれず，インドとビルマ（現ミャンマー），ユーゴスラビアは参加しなかった。また，アメリカ軍の日本駐留や沖縄・小笠原諸島をアメリカの管理下におくことに反対したソ連，ポーランド，チェコスロバキアは調印を拒否した。

　日本国内ではすべての連合国側と講和を結ぶべきだという反対もあったが，独立を第一に考えた**吉田茂**首相は，残り48か国との間で**サンフランシスコ平和条約**を結んだ。

---

### 1949年の国鉄をめぐる三大事件
1949年，国鉄が約10万人の人員整理を発表した後，三つの事件が相ついだ。
■**下山事件**（7月6日）
下山定則国鉄総裁が出勤途中で行方不明となり，翌日，常磐線上でれき死体で発見。
■**三鷹事件**（7月15日）
中央線の三鷹駅車庫から無人電車が暴走し，6人が死亡。
■**松川事件**（8月17日）
福島県の東北本線松川駅付近で列車が脱線し，3人が死亡。

### 参考

### 特需景気（1950～53年）の特需契約高の内訳
物資（9.2億ドル）…せんい製品，金属製品，運輸機械，薬品類など。
サービス（4.8億ドル）…運輸荷役及び倉庫，修理及び改装，建設，通信及びその他の公共事業など。

### ●●もっとくわしく

### 自衛隊は軍隊か？
政府は「自衛のための必要最小限の実力で他国を侵略するための戦力ではない」として，日本国憲法に定められた，「戦争の放棄と戦力の不保持」には違反しないとしている。これについては反対意見も多いが，今日では国際社会での自衛隊の果たす役割から，戦争の放棄と戦力の不保持を定めた第9条を実情にあわせて変えるという意見も強くなっている。
**自衛隊をめぐる政府の見解の変遷**
公民編　P.504▶▶

この平和条約によって，①日本の独立を認める，②日本は朝鮮の独立を認め，台湾・南樺太・千島列島などを放棄する，③日本は南西諸島，小笠原諸島をアメリカの管理下におくことを認めるなどが同意された。また，サンフランシスコ平和条約調印と同じ日に，日米安全保障条約を結び，アメリカ軍が引き続き日本に駐留し，軍事基地を使用することを認めた。

▲平和条約に調印する吉田首相

**日米安全保障条約**
公民編　P.504▶▶

## 4　日ソ共同宣言と国連加盟
### ——国際社会への完全復帰を果たす日本

　サンフランシスコ平和条約を結んだ後，日本政府は平和条約を結ばなかった国と個別の交渉を行い，1952年には台湾の国民政府やインドとの間に平和条約を結ぶことに成功した。さらに1956年には1年以上も交渉をくり返したうえで，モスクワで日ソの両首相が日ソ共同宣言を発表し，戦争の終結と国交の回復を行った。これによって，これまでソ連の反対で国連に加盟できなかった日本は，ソ連の支持を得て1956年12月，国連加盟国になった。1958年には安全保障理事会の非常任理事国にも選ばれ，日本は国際社会への完全な復帰を果たした。

　しかし中華人民共和国とは1972年の日中共同声明[P.443▶▶]まで，国と国との関係を結ぶことはできなかった。

▲北方領土

## ？Q&A　北方領土問題はなぜおきたのだろうか？

　第二次世界大戦の後，日本が千島列島と南樺太の領有を放棄したことについて，日本とソ連（ロシア）の間で見解が一致せずにおきている領土問題である。北方領土は，色丹島・歯舞群島・択捉島・国後島をさす。ロシアは，この地域を，サンフランシスコ平和条約で放棄した千島列島の一部だと主張しており，日本はこの地域を日本

固有の領土だと主張している。鳩山一郎内閣のときに出された日ソ共同宣言では，領土問題については平和条約を結んだ後に，色丹・歯舞群島を日本側に引き渡すことだけが定められた。択捉島・国後島についてはふれられていない。日本とロシアの間では平和条約は結ばれておらず，北方領土問題は現在も解決されていない。

歴史編

第1章　歴史の始まりと日本

第2章　中世の日本

第3章　近世の日本

第4章　近代日本のあゆみと国際関係

第5章　2つの世界大戦と日本

第6章　現代の日本と世界

## §3 国際化する世界と日本

**重要ポイント**

□新安保条約で日米の同盟関係は続いたが，激しい反対運動が起こった。

□1950年代から日本は高度経済成長に入り米国について資本主義国でGNP第2位となった。

□高度経済成長によって四大公害病や貿易摩擦などさまざまな問題が発生した。

□日本は日韓基本条約と日中共同宣言によって韓国や中国と国交を回復した。

## ① 新安保条約の締結と日本経済の発展

### 1 安保改定と反対運動
#### ──今日の日米同盟の基礎となった条約に多くの国民は反対した

　1951年に結ばれた日米安全保障条約（安保条約）の期限が切れる1960年1月，日本政府は日本の領域内における日本と米軍のどちらか一方への武力攻撃に対して日米が共同行動をとること，相互が防衛力を強化することなどを盛り込んだ**新安保条約**をアメリカと結んだ。これに対して，日本の軍国化とアメリカの軍事行動に巻き込まれることに反対する人々がデモを行った。

　しかし自由民主党が多数をしめる衆議院で，十分に審議しないまま採決を強行し条約を承認した。このことによって**新安保条約への反対運動**に議会政治と民主主義を守るための運動が加わり，全国に激しい反政府運動が広がっていった。その後，新安保条約は参議院に送られたが，承認を経ないまま33万人と称されるデモ隊が包囲する中で，6月19日に自然成立した。岸内閣は，新安保条約の発効後，総辞職した。

▲国会を取り巻くデモ隊

**新安保反対運動**

1960年5月から6月にかけて連日，デモ隊が国会を取り巻いた。特に6月15日には全国で580万人がストとデモに参加した。この日，国会構内のデモ隊を排除しようとした警官隊との衝突で東大生の樺美智子さんが圧死し，負傷者が1000人を超え，逮捕者182名を数えるにいたった。新安保条約は10年を過ぎると，その後は，一方の通告で1年後に廃止となることを定めた。1970年から現在まで自動延長中である。

### 2 沖縄の米軍基地

　1951年に結ばれた日米安全保障条約は，占領を解かれて独立する日本をアメリカが軍事的に守るという名目であったが，1960年に結ばれた新しい日米安全保障条約（新安保条約）では，**日米が対等な関係にたち，協力して防衛に努める**ことが取り決められた。これに伴い日本の主権をふまえた上でアメリカ軍が日本に駐留して基地を使用することが条約に盛りこまれ，日米地位協定にてその詳細が定めら

れた。

この結果，引き続き日本にアメリカ軍の軍事施設が残されることになったが，サンフランシスコ平和条約[P.436▶▶]でアメリカの管理下に置かれた沖縄には東アジアや東南アジアに対する位置的な関係から多くの**軍事施設**が集中した。実際，**ベトナム戦争**[P.442▶▶]では北ベトナムに対する爆撃（北爆）を行うために沖縄から多くの爆撃機が飛びたった。

### 3　原水爆禁止運動──二度と悲劇をくり返さないために

一方，1950年代には，米ソ両国が水素爆弾の開発競争をくり広げていた。1954年にアメリカが行った太平洋のビキニ環礁での水爆実験によって，マグロ漁をしていた第五福竜丸が被曝し，船員の久保山愛吉さんが亡くなった。この悲劇を受けて国内では原水爆禁止運動が広がり，1955年8月，最初の**原水爆禁止世界大会**が広島で開かれた。

### 4　高度経済成長──奇跡とも言われた日本の経済成長

1950年代初めには，日本の工業生産は特需景気をきっかけに回復し，鉱工業生産は戦前の水準にもどり，1956年の経済白書には「もはや戦後ではない」と記された。

これを受けて岸内閣の後の**池田勇人**内閣は1960年に，これからの10年間でＧＮＰ（国民総生産）と一人あたりの国民所得を2倍にすること（**所得倍増計画**）を公約に掲げた。これは国民に夢を与えて，新安保条約の反対運動で失った政府の信頼を取り戻すためでもあった。政府の所得倍増計画により，1968年には西ドイツをぬきＧＮＰが資本主義諸国の中でアメリカにつぐ世界第2位となった。この経済成長は1970年代前半まで続き（**高度経済成長**），特に重化学工業が発展して約20年間の間にＧＮＰは約5倍に増えた。

**参　考**

**新しい日米安全保障条約**
①日米経済協力を進める
②日本の防衛力を増強する
③極東や日本の平和・安全についての一般協議
④日米相互の防衛の義務
⑤駐留軍への基地の貸与
⑥米軍の装備・配備・出動の事前協議
⑦条約の期限は10年間（自動延長。終了の場合は1年前に通告）

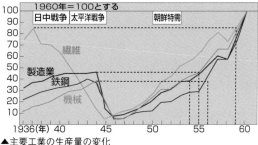

▲主要工業の生産量の変化

**研　究**

**日本はなぜ高度経済成長を成し遂げることができたのだろうか。**
①戦争で古い工場や設備が失われ，代わりに外国からの技術や設備を導入した（技術革新）。
②重化学工業に必要な石油が中東の石油開発によって安く大量に輸入できるようになった。
③円の価値が低く，日本製品を安く外国（アメリカなど）に輸出できた。
④景気の回復で所得が増え，国内でも製品がよく売れるようになった。
**高度経済成長**
公民編　P.468▶▶

第1章　歴史の始まりと日本

第2章　中世の日本

第3章　近世の日本

第4章　近代日本のあゆみと国際関係

第5章　2つの世界大戦と日本

第6章　現代の日本と世界

**5** **国民生活の変化**——今では普通のあの製品にあこがれた時代

　高度経済成長に伴って国民の所得も増加し，家庭には家庭電化製品や自動車などが普及するようになった。1950年代後半には**白黒テレビ・電気冷蔵庫・電気洗濯機**の「**三種の神器**」が，1960年代後半には**自動車・カラーテレビ・クーラー**の「**3C**」が国民のあこがれとなった[P.468▶▶]。

　また電化製品の普及とともにテレビ，ラジオなどが広く家庭にゆきわたり，**マスコミ**が発達して人々の生活や意識に大きな影響を与えるようになった。

　交通面でも1964年の**東京オリンピック**の開催にあわせて**東海道新幹線**が開通した。自動車の普及とともに**高速道路網**の建設も始まり，鉄道に代わり自動車が輸送の中心となっていった。

　このような社会の変化のなかで，新聞や雑誌，テレビやラジオ，映画などの**マスメディア**は世論に大きな影響を与えるようになった。また，**黒沢明**監督の映画や**手塚治虫**の漫画が国民の人気を得るなかで，ノーベル賞を受賞した**川端康成**や**大江健三郎**は優れた純文学の作品を著した。

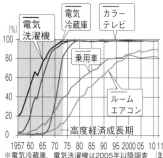

▲電化製品の普及

※電気冷蔵庫，電気洗濯機は2005年以降調査されていません
（消費者動向調査）

**6** **沖縄の復帰**

　**池田**内閣の下で高度経済成長をとげていった日本であるが，いまだに沖縄はアメリカの管理下におかれており，日本の**主権**および日本人の人権の尊重は十分とは言えず，またアメリカ軍やアメリカ兵による事故や事件も多発した。

　不安な日々をおくる沖縄の人々は早くから祖国復帰運動を行っていたが，ベトナム戦争の激化とともに最前線基地となった1960年代にはいると，この運動はさらに激しいものとなった。

　これに対して1964年に池田内閣のあとをうけた**佐藤栄作**内閣は，高度経済成長政策と日米の協力体制の強化によるアジアの安定をおし進めるとともに，沖縄の本土復帰を政策の柱の一つとした。その後，沖縄を重要な**極東**の軍事拠点と考えるアメリカとの交渉の末，1971年に**沖縄返還協定**が結ばれ1972年に**沖縄は日本に復帰**することになった。

　こうして約97万人の沖縄住民が日本国憲法の下，日本国民となったが，今日でも沖縄には多くの基地が残ることになった。

▲沖縄復帰記念式典

**参　考**

**奄美諸島と小笠原諸島**
沖縄と同じくサンフランシスコ平和条約でアメリカの管理下にあった奄美諸島は1953年に，小笠原諸島は1968年に日本に返還されていた。

# ② 高度経済成長のひずみ

## 1 社会の変化と公害問題の発生
—— 青空は煙でみえず川は汚臭と死んだ魚が浮かぶ

　日本の経済が成長するにつれて，臨海部を中心に工業地帯が形成されるようになった。この工業地帯を中心とする都市には収入の良い仕事を求めて農村部の人々が移住し，**農村の過疎化**がすすんだ。一方，人口の集中した都市では**住宅不足，ゴミ問題，交通渋滞**などの**都市問題**が起こった。
　また工業地帯では，企業や政府が利益を優先して，廃棄物の処理を十分に行わなかったため，大気や川・海・土地が汚染され，自然や人間に大きな影響を与えた。特に熊本県の**水俣病**，三重県の**四日市ぜんそく**，富山県の**イタイイタイ病**，新潟県の**新潟水俣病**は**四大公害病**といわれ，その被害は深刻なものとなった。さらに各地でも汚水の未処理問題や自動車の排気ガス問題などが発生した。そのため政府は1967年に**公害対策基本法**（1993年より**環境基本法**）を制定し，1971年には**環境庁**（2001年からは**環境省**）を発足させ公害防止や環境保護につとめるようになった。

## 2 石油危機と貿易摩擦の発生
—— 資源のない日本が生き残る道は？

　**高度経済成長**によって国民の所得は増加したが，土地や商品の価格も上昇し，賃金が追いつかないほどのインフレーションが起こった。特に1973年に中東の石油産出国が石油価格を4倍に引き上げた**石油危機（石油ショック）**では，**狂乱物価**と言われるほど物価が急激に上昇した。石油危機によって1974年の経済成長率は戦後初めてマイナスとなり，**高度経済成長は終わり**を告げた。

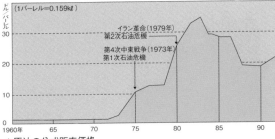

▲原油の公式販売価格

### 📖 用語

**水俣病**
1953年ごろから手足のまひや目や耳の機能を失う人がみられるようになり，化学工場の廃液に含まれていた有機水銀が原因とされた。

**新潟水俣病**
1964年ごろから水俣病と同じ原因で同じ症状を訴える人がみられるようになった。

**四日市ぜんそく**
工場からの排煙によって呼吸困難な症状がみられるようになった。

**イタイイタイ病**
亜鉛，鉛の鉱山から流れ出たカドミウムによる中毒によって骨が折れたりゆがんだりする症状がみられた。

公民編　P.601 ▶▶

### 📖 用語

**第1次石油危機**
1973年にイスラエルとエジプト・シリアとの間で第四次中東戦争が始まると，エジプト側を支持する中近東の石油産出国は，イスラエルを支持する西側諸国に圧力をかけるために，原油の輸出制限や価格の引き上げを行った。そのため世界各国で石油が不足して値段が高騰した。

**第2次石油危機**
イランは皇帝による独裁政治が行われていたが，これに反対する民衆とイスラム教指導者が1979年に革命を起こし，皇帝を国外に追放した。この混乱の中でイランの石油生産が止まり世界的に石油の値段が高騰した。

その後，日本経済は資源とエネルギーの有効活用をはかり生産の効率化をすすめ，安定した経済成長を続けた。1979年にはイラン革命（かくめい）の影響（えいきょう）を受けた第二次石油危機が起こったが，いっそうの合理化をすすめた日本はアメリカやヨーロッパ諸国への輸出を伸ばしていった。その結果，諸外国との間で**貿易摩擦**（ぼうえきまさつ）が生じるようになり，1980年代には**自動車の輸出をめぐって特にアメリカとの間で深刻化**した。

**貿易摩擦**（ぼうえきまさつ）
地理編　P.129▶▶

# ③ 多極化する国際社会

## 1 冷戦の雪解け——スターリンの死が世界をかえる

**スターリン**が亡くなった2年後の1955年7月，スイスのジュネーブで米英仏ソ4か国の首脳が集まり会議を開いた。会議では具体的な平和政策は決まらなかったが，文化面での交流と東西の緊張（きんちょう）をゆるめていくことが確認された。

さらにソ連（れん）の指導者となった**フルシチョフ**は1956年，スターリン批判を行いアメリカとの平和共存（うぞん）を訴えた。そして，1959年にはソ連首相（しょう）として初めてアメリカを訪問した。大統領との会談では国際問題は武力ではなく交渉（こうしょう）で解決することなどが確認された。こうして，世界の人々は冷戦（れいせん）の雪解けが始まったと感じた。

## 2 キューバ危機とベトナム戦争——第三次世界大戦に？

1962年，キューバへの核（かく）ミサイルの配備をめぐって起こった**キューバ危機**によって，雪解けは水をさされた結果になった。しかしこの事件によって核戦争の恐怖（きょうふ）を身近に感じ取った世界の人々は核軍縮を求めるようになり，米ソ両首脳もその必要性を感じ取った。その結果，1963年に**部分的核実験停止条約**（ていしじょうやく），1968年に**核拡散防止条約**（かくかくさんぼうししじょうやく）が結ばれた。

さらに1970年代に入って東側陣営（がわじんえい）と西側陣営（にしがわ）の間で緊張（きんちょう）緩和（かんわ）（**デタント**）がすすむと，1965年のアメリカの北ベトナム爆撃（ばくげき）から泥沼化（どろぬま）していた**ベトナム戦争**も1973年のアメリカ軍撤退（てったい）により終結に向かった。

▲ベトナム戦争

●●もっとくわしく

**世界は第三次世界大戦**（せんそう）**と核**（かく）**戦争を覚悟した。**
キューバに社会主義政権ができると，アメリカは圧力をかけたが，ソ連はカストロ政権（れん）を支援（えん）した。1962年，アメリカ本土を射程におさめる核ミサイルをソ連がキューバに配置しようとしたことにより，両国とも核ミサイルの発射準備を完了する状態になった。最終的にはぎりぎりのところでアメリカ大統領ケネディとフルシチョフが電話会談を行い，ソ連のミサイルと基地の撤去（てっきょ）が決まり平和的解決をみた。

📖 **用語**

**ベトナム戦争**（せんそう）
第二次世界大戦後（いじ にじ せかいたいせん），独立を宣言（せんげん）したベトナムは8年間フランスと戦い社会主義国（北ベトナム）を建国した。しかしアメリカは南ベトナムに反社会主義の国を建国させ北ベトナムに対抗（たいこう）させた。義勇兵を送って統一をめざす北ベトナムに対してアメリカは南ベトナムを援助（えんじょ）したが，1965年の北爆（ばくげき）をきっかけにアメリカ軍が直接介入し，ベトナム戦争が激化した。アメリカ軍撤退（たい）後の1975年に北ベトナムと解放戦線が南ベトナムの首都サイゴン（現ホーチミン）を占領し，その翌年に南北が統一されてベトナム社会主義共和国（きょうわこく）が成立した。

## 3 多極化する国際社会——今日につながる地域の結束

経済復興がすすんだヨーロッパの国々や，自立がすすむ東南アジアの国々では，米ソ両大国による世界支配への不満が高まってきた。その結果，1967年には西ヨーロッパ諸国がEC（ヨーロッパ共同体），東南アジアの国々がASEAN（東南アジア諸国連合）を結成し，経済面での結びつきを深めた。

東ヨーロッパでも自主と自由を求める運動が高まり，1968年にはチェコスロバキアで政府が自由化政策を掲げたが，ソ連はプラハにワルシャワ条約機構軍を送って弾圧した。しかし，このソ連の対応には国際社会からの非難が集中した（プラハの春，チェコ事件）。

## 4 韓国・中国との国交回復——アジア諸国との関係

世界の多極化の中で，アジアでは日本と韓国との間で日韓基本条約の調印が1965年に行われた。この条約はアジアにおける資本主義陣営の結束を強めることを目的としたが，その結果，日本は韓国を朝鮮における唯一の合法的な政府として認めて国交を回復した。

一方，1949年に成立した中華人民共和国に対して日本はアメリカを中心とする資本主義陣営の一員としてこれを承認せず，台湾の国民政府（中華民国）をただ一つの中国として承認し続けた。しかし多極化によりその国際的地位の低下に悩むアメリカは，これまでの対立関係をあらためて中華人民共和国との接近をはかるようになり，1972年にニクソン大統領が中華人民共和国を訪問して中華人民共和国をただ一つの中国として承認した。またこの間，1971年の国際連合総会本会議で中華人民共和国の国連加盟と，国民政府（中華民国）の国連追放が承認された。

この動きの中で日本政府もアメリカに追随する形で中華人民共和国（以下，中国）との関係改善をはかり，1972年に佐藤栄作首相のあとをついだ田中角栄首相は自ら訪中して日中共同声明を発表した。この声明によって日中両国間の戦争状態は終結し，日中国交正常化が実現した。しかし同時に台湾の国民政府（中華民国）との国交は断絶されることになった。

なお1978年には日中共同声明をふまえて，

EC
地理編 P.68▶▶

ASEAN
地理編 P.59▶▶

### 研究

**日本の戦後賠償**
サンフランシスコ平和条約では，
①賠償および無償経済協力
②贈与・借款（貸付・融資）
③本国内の資本設備を移転・譲渡
④日本政府や企業・個人が海外に持っていた在外資産の引き渡し
の4点を講和の柱とした。当事国間，例えば韓国とは二国間協定（1965年の日韓基本条約）を結んだ。日本は当時の額面で無償で3億ドル（約1080億円），有償で2億ドル（約720億円），民間借款で3億ドルを支払い，さらに日本が韓国内に持っていたばく大な財産を放棄する賠償を行っている。

▲田中角栄首相（左）と周恩来首相

歴史編
第1章 歴史の始まりと日本
第2章 中世の日本
第3章 近世の日本
第4章 近代日本のあゆみと国際関係
第5章 2つの世界大戦と日本
第6章 現代の日本と世界

主権及び領土保全の相互尊重，相互不可侵，内政に対する相互不干渉などを基本に，両国間の恒久的な平和友好関係を発展させるための**日中平和友好条約**を結んだ。

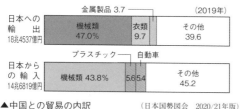

| | | | | (2019年) |
|---|---|---|---|---|
| 日本への輸出 18兆4537億円 | 機械類 47.0% | 衣類 9.7 | その他 39.6 | 金属製品 3.7 |

| | | | | |
|---|---|---|---|---|
| 日本からの輸入 14兆6819億円 | 機械類 43.8% | プラスチック 5.6 | 自動車 5.4 | その他 45.2 |

▲中国との貿易の内訳　　　　　　（日本国勢図会　2020/21年版）

| | 日本への輸出 / 日本からの輸入 （ ）中国の総輸出・総輸入額 |
|---|---|
| 1980年 | 40.3(181.2) / 51.7(200.2) |
| 1990 | 90.1(輸出)(620.9) / 75.9(輸入)(533.5) |
| 2000 | 416.5(2492.1) / 415.1(2251.0) |
| 2010 | 1202.6(15784.4) / 1763.0(13939.1) |
| 2018 | 1475.7(25013.3) / 1804.8(21340.3) |

0 500 1000 1500 2000 2500 10000 15000 20000 25000（億ドル）

（世界国勢図会　2020/21年版ほか）

▲中国と日本の貿易

## 5 冷戦の終結とソ連の崩壊

——1991年，あのソ連が崩壊した

1985年，ソ連の最高指導者となった**ゴルバチョフ**は，翌年から**ペレストロイカ**を行い，経済活動の自由化や信仰・言論の自由など**民主化**をすすめた。ペレストロイカは資本主義諸国の信頼を深め，1989年12月に**マルタ島**で行われたアメリカ大統領ブッシュとの会談で，ついに両首脳は**冷戦の終結**を宣言した。

ソ連のこの動きは東側陣営の国々に大きな影響を与え，民主化や経済改革が行われていった。そして，ドイツでは1990年には**東ドイツが西ドイツに吸収される形で統一**がなされた。また，ソ連を構成していた共和国は，1991年にゆるやかな結びつきの国家連合である**独立国家共同体（CIS）**を結成し，ソ連は解体された。

▲マルタ会談

## 6 冷戦後の世界のゆくえ——増大する中国の影響力の中で

冷戦終結後は，地域ごとのつながりがより深まり，ヨーロッパでは，1993年にはEC加盟国による**EU（ヨーロッパ連合）** [P.68▶▶]が誕生した。EUは，東ヨーロッパ諸国を含めて加盟国を増やし，通貨統合や政治的統合の強化をめざしている。

しかし，世界全体をみると，先進国と発展途上国との経済格差（**南北問題**）は依然として解消できず，発展途上国では貧しさゆえの内戦や紛争が今日も続いている。**地球温暖化**や**熱帯林の破壊**といった環境問題も深刻になっている。

 参　考

**バルト三国**
ソ連解体に先だち，1991年8月に，エストニア・ラトビア・リトアニアのバルト三国が独立した。バルト三国は2004年5月にEU（ヨーロッパ連合）に加盟した。

こうした地球的規模（**グローバル**）の問題に対して，世界各国が協力して解決していこうという動きもみられる。環境問題では，1997年には，京都で**地球温暖化防止京都会議**が開かれ，地球温暖化の原因である二酸化炭素などの削減率を各国で決めた。また，紛争問題に対しては，国連による**平和維持活動（PKO）**の活躍もみられる。

今後の世界のゆくえは不透明であるが，経済大国アメリカと，経済が発展した中国との関係が，国際社会の安定と平和に大きな意味を持つと考えられる。

# ④ 日本の今後の課題

## 1　内政の課題──国民一人一人の幸福のために

部落差別（**同和問題**）や在日韓国・朝鮮人やアイヌの人たちに対する偏見・差別，経済が発展するにつれて急激に増加した外国人との間にある文化の違いによる摩擦も解消していかなければいけない。また，**資源**政策（食料，エネルギーなど），**少子高齢社会**における経済・厚生・労働施策，自然災害が多い日本の**防災**設計など，次世代を含めて解決すべき課題は多い。

## 2　国際貢献の課題──世界が日本に期待すること

日本は，**ODA（政府開発援助）**に基づき，多額の金銭的援助を発展途上国に行っている。また，**青年海外協力隊**や**非政府組織（NGO）**などを通して多くの人々を発展途上国に派遣している。今後は，援助される国が本当に望むことを考慮した，よりきめ細かな援助も求められている。

## 3　外交の課題──近隣諸国との関係を中心にして

日本の外交課題として，東アジア地域ではロシアとの**北方領土**，中国との**尖閣諸島**，韓国との**竹島**をめぐる問題がある。また，北朝鮮とは**拉致問題**など解決すべき事態がある。価値観が異なる国家体制を敷き，核兵器を保有する国もあるが，日本国民としては正しい歴史認識の下，冷静な対応力，国際発信力が求められる。また，欧米諸国とはグローバル化した金融・経済の枠組みで解決していかなければならない問題も多い。政官財のあらゆる面で改革が求められている。

---

**参考**

**国連とアメリカ**
1991年のソ連崩壊後，世界はアメリカの一国支配体制が続いているといわれる。
例えば，紛争問題解決にあたっては，イラクのクウェート侵攻に伴う多国籍軍とイラクとの1991年の湾岸戦争や2003年のイラク戦争などでみられるように，アメリカが主導する部分も大きく，国連の機能が十分に果たされているとはいえない。

**共生する社会をめざして**
公民編　P.508▶▶

**日本の国際援助**
公民編　P.619▶▶

**もっとくわしく**

**尖閣諸島と資源**
尖閣諸島は1895年（日清戦争のころ），日本領に編入された。1968年の調査で周辺の石油資源が有望なことがわかると，1971年に中国，台湾が領有権を主張しはじめた。日中間には，日本が排他的経済水域を主張する海域でも，天然ガス田開発をめぐって対立がある。

**参考**

**核兵器保有国，保有宣言国，保有しているとみられる国**
アメリカ，ロシア，イギリス，フランス，中国，インド，パキスタン，北朝鮮，イスラエル（2020年11月現在）

歴史編
第1章　歴史の始まりと日本
第2章　中世の日本
第3章　近世の日本
第4章　近代日本のあゆみと国際関係
第5章　2つの世界大戦と日本
第6章　現代の日本と世界

# 社会科を「読解」「思考」「表現」する

## ■ 歴史調査レポートを書いてみよう　～三内丸山遺跡を訪ねて～

| ねらい | 自分で実際に遺跡や資料館などに行き，レポートを書いてみましょう。実際に歴史の現場を訪ねると，教科書や資料集には載っていなかったような詳しい情報が載ったパンフレットがもらえたり，歴史の息吹を体感したりして，それまでには気がつかなかった新たな発見をすることがあります。 |

| 方法 | ① 不思議，疑問に思ったことを「テーマ」に。<br>　自分が実際に行って見聞きしたことから興味をもったことをレポートのテーマにします。まず，疑問に思ったことを冒頭に書き，その謎を自分なりに解明するような形式をとると，歴史レポートとして広がりが生まれるでしょう。<br>② 知識と想像力で謎を解明する。<br>　疑問に思ったことを解決するためには，自分が歴史の学習で知ったこと（根拠）を使い，そこから想像力をはたらかせる必要があります。間違っていてもよいので，自分なりの結論を必ず出すようにしましょう。自分なりの結論があれば，それは世界で唯一のレポートとなります。 |

⇨ 下の資料をもとにして，実際に歴史遺跡のレポートを書いてみましょう。

### 三内丸山遺跡の基本情報

**場所**：青森県青森市
**時代**：縄文時代
**規模**：現在発掘が進んでいるところの面積
　　　　だけで39ha（日本最大級）
**住んでいた人の数**：500人以上（推定）
★1992年に大型掘立柱建物跡が発見され，遺跡全体が保存された。

▲復元した大型掘立柱建物

● ヒスイの産地
● 黒曜石の産地
三内丸山遺跡
▲ヒスイと黒曜石の産地

遺跡内の谷（泥炭層）から，獣や魚の骨，植物の種子，木の実などが出土した。この場所は，当時ゴミ捨て場として使われていたと思われる。

▲出土したヒスイと黒曜石

## 資料を読み取ってみよう

学校の校庭が1haって
聞いたことあるよ。
39haってすごく広い！

● ヒスイの産地
● 黒曜石の産地

三内丸山遺跡

新潟と青森だ
と，ずいぶん
距離があるね。

**三内丸山遺跡の基本情報**
場所：青森県青森市
時代：縄文時代
規模：現在発掘が進んでいるところの面積
　　　だけで39ha（日本最大級）
住んでいた人の数：500人以上（推定）
★1992年に大型掘立柱建物跡が発見され，
遺跡全体が保存された。

## 考えよう

私が中学生の頃には，三内丸山遺跡はまだ発見されていなかった。驚い
たな。本州の北端の青森県で，こんな大きな遺跡が発見されるなんて，
思いもよらなかった。当時はもっと暖かかったんだね。栗が食べられて
いたんだから。

縄文時代の常識が覆されたと，先生が言っていたよ。
縄文の常識って何？

縄文時代の人々は，動物や魚の狩りや木の実を拾い集めて食事にしてい
て，住んでいた家も小さく，行動半径も限られていたと思われていたん
だ。弥生時代に入ってしだいに豊かになったと習っていたんだ。

そうか，栗などを育てていたし，すごく大きな建物だよね。そして交流
も広い範囲ね。

縄文時代は豊かな時代でもあった。縄文の土器のエネルギーがすごいの
は，知ってるでしょ。火焔土器なんて，後の時代の人たちは作らないよ。

ということは，もっとすごい発見があるかもしれないね。

三内丸山遺跡の発掘もまだまだ続くわけで，いろいろな発見や新しい解
釈が出てきてもおかしくない。

私も発掘現場に行きたくなった！

│歴史調査レポート│

## ～三内丸山遺跡を訪ねて～

1年1組 田中 健人

### ① 「大型掘立柱建物」は何のためにつくられたのか？

　三内丸山遺跡では，直径約１ｍもある太い柱の穴が６つ発見されたことから，巨大な建造物があったことが推定されます。この用途はいったい何だったのでしょうか。代表的な説は，大型の倉庫として使用した建物説と祈りのモニュメントとしてつくられた非建物説があります。

　私の考えでは，やはりお祭りに使っていたのではないかと思います。行ってみて感じたのですが，高い所から海や陸を見渡し，そして天に近いところで祈ったのではないでしょうか。

### ② 当時の人々は何を食べていたのか？

　当時のゴミ捨て場からは，獣の骨，魚の骨，植物の種，木の実などが出てきています。特に栗などを育てて食べていたとしたら，農業の存在が明らかにされます。しかし，果たしてこれは農業と言えるのでしょうか。

　私の考えでは，この広い場所で500人以上が生活するためには，やはり計画的な生産がないと無理だと思います。だから栗の生産などの農耕をしていたと思います。

### ③ 出土したヒスイや黒曜石はどこからきたのか？

　この地方ではヒスイや黒曜石は取れないことがわかっています。それならば，いったいどこから持ってきたのでしょうか。分析の結果，ヒスイは新潟県姫川流域，黒曜石は北海道と長野県などから持ち込まれたものとわかりました。これらの地域と交易があったのでしょうか。

　私の考えでは，海を使えば，陸より簡単に新潟や北海道に行けると思います。だから日本の半分くらいと交易していてもおかしくありません。

### ④ まとめ

　三内丸山遺跡からは，すでに文化や農業，交易が発達しており，現在の私たちの生活の基盤が築かれていたことがわかりますが，私が思っていた以上に縄文時代は豊かだったと思いました。

---

**✕ ここに注意！**
レポートのタイトルは，内容が具体的にわかるようなものにしましょう。ここでは，「三内丸山遺跡の3つの謎について」などがよいでしょう。

**◯ ここがOK**
自分が疑問に思ったことがわかりやすく書かれています。（→方法①）

**ページ参照**
本書P.244参照
⑤ 縄文時代
3 三内丸山遺跡の発見

**◯ ここがOK**
疑問点に対する自分なりの答えが明確に書かれています。（→方法②）

**資料から読み取る**
前のページの地図より，情報を正しく読み取ることができています。

**◯ ここがOK**
最後にまとめが入ることで，このレポートを通して学んだことが相手によく伝わります。

# 社会科を「読解」「思考」「表現」する

## ■ 歴史新聞をつくる　〜鎌倉時代を新聞にしよう〜

| ねらい | 歴史を新聞形式で紹介する時は，情報をどう配置するかを考えなければならないため，歴史のつながりを理解する力が身につき，表現する力が高まります。 |
|---|---|

| 方法 | ① 時代設定を決める。<br>　どの時代を切り取って新聞にするかを決めましょう。<br>② 本やインターネットなどから記事のもとになる情報を集める。<br>　自分の興味のあるものをもとにその時代に関する情報を集めます。<br>③ 記事の配置を考え，紙面をつくる。<br>　政治面，経済面，外交面，文化面，社会面などに分類し，一番伝えたいものをトップ記事にします。また，考えてもらいたいことを社説にしたり，紙面によっては漫画や広告を載せても良いでしょう。 |
|---|---|

⇒ 下の資料をもとにして，実際に鎌倉時代の歴史新聞を書いてみましょう。

### 平 清盛の病の真相

平清盛の死因は，いろいろと噂されていたが，琵琶法師が語り継いでいるところによると，熱病であったといわれている。清盛が水風呂に入ると瞬時にお湯になったというエピソードが残されている。

### 源 頼朝の後継者について

源頼朝は，1199年2月，落馬の際の傷がきっかけで亡くなったといわれる。第2代将軍として，頼朝の長男・頼家が任ぜられるが，次男の実朝を推していた北条氏との対立が起こり，1204年に暗殺されてしまった。

▲流鏑馬

▲チンギス・ハン

### チンギス・ハンのプロフィール

・1162年ごろ，モンゴルに生まれる。
・父親は，当時さまざまに分かれていた遊牧民族のうちのひとつの民族の族長であった。
・父親が早くに亡くなったため，チンギス・ハンは若くして一族の長となった。
・1206年，分かれていた遊牧諸民族を統一し，モンゴル帝国を築いた。

▲厳島神社

## 資料を読み取ってみよう

**平 清盛の病の真相**
平清盛の死因は，いろいろと噂されていたが，琵琶法師が語り継いでいるところによると，熱病であったといわれている。清盛が水風呂に入ると瞬時にお湯になったというエピソードが残されている。

頼家が暗殺されるまで5年間。3代将軍実朝は在任何年かな？

水がお湯になるほど，熱くなるなんてあるかね？

**源 頼朝の後継者について**
源頼朝は，1199年2月 落馬の際の傷がきっかけで亡くなったと言われる。第2代将軍として，頼朝の長男・頼家が任ぜられるが，次男の実朝を推していた北条氏との対立が起こり，1204年に暗殺されてしまった。

鳥居が海の中にあるのがわかるかな？

## 考えよう

トップは平清盛の死。この時代の最大のできごとは平清盛の死でしょ。ここから時代は一気に源氏に傾くよ。

暗い記事から始まるのはどうかな？
安芸の宮島の写真がいいんじゃない。

いやいや，頼朝の死でしょう。
なぜなら，これから嵐が来そうな内容だから。

新聞って，読者のためにあるのだから，読者が欲しているものが大切だよね。その意味では，これからどうなる？という意味で，頼朝の死の方が読み手の気持ちに沿っているよ。その他に大切なものは？

武士たちの日常生活，流鏑馬って，すごい曲芸なんだって聞いたよ。弓と馬の道が当時の武士の道ってことを伝えることができる。

チンギス・ハンの記事も，国際ニュースとして入れたいね。後の世に大事になる伏線だよ。

最後にホッとするところで，厳島神社についてふれるのはどう？今につながる大事な国宝だ。

ごもっとも。

# 鎌倉タイムス

| 歴史新聞

発行
西暦
1199年
2月10日

## 頼朝、亡くなる　～後継者に頼家～

鎌倉幕府初代将軍、源頼朝が落馬の際の傷がきっかけで亡くなった。第二代将軍として、子の頼家が任せられる。しかし、頼朝のようなリーダーシップが取れるか疑問視する勢力もある。それは、頼朝の妻政子の実家である北条氏である。今後の政局に暗雲がたれこめないか疑問が残る。

▲源頼朝

### 社説「武士の日常生活」

武士の日常生活が次第に明らかになってきた。彼らは、貴族とは違って、いたって質素な生活をしている。また、常に戦いにそなえて、武芸をみがいているようだ。疾走する馬の上から弓で的を射抜く技は大変なもので、「もののふの道」にふさわしいといえよう。こうした武士の日常生活を見ていると、簡単には政治の主導権は京都の公家のもとには返らないのではないかと思う。しばらくは武士の時代となるのか。

### 国際　チンギス・ハンあらわる

宋（中国）の北方に位置するモンゴルで、今人気なのがチンギス・ハン。生まれは一一六二年と伝えられるので、現在三十代後半と推定される。一族の長の子として生まれたが、族長の父親が早くに亡くなったため、若くして族長となる。将来はアジアの風となるか。期待は大きい。

平清盛の熱

### 文化　平安の優美が息づく厳島神社

平氏一門の信仰を集めた広島の厳島神社は、その優美な姿がいにしえの平安時代を伝える建物として、今後も大切に扱うべきであろう。場所は瀬戸内海の広島の町からしばらくの所、是非一度足を運んでみては？

---

**×ここに注意!**
トップ記事は、他の記事に比べて文章量を多めにすると、バランスがとれます。また、見出しは新聞の命なので、短く一目で内容がわかるよう工夫しましょう。

**○ここがOK**
発行年月日は大切。ある時点のできごとでないと新聞とはならない。

**○ここがOK**
記事が政治面・外交面・社会面・文化面に分類され、話題にバランスがとれています。（→方法③）

**ページ参照**
本書P.281参照
⑥武士と民衆の動き
2 武士の道

**○ここがOK**
社説は新聞社の考え方や思想をあらわすものです。自分の意見を論理だてて書きましょう。

**ページ参照**
本書P.172参照
広島県 2 特色

**資料から読み取る**
左ページの資料を読み取り、自分の言葉や漫画で表現しています。

# 社会科を「読解」「思考」「表現」する

## ■ 史料を読んで考えよう① ～江戸時代の農村の変化をまとめる～

| ねらい | 昔の人々が書いた史料を読んでみると，その当時の人々の生活や文化が よくわかります。史料を読んで，社会の変化を考察してみましょう。 |
|---|---|

| 方法 | ① どのような史料であるかを確認する。 特に史料が，どの時代（時期）のものであるかを確認しましょう。 ② 自分のもっている知識・理解と連動させて考察する。 史料の読解が，国語などの読解と違うところは，歴史の知識や理解が必要 なことです。歴史の学習で学んだことを思い出しながら，思考力もはたら かせて，史料を考察してみましょう。 |
|---|---|

⇨ 以下の江戸時代中期以降の農村のようすに関する資料A～Dを参考にして，江戸時代 の農村の変化についてまとめてみましょう。

### A 『政談』（部分要約，18世紀前半の著作）

昔は，農村では貨幣が足りなかったため，物を貨幣で買うことはなく，みな米や麦で買っていたことを，私は田舎で見て覚えている。ところが，最近では，元禄のころより田舎にも貨幣が流通し，貨幣で物を買うようになっている。

### B 『見聞集録』（部分要約，19世紀前半の記録）

昔，この村では文字の読み書きができない人が多かった。現在では，そのようなことを言っても誰も信じてくれないほどだ。（中略）昔は，村の人々に余裕がなかったためか，学ぶことは流行しなかった。しかし，やがて村では素読（儒教の書物を声を出して読むこと）が始まり，現在では，俳諧，和歌，狂歌，生け花，茶の湯，書画などをたしなむ人も増えた。本当に驚くほどの変化である。この村だけではなく，世間一般に同じ状況である。

### C 綿織物の生産と商品の買い付け（18世紀）

### D 各地の特産物（18世紀）

| 出羽（山形） | 紅花 |
|---|---|
| 阿波（徳島） | 藍 |
| 河内（大阪） | 綿織物 |
| 桐生（群馬） | 絹織物 |

## 資料を読み取ってみよう

昔は，農村では貨幣が足りなかったため，物を貨幣で買うことはなく，みな米や麦で買っていたことを，私は田舎で見て覚えている。ところが，最近では，元禄のころより田舎にも貨幣が流通し，貨幣で物を買うようになっている。

こっちは19世紀前半の記録だ。化政文化や天保の改革の頃かな。ここでいう「昔」は18世紀だろう。

18世紀前半の著作と書いてある。享保の改革が行われた頃かな。ここでいう「昔」は17世紀だろう。

（村では文字の……でき……った。現在……のよう……っても誰も信じ……れないに……略）昔は，村の人々に余裕が……かった。しかし，やがて村では素読（儒教の書物を声を出して読むこと）が始まり，現在では，俳諧，和歌，狂歌，生け花，茶の湯，書画などをたしなむ人も増えた。本当に驚くほどの変化である。この村だけではなく，世間一般に同じ状況である。

農村のようすだね。綿織物をどこでつくっているのかな。商品を買い付けに来たのは，どのような人だろう。

## 考えよう

 農村でどのような変化がおこったのかを，まずは箇条書きでまとめるとよいね。時期に注意しよう。

 時期ですか？

 18世紀を通じての変化，そして19世紀前半になると，さらにどのように変化したのかに注意しよう。

 Aの史料に貨幣の広まりという変化がありますね。

 Dの表は商品作物の栽培，Cの絵図は商品生産のようすを示しているから，それと結びつけて考えてごらん。

 Bの史料の変化は，どのように考えるとよいですか。

 「昔は，村の人々に余裕がなかった」とあることに注目しよう。逆に言えば，19世紀前半には，農村の人々に余裕ができたということになるね。

 豊かさが生まれたから，俳諧，和歌などの文化も農村でたしなまれるようになったのですね。

| 歴史史料 |

# 江戸時代に農村はどのように変わったか

2年2組 鈴木 かえで

## （1）資料から読み取れる農村の変化

a 読み書きができる者が増えた
b 俳諧・和歌などをたしなむ人が増えた
c 貨幣を手に入れる機会が増えた
d 商品作物の栽培が行われるようになった
e 織物の生産も始まった

## （2）変化とその背景の考察

　江戸時代の中期以降になると，都市の繁栄をうけて，農村では商品作物を栽培して販売するようになった。紅花や藍などがその代表例である。また，農村では養蚕や綿作がさかんになり，さらには織物の手工業生産が始まった。こうして，自給自足に近かった農村の人々は，商売に関わるようになり，貨幣を手にする機会が増えていったのである。

　商品作物を栽培するためには，農書を読んで勉強する必要があったし，商売をするためには，計算ができなければならない。こうした必要から，寺子屋で読み・書き・そろばんを学ぶようになり，読み書きができる人々が増えた。読み書きができるようになった農村の人々は，商売を通じて豊かになり，生活に余裕ができたから，俳諧や和歌などさまざまな文学を楽しむようになったと考えられる。都市と農村を行き来する人・物と情報の交流も活発となり，都市と地方の文化の交流もさかんとなった。農村で俳諧などをたしなむ人が増えたことは，化政文化の特徴をよく示している。

**資料から読み取る**

資料に書かれている内容を読み取り，端的な言葉でまとめることができています。

**✗ ここに注意！**

ただ読み取った内容を並べるのではなく，時期の順序関係，変化の因果関係などに注意しましょう。ここでは，c・d・eをa・bより前に書くとよいでしょう。

**☞ ページ参照**

本書P.324参照
① 諸産業の発達
1 農業の発達

**☞ ページ参照**

本書P.333参照
① 社会の変化

**✗ ここに注意！**

考察の記述が長いので，段落ごとに小見出しをつけるとよいでしょう。ここでは，1段落目は「社会の変化」，2段落目は「文化の変化」とするとよいでしょう。

**○ここがOK**

江戸時代の社会の変化を資料から読み取り，本書で学習した内容を生かしながら自分なりの考察ができています。

**☞ ページ参照**

本書P.342参照
⑤ 新しい学問と化政文化
4 化政文化
本書P.343参照
⑥ 庶民の暮らし

**○ここがOK**

レポートのタイトルが疑問文なので，考察の部分でその答えがきちんと示されています。

# 社会科を「読解」「思考」「表現」する

## ■ 史料を読んで考えよう② ～ペリー来航の理由を考える～

⇨ 下の資料を見て，アメリカがなぜ日本に資料Aのような要求をしたのか，イギリス
との関係とアメリカの当時の現状を表す資料B～Dから考えてみましょう。

### A アメリカ大統領の国書（現代語訳）

（前略）我が国の船はカリフォルニアから，中国に航海する船がとても多い。また，捕鯨のためアメリカ人が日本の沿岸に近づくことも少なくない。暴風雨によって日本の近海で難破することもある。その時は，我が国から救出船が出て救い出すまではその漂流民を助け，その財産を保護することを願いまた期待する。（中略）日本は石炭・食糧が多いと私は聞いている。我が国の蒸気船が太平洋を横断するに当たっては多くの石炭を使用する。

また，それをアメリカより運搬することは不便である。私は我が国の蒸気船，その他の船舶が日本に入港して，石炭・食糧・水の供給を受けることを許可していただくことを望む。

### B アメリカ合衆国の領土拡大

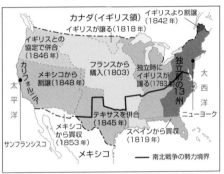

### C 航海にかかる所要日数

| | | |
|---|---|---|
| 1845年 | ロンドン→香港 | 54日 |
| 1850年 | ロンドン←上海 | 99日 |
| 1855年 | ノーフォーク→香港 | 130日 |
| 1856年 | ロンドン→香港 | 50～70日 |
| 1860年 | 品川→サンフランシスコ | 37日 |
| | （太平洋航路） | |
| 1867年 | サンフランシスコ→香港 | 31日 |
| | （太平洋航路） | |

### D ペリーの航路

## 資料を読み取ってみよう

漂流民の救出と石炭・食糧・水の供給を求めているね。

…する。(中略)日本は石炭・食糧…と私は聞いている。我が国の蒸…太平洋を横断するに当たっては…石炭を使用する。
…それをアメリカより運搬するこ…便である。私は我が国の蒸気船，…国の船舶が日本に入港して，石炭・…水の供給を受けることを許可し…ていただくことを望む。

アメリカは領土をどんどん拡大し，ペリー来航時には太平洋沿岸のカリフォルニアまで到達しているよ。

```
1845年　ロンドン→香港　　　　　54日
1850年　ロンドン←上海　　　　　99日
1855年　ノーフォーク→香港　　　130日
1856年　ロンドン→香港　　　50～70日
1860年　品川→サンフランシスコ 37日
　　　　（太平洋航路）
1867年　サンフランシスコ→香港 31日
　　　　（太平洋航路）
```

CとDの資料を合わせて読むと，ペリーが来航した時の航路は130日もかかって，かなり長旅なんだね。それに対し，太平洋を渡ったら31日で4分の1以下になるし，すごく便利だね。

Aの資料にも，カリフォルニアから太平洋を横断して中国に渡りたいと書いてあるね。

## 考えよう

当時の欧米の状況を考えると，産業革命の発展によって大量生産した工業製品の市場としてさかんに海外に勢力を広げようとしていた時期だね。

それに伴い，原料，製品，鉄鉱石，石炭などを大量に，できるだけ早く，そして安く輸送するために交通機関も発展していった時代だね。

イギリスとの関係と関連させると，イギリスは香港まで54日しかかからないのに，アメリカはペリーの航路では，130日もかかるからかなり不利だね。

だから，31日で香港まで渡航できるカリフォルニア航路で渡れるよう日本に開国を要求しているのかもしれないよ。

| 歴史史料 |

# ペリー来航をアメリカの発展と関連づけて考える

### 2年3組 岡田 有理子

　当時のアメリカの現状と関連させると、アメリカは、産業革命によって生産された製品の市場としてアジア（中国）との貿易に積極的に乗り出そうとしていた。しかし、ペリーが航海したように、大西洋からアフリカ大陸の南端をまわり香港に品物を運んだ場合、130日もかかってしまい、54日かかるイギリスの製品と比較すると大変不利である。アメリカは1848年にメキシコからカリフォルニアを獲得することで、太平洋横断航路が可能となった。この航路では、サンフランシスコから香港までが31日なので、イギリスの製品とも互角に渡り合えるようになる。

→ペリーの航路

　しかし、この太平洋横断航路には、途中での石炭・水・食糧の供給が不可欠である。

　また、当時のアメリカでは多くの捕鯨船が太平洋を航海しており、遭難することもたびたびあり、漂流民の救出や緊急時の寄港地を求めていた。

　つまりアメリカは、太平洋横断航路・捕鯨船の寄港地として日本の開国を要求したのである。

**ここが OK**
産業革命という当時の時代背景をきちんと踏まえることができています。

**資料から読み取る**
① ペリーが大西洋航路で日本に来たこと（→D）
② それぞれの航海にかかる所要日数（→C）
③ アメリカのカリフォルニア獲得（→B）
がそれぞれの資料より読み取れます。

**ここが OK**
このテーマでは地理的な位置関係が重要になるので、言葉だけでなく地図を用いて示すことで、より伝わりやすくなります。

**✗ ここに注意！**
この地図がどういう地図なのか、題名をつけるとよいでしょう。ここでは、「19世紀半ばの航路のようす」などとするとよいでしょう。

**資料から読み取る**
給水、食糧供給の必要性が資料Aより読み取れます。

**ページ参照**
本書P.360参照
④ 日本の開港
Q&Aなぜアメリカは、日本に開国を迫ったのか？

# 社会科を「読解」「思考」「表現」する

## ■ ポスター・プレゼンテーションをしてみよう　～戦時下の暮らしについて調べる～

**ねらい**　ポスター・プレゼンテーションは，調査内容を複数もしくは1枚のポスターにまとめ，そのポスターを壁などに貼って研究成果を見てもらうという発表形式です。発表者がポスターの前に立って，ポスターを参照しながら観客に説明をすることもあります。観客の視覚に訴えるポスターをどうつくるか，さらに口頭でどう説明すれば観客に伝わるかを考えることで，総合的な表現力が身につきます。

**方法**
① 何をテーマにするかを決める。
　何をテーマにおくかを決めます。グループで1つのポスターを作成するときは，話し合いの機会をもってテーマを決めましょう。
② 取材や調査を通して，素材を集める。
　テーマが決まったら，そのテーマに関連する情報を収集します。本やインターネット，もしくは関係者への取材などを通して，ポスターに掲載するにあたって必要だと思われる情報を収集しましょう。
③ ポスターの構成を決める。
　どのような順番で調べた内容を並べるのがよいのか考えます。他人に伝わりやすいよう，調べた項目を整理して順番を決めるようにしましょう。
④ ポスターに書く内容と，口頭で伝えるだけの内容を整理する。
　ポスターに書くことと，口頭で伝えることを分けます。ポスターに書くことは重要な要点をまとめたものにし，些細な情報は口頭で伝えるだけにする，などの区別をするとよいでしょう。
⑤ ポスターと発表原稿をそれぞれ作成する。
　ポスターは，要点をまとめて見る側に伝わりやすいようにします。それとは別に，口頭でしゃべることを原稿として作成し，もっておくと，本番であわてずにすむでしょう。

⇨ 次の資料をもとにして，第二次世界大戦中の暮らしについて調べ，実際にポスターセッションをしてみましょう。

| ポスター・プレゼンテーション |

## 国民生活に関わる戦時中のできごと

| | |
|---|---|
| 1937年7月 | **日中戦争開戦** |
| 1938年 | **国家総動員法** |
| | 総力戦に備えて，政府が物資や労働力を議会の承認を得ずに動員することを認めた法律。国民生活の全面を統制した。 |
| 1941年3月 | **国民学校令** |
| | それまでの尋常小学校・高等小学校を廃止して国民学校初等科・高等科と改めた。 |
| 1941年12月8日 | **太平洋戦争開戦** |
| 1945年8月6日，9日 | **広島・長崎に原子爆弾投下** |
| 15日 | 日本の無条件降伏により終戦 |

▲配給の砂糖券

▲当時の女学生の様子

## インタビューしたお年寄り（88歳）のお話

　私たちが国民学校の高等科にいた頃は，戦局も厳しくなっていて，私たちの学校では教室での授業がほとんど行われていませんでした。朝起きて朝食をとり，学校に行ってからは，農作業を延々とやらされました。
　夕方家に帰るとお腹はぺこぺこでしたが，配給制だったので，手に入る食べ物は限られており，なかなか空腹が満たされることはありませんでした。
　夜，布団の中で空襲警報が鳴ると，飛び起きて，防空頭巾をかぶり，幼い弟や妹をおんぶしたり手をひいたりして家の近くの防空壕に逃げました。毎日が不安で，心が休まりませんでした。

## 資料を読み取ってみよう

| | |
|---|---|
| 1937年7月 | 日中戦争開戦<br>（にっちゅうせんそう） |
| 1938年 | 国家総動員法<br>（こっかそうどういんほう）<br>総力戦に備えて，政府<br>（そうりょくせん）<br>に動員することを認め |
| 1941年3月 | 国民学校令<br>（こくみんがっこうれい）<br>それまでの尋常小学校<br>（じんじょうしょうがっこう）<br>等科・高等科と改めた |

戦時中は配給制で，購入券（はいきゅうせい）（こうにゅうけん）がないとものを買うことができなかったんだ。写真は何を買うための購入券かな。

国民学校の初等科は今の小学校1〜6年，高等科は中学校1〜2年にあたるよ。

女の子がはいているもんぺ（くうしゅう）は，空襲の時に火を消したり，避難したりしやすいように，（ひなん）着用が強制されたんだ。

## 考えよう

 今の中学生と戦時中の中学生はどちらが幸せだったのか，みんなで考えてみようよ。

 戦時中の中学生は農作業や工場での労働で，ほとんど勉強できなかったみたいだね。

 今は学校の授業や習い事，そして塾で大変という友達も多いけど，労働を強制されるのはいやだな。（じゅく）

 でも家では宿題がないかもしれないし，比較的のんびりと家族と過ごせ（ひかくてき）たのかも。

 アメリカ軍による空襲が始まると，空襲警報のたびに防空壕に逃げ込ん（くうしゅう）（ぼうくうごう）（に）（こ）で，安心して眠れない夜が続いたそうだよ。（ねむ）

 それに美味しいものを食べることや，おしゃれをすることもできなくな（おい）ったし。

 そう考えると今の自分たちは安心した毎日を送り，勉強は大変だけど自分で将来を切り拓いていけるものね。（ひら）

 それじゃあ，そろそろ考えをポスターにまとめていこうか。

| ポスター・プレゼンテーション |

**✕ ここに注意!** どの部分が自分たちで調べた部分で、どの部分がお年寄りから聞いた部分なのか、出典をはっきりさせるとよいでしょう。

## 第二次世界大戦中の暮らしを調べる

**3年3組 3班**

### ① はじめに

　戦後75年以上が経過した今、私たちの身の回りには戦争を経験した方が少なくなってきている。そこで、今回自分たちで、第二次世界大戦中の国民学校の生徒（私たちと同年代の子どもたち）の生活を調べる機会をもとうと考えた。

### ② 当時の国民学校の生徒の一日（推測）

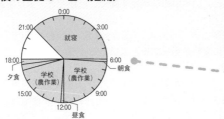

### ③ 家庭生活

・食料や衣料は配給制や切符制だった。
・空襲警報が鳴ると、防空頭巾をかぶってみんなで家の近くの防空壕に逃げ込んだ。
→不自由な生活をしていたことがわかる。

### ④ 学校生活

・戦争が激しくなってくると、授業のかわりに農作業や工場勤務をしなければならなかった。
・低学年の生徒は、学童疎開をすることもあった。
→十分に勉強ができていなかったことがわかる。

### ⑤ まとめ

　当時の国民学校の生徒は、私たちとは違って自由に遊ぶ時間がなかったのだと思った。空襲警報におびえて、勉強もできず、食事も十分にとることができない日々を、二度と繰り返してはならないと思った。

**○ここがOK** ポスターなので、遠くから見てもよくわかるように、文字は大きく太めにしましょう。

**○ここがOK** 文字の大きさを変えて、メリハリのある紙面を心がけると、遠くからでもよく目立ちます。

**○ここがOK** お年寄りのお話から、当時の生徒の生活をつかんでいます。グラフにすることで、非常にわかりやすくなっています。

**○ここがOK** 「家庭生活」と「学校生活」の2つに分けることで、情報が整理されて非常にわかりやすくなっています。

**ページ参照** 本書P.425参照 ⑤ 第二次世界大戦 ⑥ 日本の降伏

**別の視点** インタビューしたお年寄りの存在にスポットをあてた構成にしてもよいでしょう。

# 社会科を「読解」「思考」「表現」する

## ■ パネルディスカッションをしてみよう　～沖縄の米軍基地について考える～

**ねらい**　パネルディスカッションとは，公開型の討論形式の一つです。パネラー（論者）は，その意見の代表者であることから，通常のディスカッションよりも，より発言の機会が多く求められる傾向にあります。自分ひとりで一貫した論理的な意見を述べる力が身につきます。

**方法**

① テーマを決める。
学校の授業で疑問に思ったこと，テレビのニュースで関心をもったことなどからテーマを見つけるとよいでしょう。意見が分かれやすいテーマを論題に選ぶと，いろいろな意見を聞くことができ，より学習が深まります。

② 役割分担をする。
学校の授業で行う場合は，「司会」1名，「論者」3～5名，その他観客といったように役割分担をするとよいでしょう。

③ 論者が意見を述べて，討議をする。
論者は，自分の立場を明確にしたうえで意見を述べるようにし，他の論者の意見も注意深く聞きましょう。司会者は，論者全員に発言の機会を与えるように注意しましょう。

④ 観客から質問を受け付ける。
討議の内容を聞いて疑問をもった観客がいるかもしれないので，質問の時間を設けるとよいでしょう。質問が出た場合，論者は自分で考えられる範囲でしっかりと回答するようにしましょう。

⇨ 次の資料をもとにして，沖縄の在日米軍基地の問題について，実際にパネルディスカッションをしてみましょう。

### A 在日米軍の駐留の意義

わが国を取り巻く安全保障環境が一層厳しさを増す中，日米安保体制に基づく日米同盟が，わが国の防衛や地域の平和と安定に寄与する抑止力として十分に機能するためには，在日米軍のプレゼンス（駐留）が確保されていることや，在日米軍が緊急事態に迅速かつ機動的に対応できる態勢が，平時からわが国とその周辺でとられていることなどが必要である。

このため，わが国は，日米安保条約に基づいて米軍の駐留を認めており，在日米軍の駐留は，日米安保体制の中核的要素となっている。

また，安定的な在日米軍の駐留を実現することは，わが国に対する武力攻撃に対して，日米安保条約第5条に基づく日米の共同対処を迅速に行うために必要である。さらに，わが国防衛のための米軍の行動は，在日米軍のみならず，適時の兵力の来援によってもなされるが，在日米軍は，そのような来援のための基盤ともなる。

なお，日米安保条約は，第5条で米国の日本防衛義務を規定する一方，第6条でわが国の安全と極東における国際の平和と安全の維持のため，わが国の施設・区域の使用を米国に認めており，日米両国の義務は同一ではないものの，全体として見れば日米双方の義務のバランスはとられている。

（令和元年版「防衛白書」より）

## B 米軍提供施設・区域の概要

　戦後75年を経た現在もなお，日本の国土面積のわずか0.6%に過ぎない沖縄県に，在日米軍専用施設面積の約70%が集中しています。また，沖縄県の県面積に占める在日米軍施設の割合は約8%で，9割以上の人々が暮らす沖縄本島では，面積の約15%を在日米軍施設が占めています。

　　　　　　　　（2017年 1 月 1 日現在）

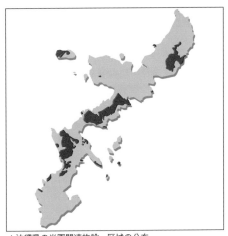

▲沖縄県の米軍関連施設・区域の分布

## C 米軍基地に関係する事件・事故の概要

　沖縄県における広大な米軍施設・区域の存在は，県民生活や自然環境にさまざまな影響を及ぼしています。とりわけ，日常的に発生する航空機騒音による基地周辺住民の健康への影響や，戦闘機・ヘリコプター等米軍機の墜落事故及び油脂類・赤土等の流出，実弾演習による山林火災等，米軍基地に起因する事件・事故等による県民生活及び環境への影響が問題となっています。また，米軍人等による刑法犯罪は，復帰から2017年までに5,967件にのぼり，そのうち凶悪事件が580件，粗暴犯が1,075件も発生するなど，県民の生活の安全確保や財産の保全に大きな不安を与えています。

| 航空機事故 | 平成28年12月 | 名護市安部海岸に米海兵隊のオスプレイ（航空機）が墜落（不時着） |
| --- | --- | --- |
| | 平成29年12月 | 宜野湾市立普天間第二小学校の校庭に米軍ヘリコプターの窓が落下 |
| 被弾事故 | 平成20年12月 | 金武町内の民家に駐車中の乗用車で銃弾を発見 |
| 事件・事故 | 平成23年1月 | 沖縄市で米空軍所属の職員による交通死亡事故 |
| | 平成28年4月 | うるま市で米空軍所属の職員による女性暴行殺人事件 |
| | 平成29年11月 | 那覇市で米海兵隊員による飲酒運転死亡事故 |

（資料B，Cともに沖縄県庁・基地対策課ホームページ・令和元年版「防衛白書」を参考に作成）

パネルディスカッションテーマ
## 「沖縄の在日米軍基地を存続すべきか廃止すべきか」

**司会** ではパネルディスカッションテーマに基づいて，意見のある方からどうぞ。

**パネラー1** 私は在日米軍基地を存続すべきだと思います。戦後から今まで日本が戦争のない平和な時を過ごせたのはアメリカとの密接な協力関係のおかげです。そのための在日米軍基地の存続はこれからも続けるべきです。

**パネラー2** たまたま平和だったといえるのではないでしょうか。日米安全保障条約によりアメリカの軍事同盟国であるとみなされる日本は，キューバ危機の時のようにアメリカ側の一員ということで第三国の攻撃対象になる場合があります。アメリカの戦争に日本が巻き込まれる危険性があります。

**パネラー3** 軍事面はさておき，実際に沖縄に行ったことはありますか。僕は米軍基地のある神奈川県綾瀬市に住んでいて軍用機の騒音に悩まされています。でも沖縄に家族旅行で行った時の沖縄の騒音，回数は厚木基地の比ではなかった。事故や事件も結構あるみたいだし，国の平和を守るとか言う前に住民が安心して平和に暮らせる社会をつくるべきです。

**パネラー4** でも騒音に悩む人には国は補助金を出して窓を二重にするなど防音対策をとるそうです。また国から支払われる自治体への補助金や基地で働く日本人の給料などは，地域の経済活動にかかせないと聞いたことがあります。

**パネラー2** しかし問題なのは沖縄の人々は自分の意志で基地をつくることに賛成したり，土地の提供を判断したりできなかったということです。戦後の日本とアメリカの取り決めで強制的に立ち退きを迫られ，現在も不安な日々を過ごす沖縄の人たちの気持ちを考えるべきです。

資料Aより，日米安全保障条約が締結された意図を読み取っています。

ここが**OK**
パネラー1の意見に対して冷静に反論できています。

ページ参照
本書P.443参照
③ 多極化する国際社会
2 キューバ危機とベトナム戦争

ここが**OK**
パネルディスカッションテーマを，自分の身近な問題にひきつけて考えることができています。

資料Cより，米軍基地関係の事件・事故の存在に気づいています。

ページ参照
本書P.438参照
① 新安保条約の締結と日本経済の発展
2 沖縄の米軍基地

# 公民編

# 第1章

# 現代社会とわたし

たちの生活

↑写真は，スーパーマーケットの果物売り場の様子である。いろいろな国から豊富な種類の果物が輸入されていることがわかる。
この単元では，グローバル化をはじめ，わたしたちの生活をとりまくことがらについて学習しよう。

# §1　現代社会のようす

重要ポイント

□日本は1950年代後半〜70年代前半の高度経済成長によって，経済大国となった。

□現代はグローバル化によって国境を越えて，人やモノ，カネ，情報などの流通がさかんになった。

□現代は情報の重要性が高い情報社会である。

□日本では，大家族が減り，単独世帯や核家族世帯が増えている。

□日本は少子高齢社会となり，社会保障費が急増している。

## ① グローバル化が進む社会

### 1　高度経済成長——経済大国となった日本

　日本は1950年代後半から1973年の石油危機まで，年平均約10％という驚異的な経済成長率を記録し，高度経済成長を実現した。1968年には，資本主義国の中で国民総生産（GNP）がアメリカについで第２位となった。

　高度経済成長によって，人々の所得は増え，生活も大きく変化した。1950年代に「三種の神器」（白黒テレビ，電気冷蔵庫，電気洗濯機），1970年代に３Ｃ（カー，カラーテレビ，クーラー）と呼ばれる電化製品が普及し，人々の生活は便利で快適なものになった。しかし，1973年の石油危機 [P.441 ▶▶]で経済成長の伸びは止まった。

### 2　グローバル化とは——一体化する世界

　交通手段や通信手段が発達したことによって，今日の社会では，国家の枠を越えて人やモノ，カネ，情報などが大量に流通するグローバル化が進行している。特に経済的な結びつきが強まって，世界各国は貿易を行うことなしに自国の経済を成り立たせることは難しい。各国は，自国が優位な分野の商品を生産して輸出し，自国が優位ではない分野では商品を他国から輸入する国際分業を行っている。同時に，各国が生産する商品は他国の安い商品との国際競争にもさらされている。

### 用語
**国民総生産（GNP）**
一つの国の国民が１年間に新たに生産した生産物やサービスの付加価値の合計。中間生産物（原材料や燃料）の価額はふくまれていない。一国の経済規模を表す指標として使われてきたが，近年では，一つの国の領土での経済規模を表す国内総生産（GDP）のほうが多く使われる。

### 用語
**グローバル化**
英語のGlobalizationのことで，人・モノ・カネ・情報が国境を越えて自由に移動するようになること。1990年代以降冷戦が終結し，東西の壁がなくなったことや情報化の進展で急速に発展していった。

▲海外から輸入されている野菜

### 3　グローバル化のメリット——多文化社会と世界標準

　グローバル化によって，海外から多くの人々がやってきたり，海外に出かける人々も増えたりするようになった。**一つの国の中で多様な国の人や文化が共生する多文化社会**の形成が進んでいる。また，世界各国にその子会社をおいて，原材料の調達や生産・販売などの活動を世界的規模で行う**多国籍企業**も増えている。世界の人々が共通のフィールドで交流や競争を行うために，**世界標準**をつくる動きが広がっている。

**参　考**

**世界標準**
英語でグローバルスタンダードともいう。一部の国や地域だけで通用する独特の規格やルールではなく，世界的に通用する規格やルールのこと。たとえば，国際業務を行う銀行は自己資本比率が8％以上でなければならないというBIS規制がそれにあたる。

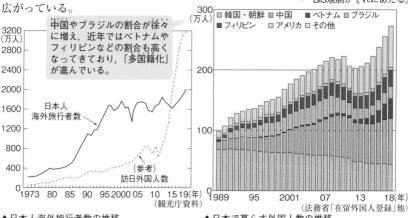

中国やブラジルの割合が徐々に増え，近年ではベトナムやフィリピンなどの割合も高くなってきており，「多国籍化」が進んでいる。

▲日本人海外旅行者数の推移

（観光庁資料）

韓国・朝鮮　中国　ベトナム　ブラジル　フィリピン　アメリカ　その他

▲日本で暮らす外国人数の推移

（法務省「在留外国人登録」他）

### 4　グローバル化のデメリット——進む経済格差

　世界の人々が同じ基準で活動するようになった結果，競争の勝敗がはっきりとし，国内外ともに**富裕層と貧困層の経済格差**が大きくなった。また，世界各国の結びつきが強くなったため，2008年の**リーマン・ショック**に代表されるように，従来は小さい範囲にとどまっていた問題が，世界規模での大問題にまで発展するようになった。

**用　語**

**リーマン・ショック**
2008年9月，アメリカの大手投資銀行・証券会社のリーマン・ブラザーズ・ホールディングスが経営破綻し，世界の金融市場に大きな衝撃をあたえた。世界中で株式市場の株価が歴史的な暴落を記録した。

### 5　国際協力の必要性——地球規模の問題に対処するために

　世界各国の相互依存の度合いが強まり，多くの問題が国際的な問題となるような現在，**国際協力の必要性**がますます高まっている。たとえば，地球規模での環境問題などを解決するためには，**多国間で取り決めをつくり，それを忠実に実行**していかなくてはならない。各国は自国の利益を失いたくないため，実効性のある合意に至らないこともある。どのように有効な合意を形成していくか，ということが大きな問題である。

**参　考**

**実効性のある合意に至らない例・京都議定書**
地球温暖化防止のために2005年に発効されたが，中国・インドなどは発展途上国であることから削減目標が設定されず，アメリカは経済への悪影響などを理由に離脱した。

# ② 情報社会

## 1 情報通信技術の発達——進むＡＩの研究

インターネットの登場によって，パソコンや携帯電話の機能が高度になり，誰でも世界中に情報を発信することができるようになり，またその**情報の受け手が送り手に情報を送り返す**という**双方向のコミュニケーション**が実現した。世界中の情報を国境を越えて入手できるようにもなった。こうした**情報通信技術（ＩＣＴ）**の発達により，1990年代にインターネットと携帯電話が急速に普及し，社会は大きく変化していった。

インターネットやロボットによって，社会が急速に変化している。グーグルをはじめ世界のＩＴ企業はこぞってビッグデータの収集とＡＩの開発を加速度的に進め，世間では，ビッグデータやＡＩがもたらす経済効果や未来社会のイメージがつくられている。しかしながら一方で，ＡＩの進展によって産業構造が大きく変化し，**われわれの仕事や意識を変化させる事態も起こっている。**2017年5月に公表された経済産業省「新産業構造ビジョン」によると，現状のままでは2030年までに労働者の10人に1人（約735万人）が仕事を失うという深刻な予測がなされている。ただし，ＡＩの活用をスムーズに行うことができれば，新たな雇用の創出が期待され，人間は単純な作業の繰り返しや事務的な作業から解放されるとともに，高度な付加価値のあるサービスや創造性を働かせる分野での仕事が期待されている。

▲食堂の自動精算システム

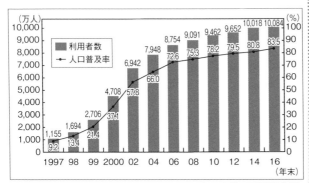

(2017年版　情報通信白書)

▲日本のインターネット利用者数と人口普及率の推移

### 2 情報化のメリット——いつでもどこでも

　情報が社会の中で重要な役割を果たすようになった社会を**情報社会**という。

　パソコンやスマートフォンをインターネットに接続し，**オンライン・ショッピング**を利用して，自宅や外出先でさまざまな商品を買うことができるようになった。また，自分の知りたい情報も掲示板やSNSを利用して，全世界の人々と相互交流しながら得ることができるようになった。

　しかし一方で，こうした情報化の恩恵を受けられない人々もいるため，**デジタル・デバイド**と呼ばれる情報格差が生じている。

**用　語**

**SNS**
Social Networking Serviceの略。自分の日記や写真をサイト上に掲載して会員同士が交流を深める会員制のサービス。

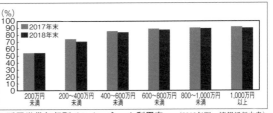

▲所属世帯年収別インターネット利用率　（2019年版　情報通信白書）

### 3 情報化のデメリット——個人情報が流出する危険

　情報化は人々の生活を快適にする一方で，新たな問題ももたらしている。まず，**個人情報**に関する問題である。電子掲示板やSNSで不用意に発表したことで自分の個人情報が流出したり，あるいは他人の個人情報を故意に発信したり，他人を誹謗中傷したりするようなトラブルは，情報化によってもたらされたデメリットである。その場合，自分の意志に関係なく掲載された個人情報の削除を，ネット事業者に要求できる**忘れられる権利**が注目されている。また，**コンピューター・ウィルス**やデマなどの根拠のない情報が短時間で世界的に拡大してしまう被害も，情報化以前では考えられなかった。他にも，オンライン・ショッピングで料金を振り込んでも品物が届かないなどのネット上のトラブルも増えている。

**用　語**

**デジタル・デバイド**
デバイド（divide）は，「分割する」という意味。情報通信技術を活用できる層と活用できない層（低所得者や高齢者など）で大きな格差が生まれる。

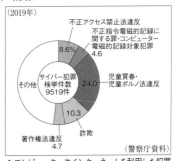

▲コンピューターやインターネットを利用した犯罪

### 4 情報社会を生き抜くために——必要な能力とモラル

　情報社会では，多くの情報が流れるが，その中から間違ったものや根拠のないものを排除し，必要な情報を得なければならない。このような能力を**情報リテラシー**という。また，**誤った情報や根拠のない情報を流したり，他人の個人情報や他人の著作物を無断で発表したりしない**などの情報モラルを身につけることも必要である。

**参　考**

**違法ダウンロードの刑事罰化**
著作権法が改正され，2012年10月から，インターネット上に違法にアップロードされた音楽や映像を違法と知りながらダウンロードする行為に刑事罰が科されることになった。

# ③ 家族形態の変化

## 1 小規模化する家族——増える単独世帯

　かつての日本では，祖父母・両親・子どもの三世代以上が一緒に暮らす世帯が比較的多かった。しかし，第二次世界大戦後に制定された日本国憲法で個人の尊厳や両性の本質的平等が保障され，それに合わせて1947年に民法が改正され，家制度が廃止された。そのこととを背景に，家族の小規模化が進むこととなった。高度経済成長が始まったころから，核家族世帯の割合の増加傾向が強まり，一時は60％をこえるまでになった。高度経済成長によって，都市に移動した働き手が，結婚して核家族をつくっていったからである。

　近年は，夫婦と子どもからなる家族の割合は減少傾向にあり，かわりに単独世帯（一人暮らし）の割合が増加している。これは，晩婚化が進んだことや，未婚率が上昇したこと，高齢者の一人暮らしが増えていることなどによる。また，核家族でも夫婦のみという世帯の割合が増えている。

▲家族構成の変化　　　　　　（総務省統計局資料他）

## 2 家族の役割——最も基礎的な社会集団

　家族とは，一般的には，血縁関係や婚姻関係にある人々が集まってできた集団であり，最も基礎的な社会集団[P.481▶▶]である。家族には主に次のような役割がある。

①**休息や安らぎの場**　仕事や学校などで疲れた心と体を癒やす。

②**人間形成の場**　言葉や，食事・礼儀作法などの基本的な生活習慣，社会で守るべきルールなどを身につける。

③**助け合いの場**　病気になったり，高齢になったり，悩みがあったりしたときに，互いに助け合う。

④**共同生活をする場**　家族を一つの単位として，ともに毎日をすごす。一緒に食事をしたり，テレビを見たり，話をしたりする。

📖 **用　語**

**核家族**
夫婦のみ，または夫婦と未婚の子どものみ，または一人親と未婚の子どものみで構成される家族。

📖 **用　語**

**家制度**
戸主（家の統率者）が，家族を扶養する義務を負うとともに，家の財産や祖先を祀る権利などを受けついでいく家族制度。原則として長男が家督を相続し，戸主となった。

## 3　財産相続——均分相続

　家族構成は時間の経過と共に変化する。誰かが亡くなり，その形を変えることもある。そんな時に発生するのが**財産相続**である。**遺言**がない場合，財産の相続については，**民法**で定められている。夫が亡くなり，配偶者（妻）と子ども1人が相続人の場合は，財産の2分の1を妻が，残りの2分の1を子どもが相続する。子どもが2人以上いる場合は，子どもたちの間で残りの2分の1を均等に相続する（**均分相続**）。

▲均分相続

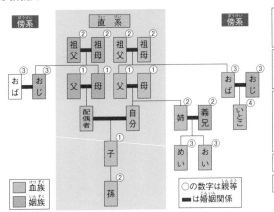

| 親族：6親等以内の血族，配偶者，3親等以内の姻族。 |
| --- |
| 親等：本人との血のつながりの深さを示す。 |
| 血族：同じ先祖から血統のつづいている人のこと。親子関係を直系血族，兄弟姉妹の血族を傍系血族という。 |
| 配偶者：結婚相手。 |
| 姻族：配偶者の血族。 |

〇の数字は親等　━は婚姻関係

▲親族（血族と姻族）

## 4　地域社会と家族——うすまるきずな

　地域社会は，住民同士が支え合って結びつきを強めたり，地域の文化を伝承したりするといった役割を果たしてきた。しかし，近年は都市においても村落においても人々のつながりがうすれ，地域社会の役割は小さくなってきている。**孤独死**を迎える人も増えてきており，**無縁社会**と呼ばれる状況が問題となっている。

　このような問題を解決する一つの手段として，**まちおこし**の活動などによって地域社会を活性化するという方法がある。地方自治体だけでなく，**NPO（非営利組織）**が協力してまちおこしを展開する場合もある。

　人間は**社会的存在**[P.481▶▶]であり，家族や地域社会とのつながりを無視することはできない。今一度，人と人とのつながりがどうあるべきか考える必要がある。

📖 **用　語**

**無縁社会**
家族や地域社会から切り離され，孤立して生きている人が多くなった現代日本の社会。病気やケガをしたときに，助けを求めることができず，孤独死する人が増えている。

# ④ 少子高齢社会

## 1 少子高齢化とは——急速に進む少子高齢化

　総人口に占める子どもの割合が低下することを少子化，総人口に占める65歳以上の高齢者の割合が増えることを高齢化といい，これら二つが同時に進む社会を少子高齢社会という。日本は，少子高齢化が急速に進行した。

## 2 少子化・高齢化の原因——低下する出生率と死亡率

　少子化が進み，2009年から日本は人口が減少する人口減少社会となっている。少子化の原因は複数あると考えられる。

①未婚率の上昇　女性がかつてよりも高い年齢で結婚する晩婚化が進み，未婚率が上昇している。これによって，高い年齢で出産をする女性が増え，一人の女性が一生のうちに産む子どもの平均人数（合計特殊出生率）が少なくなってきている。

②出産・育児への不安　経済的負担が重い，保育所の数が十分でないなど，仕事と育児を両立できる環境が整っていないこと，また，自分や夫婦のために使える時間が減る，心理的・体力的に育児に自信がない，などの理由で子どもをもつことに不安を覚える人が多くなっている。

　また，高齢化の原因としては，食生活や医療技術の進歩によって死亡率が低下したことがあげられる。同時に少子化が進んだことで高齢化が急速に進行した。

### 参考
**超高齢社会**
国連は，総人口に占める65歳以上の人口（老年人口）の割合が7％以上の社会を高齢化社会，14％以上の社会を高齢社会と規定しているが，さらに老年人口が21％以上の社会を超高齢社会と規定している。日本は1994年に高齢社会となり，2007年に超高齢社会となった。

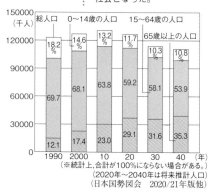
▲日本の年齢別人口の推移

(※統計上,合計が100%にならない場合がある。)
(2020年～2040年は将来推計人口)
(日本国勢図会　2020/21年版他)

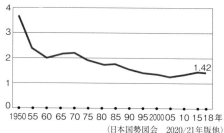
▲日本の合計特殊出生率

(日本国勢図会　2020/21年版他)

## 3 少子高齢化の影響——増える国民の負担

　少子高齢社会については，人口が減ると社会にどのような影響がでてくるのか考えることが必要である。

| 財政…政府の税収が減る（不足する）→財政の赤字が問題 | 社会保障…高齢者・医療・介護の費用の負担が増える |
|---|---|

### ●●もっとくわしく
**合計特殊出生率**
人口減少社会とならないためには，合計特殊出生率は2.08程度でなければならない。日本は2005年に1.26を記録したが，2018年は1.42となり，ややもち直している。しかし世界でも最も低い水準である。

| 経済…働く人の数が減る，モノを消費する人が減る（経済の停滞） | 社会…核家族化が進む，地域の高齢化や地方の過疎化が進む |
|---|---|

（国立社会保障・人口問題研究所資料）

▲高齢者一人を支える現役世代（生産年齢人口）の人数

### 4 少子高齢化対策——法律や制度の整備

①**少子化社会対策基本法** 2003年に成立した，**少子化に対処するための施策を総合的に推進するための法律**。子どもを安心して産み，育てることができる環境を整備することを目指している。

②**育児・介護休業法** 1991年に育児休業法として制定されたが，1995年に育児・介護休業法に改正。**労働者は男女どちらでも，子どもが1歳**（一定の場合，1歳6ヵ月）**になるまでの間，育児休業をとることができる**。また，労働者は要介護状態にある家族のために，一人につき通算して93日までの介護休業をとることができる。こうした休業の申し出を事業主は原則として拒否することができないと定められている。

③**介護保険制度** 40歳以上のすべての国民が加入し，65歳以上で介護が必要と認定された人などが介護サービスを受けることができる制度。**介護保険法**に基づき，2000年から実施されている。

④**後期高齢者医療制度（長寿医療制度）** 75歳以上の高齢者が加入する医療制度。2008年から実施されている。加入者は原則として保険料を払う。医療費の自己負担は1割。高齢者の負担が増えることなどから批判も多く，見直しが検討されている。

⑤**バリアフリー** 高齢者や障がい者などでも快適に安心して暮らせるように，**生活環境から障壁（バリア）を取り除くこと**。段差をなくしたり，バスの床を低くしたりする。

**参考**

**社会保障費の増加**
医療や年金のために国民に直接給付された費用の総額である社会保障給付費が増加している。

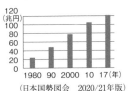

（日本国勢図会 2020/21年版）

▲社会保障給付費の推移

**もっとくわしく**

**子ども・子育て関連3法**
子ども・子育て家庭を社会全体で支援することを目的とした法律で，2012年に成立した。2015年4月から施行された新制度は「社会保障と税の一体改革」での，消費税率引き上げによる増収分の中から，7,000億円を財源として活用するとしている。社会全体の費用負担により，幼児教育，保育，地域の子育て支援の質と量の充実を意図している。

**参考**

**フランスの育児制度**
フランスは，日本と同じく先進国であるが，ヨーロッパで最も高い出生率の国の一つである(1.9，日本は1.42)。その理由としては，子どもが2人以上いる家庭には家族手当が支給されること，無料の保育施設が充実していることなどがあげられる。

## §2　現代社会における文化

## ① 現代の文化

### 1　文化とは──精神活動の成果

文化とは，人間の精神活動がつくりだしたものすべてをいう。科学や宗教，芸術だけでなく，**言葉や生活習慣，考え方などもふくめたものが文化**である。英語で文化を意味するcultureの語には教養という意味もあるが，これはcultivate（耕す）という語から派生したものである。したがって，文化とは，人間の精神を耕して得られた成果ということになるだろう。

### 2　さまざまな文化の領域──科学・宗教・芸術

①**科学**　科学技術は人間にさまざまな恩恵をもたらしたが，一方で，マイナスの成果や，人間の生き方・社会のあり方に関わる困難な状況も生み出している。例えば，核兵器や化学兵器などはマイナスの成果といえる。また，医療技術の発達によって脳死後の臓器提供による移植や延命治療が可能となり，家族の臓器提供に同意すべきかどうか，意味がないかもしれない延命治療をすべきかどうかといった重い決断を個人が背負わなくてはならなくなった。**科学技術の発展は，人間とは何か，社会はどうあるべきかといった課題をつきつけるものでもある。**

②**宗教**　どれほど科学が発達しても，よき生とは何か，人間は死ぬとどうなるのか，といった疑問に答えを出すことは難しい。古来，このような問題に導きをあたえてきたのが宗教である。また，人間は，病気や貧困，争いといったさまざまな不幸に陥ったときに，宗教に救いを見出してきた。日本の歴史をふり返ってみても，禁教令が出されていたにもかかわらず信仰を捨てなかったかくれ

**参　考**

**臓器移植法**
1997年に施行され，脳死と判定された者からの臓器提供が可能となった。書面による本人の意思表示と家族の同意がなければ臓器提供できなかったが，2009年の改正により，本人が書面で臓器提供を拒否する意思表示をしていなければ，家族の同意で臓器提供できるようになった。

▲臓器提供意思表示カード

**参　考**

**サッカールールの改正**
2012年7月，国際サッカー連盟はルール改正を行い，試合中の女子選手のスカーフ着用禁止を撤廃した。このことにより，イスラム教徒の女子選手が，スカーフを着用したまま試合を行うことが可能になった。

キリシタンの存在などを確認することができる[P.321▶▶]。しかし，**パレスチナ問題**など，宗教がもとで21世紀になってもさまざまな争いが続いている。宗教とどう向き合い，**異なる文化間で互いに共生をめざす異文化理解をどのように実現するか**ということを，現在の大きな課題として真剣に考えていかなくてはならない。

③芸術　芸術とは，美を表現したり，創造したりする人間の活動である。芸術を鑑賞することによって，安らぎや癒やしが得られたり，これまで知らなかった感情が芽生えたり，新しい考え方を知ったりして，自分の生き方が変わることがある。芸術は人生を豊かにしてくれる。

# ② 伝統文化

## 1 伝統文化とは──さまざまな伝統文化

伝統文化とは，**歴史の中で長い間にわたってはぐくまれ，現在まで受けつがれてきた文化**のことである。

①年中行事　**毎年決まった時期に行われる行事**。年中行事の中には，宗教的な意味をもつものが多い。**節分**や**ひな祭り**といった年中行事は，陰陽道に関係の深い行事である。また，日本では宗教的意味がうすい**クリスマス**も，本来は，キリストの降誕を祝う行事である。

②通過儀礼　**人生の節目で経験する成人式や結婚式といった儀礼**のこと。通過儀礼をとり行うことによって，人生の新たな段階に入ったことを自覚し，社会の中で新しい役割をになうことを周囲に示すことになる。

③伝統芸能　**能**や**狂言**，**歌舞伎**，雅楽や**落語**，**茶道**，**華道**といった芸能がこれにあたる。こうした伝統芸能では，親から子へと，**世襲**によってその技能を伝えているものが多い。

④伝統工芸品　**伝統的な技術や原料を用いて，手工業で制作される作品**。陶磁器，織物，和紙，木工品，人形などの伝統工芸品がある。その技術を伝える後継者が不足しているなどの問題をかかえていることが多い。

**参考**

**世界の宗教人口（2016年）**

| キリスト教 | 24.5億人 |
|---|---|
| イスラム教 | 17.5億人 |
| ヒンドゥー教 | 10.2億人 |
| 仏教 | 5.2億人 |

（データブック オブ・ザ・ワールド 2020）

▲江戸時代より続くあめ細工職人

**参考**

**年中行事**

| 1月 | 正月，初もうで |
|---|---|
| 2月 | 節分・豆まき |
| 3月 | ひな祭り，彼岸 |
| 4月 | 花祭り，花見 |
| 5月 | たんごの節句 |
| 7月 | 七夕 |
| 8月 | お盆 |
| 9月 | 十五夜・月見，彼岸 |
| 11月 | 七五三 |
| 12月 | 大掃除 |

▲ひな祭り

内閣府が行った調査によると，「世界に誇れる日本の文化」について，「伝統芸能」や「歴史的建物・遺跡」をあげる人が多く見られた。伝統芸能というと，日常の私たちの生活とは遠い存在のように感じるかもしれないが，私たちの生活にしっかり根付いている側面ももっている。

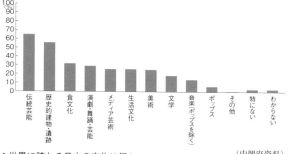

▲世界に誇れる日本の文化は何か

(内閣府資料)

## 2 伝統文化と現代——変わる伝統文化

伝統文化は，必ずしも昔の姿のままではない。**社会が変化するとともに，伝統文化もその姿や意味を変えてきている**。例えば，日本の正月は，もとは祖先神でもあり農耕の神でもある年神を家に迎える行事であったが，現在では，そのような意味はうすれ，家族や親族が集まって食事をともにしたり，晴れ着を着て神社に**初もうで**に行ったり，デパートで福袋などを買ったりして，休暇を楽しむ行事となっている。

▲初もうで

## 3 文化財の保護——伝統文化の保存

このように受けつがれてきた伝統文化は，絶やすことのないように保護されなければならない。文化財を保護する法律として，1950年に制定された**文化財保護法**がある。この法律は，**文化財を保護・活用し，国民の文化的向上や世界文化の進歩に貢献する**ことを目的としている。この法律では，文化財を，**有形文化財**，**無形文化財**，**民俗文化財**，**埋蔵文化財**などに分類している。有形文化財のうち，重要なものは重要有形文化財に指定される。さらに，重要有形文化財のうち，世界文化の見地から価値の高いものは**国宝**に指定される。

また，**伝統工芸品**については，伝統的技術・技法の伝承や後継者の育成などを行うために，1974年に伝統的工芸品産業の振興に関する法律が制定されている。

### ●●もっとくわしく

**文化財保護法による文化財の種類**

・**有形文化財**…建造物，美術工芸品（絵画，彫刻など）
・**無形文化財**…演劇，音楽，工芸技術など
・**民俗文化財**…衣食住，生業，信仰，年中行事等に関する風俗など
・**記念物**…遺跡，名勝地，動物，植物，地質鉱物
・**文化的景観**…棚田や里山など
・**伝統的建造物群**…城下町，宿場町，門前町など

# ③ 多文化共生をめざして

## 1 自然との調和——自然への畏敬の念

　日本人は四季の変化に寄り添い，自然と調和する生活を営んできた。現代の日本人の生活の中にもそのような習慣や考え方が数多く残っている。例えば，日本語の「もったいない」という言葉には，自然や物に対する畏敬の念がこめられており，日本人の自然を大切にする心があらわれたものといえる。

## 2 地域ごとに多様な文化——豊かな地域性

　風土のちがいによって，日本では地域ごとに多様な文化が発展してきた。調理法一つをとってみても，関東と関西ではさまざまなちがいがある。味つけは，関東では**濃い味**，関西では**薄味**が主流である。また，住居については，畳一畳のサイズが地域によって異なっており，関東よりも関西のほうがサイズが大きく，名古屋地方ではその中間の大きさとなっている。

## 3 沖縄と北海道の文化——琉球とアイヌ

　沖縄と北海道は独特の文化を形成してきた。日本列島が弥生時代に入っても，沖縄をふくむ南西諸島では海の産物を採集する貝塚文化が，北海道でも食料採集を行う続縄文文化が発展した。沖縄では15世紀に**琉球王国**が成立し，**中国や東南アジアとの交流**がさかんであった。第二次世界大戦後はアメリカの占領下におかれ，アメリカ文化の影響を大きく受けた。北海道では，**先住民族のアイヌの人たち**が独特のアイヌ文化を築いた。北海道旧土人保護法によって明治政府は同化政策を進めたが，現在は廃止された。2019年には**アイヌ新法**が制定されている。

## 4 外国文化と日本——外国文化の影響

　日本では古来，中国や朝鮮から多くの文化を取り入れ，日本の文化はそれらに大きな影響を受けてきた。稲作や漢字，儒教，仏教は中国や朝鮮からもたらされたものである。西洋文化は，安土桃山時代に南蛮貿易を通して日本に

---

### 参考

**「もったいない」**
ケニアの環境保護運動家で，2004年にノーベル平和賞を受賞したワンガリ・マータイは，「もったいない」という言葉を，環境保護運動の理念をあらわす言葉として世界に広めた。

### ●●もっとくわしく

**関東と関西の食のちがい**
うなぎは，関東では背からさばき，関西では腹からさばく。雑煮は，関東では四角いもちを焼き，すまし汁で食べることが多いのに対し，関西では，丸いもちを煮て，みそ仕立てで食べることが多い。

▲関東（上）と関西（下）の雑煮の例

### 参考

**アイヌ新法**
アイヌ民族を初めて法的に「先住民族」と位置づけたアイヌ新法（正式名称は「アイヌの人々の誇りが尊重される社会を実現するための施策の推進に関する法律」）が2019年4月，成立した。1997年制定のアイヌ文化振興法に代わるもので，差別の禁止を定めたほか，新たな観光や産業を支援するための制度が創設された。

入ってきた。その後は，江戸時代末に開国してから，近代化を進めるために，西洋文化を積極的に取り入れるようになった。

　近年では，ダイバーシティ（**多様性**）の考えが広まっており，性別や人種のちがいだけでなく，年齢，性格，学歴，価値観などの多様性を受け入れ，積極的に経営の方針にしていく企業もある。また，製品やサービスが，言語や性別，障がいのあるなしに関わらず誰もが利用しやすいように工夫をしたユニバーサルデザインも広がっている。

# ④ これからの文化の継承と創造

## 1　世界の中の日本文化——日本文化の影響

　グローバル化が進んだ今日の社会では，多くの外国文化が日本に流入してくると同時に，**多くの日本文化も外国で親しまれている**。例えば，日本のゲームやアニメは外国でも人気が高い。宮崎駿監督の「千と千尋の神隠し」というアニメ映画は，ベルリン国際映画祭の金熊賞やアカデミー賞の長編アニメ賞を受賞している。

## 2　伝統文化の継承と発展——さまざまな努力

　伝統文化は，**後継者不足**によって，その存続が危ぶまれるものもある。文化庁は，伝統文化の継承・発展を図るために，地域の文化振興に対する支援として**地域文化財総合活用推進事業**，ふるさと文化再興事業などを行った。

## 3　伝統文化と創造——未来に向けて

　伝統文化は，昔のままの形で受けついでいくことも大切であるが，新しい形を創造していくことも重要なテーマである。歌舞伎の世界では3代目市川猿之助（現2代目市川猿翁）が1986年に伝統的な歌舞伎にわかりやすいせりふや宙づりなどの新しい要素を取り入れて，**スーパー歌舞伎**を創始し，大きな注目をあびた。

---

**参　考**

**海外で評価された日本人映画監督**

・北野武「HANA-BI」でヴェネツィア国際映画祭金獅子賞を受賞（1997年）。
・河瀬直美「殯の森」でカンヌ国際映画祭審査員特別グランプリを受賞（2007年）。
・和田淳「グレートラビット」でベルリン国際映画祭銀熊賞を受賞（2012年）。
・是枝裕和「万引き家族」でカンヌ国際映画祭パルム・ドール（作品賞）を受賞（2018年）。

**●○●もっとくわしく**

**地域文化財総合活用推進事業**
地域に伝わる伝統文化の活性化や復興等への取り組みを文化庁が支援。伝統文化を活かしたまちづくりや確実な継承と地域の活性化が目的。

**ふるさと文化再興事業**
地域で守り伝えられてきた伝統文化の継承・発展を図る。伝統文化保存団体等が行う活動を支援する。

# §3 現代社会における見方や考え方

**重要ポイント**

□人間は，社会集団を形成する社会的存在である。
□社会集団では対立が生まれるが，対立を解決し，合意にいたらなくてはならない。
□合意するためには，解決策が効率と公正という基準を満たさなくてはならない。
□規範や規律をつくるときは，少数意見を尊重する必要がある。

## ① 社会集団と個人

### 1 社会的存在——人間は社会集団の中で生きる

古代ギリシャの哲学者アリストテレスが「人間は社会的動物である」と言ったように，人間は社会集団を形成し，その中で他人と関わり合いながら生きていく社会的存在である。人間は，**社会集団の中で他人と協力しながら，あるいは対立しながらもそれを乗り越えて，さまざまな事柄を実現していくことによって，自己を成長させていく。**

### 2 さまざまな社会集団——家族と会社のちがいは？

①**人格的に結びついた社会集団** 人間は生まれて最初に家族という社会集団に属する。**家族は，最も基礎的な社会集団であり，**結婚や血縁によって結ばれている。家族は，愛情や信頼などをもって，全人格的に結びついた社会集団である。家族と同様に人格的な結びつきをもつ社会集団として，地縁によって結びついた**近隣**や，友情によって結びついた**友人**や**仲間**などがある。

②**利益や目的によって結びついた社会集団** 家族や近隣などとは異なり，特定の利益や目的を実現するために人工的に結成される集団もある。学校や会社，政党などがそれにあたる。血縁や愛情などによって結びついた家族や友人とちがい，このような集団は，人格的な結びつきよりも利益や目的，共通の関心によって結成されるため，その目的などが失われると，その集団に所属する必要性はなくなってしまう。

●●**もっとくわしく**

**社会集団**
人が集まっている集団のこと。生まれたときから所属している家族や地域社会のほか，目的をもってつくられた学校や企業のようなものがある。集団としてのまとまりをもたせるため，社会集団にはそれぞれに応じたルールがあり，それを守っていくことが必要である。

▲企業のようす

# ② 対立と合意

## 1　対立──ささいなことから国際問題まで

　社会集団の中で，自分の主張と他人の主張が必ずしも一致するとは限らない。このような場合，どちらも自分の主張を強硬に主張すれば，**対立**はおさまらず，社会集団はうまく機能を果たせなくなる。

　対立はささいな日常生活から国際社会においてまで，さまざまな局面で見られる。最も小さい単位の社会集団である**家庭**での対立を考えると，おもちゃの使い方やどのテレビ番組を見るかで意見が分かれたりすることなどがあげられる。もう少し大きな社会集団である**地域社会**や**会社**での対立を考えてみると，騒音をめぐっての近隣住民のトラブル，会社に対して「もっと給料を上げてほしい」と要望する賃上げ闘争などがある。

　また，政治的局面で対立が生じることもある。政治的局面での対立は，国の機能に重大な障害をもたらす可能性をはらんでいる。日本の国会は二院制で，衆議院と参議院があり，その議決は多くの場合一致するが，**各議院で多数を占める政党が異なる場合，各議院の議決は一致しなくなる**ことがある。いわゆる「**ねじれ国会**」である。この場合，そのままにしておくと，国会の重要な機能である**立法**という機能が果たせなくなる可能性がある。

　国際社会のレベルでも，領土の保有をめぐって国どうしが対立することがある。

　このように，社会集団は多様な考えをもつ人の集まりであることから，**対立は必ず起こる現象**で，避けては通れないものなのである。

| | | |
|---|---|---|
| 家庭 | ・兄弟げんか<br>・夫婦げんか | 小<br>↑<br>社会集団の規模<br>↓<br>大 |
| 地域社会 | ・ゴミ出しルールのトラブル<br>・騒音のトラブル | |
| 学校 | ・グラウンド使用のトラブル<br>・部費の配分のトラブル | |
| 国内の政治 | ・与党と野党の対立<br>・中央と地方の対立 | |
| 国外の政治 | ・領土問題<br>・貿易問題 | |

▲社会集団における対立

▲国会での審議のようす

▲さまざまな対立

## 2 合意——対立を乗り越えて

　対立が生じた場合，何らかの解決策を示し合意に至る必要がある。兄弟でテレビのチャンネル争いをしている場合，兄が弟に「時間を決めて，交代にテレビを見るルールをつくろう。」と提案したとする。弟がこの兄の申し入れを承諾した場合，これも一つの合意の形ということができる。

　同じように，騒音をめぐるトラブルを解決するためには，時間を決めて楽器の練習をするようにしたり，管理会社にたのんで防音効果の高い設備に変えたりすることが考えられる。会社に対する賃上げ要求については，会社側が賃金を上げる代わりにその他の福利厚生を充実させるように約束すると提案するなどして，社員が受け入れる場合もある。ただし，その際に注意しなければならないのは，社員間でもきちんと合意に至ることである。社員間での合意をとらずに会社の提案を受け入れることは，本来の合意のあり方ではないからである。

　対立が起こった時に，一方的に自分の考えをおしつけて相手の話を聞かないような状態では，いつまでたっても合意に至ることはできない。合意とは，多様な考えをもつ人々が，同じ集団の中で共に暮らしていけるように，**お互いに納得することができるように歩み寄る**ことである。

## 3 歴史上の対立と合意——何度もくり返されてきた

①**日米構造協議**　日本とアメリカ合衆国との間では，日本の輸出額がアメリカの輸出額を上回る**貿易摩擦**という対立があった。1989～90年，アメリカと日本の貿易不均衡を解消するための協議で，日本に対して，**公共投資の拡大**や**大規模小売店舗法の見直し**などを要求し，合意した。

②**パレスチナ暫定自治合意**　イスラエルとパレスチナ人（パレスチナに住むアラブ人）との間には，長年にわたり，領土をめぐる対立があり，戦争も行われた。1993年，**パレスチナ解放機構（ＰＬＯ）**とイスラエルは，ＰＬＯとイスラエルの相互承認やパレスチナ人による自治，イスラエル軍の撤退などの合意に達した。しかし，現在この合意は事実上破綻してしまっている。

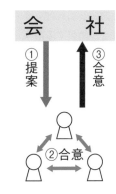

**用語**

**合意**
対立が生じたときに，話し合いなどを通じて，お互いが納得できるようにすること。

▲さまざまなレベルでの合意

▲企業の協力関係の合意

**参考**

**貿易摩擦の合意策**
1990年の協議最終報告で，アメリカ合衆国は日本に対してＧＮＰの10％を公共事業に配分することを求め，日本はこれに応じた。

▲パレスチナ暫定自治の合意

# ③ 効率と公正

## 1 合意のための基準──だれもが納得する解決策のために

　社会集団の中で対立が発生した場合，何らかの解決策を提示し，合意に達しなくてはならない。しかしその解決策に問題があれば，多くの人の合意を得ることは難しい。だれもが納得する解決策をつくるためには，その解決策が**効率的であるかどうか，公正なものであるかどうか**，という二つの基準を満たしているようにしなくてはならない。

## 2 効率──無駄のないこと

　だれもが納得できる解決策であるためには，**関係者にとってその解決策は無駄がないかどうか**ということが大切である。これを効率という。つまり，限りある資源（モノやカネなど）を利用する際，関係者が最大限の満足を得られるように無駄を省くことを考慮しなければならない。

　例えば，共同農園で収穫したキャベツを分け合う場合を考えてみよう。共同農園の経営者が3人，キャベツの収穫が7玉であるとき，1人2玉ずつ引き取ると，1玉あまってしまう。そのとき，あまった1玉を誰も引き取らずに腐らせてしまっては，キャベツという資源で，関係者である3人が最大限の満足が得られたとは言えず，効率的ではない。そこで，話し合いやじゃんけんなど，みんなの不満の出ない方法によって，あまったキャベツを引き取る人を決めれば，7玉すべてのキャベツを無駄にすることなく，効率的に利用することができたと考えるのである。

　対立を解消するためには，この効率という考え方が非常に大切になるが，その際，公正という観点が欠けていないか，十分に注意する必要がある。

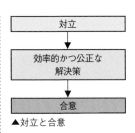

| 対立 |
|:---:|
| ↓ |
| 効率的かつ公正な解決策 |
| ↓ |
| 合意 |

▲対立と合意

**参　考**

**税金の無駄遣い**
会計検査院の調査によれば，2018年度の税金の無駄遣いなど不適切な経理処理は1002億円にものぼった。これは，政府が非効率的なお金の使い方をしていたからだといえる。

**●●もっとくわしく**

**この単元で扱う「効率」**
私たちは，ふだん，少ない時間で，よりたくさんの仕事をこなすことなどを「効率的」であると言うことがある。ただし，この単元で扱う「効率」は，限りある資源を，最大限の満足が得られるように分配することを指しており，区別が必要である。

▲効率的な分配の例

## 3　公正——不当に扱われる人が出ないように

　対立を解決するための解決策はまた，公正という基準をも満たす必要がある。**公正とは，特定の人が不当に扱われないようにすることである。**

　キャベツを分け合う場合の例でいえば，3人のうちの1人がその話し合いに対等な立場で参加できなければ，その人が不当に扱われていることになる。

　一口に公正といっても，実は二つの公正さがある。手続きの公正さと，機会や結果の公正さである。

①**手続きの公正さ**　解決策を決める際には，関係者で話し合いをすることが必要である。このとき，**話し合いには関係者のだれもが対等の立場で参加できるものでなければならない。**欠席者が多いのに，解決策を強引に決めてしまうとか，発言権や投票権が一部の人にはない，などということになれば，その解決策には手続きの公正さがないという可能性がある。話し合いをしても，**少数意見の人をないがしろにするような話し合いであれば，これも手続きの公正さに欠ける。**

②**機会や結果の公正さ**　**解決策が，機会や結果において特定の人を不当に扱っている場合，合意は得られにくい。**

　高齢社会への対策として，高齢者雇用安定法が制定され，定年を65歳まで延長することなどが決まった。これは高齢者の雇用機会を保障するものであるが，一方で若者の雇用機会を不当に奪っているとの批判もあり，機会の公正さに欠けている可能性がある。

　結果の公正さについては，消費税について考えてみるとよい。**消費税は品物やサービスの金額に対して一律に何%かの税率で税金を徴収するものである。**消費税の税率は逆進的であるといわれ，低所得者にとって負担が重くなると考えられている。その意味で，**消費税の税率を上げることは，結果として低所得者にとっては公正ではないかもしれない。**こうした不公正さを解消するために，生活必需品の税率をゼロにしたり低くしたりしている国が多い。例えば，イギリスでは，標準税率は20%だが，食料品や水道水，医薬品などの生活必需品の税率は0%であり，公正をめざした結果ととらえることができる。

　**日本でも2019年10月から軽減税率が導入された。**

**参　考**

**考え方のマップ**

| 【対立】から<br>自分の主張と他者の主張の違い様々な原因から起こるトラブル | → ← | 【合意】へ<br>みんなが受け入れられるような提案・解決策を示すこと |
|---|---|---|

【効率】であるか？<br>限りある資源やお金，労力などが無駄なく使われているだろうか<br>【公正】であるか？<br>決まりをつくる過程でみんなが参加しているか（手続きの公正さ）<br>みんなの不満が出ないような結果になっているか（機会や結果の公正）

**参　考**

**国会の定足数**

日本国憲法第56条第1項には「両議院は，各々その総議員の三分の一以上の出席がなければ，議事を開き議決することができない」と定められている。一定数の出席者がいない場合は審議を開始できないのである。これは，少ない出席者では手続きの公正さに問題があると考えられるからである。

**参　考**

**各国の付加価値税率**

・フランス<br>標準税率…20%<br>食料品の軽減税率…5.5%<br>・ドイツ<br>標準税率…19%<br>食料品の軽減税率…7%<br>・イギリス<br>標準税率…20%<br>食料品の軽減税率…0%<br>・スウェーデン<br>標準税率…25%<br>食料品の軽減税率…12%<br>（2020年11月現在）

（財務省資料）

# ④ 規範・規律をつくる目的と方法

## 1 規範・規律をつくる目的──ルールの大切さ

　社会集団には，規範・規律などの**決まり（ルール）**が必要である。もし，ルールがなかったら，対立や争いが絶えないであろうし，社会集団の目的を達成することも難しくなるであろう。ルールをつくっておくことは，**社会集団に秩序をもたらし，対立や争いをあらかじめ回避する**，もしくは**対立や争いが発生しても，それを解決しやすくし，対立や争いを長引かせない**という目的がある。ただし，ルールをつくる際には，少数派の意見にも耳をかたむけ，**個人の尊重**が考慮された内容にしなくてはならない。

## 2 さまざまな規範・規律──道徳と法のちがいは？

　規範や規律などのルールにもいろいろなものがある。慣習などの成文化されていないルールもあれば，国会で強制力をともなって制定される法律などもある。

①**慣習**　一つの社会の中で昔から行われてきたならわしのこと。

②**道徳**　一つの社会の中で，人々が正しい行いをするために，善悪を判断するよりどころとなる規範。強制されるものではなく，内発的に従うべきものとされる。

③**法**　一つの社会の秩序を維持し，人々を統制するために，**強制力をもつ規範**。憲法，法律，条例など。

④**契約**　2人以上の当事者が合意して成立する約束。当事者には法的な**責任**が生じる。書面によるものだけではなく，口頭での約束も契約となり得る。契約においては，互いにどのような**権利**と**義務**があり，契約に違反した場合にどのような法的責任が生じるのかをはっきりさせなくてはならない。

▲契約書の例

**3 規範・規律をつくる方法——少数意見の尊重**

①**話し合いの方法** 規範や規律などのルールをつくる方法にもいろいろある。ルールをつくるときには**話し合い**が行われるが，当事者が全員そろって話し合いをする場合もあれば，代表者だけが話し合いに参加する場合もある。前者は比較的小さい社会集団に適しており，後者は大きな社会集団に適している。また，前者は**関係者全員の意向が反映される**という特徴をもつ。後者は**関係者全員の意向が反映されにくい**という特徴をもつ。

　これ以外に，一人でルールを決めてしまうという方法がある。時間がかからず，緊急の場合などに適しているが，ほかの関係者の意向がまったく反映されないという欠点をもつ。

②**採決の方法** 話し合いが終わり，いよいよ採決をするというときに，**全員一致**で決めるか，**多数決**で決めるかという選択肢がある。全員一致の場合，関係者全員の同意が得られるため，不満は出にくい。多数決の場合，少数派の意見が反映されない場合がある。多数決で採決をする場合は，**少数意見の尊重**ということに注意を払い，できるだけ話し合いを尽くしてから，採決を行うべきである。

**4 規範・規律の見直し——変わらないルールはない**

　規範や規律は，状況に合わせて見直しを行い，修正していかなくてはならない。その場合に，目的に適したものになっているか，効率や公正といった基準を満たしているか，などといった視点をもとに見直しを進めるとよい。

**参考**

**直接民主制と間接民主制**
国民が直接政治運営に参加することを直接民主制，選ばれた代表者が話し合って決めることを間接民主制という。
現在ではスイスなど一部の国を除いて，多くの国で間接民主制がとられている。

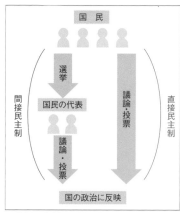

▲直接民主制と間接民主制

**参考**

**国際連盟**[P.407▶▶]
国際連盟の総会では採決方法は全会一致（全員一致）であった。それゆえ，反対国が1つでもあれば，何事も決まらず，問題が生じても有効な手立てをあまりとることができなかった。

 **Q&A** 日本国憲法は改正されたことがあるのか。

　諸外国では憲法は何度も改正されていることが多い。1787年に制定されたアメリカ合衆国憲法はこれまでに18回，1949年に制定されたドイツ連邦共和国基本法は63回改正されている。日本では，憲法は国の最高法規であることから，改正するための手続きを厳重に定めているため，日本国憲法は，1946年に公布されて以来，まだ一度も改正されていない（2020年11月現在）。

# 第2章
# わたしたちの生活

# と民主政治

↑写真は，参議院の本会議の様子である。
この単元では，国や地方の政治のしくみをとらえ，
どういった理由でそのようなしくみになっているの
かについて学習しよう。

**重要ポイント**

□政治とは個人や集団の意見や利害の対立を調整するはたらきをいう。
□法は社会の秩序を維持し，法に従わない権力の存在は許されない。
□民主政治の原則は絶対王政を打倒した市民革命によって成立した。
□人権思想家ロック，ルソー，モンテスキューの思想と市民革命への影響。
□近代民主政治の原則は国民主権・基本的人権の尊重・三権分立である。
□人権の拡大：自由権の獲得→参政権の要求→社会権の実現へ。

## ① 政治のはたらき

### 1 政治とは何か──意見・利害対立の調整役

　わたしたちは，家族や地域社会などさまざまな社会集団をつくっているが，社会の中で生きている人間は必ず利害や意見の対立を引き起こす。こうした個人や集団の「意見や利害の対立を調整」して「社会秩序（ルール）を形成」し「社会全体の利益（福祉）を増進」していくことを，広い意味で政治とよんでいる。一般には，国や地方公共団体が行う政治をさす。また，誰もが守るべき決まりをつくり，守らない人には強制的に従ってもらうことが必要になってくる。この社会全体をまとめるための強制力を権力という。

2人以上＝社会

### 2 政治の目的──人々の意見を政治に生かす

　政治の目的は，国民全体の幸せを大きくすることである。国や地方公共団体は，国民生活の安定と向上をめざして個人ではなかなか実現できないような公共の仕事をしている。例えば警察，保健所などの国民の生命や財産を守ることや公害対策，治水対策，社会保障，義務教育などの国民の生活・文化を向上させることなどである。今の政治は，さまざまな人々の願いを受けとめたうえで，多数の意見に従うことが一般的である。したがって，よりよい社会の実現にはわたしたち自身が社会の問題に関心をもち，要望や意見を政治に反映させていく努力をすることが重要である。

---

**参　考**

「人間は社会的（政治的）動物である」
**アリストテレス**
正確には「ポリス的な動物」であるが，人間は「人」と「人」との関係を前提としなければ生きていけないということを意味している。

**○●もっとくわしく**
**地方公共団体**
地方自治の単位となる団体をさす。全国47の都道府県と，市町村の2層制になっており，これらを普通地方公共団体という。また，東京都の特別区（23区のみ）などは特別地方公共団体とよばれ，普通地方公共団体とは多少自治の仕方が異なっている。

**研　究**

わたしたちの要望や意見はどのように伝えたらよいのだろうか。
地方公共団体に対する要望や意見は，「請願」あるいは「陳情」として議会に提出することができる。請願は，議員の紹介を必要とするが，陳情は，必ずしも必要としない。

# ② 法の支配とはたらき

## 1 法はなぜ必要なのか──法は社会の決まりごと

　法は，社会規範（＝決まりごと）の一つで，わたしたちの社会の秩序を維持するはたらきをもっている。例えば，交差点で互いに行き交う人や車の接触や混乱を防ぐための信号機のようなものである。また法は，個人と個人，個人と集団，集団と集団との関係において，**双方の権利と義務**を定め，それによってさまざまな権利が守られる役割も果している。

## 2 法の役割──人の支配から法の支配へ

　人はどういうときに逮捕されるのか，というようなことは客観的な基準がなければならない。そうでなければ，政治権力者の手によって思いのままに法がつくられ，勝手に法が破られてしまう。特定の権力者の意思が法となるのが「人の支配」で，権力者であっても国民と同様に法に従わなければならないという考え方が「**法の支配**」である。

## 3 法の種類──最高法規としての憲法

　国の基本法であり最高の決まり（**最高法規**）は，**憲法**である。そのほかに，議会などで制定される法律，命令，規則などがある。外国と結ぶ約束は**条約**とよばれる。これらの法のうちはっきりと文書の形で文字に表されているものを成文法といい，文書化されていないものを不文法という。

## 4 憲法の制定──2つの憲法の種類

　成文法の憲法としてアメリカ合衆国憲法（1787年）やフランス共和国憲法（1958年），日本国憲法（1946年）などがあり，これらは，**憲法を制定する議会が国民の名において制定した**ものである。これを**民定憲法**といい，これに対して，**国王（君主）が国民に与える形で制定した憲法を欽定憲法**という。プロイセン憲法（1850年）や大日本帝国憲法（1889年）がその例である。

**硬性憲法と軟性憲法**
憲法は国の基本法であるから，ほとんどの国では，その改正は一般の法律よりも厳格な手続きで行われるように定められている。これを硬性憲法という。日本の憲法はこれにあたる。反対に，憲法改正の手続きが一般の法律と同じ憲法を軟性憲法という。

**成文法と不文法**
成文法とは一定の手続きをへて制定され，文書化された法のことをいう。日本国憲法は成文法である。それに対して不文法とは，文書化されていない法のことで，例えば慣習法や判例法など法的な効力をもつものを指す。イギリスでは，一つのまとまった憲法はなく，判例や政治上の慣習法・法律が憲法の役割を果たしている。

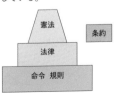

▲法の種類

# ③ 主権国家と国際社会

## 1 国家とは何か——国家の三要素

　国家とは何を意味するのだろう。そこで重要なのがイェリネック（ドイツ：1851年〜1911年）の提唱した「国家の三要素」である。

①領域　国家の主権が及ぶ範囲を領域といい，領土・領空・領海から成る。

　◎領土　領土は領域の中の陸地の部分を指す。

　◎領海　領土の海岸に沿った領域で，日本では領土から12海里（約22km）を領海としている。

　◎領空　領土と領海の上空で，他国の飛行機は許可を得なくては飛行できない。

※領海・領空に属さない区域をそれぞれ公海・公空といい，公海ではどこの船籍であっても航行や漁業などを自由に行うことができる。これを公海自由の原則という。

②国民　一時的ではなく恒久的に属すものとされている。

③主権　他国から内政に干渉されず（内政不干渉の原則），独立した存在である。主権をもつ国家は主権国家とよばれ，互いに平等な立場にある（主権平等の原則）。

## 2 主権国家と国際社会のルール——国際法

　国際社会は主権をもつ国々（主権国家）によって成り立っている。国家どうしが互いに共存しあうためには，国際社会において守るべきルールが必要である。それが国際法である。国際法の目的は国際間に秩序と協調をもたらして，国際平和を維持・促進することである。

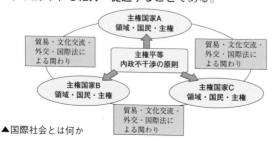

▲国際社会とは何か

### ●●もっとくわしく

**領海の範囲と排他的経済水域**

わが国では1977年の領海法で12海里が規定され，国際的には1982年の第3回国連海洋法会議で，領海12海里以内と排他的経済水域200海里以内（約370km）とする国連海洋法条約が作成され，国連総会で採択（1994年発効）された。日本も1996年に批准している。

▲領土・領海・領空

### ●●もっとくわしく

**日本が直面している問題**

現在，固有の領土をめぐって，周辺諸国との間で問題をかかえている地域もある。竹島や北方領土は，韓国やロシアに不法に占拠され，日本は抗議を続けている。また，中国や台湾が領有権を主張している尖閣諸島がある [P.39▶▶]。

▲日本の領海

# ④ 民主政治の基本原則

## 1 民主主義とは何か──2つに分類される政治体制

　民主主義（democracy）とは，一般には選挙や国民投票などのように，国民全体あるいは大半が参加をする形で，**多数派の意見によって政策が決定される（多数決の原理）政治体制**を意味する。2つに大別され，国民自らが法をつくり政府を運営する政治の形態を**直接民主制**とよび，それに対して，国民が代表者を選び，その代表者が法をつくり政府を運営する政治のしくみを**間接民主制（代議制）**とよぶ。

## 2 民主政治の原則

　民主政治の原則は，アメリカ大統領**リンカン** [P.355▶▶]が述べた「**人民の，人民による，人民のための政治**」という言葉にこめられている。**日本国憲法の前文**にもその趣旨は述べられている。

Government of the people, by the people, for the people.

ゲティスバーグでの演説

▲リンカン

◎**国民主権**

　フランスの**ルソー**（1712年〜1778年）は主著『**社会契約論**』の中で，**政治は国民の意思によって行われるという人民主権（国民主権）**の考え方を明らかにした。

◎**個人の尊重（基本的人権の尊重）**

　イギリスの**ロック**（1632年〜1704年）は，**すべて人は生まれながらにして自由かつ平等**であり，生命・自由・財産を守る自然権をもつとし，どんな権力者であっても，決して奪ったり侵すことのできないものであると主張した。これが**基本的人権**である。

◎**三権分立**

　絶対君主のような国王があらゆる権限を握るような政治のもとでは，国民の基本的人権が侵される危険がある。フランスの**モンテスキュー**（1689年〜1755年）は，権力をもつものはすべてそれを濫用する傾向があり，そこで，**政治権力を司法・立法・行政に分散させて互いに権力の行き過ぎを抑える考え方（三権分立）**を示した。

▲モンテスキュー

### 参考

**デモクラシー（democracy）**

古代ギリシャの「Demos（民衆）＋Kratia（支配）」が語源。古代ギリシャの都市国家（ポリス）では市民が政治に参加して民主政治が行われていたが，少数の自由市民の参政権を認めたに過ぎず，女性や奴隷には認められなかった。

### 用語

**直接民主制**

日本国憲法では，憲法改正の際の国民投票（第96条）や最高裁判所裁判官の国民審査（第79条）などがあり，地方自治の分野では特別法に対する住民投票（第95条）が認められている。地方自治法では，住民の直接請求権（条例の改廃・制定や議員・首長の解職など）が認められている。

**間接民主制**

現代国家のほとんどの国がこの形態を採用している。日本国憲法は「日本国民は，正当に選挙された国会における代表者を通じて行動し，」（前文）と，間接民主制を採用している。

### 参考

**日本国憲法（前文）**

「国政は，国民の厳粛な信託によるものであつて，その権威は国民に由来し，その権力は国民の代表者がこれを行使し，その福利は国民がこれを享受する。」（一部）

# ⑤ 啓蒙思想家と社会契約説

## 1 啓蒙思想家——本来の人間の姿を求めて

　啓蒙思想は，17世紀後半にイギリスでおこり，18世紀に
ヨーロッパで広まった。それ以前の教会の権威や封建的な
考えを否定し，新しく理性に基づいた物事の見方をつくろ
うとするもので，**人間本来の理性の自立を促す思想**のこと
である。イギリスの**ロック**，フランスの**ルソー**，**モンテス
キュー**といった啓蒙思想家が有名である。

## 2 ロック（1632年〜1704年）——抵抗権を主張

　イギリスの政治哲学者。名誉革命（1688年）[P.349▶▶] を
正当化した。主著は『**市民政府二論**』。彼は，**人間は本来
自由**であり，自分の生命を他人からみだりに危険にさらさ
れたり，自由や財産を支配されることは決してありえない。
それは**人間が生まれながらにもっている当然の権利（自然
権）**であると主張した。ただし，この権利を保護すること
なく自然のままにしてしまうと，人は互いに権利を侵害し
あってしまう危険がある。これでは個人の権利が守られる
安心した社会にはならないだろう。そこで，**人々が「お互
いに権利を守り合いましょう」という約束（＝契約）を結
び合うことによって国家をつくるという社会契約説**を主張
した。そうすれば国家の統治者である**国王**には，**国民の自
然権を保障する義務**があり，逆に自然権を侵害するような
ことがあれば，**国民には政府をかえる権利（革命権・抵抗
権）がある**と主張した。

　ロックは間接民主制を主張し，彼の思想はイギリスの名
誉革命を正当化し，アメリカの独立革命に影響を与えた。

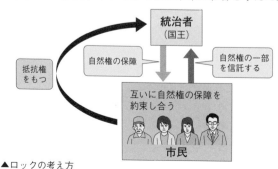

▲ロックの考え方

▲啓蒙思想家とおもな著書

| 名前 | 国 | おもな著書 |
|---|---|---|
| ロック | イギリス | 『市民政府二論』 |
| ルソー | フランス | 『社会契約論』 |
| モンテスキュー | フランス | 『法の精神』 |

**啓蒙思想の日本での普及に
貢献した人々**
・福沢諭吉‥『学問のすゝめ』
　『文明論之概略』を書いた。
・中江兆民‥ルソーの『社会
　契約論』の一部を翻訳し，
　その思想を紹介した。
・中村正直‥『西国立志編』
　『自由之理』を書き，功利
　主義，自由主義を紹介した。
・西周‥西洋哲学の輸入のた
　めに努力し，多くの訳語を
　つくった。

**自然権**
人間が生まれながらにもって
いる権利。国家が法律で定め
ているかどうかに関わりなく，
人間であるかぎり誰でも自然
にもっている権利のこと。日
本国憲法では，「基本的人権
は，侵すことのできない永久
の権利」（第11条）と規定し
ている。

▲ロック

### 3 ルソー（1712年〜1778年）——人民主権を主張

フランスの思想家。人間の自由・平等と人民主権を主張した。主著は『社会契約論』『人間不平等起源論』『エミール』。彼によると，人間は本来自由で平等であったはずなのに，文明社会の発展で富や財産を所有するようになり，不正な政治によって不自由で不平等になってしまった。そこで本来の人間の自由や平等を取り戻すためには，人民が「社会全体で自然権を守りましょう」という約束（＝契約）を結んで共同体をつくり，個人の権利の保障と同時に社会全体の利益の両方を考えることができる政府をつくる必要があると考えた。したがって政治は，一部の個人的な意見にかたよるのではなく，人民全体の一致した意見（一般意思）によって行われるべきであって，そうなると当然**政治の担い手は人民自身である**という人民主権の考え方を示した。

ルソーは直接民主制を主張し，彼の思想はフランス革命[P.351▶▶]（1789年〜1799年）に影響を与えた。

### 4 モンテスキュー（1689年〜1755年）——三権分立を主張

フランスの政治思想家。権力の集中を防ぐために，三権分立を主張した。主著は『法の精神』。彼は，ロックの考え方を学んで，イギリスの立憲政治のしくみについて分析をした。そこから彼はある結論にたどり着く。それは，国家の君主が人民であれ，貴族であれ，誰であったとしても，統治者が三権（すなわち，法をつくる**立法権**，法律に従って政治を行う**行政権**，法に基づいて犯罪や個人の訴訟を解決する**司法権**）を握れば，権力が濫用され，市民の自由はないということである。そこで彼は政治の権力を3つに分散してお互いに権力の行き過ぎを抑制しあう三権分立の考え方を示した。

彼の思想は近代民主国家の重要な政治機構に影響を与えている。

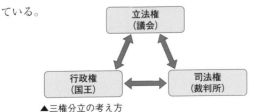

▲三権分立の考え方

**『社会契約論』**

『民約論』ともいう。社会（国家）は，自由で平等な個人の契約によって成り立ち，国の政治のあり方を最終的に決める権利（主権）は人民にあると主張する考え方。

▲ルソー

▲ルソーの考え方

# ⑥ 人権思想の成立と自由権の獲得

## 1　人権思想の成立──自由を手にする道のり

　現代のわたしたちは自由に生きているが，その自由の獲得には人類が長年にわたり勝ち取ってきた歴史がある。かつて**絶対王政**[P.348▶▶]のもとで人々が支配されていた時代，人々は権利と自由の獲得のために戦い，自由を獲得していったのである。この「**権力からの自由**」としての**自由権**は，**基本的人権の基礎**であり，17〜18世紀の**市民革命**を通して実現されたものである。

## 2　イギリス──国王の権力と議会との戦い

　1215年，イギリスでは，議会を無視する国王ジョンに耐えかねた貴族たちが，議会の同意のない課税の禁止，法的な手続きによらない逮捕の禁止など国王の権力を強制的に制限させることを認めさせた。それが**大憲章（マグナ・カルタ）**である。その後，17世紀になると国王チャールズ１世の専制支配がひどくなり，1628年に『**権利請願**』を国王に認めさせたが，国王はそれを守らず，**清教徒革命**（1642年〜49年）が起こった。清教徒革命後，イギリスでは国王の支配が復活し，国王が勝手な政治をしたため，議会は1688年に国王ジェームズ２世を追放して，国王の娘メアリーとその夫でオランダ総督のウィリアムを迎え，無血のうちにウィリアムを新王ウィリアム３世とした。これが**名誉革命**である[P.349▶▶]。ウィリアム３世は『**権利の章典**』を出して，これによって国民の自由と国王に対する議会の優位が確立した。このようにイギリスでは**国王の絶対的な権力を議会が制限する形で人権が確立**されてきたといえる。

　1714年，イギリスの王朝が断絶するとドイツからジョージ１世を迎えたが，ジョージ１世はイギリスでの生活や習慣になじめず，英語も理解できなかった。そのため，内政に関しては，ウォルポールらの大臣に一任し，「**国王は君臨すれども統治せず**」という，国王は元首として君臨するが，統治は議院内閣制のもとで**内閣が行う**という**責任内閣制**が発足することになった。

---

### 用語

**絶対王政**

16〜18世紀のヨーロッパ諸国において行われた国王の専制政治のこと。16世紀イギリスではエリザベス１世，17世紀フランスではルイ14世が出て，絶対王政の全盛期を築いた。

▲エリザベス１世

### 用語

『**権利請願**』

1628年，イギリス国王チャールズ１世に対して議会が提出した請願書。議会の同意なしに課税できないこと，不法な逮捕・監禁の禁止などを国王に認めさせた。しかし国王はこの請願を無視して圧政を続けたので清教徒革命が起こり，国王は処刑された。

### 用語

『**権利の章典**』

1689年，イギリス国王ウィリアム３世が議会の提出した要求を承認して発布された法律。議会の承認のない課税の禁止，国王は法を無視してはならないこと，議会内での発言の自由など，議会と国民の権利を明確にした。

## ③ アメリカ——代表なくして課税なし

　イギリスの植民地であったアメリカの東部13州は，1775年に本国イギリスに対して独立戦争を起こし，翌年，独立宣言を発表した。この独立宣言は**ロック**の社会契約説の影響をうけ，政府を設立するのは個人の自由や権利を守るためであり，政府が権力を濫用すれば人民には革命を起こす権利があることを明確にした。このアメリカ建国の精神を示した宣言は，民主政治の基本の一つとなるもので，その後に採択された各州の権利宣言や，**フランス人権宣言**に影響を与えた。1787年に制定された**アメリカ合衆国憲法**には，三権分立と州の権限の強い連邦制が明記され，1789年，ワシントンが初代の大統領に就任した[P.350▶▶]。

## ④ フランス——あらゆる権利宣言の集大成

　フランスでは170年以上も閉鎖されていた議会（三部会）が開催されると，憲法の制定を求める市民は単独で国民議会を組織し，1789年，**人権宣言**を発表した。この宣言は，**アメリカ独立宣言**やルソーらの影響を受け，18世紀までの人権思想を集大成したものといえる。まず，第1条において「人間は生まれながらにして自由かつ平等な権利を持っている」，続いて第3条で「あらゆる主権の原理は，本来，国民のうちにある」，第17条で「所有権は，一つの神聖で不可侵の権利である」というように，**国民主権**や自由・平等・私有財産の不可侵など**自由権の主な権利**を定め，**すべての人は法のもとに平等に扱われる**ことを明記した[P.351▶▶]。

**用語**

**独立宣言**
1776年7月4日にイギリスからの独立を宣言した文書。起草はトマス・ジェファーソンが提案し，13州の代表が集まった大陸会議で可決された。

**参考**

**人権宣言**
左の像は古い制度というくさりを断ち切る女神。右の像は，法を象徴する女神で，右手に持っている杖の先には理性の目が輝いており，左手は宣言文を指している。

▲フランス人権宣言の扉絵

公民編

第1章 現代社会とわたしたちの生活

第2章 わたしたちの生活と民主政治

第3章 わたしたちの生活を支える経済

第4章 世界平和と人類の福祉

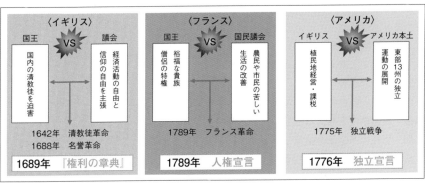

|  | 〈イギリス〉 |  | 〈フランス〉 |  | 〈アメリカ〉 |  |
|---|---|---|---|---|---|---|
| 国王 | **VS** | 議会 | 国王 | **VS** 国民議会 | イギリス **VS** アメリカ本土 | |
| 国内の清教徒を迫害 | | 経済活動の自由と信仰の自由を主張 | 裕福な貴族 僧侶の特権 | 農民や市民の苦しい生活の改善 | 植民地経営・課税 | 東部13州の独立運動の展開 |
| | 1642年 清教徒革命 1688年 名誉革命 | | 1789年 フランス革命 | | 1775年 独立戦争 | |
| | **1689年** 『権利の章典』 | | **1789年** 人権宣言 | | **1776年** 独立宣言 | |

▲市民革命と権利宣言の歴史

# ⑦ 基本的人権の歴史的展開

## 1　人権の歴史的展開——参政権・社会権の登場

　基本的人権の歴史を振り返ると，18世紀には，**国家ができるだけ個人に干渉しないようにすることを求める自由権**を獲得した。この意味から「**国家からの自由**」といわれる。続いて19世紀になると，国民の自由と権利を守るために，**国民自らが政治に参加していく制度の確立を求める声**が高まってくる。それが**参政権**であり，「**国家への自由**」といわれている。20世紀に入ると，資本主義の発展とともに社会は目覚ましく豊かに発達したが，反面，失業や貧困などの社会問題も発生した。この結果，経済的な不平等をどのように解消していくかという問題が生じた。そこで，**誰もが人間らしく豊かに生きる権利**として，**社会権**が登場してきた。この社会権を18世紀の自由権と対比して「**国家による自由**」とよんでいる。

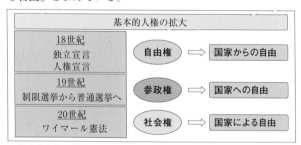

▲基本的人権の拡大

## 2　参政権の歩み——制限選挙から普通選挙へ

　市民革命によって自由権を獲得できたのは，一部の有力者であり，選挙権は，一定の税金を納める者に限られていた。これを**制限選挙**という。19世紀に入ると，イギリスをはじめとして，産業革命を背景に，資本家に対して労働者の働く環境の改善や選挙権の要求運動が高まりを見せるようになった。これら**一定の年齢に達したすべての国民に選挙権・被選挙権を与えることを，普通選挙**という。日本は当初，男性で一定額を納税した者だけに選挙権を与える制度が発足した[P.376▶▶]。しかし，女性は選挙権どころか，いっさいの政治活動も禁止されていた（治安警察法第5条）。

## 参　考

**社会権**
社会権は具体的には，生存権・教育を受ける権利・勤労の権利・労働基本権をいう。

**福祉国家**
国は，積極的に社会保障や雇用政策を推進して，国民の健康や安全を守るべきであるという国家体制を「福祉国家」という。これに対して，治安の維持と国防にのみ限定すべきという国家体制を「夜警国家」といい，ドイツの社会主義経済学者ラッサールが皮肉をこめて名づけた。

## 研　究

**世界で最初に女性の参政権が認められた国はどこか？**
女性の参政権獲得は，1893年のニュージーランドがもっとも早く，アメリカが1920年である。婦人参政権運動で活躍したケイト・シェパードは集会の開催，パンフレットの作成，メディアへの投書，国会議員への請願，署名運動など女性が参政権を得るために尽力した人物であり，ニュージーランドの10ドル札には彼女の肖像が印刷されている。

### 3　男女平等選挙への道のり——女性の参政権の獲得

普通選挙ははじめ男性の権利が実現されたが，女性の参政権については，第一次世界大戦以降に認められはじめた。日本では，**平塚らいてう（雷鳥）**や**市川房枝**らが1920年に**新婦人協会**を設立し，まず治安警察法第5条の改正運動に取り組み，1922年に政治集会への参加のみが認められた。その後，1924年に婦人参政権獲得期成同盟会（翌年，婦選獲得同盟と改称）を結成し，これが女性の参政権獲得運動の推進力となった。しかしこの運動もあいつぐ戦争の中で次第に立ち消えてしまう。**女性の参政権が確立したのは第二次世界大戦後の1945年12月に制定された新選挙法によってである。**翌1946年4月に総選挙が行われ，39人の女性国会議員が初めて誕生した[P.430▶▶]。

▲初の女性国会議員たち

### 4　社会権の登場——国家による自由の保障

市民革命によって獲得された自由権には，自由な経済活動やその結果もたらされる財産の所有の権利も含まれている。そのため産業革命以降の社会では，人はすべて生まれながらにして自由・平等といっても，現実には貧しい者・弱い者は，富める者・強い者との**経済上の不平等**が大きくなっていった。この事態を放置すれば，自由・平等の理念は，一部の裕福な人間にのみ享受されることになる。そこで，20世紀に入ると，このような個人の力だけでは解決しにくい経済的な不平等を国が積極的に解決しなければならないと考えられるようになった。このような考えに基づいて，**国民が人間らしい生活を営む権利（＝生存権）**を基本的人権の一つとして憲法に規定するようになった。これが**社会権**である。1919年に制定されたドイツの**ワイマール憲法**[P.412▶▶]はその最初のものである。その後，各国で労働者の権利や，**国民生活の最低基準を保障する**などの**社会保障制度**が整えられていった。

## §2 人間の尊重と日本国憲法

**重要ポイント**

□**大日本帝国憲法（明治憲法）**は天皇が国民に与えた欽定憲法。

□日本国憲法はGHQの指令を受けて，明治憲法を改正して制定された。

□日本国憲法の三大原則：国民主権・基本的人権の尊重・平和主義。

□**自由権**：身体の自由・精神の自由・経済活動の自由。

□**平等権**：個人の尊重・法の下の平等・両性の本質的平等。

□**社会権**：生存権・労働基本権・勤労の権利・教育を受ける権利。

□**国民の三大義務**：普通教育を受けさせる義務・勤労の義務・納税の義務。

## ① 大日本帝国憲法（明治憲法）のしくみ

### 1 大日本帝国憲法の制定

──1889年（明治22年）2月11日発布

　明治政府は，憲法の制定と議会の開設を求める**自由民権運動**が高まりをみせるなか，1881年，**国会開設の勅諭**を出し，10年後の国会開設を約束した。そこで政府は**伊藤博文**らをヨーロッパへ派遣し，**君主権**の強いドイツの**プロイセン憲法**を学ばせた。そして，伊藤博文らが中心となって憲法の草案を作成し，1年ほど枢密院で審議した後，**大日本帝国憲法**[P.375▶▶]を発布した。

### 2 大日本帝国憲法の特色──主権は天皇，国民は臣民

・**天皇主権**…「大日本帝国ハ万世一系ノ天皇之ヲ統治ス」（第1条）とされ，**憲法は天皇が制定し国民に与えた**という形をとった（**欽定憲法**）。また天皇は司法・立法・行政に関する**統治権**を一手に握り，帝国議会は協賛（天皇に同意を示すこと）機関とされ，内閣に関する規定はなく，それぞれ国務大臣は天皇を助ける存在とされた。そのほか，陸海軍を直接指揮する権力（**統帥権**）をもっていた。

・**人権の制限**…人権は天皇によって**臣民**（＝天皇の民）に与えられたものという位置づけであり，保障されている人権の範囲は狭く，**法律で制限できる**ものであった。また，非常時には，**天皇大権**で権利保障の停止が可能であった。

---

**参考**

**枢密院**
初代議長は伊藤博文で，1888年に憲法制定のための草案審議のために設置された。大日本帝国憲法制定後は，天皇の最高諮問機関。

**臣民の義務**
大日本帝国憲法では，臣民に兵役と納税の義務が定められていた。

**天皇大権**
法律で認められた天皇の政治的権限。緊急勅令・条約締結・宣戦・戒厳令・統帥権など。

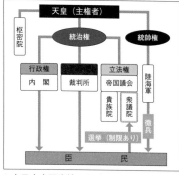

▲大日本帝国憲法のしくみ

# ② 日本国憲法のしくみ

## 1 日本国憲法の制定——1946（昭和21）年11月3日公布

1945年8月，日本がポツダム宣言を受け入れたことから，GHQ（連合国軍最高司令官総司令部）[P.430▶▶] は憲法改正作業に着手した。GHQの指令を受けて日本政府が提案した憲法改正要綱（＝通称「松本案」）は，明治憲法を少し修正しただけの天皇主権を維持するものであったため，GHQはこれを拒否し，マッカーサー草案を示した。日本政府はこれを基に作成した憲法改正草案を第90回帝国議会に提出し，一部法案の修正がなされたのち，日本国憲法として公布された。

## 2 日本国憲法の特色——三大原則

日本国憲法は，帝国議会の審議を経て，大日本帝国憲法を改正する形で制定されたが，**国民によって定められた憲法（民定憲法）**である。その特色は3つの原則によって成り立っている。

・**国民主権**…国のあり方を最終的に決定するのは国民である。戦前は主権者とされていた天皇は，**日本国と日本国民統合の象徴**（第1条）であると規定された。
・**基本的人権の尊重**…基本的人権は，**平等権，自由権，参政権，社会権**などに大きく分類され，日本国憲法では，侵すことのできない永久の権利として定めている。（第11条）
・**平和主義**…日本は，戦争，武力の行使を放棄し（第9条①），戦力をもたないことと，戦争を行う権利を認めないこと（第9条②）を明記している。また，憲法前文においても世界の平和が永遠に続くことを願い，国際協調によって平和と安全を守ることを明記している。

### 参考

**マッカーサー草案**
マッカーサーは天皇は元首，戦争の放棄，貴族の権利は一代限りということを三原則として草案を作成した。

**第90回帝国議会**
この議会で憲法の前文に国民主権が明確化され，第25条の生存権が追加されるなど重要な点で修正がなされた。

### 研究

**憲法改正はどのような手続きで行われるのだろうか。**
まず，①法律で定める一定数の国会議員の賛成により憲法改正案の原案発議を行い，②憲法改正原案は衆議院憲法審査会および参議院憲法審査会で審査され，衆参本会議にて総議員の3分の2以上の賛成を経て，国会による改正の発議がなされ，③国民投票を行い，過半数の賛成が得られれば承認され，天皇が国民の名で公布する。

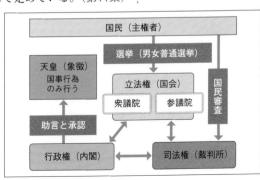

▲日本国憲法のしくみ

# ③ 国民主権と天皇の地位

## 1 国民はどのように主権を行使するのか──国民主権

　**国民主権**とは，国の政治のあり方を国民が最終的に決める立場にあることを示している。その最も重要なものが**選挙**であり，選挙で選ばれた国民の代表者に政治を行わせるというものである。これを**間接民主制（代議制）**という［P.493▶▶］。国民の代表者は，国民の意思を代行する形で国の政治を行わなければならない。また，日本国憲法では憲法の改正の際の**国民投票**など，**直接民主制**も取り入れている。

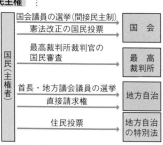

▲国民主権

## 2 国民主権で天皇の地位はどう変わったのか

　日本国憲法第1条において「**天皇は，日本国の象徴であり日本国民統合の象徴**」とあるように，天皇が日本国と日本国民統合の2つの象徴であることを規定している。また，天皇は国の政治に関する権限をもっておらず，あくまで**内閣の助言と承認**によって憲法が定める行為（**国事行為**）だけを行うこととなった。

## 3 天皇の国事行為とはどのようなものか

　国事行為としては以下のようなものが規定されている。

（1）国会の指名に基づいて，**内閣総理大臣の任命**

（2）内閣の指名に基づいて，**最高裁判所長官の任命**

（3）憲法改正，法律，政令，条約の公布

（4）国会の召集

（5）衆議院の解散

（6）総選挙の施行の公示

（7）国務大臣，法律の定める公務員の任免，全権委任状と大使・公使の信任状の認証

（8）大赦，特赦，減刑，刑の執行の免除，復権の認証

（9）栄典の授与

（10）批准書などの外交文書の認証

（11）外国の大使・公使の接受

（12）儀式を行うこと

### 研　究

**国民投票にはどんな問題点があるのだろうか。**
　国民投票は，政策等に関する意思決定を国民が投票によって示すもので，レファレンダムともいう。日本国憲法96条に規定されているが，実は，その具体的なやり方については，何も書かれていない。2007年に国民投票法が成立したものの，憲法改正の発議に関わる手続き以外については，未だ決められていない。

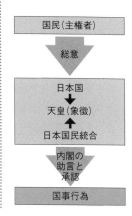

# ④ 基本的人権の尊重

## 1 基本的人権とはどういうものか──憲法第11条・97条

日本国憲法第11条には、「国民は、すべての**基本的人権**の享有を妨げられない。この憲法が国民に保障する基本的人権は、**侵すことのできない永久の権利**として、現在及び将来の国民に与へられる。」とあり、また、第97条には「基本的人権は、人類の多年にわたる自由獲得の努力の成果であつて、（中略）侵すことのできない永久の権利として信託されたものである。」と規定している。ここから基本的人権の３つの重要な要素を指摘することができる。

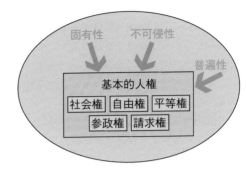

▲基本的人権の本質

- **人権の固有性**…人権は戦前のように天皇から国民に与えられたものではなく、人として生まれたことにより**誰でももっている権利**であるということ。
- **人権の不可侵性**…人権は原則として、国家権力などに不当に侵されたり、制限されたりするものではないということ。
- **人権の普遍性**…人権は人種、性別、身分などの区別に関係なく、人間であるということにより**誰にも平等に与えられる権利**であるということ。

## 2 人権を守るために何が必要なのか

憲法第12条には「この憲法が国民に保障する自由及び権利は、**国民の不断の努力**によつて、これを保持しなければならない。」とあり、国民一人ひとりが人権の大切さを自覚して、常にそれを守っていかなければならないとある。また「国民は、これを濫用してはならないのであつて、常に公共の福祉のためにこれを利用する責任を負ふ。」とあるように、人権は自分一人だけのものではなく、他の人にも全く同じように権利がある。私たちは、他人の権利を侵害するような権利の使い方（＝**権利の濫用**）をすることは決して認められないし、各自の自由や権利を社会全体が良くなる（＝**公共の福祉**）ように利用する責任がある。

🔍 **参　考**

**人権週間**
1948年12月10日、世界人権宣言が採択された日を記念し、国連は、毎年この日を「人権デー」として、加盟国などに人権啓発運動を実施するよう呼びかけている。日本では、毎年12月４日から10日までを「人権週間」と定め、人権啓発運動を展開している。

▲人権週間ポスター
（法務省　人権擁護局
全国人権擁護委員連合会）

# ⑤ 平和主義とわたしたち

## 1 平和主義──憲法に刻まれた平和への願い

日本国憲法では，第9条で戦争の放棄を定めると共に戦力をもたないことや他国と戦争をする交戦権を認めないことを明記している。また，憲法の前文には「再び戦争の惨禍が起ることのないやうにすることを決意し，」とあるように，多くの国民を犠牲にした第二次世界大戦への強い反省の気持ちが込められている。

## 2 自衛隊の創設と日米安全保障条約──違憲か合憲か

1950年，朝鮮戦争の勃発と共にGHQの指示で警察予備隊が設けられた。1952年には保安隊となり，1954年には防衛力を強化し，自衛隊と改称して，防衛庁を設置した。自衛隊は，日本の平和と安全を守り，他国の侵略から国を守ることを任務としているが，国民の間には憲法第9条に違反しているのではないかという議論がある。また，日本は防衛のために，アメリカとの間に日米安全保障条約を結び[P.437▶▶]，講和後も米軍が安全保障のために日本に駐留している。この条約は，日本の領域が他国から攻撃された場合，日米が共同で対応することを定めている。そのため，日本は軍事基地を提供しており，これについても違憲ではないかという指摘がある。

## 3 自衛隊をめぐる政府の見解──一貫しない解釈

自衛隊は，憲法の定める戦力にはあたらないというのが政府の立場である。しかし，「戦力」とは一体何なのかをめぐっては政府の見解にも歴史的な変遷がある。2015年（平成27年）には，日本と密接な関係にある国が攻撃を受け，日本の存在にも危険がおよび，ほかに適当な手段をとることができない場合，攻撃した国に対して必要最小

| 1946.6 | 吉田内閣 | 自衛権の発動としての戦争も放棄している |
|---|---|---|
| 1950.7 | 吉田内閣 | 警察予備隊は軍隊ではない |
| 1952.11 | 吉田内閣 | 戦力に至らざる程度の実力の保持は違憲ではない |
| 1954.12 | 鳩山内閣 | 自衛権を行使するための自衛隊は違憲ではない |
| 1972.11 | 田中内閣 | 戦力とは自衛のための必要最小限度を超えるものをいう |
| 1981.5 | 鈴木内閣 | 集団的自衛権の行使は違憲である |
| 2014.7 | 安倍内閣 | 一定の条件下での集団的自衛権の行使は認められる |

▲政府の見解の歴史的変遷

📖 **用語**

**日本国憲法第9条**
① 日本国民は，正義と秩序を基調とする国際平和を誠実に希求し，国権の発動たる戦争と，武力による威嚇又は武力の行使は，国際紛争を解決する手段としては，永久にこれを放棄する。
② 前項の目的を達するため，陸海空軍その他の戦力は，これを保持しない。国の交戦権は，これを認めない。

**自衛隊**
自衛隊の最高指揮権を持つのは内閣総理大臣であるが，文民の国務大臣である防衛大臣が，総理大臣の命令を受けて自衛隊を指揮・監督するようになっている。このように国会や内閣が自衛隊の統制をすることを，文民統制（シビリアン＝コントロール）という。

**日米安全保障条約**
1951年，サンフランシスコ平和条約と同じ日に調印された。これによりアメリカ軍の日本駐留が認められた。1960年に新日米安全保障条約へと改定されたが，国内では反対運動が高まった。

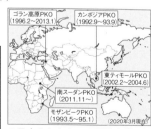

ゴラン高原PKO（1996.2〜2013.1）　カンボジアPKO（1992.9〜93.9）　東ティモールPKO（2002.2〜2004.6）　南スーダンPKO（2011.11〜）　モザンビークPKO（1993.5〜95.1）　（2020年3月現在）

▲日本のおもなPKO活動実績・状況

限度の**集団的自衛権**を行使できるという法改正が行われた。

### 4 日本の国際貢献を考えよう——国際貢献と自衛隊

2003年7月「イラク人道復興支援特別措置法（イラク特措法）」が国会で成立し，自衛隊は現地の医療，給水，建設，輸送などの活動を行うことになった。活動の実施地域としては戦闘行為が行われていない「非戦闘地域」に限られているが，現実にはイラクでの戦闘は終結しておらず，無理があるのではないかという批判の声もあった。日本の国際貢献と自衛隊の問題は，自衛隊の合憲・違憲問題もからんで憲法の改正論にまでおよんでいる。

1990年代に入ると，「**国際貢献**」が主張され始め，「**国連平和維持活動（PKO）協力法**」(1992年)，「周辺事態法を含む新ガイドライン関連法」(1999年)，「テロ対策特別措置法」(2001年) など特別法をつくって参加してきた。

かつて「お金は出すが，人は出さない」といわれてきた日本の海外援助は，**ODA（政府開発援助）**など金銭的な援助に重点が置かれてきた。しかし今後は人的な貢献が求められており，こうした国際協力を支援する機関として，**国際協力機構（JICA）**が派遣する**青年海外協力隊**は，専門的な技術をもった青年を発展途上国に派遣するものとして，日本の国際貢献の一翼を担っている。

**研究**

**第9条の改憲をめぐってはどのような意見があるのだろうか。**
日本国憲法第9条の改憲派の多くは，条文に「国際貢献」を明記することによって自衛隊の海外派遣を可能にすることを主張する。それにより特別法ではなく自衛隊の任務を憲法に規定しようとする。

**参考**

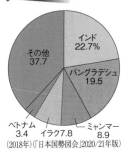

▲日本の二国間ODA援助の相手国

インド 22.7%
バングラデシュ 19.5
ミャンマー 8.9
イラク 7.8
ベトナム 3.4
その他 37.7
(2018年)(「日本国勢図会」2020/21年版)

---

**Q&A** 自衛隊をめぐる**合憲論**と**違憲論**とはどのようなものなのだろうか。

**＜合憲論＞**
独立国として外国からの攻撃に対して，自分の国を守る権利（＝自衛権）を備えているのは当然である。第9条が禁じているのは侵略を目的とした戦力であって，自衛権を否定しているものではない。また，自衛隊とは国を守るための最小限度の実力であるから，これは憲法違反にはあたらない。
※日本国政府の見解はこの立場である。

**＜違憲論＞**
日本国憲法の三大原則の一つである平和主義の原則から考えても，自衛のためのいかなる戦力をもつことも許されないし，自衛隊は第9条に明記されている戦力にあたるのであるから，憲法に違反している。
※司法の判断は，長沼ナイキ基地訴訟（1969年）の第一審の札幌地裁（1973年）で自衛隊の「違憲」判決が下されている。

# ⑥ 自由に生きる権利（自由権）

## 1 身体の自由——不当な逮捕・監禁の禁止

　身体を不当に拘束されないという自由のことで，すべての自由権の基礎である。日本国憲法では，国民はどんな奴隷的拘束も受けないこと（第18条），法律によらなければ生命・自由を奪われないこと（第31条），拷問や残虐な刑罰を絶対に禁止すること（第36条）などを明記している。

## 2 精神の自由——心の中はいつも自由

・思想及び良心の自由（第19条）　個人がどのような思想や良心をもとうとも，心の中は自由であり，外部から強制されることはなく，不利益な扱いを受けることがあってはならないというもの。

・信教の自由（第20条）　どのような宗教を信じても良いし，宗教をもたなくてもよい。また，国家が宗教教育や宗教活動をすることを禁止して，政教分離を定めている。

・学問の自由（第23条）　明治以来多くの学者が，研究の自由を奪われ厳しい弾圧を受けてきた。憲法では，**研究の自由，発表の自由，教授の自由**を認めている。

・集会・結社・表現の自由（第21条）　多数の人が**目的を**もって集まって団体をつくったり，また，**個人の考えを表現したり**してよい。日本国憲法では集会・結社・言論及び出版やそのほかの表現活動の自由を保障し，検閲の禁止，通信の秘密を侵してはならないことを定めている。これらの自由は民主政治を進めていくうえで極めて重要である。

## 3 経済活動の自由——公共の福祉による制限が加えられる

・居住・移転及び職業選択の自由（第22条）　自分がどこに住んで，何の職業に就くか自由に選択でき，職業に就くことができたら，その職務を遂行できる権利。

・財産権の不可侵（第29条）　自分の財産をもち，それを自由に利用・処分することができる権利。また，**他人や国によって財産を侵されない**としている。ただし，公共の福祉による制限を受けることがある。

**参　考**

**日本国憲法条文**
**第18条**　何人も，いかなる奴隷的拘束も受けない。又，犯罪に因る処罰の場合を除いては，その意に反する苦役に服させられない。

**第19条**　思想及び良心の自由は，これを侵してはならない。

**第20条**　①　信教の自由は，何人に対してもこれを保障する。いかなる宗教団体も，国から特権を受け，又は政治上の権力を行使してはならない。

**第23条**　学問の自由は，これを保障する。

**第21条**　①　集会，結社及び言論，出版その他一切の表現の自由は，これを保障する。
②　検閲は，これをしてはならない。通信の秘密は，これを侵してはならない。

**第22条**　①　何人も，公共の福祉に反しない限り，居住，移転及び職業選択の自由を有する。

**第29条**　①　財産権は，これを侵してはならない。
②　財産権の内容は，公共の福祉に適合するやうに，法律でこれを定める。
③　私有財産は，正当な補償の下に，これを公共のために用ひることができる。

# ⑦ 人はみな平等（平等権）

## 1 平等権──みんな同じに扱おう

日本国憲法は「すべて国民は，個人として尊重される」（第13条）を基にして，第14条ですべての人間は法の下に平等であることをうたっている。この平等権は基本的人権の基礎ともいえるものである。

## 2 法の下の平等（第14条）──差別を許すな

すべての個人が人間として対等に扱われるということは，法の適用の上でも平等であり，一部の特定の人間に権利や保護が与えられることがあってはならない。日本国憲法では「**人種，信条，性別，社会的身分又は門地により，政治的，経済的又は社会的関係において，差別されない**」（第14条①）と定めている。しかし，現実には社会的な差別や偏見が全くなくなったとはいえない。例えば，女性に対する差別や障がいを抱える人々に対する偏見，日本で長く生活している韓国人，朝鮮人，中国人など定住外国人への差別といった人権に関わるさまざまな問題は，今日の社会においては，社会情勢の変化などによって複雑かつ多様化した形態で発生している。私たちは平等であるという精神を大切にして，これらの問題を一日も早くなくしていく取り組みを行っていかなければならない。

## 3 平等権の保障──男女共同参画社会へ

- **貴族制度の禁止**（第14条②）　華族や貴族の制度は，これを認めない。
- **男女の平等**（第24条）　家族生活における**両性**（＝男女）**の本質的平等**を定めている。
- **政治上の平等**（第44条）　国会議員になる資格や選挙する人の資格について，**男女平等の普通選挙の原則**を定めている。

### 尊属殺人重罰規定は違憲

かつて刑法では，自己または配偶者の父母などを殺害する尊属殺人には，一般の殺人刑より重い刑が規定されていた。この規定が，憲法第14条①の法の下の平等に反するとして裁判で争われ，1973年に最高裁は違憲と判断し，1995年の刑法改正でこの規定は削除された。

---

**参考**

**日本国憲法条文**

**第13条**　すべて国民は，個人として尊重される。生命，自由及び幸福追求に対する国民の権利については，公共の福祉に反しない限り，立法その他の国政の上で，最大の尊重を必要とする。

**第14条**　①　すべて国民は，法の下に平等であつて，人種，信条，性別，社会的身分又は門地により，政治的，経済的又は社会的関係において，差別されない。
②　華族その他の貴族の制度は，これを認めない。

**第24条**　①　婚姻は，両性の合意のみに基いて成立し，夫婦が同等の権利を有することを基本として，相互の協力により，維持されなければならない。

**第44条**　両議院の議員及びその選挙人の資格は，法律でこれを定める。但し，人種，信条，性別，社会的身分，門地，教育，財産又は収入によつて差別してはならない。

**参考**

**両性の本質的平等**

1999年に男女が対等な立場であらゆる社会活動に参画できるようにする男女共同参画社会基本法が制定された。

# ⑧ 共生する社会をめざして

## 1　差別を許さない社会をめざして──部落差別問題

　部落差別問題の解決は日本にとって急務の課題であり、国民全体の問題である。1965年に同和対策審議会の答申が出され、1969年に**同和対策事業特別措置法**が制定された。これによって、地域の生活環境の改善と社会福祉の向上がはかられた。しかし、今なお結婚や就職などの際に、出身地や住んでいるところによっていわれなき差別をうけることがある。**人権の教育や啓発、人権侵害の被害の救済**などによって、差別をなくす取り組みが行われている。

## 2　民族の誇りを尊重する社会をめざして
### ──アイヌ民族問題

　アイヌとは、カムイ（＝神）に対して人間を意味する言葉である。アイヌの人々は自分たちの住んでいる土地をアイヌモシリ（＝人間の大地）とよんで、自然に感謝して大切に守ってきた。明治政府による北海道開拓により彼らの土地は国の財産となり、明治政府は1899年に**北海道旧土人保護法**を制定し、生活に困窮したアイヌを強制移住させ日本人に同化させようとした。1997年、国会は**アイヌ文化振興法**を制定し、**アイヌ文化の振興並びに伝統に関する国民啓発**を行うことを明記した。2008年6月に国会で「**アイヌ民族を先住民族とすることを求める決議**」が採択され、2019年にアイヌ民族を「**先住民族**」と明記した**アイヌ新法**が制定された。生活基盤を奪われて厳しい生活を送ってきたアイヌの人々は現在では日本人と同じような生活を送っているが、いかなる社会においても民族の誇りを大切に守る気持ちは尊重していかなければならない。

| 数万年前 | 北海道にアイヌの人々が住み始める |
|---|---|
| 15−16世紀 | 多くの和人が北海道へ移住する |
| 17世紀 | アイヌと松前藩との争いがおきる |
| 1869年 | 蝦夷地を北海道と改称 |
| 1899年 | 北海道旧土人保護法制定 |
| 1946年 | 北海道アイヌ協会設立 |
| 1997年 | アイヌ文化振興法公布 |
| 2019年 | アイヌ新法制定 |

▲アイヌ民族に関するできごと

### 参　考

**同和問題解決へのあゆみ**
**解放令（1871年）**
「えた」「ひにん」などの賤称を廃止。身分・職業とも平民と同等に

▼

**全国水平社設立（1922年）**
被差別部落の人々自らの手で解放を勝ち取ろうという運動の中心

▼

**同和対策審議会答申**
**（1965年）**
同和問題の早急な解決こそ国の責務であり、同時に国民的課題と明記

**同和対策事業特別措置法**
**（1969年）**
**特別対策終了（2002年）**

### ●●もっとくわしく

**アイヌ新法をめぐる評価**
2019年に成立したアイヌ新法は、アイヌ民族の地位向上に向けた大きな一歩とも評価されるが、土地や資源に対する先住民族の権利は明記がなく、生活・教育の支援策もないなど、課題もある。背景には世界的に先住民族の権利を認めようという国際的な要請の高まりもある。

▲アイヌ民族の伝統的衣装

## 3　過去から未来へとつながる社会をめざして
――在日韓国・朝鮮人問題

　日本には約48万人（2018年現在）の韓国・朝鮮の国籍をもつ人々が暮らしている。もともとは，日本が朝鮮半島を植民地として支配していた時代に，仕事を求めて日本へやってきたり，労働者として強制連行されてきた人々も多い。この人たちを特に「**在日韓国・朝鮮人**」，近年では「**在日コリアン**」とよんでいる。彼らは特殊な歴史的経緯によって日本に住む永住者及びその子孫であり，長年日本に暮らしている者は住民税，所得税などの納税義務を果たしており日本社会へ貢献もしている。しかし，**就職などでの差別**はまだなくなっておらず，**選挙権や公務員になることなども制限**されており，これらの差別をなくす運動が続けられている。

## 4　誰にとっても暮らしやすい社会をめざして
――障がい者問題

　障がいは身体障がい，知的障がい，精神障がいなどその種別及び程度も多様であり，それぞれの症状やニーズも多様であることから，個別具体的な施策によって障がい者が自ら能力を最大限に発揮して，地域社会の中で**障がいのない人と同様に生活していける福祉政策**を充実させる必要がある。1993年に，心身障害者対策基本法を改正して制定された**障害者基本法**は，2004年6月の改正によって，「何人も，障害者に対して，障害を理由として，差別することその他の権利利益を侵害する行為をしてはならない」ことが基本的理念として明記された。また，2013年には障害者差別解消法も成立した。**障がいのある人たちの自立をいっそう支援し，社会のあらゆる分野での活動に参加できるようなバリアフリー社会をめざす**ことが示されている。共に生きる社会をめざすには，上にあげたようなさまざまな問題を知ることにとどまるのではなく，一日でも早く解決できるように，お互いがお互いのことを尊重し合いながら，解決に向けてひとつひとつ取り組んでいくことが大切なのである。

### 参考

**外国人の地方参政権**
現在最も問題とされるのは，永住外国人（または定住外国人）の地方参政権であるが，「憲法上保障されていない」という判断が最高裁で出されている（最高裁判決1995.2.28）。しかし，同時に「永住者らに法律によって地方参政権を付与することは憲法上禁止されているものではない」という最高裁の憲法解釈も出されている（同判例）。

**ノーマライゼーション**
デンマークのバンク・ミケルセンが唱え，北欧から世界へ広まった障がい者福祉の理念。障がい者を特別視するのではなく，一般社会の中で普通の生活が送れるような条件を整えるべきであり，共に生きる社会こそノーマルな社会であるという考え方。

### 研究

**障がい者の雇用にどのような支援が行われているだろうか。**
高齢・障害・求職者雇用支援機構では，障がい者の雇用を進めるため雇用給付金や職業リハビリテーションを行うほか，各種の啓発運動を行っている。

▲バリアフリーの車

# ⑨ 人権を守るための権利（参政権・請求権）

## 1 参政権──政治に参加する方法

　参政権はかつて一定の資格をもった成人男子に制限されていたが，1946年4月の衆議院選挙で初めて**満20歳以上のすべての成人による普通選挙が行われた**[P.430▶▶]。このように国民が政治に参加するのが選挙である。日本国憲法では**選挙権**と**被選挙権**（第15条①・第44条）を定めている。また，選挙は満18歳以上による普通選挙（第15条③・第44条）を定めている。政治に参加したければ立候補すればよいわけであるが，議員にならなくとも政治の決定に直接参加する機会もある。それが**憲法改正についての国民投票**（第96条①），**最高裁判所裁判官の国民審査**（第79条②），**地方自治特別法の住民投票**（第95条）である。

## 2 請願権（第16条）──自分の願いを政治に届かせよう

　国民が損害の救済や公務員の罷免（＝やめさせること），法律・命令または規則の制定や改廃など，自分の要求を申し出る権利で，民主政治において民意を政治に反映させるために認められているもので，日本国憲法では第16条で保障している。この権利は基本的にすべての人に認められているが，条項によっては外国人には適用できない場合もあるとされる。

## 3 請求権──失われた権利を取り戻すには

・**裁判を受ける権利**（第32条）　憲法で基本的人権を認めても，それが侵害されたときに救済される制度がなければ意味がない。このように**人の権利が侵害されたときに裁判所に訴えることができる権利**が裁判を受ける権利である。公正・公平に裁判をしてもらうために基本的に裁判は公開される（日本国憲法第82条）。

・**損害賠償請求権**（第17条）　公務員による不法行為により損害を受けた場合に，**国・地方公共団体に賠償できる権利**である。

・**刑事補償請求権**（第40条）　罪を犯した疑いで逮捕された人が，裁判で無罪になった場合，**国に対して補償を求めることができる権利**である。

---

### 📖 用　語

**被選挙権**
衆議院議員は満25歳以上，参議院議員は満30歳以上の男女に被選挙権が与えられている。

### ●●もっとくわしく

**請願権**
請願権は国民の要求を政治に反映させようとするものだから，参政権の一つと考えられるが，請求権にふくめることもある。

### 🧔 研　究

**請願はどのように扱われるのだろうか。**
請願の方式・手続きについては請願法で規定しており，これによると請願は文書で伝えるとあり，口頭では認められないとなっている（請願法第2条）。また，要求を受け付けた官公署では，請願を受け取り，それを誠実に処理する義務があるが，内容を審査し，決定して，問題を解決することまでは義務付けられてはいない（請願法第5条）。

### 🔍 参　考

**人権擁護局**
国民の基本的人権を擁護するため，人権相談の窓口として法務省人権擁護局，地方に実施機関としての法務局人権擁護部，地方法務局人権擁護課が置かれているほか，全国の市区町村に，法務大臣から委嘱された民間のボランティアである人権擁護委員が配置されている。

# ⑩ 人間らしく生きる権利（社会権）

## 1 社会権——国の役割は放任から保障へ

社会権は20世紀的権利とよばれる比較的新しい権利で、国民が国に対して**人間らしい生活**ができるように、その保障を要求する権利である。

・**生存権**（第25条①）　社会権を代表する権利で、日本国憲法第25条の第1項で「**健康で文化的な最低限度の生活を営む権利**」を保障している。第2項では国家が積極的に国民の生活向上に努める義務を定めており、それによって社会保障制度[P.595▶▶]が整備されている。

・**教育を受ける権利**（第26条①）　人間は教育を通して人格を発達させ、社会の中の一人として生きていくための知恵を身につけることができる。教育を受ける権利はまさに**子どもたちの学習する権利**を保障したものである。これを受けて、1947年に**教育基本法**ができ、義務教育は小中学校の9年間とされている。

## 2 労働基本権——団結して強くなろう

人は働くことで収入を得て、人間らしい生活ができるようになる。しかし働く能力がありながら職について働くことができなければ、収入もなく人間らしい生活を送ることができない。そこで日本国憲法では国民に**働く機会を保障**し、職がない人には**できる限り就労できるように努力しなければならない**という**勤労の権利**（第27条①）を定めている。また、第27条①は勤労の「権利」だけでなく勤労の「義務」についても規定している。

また、雇い主と労働者とでは雇い主のほうが立場が強いため、労働者と雇い主（使用者）とが対等の立場で賃金などの労働条件を取り決めることができるように権利を定めている。**労働組合をつくる権利**（**団結権**）、使用者と対等な立場で交渉する権利（**団体交渉権**）、交渉がまとまらない場合には**ストライキ**などの**労働争議を行う権利**（**団体行動権**）がそれにあたる。これらの権利をまとめて**労働基本権**という。

こうした労働者の権利を具体的に保障するために、**労働三法**がつくられている。

---

**参 考**

**日本国憲法条文**
**第25条**　①　すべて国民は、健康で文化的な最低限度の生活を営む権利を有する。
②　国は、すべての生活部面について、社会福祉、社会保障及び公衆衛生の向上及び増進に努めなければならない。

**第26条**　①　すべて国民は、法律の定めるところにより、その能力に応じて、ひとしく教育を受ける権利を有する。
②　すべて国民は、法律の定めるところにより、その保護する子女に普通教育を受けさせる義務を負ふ。義務教育は、これを無償とする。

**第27条**　①　すべて国民は、勤労の権利を有し、義務を負ふ。
②　賃金、就業時間、休息その他の勤労条件に関する基準は、法律でこれを定める。

---

**参 考**

**労働三法**
労働組合法・労働基準法・労働関係調整法の3つである。

P.572▶▶

# ⑪ 公共の福祉と国民の義務

## 1 公共の福祉——権利と権利の調整役

　基本的人権は守られなければならないが，国民が権利を濫用するようなことがあれば，社会に安定した秩序はありえない。したがって，**基本的人権は公共の福祉に反しない限り最大限に尊重される**。また，日本国憲法は第12条において，権利を常に公共の福祉のために利用することが国民の責任であるとしている。

| 表現の自由 | わいせつ文書の禁止（刑法）<br>個人の名誉を傷つける行為の禁止（刑法） |
|---|---|
| 集会・結社の自由 | デモの規制（公安条例）<br>破壊活動を行う団体の処罰（破壊活動防止法） |
| 財産権の不可侵 | 不備な建築の禁止（建築基準法）<br>公共事業による土地の収用（土地収用法） |
| 経済活動の自由 | 市場の独占の禁止（独占禁止法） |
| 労働基本権 | 公務員のストライキ禁止（国家公務員法，地方公務員法） |
| 居住・移転の自由 | 感染症による隔離（感染症新法） |

▲公共の福祉により人権が制限される例

## 2 国民の三大義務——みんなで支えあう

・**普通教育を受けさせる義務**（第26条②）

　国民は保護する子どもに普通教育を受けさせなければならない。

・**勤労の義務**（第27条①）

　国民は働いて生計を立てる権利をもつと同時に，働く義務もあり，社会に貢献しなくてはならない。

・**納税の義務**（第30条）

　国民は法律の定めるところにしたがって，それぞれの経済状況に応じて税金を支払わなければならない。

---

### 📖 用　語

**公共の福祉**

社会全体の共通の利益のことで，基本的人権との調和が問題とされる。国民の間の自由や権利どうしの矛盾・衝突を調整するはたらきをする。また，社会全体の利益を優先して，個人の特に経済活動の自由を制約する場合がある。

### 🔍 参　考

**チャタレイ事件**

D・H・ロレンスの小説『チャタレイ夫人の恋人』を翻訳・出版・販売した行為が，刑法第175条のわいせつ文書の頒布にあたるとして起訴された事件。最高裁判決（1957年3月13日）では，表現の自由も公共の福祉によって制限されるものであると判断した。しかし，公共の福祉を根拠に，民主政治の基礎をなす表現の自由を制限することに対しては批判が多い。

# ⑫ 新しい人権と人権の国際化

## 1 新しい人権——想定の範囲外の権利

・**環境権**—地球に優しく人にいたわり

　**人間が快適な環境で生活する権利**である。交通・緑地・教育・医療など生活環境を整えるとともに，大気・日照・水・静寂など自然環境を保全しようとするものである。環境権は**第13条**の**幸福追求権**や，**第25条**の**生存権**に基づく権利として主張されている。

・**知る権利**—かしこい市民になるために

　**政府などがもっている情報を知る権利**である。都合の悪い情報を公表せずに国家機密にすれば，国民は正しい判断をすることができなくなってしまう。そこで政府に情報を公開する制度を設けることが要求されるようになった。日本では，1999年に**情報公開法**が制定された。

・**プライバシーの権利**—知られたくないものもある

　**個人の私生活についての情報を他人に知られないようにする権利**。最近では，より積極的に自己に関する情報をコントロールする権利という意味ももつようになった。近年，インターネットの普及や悪質なハッカーやウイルスの被害で個人の情報が外部に持ち出されてしまう事件が発生している。そこで国は**個人情報保護法**を，各地方公共団体も個人情報保護条例を制定して，保護を行っている。

## 2 人権の国際化——広がる人権の輪

　人権の尊重を世界でも広めようという動きは国連を中心に行われている。国連では1948年に**世界人権宣言**を採択し，**国際人権規約**（1966年）で拘束力をもたせ，**人種差別撤廃条約**（1965年）や**女子（婦人）差別撤廃条約**（1979年），**子ども（児童）の権利条約**（1989年）なども成立させている。2006年には国連障害者権利条約が採択され，2008年に発効した。これを受け，障害を理由とした差別の解消をめざす障害者差別解消法が2013年に成立，2016年に施行された。

### 研究

**新しい人権はどのように保障すればよいのだろうか。**
日本国憲法が制定されたのは今から70年以上も前であり，新しい人権は想定されてはいなかった。そこで，裁判所は憲法第13条の「幸福追求権」や第25条の「生存権」の規定を準用して保障しようとしているが，細かな部分では特別に法律をつくって対応していくほかない。しかし制定や改正が容易な法律ではなく，きちんと新しい人権を憲法に規定する必要があるのではないかという意見もある。

### 用語

**情報公開制度**
国や地方公共団体の機関がもっている情報を，国民が自由に知ることができる制度。

**個人情報保護法**
この法律は，個人情報の有用性に配慮しながら，その権利や利益を保護することを目的としている。また，民間の事業者の個人情報の取り扱いに関して必要最小限のルールを定め，個人情報の保護に取り組むことを重視している。

### 参考

**忘れられる権利**
ネット社会に流出する個人の情報を削除できる「忘れられる権利」が話題になっている。EUでは加盟国の国内法によらずに直接効力をもつ「EUデータ保護規則」改正案を2014年に可決し，「忘れられる権利」が明文化された。

| 採択年 | 発効年 | 条約名など |
|---|---|---|
| 1948 | | 世界人権宣言 |
| 1951 | 1954 | 難民の地位に関する条約 |
| 1965 | 1969 | 人種差別撤廃条約 |
| 1966 | 1976 | 国際人権規約 |
| 2006 | 2008 | 国連障害者権利条約 |

▲世界の主な人権条約

## §3 選挙と政党

□民主政治において選挙は国民の意思を政治に反映させる重要な手段である。
□選挙の原則＝普通選挙・平等選挙・秘密選挙・直接選挙。
□選挙権は満18歳以上のすべての男女。
　被選挙権は衆議院議員が満25歳以上，参議院議員が満30歳以上。
□衆議院議員選挙＝小選挙区比例代表並立制，
　参議院議員選挙＝選挙区選挙と比例代表の組み合わせ。
□政党とは，国民と国会・政治とをつなぐパイプ役。
　与党＝内閣をつくる政党　野党＝与党以外の政党。
□二大政党制＝政権の安定　小党分立制（多党制）＝連立内閣。
□世論の形成→マスコミの影響大　請願や圧力団体，大衆運動など政治参加が重要。

## ① 選挙のしくみと課題

### 1 日本の選挙権の拡大の歴史──拡大してきた権利

　日本では1890年（明治23年）に第1回衆議院議員の総選挙が行われたが，そのときの選挙資格者は満25歳以上の男子で直接国税を15円以上納める者に限られていた。その後，1925年（大正14年）には納税額の制限が廃止され男子の普通選挙が実現した。男女平等普通選挙が実現したのは1945年（昭和20年）の選挙法の改正の際で，満20歳以上のすべての男女に選挙権が認められるようになった。

◎選挙権：満18歳以上のすべての男女（2016年6月から）
◎被選挙権・衆議院議員・地方議会議員・市（区）町村長
　　　　　　　　　　　　　　　　　　：満25歳以上
　　　　　　参議院議員・都道府県知事：満30歳以上

### 2 選挙の原則──4つの原則

・普通選挙　一定の年齢に達したすべての国民に選挙権が与えられる方式。
・平等選挙　すべての有権者が1人1票の投票をする方式。
・秘密選挙　投票する人は誰に票を入れたか知られずに投票する方式。これを無記名投票という。
・直接選挙　有権者が直接代表者を選ぶ方式。ほとんどの国がこの方式を採用しているが，アメリカの大統領選挙などはまず大統領選挙人を有権者が選び，その大統領選挙人が候補者の中から大統領を選ぶ間接選挙である[P.541▶▶]。

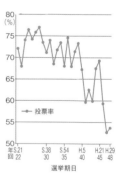

▲衆議院議員総選挙の投票率

**参　考**

**公職選挙法**
日本の国会議員（衆・参両議院議員）・地方議会議員・市（区）町村長・都道府県知事は，すべて国民の直接選挙によって選ばれる。これらの選挙の手続きを定めているのが公職選挙法である。

**選挙権**
アメリカ・イギリス・ドイツ・フランス・中国では18歳以上。

## ③ 選挙のしくみ——公正な選挙を行う手続き

①**選挙の運営と管理** 選挙はいかなる権力にも干渉されずに公正に行われなければならない。そこで国に中央選挙管理会，地方に都道府県選挙管理委員会，市(区)町村選挙管理委員会が設置され独立して仕事をしている。これらの機関は，投票日の公示や告示から投票，選挙人名簿の作成，開票，当落の決定までの仕事を管理している。

②**選挙運動** 候補者は公示されてから選挙管理委員会へ立候補の届出をする。立候補者は，投票の前日まで選挙運動をすることができる。

③**選挙公営** 選挙には多くの費用がかかるが，資金に恵まれない人でも公平な条件で選挙運動ができるように，国や地方では選挙費用の一部を負担するなどしている。

④**投票の方法** 投票には，投票用紙に1名だけ記入する単記投票と，2名以上を併記する連記投票がある。日本では単記投票を採用し，2名以上書いた場合は無効となる。

## ④ 選挙区とその種類——大選挙区と小選挙区のちがいは？

選挙のために設けられた区域を**選挙区**といい，選挙区は小選挙区と大選挙区に分かれる。

①**小選挙区** 1つの選挙区から**1名**を選出する制度。

＜長所＞ 選挙区が狭いので選挙にかかる費用が抑えられるとともに，有権者にとって立候補者をよく知ることができる。候補者の乱立を防ぎ，政権の安定が得られやすい。

＜短所＞ 死票が多い。国民の多様な意見が反映されにくい。

②**大選挙区** 1つの選挙区から**2名以上**の代表者を選出する制度。

＜長所＞ 少数意見も多く取り入れられ，死票が少なくなるので，少数政党の進出の可能性が高い。

＜短所＞ 選挙区が広いので，立候補者と有権者との関係が薄くなりがちで，選挙費用も高くつく。

 **参 考**

**公示**
選挙の実施を広く国民に認知させること。国会議員の選挙の施行の公示は天皇の国事行為である。

**選挙運動**
公職選挙法では選挙運動費用の最高限度や挨拶状の制限，配布するポスターの枚数，政見放送の回数など細かく規制している。例えば，衆議院小選挙区の場合は候補者一人につき，はがき3万5千枚，選挙管理委員会に届け出た2種類以内のビラ7万枚など（公選法 第142条）と規定されている。また，立候補者が戸別訪問をしたりすることも禁止されている（第138条）。なお，2003年からマニフェスト（政権公約）の配布が認められた。2013年からはインターネット上での選挙運動が解禁された。

 **参 考**

**死票**
有権者の投じた票のなかで，落選した候補者に入れられた票のこと。例えば小選挙区でA10000票，B7000票，C3000票の得票でAが当選した場合B，Cに投票した10000票のことを死票という。

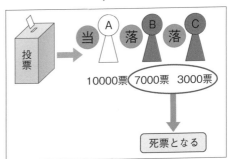

▲死票について

③比例代表制　政党名（参議院の比例代表区では政党名か個人名）を記入して投票する。政党の得票数に応じて，議席を配分するしくみである。

<長所>　得票率が議席の獲得率とほぼ一致し，国民の多様な意見を反映しやすい。

<短所>　小党が分立しやすく，政局が不安定になるという短所もある。

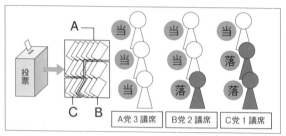

▲比例代表制のしくみ

④衆議院議員選挙　全国を11の比例代表区に分けた比例代表による選出（定数176名）と，小選挙区制による選出（定数289名）に分かれる。これを小選挙区比例代表並立制という。

衆議院議員選挙は，任期満了（4年間）による選挙の他に，衆議院の解散による選挙がある。

| 選挙の種類 | 定数 | 投票用紙への記入 |
|---|---|---|
| 小選挙区選挙 | 289人 | 候補者の名前 |
| 比例代表選挙 | 176人 | 政党名 |

（2020年11月現在）

⑤参議院議員選挙　全国を単位とする比例代表制による選出（3年ごとに半数）と都道府県（一部の県は隣接する2県）を1つの選挙区として2名～12名（3年ごとの選挙では1名～6名）を選ぶ選挙区選挙（3年ごとに半数）が並立して行われている。

| 選挙の種類 | 定数 | 投票用紙への記入 |
|---|---|---|
| 選挙区選挙 | 147人 | 候補者の名前 |
| 比例代表選挙 | 98人 | 候補者の名前または政党名 |

（2020年11月現在）

※2022年以降は248人（選挙区148人，比例代表100人）となる。

**参　考**

**ドント方式**

日本の比例代表選挙において各政党に配分される議席の数を決める方式。各党の得票数を大きいほうから小さいほうへ1から整数で割り，その商の大きい順に議席を配分していく。

例）参議院比例代表区で，議員定数6の場合。下線は当選を表す。

| | A党 | B党 | C党 |
|---|---|---|---|
| 得票数 | 1500 | 900 | 600 |
| ÷1 | 1500 | 900 | 600 |
| ÷2 | 750 | 450 | 300 |
| ÷3 | 500 | 300 | 200 |
| ÷4 | 375 | 225 | 150 |
| 議席数 | 3 | 2 | 1 |

**最高裁判所裁判官の国民審査について**

最高裁判所の裁判官が適切かどうか国民が直接審査するもので，最高裁判所の裁判官は内閣が任命するが，任命後の最初の衆議院議員総選挙のとき，その後は前回の審査から10年を経過した後に行われる総選挙のときごとに国民審査を受ける。国民審査の投票用紙には，辞めさせたい裁判官の欄に×印を記入し，なければ何も記入しない。投票者の多数が罷免を可とした場合，その裁判官は罷免される。

**非拘束名簿式**

非拘束名簿式は，候補者名簿に当選する順位は決められておらず，有権者が，候補者の氏名または政党名のいずれかを記入して投票する方式であり，2001年の参議院議員選挙から導入されている。これにより当選させたい候補者を選ぶことができるようになった。

公民編

第1章 現代社会とわたしたちの生活

第2章 わたしたちの生活と民主政治

第3章 わたしたちの生活を支える経済

第4章 世界平和と人類の福祉

**5** 日本の選挙の問題点──国政を決める大事な1票

①**選挙に対する関心の薄さ**　最近の選挙では，政策面よりもイメージやキャラクターを有権者に訴える傾向が強まり，派手な選挙活動が目立ってきた。本来，選挙は真に国民の意思を反映させるものでなければならないのだが，立候補者の選考にあたっては印象でなんとなくという人が少なくない。また，政治への無関心から，棄権する人も少なくない。そこで各政党ともマニフェスト（＝政権公約）を示して，有権者への公約を明示するようになってきている。

②**議員定数の不均衡**　公職選挙法では議員の選挙区ごとの定数を決めているが，人口の都市集中により，地方との1票の格差が生じてきている。

③**金権政治**　選挙運動資金はその最高額が決められているが，その規制は十分とはいえない。資金の豊富さが選挙の当落に影響するともいわれているので，政治家や政党への資金の規制をすることが必要である。

④**買収**　候補者の中には当選したいがために有権者に金銭や物品を与える者もいる。このような行為を買収といい，選挙違反として摘発されることになる。

---

📖 **用語**

**マニフェスト**
一般に，マニフェストとは「政権公約」とよばれ，従来の公約があいまいな表現であり有権者にとってわかりにくいことから，選挙において政治家や政党が掲げる公約について，いつまでに取り組むのかという期間や数値目標などを示したものである。各政党は選挙前にはマニフェストを作成し，政策論争を繰り広げている。

●●**もっとくわしく**

**1票の格差**
例えば同じ議員定数3の選挙区であっても，人口6万人のA区と3万人のB区では，議員一人あたりの人口は2万人と1万人となり，有権者の1票の格差は1：2となる。国会でもこうした不均衡を解消するために定数是正を行っているが，解消されておらず，依然として課題となっている。

---

❓ **Q&A**　なぜ若者の投票率は低いのか。

　衆議院議員総選挙の投票率は60〜70%台で推移してきた。しかし，平成8（1996）年から一気に低下しはじめ，回復していない状況にある。投票率が低い理由としては主に国民の「政治への関心の低下」と「若者の選挙離れ」が考えられる。2015年に公職選挙法等が改正され，18歳から投票ができるようになったものの，なぜ特に若者の投票率が低いのか。総務省のアンケート（18歳選挙権に関する意識調査 https://www.soumu.go.jp/main_content/000457171.pdf）によると，投票に行かなかった人の理由は，

①今住んでいる市区町村で投票することができなかったから：　　　　　　21.7%
②選挙にあまり関心がなかったから：　　　　　　　　　　　　　　19.4%
③投票所に行くのが面倒だったから：　　　　　　　　　　　　　　16.1%
④どの政党や候補者に投票すべきかわからなかったから：　　　　　　11.9%
となっている。このまま若者の投票率が低下し続ければどうなるのか，あなた自身の改善策を考えてみよう。

# ② 政党のはたらき

## 1 政党の目的——政党とはどのようなものか

　政党とは，共通の政策や考えをもつ人々が，その政策や考えの実現をめざして結成する政治団体である。代議制のもとでは政治に関する決定を行うのは国会であり，その国会での議決は多数決によるので，多数の議席を確保しなければ政策を実現させることはできない。

## 2 政党の役割——政党は何のためにあるのか

　政党は自分たちの基本的な考え方や政策を具体的に提言し，それらを綱領として定め，選挙の際にはそれを**公約**として示す。代議制のもとでは国民と政治の仲介役として民意を国政に反映させることが使命である。

## 3 政党政治のしくみ——政権をめざして

　議院内閣制のもとでは議会で多数の議員を占めた党が与党として内閣を組織して政権を担当する。これを**政党内閣**という。政権の外にある政党のことを**野党**といい，**一般には与党の政治を批判する**。ただし，その後の選挙で多数党になれば政権を担当する与党になることになる。このように政党が政治を運営していることを，**政党政治**という。

- **一党制**　政権を担う政党が国内に一つしかなく，政党間での政権争いがない。共産党が他の小政党を圧倒している中国などがこれに近い。
- **二大政党制**　政権を担える有力な二つの政党が政権を担当している。安定した政治が行われ，国民も政党の選択がしやすいという長所はあるが，多様な意見が反映されにくいという短所もある。保守党と労働党のイギリス，共和党と民主党のアメリカなどがこの例である。
- **小党分立（多党制）**　同等の実力をもつ政党がいくつも分立している。ドイツ・フランス・イタリアなどがそれで，多党制では一党で政権を担うことができず，**連立内閣**を組まざるを得ない。この場合，国民の多様な意見を反映しやすいが，反面，政局は不安定になりやすい。

## 4 日本の政党の変遷——政党政治の栄枯盛衰

**①戦前・戦中の政党**　日本最初の政党は，1881年に**板垣退助**を中心に結成された**自由党**と，翌年に**大隈重信**らが結成した**立憲改進党**である。**1890年の衆議院議員選挙**で国会が開設されると両党からの議員が過半数を占めた。その後，1898年には，大隈重信と板垣退助とが憲政党による最初の政党内閣を発足，1900年には伊藤博文が立憲政友会を発足させ，昭和初期には，立憲民政党と二大政党制となった。日中戦争が始まると，1940年，近衛内閣のもと，各党は解党させられ，大政翼賛会へ統一されたために，政党活動は一時停止した。

**②戦後政党政治の復活**　1945年に終戦をむかえると，日本共産党が合法政党として再建され，日本自由党・日本社会党・日本進歩党などが結成された。そして1955年，**自由民主党（自民党）**と**日本社会党（社会党）**を軸とした政治体制（＝**55年体制**）が生まれ，この体制は**1955年**から**1993年**までの**38年間続いた**。その間，自民党が単独一党制を維持し，政権を一手に握っていたが，次々と汚職事件が明らかになると，国民の批判がその流れを変えた。

**③55年体制の崩壊**　1993年には当時の宮澤内閣への不信任案が可決され，衆議院議員選挙の結果，自民党は過半数割れの大敗を喫する。こうして非自民の**細川連立内閣**が誕生し，55年体制は崩壊した。細川内閣は1994年，公約どおり政治改革関連法案を可決させ，政治改革を実現した。自民党は1994年に連立政権で与党に復帰した。2009年に野党となるが，

▲細川連立内閣の閣僚

2012年に与党となり，その後自公政権が続いている。日本では，野党も巻き込んだ形で政界再編がなされ，二大政党の体制に収斂されていくことが望まれている。

### 参考

**自民党と第2党の衆議院議席占有率の推移**

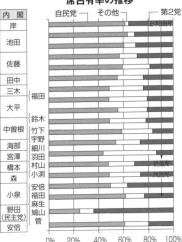

| 年度 | 内閣 |
|---|---|
| 1958年 | 岸 |
| 60年 | 池田 |
| 63年 | |
| 67年 | 佐藤 |
| 69年 | |
| 72年 | 田中 |
| 76年 | 三木 |
| 79年 | 大平 〔福田 |
| 80年 | |
| 83年 | 中曽根 〔鈴木 |
| 86年 | 〔竹下 宇野 |
| 90年 | 海部 〔細川 |
| 93年 | 宮澤 〔羽田 村山 |
| 96年 | 橋本 〔小渕 |
| 2000年 | 森 |
| 03年 | 小泉 〔安倍 福田 麻生 鳩山 |
| 05年 | |
| 11年 | 野田（民主党） 菅 |
| 16年 | 安倍 |

自民党　その他　第2党

0%　20%　40%　60%　80%　100%

（総務省統計局資料）

# ③ 世論と政治

## 1 世論の形成——世論はつくられている

世論とは，国民が何を考え，何に不満を持ち，どのような政策を期待しているかなど，**国民の大多数が支持する意見のこと**をいう。1991年に勃発した湾岸戦争の際「油まみれの海鳥」の映像が連日流され，世界のメディアは当時のイラクのフセイン大統領が原油を海に流したのだと報道した。しかし，その後この映像はまったく湾岸戦争とは関係のない映像と判明した。このことは，**世論が，メディアから流される情報にいかに影響を受けやすいかを示している**。さまざまな情報を国民に伝えるには，新聞・雑誌・ラジオ・テレビなどの**マスメディア**によるところが大きい。逆に言えば，マスメディアの情報操作を通じた世論操作の危険もはらんでいる。すなわち，マスメディアが，政治権力と結びついたときには司法・立法・行政の三権に対して「第4の権力」になるともいえる。

近年では，世論を操作するために**フェイクニュース**（偽のニュース）が作成され広められる問題もある。

## 2 正しい世論形成に必要な条件とは——正確な情報判断

世論は民主政治を動かす大きな力であるから，世論が誤った方向に行けば，当然政治も不幸な結果になっていく。そこで国民は常に以下のことを心がけねばならない。①情報に対して受け身にならず，**自主的に問題点を見つけ出す態度をもつこと**。②公平で正確な判断ができるように，**国民は国家からしっかりと知る権利を保障されること**。③いかなる圧力にも屈せずいろいろな意見が表現される自由が確立されていること，などが重要である。

▼油まみれの海鳥

▲正しい世論形成に必要な条件

国会での憲法改正議論
「急ぐ必要ない」72%
本社世論調査

▲世論調査（「朝日新聞」2020.5.3より）

### 3　国民の政治への参加——国民の意見反映のために

世論を政治に生かす方法として選挙があげられるが，そのほかにも国民の意見を政治に反映させる手段がある。

①**請願と陳情**　国や地方公共団体に対して，要望や願いを訴える方法。請願や陳情をするために街頭での署名活動や集会・デモ行進などが行われることが多い。

②**圧力団体**　議会や官庁などに対して，自分たちの要求を受け入れてもらうためにさまざまな方法で働きかけるもの。このような団体には，大企業の経営者・医師・労働者・女性・消費者などさまざまな人が所属している。

▲メーデーの様子（大衆運動）

③**大衆運動**　大衆運動とは，特定の政治的な問題について，同じ意見をもつ人が集まって自分たちの意見を表現する活動である。平和運動・労働運動・婦人運動・消費者運動・住民運動などさまざまなものがある。

④**宣伝**　マスメディアを使って，自分たちの意見を広告宣伝して共感を得ようとする方法。

---

## ？Q&A　政治への無関心が増えている原因はなんだろうか。

政治的な無関心の原因には次のような原因が考えられる。

①政治に対して低い価値しか認めようとしない態度の人が増えている。

②政治と自分たちの生活が結びつきにくく，政治に対して逃避しようとする傾向が広がっている。

③政治には興味があるものの，自分たちの要求がなかなか実現されずに，政治への不信が進み，政治への関心を失っている。　　　　　　（参考：H・D・ラスウェルの分類）

「選挙は無意味」なのだろうか

無作為　くじ引き論まで　■無関心に未来なし

無責任な信仰

無関心はない

（「朝日新聞」2019.7.17より）

## §4 地方自治とわたしたち

**重要ポイント**

- □地方自治とは，国から一定の自治権を与えられた地方公共団体が行う政治である。
- □日本国憲法に基づいて地方自治法が制定されている。
- □地方自治を行う単位は都道府県・市（区）町村で，議決機関と執行機関に分かれる。
- □地方議会の仕事＝条例の制定・改廃，予算の決定，首長の不信任決議など。
- □首長の仕事＝地方行政の最高責任者，議会への再議請求，専決処分，議会の解散。
- □住民の直接請求権＝条例の制定・改廃，監査，議会の解散，解職。
- □地方自治の課題＝自主財源不足の解消と業務の効率化の促進，地方分権の推進。

## ① 地方自治のしくみ

### 1 地方自治とは何か——民主主義の学校

　地方自治とは，それぞれの地域の住民が，地域の実状にあった政治を，自分たちの手で行うことである。地方自治は国の政治のように大規模で複雑な縁遠いものではなく，自分たちに身近で直接関係のあるものが多い。わたしたちは地方自治を通して民主政治のあり方を学ぶことができる。その意味で「地方自治は民主主義の学校」といわれている。

### 2 地方公共団体のしくみ——地方自治の姿

　地方自治が行われる一つひとつの単位を，地方公共団体または地方自治体という。地方公共団体には，都道府県と市町村があり，これらを普通地方公共団体という。また，東京都の特別区（現在は23区のみ）などは，特別地方公共団体である。

・地方公共団体の機関　地方公共団体の議決機関として地方議会と，議会の議決に基づいて実際に政治の仕事を行う，国の内閣にあたる執行機関がある。

・地方議会　地方議会には都道府県議会と市（区）町村議会があり，国会は二院制であるが，一般に地方議会は一院制である。議員は住民からの直接選挙で選ばれ，任期は4年で，住民からのリコールや議会の解散による失職もある。

・執行機関　地方自治体の政治の最高責任者は首長とよばれるが，これは都道府県知事や市（区）町村長のことである。住民からの直接選挙で選ばれ，任期は4年である。

**用語**

**地方自治**
地方自治は，日本国憲法で保障され，具体的には地方自治法に「地方自治の本旨」として次の2つのことが定められている。
①**団体自治**　地方公共団体が国から独立した自治を行う機関であること。したがって，国が地方にあれこれと口出しすることはできない。もともとはドイツで発達した考えで，条例を制定する権限などが挙げられる。
②**住民自治**　住民自らが直接参加し自治を行うというもので，イギリスで発達した考え方。

**参考**

**地方議会の仕事**
①条例の制定・改廃　②予算の審議・決算の承認　③地方税・使用料・手数料の徴収に関することの決定　④首長や地方行政委員についての検査　⑤住民からの請願の受理　⑥地方議会の議長・副議長・選挙管理委員の選挙　⑦副知事などの選任への同意など

参 考

**主な地方行政委員会・委員の仕事**

・教育委員会
…その地方の教育に関する仕事を行う。
・選挙管理委員会
…国会・地方議会・首長の選挙に関する仕事を行う。
・人事委員会
…地方公務員の人事に関する仕事を行う。
・監査委員
…地方公共団体の金銭や物品の購入・財政事情や事業に不正がないかどうかを監査する仕事を行う。
・公安委員会
…警察を管理する仕事を行う。
・農業委員会（市町村のみ）
…農地に関する仕事を行う。

**首長の仕事**

①議会を招集し，議会に予算・条例案を提出する。
②議会の決定した議案・予算・条例にしたがって，地方行政を行う。
③地方税の徴収を行う。
④地方公共団体を代表して国との交渉をしたり，国からの仕事を行う。
⑤地方公共団体の職員を指揮・監督する。
⑥副知事などの任命と地方行政委員会の委員の選出を行う。

・**補助機関** 首長の仕事を補佐する機関のことで，知事が任命する**副知事**，市(区)町村長が任命する**副市(区)町村長**がおり，その下に地方公務員が仕事をしている。
・**地方行政委員会** 首長からある程度独立して仕事を行う機関としては，各種の委員会（教育委員会など）が設けられている。

**3 首長と議会との関係**——互いにけん制しあう関係

地方公共団体の首長と議会は，国とはちがって**住民から直接選ばれる**ため，最も身近な民主政治の舞台といえる。

・**首長の再議請求** 議会がいったん承認した条例や予算に反対があるときは，**10日以内**に**拒否権**を行使して，**議会に再度審議を求める**ことができる。

※再審議でも議会で出席議員の3分の2以上の賛成で同じ議決となれば，議会の意思どおりになる。

・**首長の専決処分** 議会がなかなか議決を行わない場合や議会の招集が不可能な場合，**首長が自分の判断で決める**ことができる。ただし次の議会で承認を得ることが条件である。

・**首長の不信任決議** 議会は首長に対して**不信任決議**を行うことができる。その場合，首長は辞職するか議会を**10日以内**に解散することができ，解散しない場合は失職する。

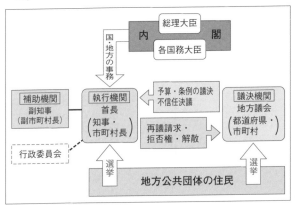

▲地方公共団体のしくみ

公民編

第1章 現代社会とわたしたちの生活

第2章 わたしたちの生活と民主政治

第3章 わたしたちの生活を支える経済

第4章 世界平和と人類の福祉

# ② 地方分権と住民の権利

## 1 地方分権——これからの地方自治

　地方自治といいながらも，これまでの**中央集権**（＝国が全国画一的に地方の行政を行うこと）型の行政システムでは，これからの国際社会や少子高齢化への対応，個性豊かな地域社会の形成などの課題に対応しきれない。そこで，住民主導による総合的で個性的な「地方分権型社会」の構築をめざし，**国家による干渉をなくして，地方公共団体独自の権限を強化して自治を認めていくようになった。**これを**地方分権**という。日本では，1995年に地方分権推進法が制定され，1999年に**地方分権一括法**が成立し，翌年に施行された。この法律により，**機関委任事務**は廃止され，地方公共団体の行う事務は**自治事務**と**法定受託事務**に分けられた。国と地方公共団体が上下・主従の関係から対等・協力の関係に制度が改正され，国の権限を都道府県に，都道府県の権限を市町村に，積極的に委譲するような改正が行われた。

## 2 住民の参加——分権をすすめる原動力

　国の政治では代議制が一般的であるが，地方自治では住民の意思が十分に反映されるように，住民が直接政治に参加する直接民主制のしくみもいくつか取り入れられている。

・**選挙権と被選挙権**　住民には首長や議員を選ぶ選挙権と，**立候補者となる**被選挙権がある。

| | 選挙権 | 被選挙権 | 任期 |
|---|---|---|---|
| 首長 | 満18歳以上の成年男女で，3か月以上その選挙区に居住している者 | 市町村・・・満25歳以上<br>都道府県・・満30歳以上 | 4年 |
| 議員 | | その地域の住民で，選挙区に引き続き3か月以上居住する者　満25歳以上 | 4年 |

▲首長と地方議会議員の選挙権と被選挙権

※首長にはその地域に居住したことがない人でも立候補することができる。

**用　語**

**地方分権一括法**
正式名称を「地方分権の推進を図るための関係法律の整備等に関する法律」といい，国の行政改革の一環として1999年に成立した法律。
それまで地方公共団体は，国の仕事も同時に行わざるを得ず，都道府県ではその仕事が約8割を占めていた。

**参　考**

**機関委任事務**
知事や市町村長が，国（又は他の地方公共団体）の行政組織として指揮監督を受けて行う事務。

**研　究**

**地方自治に直接民主制が採用されているのは，なぜなのだろうか。**
第1に，地方自治は国の政治に比べて範囲が狭いことがあげられる。第2に，地方自治の問題は住民の生活と直接結びついている。第3に，地方自治の本旨は住民の手による自主的な運営であることが考えられる。

§4 地方自治とわたしたち **525**

公民編

第1章 現代社会とわたしたちの生活

第2章 わたしたちの生活と民主政治

第3章 わたしたちの生活を支える経済

第4章 世界平和と人類の福祉

## 3 住民の直接請求権・請願権——住民の声を直接反映

地方の住民は，一定数以上の住民の署名をもとに首長やその他の機関に請求することができる。これを直接請求権といい，次のようなものがある。

・条例の制定・改廃請求　有権者総数の50分の1以上の署名をもって，住民が新しく条例を制定したり，今までの条例を改正・廃止することを請求できる。イニシアティブ（国民発案，住民発案）ともいう。首長は，これを議会で審議してその結果を公表しなければならない。

・議会の解散請求　有権者総数の3分の1以上の署名をもって，住民は議会のやり方がよくないと思われるときに議会の解散を請求することができる。選挙管理委員会は住民投票にかけ，**過半数**が賛成すれば議会は解散される。

・解職請求　有権者総数の3分の1以上の署名をもって，地方議会の議員，地方公共団体の首長や主要公務員をやめさせるべきだと請求することができる。リコールともいう。議員・首長の場合は選挙管理委員会が住民投票にかけ，**過半数**の賛成があれば解職される。主要公務員は，首長が議会の採決にかけ，3分の2以上の議員の出席で，出席議員の4分の3以上の賛成があれば解職される。

・監査の請求　有権者総数の50分の1以上の署名をもって，地方公共団体の仕事や会計の全般についてその監査と結果の公表を請求することができる。監査委員は監査結果を代表者に通知し，かつ公表するとともに，議会・首長や関係機関に報告しなければならない。

請願は，住民の願いをいつでも，議員の紹介があれば，**だれでも地方議会に請願することができる権利**である。

## 4 住民投票権——住民のために法がある

国会は，ある特定の地方公共団体にだけ適用される法律（＝**特別法**）を制定する場合には，国会で可決して，その地方公共団体の住民の意見を聞かなければならない。住民投票の結果，**過半数**の賛成が得られなければ法律は成立しない。レファレンダム（国民投票）ともいう。

**用語**

**条例**
地方公共団体が管理するその範囲のなかだけに適用される。条例には罰則もつけることができるが，国の定める法律に違反するものであってはならない。

▲直接請求の内容と請求先

※なお，2012年の地方自治法の改正により解散・解職の請求に必要な署名数要件が緩和された。有権者数が80万人をこえる普通公共団体は，議会の解散請求や議員・首長・主要公務員の解職請求に必要な署名数は，「（80万をこえる数）×$\frac{1}{8}$+40万×$\frac{1}{6}$+40万×$\frac{1}{3}$」となった。

**参考**

**特別法**
住民投票を経て制定された特別法には，広島平和記念都市建設法，長崎国際文化都市建設法，熱海国際観光温泉文化都市建設法などがある。

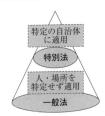

# ③ 地方公共団体の仕事と財政

## 1 地方公共団体の仕事——地方の自由な活動

　2000年4月から施行された地方分権一括法により，従来の公共事務，行政事務，団体委任事務は，新たに地方公共団体が自由に処理できる「**自治事務**」となり，従来の機関委任事務は自治事務と地方公共団体が国から依頼された「**法定受託事務**」などに分類され，国から依頼される仕事の負担を減らし，地方公共団体の独自性を発揮して自由に活動できるようになった。

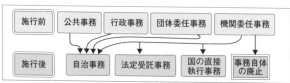

▲地方分権一括法施行前と後の地方公共団体の仕事

## 2 地方財政——自治体の1年間の活動資金

①**地方財政のしくみ**　地方財政とは，**地方公共団体が行政活動を行ううえで必要な収入（歳入）と実際に活動が行われた結果として支払われる支出（歳出）**を表したものである。

②**地方財政の収入**　地方公共団体の収入源といえば，地方税であるが，地方交付税交付金や国庫支出金，地方債も重要な財源となっている。

・**地方税**　地方税とは，**地方公共団体がかける税金**である。道府県税と市町村税とに分かれ，さらに使い道を特定しないで徴収される普通税と，一定の政策目的を達成するために使途を特定して徴収される目的税とに分けられる。

| 道府県 | 普通税 | 道府県民税・事業税・地方消費税・不動産取得税・道府県たばこ税・ゴルフ場利用税・軽油取引税・自動車税・鉱区税・固定資産税(特例)・法定外普通税 |
|---|---|---|
| | 目的税 | 狩猟税・水利地益税・法定外目的税 |
| 市町村 | 普通税 | 市町村民税・固定資産税・軽自動車税・市町村たばこ税・鉱産税・特別土地保有税・法定外普通税 |
| | 目的税 | 入湯税・事業所税・都市計画税・水利地益税・共同施設税・宅地開発税・国民健康保険税・法定外目的税 |

▲地方税

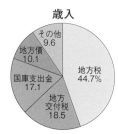

（日本国勢図会　2020/21年版）

▲地方公共団体の歳入・歳出（2020年度）

§4　地方自治とわたしたち　**527**

公民編

第1章　現代社会とわたしたちの生活

第2章　わたしたちの生活と民主政治

第3章　わたしたちの生活を支える経済

第4章　世界平和と人類の福祉

- **地方交付税交付金**　都道府県や市町村は地方税を徴収しているが, それだけでは地方の行政費用はまかなえない。そこで財源不足を補うと同時に地方公共団体間の財源の格差を調整するため, **国から地方公共団体に配分する資金**が地方交付税交付金である。国税5税（所得税, 法人税, 酒税, 消費税, 国たばこ税）の一定分などを交付税の特別会計を通じて配る。
- **国庫支出金**　国が使い道を指定して地方公共団体に渡す資金のこと。
- **地方債**　政府や民間からの借入金のこと。

③**地方財政の支出**　支出としては土木・教育・民生・公債費が多くなっているが, 近年, 土木や教育費の割合が減る傾向にあり, 高齢者対策などの民生費や公債費が増大してきている。

**3 地方自治の課題——財源不足の解消・業務の効率化**

- **自主財源の確保**　地方財政は国への依存度が高く, **自主財源である地方税は約3～4割で三割自治**とよばれ, 特に国庫支出金を通して地方公共団体が国に依存する傾向がみられ, 地方自治を損なう原因ともいわれていた。近年では地方財源を増やすしくみづくりが進められている。
- **広域行政, 市町村合併**　各地方公共団体で共通し, 重複するような経費は広域的な対応でできる限り節約し, 効率化を図るとともに, 市町村が周辺の市町村と合併することによる能率化を図る必要がある。

| 平成11(1999)年4月 | 平成18(2006)年3月 | 平成26(2014)年4月 |
|---|---|---|
| 3,229市町村 | 1,821市町村 | 1,718市町村 |

▲市町村数の変遷（2020年11月1日現在, 総務省調べ）

- **地域づくり**　過疎・過密への対策や, 特色ある町づくりなど住民一人ひとりが参加して地方自治の課題に取り組むことが必要である。また, 最近ではその地域に限って**規制を緩和する構造改革特区**が設けられ, 北九州市の「市民力が創る『環境首都』北九州特区」や群馬県太田市の「外国語（英語）教育特区」などがある。

**研究**

**地方交付税交付金にはどんな問題があるのだろうか。** 対象となる事業が細かく決まっている補助金とは異なり, 地方交付税は地方固有の財源とされ, 使い道自由の交付金として渡される。しかし, 現在では全国の地方公共団体のうち9割強が地方交付税を受け取り, 地方交付税の規模は, 2020年度予算で約15兆6千億円, 一般会計歳出の約15%を占めている。国税5税分だけではまかないきれず, 国と地方公共団体が赤字国債（地方債）を発行するなどしてまかなっている。

**参考**

**地方債の発行額** 財源不足が深刻になるなか, 地方債は購入する人への信頼の確保が重要である。2020年度の地方債の総額は, 9兆2798億円となり, 前年度に比べて1496億円, 1.6%の減少となっている。

# §5　国会のしくみとはたらき

□国権の最高機関＝国会は国民を代表する唯一の機関である。

□唯一の立法機関＝国会はさまざまな法規の源となる法律をつくる権利をもつ機関である。

□衆議院と参議院の二院制を採用しているのは，審議を慎重に行い公正な判断を行うため。

□国会の種類＝常会（通常国会）・臨時会（臨時国会）・特別会（特別国会）の3つ。

□世論の意思を強く反映する衆議院には参議院に対して優越した権限が認められている。

□国民の代表である国会は，財政・行政・司法を監督する権限をもつ。

□法律案の提出は内閣又は議員から，審議は委員会から本会議へ，公布は天皇の国事行為。

## ① 国会の地位としくみ

### 1 国会の地位——最高機関・立法機関

①**国会は国権の最高機関**　主権者は憲法上国民であり，その代表が集まった国会こそ国民を代表する唯一の機関であり，国会が国権の最高機関である。

②**国会は唯一の立法機関**　立法とは法律をつくることであるが，国民の代表である国会がさまざまな法規の源である法律をつくる権利を独占しているという意味で，「唯一」の立法機関である。

### 2 国会のしくみ——衆議院と参議院

①**二院制**　衆議院と参議院の2つの議院から構成される二院制を採用している。1つの議院だけの場合を一院制という。

＜長所＞　**審議を2度行う**ことで**慎重な審議**ができ，一方の院が極端な法律を制定しようとしても，もう一方が暴走をとめることができる。

＜短所＞　両院で同じ議論を行うので，**審議に時間がかかる**。衆・参両議院で決議が異なる場合はほとんどなく，民主的に議会が運営されれば一院制で十分という意見もある。

---

**参考**

**ゆらぐ唯一の立法機関**
2019年第198回通常国会をみると，議員提出法案の数70で成立率約20％，内閣提出法案の数57で成立率約95％というように，法律のほとんどは内閣がつくっているというのが現状であり，唯一の立法機関としての国会の地位がゆらいでいるのではという指摘もある。

**参考**

**参議院の名前の由来**
参議院は1947年，現憲法下で貴族院に代わって誕生した。「参議」とは，もともと奈良時代に設けられた大臣，納言に次ぐ官職。明治初期には，太政官制において，官職の名前にも使われた。

②**衆議院**　**小選挙区比例代表並立制**で選出される465人の議員からなる。議員の任期は4年であるが，解散させられることもある。国民の意思をより反映した政治を行うことが期待されており，参議院に対していくつかの優越した権限をもつ（**衆議院の優越の原則**［P.536▶▶］）。

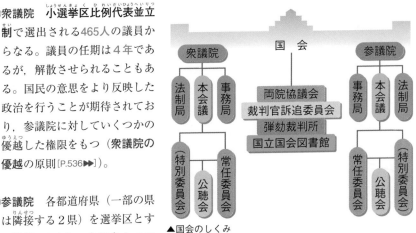

▲国会のしくみ

③**参議院**　各都道府県（一部の県は隣接する2県）を選挙区とする議員147人と，全国を1つの選挙区とした**比例代表制**で選出された98人の計245人からなる。**任期は6年**で解散はなく，半数ずつ3年ごとに改選される。参議院は衆議院の行き過ぎを抑え，慎重に議論をする良識の府としての存在が期待されている。

| | 衆議院 | 参議院 |
|---|---|---|
| 議員数 | 465人 | 245人 |
| 任期 | 4年<br>解散あり | 6年<br>（3年ごとに半数改選）<br>解散なし |
| 選挙権 | 18歳以上 | 18歳以上 |
| 被選挙権 | 25歳以上 | 30歳以上 |
| 選挙区 | 小選挙区　289人<br>比例代表　176人 | 比例代表　98人<br>選挙区　147人 |
| 特色 | 国民の意思や世論をより反映する→衆議院の優越が認められている。 | 落ち着いて慎重な議論をすることが期待されている。良識の府ともよばれている。 |

（2020年11月現在）

▲衆議院と参議院の比較

※2022年の選挙から参議院の定数は248人に増える予定。

参　考

**一院制と二院制**
主な国の議会制

| 一院制 |
|---|
| アイスランド |
| ギリシャ |
| スウェーデン |
| デンマーク |
| ノルウェー |
| フィンランド |
| ポルトガル |
| ルクセンブルク |
| ニュージーランド |

| 二院制 |
|---|
| アイルランド |
| イタリア |
| イギリス |
| オーストリア |
| スイス |
| スペイン |
| ドイツ |
| フランス |
| ベルギー |
| アメリカ合衆国 |
| カナダ |
| オーストラリア |

# ② 国会の種類と運営

## 1 国会の召集——内閣が決定し天皇が行う

　国会には常会・臨時会・特別会の3つの種類があり，一定の期間を区切って開かれる。国会の召集は内閣が決定し，天皇が召集詔書の公布を行う。

▲開会式でことばをのべる天皇

## 2 国会の種類——4つの種類がある

①常会（通常国会）　毎年1回，定期的に開かれる国会で，1月中に召集され，会期は150日である。

②臨時会（臨時国会）　国会の閉会中に緊急事態が起こったときなど，**内閣が必要と認めたとき**，または，どちらかの議院の総議員の**4分の1以上**による**要求**があったとき，臨時に開かれる国会である。

③特別会（特別国会）　衆議院解散後の総選挙の日から30日以内に召集され，**内閣総理大臣を指名**する。

④緊急集会　参議院のみの特別な国会で，**衆議院が解散されている期間中に急な用件が起こった場合**，内閣は参議院に緊急集会を開くよう求めることができる。あくまでも臨時的な措置であり，ここでとられた措置は次の特別国会開会後の10日以内に衆議院の同意がないときには無効になる。

## 3 国会運営の原則——民主的な手続きを守るため

　国会が民主的に運営されるように，**憲法・国会法・衆議院規則・参議院規則**に基づいて次のような原則が定められている。

**会期の決定**
臨時会や特別会の会期については，国会で期間を決めることになる。

**閉会**
会期が終わってから次の会期までを閉会という。また，国会が会期中に一時休みを入れることを休会という。

**衆議院の解散と参議院**
衆議院の解散とともに，参議院も同時に閉会となる。

**衆議院の解散・特別会，参議院の緊急集会の規定**
憲法第54条
①衆議院が解散されたときは，解散の日から40日以内に，衆議院議員の総選挙を行ひ，その選挙の日から30日以内に，国会を召集しなければならない。
②衆議院が解散されたときは，参議院は，同時に閉会となる。但し，内閣は，国に緊急の必要があるときは，参議院の緊急集会を求めることができる。
③前項但書の緊急集会において採られた措置は，臨時のものであつて，次の国会開会の後10日以内に，衆議院の同意がない場合には，その効力を失ふ。

①**議事のすすめ方**　衆議院・参議院ともに，議事は**議員全員が出席する本会議**と，専門分野に分かれた**委員会**で行われる。まず委員会で細かいところまで専門的に審議され，次いで本会議におくられて審議・議決が行われる。委員会は，議案を徹底的に研究・審議するための機関であり，常任委員会と必要に応じて設置される特別委員会があり，すべての議員はいずれかの常任委員会に属している。委員会で審議する際に，特に重要な議案については**公聴会**を開いてさまざまな意見を聞くことがある。

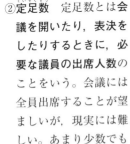

▲衆議院本会議での採決のようす

②**定足数**　定足数とは**会議を開いたり，表決をしたりするときに，必要な議員の出席人数の**ことをいう。会議には全員出席することが望ましいが，現実には難しい。あまり少数でも議会の意味が薄れる。そのため，本会議では総議員の3分の1以上，委員会では全委員の2分の1以上の出席がなければ会議を開くことができない。

③**表決**　国会の議決は原則として，出席議員の**過半数**の多数決によって決議される。

・表決の方法
  1）議長が異議の有無を聞き，異議がなければ可決
  2）起立による表決（起立表決）
  3）投票による表決で賛成は白，反対は青票を投じる（記名表決）
  4）押しボタン式の表決（参議院のみ）がある

④**会議の公開**　国会の本会議は公開するのが原則である。ただし，出席議員の3分の2以上の賛成があれば，秘密会とすることができる。また，委員会は報道関係者や特別な許可を得た者でなければ傍聴できない。

📖　**用　語**

**公聴会**
国会法では，重要案件については広く国民の意見を聞くことができるとしている。公聴会で意見を述べる人を公述人といい，あらかじめ公募し，各党から推薦され，委員会が選任する。

🔍　**研　究**

**本会議の席はどうやって決まるのだろう。**
本会議場の各党の席は，議長席からみて右側が第一党，ついで左回りで第二党，第三党と振り分けられる。

▲参議院本会議場に表示された投票結果

# ③ 国会の権限とはたらき

## 1 国会の仕事とは何か──国会の権限

憲法では，国会は国権の最高機関であり，**唯一の立法機関**であると規定している。このことから，国民を代表する国会は国の政治のうえで最も重要な仕事をしており，立法は国会の最も重要な権限の一つである。

**①立法についての権限**

- **法律の制定**（第59条）　唯一の立法機関として，国会は**国のすべての法律を定める権限**をもっている。法律案は衆・参両議院で審議・可決すると法律となる。
- **憲法改正の発議**（第96条①）
- **条約の承認**（第61条，第73条3）　条約を結ぶのは内閣の権限であるが，国会の承認を得なければならない。

**②財政についての権限**

- **財政の監視**（第91条）　実際に財政を行う権限は内閣にあるが，国の財政は国民の税金でまかなわれており，国会は財政全般を監視する権限をもっている。
- **予算の議決**（第86条）　国会は**内閣のつくった予算を審議し，決定する権限**をもつ。
- **決算の承認**（第90条①）　国会は内閣のつくった決算を審議して議決する権限をもつ。
- **租税の変更**（第84条）　新たな税金を課したり，租税を変更するときは国会の制定する法律によらなければならない。

**③行政に対する権限**　議院内閣制のしくみに基づき，国会は内閣に対して次のような権限をもっている。
- **内閣総理大臣の指名**（第67条）　国会議員の中から内閣総理大臣を選ぶ。
- **内閣不信任の決議**（第69条）　**衆議院は内閣不信任の決議をすることができる。**
- **国政調査権**（第62条）　衆・参両議院は内閣の行った政治全般を調査し，証人の出頭や証言を求めたり記録の提出を求めたりすることができる。

**参考**

**憲法条文**

**第96条** ①　この憲法の改正は，各議院の総議員の3分の2以上の賛成で，国会が，これを発議し，国民に提案してその承認を経なければならない。この承認には，特別の国民投票又は国会の定める選挙の際行はれる投票において，その過半数の賛成を必要とする。

**第86条**　内閣は，毎会計年度の予算を作成し，国会に提出して，その審議を受け議決を経なければならない。

**第84条**　あらたに租税を課し，又は現行の租税を変更するには，法律又は法律の定める条件によることを必要とする。

**第67条** ①　内閣総理大臣は，国会議員の中から国会の議決で，これを指名する。この指名は，他のすべての案件に先だつて，これを行ふ。

**第69条**　内閣は，衆議院で不信任の決議案を可決し，又は信任の決議案を否決したときは，10日以内に衆議院が解散されない限り，総辞職をしなければならない。

**第62条**　両議院は，各々国政に関する調査を行ひ，これに関して，証人の出頭及び証言並びに記録の提出を要求することができる。

④**司法に対する権限**

・**裁判官訴追委員会**　これは国会にある常任委員会とは異なり，衆・参両議院で選出された各10名（計20名）の委員からなる独立した委員会である。重大な非行があった裁判官について，国民の請求があれば調査し，必要があると認めたときは訴追する。

・**弾劾裁判所**

　「弾劾」には，罪や不正を暴く，厳しく責任を問うといった意味がある。訴追された裁判官は，衆・参両議院から選ばれた各7名（計14名）の国会議員で構成される弾劾裁判所で裁判され，不適格となった場合にはやめさせられることになる（第64条）。

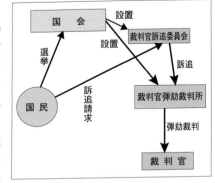

▲弾劾裁判のしくみ

**参　考**

**憲法条文**
第64条　①　国会は，罷免の訴追を受けた裁判官を裁判するため，両議院の議員で組織する弾劾裁判所を設ける。

**弾劾裁判所**
現在の弾劾裁判所の法廷は，1976年（昭和51年）に参議院第二別館内（南棟）につくられた。

---

**2　国会議員の特権**──議員だけがもつ特権

　国会議員には，国民の代表として国会で十分な活動ができるようにいくつかの特権が憲法で保障されている。

①**議員の不逮捕特権**（第50条）　国会議員は現行犯逮捕を除いて，国会の会期中には逮捕されない。また，会期前に逮捕された国会議員は，その議院の要求があれば，会期中に釈放されなければならない。

②**発言・表決に対する不問**（第51条）　国会議員は，院内で行った演説・討論・表決について，議院外でその責任を問われることはない。

③**相当額の歳費**（第49条）　国会議員としてふさわしい額の歳費（給与）を受ける。

**●●もっとくわしく**

**国会議員の待遇をめぐる問題**　（2020年11月現在）
国会議員にはさまざまな特権があるが，最近では時代に合わないのでなくすべきだと批判されることも多い。それは，国会議員の議員宿舎や議員会館の格安使用，公共交通機関のJRと飛行機の無料使用権である。

# ④ 法律のできるまで

## 1 法律の制定過程——新たな法律の誕生

①**法律案の提出** 法律案を提出できるのは，**国会議員と内閣**及び，国会の委員会である。法案は衆議院または参議院の議長に提出される。先に衆参どちらの議院に提出してもよいが，議員が発議する場合は，所属する議院に先に提出する。

②**法案の審議** 法案は議長によって関係ある委員会に送られ，委員会で審議される。委員会は必要に応じて**公聴会**を開き，広く国民の意見を取り入れることもある。審議の後，表決で賛成が過半数であれば，その議院の本会議に送られる。本会議では議員の討論が行われ，過半数の賛成で法律案は可決される

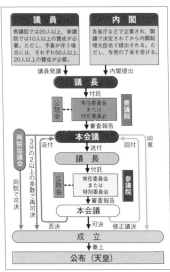

▲法律ができるまで（衆議院が先議の場合）

ことになる。一方の議院で可決された法案は他の議院に送られ，可決を経て法律として成立する。もし両議院で異なる議決がされた場合には，**両院協議会**を開いて意見の一致をはかるか，衆議院の優越の制度[P.536▶▶]にのっとって決定される。

③**法律の公布** 法律の公布にあたっては，その法律に法律番号が付けられ，**主任の国務大臣が署名及び内閣総理大臣が署名して，天皇が国民に公布する**（天皇の国事行為の一つ[P.502▶▶]）。また，公布のための閣議決定を経たうえで，官報に掲載されることによって行われる。法律の効力が実際に作用することになることを施行といい，公布された法律がいつから施行されるかについては，通常，その法律の附則で定められている。

●●もっとくわしく

**予算の議決**
予算の法案は，必ず内閣が先に衆議院に提出することになっている（衆議院の予算先議権）。ついで参議院に送られ，両議院の議決が異なった場合には両院協議会が開かれ，それでも一致しないとき，または衆議院が議決した議案を30日以内に参議院が議決しないときは衆議院の議決が国会の議決となる。

📖 **用 語**

**両院協議会**
両院協議会は，予算の議決・内閣総理大臣の指名・条約の承認などについて，両議院の議決が異なったときには，必ず開かれなければならない。両議院からそれぞれ選ばれた10名（計20名）の委員で組織される。両院協議会で意見が一致しない場合，予算案や条約は衆議院の議決が優先され，国会の議決となる。

●●もっとくわしく

**官報**
官報は，法律，政令，条約等の公布をはじめ，国の諸報告や資料を公表する「国の広報紙」としての使命をもつ。1883年（明治16年）に初めて発行され，2003年以降は，独立行政法人国立印刷局が行っており，行政機関の休日を除いて毎日発行されている。

# ⑤ 予算の議決と決算

## 1 予算の議決——年間の国の運用費

予算は，国の行政に必要な収入（歳入）と支出（歳出）を計算したもので，**内閣が予算をつくり，国会で議決される**。予算はその年度の政治の方針を示すもので，国民の生活に大きな影響を与えるものである。

①予算の作成　日本の予算は毎年4月1日から翌年3月31日までの1年間のものである。**すべての予算は内閣が作成し，国会に提出して議決を受けなければならない。**まず財務大臣が予算見積もりをまとめて予算案をつくり，これを内閣が決定して国会に提出する。

②予算の審議　予算の審議は，まず衆議院で行われる（**衆議院の予算先議権**）。衆議院では予算委員会にかけられ，可決されると本会議に送られ，審議・可決されて，参議院でも同様の審議・可決がなされれば予算の成立となる。

③**決算の承認**　予算が成立すると，それが実際に正しく運用されているかを監督するのが国会の役目となっている。会計年度が終わると，財務大臣は決算書をまとめ，内閣は**会計検査院**に提出して検査報告とともに国会に提出して承認を得なければならない。

### 📖 用語

**予算**
年度の初めにつくられる予算を「当初予算」という。また，年度の途中に災害発生や公共事業費の追加，公務員の給与改定，税収見積もりの増減などで，当初予算の内容に大幅な変更が生じた場合，それを修正するための予算を組むことがある。これを「補正予算」という。なお，国会における審議が遅れ，年度の初めに予算が成立しない場合には，応急的な予算を作成することになり，これを「暫定予算」という。

### 📖 用語

**会計検査院**
国の財政が正しく運用されているかを検査する機関。3人の会計検査官で組織され，内閣に対し，独立した地位にある。

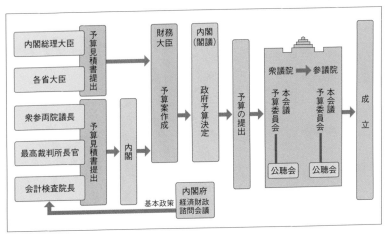

▲予算ができるまで

# ⑥ 衆議院の優越

## 1 衆議院の優越——より国民の意見を代表する衆議院

　国会の仕事は**衆議院**と**参議院**の二院制で行われるが，両者の立場や与えられた権限は全く同じものではない。**衆議院は参議院と比べ，任期が短く，解散もあり，それだけに国民の意思を強く反映している**と考えられるので，**衆議院は参議院より強い権限を与えられている**。これを衆議院の優越という。

**①両院で異なる議決がなされた場合**

　衆議院で可決し，参議院で否決された場合には，**衆議院で出席議員の3分の2以上の賛成多数で再び可決**すれば法律として成立する（衆議院の再議決）。また，両院協議会を開くこともできる。

**②参議院での審議が遅れている場合**

　参議院が衆議院で可決した法律案を受け取った後，60日以内に議決しないときは，衆議院で再可決するか，両院協議会を開くか，あるいは廃案になるかを決める。

**③衆議院が絶対的に優越する項目**

　予算の議決・条約の承認・内閣総理大臣の指名

**④両院協議会でも衆参両議院の意見がまとまらない場合**

　衆議院の議決が国会の議決となる。

### 参考

**衆議院の優越**

1　衆議院の優越
・法律案の議決（第59条②④）
・予算の議決（第60条②）
・条約の締結の承認（第61条）
・内閣総理大臣の指名（第67条②）

2　衆議院の専属権
・予算先議権（第60条①）
・内閣信任・不信任決議権（第69条）

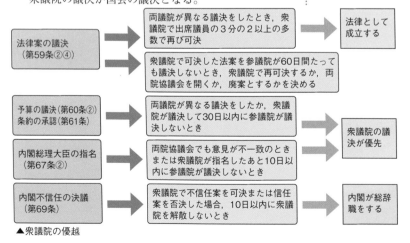

▲衆議院の優越

# ⑦ 国会と内閣との関係

## 1 国会と内閣の関係——信任か不信任か

国会と内閣は，**内閣が国会の信任によって成り立つ**という**議院内閣制**を採用している。国会は国権の最高機関として内閣が国会の意思に反するような行政を行った場合には，その内閣の政治的責任を問い，**内閣に対して不信任の決議**を行うことができる。

①**内閣総理大臣の指名**　内閣が総辞職すると，国会が内閣総理大臣を指名することになる。内閣総理大臣が指名されるのは，内閣総理大臣が欠けたとき（第70条），衆議院が内閣不信任の決議案を可決して内閣が総辞職をしたとき（第69条），衆議院議員総選挙後に初めて国会の召集があったとき（第70条）の３つの場合である。

②**内閣不信任の決議**　内閣は国会に対して連帯して責任を負っている。そこで衆議院は，内閣の行政のやり方が国会の意思に反していると考えた場合，**内閣不信任の決議案を可決**したり，**内閣信任の決議案を否決**したりすることができる。不信任決議案が可決されると，内閣は10日以内に衆議院を解散するか，総辞職しなければならない。

③**衆議院の解散と総選挙**　衆議院が解散すると，解散の日から40日以内に衆議院議員総選挙が行われ，総選挙後30日以内に特別国会が召集され，ここで内閣が総辞職し，新たに特別国会で内閣総理大臣が指名される。

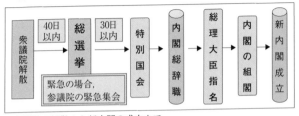

▲衆議院の解散から新内閣の成立まで

---

### 用語

**議院内閣制**
国会の信任を得ることが内閣の成立条件となる制度を意味する。18世紀イギリスで確立した。日本では次のような特色をもつ。
①内閣総理大臣は国会議員の中から国会が指名する。
②国務大臣の過半数は国会議員でなければならない。
③内閣は国会に対して連帯して責任を負う。
④衆議院で内閣不信任の決議案が可決された場合，または，信任の決議案が否決された場合，内閣は総辞職するか，10日以内に衆議院を解散する。

### 参考

**憲法条文**
第69条　内閣は，衆議院で不信任の決議案を可決し，又は信任の決議案を否決したときは，10日以内に衆議院が解散されない限り，総辞職をしなければならない。

第70条　内閣総理大臣が欠けたとき，又は衆議院議員総選挙の後に初めて国会の召集があつたときは，内閣は，総辞職をしなければならない。

## §6 内閣のしくみとはたらき

## ① 内閣の地位としくみ

### 1 内閣の地位——行政の最高責任機関

国会が定めた法律に従って実際の政治を行うことを行政という。憲法第65条には「行政権は，内閣に属する」とあり，内閣は**行政の責任をもつ最高機関**となっている。現代の国家では内閣の扱う分野は国民生活のあらゆる領域にわたるため，行政の担う役割はますます大きくなっている。また，内閣はその下の行政機関も含めて**政府**とよばれ，行政機関が仕事を分担している。

### 2 内閣の構成——政権担当メンバーの決定

①**各大臣の資格** 内閣総理大臣その他の国務大臣は，**文民**でなければならない（第66条②）。また，内閣総理大臣及び国務大臣の過半数は国会議員の中から選ばれなければならない。

②**内閣総理大臣**
内閣総理大臣は**首相**ともよばれ，国会議員の中から，国会の議決によって指名され，**国事行為**として天皇が任命する。内閣総理大臣は，ふつう衆議院で多数を占めた**政党**の党首が国会で指名される。

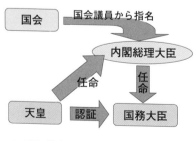
▲内閣の構成

（図中の文字：国会／国会議員から指名／内閣総理大臣／任命／任命／天皇／認証／国務大臣）

③**国務大臣の決定**　各国務大臣は内閣総理大臣が任命し，天皇が認証する。これを**組閣**といい，国務大臣の過半数は国会議員の中から選ばれなければならない（第68条①）。

### 3　内閣総理大臣の権限と仕事──行政の指揮監督

①**国務大臣の任命と罷免**　内閣総理大臣は国務大臣を選ぶにあたっては，だれの意見にも左右されず一人で決めることができる。また，内閣の中で意見の不一致を生じさせるような国務大臣をいつでも自由に罷免することができる（第68条②）。

②**閣議の主宰**　内閣総理大臣は自ら議長となって閣議を開き，議事の一切を取り仕切る。

③**国会への議案提出**　内閣総理大臣は，内閣を代表して議案を国会に提出し，国務や外交関係について報告する（第72条）。

▲内閣総理大臣の権限

④**行政の指揮監督**　内閣総理大臣は，内閣を代表して行政各部を指揮監督する（第72条）。

⑤**法律・政令の連署**　法律・政令には，各担当国務大臣と内閣総理大臣の連署が必要である（第74条）。

⑥**自衛隊の指揮監督**　内閣総理大臣は，自衛隊の最高指揮監督権をもつ（自衛隊法第7条）。また，緊急時には自衛隊の出動を命令する。

⑦**緊急事態の布告・統制**　大規模な災害や騒乱などの緊急事態が起きた場合にその問題の統制を行う。

### 4　国務大臣の権限と仕事──各省庁の大臣

国務大臣とは，内閣を構成する大臣のこと。**閣僚**ともいわれる。国務大臣は憲法上**文民**でなければならず，その**過半数を国会議員**で構成しなければならない。また，内閣法では総理大臣を除く国務大臣の数は原則14人とされ，必要であればさらに3人まで任命できる。衆議院で**内閣不信任の決議案**が可決（または内閣信任の決議案が否決）された場合，内閣は**総辞職**するか，**衆議院を解散**しなければならない。

---

📖 **用　語**

**閣議**
閣議とは，内閣が政治の方針を決定する会議である。週2回開かれるのが定例閣議である。臨時に開かれる場合には臨時閣議とよばれる。議長は内閣総理大臣で，すべての大臣が出席し，非公開で行われ，閣議の決定は全会一致が原則となっている。

🔍 **参　考**

**国務大臣の特権**
国務大臣は在任中，内閣総理大臣の同意がなければ訴追されない。

👓 **研　究**

**内閣総理大臣の代行はだれが行うのだろうか。**
日本には正式な官職としての内閣副総理大臣の制度は存在しない。内閣法第9条によれば，「内閣総理大臣に事故のあるとき，又は内閣総理大臣が欠けたときは，その予め指定する国務大臣が，臨時に，内閣総理大臣の職務を行う」という規定があり，これによって指定された国務大臣を副総理とよぶ慣習がある。
2000年4月以降は，組閣時などに内閣総理大臣臨時代理の予定者を第5順位まで指定するように方針が改められ，原則として内閣官房長官たる国務大臣が第1順位とされるようになった。
**内閣不信任の決議**
P.537▶▶

# ② 議院内閣制のしくみ

## 1 議院内閣制──国会と内閣の密接な関係

　日本では「議会」と「政府（内閣）」が分立しているが，「政府（内閣）」は「議会」からの信任によってつくられる。したがって，内閣と国会が対立した場合など，衆議院で内閣不信任決議が可決されると，内閣は総辞職するか，衆議院の解散をして総選挙で国民の判断を仰がねばならない。このように，内閣（行政府）と議会（立法府）が密接に関わっているしくみを議院内閣制とよんでいる。

## 2 日本の議院内閣制──どちらも独走できないしくみ

①**国会に対する連帯責任**　憲法では「内閣は，行政権の行使について，国会に対し連帯して責任を負ふ」（第66条③）と定めている。この連帯責任という意味は，内閣の総辞職という形であらわれることが多い。つまり，もし内閣が担当する行政が，国会の意思に反していると判断された場合は，衆議院は，**内閣不信任決議をして，内閣の責任を追及することができる。**

②**国会の信任で成立**　内閣総理大臣は国会によって国会議員の中から指名され（第67条①），国務大臣の過半数は国会議員でなければならない（第68条①）。もし，国会で内閣不信任決議案が可決された場合には，10日以内に**衆議院が解散されない限り，内閣は総辞職をしなければならない。**このように，内閣は国会の信任の上に成り立っている。衆議院議員総選挙が行われた後，特別国会が召集され，内閣は総辞職し，新しい衆議院の信任のもと，新たに内閣総理大臣が指名され，内閣が誕生する[P.537▶▶]。

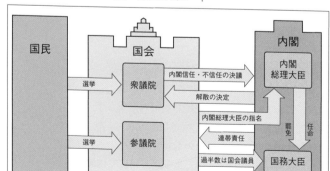

▲議院内閣制のしくみ

### 参　考

**立憲君主制**
立憲君主制とは，君主制をとるが，君主がもつ権力が憲法によって制限されている政体をいう。⇔絶対王政

### 研　究

**日本の議院内閣制の長所と短所は何だろうか。**
議院内閣制のもとでは衆議院と内閣は同じ政党を基盤としている。そのため両者の協力関係がスムーズに運べば政策も円滑に実施されることになる。しかし内閣の意向が国会に反映されやすい反面，本来内閣に対して優越しているはずの国会が，内閣に対して弱い立場になる危険性もある。

**3** **アメリカの大統領制**──議院内閣制とどこがちがうか

①**明確な三権分立**　議院内閣制の場合，行政権と立法権が不完全に独立している，といわれる。一方，**大統領制**は，大統領府や各省で構成される**行政府**，上院・下院から成る連邦議会で構成される**立法府**，連邦最高裁判所・連邦巡回控訴裁判所・連邦地方裁判所から成る**司法府**，それぞれが完全に独立した形態

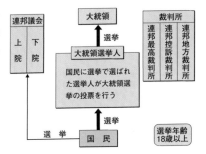

▲アメリカの大統領制

といわれている。そのため，立法と行政に同じ人物が関わることはありえない。

②**大統領の権限**　アメリカの場合，行政の長としての大統領が行政権を一手に握っていて，軍事や外交などに絶大な権限をもつ。しかし，議会運営に大きな権限をふるうことはできない。大統領選挙によって選ばれた大統領は，議会や裁判所に対して一定の距離を置いていて，身分的にも独立しているが，大統領は議会に議席をもっていない。議会の解散権はもたないが，**法案の拒否権**をもっている。

③**大統領と議会との関係**　大統領に法案提出権はないが，議会への教書送付権と法案拒否権をもつ。また，議会の大統領に対する不信任決議権，大統領の議会に対する解散権はない。

④**行政府の責任**　大統領は国民に責任を負い，行政府の各長官は大統領に責任を負う。

⑤**二大政党制**　二大政党制がとられている。

　**共和党**　黒人奴隷制の反対勢力を結集して，1854年に結成。資本家，大企業などを支持基盤とする保守的な政党。

　**民主党**　黒人，労働者，知識人，婦人層などに支持基盤が広がっているリベラルな政党。

---

**用 語**

**大統領**
国家の元首・行政府の最高責任者。アメリカでは，国民は大統領を直接選挙するのではなく，大統領選挙人を選出し，その大統領選挙人が大統領を選出する（間接選挙）。
大統領の任期は4年で3選は禁止。

**副大統領**
大統領と同時に選出され，大統領がいない場合に大統領を代行する。上院議長も兼任する。

**参 考**

**上院と下院（アメリカの場合）**

| | 上院 | 下院 |
|---|---|---|
| | 各州より2名ずつ選出 | 各州より人口数に比例して選出 |
| | 定員 100名 | 定員 435名 |
| | 任期　6年 | 任期　2年 |

**大統領制を採用している国**
アメリカ・韓国・フィリピンなど。

# ③ 内閣の権限と仕事

## 1 内閣の仕事──法律の実行役

内閣の仕事については**日本国憲法第73条**を中心に，以下のような仕事が明記されている。

①**法律を正しく執行**（第73条１）国の事務仕事の全般を処理すること。

②**外交関係の処理**（第73条２）

③**条約の締結**（第73条３）条約の締結には国会の承認が必要である。

④**官吏（公務員）の掌握**（第73条４）公務員に関する仕事を掌握する。

⑤**予算の作成**（第73条５）予算を作成し，国会に提出する。国会では予算は衆議院で先議される。

⑥**政令の制定**（第73条６）内閣は，憲法やその他の法律を実施するために，政令を定めることができる。

⑦**恩赦の決定**（第73条７）刑罰を科せられている人に対して，刑罰を軽くしたり，取りやめたりすることができる。内閣がこの権利をもち，天皇が認証を行う（天皇の国事行為[P.502▶▶]）。

⑧**天皇の国事行為への助言と承認**（第3・7条）天皇の国事行為は，内閣が実質的な決定を行い，内閣の助言と承認のもと，責任は内閣が負う。

⑨**臨時会の召集の決定**（第53条）内閣は国会の臨時会の召集を決定する。

⑩**参議院の緊急集会の要求**（第54条②）衆議院の解散中に，必要があれば参議院の緊急集会を要求する。

⑪**衆議院を解散する**（第69条）

⑫**最高裁判所長官の指名**（第6条②）最高裁判所長官は内閣が指名し，天皇が任命する。なお，その他の裁判官は内閣が任命する（第80条①）。

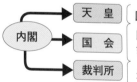

▲内閣の権限

### 参考

**憲法条文**

第73条　内閣は，他の一般行政事務の外，左の事務を行ふ。

1　法律を誠実に執行し，国務を総理すること。

2　外交関係を処理すること。

3　条約を締結すること。但し，事前に，時宜によっては事後に，国会の承認を経ることを必要とする。

4　法律の定める基準に従ひ，官吏に関する事務を掌理すること。

5　予算を作成して国会に提出すること。

6　この憲法及び法律の規定を実施するために，政令を制定すること。但し，政令には，特にその法律の委任がある場合を除いては，罰則を設けることができない。

7　大赦，特赦，減刑，刑の執行の免除及び復権を決定すること。

第6条①　天皇は，国会の指名に基いて，内閣総理大臣を任命する。

②　天皇は，内閣の指名に基いて，最高裁判所の長たる裁判官を任命する。

### 用語

**恩赦**

恩赦とは，内閣の権限により，刑罰を減刑したり，刑の効力をなくしたりすること。国家的な祝賀行事があった場合に行われることが多い。

 戦後の衆議院解散を調べてみよう。

### 戦後の主な衆議院解散

| 回 | 年月日（内閣） | 解散の名称 |
|---|---|---|
| 1 | 1948.12.23（第2次吉田） | **なれあい解散** 野党の不信任案可決 |
| 2 | 1952.8.28（第3次吉田） | **抜き打ち解散** 自由党内の主導権争いで国会召集後解散 |
| 3 | 1953.3.14（第4次吉田） | **バカヤロー解散** 社会党への首相の発言で不信任案可決 |
| 4 | 1955.1.24（第1次鳩山） | **天の声解散** 左右社会党との早期解散の約束通り組閣後解散 |
| 5 | 1958.4.25（第1次岸） | **話し合い解散** 自民・社会両党首の話し合いで解散 |
| 6 | 1960.10.24（第1次池田） | **安保解散** 新安保条約成立で岸内閣が退陣。人心一新を理由に解散 |
| 7 | 1963.10.23（第2次池田） | **所得倍増解散** 経済大国を推進した政権は3年の実績を残し解散 |
| 8 | 1966.12.27（第1次佐藤） | **黒い霧解散** 政界汚職事件（黒い霧事件）が相次ぎ解散 |
| 9 | 1969.12.2（第2次佐藤） | **沖縄解散** 佐藤首相が11月に訪米し沖縄返還が決定。その成果を踏まえ解散 |
| 10 | 1972.11.13（第1次田中） | **日中解散** 田中首相の日中国交正常化を背景に解散 |
| 11 | 1979.9.7（第1次大平） | **増税解散** 首相が多数政権を狙い解散 |
| 12 | 1980.5.19（第2次大平） | **ハプニング解散** 選挙で自民が大敗。野党の不信任案可決 |
| 13 | 1983.11.28（第1次中曽根） | **田中判決解散** ロッキード事件での田中元首相の有罪判決で，政治倫理が問われ解散 |
| 14 | 1986.6.2（第2次中曽根） | **死んだふり解散** 衆参同日選挙を狙ってすきを見て解散 |
| 15 | 1990.1.24（第1次海部） | **消費税解散** 消費税「見直し」「廃止」をめぐり解散 |
| 16 | 1993.6.18（宮澤） | **政治改革解散** 政治改革先送りへの混乱で不信任案可決 |
| 17 | 1996.9.27（第1次橋本） | **名無しの解散** 解散総選挙の争点定まらず名称なし |
| 18 | 2000.6.2（第1次森） | **神の国解散** 森首相の発言で解散 |
| 19 | 2003.10.10（第1次小泉） | **マニフェスト解散** 構造改革の成果を問う解散 |
| 20 | 2005.8.8（第2次小泉） | **郵政解散** 郵政法案が参議院で否決。首相の宣言通り解散 |
| 21 | 2009.7.21（麻生） | **がけっぷち解散** 事前に異例の解散予告と総選挙実施日を表明して解散 |
| 22 | 2012.11.16（野田） | **近いうち解散** 解散時期を問われ「近いうちに解散する」と表明 |
| 23 | 2014.11.21（第2次安倍） | **アベノミクス解散** 経済政策アベノミクスの継続を問う解散 |
| 24 | 2017.9.28（第3次安倍） | **国難突破解散** 少子高齢化と北朝鮮の脅威という2つの国難への対応を問う解散 |

# ④ 行政のしくみとはたらき

## 1 行政のしくみとはたらき——1府13省庁

①1府13省庁　2001年に中央省庁再編成が行われ，内閣は，その下に，各省より一段高い立場の内閣府1府と，総務省（総務庁・自治省・郵政省が統合），法務省，外務省，財務省（旧大蔵省），文部科学省（文部省・科学技術庁が統合），厚生労働省（厚生省・労働省が統合），農林水産省，経済産業省（旧通商産業省），国土交通省（建設省・運輸省・国土庁・北海道開発庁が統合），環境省（環境庁が昇格），防衛省（2007年防衛庁が昇格）からなる11省に，国家公安委員会を含めた計1府12省庁を置いた。これら府省の長を国務大臣が務めており，内閣府の長を内閣総理大臣が務めている。2012年，復興庁が設置され，1府13省庁となっている。

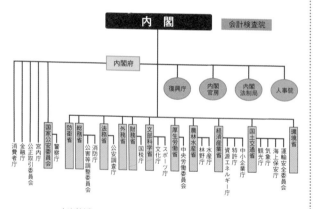

首相官邸ホームページ「国の政策」より作成（2020年11月現在）
▲国の主な行政機関

②行政委員会　内閣や各省の指揮監督を受けず，独自の規則を制定し，公正な立場から問題の処理を行っているのが行政委員会である。人事院，公正取引委員会，中央労働委員会などがある。

③独立した機関　行政機関のうち，特に中立と公正を必要とする機関は独立して設置されている。会計検査院[P.535▶▶]は，憲法上の独立した機関である。

---

### 📖 用 語

**1府13省庁**

①内閣府　首相が長で，経済・科学技術・男女共同参画・防災など重要政策を考える。

②総務省　行政組織や選挙・公務員制度・消防・情報など，国の中心の仕事や郵政事業を担当する。

③法務省　国が関係する裁判の処理や検察・司法制度・人権擁護・出入国管理などを担当する。

④外務省　外交政策の企画・立案・実施をしたり，国際会議を担当する。

⑤財務省　国の予算・決算の仕事や関税に関する企画・立案を担当する。

⑥文部科学省　教育制度・スポーツ・文化・科学技術の開発振興を担当する。

⑦厚生労働省　社会福祉・社会保障・医薬品・食品の安全管理，労働条件の改善などを担当する。

⑧農林水産省　食料の安定供給の確保，農林水産業の振興を担当する。

⑨経済産業省　産業の活性化・貿易の推進など，経済を活性化させる政策を担当する。

⑩国土交通省　河川などの防災対策や国土開発，道路・空港などの交通システムの整備を担当する。

⑪環境省　森林・湖沼などの自然環境の保護と公害の防止，野生動物の保護などを担当する。

⑫国家公安委員会　犯罪の捜査など市民の生活を守る警察の管理・運営を行う。

⑬防衛省　陸海空の3つの自衛隊の管理・運営を行う。

⑭復興庁　東日本大震災からの復興のため設置された。

## 2 公務員——国民全体の奉仕者

①**公務員のあり方**　大日本帝国憲法の下では，公務員は天皇の官吏として，国民の上位にいて，国民に奉仕するというような考えはなかった。しかし，日本国憲法の下では，公務員を選んだりやめさせたりする権利は国民にあることが定められている（第15条①）。公務員は，天皇の官吏ではなく，**国民全体の奉仕者**となったのである。（第15条②）

②**公務員の種類**　公務員には**国の機関で働く国家公務員**と，**地方公共団体で働く地方公務員**とがある。それぞれ一般職と特別職に区別され，一般職の場合，国家公務員法や地方公務員法の適用を受ける。また公務員の人事については，国では**人事院**，地方では人事委員会が行っている。

③**公務員の義務**　公務員は，**国民に率先して日本国憲法を遵守し，その決まりを守らなければならない**（第99条）。また，公務員が特定の政党に影響されると，公務に専念できず，国民生活に大きな被害を与えることにもなる。そこで，公務員は**政治的な中立性**を要求され，選挙権を行使すること以外は，政治活動を禁じられている。

## 3 行政改革のゆくえ——スリムな国家をめざして

①**行政権の肥大化**　今日政府の仕事が複雑化・専門化し，重要な決定は行政機関が担うようになっている。こうした**行政権の肥大化**にともない，法律案も実際の作成は公務員に任され，そのため上級の公務員（**官僚**）が行政を実質的に動かし，政治への発言力を強めるようになっている（＝**官僚政治**）。

②**行政の民主化**　官僚政治の弊害を少なくして，行政の民主化をはかるために，審議会や公聴会を開いたり，**オンブズマン制度**を設けている。

③**行政改革**　肥大化した行政の業務を減らして「スリムな国家」をめざす改革が進んでいる。**公務員の削減**や効率的な行政組織改革，許認可権を見直して規制緩和を進めるなどの取り組みがなされている。

---

### 参　考

**憲法条文**
第15条　①　公務員を選定し，及びこれを罷免することは，国民固有の権利である。②　すべて公務員は，全体の奉仕者であつて，一部の奉仕者ではない。

第99条　天皇又は摂政及び国務大臣，国会議員，裁判官その他の公務員は，この憲法を尊重し擁護する義務を負ふ。

### 用　語

**人事院**
事務を効率よく行えるように，公務員の人事（採用・退職など）・給与の調査研究を行い，その改善を政府に勧告する機関。内閣の所轄下に置かれ，政府から強い独立性を認められている。

**オンブズマン制度**
行政監察官のことで，スウェーデンで始まった制度。オンブズマンは，公務員が法律を守っているか監督したり，国民から行政に対する苦情を受け付け，公正な立場から原因を探り，問題の解決を勧告していく役割をもつ。
最近ではオンブズあるいは，オンブズパーソンともよばれている。

公民編

第1章　現代社会とわたしたちの生活

第2章　わたしたちの生活と民主政治

第3章　わたしたちの生活を支える経済

第4章　世界平和と人類の福祉

# §7　司法権の独立と裁判所

☐司法権とは，裁判所に属し，人々の自由と権利を守るはたらきをもつ。

☐裁判所はいかなる圧力や干渉も受けずに公正な判断を行う。これを司法権の独立という。

☐最高裁判所は，違憲審査権をもつ終審の裁判所であり，憲法の番人ともよばれる。

☐下級裁判所は，高等裁判所・地方裁判所・家庭裁判所・簡易裁判所の4つである。

☐裁判は原則公開。判決に不服があるときは3回まで裁判を受けることができる。これを三審制という。

☐民事裁判は私人間の利害を裁くもので，刑事裁判は罪を犯した者を裁くものである。

☐裁判における人権尊重＝罪刑法定主義・被告人の人権保障・刑事補償請求権。

## ① 司法権の独立

### 1 裁判の役割——司法権を扱う裁判所

　裁判は，法律が正しく守られているかどうかを見守り，社会の中で起こった法律上の問題を，裁判官，検察官，弁護士といった法律の専門家が，法律に基づいて解決策を探すためのしくみである。この裁判を行うのが**司法権**であり，この権限は裁判所しかもつことができないと定められている（第76条①）。

### 2 司法権の独立——正義を守り，どんな圧力にも屈しない

　裁判が公正に行われるためには，裁判所や裁判官が他の権力や団体から，命令や圧力を受けることがあってはならない。また，憲法や法律が，立法権や行政権によっておかされないように監視しなければならない。これを**司法権の独立**という。

①**特別裁判所の禁止**　憲法では，すべての司法権は**最高裁判所**と**下級裁判所**に属するとして，特別裁判所をもうけることを禁じている。したがって，行政裁判も裁判所で行われる（第76条①②）。なお，国会に設置される弾劾裁判所は憲法でその設置が認められている（第64条）。

②**裁判官の独立**　司法権の独立を守るためには，裁判官が他から干渉を受けず，どんな権力にも圧迫されないことが必要である。そのため憲法では，裁判官は，憲法と法律に従うほかは，だれの指図も受けず，**自分の良心にのみ従って**，独立して裁判を行うと定めている（第76条③）。

**参　考**

**憲法条文**
第76条　①　すべて司法権は，最高裁判所及び法律の定めるところにより設置する下級裁判所に属する。
②　特別裁判所は，これを設置することができない。行政機関は，終審として裁判を行ふことができない。
③　すべて裁判官は，その良心に従ひ独立してその職権を行ひ，この憲法及び法律にのみ拘束される。

**裁判官の身分の保障**
裁判官が辞めさせられるのは，
①心身に故障ができて裁判ができない場合（第78条）
②国会の弾劾裁判による場合（第78条）
③国民審査によって辞めさせられる場合（最高裁判所の裁判官のみ）（第79条②③）
などの場合である。また，一定水準の生活が保障され，在任中は給与を減らされることはない。このように，裁判官は他の公務員に比べて手厚く身分が保障されている。

§7　司法権の独立と裁判所　**547**

公民編

第1章　現代社会とわたしたちの生活

第2章　わたしたちの生活と民主政治

第3章　わたしたちの生活を支える経済

第4章　世界平和と人類の福祉

これを**裁判官の独立**という。そのため，細かく身分の保障がなされている。

## 3　違憲審査権——最高裁判所は「憲法の番人」

裁判所は，国会の定める法律や，行政機関などが下した**命令などが憲法に違反していると認めるときは，それを無効とする権限**をもっている。これを「**違憲審査権**」または「**法令審査権**」という。特に最高裁判所の判断が最終的な決定となることから，最高裁判所は「**憲法の番人**」といわれている。

### 研究

**なぜ違憲審査権が裁判所に与えられているのか。**
憲法は国の最高法規であるから，これに違反する法律があれば法の支配がくずれ，公正な裁判ができなくなるためである。

▼最高裁の違憲判決の例

| 判例 | 違憲とされた法律 | 違憲の根拠となった憲法 | 違憲と判断した理由 | 判決後の対応 |
|---|---|---|---|---|
| 尊属殺重罰規定違憲判決（1973.4.4） | 刑法第200条尊属殺の重罰規定 | 第14条法の下の平等 | 普通殺人に対して尊属殺人の罪を重く規定している点は不合理で，違憲 | 1995年　尊属殺の重罰規定は削除された |
| 薬事法距離制限違憲判決（1975.4.30） | 薬事法第6条薬局開設許可距離制限 | 第22条職業選択の自由 | 薬局開設にあたり距離制限を定めている点は不合理で，違憲 | 国会は薬事法第6条の制限条項を廃止 |
| 愛媛玉ぐし料違憲判決（1997.4.2） | 愛媛県の公費による玉ぐし料の支出 | 第20条　政教分離・第89条　公の財産用途制限 | 靖国神社への玉ぐし料の公費支出は公的機関の宗教活動の禁止にあたり，違憲 | 元知事は支出金を県に賠償 |

## ❓ Q&A　司法権の独立を守った大津事件について調べてみよう

### 大津事件

【事件のあらまし】
明治24年（1891年），日本を訪問中のロシア皇太子ニコライが，滋賀県大津市で警備中の巡査・津田三蔵に突然斬りかかられ負傷した事件。

当時の政府は，大国ロシア帝国の皇位継承者を傷つけたということに震撼し，裁判所に対して天皇，皇后，皇太子に危害を加えようとした者は死刑に処すという旧刑法116条を適用して，津田巡査を死刑にするように圧力をかけた。

これに対し，大審院長（今でいえば最高裁判所長官）・児島惟謙が，この規定は，日本の皇族にのみ適用されるものであり，外国の皇族に適用することは不当で，無期徒刑が相当であるとして政府に抵抗した。結果，津田巡査は無期徒刑となり，児島のこの行動が司法権の独立を守ったとされた。

▲児島惟謙（1837-1908年）

# ② 裁判所の種類と三審制

## 1 最高裁判所のしくみと役割──最終判決が下るところ

①**最高裁判所の構成と裁判官の任命**　最高裁判所は，司法権の最高機関であり，憲法によって設置された唯一かつ最高の裁判所で，最高裁判所長官とその他14人の裁判官（判事）の計15人で構成されている。最高裁判所長官は，内閣の指名に基づいて天皇によって任命され，14人の最高裁判所判事は，**内閣**によって**任命**され，天皇の認証を受ける[P.542▶▶]。

②**終審の裁判**　最高裁判所は，上告された事件について，最終的な判決を下す。その意味で，最高裁判所は**終審**の裁判所であるといえる。

　最高裁判所における裁判は，全員で構成する**大法廷**と，3人以上で構成する3つの**小法廷**において行われる。

③**最高裁判所裁判官の国民審査**　最高裁判所の裁判官には任期がない（ただし，70歳が定年）。しかし，就任後はじめて行われる衆議院議員総選挙のときと，その後10年たってからの衆議院議員総選挙のときごとに，**国民投票**によって，適任かどうかを審査される[P.516▶▶]。この制度を国民審査といい，投票者の多数が罷免を可とした裁判官は，やめなければならない。しかしこれまで国民審査で罷免された裁判官はいない。

▲最高裁判所大法廷のようす

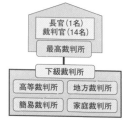

## 2 下級裁判所のしくみと役割——4種の役割

①**下級裁判所の裁判官**　最高裁判所の指名した者の名簿によって，内閣で任命する。任期は10年だが，再任もできる。

②**高等裁判所**　長官及び判事によって組織され，数人の裁判官の合議制で審理・裁判をする。上訴されてきた事件や，内乱罪等の刑事事件について第一審裁判権をもつ。

③**地方裁判所**　1人の裁判官または原則として3人の合議制のどちらかで取り扱われる。**家庭裁判所・簡易裁判所が扱わない事件の第一審をする。**

④**家庭裁判所**　地方裁判所と並んでおかれている。数人の判事と判事補とからなる。**家庭内の争いや少年の問題を扱う。**

⑤**簡易裁判所**　判事が1人で審理・裁判を行う。140万円以下の**民事事件**と，**罰金刑以下にあたる罪および窃盗，横領などの比較的軽い罪の刑事事件**を扱う。

## 3 裁判の三審制度——慎重な審議のしくみ

①**裁判の公開**　裁判は原則として公開される。裁判を国民の監視のもとに公平に行い，裁判への信頼と理解を高めるためである。

②**三審制**　裁判は1回で終わりではなく，下級の裁判所から上級の裁判所へと**3回**まで裁判を受けることができる。これを三審制という。**第一審の判決に不服で第二審の裁判を求めることを控訴，第二審の判決に不服で第三審の裁判を求めることを上告**という。

　※簡易裁判所が第一審の場合，刑事と民事では上訴の仕方が異なる。また，内乱罪などで高等裁判所が第一審となった場合には，二審制となる。

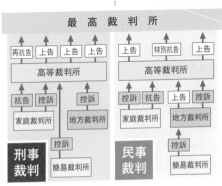

▲三審制のしくみ

# ③ 裁判のしくみと手続き

## 1 裁判の種類——民事裁判と刑事裁判のちがい

　裁判を大きく分けると民事裁判と刑事裁判に分けることができる。民事裁判は，金銭の貸し借りや不動産の所有をめぐる争いなど，人と人との私的な争いを裁くものである。一方，刑事裁判は，ある人が罪を犯したかどうか，もし罪を犯したのなら，どのように処罰するのか（罰金刑や懲役刑など）を決める裁判をいう。

## 2 民事裁判のしくみと手続き——原告と被告は対等

①**裁判をするには**　民事裁判は，争っている当事者のどちらか一方の訴えによってはじめて行われる。その手続きは**民事訴訟法**に定められている。裁判をすることが決まったら，裁判所に訴状を提出し，訴状を受けとった裁判所は，**訴えた人（原告）と訴えられた人（被告）**に裁判をすることを連絡する。

②**裁判が始まる**　原告と被告は，対等の立場で，それぞれの自分の言い分を主張する。しかし，当事者どうしでは詳しい法律の知識がないので，たいていは，**原告・被告とも，それぞれ代理人（多くは弁護士）をたてて裁判を**すすめる。

③**和解**　裁判の途中であっても当事者どうしの話し合いがつけば，裁判は終わる。これを**和解**という。

④**裁判官の判決**　裁判官は双方の言い分を聞き，証拠などを調べたうえで，法律に照らして判決を下す。裁判の当事者が判決にしたがわないとき，裁判所は強制的に判決の結果を実行できる。これを**強制執行**という。

## 3 行政裁判——国や地方公共団体を訴える裁判

　国や地方公共団体などが違法行為によって，国民の自由や権利を侵害することがある（税金の不当な取り立てや，国からの社会保障の給付が少なすぎるなど）。このような場合に国民は，その**行政処分の取り消し**や**損害賠償**を，**裁判所に訴える**ことができる。これを**行政裁判**という。

🔍 参　考

**民事裁判と刑事裁判のちがい**
例えば，Aさんが交通事故でBさんに怪我をさせられた場合，民事裁判の方では，「被告（B）は原告（A）に金500万円を支払え」というような判決になる。刑事裁判の方では，「被告人（B）を懲役1年に処す」というような判決になる。

①訴状の提出。

②裁判が始まる。

③和解して裁判をやめることもできる。

④裁判官の判決。
▲民事裁判の手続き

## 4 刑事裁判の手続き——告訴・告発から起訴まで

①**事件の発生と告訴** 犯罪が起こったとき，まず被害者や発見者は，ただちに警察に通告しなければならない。**被害者が，被害を警察や検察官に訴えることを告訴**という。また，**直接の被害者でない第三者が，警察などに事件を知らせることを，告発**という。その手続きは**刑事訴訟法**に定められている。

②**被疑者の逮捕** 刑事事件が起こると，警察官が事件を捜査し，**犯人と考えられる者（被疑者）や証拠**をさがす。確かな証拠があると考えられると，裁判官から**逮捕令状**をもらって被疑者を逮捕する（現行犯で逮捕したときは，逮捕後に裁判所の許可を得る）。

③**送検** 警察官は，被疑者を逮捕してから48時間以内に書類と証拠をそろえて，**検察官に被疑者を引き渡す**。これを**送検**という。検察官は犯罪の捜査や被疑者の取り調べを行う。なお，取り調べの結果，犯人でないことがわかったり，証拠が不十分であったりしたときは，ただちに釈放する。

④**起訴** 検察官が，裁判の必要があると認めたとき，**検察官が原告の立場で，裁判所に訴えて処罰を求める**。これを**起訴**という。**不起訴処分**にすることもある。

## 5 刑事裁判のしくみ——検察官と被告人

①**原告と被告人** 刑事裁判は，検察官が被疑者を裁判所に起訴することから始まる。裁判では，**検察官が被害者にかわって原告となり，被疑者を被告人として裁判所に起訴**し，被告人への刑罰を要求する。被告人は，弁護人を頼む権利があり，その助けを受けることができる。

②**裁判官の判決** 起訴を受けた裁判所は，検察官や被告人および弁護人それぞれに証拠を出させたり，弁論のやり取りや証人の話を聞くなどして，有罪か無罪かの公正な判決を行う。

▲刑事事件発生から判決まで

### 📖 用語

**被告と被告人**
民事裁判で裁判所に訴えられた人や企業のことを被告，刑事裁判で検察官に訴えられた人のことを被告人という。被告人は起訴されるまでは被疑者（罪を犯した疑いのある人）とよばれる。

# ④ 裁判を支える人々

## 1 裁判官──判決を下す「法の番人」

　裁判で争っている双方の言い分をよく聞き，証拠をよく調べて事実を確かめ，法律にしたがって問題を解決するのが裁判官の仕事である。刑事裁判であれば，被告人が**有罪か無罪か**を決めたり，有罪なら被告人に対する**罪の重さを判断する**。民事裁判では，原告や被告のそれぞれの言い分を聞いて判決を下す。判決は，当事者だけでなく，社会におよぼす影響も大きいので，裁判官の責任も大きい。

## 2 検察庁と検察官──被疑者を裁判所に起訴する

①**検察庁**　法務省の下にある国の行政機関で，最高検察庁・高等検察庁・地方検察庁・区検察庁の4種類がある。これらは，それぞれ対応する裁判所と同じ数だけ置かれている。

②**検察官の仕事**　検察官は**検事**ともいわれ，刑事事件の際に，次のような任務にあたる。
　・警察と協力して犯罪を捜査する。
　・事実を調べたうえで**裁判所に起訴するかどうかを判断する**。
　・**被疑者を被告人として起訴する。**
　・確定した刑の執行を監督する。

③**検察官の身分**　検察官には，最高検察庁の長である**検事総長**を頂点として，次長検事・検事長・検事・副検事という職務制があり，上下の命令系統にしたがって，一体となって活動する（検察官同一体の原則）。つまり，裁判官とちがい，下級の検察官は上級の検察官の指揮・命令を受ける。

## 3 弁護士──当事者の弁護を行う

　弁護士は，民事訴訟の代理人として出廷し，依頼人の法律上の利益を弁護したり，刑事事件では被告人の**弁護人**として法廷活動を行う。

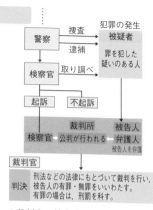

▲裁判官・検察官・弁護士の役割
（刑事裁判の場合）

**検察審査会**
検察官が不起訴処分にした事件に関して，市民からくじで選ばれた審査員11人が検察官の不起訴処分の妥当性を審査する制度。審査会が「起訴相当」の議決を出した場合，検察官はその事件を再び捜査して，3カ月以内に起訴するか判断する。起訴しなかった場合は，審査会が再びメンバーを変更して審査をして，改めて「起訴議決」となれば強制的に起訴される。審査員の任期は6か月で，2009年の法改正により検察審査会の議決には法的な拘束力が付与されることとなった。

🔍 **参 考**

**裁判官と検察官，弁護士のちがい**
裁判官と検察官は国家公務員である。一方，弁護士は弁護士事務所や企業に所属したり，独立したりして活動する民間人である。

# ⑤ 裁判をめぐる問題

## 1 日本の司法制度の問題点——もっと身近な司法になる！

日本の司法制度は，法律や裁判制度についての内容がわかりにくく，利用しづらい。また，裁判に必要な人や施設の数が足りず手続きに長い時間がかかったり，弁護士が都市に集中し多くの地域で気軽に司法の助けが受けられなかったりするなど，不満の声が多かった。そこで21世紀の社会に対応した司法制度改革が進められている。

## 2 司法制度改革——裁判員制度導入へ

政府を中心に，1999年7月に内閣に司法制度改革審議会が設置され，司法制度の改革が本格的に始まった。2001年以

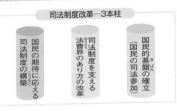

司法制度改革—3本柱

国民の期待に応える司法制度の構築　法曹界のあり方の改革　法制度を支える　国民的基盤の確立〔国民の司法参加〕

降は内閣におかれた司法制度改革推進本部が，改革の中心となった。

① **司法制度改革**　裁判費用の立替・裁判審理の迅速化・検察審査会の機能強化。日本司法支援センター（法テラス）の設置。

② **法曹界のあり方の改革**　裁判官・検察官の大幅な増員・**法科大学院**の設置・弁護士と検察官と裁判官の相互交流。法科大学院は2004年から各地で開校している。

③ **国民的基盤の確立**　重大な刑事裁判の審理に国民が参加する**裁判員制度**が導入された。

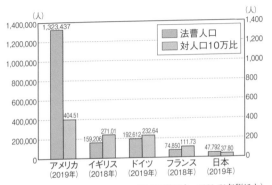

（人）

| | 法曹人口 | 対人口10万比 |
|---|---|---|

1,400,000 / 1,400
1,200,000 / 1,200
1,000,000 / 1,000
800,000 / 800
600,000 / 600
400,000 / 400
200,000 / 200

アメリカ（2019年）1,323,437　404.51
イギリス（2018年）159,206　271.01
ドイツ（2019年）192,612　232.64
フランス（2018年）74,850　111.73
日本（2019年）47,792　37.80

▲法曹人口の各国比較　（日本国勢図会　2020/21年版ほか）

**参　考**

**これまでに実現された司法制度改革の例**
・裁判の迅速化
第一審の審理を2年以内に終わらせることを目標とした。公判前整理手続の創設。
・家庭裁判所の機能強化
これまで地方裁判所で扱っていた離婚などの家庭関係事件を，家庭裁判所で扱うことにした。
・簡易裁判所の機能強化
簡易裁判所が扱える請求額を90万円から140万円に引き上げたり，少額訴訟手続きの限度額を30万円から60万円に引き上げたりした。

**用　語**

**裁判員制度**
裁判員は，一般の国民からくじで無作為にリストアップされた20歳以上の有権者の中から選ばれ，裁判官とともに有罪・無罪や量刑（刑罰の程度）を決定する。
P.556▶▶

**法テラス**
法テラスとは国によって設立された法的トラブル解決のための相談窓口である。2006年4月総合法律支援法に基づいて設立され正式名称は「日本司法支援センター」。全国約110か所に国が開設している。経済的に余裕がない場合でも，弁護士に無料で相談することができる。

# ⑥ 裁判と人権の尊重

## 1 裁判を受ける権利——日本国憲法第32条

裁判は，個人の人権を守り，社会正義や社会秩序を維持するものである。日本国憲法でも，**誰でも裁判を受ける権利**があることを保障している（第32条）。

## 2 罪刑法定主義——日本国憲法第31条

法治国家においては，どんな行為が犯罪であり，どれだけの処罰を受けるかがあらかじめ定められていなければならない。この原則を罪刑法定主義といい，裁判の判決は法律の定めにしたがって行われ，法律にない刑罰を受けることはない。

## 3 逮捕・捜査での人権保障——被疑者への人権配慮

①**不当な逮捕や捜索を行ってはならない**　国民は誰でも現行犯でない限り，裁判官の出した逮捕令状や捜査令状がなければ逮捕・取り調べをされたりすることはない（第33・35条①）。

②**不当な身柄の拘束を行ってはならない**　正当な理由がなければ拘禁（長く引き留めること）を行ってはいけない（第34条）。

③**公務員による拷問・残虐な刑罰の禁止**　公務員による拷問や残虐な刑は絶対に禁止されている（第36条）。

④**自白の強要を受けない**　自分の不利益になるような供述を強要されない権利をもつ（第38条①）。これを黙秘権という。

## 4 刑事裁判上の人権の尊重——疑わしきは罰せず

①**被告人に対する人権の尊重**

・被告人は公平な裁判所で迅速な公開裁判を受ける権利が認められている（第37条①）。

・被告人には自分に有利な証拠をもつ証人をよんでもらうことができる。これを証人喚問権という（第37条②）。

◯ **参　考**

**憲法条文**

第31条　何人も，法律の定める手続によらなければ，その生命若しくは自由を奪はれ，又はその他の刑罰を科せられない。

第32条　何人も，裁判所において裁判を受ける権利を奪はれない。

第33条　何人も，現行犯として逮捕される場合を除いては，権限を有する司法官憲が発し，且つ理由となつてゐる犯罪を明示する令状によらなければ，逮捕されない。

第34条　何人も，理由を直ちに告げられ，且つ，直ちに弁護人に依頼する権利を与へられなければ，抑留又は拘禁されない。（一部）

第35条　①　何人も，その住居，書類及び所持品について，侵入，捜索及び押収を受けることのない権利は，第33条の場合を除いては，正当な理由に基いて発せられ，且つ捜索する場所及び押収する物を明示する令状がなければ，侵されない。

第36条　公務員による拷問及び残虐な刑罰は，絶対にこれを禁ずる。

第37条　①　すべて刑事事件においては，被告人は，公平な裁判所の迅速な公開裁判を受ける権利を有する。
②　刑事被告人は，すべての証人に対して審問する機会を充分に与へられ，又，公費で自己のために強制的手続により証人を求める権利を有する。
③　刑事被告人は，いかなる場合にも，資格を有する弁護人を依頼することができる。被告人が自らこれを依頼することができないときは，国でこれを附する。

・被告人はどんな場合でも弁護士を頼むことができる。もし自費で弁護士を頼むことができない場合は，国が費用を出すことになる（第37条③）。国の費用による弁護人を国選弁護人という。

②**証拠裁判主義** すべての裁判は証拠に基づいて行われ，**証拠がなければ有罪にはならない**。自白は有力な証拠だが，それだけでは有罪とは認められない（第38条③）。

③**刑事補償請求権** 抑留・拘禁の後に無罪の判決を受けた被告人は，**損害の補償を国に求めることができる**（第40条）。

**参考**

**再審制度**

裁判の判決が確定した後でも，これまでの証拠の見直しや新たな証拠が発見されたなどの場合には，裁判の審理のやり直しを請求することができる。これを再審という。

▼再審（裁判のやり直し）と無罪判決の例

| 事件名 | 請求人 | 罪名 | 原判決 | 再審 |
|---|---|---|---|---|
| 加藤老事件 | 加藤 新一 | 強盗殺人 | 無期懲役(1916) | 1976年再審が開始され，無罪判決(1977) |
| 免田事件 | 免田 栄 | 強盗殺人 | 死刑(1952) | 1979年再審が開始され，無罪判決(1983) |
| 財田川事件 | 谷口 繁義 | 強盗殺人 | 死刑(1957) | 1979年再審が開始され，無罪判決(1984) |
| 松山事件 | 斉藤 幸夫 | 強盗殺人・放火 | 死刑(1960) | 1979年再審が開始され，無罪判決(1984) |
| 島田事件 | 赤堀 政夫 | 誘拐殺人 | 死刑(1960) | 1987年再審が開始され，無罪判決(1989) |
| 足利事件 | 菅家 利和 | 誘拐殺人 | 無期懲役(2000) | 2009年再審が開始され，無罪判決(2010) |
| 布川事件 | 桜井 昌司　杉山 卓男 | 強盗殺人 | 無期懲役(1978) | 2009年再審が開始され，無罪判決(2011) |

**？ Q&A 罪刑法定主義はなぜあるのだろうか。**

罪刑法定主義とは，どのような行為が犯罪であるのか，どのくらいの刑罰が科せられるのかは，法律によってのみ定められるという考え方である。

これは権力者の勝手な判断や解釈で刑罰の決定や処罰が行われることがないようにするためといわれている。つまり罪刑法定主義が定められた理由は，「この行為は犯罪であり，これくらいの刑罰を受ける」ということを決めることで，みんなが納得のゆく刑罰を科すことを可能にするためである。また，「その行為が犯罪であるということがあらかじめ知らされていなければ，人は知らないうちに罪を犯してしまう恐れがあるため，それを防ぐ」という意味もあるといわれている。法律で犯罪の性格や処罰の程度を明確にすることによって，国民を犯罪から守る働きがあるともいえる。

しかし一方で，罪刑法定主義に関しては，法律で定めていない，予測のできなかった犯罪が発生したときに，どのような刑罰を与えるのが適当であるのかの判断が難しいという指摘もある。

## §8 裁判員制度

# ① 司法への国民の参加

### 1 日本の刑事裁判が変わる——司法に国民が参加

　殺人など重大な刑事裁判に市民が参加する**裁判員制度**が2009年5月から始まり，被害者本人や遺族が参加する**被害者参加制度**とあわせて，日本の刑事裁判は大きく変化した。

▲法廷のようす（最高裁判所webサイトより）

### 2 国民が参加する司法の実現——2009年5月にスタート

　裁判員制度は，司法制度改革の柱の一つとして，国民が裁判員として刑事裁判に参加し，被告人が有罪かどうか，有罪の場合どのような刑にするかを裁判官と一緒に決める「国民の司法参加」を実現する制度として提言された。その後，裁判員制度導入のための法整備が行われ，2004年5月「裁判員の参加する刑事裁判に関する法律」（「裁判員法」）が国会で可決し，2009年5月から開始されている。

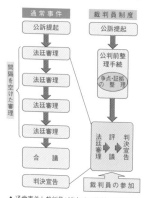

▲通常事件と裁判員が参加する裁判の手続の流れ

§8 裁判員制度 **557**

**公民編**

第1章 現代社会とわたしたちの生活

第2章 わたしたちの生活と民主政治

第3章 わたしたちの生活を支える経済

第4章 世界平和と人類の福祉

# ② 裁判員制度のしくみ

## 1 裁判員制度——刑事事件の第一審で

裁判員制度とは，通常は，国民の中から抽選で選ばれた**6人の裁判員が刑事裁判に参加し，3人の裁判官とともに，被告人が有罪か無罪か，有罪の場合どのくらいの刑にするかを決める制度**である。

裁判員が参加する裁判は，**殺人や強盗など凶悪な犯罪に関する刑事事件の第一審（地方裁判所）**である。有罪か無罪か，有罪の場合どのくらいの刑にするかは，9人の多数決で結論が出されるが，裁判員と裁判官のそれぞれ1人以上が賛成していることが条件となる。裁判が，高等裁判所に控訴された場合，裁判員は関係なくなり，従来の裁判官のみの裁判手続きとなる。

## 2 裁判員に選ばれるまで——抽選で選出

裁判員は20歳以上の選挙権をもつ（衆議院議員選挙人名簿に登録された）人の中から，毎年，抽選で選出される。この段階では「候補者」にすぎず，裁判所は事件ごとに名簿から候補者を選び，裁判所に呼び出しをする。裁判所に出頭すると，**辞退が認められる事情や被告人や被害者と関係があれば除外**され，裁判員は原則として，事件ごとに6人選任される。

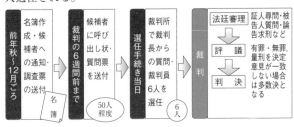

▲裁判員制度の流れ

## 3 裁判員の職務——裁判官とともに評議

裁判員の職務は，**①法廷での審理に立ち会うこと**，②評議では法廷での証拠調べや検察官，弁護人の主張について裁判官と話し合い，**被告人が有罪か無罪か，有罪の場合は刑の重さを決めること**，**③評議をもとに裁判官が作成した判決の宣告に立ち会うこと**が求められている。

---

### 参 考

**アメリカの陪審員制度**
アメリカの陪審員制度は一般市民が裁判官の代わりに有罪か無罪かを決める。有罪と決まれば裁判官が法律にしたがって量刑を判断する。

**裁判員になれない人**
裁判員は非常勤の国家公務員扱いとなり，禁錮以上の受刑者，三権分立への配慮から司法関係者，国会議員などは裁判員にはなれない。

**裁判員の辞退**
裁判員法では，70歳以上や学生，重い病気や出産，親族の介護・養育の必要がある場合などに辞退が認められる。

### 研 究

**裁判にはどんな問題点があるのだろうか。**
これまで刑事裁判では，自白の信用性や，供述調書の内容が争われ，裁判が長期化する傾向があった。裁判員制度を順調にすすめるには，裁判所には，裁判員になった国民を長期間拘束することなく，負担をできるだけ少なく，日数をかけない迅速な審理が求められる。
また，近年，鹿児島県での選挙違反をめぐる志布志事件や，富山県での服役後に真犯人が判明し，再審で無罪となった婦女暴行事件などの冤罪事件がおこり，取り調べのあり方が問題になったことから，取り調べを録音・録画する「全面可視化」を求める声が強まっている。

# 第3章
# わたしたちの生活

# を支える経済

↑写真は，日本最大の金融商品取引所である東京証券取引所である。経済は目に見えにくいものだが，実態はどうなっているのだろうか。
この単元では経済のしくみや問題について学習しよう。

## §1 くらしと経済のしくみ

## ① 現代の消費生活

### 1 くらしと消費──くらしの中にある経済

　パン屋でパンを買うことは「消費財」を購入するという経済活動である。また，塾や習い事に行くことも「サービス」を購入しているといえる。このように，私たちの生活の中で財やサービスは必要不可欠なものとして存在しており，この財やサービスが生産され，流通し，消費されていくという全体のしくみを経済という。

### 2 経済の三主体──家計・企業・政府を指す

　私たちが家族や個人として消費生活を営む単位を家計という。経済の主体は家計だけでなく，企業と政府がある。これらを経済の三主体という。

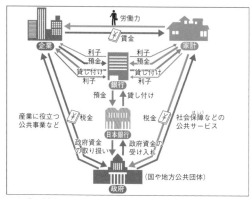

▲お金の流れ

## 3　家計の収入──収入の内訳

　家計の多くは，会社や工場などでの労働の対価として得られる勤労所得が主となっている。また，農業や自営業で得られる個人事業所得（事業所得），マンションなどを貸したことで得られる家賃収入や，お金を貸したことで得られる利子などの所得（財産所得）も家計の収入ということができる。高齢者がもらう年金や，失業した人がもらう雇用保険などは移転所得とよばれ，これも家計の収入である。

## 4　家計の支出──支出の内訳

　私たちは収入の中から，国や地方公共団体へ税金を支払う。そして社会保険料なども支払う必要がある。

　支出のうち，消費支出は，食料費，住居費，光熱・水道費，家具・家事用品費，被服・はき物費，医療費，交通・通信費，教育費，教養・娯楽費などに分類される。また，税金や社会保険料などの支払いを，非消費支出という。このうち，食料費や住居費などは，必ず必要となる費用である。一方，教養・娯楽費などは調整しやすい費用なので，節約の対象になりやすい。

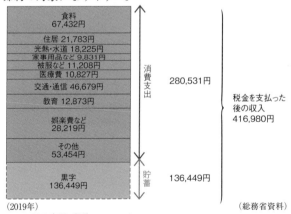

（2019年）　　　　　　　　　　　　　　　　（総務省資料）
▲１か月の家計（例）

## 5　家計の貯蓄──貯蓄の内訳

　所得から消費支出と非消費支出を差し引いたものが貯蓄である。貯蓄は将来の消費に備えるためのものである。家計の貯蓄としては土地や銀行預金・郵便貯金のほか，国債や株式といった有価証券の購入や，生命保険や損害保険などの保険商品の購入などがある。

**●●もっとくわしく**

**所得**
経済の成長にともなって，多くの家計が勤労所得や個人事業所得と同時に，さまざまな財産所得を得るようになっている。例えば，株式や銀行預金があるサラリーマンの家計は，給料の他に利子を得ているので，勤労所得と財産所得を得ていることになる。

**参考**

**エンゲル係数**
消費支出のうち，食料費の占める割合をエンゲル係数という。

> エンゲル係数＝食料費（外食も含む）÷消費支出×100

一般に，所得の多い家計ほど，この係数は低くなる傾向がある。所得が少なくなる高齢者ほど，エンゲル係数は高くなりやすい。

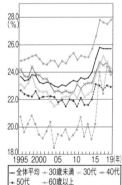

▲２人以上世帯のエンゲル係数推移（世帯主年代別）

**●●もっとくわしく**

**株式の購入は「貯蓄」**
株式や保険商品を「購入」というと，消費支出の項目のように感じるが，これらは資産が形を変えるだけで貯蓄の項目であることに注意が必要である。

## ② 希少性とは

### 1 希少性とは何だろうか──欲しいと思う量と実際の量の関係

　私たちの生活を豊かにするためには，欲望（よりよく生きようとする気持ち）は欠かすことのできない要素である。しかし，私たちの生活の中で提供される財やサービスには限りがある。限りがあるために，すべての欲望を満たすことができないことも事実である。例えば日常生活の中で，「○○10食限り」「産地直送　今だけ特別価格」というような限定した商品を思わず購入したくなることがあるだろう。

　このように，ある一定の求める量（欲しいと思う気持ち）に対して，提供される財やサービスの量が不足しているような状態を「**希少性**」がある，という。先ほどの限定商品の例でいえば，希少性の高いものほど，人は物を欲してしまうという側面があるので，商品購買意欲を高めるための巧みな工夫がされているということである。

### 2 限られた資源の選択──「空気」の希少性は高いか低いか

　希少性が高い商品として，例えば「金」のように多くの人が欲しがるのに資源の量が少ないものほど，その価格は高くなる。水や空気は地球上に大量にあるので，希少性が低いといえるが，「新鮮な空気」「澄んだ水」となれば，その量に限りがあるので，希少性が高いといえる。

　お金は何かに使って（消費）しまえば，別の何かを買いたくてもその欲望は満たされなくなる。欲しいものだけではなく，やりたいことがたくさんあっても，収入や時間は限られているので，私たちは限りあるお金・時間という資源を無駄にすることなく，何に使うのかを選択しなければならない。

**限られた資源**

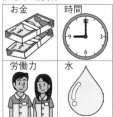

| お金 | 時間 |
| 労働力 | 水 |

**用　語**

**効率的な資源の配分とは**

　私たちの生活では日々さまざまな選択をしている。何かを選ぶということは何かを選ばないことでもある。魅力のある商品を送り出すために企業は「最もその商品を欲しいと思う人」に消費してもらうことを目的に商品づくりをしている。つまりあまり欲しいと思わない人が消費するよりも，欲しいと思う人が消費する方が満足度が高くなる。このように消費者の欲求を最大限に満足させるような資源の組み合わせを選ぶことを，**効率的な資源の配分**という。

**参　考**

## 限りある資源を有効に使ってお寿司のコースを作ろう

　あなたは特別商品券として2000円をもらいました。以下の欲しい商品（選択肢）を選んで，魅力のあるお寿司のコースメニューを作ってみよう。ただし選ぶネタは5つとする。

| まぐろ | 大トロ | こはだ | エビ | カニ | アワビ | 赤貝 |
| --- | --- | --- | --- | --- | --- | --- |
| 300円 | 500円 | 100円 | 300円 | 300円 | 500円 | 300円 |
| たこ | イカ | たまご | ウニ | いくら | はまち | タイ |
| 100円 | 100円 | 100円 | 300円 | 300円 | 100円 | 300円 |

# ③ 分業と交換とは

## 1　分業とは何だろうか

　私たちはさまざまな財やサービスを消費して生活をしている。その財やサービスがあるのは，異なる専門的な技術や役割をもった人々がいて，その最も得意とする物を生産する，**分業**のしくみがあるからである。

　アダム・スミスは『国富論』の中で，ひとりの職人がピンをつくるよりも，複数で作業を分担したほうが効率よく生産することができると述べている。分業の結果として，「①個々に求められる作業に特化することで労働の技能が向上する。②ある作業から次の作業までの工程を節約することができ，時間の短縮につながる。③各作業を機械化することで作業効率が飛躍的に高まる。」というものである。

　こうした分業が経済全体に広がれば，その社会全体でそれぞれの人ができるだけ得意な能力や技術をいかした職に就くことができ，結果的に経済の生産性が向上するということになる。

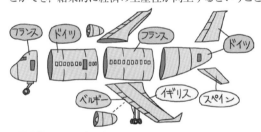
▲航空機にみる国際分業

## 2　交換とは何だろうか

　すべての必要な物をひとりで生産することはできないので他者の作った物と**交換**することによって，必要な分以外については調達することができる。そうしてお互いに交換すれば，得意ではないものを無理して作るよりも，はるかに生活は豊かになる。その時に重要な役割を果たすのが，**貨幣**（お金）である。物々交換でも物を手に入れることはできるが，不便な面もあり，**貨幣**（お金）があれば必要な時に必要な物と交換することができる。

　現在の私たちの消費生活はお金を使って財やサービスを買うことが大半を占めており，これら財やサービスを提供する役割を担っているのが**企業**である。

○●もっとくわしく

**紙コップを作ってみよう**
　身の回りにある紙コップをまずは自分ひとりで作るとしよう。材料を調達し，展開図を描き，ハサミで切ったり，テープやノリで接合したり，デザインを考えたりとさまざまな工程がある。これを複数の人間で分担したほうがよりたくさんの製品が短時間で生産できるだろう。

　出来上がった紙コップを商品として売るためにはどんなことが必要だろうか。商品の値段はいくらにするべきか，いくらで売れば利益がでるのだろうか。どんな宣伝をしたら消費者にアピールできるのか。それらはすべて経理，経営，広報，営業といった専門の部署が担当することになる。特に宣伝方法にはテレビCMやネット広告などさまざまな媒体があり，個々に専門のサービスを提供している企業が存在する。

▲会社の組織構成例

# ④ 消費者を守る権利

## 1 消費者の４つの権利——アメリカが発祥

　日本が高度経済成長期に入った1960年代以降，商品の安全性や品質，誇大広告の問題が取り上げられるようになった。このような問題を**消費者問題**といい，世界的にも問題視されている。それらを改善するためにアメリカの**ケネディ大統領**は「**消費者の４つの権利**」を提唱した。

| ①安全を求める権利 | ②選ぶ権利 |
|---|---|
| ③知らされる権利 | ④意見を反映させる権利 |

　これらの権利が実現し，経済活動において企業よりも消費者に主権があるとする考え方を**消費者主権**という。

## 2 行政の対応——消費者を守る法律・行政機関

　消費者問題の改善のために，政府は1968年に**消費者保護基本法**を制定し，消費者の権利の保護に努めた。この法律は，消費者の自立を支援することを目的として，2004年に**消費者基本法**と改められた。また，1970年には**国民生活センター**が設置され，地方の消費生活センターなどと連携して広く国民に情報を提供するほか，消費者からの苦情に対応している。

　1994年に制定された**製造物責任法（PL法）**は，製造物によって消費者が損害を被った場合に，製造者の不注意（過失）がなくても，その商品の欠陥を立証すれば損害が救済されると定めている。また，2000年に制定された**消費者契約法**は，事業者が事実と異なる内容を伝えたことで消

## ❓Q&A　契約って何だろう？

　契約というと，何枚もの書類に署名と押印が必要とされるもので，自分たちの生活には関係がないといったイメージをもつかもしれない。しかし，契約は「○○を××円で売買するという二人の意思が合致した時」に成立する。つまり，売る側と買う側との間でお互いの合意が成り立っているのが契約である。私たちの社会では，自分の意志で自由に契約を結ぶことができる。これを，「契約自由」の原則という。

費者が望まない契約をしてしまったときなどはその契約を取り消すことができると定めて，消費者と事業者の間の情報格差を補っている。2001年には，訪問販売や通信販売などをクーリング・オフの方法などで規制した**特定商取引法**が施行された。最近では2009年に内閣府の外局として**消費者庁**が設置され，消費者問題について一元的に対応できるようになった。しかし，国民生活センターとの役割分担や，インターネット上の取引に代表される新しい取引形態への対応など，解決すべき課題は少なくない。

### 3　悪質商法——消費者を取り巻くさまざまな商法

　消費者をはじめからだます意思をもって行われる取引を**悪質商法**という。悪質商法には以下のようなものがある。

| 名称 | 内容 |
|---|---|
| 訪問販売トラブル | 「消防署の方から来ました」などと身分をかたり，消火器などの商品を販売する |
| ネットでの通信販売 | 利用した覚えのない請求を送りつけて，入金を要求する |
| キャッチセールス | 路上で呼び止めて営業所などに連れて行き，商品の販売を行う |
| ネガティブオプション | 自宅に注文していない商品を勝手に送り付け，その人が断らなければ買ったものとみなして代金を一方的に請求する |

### 4　クーリング・オフ——契約を一方的に解除できる権利

　消費者が商品を購入後，**必要がないのに買わされたと思った時に，契約を一方的に解除できる権利**のことをクーリング・オフという。時間をおいて頭を冷やすことからこの名前がついている。クーリング・オフの制度は特定商取引法のほか，いくつかの法律に基づいて設置されている。**行使できる期間や条件などが限定されており，必ずしも万能ではないことに注意が必要である。**例えば自分から契約を結んでいる通信販売の場合，クーリング・オフは原則として行えない。契約を解除する際には，一定期間内に右のような書面を相手に送付する必要がある。

---

### 参　考

**消費者保護の流れ**

| | |
|---|---|
| 1968 | 消費者保護基本法制定 |
| 1970 | 国民生活センター設置 |
| 1994 | 製造物責任法制定 |
| 2000 | 消費者契約法制定 |
| 2004 | 消費者基本法に改正 |
| 2009 | 消費者庁設置 |
| 2012 | 消費者教育推進法制定 |

### ●●もっとくわしく

**ネガティブオプション**

注文していない商品を勝手に送り付け，代金を一方的に請求する商法。自分が注文していない商品が届いた場合，消費者には原則14日間（場合により7日間），開封や使用せずに商品を保管する義務がある。この期間を過ぎてからは，どのように処分しても構わない。

### ●●もっとくわしく

**悪質商法**

この他にも副業を紹介するサイドビジネス商法や，無料でサービスを提供しながら最後は有料のサービスを買わせようとする無料商法などがある。

**通知書**

次の契約を解除することを通知します。

契約年月日　　令和　年　月　日
商品名
契約金額　　　　　　　　　　　円
販売会社　　株式会社○○○　○○営業所
　　　　　　　　　　　担当者　○○○○
クレジット会社　△△△株式会社

支払った代金○○円を返金し，商品を引き取ってください。

令和　年　月　日
氏名

▲クーリング・オフの書面の例

# ⑤ 消費生活を支える流通のしくみ

## ① 流通とは──生産者と消費者をつなぐしくみ

　私たちは，肉や野菜などの商品を購入する必要がある。しかし，すべての人が農家と直接野菜を売買する手段をもっているわけではない。このような生産者と消費者の間をつなぐしくみを**流通**という。流通業には，商品を消費者に売る**小売業**のほか，生産者と小売業の間に入る**卸売業**や運送を行う会社などがある。

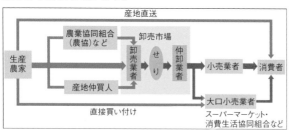

▲野菜の流通経路

## ② 商業──小売業と卸売業

　私たちがものを買う商店を**小売店**という。食料品店・書店などの専門店と，多くの種類の商品を販売する**百貨店・スーパーマーケット・コンビニエンスストア**などがあり，店の業態に応じて流通の経路が異なる。**レストラン**や**美容室**などはサービスを売る小売店ということができる。また，製造業者から大量に製品を買い取り**小売業者に商品を販売する業種を卸売業**という。卸売業が存在することにより，小売店は自分たちが必要とする数だけ商品を仕入れることができる。このような小売店や卸売業などを**商業**という。

## ③ 商品の流通と情報の流通──流通の形態

　製造業と商業は密接に関わっている。例えば小売店での売上状況がよければ，卸売業は仕入れる数を増加させるため，同時に製造業者も商品の製造数を増加させる。また，小売店での売上状況が悪ければ逆の動きになる。これらの一連の動きの中で，製造業者は消費者がどのような商品を求めているのかということを理解することができる。このように，**流通は商品の流通だけにとどまらず，情報の流通も行っている**ということができる。

●●●もっとくわしく

**流通関連業**
流通を専門に行うのは卸売業や小売業などの商業だが，これ以外にも商品を運ぶ運送業，商品の保管を行う倉庫業，流通の際の破損などに備える保険業，商品の販売に不可欠な広告業などをまとめて流通関連業という。さまざまな流通関連業と連携して経済活動が行われている。

●●●もっとくわしく

**小売業の売上高の変化**
近年は出店数の増加や，取り扱う商品数の増加などもあり，コンビニエンスストアが大型スーパーマーケットに迫る売上高になっている。

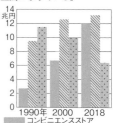

コンビニエンスストア
大型スーパーマーケット
百貨店
（経済産業省資料）
▲おもな小売業の売上推移

**見本市**
卸売業・小売業の人に自社の製品を買ってもらうため，製造業者が集まって見本市（展示会）を開くことがある。自動車なら東京モーターショー，ゲームなら東京ゲームショウなどがこれにあたる。

### 4　流通のしくみの変化──いろいろな流通

小売業は卸売業から商品を仕入れるとき，必要な数だけ購入することができる反面，卸売業者に支払う費用が商品に上乗せされてしまうことになる。そこで，**流通の効率を高めようと，人手を省き，流通費用を節約する**という流通の合理化が図られるようになっている。例えば，商品の在庫を保管する倉庫は企業が所持しているもののほか，倉庫業に代金を支払って借りているものもある。流通の合理化が行われると，在庫を一定量以上保管する必要がなくなり，倉庫費用が削減できる。

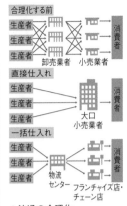

▲流通の合理化

### 5　プライベート・ブランド──安くて良質な商品を

製造業と小売店が直接手を組み，自社のブランドを作って生産から販売まで一元的に行うことがある。このようなブランドはプライベート・ブランド（PB）とよばれ，大手のスーパーマーケットやコンビニエンスストアにおいて流通している。このほかに，製造業者が直接消費者に製品を届けるしくみとして，インターネットにおける**オンライン・ショッピング**や，カタログによる**通信販売**などがあり，いずれも経費削減の効果が期待できる。しかしその反面，消費者が直接商品を手にとって確かめることができないため，店頭販売に比べて**消費者問題**[P.564▶▶]が起こりやすいという指摘もある。

---

### 🔍 研　究

## 流通の合理化を図るしくみとは？～ POS システム～

私たちがコンビニエンスストアで商品を購入するとき，店員は商品のバーコードを読み取っている。このときに働いているシステムがPOS（販売時点情報管理）システムである。このシステムにより，どの商品がいつ，どれくらい販売されたかが瞬時にわかるようになっている。店員は購買者のおおよその年齢や性別などを入力しており，こうした情報は本部に送られ，販売の分析に利用されている。例えば，「日曜日の昼間によく売れる弁当は何か」とか，「若い男性がおにぎりと一緒に買う飲み物は何か」といった調べ方ができるため，商品開発や販売分析に役立っている。

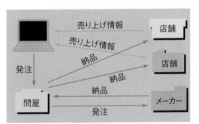

## §2 生産のしくみと労働

重要ポイント

□企業には，利潤を目的とする私企業と，利潤を目的としない公企業がある。
□私企業には個人企業と法人企業があり，法人企業で代表的なものが株式会社である。
□日本の企業は，約99%が中小企業である。
□企業は，利潤を追求するだけでなく，社会的な責任が問われるようになっている。
□労働者の権利は労働三法によって保障されている。
□非正規労働者や外国人労働者が増加し，労働の形は多様化している。

# ① 企業のしくみと役割

### 1 企業とは——経済主体の一つ

　企業とは，経営者によって生産の主体として組織されたものである。多くの企業は，利潤を得ることを目的として生産活動を行う**私企業**である。一方，利潤を得ることより，サービスの利用者の満足を高めることを重視して運営されている企業（**公企業**）もある。

### 2 生産の三要素——土地・資本・労働力

　企業が生産活動を行うためには，まず工場などを建てる**土地**（自然）や，工場建設費用や原材料を調達するための**資本**が必要となる。また，実際の生産活動に従事する**労働力**も必要となる。この3つを**生産の三要素**という。
　このようにして生産した財やサービスの一部を資本として再生産のための費用にあてることで，生産規模を拡大することを**拡大再生産**という。

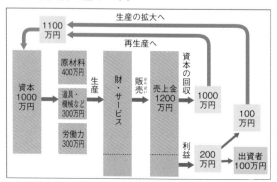

▲生産のしくみと利益の流れ

●●もっとくわしく

**企業の形態**

（2020年現在）

●●もっとくわしく

**生産要素**
企業がもっている特許や，労働者の技術などの「知的財産」を生産要素として含めることもある。

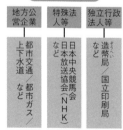

## 3 株式会社のしくみ——より多くの資本を集めるために

事業を起こすためには，事業の規模や企業家自身が準備できる資本の程度によっては，資本を広くつのる必要がある。そのため，**株式を発行**し，**株主**と呼ばれる出資者が株式を購入することで，より多くの資本を集めるという方法がある。この形態をとるのが**株式会社**である。株主になると，**持ち株数に応じて会社の利益の分配を受けることができ**（**配当**），**株主総会**において，**取締役などの役員の選出**や，**基本方針の決定**などの議決権をもつ。

株主総会で決定した方針に基づき，**取締役会**は利潤を獲得するために実際の経営にあたる。そして，株主総会により選任され，取締役を監査し，株主に報告するのが**監査役**である。株式会社は，株主総会・取締役会・監査役に権力が分立されているといえる。

## 4 株式の売買——株式を購入するメリット

株式は自由に売買できるという特性がある。株式の価格は**株式市場**における需要によって上下する。業績の良好な企業は株価が上がり，業績不振の企業は株価が下がる。業績のよい企業の株式を購入すれば，**配当**の増加が期待できるため，株価が上がり始めた企業の株式は，相乗的な人気で値上がりすることも多い。株価が下がれば損失が出るし，**株主はその企業が倒産した場合，株式の価値がゼロになるが，それ以上の責任は負わない**。これを**株主の有限責任**という。

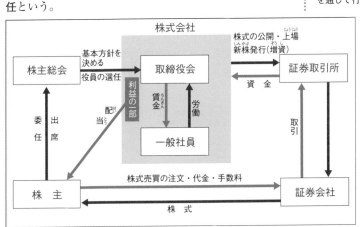

▲株式会社のしくみ

# ② 現代における日本の企業

## 1 大企業と中小企業──企業の規模による分類

　企業は資本金や従業員の数によって，大企業と中小企業に分類される。中小企業は中小企業基本法によって定義されている。**日本では全体の約99％が中小企業で，従業員数では約70％，売上高では約40％を占めている。**

| 業種 | 資本金 | | 従業員数 |
|------|--------|---|----------|
| 製造業など | 3億円以下 | ま | 300人以下 |
| 卸売業 | 1億円以下 | た | 100人以下 |
| 小売業 | 5000万円以下 | は | 50人以下 |
| サービス業 | 5000万円以下 | | 100人以下 |

▲中小企業の定義（中小企業基本法による）

**用　語**

**中小企業基本法**
1963年の法律は「大企業と中小企業の格差の是正」を目的としていたが，1999年の改正で，「中小企業の自助努力への支援」へと目的が改められ，中小企業の定義においては資本金の額やサービス業の従業員数基準が修正された。

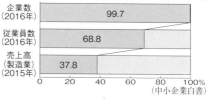
▲中小企業の日本経済に占める割合

## 2 中小企業の躍進──格差を乗り越えて発展

　大企業と中小企業では，事業の規模の違いから**賃金の格差**が出てしまい，かつては**二重構造**とよばれるほど大きなものであった。一時はある程度解消されたものの，近年は経済の自由化が進展し格差が再び拡大している。

　このような中で，日本の中小企業はモノづくりの技術に磨きをかけ，世界の市場でトップシェアとなる商品を生み出している。また，新しい技術（**革新的技術，イノベーション**）を背景に，新しい企業を立ち上げる動きが注目されている。これらの企業は**ベンチャー企業**とよばれ，日本経済を活性化させるものとして期待されている。

　経済産業省は，大学の教職員や学生による優れた研究成果を利用した起業（大学発ベンチャー）を後押しする政策を推進している。

**参　考**

**日本ベンチャー大賞**
日本ベンチャー大賞は，社会的にインパクトが大きい新事業を作り出した起業家やベンチャー企業を表彰するもので，経済産業省が行っている。平成30年の日本ベンチャー大賞には株式会社メルカリが選ばれている。政府は次世代の経済と新たな雇用を促進させるためにチャレンジ精神あふれる企業の後押しをしている。

小型・極小ベアリング
イカ釣り機
高感度発光検出装置
製鉄用ロータリーシリンダ
紙幣計算機用真空ポンプ
非放射性夜光塗料
赤外線ランプイメージ炉
廃水処理用乾燥機

▲中小企業から生まれる世界トップシェアの商品

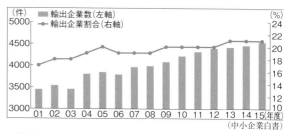
▲輸出企業の数と割合の推移（中小製造業）

## ③ 企業のグローバル化——海外に進出する日本企業

グローバル化が進む中で，企業間の国際競争はますます激しくなっている。**多国籍企業**として世界に展開する会社には，**コスト削減のために工場を海外に移転**する企業や，国際的なブランド力，企業独自の商品やサービスを背景に市場を海外に拡大する企業などがある。

日本のメーカーの家庭電化製品やカメラなどの多くが海外で製造されるようになっている一方で，商品の品質やきめ細かいサービスなどを強みとして海外に市場を拡大する企業も増加している。

## ④ 企業の社会的責任——利潤のほかに求められるもの

企業は利潤追求を優先して公害を発生させたり，雇用を不安定にさせたりすることがあってはならない。そのため，最近では企業に**コンプライアンス**（法令遵守）の精神が強く求められるようになった。また，雇用の確保，消費者保護，環境保護などにとどまらず，教育・文化活動にまで貢献することが求められているのである。具体例として，小中学校で仕事についての講座を行ったり，コンサートなどの芸術的活動を主催したりすることがあげられる。このように新しく企業が担うようになった**企業の社会的責任**（シーエスアール：Corporate Social Responsibility）は，企業の経営が，営利目的の活動である以上に社会的な活動だということを示す概念だといえる（参考：ＳＤＧｓ [P.608▶▶]）。

### ●●もっとくわしく

**多国籍企業**
複数の国に法人格をもつ子会社をおいて世界規模で経営を行う企業のこと。

| 順位 | 社名 | 国名 | 収益（億ドル） |
|---|---|---|---|
| 1 | ウォルマート・ストアーズ | 米 | 5,144 |
| 2 | Sinopec | 中 | 4,147 |
| 3 | ロイヤル・ダッチ・シェル | 蘭 | 3,966 |
| 4 | 中国石油天然気集団 | 中 | 3,930 |
| 5 | 国家電網公司 | 中 | 3,871 |
| 6 | サウジ・アラムコ | 沙 | 3,559 |
| 7 | BP | 英 | 3,037 |
| 8 | エクソン・モービル | 米 | 2,902 |
| 9 | フォルクスワーゲン | 独 | 2,783 |
| 10 | トヨタ自動車 | 日 | 2,726 |

（『データブック　オブ・ザ・ワールド　2020年版』）

▲世界の大企業（2018年）

### ●●もっとくわしく

**コンプライアンス**
法令のほか，企業のルールに基づいて生産・サービスなどを行うこと。賞味期限切れの原材料を使用して食中毒を起こした事件などから注目された。

---

## ？Q&A 企業は誰のためのもので，何を求められているのか？

企業は「社長のため」にあり，経営者の利潤だけが求められていると思うかもしれない。しかし，企業には多くの人たちが関わっており，この人たちが企業をつくり上げているという側面もある。

例えば，利用客は低価格で高品質な商品やサービスを求めており，社員は仕事のやりがいや賃金を求めて企業にいる。取引業者は代金と安定した関係を望んでおり，社会全体は企業に健全な経営と社会的責任を求め，株主は配当などを求めている。そして，経営陣は報酬のほか，株主からの信任を求めて経営を行っているということができる。

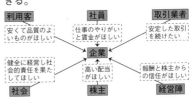

# ③ 働くことの意義と労働者を守る権利

## 1 人はなぜ働くのか——収入や社会参加のために

　私たちは，働くことで生きるために必要な収入を得ることができ，これにより家計[P.560▶▶]における衣食住などに関する日々の支出をまかなっている。また，働くことによって社会に参加し，国全体の経済活動に参加する。日本国憲法でも**勤労は権利および義務**であると規定されており，**職業選択の自由**も保障されている[P.506▶▶]。このように，労働は収入を得る手段であると同時に社会参加という意味をもっている。

## 2 労働者の権利——働くときに確認すること

　働く人たちの権利は，日本国憲法のほか，さまざまな法律によって守られている。例えば，**労働基準法**によって，以下のように「人たるに値する生活を営むための必要を充たす最低基準」が定められている。

| 労働条件 | 労働者と使用者が対等の立場で決定 |
|---|---|
| 男女労働者 | 男女同一賃金 |
| 賃金 | 通貨で直接，月1回以上，一定の支払期日を決めて全額を支払う |
| 労働時間 | 一日8時間以内，一週間40時間以内，8時間を超える勤務の場合1時間以上の休憩を与える |
| 休日 | 毎週1日以上，4週で4日以上の休日 |
| 年少者 | 満15歳未満の子どもを使ってはならない<br>満18歳未満は深夜労働や危険な作業に使ってはならない |
| 産前産後休暇 | 産前は申請によって6週間，産後は8週間の休業を与える |
| その他 | 差別・強制労働の禁止 |

　また，労働者に保障されている**団結権・団体交渉権・団体行動権（争議権）**の**労働三権**を確保するために，**労働組合法**が制定されている。この法律では，使用者が労働組合の活動のじゃまをしたり，組合員に対して不当な扱いをしたりすることを禁じている。加えて，労働者と使用者の対立を調整するために**労働関係調整法**が制定されている。

社会の一員として，務めを果たすため 14.5%
自分の才能や能力を発揮するため 7.9%
わからない 4.2%
お金を得るため 56.4%
生きがいを見つけるため 17.0%

（2019年）　　（内閣府資料）
▲働く目的

●●もっとくわしく

**日本国憲法に定められた勤労関連条項（条文）**
第27条　①すべて国民は，勤労の権利を有し，義務を負う。②賃金，就業時間，休息その他の勤労条件に関する基準は，法律でこれを定める。③児童は，これを酷使してはならない。

●●もっとくわしく

**最低賃金**
最低賃金法に基づいて，物価も考慮しながら都道府県別に定められている。2020年度で最も高い時間額は東京都の1,013円であり，最も低い時間額は岩手，高知，沖縄などの790円である。

●●もっとくわしく

**労働三法**
労働者を守るための基本的な三つの法律である。労働基準法・労働組合法・労働関係調整法をあわせて労働三法とよぶ。
P.511▶▶

## 3 労働組合の役割——組織率低下の中で

　労働組合は、使用者よりも立場の弱い労働者が集まり、賃金や労働時間などの労働条件の改善を求めて、使用者と交渉するための組織である。交渉がまとまらないときはストライキなどの団体行動を行うこともある。第二次産業に従事する人が多かった1970年代までは、労働組合の組織率は高く、待遇改善の成果を上げてきた。しかし、就業形態や、会社組織、さらに労働者の価値観が多様化している現状においては、組合員の数は減少し、労働組合の組織率も低下傾向にある。このため、雇用形態などに関係なく、また一人での組合の組織を援助するような団体が創設されている。

## 4 雇用形態の変化——多様化する雇用

　1990年代中頃までの日本では、ほとんどの企業において、就職してから定年まで雇用関係が保たれる終身雇用制度が採用されていた。賃金制度については、年齢とともに上昇する年功序列型で、労働者の立場は安定していた。

　しかし、バブル崩壊以後、産業構造の変化や経済のグローバル化による競争の激化、労働者の高齢化などにより、これらの制度を見直す企業が増加した。正社員の新規採用を減らして、中途採用を増やすほか、リストラにより正社員を減らし、パートタイマーやアルバイト、派遣社員、契約社員といった非正規雇用が増加している。このことにより人件費の抑制が期待できるためである。また、勤続年数ではなく、労働者の能力や仕事の成果などを重視した賃金制度（成果主義）に変える企業も増加している。

　しかし、経済情勢悪化などの際、非正規労働者は雇用調整の対象になりがちである。非正規労働者に専門技能の習得をうながすとともに、社会全体で職業訓練などのセーフティーネットを整備していくことが必要である。

### 参考

労働組合組織率

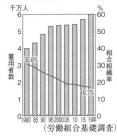

（労働組合基礎調査）

### ●●もっとくわしく

**労働運動**

労働条件や労働者の待遇の改善を求めて労働者が起こす運動。団体交渉のほか、ストライキなどを行う権利も認められている。

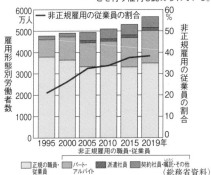

▲雇用形態別労働者数の推移

|  | 正規労働者 | 非正規労働者 | 正規労働者を100とした場合の格差 |
|---|---|---|---|
| 賃金（千円） | 325.4 | 211.2 | 64.9 |
| 勤続年数（年） | 13.0 | 9.1 |  |

※賃金は1か月あたり。　（賃金構造基本統計調査）

▲正規労働者と非正規労働者の格差（2019年）

### ●●もっとくわしく

**セーフティーネット**

安定した雇用をつくることや最低賃金のあり方を見直すなど、最低限の生活ができるためのしくみのこと。職業訓練や生活保護の支給などがこれにあたる。

**5**　**失業**——働きたいのに働けない人々

　経済構造が不況に陥ると，企業は**経営の合理化**を図る必要に迫られ，雇用を縮小する。そうすると，それまでのように働けなくなる人々が出てくる。これを**失業**という。失業は人々の安定した暮らしを阻害してしまう。

　近年では，**失業率**の上昇が問題となっているが，特に若年層の失業率が高まっている。失業率の改善のために，政府は失業者に対して**公共職業安定所（ハローワーク）**などを通じ，就職先の紹介などを行ったり，公共の職業訓練施設などを設けて技能訓練などを行っている。

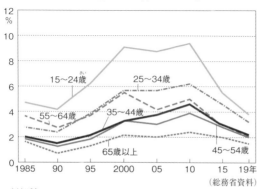

▲年齢層別の失業率の推移

**6**　**転職**——自分の経験を生かした労働のために

　以前は**転職**に対して，「こらえ性がない」などの否定的なイメージが付きまとうことが多かった。しかし，近年では今までの経験が評価されるとして，労働者・使用者ともに肯定的にとらえるケースが増加しており，転職に対する抵抗感をもたない人が増えてきた。そういった世の中の流れを受けて，転職のサポートや，人材の育成を行う**人材派遣会社**や**人材バンク**が活用されるようになってきた。また，民間会社だけではなく，**地方公共団体**も施設を設けて，カウンセリングや就職・転職講座を開講するなど，積極的に転職支援に取り組んでいる。

　また，ほかの会社に就職するのではなく，勤めていた会社を退職して自ら事業を始める（**起業**する）人も，以前に比べると増えてきており，人々の企業に対する価値観が多様化してきているといえる。

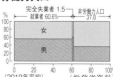

## 7　女性と労働——女性の社会参加の推進

　日本の企業に雇用されている労働者のうち，4割以上を**女性が占めている**。このように働く女性が増えた背景には，サービス業など，女性が働きやすい職種が増えたことや，女性の高学歴化によって社会参加への意欲や自立傾向が高まったことなどが考えられている。また，不況やリストラなどが原因で家計への不安が常態化したことによる，**共働きの増加**も要因である。

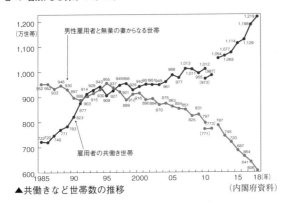
▲共働きなど世帯数の推移　　　　　（内閣府資料）

## 8　女性の雇用形態——なぜ非正規雇用が多いのか

　女性労働者の正規雇用は全体の約4割で，半数以上は非正規雇用である。これは，正規雇用の女性が，結婚や育児を理由に**退職**し，復職する際に非正規雇用となるケースが多いことが原因となっている。

　その背景には，**女性が現在もなお育児や家事といった家庭における責任を担っており，その役割を果たすには，正規雇用よりも，非正規雇用の方がスケジュールが調整しやすい**という状況がある。そのため，女性の**賃金は低くなる傾向**がある。

　近年では，正規雇用として女性が復職できるよう，産休・育休などの休業制度も整いつつある。女性の就業は拡大し，就業者に占める女性の割合は増えているものの，管理的職業従事者においてはいぜんとして低い水準にとどまっている。欧米諸国のほか，アジア諸国と比べてもかなり低い。

### ●●もっとくわしく

**女性の雇用の形態別の割合**

派遣社員 3.1%
契約社員など 6.7%
その他 4.7%
正規の社員・従業員 42.7%
2719万人
パートタイマー 34.0%
アルバイト 8.8%
（2019年）　　　（総務省資料）

**各国の性別・年齢別労働力率**

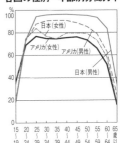

日本（女性）
アメリカ（女性）　アメリカ（男性）
日本（男性）

※労働力率＝（労働力人口÷人口）×100
（2018年）　　　（厚生労働省資料）

### 📖用語

**セクシュアルハラスメント**
仕事での立場を利用した，女性だから，男性だからという理由で行われる嫌がらせのこと。事業主には，適切な措置が義務づけられている。

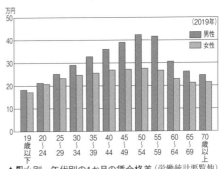

（2019年）
■男性
■女性

▲男女別・年代別の1か月の賃金格差（労働統計要覧他）

# ④ 働きやすい環境をめざして

## 1 労働とグローバル化——増える外国人労働者

　グローバル化が進むにつれ，多くの外国人が日本で働くようになった。その数は，厚生労働省の資料によると2020年現在，150万人以上の外国人労働者が働いている。2018年，政府は，外国人労働者の受け入れを拡大する出入国管理法改正案を閣議決定し，外国人材の新たな受け入れ体制を整備することが示された。これにより一定の専門性・技能をもった外国人材を受け入れることができるようになった一方で，外国人の就労が大都市圏の特定地域に偏り，悪質な仲介業者が介在しないように必要な措置を講じることとした。また外国人の人々が暮らしやすい地域社会になるよう，医療・保健・教育・住宅・金融・通信など生活のあらゆる場面において受け入れの整備をすすめ，相談窓口を創設するなど外国人の人々が日本で働いていけるための環境整備をしていくことが政府の方針として示された。

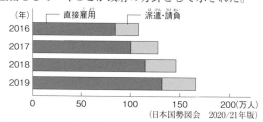

▲外国人労働者数の推移

## 2 ワーク・ライフ・バランス——仕事と家庭生活との両立

　働くことは重要なことであるが，人々は働くこと以外にもさまざまな活動をしている。今までの日本では仕事が優先され，家庭生活などが後回しにされることが多かったが，最近では，これらの仕事以外の活動についても重要視されるようになっている。仕事と家庭生活や地域生活がうまく調和していることをワーク・ライフ・バランスといい，この実現のためには労働時間の短縮や雇用の安定などさまざまな対応が必要だと考えられている。また，育児・介護といった仕事以外の活動については，家族だけでなく社会全体で行っていくという発想の転換も必要になっている。

●●もっとくわしく

**外国人労働者の受け入れ基準**
外国人が専門性を必要としない単純労働に就労することは原則として認められていなかった。2018年，外国人労働者の受け入れを拡大するために改正入国管理法が再改正され一定の技能を持つ外国人には在留資格が緩和されることとなった。これにより外国人を単なる労働者ではなく，生活者として受け入れるための支援策も整えられることとなった。

●●もっとくわしく

**高度外国人材として働けない**
日本で働く外国人の中で，「留学生のアルバイトなど」「技能実習」に次いで今急増しているのが，「高度外国人材」と呼ばれる人々である。特に，彼らは，エンジニアや通訳，デザイナーなど高度な技能が必要な仕事に従事している。雇う側の日本企業は，彼らに日本人と同等の給料を支払うことが求められているが，「高度外国人材」に「高度」ではない仕事をさせたりする問題が起きている。本来，高度人材に専門以外の仕事をさせることは，法律上禁止されており，出入国在留管理庁もこうした事態を問題視している。

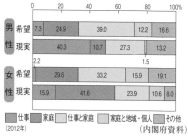

▲生活についての希望と現実（30〜39歳）

### 3　生きがいとしての労働——高齢者と社会の結びつき

　私たちはこれまでに, 労働の意義が収入を得ることと社会参加にあることを学習してきた[P.572▶▶]。高齢者の中には, まだまだ働くことができるにもかかわらず, 高齢であるという理由だけで働けず, 社会とのつながりが少なくなってしまう人もいる。少子高齢化が進み, 労働力人口が減少している日本においては, 労働力の確保のためにも高齢者の雇用が必要となる場面があり, 現在は高齢者の雇用に関する対策が急務となっている。また, 女性や若者の就職難についても対策がとられるようになっている。働きたい人が働けるようになり, 仕事を通じて社会参加が実現されることで, よりよい社会が構築できるようになっていくはずである。

| | | |
|---|---|---|
| 雇用創出策 | 介護 | 就労しながら介護資格を取得できるように支援 |
| | 環境・農林業 | 直売所の設置, 地域ブランド立ち上げを支援。太陽光発電の施工人材を育成 |
| | 地域社会の雇用 | NPO法人や社会起業家を活用し保育事業など |
| 緊急支援策 | 職業訓練 | 生活費も支給する職業訓練枠を5万人分 |
| | ワンストップサービス | 職業や住居などの相談・手続き窓口を一本化 |
| | 住宅対策 | 失業者向けの公営住宅 |
| | 新卒者支援 | ハローワークに雇用専門職の配置 |
| | 雇用維持支援 | 助成金手続きの簡略化など |

▲政府のおもな雇用対策

### 4　ワーキングプア——低賃金が生む問題

　非正規雇用（または正規雇用）で働いても, 最低限の生活を営む収入が得られない人たちをワーキングプアとよぶ。非正規雇用者の約5割は年収200万円未満で, 場合によっては生活保護の支給額を下回ることもある。彼らは雇用保険に加入していないことも多く, 失業した際に失業保険を受けることもできない。そのため, 失業して住む場所を失い, ネットカフェで夜を過ごし, 昼間は日雇いの仕事でなんとか生活しているという不安定な状態で過ごす人も少なくない。政府と社会全体でこれらの問題の解消のために, 最低賃金を含む賃金制度の見直し, 安定した雇用の創出, あるいは職業訓練などのセーフティーネット[P.573▶▶]を完備していくことが求められている。

●●もっとくわしく

**ワーキングプアと携帯電話**
ワーキングプアとよばれる人びとのほとんどは携帯電話を所持している。「お金がないなら携帯電話を解約すればいいのではないか」と思うかもしれないが, 日雇い労働の依頼はすぐに返事をしなければならないことが多いため, 彼らは自らの生活を何とか維持するためにも, 携帯電話を手放すことができないのである。

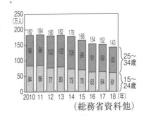

▲フリーターの推移

### ？Q&A　「働き方改革」って何？

　2019年4月1日より働き方改革関連法の一部が施行された。大企業・中小企業問わず, 経営課題の1つになっている「働き方改革」は, 働く人々が個々の事情に応じた多様で柔軟な働き方を自分で「選択」するための改革とされている。こうした背景には, 長時間労働による自殺や過労死問題がある。

## §3 価格と金融

□ものやサービスが売買される場のことを**市場**という。

□さまざまな市場が社会に行き渡っている経済のことを**市場経済**という。

□価格は，需要と供給によって決定される。

□供給する企業が少ない市場は，**寡占**とよばれる状態にある。

□資金の貸し借りを**金融**と呼び，中心となる銀行は利子により利益を得ている。

□銀行などの金融機関に預けられた預金は，通貨の役割も果たしている。

□**日本銀行**は，発券銀行・政府の銀行・銀行の銀行とよばれる。

□日本銀行は金融政策によって，銀行の資金量などを調整している。

# ① 市場経済のはたらき

## 1 市場経済とは何か──この参考書はどこで買った？

　欲しい物を欲しいだけ，無料で手に入れることができたら，人はとても満足した生活を送ることができるだろう。しかし，現実には全員が欲しい分だけ世の中に物が存在するわけではない。そのために，お金を払ってでも欲しい人だけがその物を手に入れることができるようになっている。商品はさまざまな**流通**[P.566▶▶]を経て，消費者の手元に届いている。原材料は姿や形を変えながら，商品を生産する企業に到達するが，形を変えるたびに，必ず売買がともなっている。例えば，印刷業者にとって木材そのものは欲しいものではないが，木材を加工した紙はお金を払ってでも欲しいものであり，代金を支払って紙を購入する。

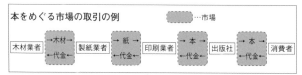

本をめぐる市場の取引の例　　　 …市場

| 木材業者 | →木材→ ←代金← | 製紙業者 | →紙→ ←代金← | 印刷業者 | →本→ ←代金← | 出版社 | →本→ ←代金← | 消費者 |

　このように商品は売買を繰り返して人の手に渡っていくが，商品が売買される場のことを**市場**という。市場という場合は商品が売買される具体的な場所を指すのに対し，市場は特定の商品が売買される場のことをいう。あらゆる市場が社会に行き渡っている経済のことを**市場経済**という。市場経済においては，**価格と自由な取引**が経済のしくみの中心となっており，現在はほとんどの国で採用されている。

**誰もが手に入れられるもの**
昔から水や空気は「全員が欲しい分だけ世の中に存在するもの」として，無料で手に入れることができると考えられていた。しかし現在，水道代は無料ではないし，ペットボトルに入ったミネラルウォーターは水道水の何倍もの値段が付けられているにもかかわらず，かなりの売上を誇っている。

**計画経済**
かつてのソ連(現ロシア連邦)では，商品の生産・分配・流通・価格などを政府の指導により供給する計画経済というシステムが採用されていた。

## 2 需要と供給——買う側の論理と売る側の論理

　私たちは，商品を欲しい（需要）と思ったときに，その価格が高すぎれば買おうとは思わないが，安ければ買おうと思う。これを表しているのが下の青色で示した**需要曲線**である。右下がりの需要曲線は，**価格が安ければ安いほど，買おうとする人の数が増える**ことを示している。

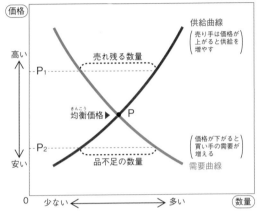

▲需要曲線と供給曲線

　商品を売る（供給）側の行動を表しているのが上の赤色で示した**供給曲線**である。供給側は**価格が高いほど，売る数量を増やそうとする**ため，供給曲線は右上がりとなる。

　上の図を使って，供給側が設定した価格が高すぎる場合を考えてみよう。価格を仮にP₁としたとき，供給側は多く生産するのに対して，需要側はそれほど欲しいと思う人の数は多くないため，売れ残りが生じる。このことを**超過供給**といい，これを解消するために供給側は価格を下げるなどの方法を取る。

　また，供給側が設定した価格が安すぎる場合を考えてみよう。仮に価格をP₂としたとき，商品を欲しいと思う人の数が多いのに対して，供給される量が少ないため，釣り合わず，品不足が生じる。このことを**超過需要**といい，これを解消するために供給側は価格を上げるなどの方法を取る。このような動きを経て，価格は需要と供給が一致する金額であるPに落ち着くようになる。これを**均衡価格**といい，市場のメカニズムは一部の例外を除いて，政府などが積極的に介入しなくても，自動的に均衡価格に落ち着くようになっている。これを**価格の自動調節機能**という。

●●もっとくわしく

**なぜ値下げをしてまで売るか**
P₁の状態で売れ残るのを防ぐために値段を下げる例として，閉店時間前のスーパーで売っている弁当や生鮮食品などがあげられる。割引をしてしまうと，利益が減るのだから企業は割引をすべきではないと考えるかもしれない。しかし，弁当などが売れ残ると，利益が出ないばかりか，ゴミとして処理する際の費用もかかってしまう。そのため，たとえ原価以下の金額になったとしても，弁当などを割引して売り切ってしまったほうが企業にとってメリットがあるといえる。

参　考

**需要に供給が追いつかない例**
P₂の状態になる商品としては，ブームになったおもちゃなどが例としてあげられる。発売してすぐの頃やクリスマスの時期には，おもちゃの需要が急激に高まるので供給が追いつかなくってしまい，なかなか手に入らないことがある。

# ② 価格の動向

## 1 価格の働き——変化の度合いを知らせる役割

　商品の**価格**は，**商品を購入する際に支払う金額**を示している。商品一個あたりの単価であったり，１パッケージあたりの単価であったりと，価格の表示にはさまざまな方法がある。消費者はこの価格を参考にして，消費行動をとっている。

　例えば，熱帯夜が続くと桃は不作となり，価格は上昇する。このとき，私たちは価格が上がり続ける桃を今までどおりの数だけ買うことはできない。そのため，私たちは別の果物へと**需要**を変えようとする。一方で，**供給**側は高く売れる桃の増産のために資本を投入したり，外国から桃を輸入して販売しようとしたりする。そしてりんごなどの別の果物の人気が高まっていくと，最終的に桃は普段の価格に落ち着いていくことになり，供給側は通常の生産体制に戻そうとする。

　このように，商品の価格の変化によって，生産量や消費量が調整されているのである。

## 2 物価とは——さまざまな商品の価格の平均

　価格と似た言葉に**物価**がある。これは，**さまざまな商品やサービスの価格を総合して平均したもの**である。代表的な指標として消費者物価があり，これは日常生活において消費者が購入する財やサービスの平均価格を示したもので，総務省が発表している。また，日本銀行が発表している企業物価は，企業間で取引される価格の平均を示している。**消費者物価指数**や**企業物価指数**とよばれるものは，基準となる年の物価を100とし，それ以外の年の変化を見るものである。例えば，昨年を基準年として，今年の物価指数が100を上回っていれば，今年は全体的に商品やサービスの価格が上昇していることがわかる。同様にして物価指数が100を下回っていた場合は，全体的に価格が下落傾向にあることがわかる。物価が持続的に上昇し，貨幣価値が下がり続ける現象を**インフレーション（インフレ）**，物価が持続的に下落し，貨幣価値が上がり続ける現象を**デフレーション（デフレ）**という。

●●もっとくわしく

**価格の変化の例**

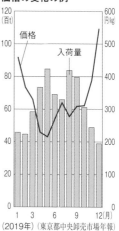

▲きゅうりの入荷量と価格の関係

（2019年）(東京都中央卸売市場年報)

●●もっとくわしく

**生産量の調整**
野菜などがあまりに豊作で，価格が安くなりすぎる場合に，あえて商品を廃棄して供給量を減らし，価格を維持するという方法がとられることもある。

●●もっとくわしく

**物価指数の推移**

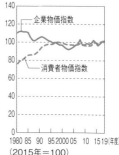

1980 85 90 95 2000 05 10 15 19(年度)
（2015年=100）

（総務省資料他）

§3　価格と金融　**581**

公民編

第1章　現代社会とわたしたちの生活
第2章　わたしたちの生活と民主政治
第3章　わたしたちの生活を支える経済
第4章　世界平和と人類の福祉

### 3　寡占と独占——供給する企業が少ないと…？

　価格は商品の買い手（需要）と売り手（供給）の論理によって決定されている。しかし，商品の種類があまりに少ない場合，市場メカニズムがうまく働かずに，必ずしも買い手の意見が反映されないまま，価格が決定してしまっていることがある。少数の企業が生産や販売市場を支配している産業を**寡占市場**というが，この寡占の状態をイメージしやすいのは清涼飲料水の業界である。

　コンビニエンスストアで売られている，ペットボトルに入ったお茶を何種類か思い出してみよう。そこで気づくのは，一部のブランドの商品を除けば，ほとんどが同じ価格であるということである。このように，寡占化が進むと，価格よりも品質やデザインの面で競争することが多くなり，価格は少数の企業が足並みをそろえたものになりやすい。このような価格を**独占価格**（寡占価格，管理価格）という。

●○●もっとくわしく

**寡占化の進んだ産業**

[2016年，※は2009年]

即席めん※

清涼飲料※

薄型テレビ

家庭用ゲーム機※

乗用車

パソコン

（日本経済新聞社資料）

### 4　寡占化の対策——公正取引委員会の役割

　商品生産，販売の寡占状態が長く続くと，価格競争がにぶり，例えば生産コストが下がっても，価格に反映されにくくなる。これが**価格の下方硬直性**である。また，企業の都合に合わせた価格の引き上げを行う**価格カルテル**を設定したり，商品に法外な価格を設定したりする可能性もでてくる。このため，政府は**独占禁止法**を制定し，**公正取引委員会**が価格カルテルの禁止や市場の監視を行って，自由な競争と市場経済の健全な発展に努めている。

●○●もっとくわしく

**寡占価格と独占価格**
商品を供給する企業が1社しかないような場合，その企業は独占企業とよばれ，狭義ではここで定められた価格のことを独占価格という。しかし，広義には寡占価格と独占価格はほぼ同じ意味で使われている。

●○●もっとくわしく

**価格カルテル**
市場が寡占になった場合に，売り手どうしがしめし合わせて価格をつり上げること。これは，独占禁止法において禁止されている。

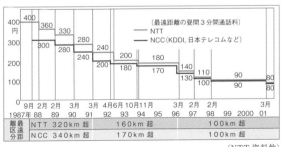

（NTT資料他）

▲競争による価格の低下

## 5 価格の変化——需要曲線と供給曲線の動き

商品の価格は、さまざまな要因によって変化するが、需要曲線と供給曲線[P.579]▶▶が移動するいくつかのケースについて考えてみよう。

### ケース1

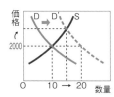

需要曲線が右に移動している。これは、全体的にものの売れる量が多くなることを示している。例えば2,000円の商品の需要量が10から20に増えたときがこれにあたる。所得の増加、例えば給料日などにこのような変化が起こる。均衡価格は上昇し、取引される数量は増加する。

### ケース2

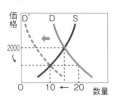

需要曲線が左に移動している。これは、全体的にものの売れる量が少なくなることを示している。例えば2,000円の商品の需要量が20から10に減ったときがこれにあたる。所得が減少した場合や、給料日前にこのような変化が起こる。均衡価格は下落し、取引される数量は減少する。

### ケース3

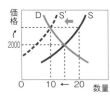

供給曲線が左に移動している。これは、全体的に市場の商品の量が減少していることを示している。例えば2,000円の商品の供給量が20から10に減ったときがこれにあたる。原材料の価格が上昇した場合などにこのような変化が起こる。均衡価格は上昇し、取引される数量は減少する。

### ケース4

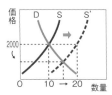

供給曲線が右に移動している。これは、全体的に市場の商品の量が増加していることを示している。例えば2,000円の商品の供給量が10から20に増えたときがこれにあたる。新技術の開発（技術革新）で、生産コストが下がったときなどにこのような変化が起こる。均衡価格は下落し、取引される数量は増加する。

●●もっとくわしく

**見えざる手**
アダム・スミスは『国富論』の中で、「生産や消費などの経済活動は、国民の自由にまかせておけば〈見えざる手〉によって自然にうまく調整されるものである」と述べている。

🔍 **参　考**

**需要曲線が右に移動する日**
日本の多くの子どもにとって、需要曲線が一番右に移動する日といえば正月だろう。お年玉をもらって普段よりも多くの金額を使うことができるようになり、買うものの価格や数量が大きく増加すると考えられる。企業もこの変化に敏感に対応しており、おもちゃ屋などは正月から営業するところがあるほか、福袋などを用意して消費の拡大を狙っている。

●●もっとくわしく

**技術革新**
技術が発達すると、今までよりもかかるコストが飛躍的に下がることがある。例えばパソコンは性能などが向上しながらも、以前に比べて価格は大きく下がったため、急速に普及したといえる。

**6　公共料金**——政府が決定する価格

　商品やサービスの価格は市場において決定されるが，独占や寡占の場合は必ずしも消費者が納得できない価格となることがある。

　**電気とガス**の価格の場合，各地域で家庭に電気やガスを供給する企業は，一社しか存在せず，いわゆる独占の状態になっていることが多かった。生活に必要不可欠なサービスを供給するこれらの企業が，独占しているからといって法外な料金をつけてしまうと，私たちは料金を支払うことができず，生活できなくなってしまう。そのため，これらの価格については，国や地方公共団体の認可が必要で，企業が自由に価格を設定することができなくなっている。

　このような公共性の高い価格のことを**公共料金**といい，電気やガスのほかにも，**鉄道やタクシーの運賃**，**郵便料金**などにおいても価格の決定に制約が加えられている。

| 政府が決定するもの | 社会保険診療報酬，介護報酬 |
|---|---|
| 政府に届け出るもの | 電気通信料金（一部），国内航空運賃，郵便料金（手紙・はがき） |
| 政府が認可するもの | 電気料金，鉄道運賃，都市ガス料金，バス運賃，高速自動車国道料金，タクシー運賃，郵便料金（通信教育用等） |
| 地方公共団体が決定するもの | 公営水道料金，公衆浴場入浴料，公立学校授業料 |

▲おもな公共料金

**●●もっとくわしく**

**電力供給は地域で１社だけ？**
電気はこれまで地域の電力会社からしか購入することができなかったが，最近では，ガス会社が設立した企業などが電力供給に参入してきている。例えば大阪府庁の電気を提供している（2020年現在）のは，関西電力ではなく，別の企業である。

**参　考**

**社会保険診療報酬**
社会保険診療報酬は，保険診療を受けたときに医療行為等の対価として計算される報酬のこと。それぞれの医療行為に点数がついており，その点数にもとづいて計算される。医療は公共性の高いサービスであるので，この価格の決定は政府によってなされる。

**？ Q&A　フィンテックって何？**

　フィンテックとは英語で「FinTech」と書き，「Finance」と「Technology」が掛け合わさった言葉で，金融業界に新たな技術を持ち出すことによって生み出された金融関連のサービスを指す。フィンテックが世界的に注目されている背景は，2008年のリーマン・ショックを皮切りに金融業界に大きな変化が訪れ，IT技術を用いたさまざまな金融サービスや企業が次々と発展したことにある。店舗で買い物の支払いをする時に現金を必要としない各種電子マネーや二次元バーコード決済などの「スマートペイメント」，国が発行している通貨とは異なる「仮想通貨」，過去の取引の流れからAIが解析して投資や資産運用に関するアドバイスを受けられるという「AI投資分析」，プロジェクトを立ち上げてインターネット上で資金提供を受ける「クラウドファンディング」などがある。今後も金融サービスにIT技術を活用した画期的なサービスが生まれていくことが予想される。

# ③ 生活と金融機関

## ❶ 金融とは——お金の融通

　融通とは「必要に応じて自在にやりくりする」ことを意味する言葉であり，金融とはまさしく「**お金の融通**」のことである。お金に余裕のある人から，お金を借りたいと思っている人へ，さまざまな手段により資金が提供されることを金融という。お金を提供するときには必ず見返りがあることが重要である。例えば，資金を貸した人や国債や社債などの債券を購入した人には利子が返ってくるし，株式を購入すれば配当などがもたらされる。

## ❷ 直接金融と間接金融——金融のちがい

　「**金融機関**」というと，現金，資金を提供してもらうイメージが強いが，金融のはたらきはそれだけではない。**企業が株式や債券を発行して，資本家などから直接お金を集めることがあり，これを直接金融**という。これに対して，資本家などが預金している資本を，市中銀行などの**金融機関を通して企業が借り受けることがあり，これを間接金融**という。

　アメリカなどの国々では直接金融の割合のほうが高いが，日本では間接金融の割合が高い。しかし，仲介をはさむと手数料などが増える。このため，危険性を自ら管理してでも，効率のよい直接金融の割合が日本国内でも少しずつ増加傾向にある。

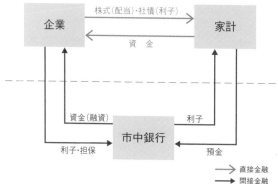

▲金融の関係

### ●●●もっとくわしく
**債券**
債券とはお金を借りた際に発行される証明書のことである。債券は証券市場で売買され，購入すると貸し主としての権利が発生する。債券には会社が発行する社債のほか，国や地方公共団体が発行する国債・地方債などがある。

### 🔍 参　考
**株券**
株式会社の株主がもつ，権利を記した証書。もっている株数によって，配当などの権利の大小が決められる。2009年に電子化され，紙に印刷されたものの発行は廃止された。

### ●●●もっとくわしく
**直接金融と間接金融の特徴**
**間接金融**
・銀行が誰にお金を貸すのかを決める。
・銀行は借り手に対して厳しい審査をして，返済されない場合を想定して担保を求める。
・借りたお金は返済しなければならない。
・預金者にとって，元金は減らないが，利子分がもうけとなる。
**直接金融**
・出資者が誰に出資をするのか決める。
・出資してもらった企業は，お金を返済する必要はない。
・出資者は株価の変動によりもうけを得たり，損をしたりすることもある。

## 3 金融機関──目的や規模によるちがい

金融機関には預金や資金の提供，投資などの目的や規模によってさまざまなものがある。多くは民間のものだが，中小企業などを対象にした，日本政策金融公庫などの公的金融機関もある。

| 中央銀行 | | 日本銀行 |
|---|---|---|
| 公的金融機関 | | 日本政策投資銀行，国際協力銀行，日本政策金融公庫など |
| 民間金融機関 | 普通銀行 | 都市銀行，地方銀行など |
| | 中小企業金融機関 | 信用金庫，労働金庫，信用組合など |
| | 農林水産金融機関 | 農業協同組合，漁業協同組合，農林中央金庫など |
| | 証券金融機関 | 証券会社など |
| | 保険会社 | 生命保険会社，損害保険会社など |

▲さまざまな金融機関

**●○●もっとくわしく**

**日本政策金融公庫**
国民生活金融公庫，農林漁業金融公庫，中小企業金融公庫を前身として，2008年に設立された。国民生活に深く関わる金融を業務内容としている。

**🔍参 考**

**EUの中央銀行**
EUの場合は，ECB（欧州中央銀行）とよばれる機関が，各国の中央銀行に指示を出す形で金融政策を行っている。

## 4 日本銀行──日本の中央銀行

世界の国々には，一般的に**中央銀行**とよばれる，その国の金融の中心となる銀行がある。日本では**日本銀行**がそれにあたる。日本銀行には以下の役割や業務がある。

- ・**発券銀行**　**日本銀行券**（現在は一万円札，五千円札，二千円札，千円札の４種類）の発行
- ・**政府の銀行**　国庫金とよばれる政府の資金の出し入れ
- ・**銀行の銀行**　市中銀行に対する資金の貸し出し，預金の受け入れ
- ・**金融政策**　日本国内の通貨量の調整

▲日本銀行券（2024年度に新しい日本銀行券を発行予定。）

**❓Q&A　紙幣をコピーすると法律違反？**

カラーコピー機などに「紙幣のコピーはできません」と書いてあることがある。なぜこのような但し書きが書かれているのだろうか。紙幣をコピーすると，貨幣と紛らわしい外観を有するものを製造することになり，こういったものの製造又は販売は「通貨及証券模造取締法」により禁止されているからである。紛らわしい外観かどうかは，大きさや材質，「見本（英語ではspecimen）」の文字，斜線の有無などで総合的に判断される。「冗談のつもりだった」などという言い訳は通用しないので，紙幣のコピーはしてはいけない。また最近では対象が紙幣だと判断すると，自動的にコピーできないように設定されているコピー機もある。

公民編

第1章 現代社会とわたしたちの生活

第2章 わたしたちの生活と民主政治

第3章 わたしたちの生活を支える経済

第4章 世界平和と人類の福祉

## 5 銀行の働き──どうやって利益を得ている？

　銀行は，人々から預金を集めて，企業や家計に貸し出すことを仕事としている。

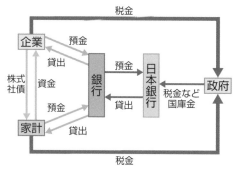

▲お金の循環

　銀行には**都市銀行**や**地方銀行**などの分類があるが，基本的な業務は同じである。銀行はお金を預かる（**預金**）と，ふつう利子をつける。一方，銀行が企業に資金を貸し出すと，企業は借入額（**元本**）の返済とともに，利子を支払う必要がある。預金につく利子の割合と，貸し出しで受け取る利子の割合を比べると，貸し出しのほうが高い。この差が銀行の利益となる。図でわかるように，銀行は家計や企業からの預金だけでなく，日本銀行からも資金を借り入れているが，この利子率よりも貸し出しのときの利子のほうが高いので，これも銀行の利益となる。

　銀行はこの**資金の貸し出し業務**と**預かり業務**のほかに**為替業務**と呼ばれる支払い（決済）の機能も果たし，手数料をとって利益を出している。例えば，商品の代金を銀行で振り込んだり，電気代が口座から引き落とされたりといったことがこれにあたる。

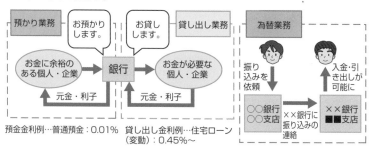

預金金利例…普通預金：0.01%　貸し出し金利例…住宅ローン（変動）：0.45%〜

▲銀行のおもな仕事

## 6　金融機関の変遷——もとはどこの銀行？

　1980年代後半に土地や株式の価格が急上昇した**バブル経済**のころ，日本の金融機関は資金を積極的に貸し出し，表面上，多くの利益を得ていた。しかし，バブル経済が崩壊した1990年代，多くの銀行が貸し出した資金を回収できず**不良債権**化し，不良債権を多く抱えた銀行の中には，経営が立ち行かなくなる銀行も現れた。同じころ，金利の自由化，子会社を通じた証券業務の開始といった，**金融ビッグバン**とよばれる金融制度の大改革が行われ，銀行間のさらなる競争がうながされた。そのため，生き残りをかけた銀行間で大規模な合併が行われるようになり，金融業界は再編された。国内での再編は現在も行われているが，国際的な競争力をつけることが今後の課題となっている。

## 7　私たちと金融機関——これからはどうなる？

　金融ビッグバンによって私たちの預金にも変化が起こった。例えば預金している銀行が経営破綻した場合，保護される預金の上限は1000万円と利子までとなった。このように預金者が一定額まで保護されるしくみを**ペイオフ**という。実際に金融機関が破綻した際に，ペイオフが発動されたケースもある。

　近年は，金融機関に対する規制緩和も進み，インターネットを利用した銀行業務の利用が増加している。インターネット上では店舗が必要ないため，経費を大きく削減することができる。そのため，利用者には手数料が安くなるなどの点でメリットがある一方で，不正送金などの被害に巻き込まれやすいというデメリットもある。

　また，2008年，アメリカの投資銀行リーマン・ブラザーズが破綻したことにより発生した**リーマン・ショック**とよばれる金融不安は，アメリカ国内のみにとどまらず，日本を含めた世界に大きな影響を及ぼした。ヨーロッパでは**ギリシャが破綻の危機にみまわれた欧州債務危機**が起こり，日本も外国為替市場において円が大量に買われて円高が進み，貿易を中心とした経済を直撃した。そのため，世界レベルで金融システムを安定させるためのルールづくりや，外国為替市場を安定させるために**国際通貨基金（IMF）**による融資が行われている。

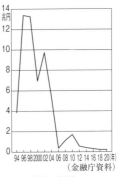

▲不良債権の推移

### ●●もっとくわしく

**金融ビッグバン**
金融ビッグバンは1996年から2001年にかけて，イギリスをモデルに行った金融制度の大改革のことをいう。「フリー」「フェア」「グローバル」を目標に改革が行われ，金利の自由化や業務の自由化，外国企業の参入規制の緩和などが行われた。

### ●●もっとくわしく

**メガバンク**
金融機関の再編によって巨大な銀行が現れるようになった。これをメガバンクとよび，日本では三菱ＵＦＪフィナンシャル・グループ・みずほフィナンシャルグループ・三井住友フィナンシャルグループが三大メガバンクとよばれる。

### ●●もっとくわしく

**リーマン・ショック**
2008年，アメリカの低所得者向けの住宅ローンの崩壊が原因となり，大手投資銀行が破綻した。世界経済の中心だったアメリカで起こった影響は大きく，世界中に失業などの被害が広がった。

# ④ 貨幣と金融政策

## 1 貨幣のはたらき——いろいろな役割がある

　私たちは生活をしていくうえで必要となる食料や水，衣服など，すべてのものをお金（貨幣）で購入している。その貨幣にはさまざまな用途がある。

・**交換手段**　　ものやサービスの購入に使用
・**支払手段**　　クレジットカードなど決済に使用
・**価値尺度**　　物の価値をわかりやすくする
・**価値の保存**　財産の価値をそのままにたくわえる

## 2 預金通貨と信用創造——実際にはないが，大きな役割？

　お金といえば，日本銀行が発行する紙幣と財務省が発行する硬貨のイメージである。しかし，通貨の割合のうち，**現金通貨**はわずか7.5％にすぎず，ほとんどが銀行に預けている，目には見えない**預金通貨**である。なぜこのようなことが起こるのだろうか。

　預金者が100万円を銀行に預金する場合を考えてみよう。預金した100万円は，一定の割合の準備預金を残して，資金として企業などに貸し出される。例えば準備預金の割合が10％の場合，銀行は90万円を企業に貸すことができる。一方，預金者にはいつでも預金を引き出す権利がある。つまり，預金者は100万円，借りた企業は90万円を使うことが理論的に可能である。かりに預金が増えなくても，準備預金を残して融資が繰り返されれば，銀行が保有する資金の何倍もの資金が生み出される。これを**信用創造**という。実体よりも大きなお金が生み出されたことにより，経済に存在する貨幣は増加し，これが経済を活性化させる。

現金 7.5％
預金 92.5％

合計1360.2兆円［2019年平均残高］
（日本銀行資料）

▲通貨統計の割合

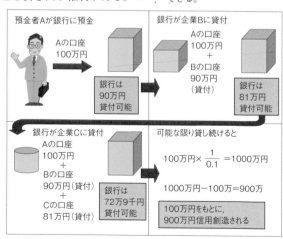

預金者Aが銀行に預金
Aの口座
100万円
銀行は90万円貸付可能

銀行が企業Bに貸付
Aの口座
100万円
＋
Bの口座
90万円
（貸付）
銀行は81万円貸付可能

銀行が企業Cに貸付
Aの口座
100万円
＋
Bの口座
90万円（貸付）
＋
Cの口座
81万円（貸付）
銀行は72万9千円貸付可能

可能な限り貸し続けると
$$100万円 \times \frac{1}{0.1} = 1000万円$$
1000万円－100万＝900万
100万円をもとに，900万円信用創造される

▲信用創造のしくみ（預金準備率10％の場合）

### 3 金融政策——日本銀行による通貨量の調整

日本銀行は市中に出まわるお金の量を増減させることで通貨量の調整を行っている。これを**金融政策**といい，以下のような手段が用いられる。

| 金融政策の例 | 景気 | |
|---|---|---|
| | よいとき | 悪いとき |
| 金利政策 | 引き上げ | 引き下げ |
| 公開市場操作<br>（手形債券売買操作） | 売りオペ | 買いオペ |
| 預金準備率操作<br>（支払準備率操作） | 引き上げ | 引き下げ |

#### ①金利政策

**金利政策**とは，一般銀行に資金を貸し出すときの利子率を調整する金融政策のことである。景気がよいときには利子率を上げて貸し出しを制限し，市中に出まわる通貨量をおさえる。一方，景気が悪いときには利子率を下げて借り入れをしやすくし，通貨量の増加をうながす。

#### ②公開市場操作

**公開市場操作**とは，日本銀行が国債や手形を売買して市場に資金を供給（または吸収）して通貨量の調整をはかることである。景気がよいときには**売りオペレーション**を行い，市中に出まわる通貨量をおさえる。一方，景気が悪いときには**買いオペレーション**を行い，通貨量の増加をうながす。

#### ③預金準備率操作

**預金準備率操作**とは，民間の金融機関の預金の一定の割合を日本銀行に強制的に預けさせ，通貨量を調整することである。この際，日本銀行に預ける資金を預金準備金といい，預金量に対する預金準備金の比率を預金準備率という。景気がよいときには預金準備率を上げて企業の借り入れを減らす。景気が悪いときには預金準備率を下げて企業の借り入れを増やす。

●○ **もっとくわしく**

**金利政策**
日本銀行から銀行に貸し出す際の利子率は，以前は公定歩合と呼ばれていた。日本銀行から銀行へ資金が貸し出される際の利子率の変化は景気の変化に直結していた。しかし，金融ビッグバン以降，金利が自由化された日本において，公定歩合はさほど大きな意味をもたなくなり，名称も公定歩合から基準割引率および基準貸付利率へと変更された。

●○ **もっとくわしく**

**公開市場操作**
金融緩和政策として，日本銀行が銀行から有価証券などを買いとる行為を買いオペレーションといい，買いオペと略される。逆に，金融引き締め政策として日本銀行が銀行に有価証券を売る行為を売りオペレーションといい，売りオペと略される。

公民編

第1章 現代社会とわたしたちの生活

第2章 わたしたちの生活と民主政治

第3章 わたしたちの生活を支える経済

第4章 世界平和と人類の福祉

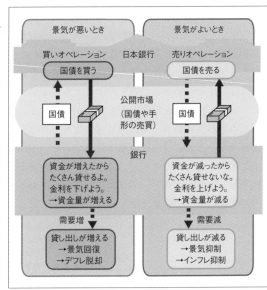

▲日本銀行の金融政策

## §4　福祉の向上と政府・財政

**重要ポイント**

□政府の経済活動を財政という。

□財政の収入はおもに税金（租税）でまかなわれる。

□国家が国民生活の保障を行う制度を社会保障制度という。

□日本の社会保障は社会保険・公的扶助・社会福祉・公衆衛生の4つを柱としている。

□少子高齢化にともない，介護保険制度が導入されている。

□四大公害の発生を機に公害対策基本法が施行され，これは環境基本法に発展している。

□グローバル化する経済の中で，日本はこれからも大きな役割を担っている。

## ① 日本の財政

### 1 財政とは──政府の経済活動

現代の消費生活[P.560▶▶]で学んだとおり，政府は家計や企業とならび，経済の主体の一つである。市場には必要な物の数と値段を自動的に決定するしくみが備わっているが，万能ではなく，生活に必要な物が供給されないことがある。

例えば，信号機がないと渋滞が起こり，また交通事故などの危険性が高まると考えられる。しかし，私たちは信号機を利用するたびにお金を払わなければいけないという意識はもっておらず，お金を払わなければ信号機を利用できないようにするというしくみを作ることも考えにくい。こう考えると，信号機を生産しても利益が得られないことになり，市場の機構においては信号機が生産されないということになる。このような，市場に任せていたのでは供給されることが少ない財やサービスについては，政府が費用を肩代わりして供給するという経済活動を行っており，このような活動のことを**財政活動**という。

---

名前

この教科書は，これからの日本を担う皆さんへの期待をこめ，税金によって無償で支給されています。大切に使いましょう。

---

学校で配布される教科書には，左のような文章が入っている。この教科書の無料配布も，財政活動の一環である。

**●●●もっとくわしく**

**漢字からわかる意味**

「財政」の「財」の字の部首は貝へん（貝）である。これがお金を表した部首であることは知っているだろうか。なぜお金を表すかというと，昔，貝殻が貨幣の役割を果たしていたからだと考えられている。そのため，「財」という字はお金に関することであるとわかり，「財政」という熟語になると，「政府の経済活動」のことを意味する言葉であると理解することができる。

## 2 財政の規模——財政の規模は政治や経済の状況によって異なる

　国家による自由[P.498▶▶]の確保が重要視されるようになってきた20世紀以降，**政府は経済活動にも積極的に介入す**るようになった。これを**大きな政府**という。この考え方が採用されている国では，景気が安定するなどのメリットがあるが，政府がさまざまな場面で活動するための資金を捻出するために租税が高くなる傾向がある。一方，市場原理を最大限に活用し，**政府の介入を最小限にとどめる小さな政府**をめざす国では，租税が安くなるというメリットがあるが，社会的弱者に対するサービスが少なくなってしまうというデメリットもある。どちらをめざしていくかはそのときの政治体制によって変わる。

## 3 財政の歳出——増える社会保障関係費

　国の**歳出**には，社会保障に関係するものや**国債**，国が格差是正のため地方公共団体に配付する**地方交付税交付金**などがあり，下の図で見られるように，歳出で最も大きいのは社会保障関係費となっている。**少子高齢化**が進む日本において，この費用は今後も増加が見込まれており，対策が必要となっている。

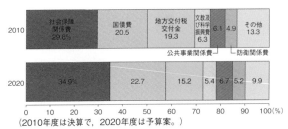

（2010年度は決算で，2020年度は予算案。）

（日本国勢図会　2020/21年版）

▲一般会計歳出の主要経費別割合の変化

### ●●もっとくわしく

**政府の介入政策**
20世紀前半に起こった世界恐慌P.414▶▶の際には，特にアメリカにおいて政府がさまざまな形で経済活動を活発化させる手段を講じた。これにより世界恐慌の被害が比較的軽度で済んだことから，政府が積極的に経済に介入する動きが定着した。

### ●●もっとくわしく

**日本の民営化**
小さな政府を実現するべく，日本でも過去に国営企業が民営化されてきた。1985年の日本電信電話公社，1987年の日本国有鉄道などが代表的である。

### ●●もっとくわしく

**もう一度小さな政府へ？**
歳出は本来，国民のために使われているものだが，歳出の多さがかえって経済の成長を阻害しているという考え方がある。無駄な歳出を削減し，民間の経済成長をうながすために，政府の経済活動を制限しようとする考えを新自由主義というが，これは，いわば小さな政府をめざす，という考え方である。

### ？Q&A　なぜ歳入・歳出とよぶ？

　財政活動における収入・支出のことをそれぞれ歳入・歳出とよぶが，これはなぜだろうか。「歳」という字は年齢を表すように，「1年」の意味がある。財政活動は基本的に単年度（一年間）で考えられるところから，特にこれらの収入・支出について歳入・歳出とよんでいるのである。

## 4 財政の歳入——主として税金でまかなわれている

　財政活動で必要な資金は，主として税金（租税）によって集められる。税金には国に納められる国税と，地方公共団体に納められる地方税があり，これらは法律で定められている。また，所得税などのように納税者と担税者が同じ税を直接税といい，消費税などのように，納税者と担税者が異なる税を間接税という。

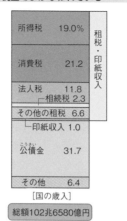

| 所得税 | 19.0% | 租税・印紙収入 |
|---|---|---|
| 消費税 | 21.2 | |
| 法人税 | 11.8 | |
| 相続税 2.3 | | |
| その他の租税 | 6.6 | |
| 印紙収入 1.0 | | |
| 公債金 | 31.7 | |
| その他 | 6.4 | |

総額102兆6580億円
（2020年度一般会計予算）（財務省資料）
▲国の歳入

[国の歳入]

　現在の日本ではおよそ50種類の税があり，おもなものの分類は下図のとおりである。

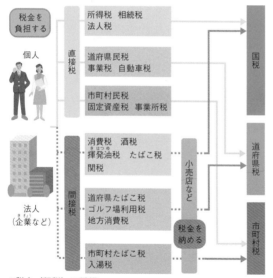

▲税金（租税）の種類

## 5 租税の公正——納得して納税できるしくみ

　所得税では，所得が高いほど税率が高くなるという累進課税制度が採用されている。これは，低所得者の租税負担を軽減するための措置である。一方，間接税はいかなる場合でも税率が同じであるため，低所得者ほど負担が重くなる。

○○もっとくわしく

**直間比率**
直接税と間接税の割合を直間比率という。世界各国の直間比率は以下のようになっており，アメリカにおける直接税の割合の高さに特徴が見られる。ただ，直間比率の高低から，その国の経済の状況がわかるものではない。

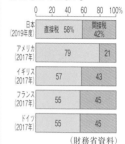

| | 0 20 40 60 80 100% | |
|---|---|---|
| 日本 (2019年度) | 直接税 58% | 間接税 42% |
| アメリカ (2017年) | 79 | 21 |
| イギリス (2017年) | 57 | 43 |
| フランス (2017年) | 55 | 45 |
| ドイツ (2017年) | 55 | 45 |

（財務省資料）

## 参考

**たばこに関する税（1箱490円の場合）**
＜内訳＞

| 国たばこ税 | 116.04円（23.7%） |
|---|---|
| 地方たばこ税 | 132.44円（27.0%） |
| 都道府県たばこ税 | 18.60円 |
| 市区町村たばこ税 | 113.84円 |
| たばこ特別税 | 16.40円（3.3%） |
| 消費税 | 44.54円（9.1%） |

たばこの税負担合計
**309.42円/箱**（63.1%）

○○もっとくわしく

**増税**
2012年10月より，環境汚染物質の排出を制限することを目的に，化石燃料消費に課される環境税が導入され，2013年1月より震災復興の費用にあてるために所得税が増税された。また，国の財政難を受けて，2019年10月より消費税が10%になった。

## 6 公債の発行——赤字国債は非常手段のはずが…

　財政の歳入は税金によってまかなわれることが原則だが，実際には税金によって集められる額と歳出の予定には大きな隔たりがある。そのため，政府は，公債を発行して，借り入れを行う手段を用いて穴うめをしている。**国が発行する公債を国債**といい，**地方公共団体が発行する公債を地方債**という。

社会保障
関係費　　34.9%

国債費　　22.7

地方交付税
交付金など　15.4

公共事業関係費6.7

文教および
科学振興費　5.4

防衛関係費　5.2

その他　　9.7

総額102兆6580億円
（2020年度一般会計予算案）（財務省資料）

▲国の歳出

　国債は大きく，**建設国債**と**赤字国債**に分けることができる。建設国債は**財政法**を根拠に，将来にわたって使用する建築物の建設に限定して発行が認められている。赤字国債（**特例国債**）は，歳入の不足分を補うもので，国会で**特例法**を制定して発行が認められる。財政法では発行が禁止されているが，ほかに手段がないと判断された場合の措置である。その例外である赤字国債は，近年は毎年発行され続け，累計の残高は日本の国内総生産（GDP）を超えるレベルに達している。国債は借金であるから，購入者に利子を支払う必要があり，その利子も膨大なものとなっている。国債残高を減らし，新規国債の発行を減少させ，歳出においても借金の返済にあたる国債費の割合を増加させていくことが求められている。

（兆円）
900　＊2019年は当初予算

国債残高（兆円）

国の歳入に占める
公債金の割合（%）

国債残高は
増加している。

1980　85　90　95　2000　05　10　15　19（年）
（図説日本の財政　2019年度）

▲国債の歳入に占める割合と国債残高

### もっとくわしく

**債務残高の国際比較
（対GDP比）**

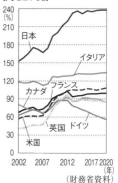

2002　2007　2012　2017 2020
（年）
（財務省資料）

　日本の債務残高は，2009年から，国内総生産（GDP）の200％を超え，その比率は他の先進国と比べても非常に高いものとなっている。

### もっとくわしく

**赤字国債**

赤字国債は1975年に本格的に発行されるようになった。いわゆるバブル景気のころには，しばらく赤字国債は発行されていなかったが，バブル崩壊後は再び発行されるようになり，その額も急激に増加した。2000年代前半には国債の新規発行額を抑制する政策がうち出されたが，不景気の中で結局は赤字国債の新規発行額は抑制することができず，国債残高がさらに増加する原因となっている。

# ② 政府の役割と財政政策

## 1 財政の3つの役割——意図的なものとそうでないもの

　財政には，3つの役割がある。1つ目は，**資源配分の適正化**で，民間では提供されない**公共施設（社会資本）**や警察・消防・教育・国防などの**公共サービスの供給**である。2つ目は，**所得の再分配**である。これは，高所得者から徴収した税を，低所得者向けの公共サービスに用いることで，所得格差を実質的に狭める目的がある。3つ目は，**フィスカル・ポリシー**とよばれる，公共事業などを利用した意図的な財政政策である。この3つの役割は政府に求められる役割ともいえる。

## 2 財政政策と景気の安定化——財政は物価にも影響する

　資本主義経済のもとでは，景気は好景気と不景気の波を繰り返す景気変動がある。不景気では物価はあまり上がらず，ときに下落することがある（**デフレーション**）。不景気が長引きそうな場合，政府は意図的に減税を行う一方で，公共事業など

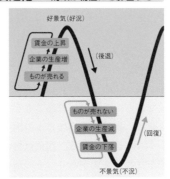

▲景気変動

を増やして，経済を活発にしようとする。逆に好景気が続くときは，物価が一定程度の割合を超えて上昇することがある（**インフレーション**）。このとき政府は，公共事業を削減し，増税を行って景気を抑制しようとする。このように財政の活動によって，意図的に景気を調整する政策を**財政政策**という。

### 用 語

**公共施設（社会資本）**
多くの人々が共同で利用できる，国や地方公共団体の財政支出によってつくられた施設。道路・港湾・工業用水など産業関連のものと，学校・公園・図書館など生活関連のものがある。

### ●●もっとくわしく

**所得再分配のもつ別の意味**
累進課税制度は高所得者ほど税率が高くなるので，高所得者の消費行動を制限する。一方，低所得者は税率が低いため，消費行動が活発になる。このように，財政の所得再分配活動が機能していると，自動的に景気を調整する機能が内在していることになる。この内在している自動安定装置のことを，英語でビルト・イン・スタビライザーという。

### ●●もっとくわしく

**フィスカル・ポリシー**
補整的財政政策とも訳される。ビルト・イン・スタビライザーと違い，増減税などを行うことで，意図的に景気を安定化させる。

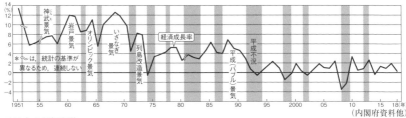

▲日本の景気変動

# ③ 社会保障制度

## 1 社会保障制度の必要性——国家による自由の確保

初期の資本主義においては，国家からの自由[P.498▶▶]が確保されるようになり，自由に競争が行えるようになったことで産業が発達した。自由が確保される一方，社会的弱者を救済しようとする思想は社会制度の中に取り入れられていなかった。このような人たちに対しては，国王などから恩恵が与えられることはあっても，政府によって積極的に保護されるようなことはなかった。

しかし20世紀前半に，国家による自由の必要性が叫ばれるようになると，ドイツの**ワイマール憲法**[P.499▶▶]において，世界で初めて**社会権**が規定された。また，低所得者や失業者，障がい者，保護者のいない幼児・児童などの社会的弱者に対して国家による積極的な保護がなされるようになった。イギリスにおいては第二次世界大戦後，「**ゆりかごから墓場まで**」[P.499▶▶]という言葉に象徴されるような，全国民を対象とした**社会保障制度**（国民保険法や国民扶助法など）が初めて確立された。

## 2 日本の社会保障の確立——戦前からの制度を一新

戦前の日本には弱者救済のための制度はあったものの不十分であった。戦後制定された**日本国憲法**では，「**すべて国民は，健康で文化的な最低限度の生活を営む権利を有する。**」という**社会権**に関する内容が盛り込まれ，この具体的なしくみ作りがはじめられた。整備されたのは，**社会保険・公的扶助・社会福祉・公衆衛生**からなる，4つの社会保障制度である。

### ●●もっとくわしく

**社会保障の種類とその制度**

| 種　類 | 制　度 |
|---|---|
| 社会保険 | 医療保険<br>年金保険<br>雇用保険<br>**介護保険**<br>労災保険 |
| 公的扶助 | 生活保護 |
| 社会福祉 | 高齢者福祉<br>児童福祉<br>障がい者福祉<br>母子福祉 |
| 公衆衛生 | 感染症対策<br>上下水道の整備<br>廃棄物処理など |

### ●●もっとくわしく

**日本の医療制度はすごい！**
日本では健康保険証を見せれば，6～70歳までどこの病院でも原則3割の負担で医療を受けることができる。これは世界では決して当たり前ではなく，この医療制度が日本の健康水準の高さを実現している。

### ●●もっとくわしく

**第二次世界大戦前の日本の社会保障制度**
第二次世界大戦前の日本には，恤救規則や，救護法とよばれる制度が存在した。これらは，現在の公的扶助や社会福祉に相当するものであった。

## Q&A　なぜイギリスで初めて制定されているものが多い？

1740年代から1830年代にかけて産業革命が起こったイギリスでは，経済が早くに発達したため，資本家と労働者の対立などの問題も早期に発生した。また，女性や子どもを含めた労働者が劣悪な環境での仕事を強いられる，いわゆる労働問題が起こっていた。そのため，労働者の権利を確保するための施策のほとんどはイギリスで生まれたのである。

## ❸ 社会保険——社会保障 その①

社会保障制度の中で，私たちがお金を出すことによって権利が得られるしくみを**社会保険**という。社会保険には，**医療保険**のほか，高齢者になったときに年金を受け取ることができる**年金保険**，介護などに備える**介護保険**，失業したときに備える**雇用保険**，労働者が勤務中の事故によるけがなどに備える**労災保険**がある。

### ①医療保険

病院に行くとき，忘れてはいけないものが**保険証**である。これは，私たちの家族が保険制度に加入し，そこで保険料を支払っていることを証明しており，病院で診察，治療を受けたとき，医療費の一部を保険組合などが支払ってくれるしくみになっている。医療保険は仕事の業種によって異なっている。

| 業種 | 加入する保険 |
|---|---|
| 自営業者・無職 | 国民健康保険 |
| サラリーマン | 健康保険 |
| 公務員・私学教職員 | 共済組合 |

### ②年金保険

1961年に全国民を対象にした**健康保険・年金保険**ができ，**国民皆保険・国民皆年金**が実現したことにより，20歳を過ぎると原則としてすべての人が**国民年金**に加入することになった。これは，20歳から保険料を支払うことで，原則65歳以降，国民年金が支払われるというしくみである。

サラリーマン・公務員にはほかに**厚生年金**が上乗せになる。また，自営業者であっても，国民年金だけでなく，**国民年金基金**とよばれる別の年金制度に追加で加入する人もいる。

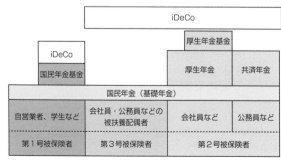

▲公的年金制度

▲社会保険のしくみ

○●●**もっとくわしく**

**労災保険**
正式には労働者災害補償保険という。企業などの雇い主が全額費用負担する必要があり，労働者本人は負担しない。

○●●**もっとくわしく**

**年金制度による年金額の違い**
国民年金は全加入者が同一の保険料を支払い，もらえる年金額も同じだが，厚生年金・共済年金については給料に応じた保険料になっている。そのため，自営業者と，高い給料をもらっていたサラリーマンでは，支払った年金保険料が異なる分，高齢者になったときにもらえる年金の額にも大きな違いが生じる。

○●●**もっとくわしく**

**個人型確定拠出年金（iDeCo）**
個人型確定拠出年金（iDeCo）は，老後の資金を作るために掛金を自分自身で運用しながら積み立てていく年金制度である。原則60歳以降に受け取るしくみで，積み立ての金額や金融商品の種類，給付金の受け取りの方法を，すべて自分自身で決めることができる制度である。こうした私的年金に任意で加入することで，上乗せの給付を受け取ることができる。

### ③介護保険

社会の高齢化にともない，2000年に**介護保険制度**が導入された。これは，40歳以上の国民から保険料を徴収するものである。高齢者や介護が必要になった人は介護サービスを利用する際に，介護保険から利用料の大半が拠出されることで，自己負担額をおさえることができる。

### 4　公的扶助──社会保障　その②

所得が少なくて，生活に困っている人に対して，**生活保護法**に基づいて，「**健康で文化的な最低限度の生活を営む**」ための金銭の給付を，国の責任において保障する制度を**公的扶助**という。公的扶助は，**社会保険**と異なり，生活保護を受給するにあたって事前に保険料を納付する必要はない。以前は，支給額が非常に少なく，**朝日訴訟**のように訴訟となるケースもあったが，この訴訟などによって当時の生活保護の水準が広く知られることで批判も高まり，生活保護の支給水準は大幅に見直されることになった。国家による自由を確保し，人間らしい生活をするために生活保護は必要不可欠なものであるが，近年，十分に収入がある人の**生活保護の不正受給**が報道され，問題視されている。また，働いていても給料が生活保護の支給額に満たないワーキングプア[P.577▶▶]の問題がクローズアップされるなど，公的扶助を取り巻く環境に変化が現れている。

**●● もっとくわしく**

**介護保険制度の問題点**

介護保険制度は利用にあたり，生活状況などを調査し，介護の必要認定を受ける必要がある。また，年金は保険料を払い続ければだれでも受給できるのに対し，介護保険は未利用者でも払い続けることになる。なお，介護保険料は年金などと違い，高齢者になっても払い続ける必要がある。

**●● もっとくわしく**

**生活保護の内容**

| 生活を営む上で生じる費用 | 対応する扶助の種類 | 支給内容 |
|---|---|---|
| 日常生活に必要な費用（食費・被服費・光熱水費等） | 生活扶助 | 基準額は，①食費等の個人的費用（年齢別に算定）②光熱水費等の世帯共通費用（世帯人員別に算定）を合算して算出。特定の世帯には加算があります。（母子加算等） |
| アパート等の家賃 | 住宅扶助 | 定められた範囲内で実費を支給 |
| 義務教育を受けるために必要な学用品費 | 教育扶助 | 定められた基準額を支給 |
| 医療サービスの費用 | 医療扶助 | 費用は直接医療機関へ支払（本人負担なし） |
| 介護サービスの費用 | 介護扶助 | 費用は直接介護事業者へ支払（本人負担なし） |
| 就労に必要な技能の修得等にかかる費用 | 生業扶助 | 定められた範囲内で実費を支給 |
| 出産費用 | 出産扶助 | 定められた範囲内で実費を支給 |
| 葬祭費用 | 葬祭扶助 | 定められた範囲内で実費を支給 |

**●● もっとくわしく**

**収入がある世帯の場合の生活保護の支給はどうなる？**

ある程度の給与などがある世帯の場合は，最低生活費と給与などの差額が生活保護費として支給されるようになっている。

**Q&A　生活保護はどのくらいもらえる？**

「東京都内に住む男性（33歳）・女性（29歳）・女児（4歳）の家庭において，何らかの事情で誰も働くことができず，生活保護を受給したとしよう。『健康で文化的な最低限度の生活』をするために，この家族は月額いくらくらい必要だろう？」

このような質問をすると，聞く人によって必要な費用はばらばらである。では，具体的にどれくらいの水準なのかというと，東京都内では2020年現在で228,180円となっている。この他に，住宅扶助や教育扶助などが状況に応じて加算されていく（これらの金額は物価などの影響もあり，都道府県や居住地によって異なっている）。生活保護はあくまで最終的な手段であるため，その給付にはさまざまな条件が必要となっている。

## 5 社会福祉——社会保障　その③

　保護者のいない児童や，ひとり親の家庭，障がい者などの社会的弱者に対して，各種の給付やサービスの提供を行うのが**社会福祉**である。社会福祉事業が行われる施設には**児童養護施設**や**養護老人ホーム**，**保育所**などがある。**公的扶助**と同様に，公費によって運営されており，利用者はサービスなどの利用にあたって事前に保険料などを納付する必要はない。

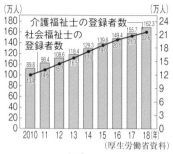

▲社会福祉士・介護福祉士の登録者数

## 6 公衆衛生——社会保障　その④

　国民の健康を増進するために行われているのが**公衆衛生**である。社会福祉と同様，サービスの利用にあたって事前に保険料などを納付する必要はない。**感染症予防**や**予防接種**，**上下水道の整備**などが行われている。

## 7 社会保障の今後——暮らしやすい社会をつくるための課題

　**少子高齢社会**の到来により，社会保障関連費用は増加し続けている。この事態に対処するため，医療保険の自己負担割合や年金の受給開始年齢を遅らせるなどの変更がなされている。グローバル化し，国際的にも競争が激化する経済の中で，社会保障制度は国民に安心を与えるための**セーフティーネット**として，重要視されるようになっている。

**参考**

**社会福祉の原点**
日本初の貧しい人を助けるための施設は，聖徳太子が建立した悲田院であると考えられている。これは聖徳太子が大阪に建てたもので，貧しい人や孤児が収容されていた。現在も大阪市天王寺区に「悲田院町」という地名を残している。

**●●もっとくわしく**

**保健所**
公衆衛生は，全国各地に設けられている保健所が中心となって活動が行われており，がんや伝染病の予防，乳幼児の健診，食料品の検査，公害問題の指導などを行っている。

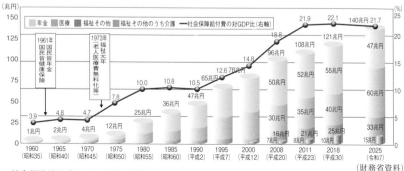

▲社会保障給付費とその内訳の推移

# ④ 少子高齢社会の問題

## 1 少子化と高齢社会——同時に迫る問題

　右のグラフからもわかるように，**日本の社会保障に関する費用は増大する一方**である。これに対し，保険料など，本来社会保障にあてられるべき収入はほぼ横ばいとなっており，不足分が増加し続けている。この不足分については租税でまかなわれている。

　社会保障費用が増加している原因は，日本の社会の**高齢化**が，世界的にも歴史的にも前例がないほどの高い水準に達していることにある。さらに，社会保険料収入が横ばいである理由は，**少子化**の進行によって，社会保険料を支払う現役世代の人口が相対的に減少し続けていることにあるといえる。

## 2 高齢者を支える世代——何人で一人を支える？

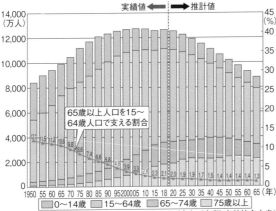
▲高齢世代人口の比率
（令和元年版 高齢社会白書）

　上のグラフを見ると，一人の65歳以上の高齢者の生活を支えるのに，1950年には12.1人の現役世代（ここでは15歳〜64歳と定義）が支えていたが，1990年には5.8人，2020年には2.0人と減少していることがわかる。さらに，この傾向は今後も続き，**2050年には高齢者一人を1.4人の現役世代で支える**ことになると考えられている。日本政府が少子化対策を重視する理由の１つは，こうした状況を改善する必要があるからである。

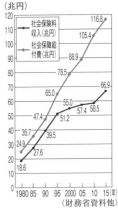
▲社会保険料収入と社会保障給付費

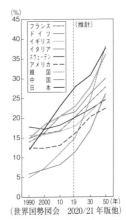
▲主要国の人口高齢化率の推移

### 参考

**積立方式と賦課方式**
年金の給付には，受給者が現役時代に積み立てたお金を，受給年齢になって受け取る積立方式と，受給年齢にある人の年金の給付金を現役世代が支払う保険料でまかなう賦課方式がある。日本では，賦課方式がとられているが，不公平を感じるという意見もあり，この制度の見直しを，政府や政治家，専門家などが検討している。

## ③ 少子高齢社会と社会保障——国によって考え方が違う

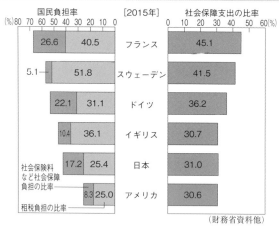

[2015年]

（財務省資料他）

●●もっとくわしく

**各国の1人あたり国民総所得**

| 国名 | 金額（ドル） |
|---|---|
| スウェーデン | 56632 |
| フランス | 42289 |
| ドイツ | 48843 |
| イギリス | 40600 |
| 日本 | 41953 |
| アメリカ合衆国 | 63704 |

（2018年）（世界国勢図会 2020/21年版）

上の図は各国の**国民負担率**と**社会保障支出の比率**を表したものである。国民負担率とは，租税負担と年金や社会保険料などの負担額の合計が国民所得に占める割合を表したものである。社会保障支出の比率は，国民所得に対する，国民が受け取る社会保障の総額の割合を表している。これにより，スウェーデンなどが充実した社会保障を受けとる代わりに，国民は**高福祉高負担**となっているということや，アメリカが自己責任を原則とし，**低福祉低負担**の状態となっていることがわかる。どちらがいいとは一概にいえず，個人の生活によっても望ましい形は異なる。

## ④ 少子化対策——国，自治体，企業の取り組みの必要性

少子化の進行は，次世代の人材の減少という問題であると同時に，社会保障制度の維持を困難にするという弊害を生み出す。そういった意味で，少子化の解消は，政府，そして日本社会にとって重大な課題である。2007年以降，内閣府に特命大臣として少子化の担当大臣がおかれ，2020年，第4次少子化社会対策大綱が閣議決定された。

少子化を解消していくためには，女性が**出産休暇・育児休暇**をとりやすいようにするという企業の待遇改善，**保育所**や**子育て支援制度の拡充**，子育て家庭に対する税制その他での支援など，国や地方公共団体の制度における改善が必要である。また，個人には，結婚や出産などに対する意識の変革が求められている。

●●もっとくわしく

**公的年金の状況**

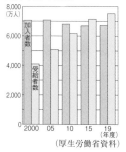

（厚生労働省資料）

●●もっとくわしく

**出生率の国際比較**

出生率とは，人口1000人あたりに対する出生数の割合を示す。スウェーデンやフランスなどは，育児制度が整っているため，出生率が高いことがわかる。

| 国 | 出生率 |
|---|---|
| スウェーデン | 11.4 |
| フランス | 11.1 |
| ドイツ | 9.5 |
| イギリス | 11.0 |
| 日本 | 7.4 |

（2018年）
（世界国勢図会 2020/21年版）

§4　福祉の向上と政府・財政　**601**

公民編

第1章　現代社会とわたしたちの生活

第2章　わたしたちの生活と民主政治

第3章　わたしたちの生活を支える経済

第4章　世界平和と人類の福祉

# ⑤ 環境保全の取り組み

## 1 公害——豊かさの裏にあるもの

　企業の生産活動や人々の生活に関する活動にともなって，直接関係のない他人や企業に不利益をもたらすものに公害がある。公害とは，環境基本法の定義によると，騒音・振動・地盤沈下・悪臭・大気汚染・土壌汚染・水質汚濁の7つが典型七公害とされている。戦前の公害として有名なものに，銅を精錬した際に水質汚濁を引き起こした足尾銅山鉱毒事件がある。第二次世界大戦後には，企業の生産活動の活発化にともない公害が増加し，被害者の多かった公害については各地で住民運動が展開され，そのなかには訴訟に発展するものもあった。なかでも，新潟水俣病・四日市ぜんそく・イタイイタイ病・水俣病については四大公害と呼ばれ，この四大公害訴訟においてはすべて被害者である原告が全面的に勝訴している。

|  | 新潟水俣病 | 四日市ぜんそく | イタイイタイ病 | 水俣病 |
|---|---|---|---|---|
| 被害地域 | 新潟県阿賀野川流域の住民 | 三重県四日市市の住民 | 富山県神通川流域の住民 | 熊本県・鹿児島県八代海沿岸の住民 |
| 原告 | 水俣病患者, 家族 | 公害病認定患者 | イタイイタイ病患者 | 水俣病患者, 家族 |
| 被告 | 昭和電工 | 石油コンビナート関連6社 | 三井金属鉱業 | チッソ |
| 提訴 | 1967年6月 | 1967年9月 | 1968年3月 | 1969年6月 |
| 原因 | 水質汚濁 | 大気汚染 | 水質汚濁 | 水質汚濁 |
| 判決 | 1971年9月, 患者側全面勝訴 | 1972年7月, 患者側全面勝訴 | 1972年8月, 患者側全面勝訴 | 1973年3月, 患者側全面勝訴 |

▲四大公害

## 2 公害対策——政府の対応

　公害裁判が進む中で，被告となった企業だけでなく，国や地方公共団体に対しても，公害への対応について批判が高まっていった。公害を追放することを目指した住民運動が各地で展開されたことをうけて，国は1967年に**公害対策基本法**（環境基本法施行にともない廃止）を制定するなど，公害対策の関連法を制定し，被害者の救済などについても対策をとってきた。1971年には，さまざまな省庁が行っていた公害行政について，一元的に扱う官庁である**環境庁**を設置した。環境庁は2001年に環境省へと格上げされ，公害・環境行政について今までよりも強い権限をもつようになった。

|  | 大気汚染防止法 |
|---|---|
|  | 水質汚濁防止法 |
| 環境基本法・環境保全についての総合的な法律 | 騒音規制法 |
|  | 土壌汚染対策法 |
|  | 悪臭防止法 |
|  | 循環型社会形成推進基本法 |
|  | 廃棄物処理法 |
|  | 資源有効利用促進法 |
|  | ・容器包装リサイクル法 |
|  | ・食品リサイクル法 |
|  | ・家電リサイクル法 |
|  | ・自動車リサイクル法 |
|  | ・建設リサイクル法 |
|  | グリーン購入法 |
|  | 省エネルギー法 |
|  | 新エネルギー法 |
|  | 地球温暖化対策推進法 |
|  | オゾン層保護法 |
|  | 自然環境保全法 |
|  | 環境影響評価法 |
|  | 生物多様性基本法 |

▲環境を守るためのおもな法律

**四大公害**
1960年代に訴訟問題となった新潟水俣病，四日市ぜんそく，イタイイタイ病，水俣病の4つの公害病のこと。いずれも原告である被害者側の損害賠償請求が認められた。

新潟水俣病
イタイイタイ病
四日市ぜんそく
水俣病

### 3 地域における取り組み——地球のことを考えた動き

国だけでなく，地方公共団体においても，環境の保護を目指したさまざまな取り組みが行われている。例えば，東京都や神奈川県などでは，**ディーゼルカー**に対して国が定めるものよりも厳しい基準を設け，基準を満たしていないディーゼルカーの走行を禁止するという条例を制定している。また沖縄県では，工事などによって赤土が海洋に流出するのを防ぐために，赤土等流出防止条例が制定されている。このほか，世界遺産となった知床半島がある北海道の斜里町などの市町村が参加し，自治体としての環境政策の推進を目指している。これらの活動は，環境の保護のために必要な "think globally, act locally"（地球規模で考え，身近なところから行動する）の理念を実際に行動に移したものだといえる。

▲赤土等の流出

### 4 新たな公害——生活に関する公害の増加

高度経済成長期に企業の生産活動にともなって発生した公害問題については，国会で法律が制定されたり，行政が積極的な対応をとったりしたため，その件数は減少してきた。しかし，生活にともなう騒音や悪臭などの問題は後を絶たず，廃棄物焼却施設などから排出される**ダイオキシン**など，新たな公害が社会問題化している。

### 5 新たな時代の環境問題対策——環境行政の変化

国際的な取り組みを受けて，日本では公害によって発生する費用を原則として公害発生者が負担する**汚染者負担の原則（PPP）**がさまざまな法律に盛り込まれるようになった。また，地球サミットの翌年（1993年）には，公害対策基本法を発展させる形で，持続可能な開発に関する内容を盛り込んだ**環境基本法**が制定された。また，1997年には，いくつかの自治体で先行して制定されていた条例に追いつく形で，大規模な建造物の建設前に環境への影響を事前に評価することを義務付ける，**環境影響評価法（環境アセスメント法）**も制定された。

---

### 📖 用　語

**ディーゼルカー**
軽油，重油などを利用するディーゼルエンジンをのせた自動車。排気ガスに窒素酸化物や硫黄酸化物を含む，エンジンの騒音が大きいなどの欠点が問題であった。近年，技術開発によって改善が進んでいる。

### ●●もっとくわしく
**新しい汚染物質**
・ダイオキシン…塩化ビニルの焼却などで発生する毒物。
・PCB…ポリ塩化ビフェニル。毒性が強く，現在は生産中止。変圧器や蓄電器に含まれる。
・六価クロム…重金属クロムの化合物。土壌汚染。
・トリクロロエチレン…有機溶剤の一種で毒性が強い。ドライクリーニングのしみ抜きや機械の洗浄剤に含まれる。
・アスベスト…石綿のこと。繊維状の鉱石で，建物の壁や天井などに使われる。

### ●●もっとくわしく
**汚染者負担の原則（PPP）**
汚染者負担の原則は，英語でPolluter-Pays Principleといい，その頭文字をとってPPPということがある。OECD（経済協力開発機構）で採択された考え方で，日本では1973年制定の公害健康被害補償法をはじめとしてさまざまな法律に盛り込まれている。

## 6 循環型社会への取り組み

　今までの生活を続けていては，資源は枯渇し，環境への被害も甚大なものとなることがわかってきた。そのため，政府は大量生産・大量消費型の経済社会から脱却し，生産から流通，消費，廃棄に至るまで物質の効率的な利用やリサイクルを進めることにより，資源の消費が抑制され，環境への負荷が少ない**循環型社会**を目指して，2000年に**循環型社会形成推進基本法**を制定するなど，さまざまな取り組みを行っている。

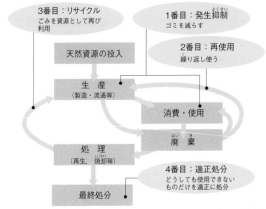

▲循環型社会のしくみ　　　　　（環境省資料）

　上の図のように循環型社会ではそれぞれの段階において私たちがすべきことが明確化されており，**3R**という言葉で知られている。これは，まずゴミを減らし（Reduce），次に製品を再利用する（Reuse）ことを心がける。そして，再利用できないものについては可能な限り再資源化（Recycle）し，再資源化できないものについてのみ適正に処分するという考え方である。循環型社会の実現には，ゴミの分類やリサイクル活動など，私たちの日々の取り組みが必要不可欠である。

## 7 循環型社会への世界的対応──地球レベルの動き

　日本だけでなく，世界全体での環境問題への取り組みとして，1992年の**地球サミット** [P.625▶▶] などの国際的な会議や，国境を越えてゴミなどが流出するのを防ぐ**バーゼル条約**などが制定されている。

●●もっとくわしく

**循環型社会形成推進基本法**
循環型社会の構築をうながすことが目的で2000年に制定され，以下の特徴がある。
・循環型社会の定義を決めた
・再び利用できるものを「循環資源」とし，再使用・再利用の推進をうながした
・廃棄物などにおける「排出者責任」「拡大生産者責任」を明確にした
・廃棄物などの処理の優先順位を法定化した（発生抑制→再使用→再生利用→熱回収→適正処分）

●●もっとくわしく

**リサイクル**
現在販売されている商品のほとんどに，資源有効利用促進法に基づいて，各種の製品に使用されている資源が明確化され，リサイクルが促進されている。

▲3R活動推進のマーク

▲各種識別マーク

●●もっとくわしく

**エシカル消費**
エシカル消費とは，消費者それぞれが環境や社会的課題に配慮したり，リサイクル商品やフェアトレードの商品などに取り組む事業者を応援したりしながら消費活動を行うことである。2015年9月に国連で採択された持続可能な開発目標（SDGs）の17のゴールのうち，特にゴール12（「つくる責任　つかう責任」）の理念に通じる取り組みである。
P.608▶▶

# ⑥ 今後の日本経済

## 1 世界金融危機と日本──グローバル化のデメリット

2007年のアメリカにおいて**サブプライムローン**（低所得者向けの住宅ローン）が崩壊したのをきっかけに，大手金融機関が破綻したことから，2008年，金融危機が発生した。これはアメリカ国内の経済のみならず，世界各国にまで影響を及ぼし，**世界金融危機**[P.587▶▶]へと発展した。日本も例外ではなく，金融機関や自動車製造業が大きな被害を受けた。

このように被害が大きくなった理由は，従来の経済が生産と消費を中心にしたものであったのに対し，現在の経済は産業構造の変化により，金融の役割が非常に大きくなっているためである。グローバル化する世界の中で，負の側面が現れたのがこの世界金融危機である。

## 2 世界経済の中の日本──変わる日本経済

高度経済成長期以降，高い技術力を背景にして日本は世界の貿易に占める割合において，西ドイツやアメリカなどに次ぐ地位を誇っていた。しかし，先進工業国の企業が安価な労働力と市場を求めて発展途上国や新興国に進出し，経済のグローバル化が進むなか，日本の企業の多くが工場を海外へと移転させ，部品の調達も外国企業から得るようになるなど，産業の空洞化[P.129▶▶]が進んでいる。

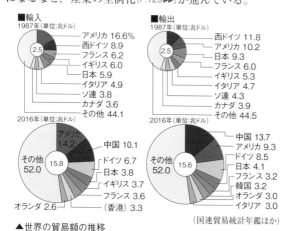

▲世界の貿易額の推移

（国連貿易統計年鑑ほか）

●●もっとくわしく

**世界金融危機**
企業は依然として金融機関からの借入に依存している。アメリカ経済の金融不安により，資金調達が難しくなった企業の倒産が相次いだ。

●●もっとくわしく

**日本の産業構造の変化**
高度経済成長期は第二次産業の割合が高かったが，現在では第三次産業の割合が7割を占めている。

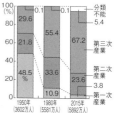

第一次産業…農林水産業
第二次産業…製造業や建設業など
第三次産業…サービス業や卸売・小売業など
※計100%になるように調整していない。
（2015年　国勢調査他）

●●もっとくわしく

**貿易の自由化**
貿易で関税などの自由な輸出入の妨げとなるしくみをできるだけ減らして，貿易を活性化させることを貿易の自由化という。自由化が進むと自国の商品の輸出がしやすくなるが，一方で他国からの輸入も増えるために，競争力の低い国内の産業が影響を受けることもある。

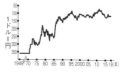

（日本銀行資料など）
▲円相場の推移

## 3 円高と日本経済——円の価値が上がると…？

円高とは，変動為替相場制のなかで円の価値が上がること，円安は下がることをいう。戦後の日本は長く固定為替相場制（１ドル＝360円）が採用されていたが，1973年に変動為替相場制に移行した。円高になると，日本の輸出は減少し，輸入は増加する。円安になると，日本の輸出は増加し，輸入は減少する。

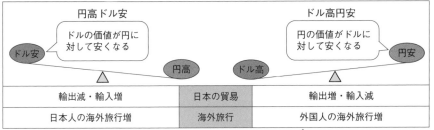

| | 円高ドル安 | | 日本の貿易 | | ドル高円安 | |
|---|---|---|---|---|---|---|
| | 輸出減・輸入増 | | 日本の貿易 | | 輸出増・輸入減 | |
| | 日本人の海外旅行増 | | 海外旅行 | | 外国人の海外旅行増 | |

本来ならば，円高になれば日本の輸出が減少して，国際経済における日本の地位は低くなり，円の価値が下がって円安の方向に動くはずである。これまでの世界経済においては，このような変化が繰り返されてきた。しかし，近年は日本よりも他国の経済不安の規模が大きくなっており，日本経済がそれほど安定していないにもかかわらず，日本円に対する信頼が相対的に高くなり，円高状態が長期的に続いている。円高が続くと，輸出を中心とする製造業などでは経営が苦しくなっていくため，**日本銀行**[P.585▶▶]などが為替相場に介入することもある。

## 4 これからの日本——世界に期待される日本

2011年，日本は東日本大震災の影響もあり，31年ぶりに**貿易赤字**に転落した。日本製品の輸出が減少し，食料品などの輸入は増加したためである。以前からの食料自給率の低さが，課題として強調されたとみることもできる。

グローバル化は農業の世界においても例外ではなく，さらなる輸入の自由化が促進される可能性もある。また，エネルギーについての政策も，世論を受けてこれまでとは大きく変化しつつある。このようななかで，日本は従来得意としてきた環境に配慮した**省資源・省エネルギー**の分野などを中心に，官民一体となって技術開発や研究を進めている。

**●●もっとくわしく**

**農作物の輸入出入と食料自給率の推移**

日本は農業分野も含めた自由貿易協定であるTPP（環太平洋戦略的経済連携協定）に参加している。TPPに参加すると海外から食料を安く輸入できる反面，安い外国産の農産物に負けて日本の農業が立ち行かなくなる危険性も指摘されている。

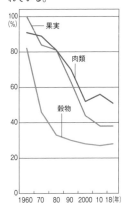

▲食料自給率の推移

# 第4章
# 世界平和と人類の

福祉

↑写真は，国際社会の安全と秩序を守る役割をもつ
国際連合本部である。
この単元では，国際連合の役割を学習し，これから
の私たちの社会で必要なことは何かをしっかり考え
よう。

# SDGs（持続可能な開発目標）が変える未来

## SDGsとは

SDGsとは，Sustainable Development Goalsの略で，日本語で「持続可能な開発目標」のことである。2015年9月，国連に加盟する193カ国すべてが賛成して採択された。SDGsは，地球規模の課題を17分野に分け，2030年までに達成することを目指している。

## 持続可能な開発目標とは

世界にはさまざまな紛争や貧困，地球環境問題など多くの課題がある。「持続可能な開発目標 (SDGs)」では"誰一人取り残さない"ことを理念として掲げている。SDGsでは先進国が積極的に取り組むべきものや全ての国が取り組む共通の目標が設定されている。こうした目標の実現には，国連などの国際機関や各国の政府だけでなく，非政府組織（NGO）や，民間企業などさまざまな立場からの協力が重要である。

SDGs？何それ？

この17のアイコンは見たことあるかな？

## 世界が直面している主な課題

▲ヨルダンのシリア難民向け教育施設

● 極度の貧困 ７億8,300万人（2016年）
　南アジアやサハラ以南のアフリカの多くの国が含まれている。

● 石鹸や水洗の手洗い場が自宅にない人 30億人
　世界の約40％にあたる数値である。また家や近所にトイレがなく道端や草むらなどで用をたさなければならない人は6億7,300万人以上といわれている。

● 子どもの過半数が読み書きや簡単な計算ができない（2018年）
　小学校に通っていない子どもの割合は約12人に１人。世界の子どもの約8％にあたる。紛争や自然災害の影響などの安全上の理由から学校に通えない子どもは約１億人といわれている。

● 栄養不良となる乳幼児 世界で約1億4,900万人（2018年）
　貧しくて食べられないなどの理由で慢性的な栄養不良の状態となる乳幼児は，特に南アジア，サハラ以南のアフリカでは3人に1人といわれている。

## SDGsを決めるにあたって考えられたこと

### ■ 目標とターゲット
17の目標にそれぞれいくつかのターゲットがあり，合わせて169のターゲットが設定されている。

### ■ 経済，社会，環境の調和
先進国・途上国すべての国を対象に，経済・社会・環境の3つの側面のバランスがとれた社会を目指す。

### ■ 5つの「P」
17の目標は5つの「P」の要素が関わっている。People（人間），Planet（地球），Prosperity（豊かさ），Peace（平和），Partnership（パートナーシップ）である。

### ■ 誰一人取り残さない
SDGsは，「最も弱い立場の人々に焦点をあてて，誰かを取り残したり，誰かの犠牲のもとに目標を達成したりすることはない。」という理念のもとに成り立っている。

## SDGs ユニセフと目指す2030年のゴール

**1 貧困をなくそう**
地球上からあらゆる貧困をなくしていく

**2 飢餓をゼロに**
飢餓をなくし食糧の安定確保と栄養状態の改善，持続可能な農業を目指す

**3 すべての人に健康と福祉を**
すべての人の健康的な生活を確保し，福祉を推進する

**4 質の高い教育をみんなに**
すべての人に公平で質の高い教育を提供する

**5 ジェンダー平等を実現しよう**
男女平等を実現し，すべての女性と女の子の能力を伸ばし，可能性を広げる

**6 安全な水とトイレを世界中に**
すべての人に水と衛生へのアクセスと持続可能な管理を確保する

**7 エネルギーをみんなにそしてクリーンに**
持続可能かつ近代的なエネルギーへのアクセスを確保する

**8 働きがいも経済成長も**
安定した経済発展を進め，すべての人に働きがいのある人間らしい仕事を与える

**9 産業と技術革新の基盤をつくろう**
インフラを整備し持続可能な産業発展と技術の拡大を目指す

**10 人や国の不平等をなくそう**
国内及び国家間の格差を是正する

**11 住み続けられるまちづくりを**
住み続けられる安全な都市空間を目指す

**12 つくる責任つかう責任**
持続可能な消費と生産のパターンを確保する

**13 気候変動に具体的な対策を**
気候変動とその影響への緊急対策をとる

**14 海の豊かさを守ろう**
海洋と海洋資源を保全し持続可能な形で利用する

**15 陸の豊かさも守ろう**
陸上生態系の保護や森林の管理，砂漠化への対処など生物多様性損失の阻止を図る

**16 平和と公正をすべての人に**
平和な社会を推進し，すべての人に司法へのアクセスを確保する

**17 パートナーシップで目標を達成しよう**
持続可能な開発に向けてグローバル・パートナーシップを活性化する

**SUSTAINABLE DEVELOPMENT GOALS**

国連のSDGsウェブサイトURL：https://www.un.org/sustainabledevelopment/

## §1 現代の国際社会

**重要ポイント**

- □EU・USMCAなど，地理的に近い国の結束を強める地域主義の台頭。
- □冷戦後，東欧社会主義諸国の変革，中国の経済発展，地域紛争，民族問題の顕在化。
- □1945年，国際連合憲章を採択して国際連合が成立。原加盟国51か国。
- □国連の活動（平和の維持・人権の保護・発展途上国への支援・環境の保護など）。
- □核軍縮への取り組み
  （SALTからSTARTへ，INF全廃条約，CTBT，NPT）。
- □政府によるODA（政府開発援助）と民間によるNGO活動との連携強化。

## ① 地域主義の動き

### 1 世界中で進む地域統合──地域主義

　現在の国際社会はグローバル化が進み，国境を越えて人・モノ・カネが自由に行き交うようになった結果，それぞれの国が他国との関係なしには成り立たない相互依存の関係にある。特定地域内での国家どうしの結びつきを強め，その中で協力・協調を強めようとする動きを地域主義（リージョナリズム）という。具体的にはEU域内の市場統合などがあげられ，日本は経済連携を強化するためTPP（環太平洋経済連携協定）への参加を表明し，2018年に調印した。

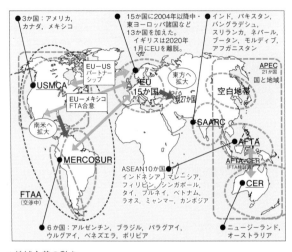

▲地域主義の動き

### 参考

**USMCA（アメリカ・メキシコ・カナダ協定）**
2020年7月，NAFTA（北米自由貿易協定）に代わって発効した。自動車などの原産地規則の厳格化といった内容が追加された。

**AFTA（ASEAN自由貿易地域）**
1993年，ASEAN（東南アジア諸国連合）を中心に参加国間の経済協力を拡大させるために設立。EUなどのように域内の関税を引き下げることを目指す。

**MERCOSUR（南米南部共同市場）**
1995年，地域内の関税の撤廃と貿易自由化を目指して発足。1995年に域内の関税を原則的に撤廃している。

**APEC（アジア太平洋経済協力会議）**
1989年，オーストラリアのホーク首相の提唱により発足。「開かれた地域協力」を掲げ，開放的な自由貿易圏を目指している。

## 2 EUの拡大——大欧州の誕生

EUのルーツは第二次世界大戦の終結後，ヨーロッパ経済の復興に着手していた1950年5月，フランスのシューマン外相が発表したシューマンプランにある。この提案により，石炭と鉄鋼産業を共同管理し，ヨーロッパの平和につなげる目的で1952年ECSC（ヨーロッパ石炭鉄鋼共同体）を創設。1957年には更なる関税同盟の拡大のために，ローマ条約が調印され，この組織を母体にEEC（ヨーロッパ経済共同体）がつくられ，同時に原子力の平和利用に向けた共同開発を目指すEURATOM（ヨーロッパ原子力共同体）も設立された。1967年には，3つの組織を統合し，EC（ヨーロッパ共同体）を設立。1973年にはイギリス，アイルランド，デンマークを加え拡大ECとなり，次いで1992年にマーストリヒト条約を結んで翌年EU（ヨーロッパ連合）が発足した。1997年にはマーストリヒト条約を改正してアムステルダム条約に調印し，1999年から発効した。

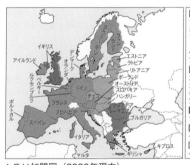

| |
|---|
| ■EU加盟国（15か国） フランス，ドイツ，イタリア，オランダ，ベルギー，ルクセンブルク，イギリス，アイルランド，デンマーク，ギリシャ，スペイン，ポルトガル，オーストリア，スウェーデン，フィンランド |
| ■2004年5月1日加盟国（10か国） エストニア，ポーランド，チェコ，スロベニア，ハンガリー，キプロス，ラトビア，リトアニア，スロバキア，マルタ |
| ■2007年加盟国（2か国） ブルガリア，ルーマニア |
| ■2013年加盟国（1か国） クロアチア |
| ▨2020年離脱国（1か国） イギリス |

▲EU加盟国（2020年現在）

## 3 EUの将来と課題——統合に黄信号

EUでは1999年1月から通貨統合が始まり，2002年からは統一通貨ユーロの貨幣が流通している。2015年のリトアニアの参加により加盟国中19か国が導入しているが，ユーロ危機[P.69▶▶]により，その導入国の経済状況が危ぶまれている。また，国民投票でEUから離脱したイギリスや，シリアからの難民の受け入れに難色を示した一部の加盟国に見られるように，加盟国間の経済格差の拡大やEUの意思決定の方法が複雑になり，「主要国の軋轢」も問題となっている。

参考

**EUの現加盟国**
15か国で構成されていたEUは，2004年に中・東ヨーロッパ諸国などの10か国が加盟，2007年にブルガリア・ルーマニアが加盟，さらに2013年にクロアチアが加盟した。2020年1月，イギリスがEUを離脱し，現在は27か国。

**EUの統合と発展**
地理編　P.68▶▶

▲イギリスのEU離脱が決まった国民投票（2016年）
（「朝日新聞」2016.6.25より）

# ② 冷戦の終結とその後の世界

## 1 ソ連の改革とその影響——独立国家共同体の誕生

### ①ソ連の改革

ソ連では，1985年にゴルバチョフが書記長に就任し，ペレストロイカ，グラスノスチ（情報公開），新思考外交などによって，政治・経済の立て直しが進められた。また，アメリカとの緊張関係を緩和させるため，アメリカと対立してソ連が支援していたキューバへの援助を削減し，ソ連が侵攻していたアフガニスタンから軍隊を撤退させ，ベトナムに，カンボジアからの撤退を働きかけるなどした。それまで冷戦体制で対立していたアメリカとは，1989年の米ソ首脳によるマルタ会談で，冷戦構造の終結を宣言した[P.444▶▶]。

### ②ソ連の解体

1991年，ソ連共産党は政権続行を目指してクーデターを起こしたが失敗。その結果，共産党は解散し，エリツィン大統領のロシアを中心とするCIS（独立国家共同体）が設立され，12月にソ連が解体した。国連での安全保障理事会の常任理事国の地位などは，ロシアに引き継がれた。

## 2 中国の改革開放政策——世界の工場，世界の市場

1975年，周恩来は「4つの現代化」を掲げ，1979年から沿海都市に経済特区[P.55▶▶]を，1984年に14の沿海港湾都市を経済技術開発区に指定し，「国家が市場を管轄し，市場が企業を誘導する」という計画経済体制を目標に，改革開放が加速していった。2001年にはWTO（世界貿易機関）への加盟を果たし，安い人件費を武器に，外国から製造業の工場を誘致し今や「世界の工場」「世界的規模の大市場」の地位を築いている。

大国化にともない，東シナ海や南シナ海への海洋進出を続ける中国の姿勢は国際的な緊張関係を生んでいる。一方化石燃料の多くを輸入に頼る中国が，中東やアフリカ諸国への投資や経済協力を進めている。

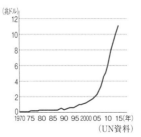

▲中国のGDP推移

| 年代 | 世界の動き |
|---|---|
| 1946 | チャーチルの「鉄のカーテン」演説<br>インドシナ戦争勃発 |
| 1947 | トルーマン・ドクトリンの発表<br>マーシャル・プラン発表 |
| 1948 | ソ連の西ベルリン封鎖 |
| 1949 | NATO（北大西洋条約機構）成立<br>中華人民共和国成立 |
| 1950 | 朝鮮戦争の勃発 |
| 1951 | サンフランシスコ講和会議 |

（左欄「冷戦」）

▲冷戦体制の形成

### 参考

**ペレストロイカ**

ロシア語で「立て直し」の意味。国営企業ばかりだった経済の中に，小規模の民間企業を認めることで，労働者の生産意欲を高め，働きや成果に応じて報酬を支払うなどの制度を導入した。

**グラスノスチ**

ロシア語で「情報公開」を意味する。ソ連には報道の自由がなかったため，国民にいち早く問題点を知らせるようにした。1986年4月に起きたチェルノブイリ原子力発電所の事故では，ソ連の安全管理と情報の公開が遅れたために被害が拡大し，事態を悪化させた。

### 用語

**WTO（世界貿易機関）**

かつてのGATT（関税及び貿易に関する一般協定）を発展的に解消・継承したもので，自由で円滑な国際貿易を実施することを目的としている。サービスや知的財産も扱う。

**「世界の工場」をになう中国の工業**

地理編　P.55▶▶

## 3 東欧諸国の民主化とドイツの統一——冷戦の終結

　ゴルバチョフの新思考外交は，停滞していたソ連の社会主義体制を大きく変革するきっかけとなり，1989年には東欧革命が起こり，民主化が進む中で東欧の社会主義圏は消滅した。ポーランドに始まる東欧革命は，ハンガリー，東ドイツへと発展した。その結果，1989年に東ドイツ政府はついにベルリンの壁を開放し，東西ドイツ間の自由な通行を認め，ベルリンの壁が撤廃された[P.71▶▶]。さらに同年，革命はブルガリア，チェコスロバキア，ルーマニアへと拡大した。翌年1990年10月3日，西ドイツが東ドイツを吸収するという形でドイツの統一が実現し，コールが統一ドイツ（ドイツ連邦共和国）の初代首相となった。

## 4 冷戦後の新秩序を求めて——地域紛争・民族問題

　冷戦の終結後，国際社会全体が21世紀に向けた新たな世界秩序を模索する中，世界各地で宗教や民族問題等に起因した地域紛争が発生した。1990年8月のイラクによるクウェート侵攻により中東情勢が緊迫し，1991年1月，多国籍軍による武力行使が開始された（湾岸戦争）。また，旧ユーゴスラビア地域やソマリア等における地域紛争，東ティモールの独立運動など世界各地で紛争が起きている。国際テロも頻発し，1996年12月には在ペルー日本国大使館公邸占拠事件，アメリカにおける同時多発テロ事件（2001年9月），インドネシア・バリ島における爆弾テロ事件（2002年10月）等，世界各地で一般市民を巻き込んだ自爆テロや大量無差別テロが起きたため，根絶に向けた国際テロ対策が世界的規模で進められた。また，大量破壊兵器等の拡散や核開発問題も重要な国際的問題となった。特に朝鮮民主主義人民共和国（北朝鮮）の核開発問題では，2003年にNPT（核拡散防止条約）からの脱退を，2005年に核兵器保有を宣言し，2006年以降，数度にわたって核実験を行っており，アジアの平和を維持するためにも情勢を注視する必要がある。

▲米ニューヨークの国連本部で採択された核兵器禁止条約（「朝日新聞」2017.7.9より）

### 研究

**ベルリンの壁はどうして崩壊したのか。**

東西冷戦の象徴ともいえるベルリンの壁は1961年8月13日旧東ドイツ領内のベルリンを東西に分断し，西ベルリン市内を包囲する形でつくられた。その壁が撤廃されたのはある人物の「言い間違い」から始まった。1989年11月9日，旧東ドイツの広報官が記者会見の場で，本来はビザの発給が緩和されるという内容であったにもかかわらず，「東ドイツ国民はこれより誰でも（自由に）国境を通過して出国ができる」と報じてしまった。この知らせを「出国自由化」と受け取った市民は東西の検問所に集まり始め，その様子は全世界にトップニュースで報道された。

### 研究

**核兵器禁止条約と日本**

2017年7月，国連で核兵器禁止条約が122か国の賛成で採択された。核兵器は非人道的で違法なものであるとして，世界から核兵器を無くすため，核兵器の開発・実験・保有・使用・核兵器による威嚇などを全面的に禁止とした条約である。しかし，核保有国などの条約への不参加もあり，同様の立場をとる日本政府に対しても国内外からの疑問の声もあがった。また，国際連合で採択された核兵器禁止条約に貢献した団体である「ICAN（核兵器廃絶国際キャンペーン）」がノーベル平和賞を受賞した。

# ③ 国際連合のしくみとはたらき

## 1 国際連合成立の歴史──世界平和のため

**①大西洋憲章**（1941年8月14日）

アメリカのフランクリン・ローズベルト大統領とイギリスのチャーチル首相が、「大西洋憲章」という、世界平和のためのプランを発表した。

**②ダンバートン・オークス会議**（1944年8月21日〜10月7日）

1944年の夏から秋にかけてワシントンで開かれた会議では、国際機関創設のプランが提案された。

**③ヤルタ会談**（1945年2月4日〜11日）

1945年2月、アメリカのローズベルト大統領、イギリスのチャーチル首相、および、ソ連の指導者スターリンは、ソ連のヤルタで会談し、安全保障理事会で用いられる投票の制度について合意し、国際連合のしくみをまとめた。

▲大西洋憲章

▲ヤルタ会談

## 2 国際連合の成立──世界平和を守るしくみ

第二次世界大戦はかつてない惨禍を人類にもたらした。1944年、アメリカ、イギリス、ソ連、中国の連合国が、戦後処理について相談し、1945年6月、**連合国50か国がサンフランシスコ会議で国際連合憲章を採択した。**

### 国連の目的

- ・全世界の平和を守ること（平和と安全）
- ・各国の間に友好関係を作り上げること（友好関係）
- ・貧しい人々の生活条件を向上させ、飢えと病気と読み書きのできない状態を克服し、お互いの権利と自由の尊重を働きかけるように、共同で努力すること（人権および基本的自由の尊重）
- ・各国がこれらの目的を達成するのを助けるための話し合いの場となること（各国の行動の調和）

▲ドイツ軍の攻撃により破壊されたワルシャワ（ポーランド）（1939年9月）

**ヤルタ会談**
歴史編　P.425▶▶

**原加盟国は51か国？**
1945年6月26日、50か国の代表は、サンフランシスコで国連憲章に調印した。ただし、ポーランドは、戦後の政府ができあがっていなかったために、代表を送ることができず、後に憲章に署名し、第51番目の国連原加盟国となった。2020年11月現在193か国が加盟。近年加盟したのは、スイス（2002年9月10日）、東ティモール（2002年9月27日）、モンテネグロ（2006年6月28日）、南スーダン（2011年7月14日）。

**国際連合憲章**
憲章原文は、アメリカが国連本部（ニューヨーク）の受入れ国として、現在もワシントンの国立公文書館に保存されている。

**集団安全保障の考え方**
国同士が集まって集団をつくることでお互いに武力行使をしないことを約束し、もし約束に反した国があった場合には、共同して制裁を加えることで、破壊を防止または抑圧しようとする安全保障の考え方。

## 3 国際連合のしくみ

　国連はいずれかの国の政府あるいは国民だけを代表するものではなく，独立した国々が集まって，個別の国の問題や，全体的な問題を話し合う場であるといえる。本部はニューヨークにあり，次のような機関が設けられている。

▲ニューヨークの国連本部

①**総会**：全加盟国の代表で構成。国連の主要な審議機関
②**安全保障理事会**：国際平和を守る責任をもち，5常任理事国と10非常任理事国で構成
③**経済社会理事会**：経済・文化・人道的な国際問題の処理
④**信託統治理事会**：国連が管理する非独立地域の自治・独立の支援（1994年11月に活動停止を決定）
⑤**国際司法裁判所**：国連加盟国の争いを裁判によって解決
⑥**事務局**：国連の一切の事務の統括
⑦**その他の専門機関**：専門的な委員会・国連貿易開発会議・国連大学など

### 研　究

**国連での日本はどのような役割をもっているのだろうか。**
日本は，1956年に国連に加盟したが，1958年以来，安全保障理事会の非常任理事国にたびたび選ばれている。また，国連は各国からの分担金によって成り立っているが，日本は第3位の拠出国であり，最近では常任理事国入りを目指している。

▼国連の分担金の割合（2019〜2021年）

アメリカ 22.0%
中国 12.0
日本 8.6
ドイツ 6.1
イギリス 4.6
フランス 4.4
イタリア 3.3
ブラジル 2.9
カナダ 2.7
ロシア 2.4
韓国 2.3
その他 28.7

（世界国勢図会 2020/21年版）

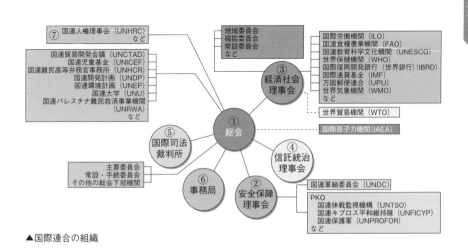

▲国際連合の組織

①**総会**　国連の加盟国はそれぞれ1国1票の投票権をもち，通常の問題は出席し投票する国の**過半数の賛成**で成立する。重要な問題は，**3分の2の多数決**で決定される。総会は毎年1回開かれる通常会期のほか，特別総会，緊急特別総会が開催される。総会は，世界のさまざまな問題の討議・勧告を行うことができる。

②**安全保障理事会**　総会が世界的な問題を何でも討議できるのに対して，安全保障理事会は，平和と安全保障の問題だけを取り扱う。一般の問題は9理事国以上の賛成で決定し，重要な問題では5常任理事国を含む9理事国以上の賛成が必要である。**常任理事国は拒否権をもち，1か国でも反対すれば決議は成立しない（大国一致の原則）**。

▲国連総会

| 理事国（15か国） | |
| --- | --- |
| **常任理事国（5か国）**<br>中国，フランス，ロシア，イギリス，アメリカ<br>※拒否権をもつ | **非常任理事国（10か国）**<br>地理的代表の原則に基づいて，総会の選挙で選ばれ，任期は2年。 |

③**経済社会理事会**　経済・社会・文化・教育・保健・食料などの社会問題を担当する。また世界中の人々の生活水準を向上させ，人々の人権と自由をどのように尊重するかなどの問題についても，勧告を行っている。54の理事国で構成され，総会によって3年の任期で選ばれる。扱う分野が広範なため，多くの委員会が設置されている。

| 国際労働機関（ILO） | 世界の労働者の地位向上や労働問題の解決をはかる。国際労働条約をつくり，労働条件の最低基準を勧告する。 |
| --- | --- |
| 国連教育科学文化機関（UNESCO） | ユネスコ憲章により設立。教育・科学・文化の向上やその交流を通じて世界平和を促進する。 |
| 世界保健機関（WHO） | 世界中の人々の健康を増進し，保健事業の強化，公害病対策などをすすめる。 |
| 国際通貨基金（IMF） | 国際間の資金の流通を円滑化させ，為替の安定や国際貿易の拡大をはかる。 |

▲国際連合のおもな専門機関

④**信託統治理事会**　国連の信託統治地域が独立するか，民族自決を行えるような指導を受けているかどうかをチェックするとともに，地域住民からの苦情を調査したりする。1994年に信託統治地域であったパラオが独立し，現在は信託統治地域が存在しないため，事実上その使命を終えている。

⑤**国際司法裁判所**　国際司法裁判所は，オランダの**ハーグ**にあり，国家間の紛争を裁くほか，総会・安保理からの問題について勧告的意見を出す。裁判官は15名で，任期9年。同じ国から2名以上の裁判官を選ぶことはできない。判決を下すためには，9名の裁判官の賛成が必要である。

⑥**事務局**　国連のあらゆる事務を行う機関で，本部は**ニューヨーク**にある。事務総長は，安全保障理事会の勧告により，総会が5年の任期で任命する。再任も可能。事務総長は事務局の最高責任者であり，その他の職員は，できるだけ多くの国々から有能な職員を採用している。事務総長アントニオ・グテーレス氏は，「SDGs [P.608▶▶] の実現はまだほど遠いが，世界各国の協力を強く求める」というメッセージを発信している。

---

## 4　国際連合のはたらき

①**平和の維持**

　紛争地域にPKF（平和維持軍）を派遣して，停戦監視などのPKO（平和維持活動）を行ったり，IAEA（国際原子力機関）などを設けて，軍縮，原子力の平和利用をすすめている。

②**人権の擁護**

　1948年「**世界人権宣言**」を総会で採択し，国際的な人権保障の基準を示し，1966年「**国際人権規約**」を採択した。その他，「人種差別撤廃条約」(1965年)，「女子差別撤廃条約」(1979年)，「死刑廃止条約」(1989年)，「障害者権利条約」(2006年) などの条約や宣言を採択している。

③**環境と開発問題への取り組み**

**環境問題**：1972年ストックホルムで開催された国連人間環境会議で「人間環境宣言」を採択。1992年にはリオデジャネイロで地球サミット，2002年に**環境開発サミット**を開催し，世界の環境保護のあり方を示す原則が定められた。

**開発問題**：**UNCTAD**（国連貿易開発会議）を中心に，南北問題の解決にむけ，発展途上国への援助を行っている。

---

●●**もっとくわしく**

**国際司法裁判所**

取り扱われる事案は，国家間の領土問題や，武力行使，内政不干渉に関するものが多い。例えばシンガポール海峡にある島について，マレーシアとシンガポールの間で領有権が長年争われていた事案について2008年に判決が下り，シンガポールに権利が認められた事案がある。

📖 **用語**

**PKF（平和維持軍）**

国際連合憲章では，安全保障理事会が加盟国と特別協定を結んで各国の軍隊を利用できることになっている。これが本来の国連軍であるが，まだ特別協定が結ばれていないので，組織されていない。しかしこれまでに，平和と安全の維持を目的に，安全保障理事会の求めによって，加盟国各国から集まった軍隊を派遣している。このような軍隊をPKF（平和維持軍）という。

▲PKF（平和維持軍）

# ④ 世界平和の実現にむけて

## 1 核のない世界の実現——核軍縮への道

　日本では1945年，広島，長崎に原爆が投下され，大戦後には水素爆弾が発明されて大国の間で核軍備競争が行われた。1962年，人類が初めて核戦争の淵を覗いたキューバ危機は，核兵器反対の国際世論を急速に高めた[P.442▶▶]。1978年には，ジュネーブ軍縮会議が設立され，さまざまな分野での軍縮が討議されるようになった。

① **PTBT（部分的核実験停止条約）**：1963年，米英ソは，地下実験以外の核実験の禁止を取り決めた。

② **NPT（核拡散防止条約）**：1968年，米ソの提案で核兵器保有国を米英ソ（ロ）仏中の5か国に限定した。

③ **SALT（戦略兵器制限交渉）**：1969年から米ソ間で本格的に交渉が進められ，1982年からSTART（戦略兵器削減交渉）に継続。1987年にINF（中距離核戦力）全廃条約が成立したが，2019年に失効。

④ **CTBT（包括的核実験禁止条約）**：1996年，国連で採択され，爆発をともなうすべての核実験を禁止し，国際的な監視制度による監視活動と現地査察の実施を定めた。

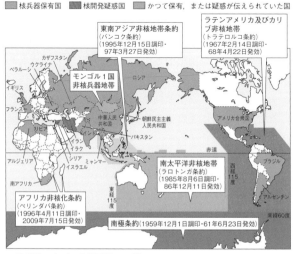

▲核兵器の広がりと核軍縮への道

---

### 📖 用語

**キューバ危機**

キューバに建設中のソ連製ミサイル基地の撤去を要求したアメリカとソ連が核戦争ぎりぎりまで対立した事件。

**核拡散防止条約**

核兵器を保有できる国をアメリカ，ソ連（ロシア），イギリス，フランス，中国に限定し，それ以外の国には，核兵器の保有を禁止している。加盟国は190か国にのぼるが，事実上の核保有国であるインド，パキスタンは加盟しておらず，北朝鮮は2003年に一方的に脱退を宣言し，2005年に核兵器保有を明言し，2006年以降核実験を行った。

**包括的核実験禁止条約**

条約の発効条件として，核保有5か国，インド，パキスタン，イスラエルなど44か国が批准書を寄託することとなっているが，現在核保有国のアメリカ・中国は批准せず，インド・パキスタン・北朝鮮は署名をしていないため，発効にはいたっていない。また，爆発をともなわない臨界前核実験は禁止していないなどの問題点がある。

### ●●もっとくわしく

核兵器製造の材料に利用できる物質がテロ組織の手に渡った場合，最も懸念されているのが，核テロである。核燃料の管理を徹底するため，核拡散防止条約に加盟する非核保有国は，核物質を扱うすべての施設を国際原子力機関（IAEA）に申告し，査察を受けなければならない。（未加盟の国は対象外）

## 2 日本の経済協力——ODA（政府開発援助）

　日本はOECD（経済協力開発機構）の一員であり，ODA（政府開発援助）による経済協力を進めている。ODAには，開発途上国に対して直接援助を実施する二国間援助と国際機関を通じた多国間援助がある。さらに二国間援助には，返済義務のない無償資金協力，研修員受入れ，技術者の派遣，青年海外協力隊などの技術協力，返済義務のある有償資金協力（円借款）がある。また，国際協力機構などの活動もあり，主に「技術協力」の分野で活動を実施している。

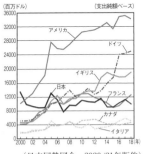

（日本国勢図会　2020/21版他）
▲ODA実績の推移

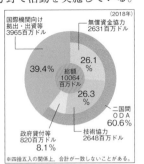

（日本国勢図会　2020/21年版）
▲日本のODAの形態別実績

## 3 活躍するNGO——草の根レベルの国際協力

　現在，国際協力活動に取り組んでいる日本のNGO（非政府組織）の数は，全国に400以上あるとみられ，近年では，コソボやアフガニスタンにおける難民・避難民に対する支援活動が国際的な注目を集めるなど，着実な成長を遂げている。また，政府は，ODAに対する国民の理解と支援を得る上で，国民の幅広い層が国際協力に参加する「国民参加型援助」の推進が重要であると考えており，NGOとのパートナーシップを強化することが重要になってきている。

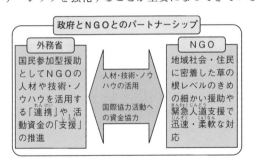

**参考**

### 新ODA大綱
2003年，政府は，国際社会の変化やODAの新たな開発課題への対応の観点から，1992年に作成した大綱を改定した。重点課題として，①貧困撲滅　②平和で安全な社会の実現　③持続可能で強靱な国際社会の構築をあげている。

### 国際協力機構（JICA）
2003年10月1日より国際協力事業団から改組され，独立行政法人国際協力機構となった。日本が途上国の問題に直接関与するのではなく，途上国の人々の手で問題解決を図れるよう，人材育成などを行うように支援している。

**用語**

### NGO
NGOはNon-Governmental Organization（非政府組織）の略で，開発，経済，人権，人道，環境等の地球規模の問題に取り組む非政府の組織をさす。

**参考**

### 政府とNGOとのパートナーシップ
2000年には，緊急人道支援活動において，NGO，経済界及び政府が連携・協力してより効率的かつ迅速な援助を行うためのシステムとして「ジャパン・プラットフォーム」が設立された。

## §2 先住民族・女性の人権

> □2007年9月，国連総会で「国連先住民族権利宣言」が採択され，先住民族の固有の権利が保障された。
>
> □2008年6月，衆参両議院で「アイヌ民族を先住民族とすることを求める決議」が採択され，アイヌ民族が日本の先住民族として認められた。

## ① 先住民族の権利保障

### 1 先住民族の権利保障——国連の権利宣言

2007年9月，世界で先住民族の権利についての大きな進展があった。20年以上議論されてきた「国連先住民族権利宣言」が，国連総会で圧倒的多数で採択された。全46条からなるこの宣言は，**国家が保障すべき先住民族の権利を規定している**。自らの言語で教育をうける権利，同意なしに没収された土地と資源は返還し，伝統的な生活に欠かせない土地や資源を使用する権利，自らの民族について決定する自治に関する権利など，先住民族の固有の権利を保障する内容になっている。

### 2 日本の先住民族——国会に響くアイヌ語

アイヌ民族の萱野茂氏は，参議院議員であった際，国会でアイヌ語による質問を行い，日本には日本語以外の言葉を使う民族がいることを強く印象付けた。日本では1997年に，アイヌ文化振興策を定めた新たな法律（アイヌ文化振興法）が制定され[P.508▶▶]，国や自治体にアイヌ文化振興につとめる責務を課したが，法律の対象は文化面にとどまり，先住民族としての権利を保護する文言は明記されな

萱野茂氏は，平成6年参議院議員に当選，アイヌ文化の振興に大きく貢献した。

かった。しかし，「国連先住民族権利宣言」が採択されたことを受け，2008年6月6日，**衆参両議院で「アイヌ民族を先住民族とすることを求める決議」が採択された**[P.508▶▶]。決議には，「アイヌの人々を日本列島北部周辺，とりわけ北海道に先住し，独自の言語，宗教や文化の独自性を有する先住民族として認める」とあり，すべての先住民族の権利の保障を国として積極的に推進していくことが明記されている。

### 用語

**先住民族**
国家が成立する以前から国土の一定地域に暮らし，独自の言語，文化，宗教，習慣などをもち，近代国家の成立以降は，その人権を侵害されたり，差別的な扱いを強いられたりしてきた民族集団のこと。世界の先住民族の人口は3億7000万人ともいわれる。

**国際先住民年**
1992年，ニューヨークの国連総会で開催された国際先住民年の開幕式典で，野村義一氏（当時北海道アイヌ協会理事長）は国際社会に先住民族の権利保障の実現を訴えた。

**国連先住民族権利宣言**
2007年9月13日，国連総会において採択された。この宣言には国際法上の拘束力はないが，全46条からなり，自己決定権，教育権，土地権，資源権など先住民族としての広範な権利を認めている。

### 参考

**二風谷ダム裁判**
アイヌ民族が生活をしてきた大切な土地に建設されたダムの土地収用をめぐる行政訴訟。1997年札幌地裁判決（3月27日）は，アイヌ民族を先住民族と認める判決を出した。

2019年4月，アイヌ民族を「先住民族」と初めて明記した
アイヌ新法が成立した。新法は振興法に代わるもので，ア
イヌに対する差別を禁止する基本理念や観光振興等の事業
を支援する交付金の交付が定められた。しかし，先住民族
の権利としての，土地などに関するアイヌ民族の具体的な
権利についてはふれられず，衆議院での採決の付帯決議で
「アイヌ民族の自主性を尊重する」とするにとどまった。

# ② 女性の権利

## 1　女性の権利獲得——男女共同参画社会を目指して

　戦前の日本では，女性の政治参加や就職などの自由が制
限されていた。戦後一貫して女性の権利の回復が図られた
が，性別役割意識はいまだに残っており，近年の女性の社
会参加と男女間の相互理解を困難にさせているともいわれ
ている。**男女が共に自らの意思で社会に参加できる男女共
同参画社会の更なる実現が求められている。**

## 2　戦後の女性をめぐる社会の動き——女性のあゆみ

　戦後初の女性の国会議員が誕生して以来，女子差別撤廃
条約の批准，**男女雇用機会均等法**の制定，**男女共同参画社
会基本法**の制定などが行われてきたが，今後も男女平等へ
の取り組みが重要である。

### 参　考

**ウーマンリブ**
女性であるためにうける差別
と，それを支えている社会制
度や人々の意識の変革を目指
す女性解放運動。女性の職場
進出や社会参加をもたらした
女性解放運動のこと。1960年
代後半にアメリカで起こり，
70年代にかけて先進国に広ま
った。日本でも1970年11月に
ウーマンリブ大会が開催され
た。

〈戦後～1950年代〉
**1945年　参政権を獲得**
明治以来の婦人参政権運動が実を結び，衆議院選挙で初の女性代議士39人が誕生した。

**1947年　労働基準法公布**
労働における男女同一賃金の原則が定められ，女性の生理休暇も認められた。

**1947年　日本国憲法施行**
男女の本質的平等が規定され，結婚は家のためでなく両性の合意によってできるようになった。

**1950年代～　家電製品の普及**
洗濯機・冷蔵庫など電化製品が発売され，家電製品の普及により女性の家事労働時間が減少した。

**1955年　主婦論争**
高度成長と核家族化で専業主婦が増え始め，主婦の社会進出や家事の意義について論争が起こった。

〈1960年代～80年代〉
**1961年　女子学生亡国論**
大学の男性教授が「文学部は女性に占領され，花嫁学校化している」と指摘し，誌上で論争を展開した。

**1970年　ウーマンリブ運動**
60年代アメリカに発する性別役割意識の変革や女性差別の撤廃を求める動きが日本でも高まった。

**1985年　女子差別撤廃条約批准**
1979年国連総会において採択，日本は80年7月に署名，85年国会で条約を承認し，批准した。

**1985年　男女雇用機会均等法施行**
女子差別撤廃条約の批准を契機に，雇用におけるあらゆる男女均等を確保する法律が制定された。

**1989年　セクハラ裁判提訴（92年原告勝訴）**
「性的嫌がらせ」をめぐり福岡地裁は男性の行為を不法と判決した（92年）。日本初のセクハラ裁判。

〈1990年代～現代〉
**1992年　育児休業法施行（95～育児・介護休業法）**
育児を行う男女労働者の職業生活と家庭生活との両立を支援するために休業権などを定めた。

**1993年　パートタイム労働法施行**
パート労働者の待遇を改善するために，正社員との待遇格差を均等化することなどを定めた。

**1999年　男女共同参画社会基本法施行**
政治・経済・社会・文化などあらゆる分野で，男女共同参画社会の実現を目指すことを定めた。

**これからの課題**
・女性天皇の容認をめぐる議論
・ＤＶ防止に関する法的整備
・育児をしながら働ける環境の整備
・待機児童の改善
・ワンオペ育児の解消
など

▲戦後の女性をめぐる社会の動き

## §3 多文化社会の進展

重要ポイント

□1980年代以降経済のグローバル化の進展と共に多文化社会へと変貌してきた。
□日本では少子高齢化により，外国人労働者への依存が高まり，在日外国人は今後も増加することが予想されている。
□地方公共団体やNGO・NPOの活動によって，多文化社会に求められるサービスや情報の提供の改善が続けられている。
□多文化共生のために，お互いの文化を尊重しあう態度が大切。

# ① 多文化社会とわたしたち

### 1 市民と多文化社会——内なる国際化をめざして

1980年代以降，日本経済のグローバル化の進展や1990年の出入国管理法改正の影響もあり，地域社会の国際化をめぐる環境は大きく変化し，今や多文化社会への対応が重要な地域課題の一つとなっている。

2019年現在，日本国内で外国人登録をしている人は，293万人（出入国在留管理庁調べ）。これは日本の人口の約2％であるが，製造業などの盛んな地域の中には，住民の15％が外国人で占められている地域もある。将来的には少子高齢化により，外国人労働者への依存が高まり，日本国内に長く生活する外国人が増え続けていく。人口減少が始まり，国際化が加速化する中で，異なる文化をもった人々に対して差別や偏見をもたず，**共存・共生を積極的に認めようとする「内なる国際化」が求められている。**

▲在留外国人の国別割合 （法務省資料）

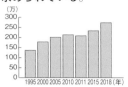

▲日本の在留外国人の推移 （法務省資料）

### 2 多文化化への対応——外国人に住みやすい社会づくり

現在，地方公共団体やNGO・NPOによって，多文化社会に求められるサービスや情報の提供の改善が続けられている。なかでも外国人が多く居住する自治体では，外国人に住みやすい社会をつくるために広報誌や生活ガイドを発行したりしている。

## 📖 用 語

**経済のグローバル化**
国境を越えての資本や労働力の移動が活発化し，貿易を通して商品やサービスの取引や，他の国で経済活動をする海外投資が増大することによって，世界における経済的な結びつきが深まること。

**多文化社会**
一つの国や地域の中に，人種，民族，文化的背景の異なる人々が存在するときに，異なる文化どうしが共存しあうことによって成り立っている社会。

**出入国管理法の改正**
1990年の改正により「定住者」の在留資格が創設され，ブラジルやペルー等の中南米諸国からの日系人の入国が容易になり，来日数が増加した。これはバブル景気を背景に外国人労働者の受け入れを望む経済界の意向が働いたとされる。

## 🔍 参 考

**外国人市民会議**
日本では現在在日外国人に参政権は認められていないが，外国人も住民として地域社会に参加してもらうために，一部の自治体では，公募，指名，推薦などによって，外国人住民の代表を選び，その人達が会議を開いて，自治体に提言を行っている。

# ② 多文化共生社会の課題

## 1 外国人住民をめぐる現状と課題——地域社会の受け入れ

　社会の多文化化に伴い，夜の騒音やごみ出しのルールを守らないといった周辺住民からの苦情で生じる住民間の摩擦や軋轢が大きな問題となっており，外国人住民が地域で暮らしていくうえでの義務や責任のあり方を指摘する声が多く聞かれる。

　一方，外国人住民側からすると，派遣や請負などの形態で雇われることが多く医療保険などの社会保障制度に加入しておらず，医療費が高額になることや，外国籍の子どもでも希望すれば公立の小中学校に通うことができるが，日本語が十分に理解できていないためにコミュニケーションがうまく取れず勉強についていけなくなったりすることなどの，日常生活におけるさまざまな問題が生じている。

　日本で働く外国人労働者は約166万人にものぼり（2019年），外国人の労働力は欠かせないものになっている。これは，日本では少子高齢化が進み労働人口が減少しているためである。しかし，中には劣悪な環境での労働を強いられる外国人労働者もおり，労働環境の改善が求められている。

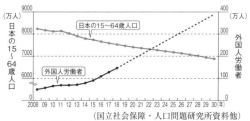

▲日本の労働人口の減少と外国人労働者の増加
（国立社会保障・人口問題研究所資料他）

## 2 文化の違いをめぐる課題——お互いへの理解

　現在日本は原油輸入の約8割（2019年）を中東に依存しており，日本とイスラム世界は，高度な依存関係にあることが明らかである。

　このような地球規模で相互依存を強めていく世界の中で，グローバルな価値をめざして行動するためには，異なる文化をもった人々との親密な関係を保つことは不可避な課題であり，お互いの文化を尊重しあう態度をもつことが最も大切である。

**参 考**

**外国人集住率19％の町**
群馬県大泉町では，日系ブラジル人が多いので，交通のルールやごみ出しのルールなどを，ポルトガル語でわかりやすく説明した冊子を作成している。また，すべての小中学校に日本語学級を設けて，日本語に不慣れな子どもたちへの指導を続けている。

▲町が作成したポルトガル語の資料

**研 究**

**日本の外国人政策はどうなっているのだろう。**
政府は，これまで外国人に対して労働者という観点を重視してきたため，近年地域に長く暮らす生活者という視点での対策を求める声が強まってきた。そこでこれまで自治体に委ねられてきたこの問題を正面から受けとめて，外国人を生活者として受け入れるための支援に取り組み始めている。2006年4月7日の経済財政諮問会議で，総務省設置の「多文化共生の推進に関する研究会」の報告書（2006年3月）が取り上げられ，地域において取組みが必要な「コミュニケーション支援」，「生活支援（居住，教育，労働環境，医療・保健・福祉，防災等）」，「多文化共生の地域づくり」，「多文化共生の推進体制の整備」の各分野を「多文化共生推進プログラム」として取りまとめ，具体的な提言を行った。

## §4 地球社会の未来

□地球環境問題の要因←大量消費社会が生む大量廃棄，化石燃料から発生する
大量の二酸化炭素。

□環境問題
（地球温暖化・オゾン層破壊・酸性雨・森林破壊・砂漠化・野生生物の減少）。

□エネルギー使用量は，産業革命以降増加し，資源の枯渇，代替エネルギーの
必要性。

□先進国と発展途上国のエネルギー消費量の不公平→途上国の資源確保が課題。

□人口爆発→発展途上国を中心に爆発的な人口増加→飢餓・栄養不足の広がり。

□先進国と発展途上国との経済格差（南北問題）から途上国間の経済格差の拡大
（南南問題）へ。

# ① 地球環境問題

## 1 環境問題はなぜ起こるのか──環境問題の構造

　わたしたちは，科学技術の発展による豊かで便利な生活と引き換えに，地球への負荷を与え続けてきた。これからのわたしたちは，**地球環境の保全**について考え，その改善に努力しなければならない。

| 地球環境問題 | ・世界的な人口の増加<br>・大量消費社会が生む大量の廃棄物<br>・石油など化石燃料から発生する二酸化炭素の増加による地球温暖化<br>・先進諸国の資源の大量消費と発展途上国での環境対策の遅れ |
|---|---|

## 2 さまざまな地球環境問題──その原因と対策

①**地球温暖化**：二酸化炭素（$CO_2$）などの**温室効果ガス**の
増加により地球の気温が上昇。海面上昇による国土の消
失，異常気象，局地的な豪雨，内陸部の乾燥化が進む。

**原因**：化石燃料の消費による $CO_2$ の増加

**対策**：$CO_2$の排出量の規制→気候変動枠組条約（1992年採択）

②**オゾン層の破壊**：地球を覆うオゾン層が破壊され，**有害な
紫外線が増加**，皮膚がんや白内障，農作物への悪影響がある。

**原因**：スプレー，冷蔵庫などに使用される**フロンガス**

**対策**：フロンの規制→**モントリオール議定書**（1987年採択）

1978年

2008年

▲氷河の後退　2点写真提供／
名古屋大学環境
学研究科・雪氷
圏変動研究室

**参考**

**気温の上昇予想**
「気候変動に関する政府間パネル（ＩＰＣＣ）」が，2014年にまとめた第5次評価報告書によると，1880〜2012年の地上の平均気温は，約0.85℃上昇。今のままだと21世紀末に平均気温は現在より最小約0.3℃，最大約4.8℃高くなり，その後も上昇すると予想されている。

③**酸性雨**：窒素酸化物や硫黄酸化物が大気中で雨や雪に溶け地上に降り，**湖沼の酸性化や森林の立ち枯れ**を引き起こす。

原因：工場，自動車が排出する**窒素酸化物や硫黄酸化物**

対策：排煙・煤煙装置の設置，自動車の排ガス規制など

④**森林破壊**：**熱帯雨林を中心とした森林面積の減少**により，干ばつ，**砂漠化の促進，温暖化の加速，動植物の減少**など。

▲焼畑のために焼かれた熱帯雨林

原因：自然の回復力を超えた焼畑農業，大量伐採

対策：発展途上国の自立援助と貧困の改善

⑤**砂漠化**：土地の乾燥化，土壌の侵食など不毛の土地が増加。

原因：干ばつによる気候変動，森林伐採，焼畑の拡大，過放牧など

対策：乾燥地帯への食料安定供給，温暖化の防止

⑥**野生生物の減少**：生息環境の悪化，生態系の変化により野生生物が減少，人類社会の存在すら危うくしている。

原因：商業目的の乱獲，熱帯雨林伐採など生態系の破壊

対策：野生生物の取引規制➡**ワシントン条約**（1973年採択），**生物多様性条約**（1992年採択）など

### 3 環境問題への取り組み──国際的な保全

1972年，ストックホルムで開かれた国連人間環境会議では，"かけがえのない地球"をテーマに「人間環境宣言」を採択，翌年環境問題を専門に扱う国連環境計画（UNEP）が発足した。20年後，1992年には，リオデジャネイロで**国連環境開発会議（地球サミット）**が開かれ，"持続可能な開発"の理念に基づく「環境と開発に関するリオ宣言」が採択された。1997年，京都で開かれた**地球温暖化防止京都会議**で「気候変動枠組条約」の具体的なルールを定めた「**京都議定書**」が採択された。しかしアメリカの離脱や先進国と途上国間の対立が課題となり，2015年に**パリ協定**が採択された。

| 京都議定書 | パリ協定 |
| --- | --- |
| 1997年採択 | 2015年採択 |
| 先進国に排出削減の義務<br>途上国への義務なし | すべての国が削減の目標を策定し，それぞれの目標に取り組む義務付け |

**参考**

**自然の回復力を超えた焼畑農業**

定期的に森林の一部を焼き払い，灰の養分で土壌を肥やしてその土地を畑として使用するのが本来の焼畑農業である。しかし，農業知識もなく森林が回復しないうちに勝手に焼畑を行うなど，地力が回復できないまで酷使することが問題となっている。

**用語**

**生物多様性条約**

世界のあらゆる生物の多様性を守ることは，人類の生存を支え，さまざまな恩恵を与えるものである。1992年5月に採択された「生物多様性条約」には，先進国の技術を開発途上国に提供する仕組みがあり，生物多様性の保護を推進し，生物多様性についての情報交換や調査研究を各国が協力して行うことを目的とする。

**用語**

**持続可能な社会の考え方**

現代の世代の幸福と将来の世代の幸福を両立させていくことを目指すもの。例えば，化石燃料の偏りから世界のエネルギー消費量が急速に増える中，資源やエネルギーの消費を抑える省資源・省エネルギーの技術の開発を進めるなど，社会や経済の発展と環境の保全とを両立させていこうとする取り組みはこうした考え方に基づいている。

# ② 資源・エネルギー問題

## 1 エネルギー消費量はいつから増えだしたのか
### ──エネルギー革命

　18世紀に始まった産業革命以降，エネルギー消費が増大する中，「石炭の時代」から「石油の時代」へと移り変わり（エネルギー革命），さらに急激にエネルギー消費が増している。20世紀半ばころから**原子力エネルギー**が使われ始めた。

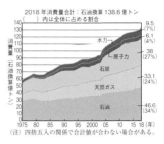

▲世界の一次エネルギー消費の推移（BP統計　2020年版）

## 2 エネルギー消費格差はどのくらいか
### ──増えるエネルギー需要

　世界の人口の大部分は**アジア，アフリカ**などの発展途上国にあるが，エネルギーは，北アメリカやヨーロッパなどの先進国の消費量が多く，**先進国は途上国に比べて一人あたりのエネルギー消費量も大きくなっている**。しかし今後中国の経済発展[P.55▶▶]や途上国の人口爆発[P.628▶▶]によりエネルギー需要がますます増加することが予想され，それに対応するエネルギーの確保が問題となっている。

### 研究

**資源はいつまでもつのか。**今のままの利用を続けていれば21世紀中に資源が不足し，利用できなくなる可能性があるとの説もある。ただし，資源開発努力により，もっと資源を入手できるとの説もある。

| 資源 | 石油 | 天然ガス | 石炭 | ウラン |
|---|---|---|---|---|
| 可採年 | 50年 | 51年 | 132年 | 99年 |

（BP統計　2019年版ほか）

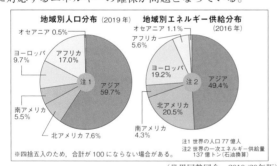

（世界国勢図会　2019/20年版）
（データブック　オブ・ザ・ワールド2020）

## 3 日本のエネルギー消費はどうなっているのか
### ──部門別消費量の見通し

　日本のエネルギー消費は1973年の第一次**石油危機**（石油ショック）[P.441▶▶]のころまでは産業部門を中心に大きく増加してきたが，1990年代以降は民生（家庭）・運輸（旅客）を中心に増加してきた。今後も民生と運輸はエネルギーの需要がみこまれている。

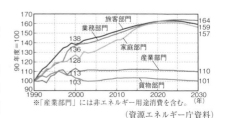

※「産業部門」には非エネルギー用途消費を含む。
（資源エネルギー庁資料）
▲日本の部門別エネルギー消費量の見通し（指数）

公民編

第1章　現代社会とわたしたちの生活

第2章　わたしたちの生活と民主政治

第3章　わたしたちの生活を支える経済

第4章　世界平和と人類の福祉

## 4　石油に代わるエネルギーをどう確保するか
### ——原子力エネルギーとその問題

　日本政府は**石油に代わるエネルギーの中心を原子力**においてきたが，原子力発電の事故が発生して以降，**高速増殖炉**の運転を停止している。そこで，軽水炉で使用した燃料を再処理して軽水炉でもう一度燃料（MOX）として利用する方式（**プルサーマル計画**）を進めていたが，再処理の際に出る高レベル放射能廃棄物の最終処分場の問題などがあり延期されている。

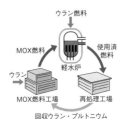

（一般財団法人日本原子力文化財団資料）
▲プルサーマル計画

## 5　エネルギー消費をどう減らしていくか
### ——省エネルギー社会を目指して

　エネルギー消費を減らして省エネルギー社会を目指すことも大事である。日本のエネルギー消費の約4分の1を占める民生部門（家庭やオフィスなど）でも，努力が行われている。また省エネ法により各分野で事業者が取り組むべき内容とそれを支援する施策が定められており，省エネルギー対策を積極的に進める取り組みがなされている。

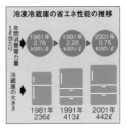

（資源エネルギー庁調べ）

## Q&A　今後どのように電力を確保していくのがよいのだろうか？

　日本では電力の確保が最重要課題であるが，少ない資源で多くの発電が得られる原子力発電では，東日本大震災で大量の放射性物質が放出された。この事故により周辺住民が長期（今現在も）避難生活を強いられ多大な被害が出ている。原子力発電については，使用後の放射性廃棄物の最終処分場を巡る問題や，放射性物質を取り除いた後の除染残土の中間貯蔵施設をどこに設けるのかという課題も残っている。

▲福島第一原子力発電所で起こった事故
（「朝日新聞」2011.3.13より）

# ③ 人口爆発・食料問題

**1**　**世界の人口はどうなるのか**──増加する世界人口

　地球上の人口は急増しており，2019年の77億人から2030年の85億人（10％増）へ，さらに2050年には97億人（同26％増），2100年には109億人（同42％増）に達する見通しである。

**2**　**地域ごとの人口の動向**──発展途上地域の人口爆発

　世界の**合計特殊出生率**を国別にみると，最も多い国はニジェールで7.1，続いてアフガニスタン，マリ，ソマリア，ザンビアが6.3とアフリカ大陸の国々が上位のほとんどを占める。一方，最も少ない国は韓国の1.0である（2018年）。このように人口増加の大部分は発展途上地域で生じており，この現象を「**人口爆発**」とよんでいる。

**参　考**

**合計特殊出生率**
15〜49歳までの1人の女性が生涯に産む子どもの数の平均。この数値が2.08を下回ると，外国からの人口移動がない限り，やがては人口が減少し始めることになる。近年の日本の合計特殊出生率は1.42（2018年）となっている。

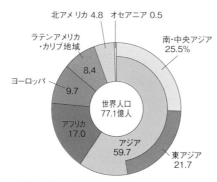

▲世界の人口の内訳（2019年，内訳の合計が100％になるように調整していない。）　　（世界国勢図会2020/21年版）

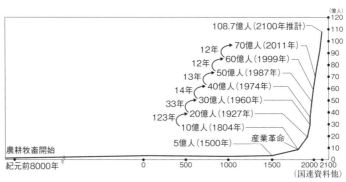

▲人口の推移・予測

## ③ 人口爆発と食料問題——これからの食料問題

　近年，さまざまな要因により食料価格が高騰し，食料を買えない人々が増えるという問題が生じている。食料価格の高騰などにより，栄養不足に苦しむ人の数は2017年には8億1000万人となり，途上国では，栄養失調により5歳になる前に命を落とす子どもが年間520万人いる。

**世界の10人に1人が飢餓状態にある**ということになり，**栄養不足の人々が最も多く住んでいるのがアフ**

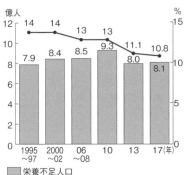

（平成23年度　食料・農業・農村白書）
▲世界の栄養不足人口

リカである。また世界には，国内総人口の35％以上の人たちが栄養不足の国があり，その多くがアフリカに集中していて，アフリカの国々は総人口に対する栄養不足人口の割合が高くなっている。ハンガーマップは世界の栄養不足人口の割合を，5段階に色分けし，地図に示したもので，国連WFPがFAO（国連食糧農業機関）の統計を基に作成している。

**参　考**

**世界食糧サミット**
1996年にローマで開催された世界食糧サミットでは，飢餓問題に加えて人口増加や農作物生産の伸び悩みで不安が高まっている食料の供給問題について議論が交わされた。栄養不足人口を2015年までに半減させるとの目標が書き込まれた「世界食糧安全保障に関するローマ宣言」と「世界食糧サミット行動計画」が採択された。2008年にもローマで世界食糧サミットが開催され，食料価格の高騰や気候変動・バイオエネルギーがもたらす食料需給への影響などについて話し合いが行われた。

▲ハンガーマップ　　　（2019年データ）（出典：国連WFP）

# ④ 南北問題と南南問題

## 1 北と南を比べてみれば──南北問題

　地球の北側では，経済が発展し工業がさかんな国である先進国が多く，アメリカ合衆国やＥＵ諸国，日本などがあてはまる。一方，その南では，経済発展の水準が先進国に比べて低く，発展の途上にある発展途上国が多く，アフリカや東南アジア，中南米などの国々があてはまる。これを**南北問題**という。世界には約190か国の国があるが，**豊かな国はわずかな先進国で，他の大部分が発展途上国である。**

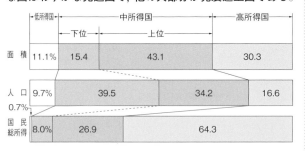

| | 低所得国 | 中所得国 | | 高所得国 |
|---|---|---|---|---|
| | | 下位 | 上位 | |
| 面 積 | 11.1% | 15.4 | 43.1 | 30.3 |
| 人 口 | 9.7% | 39.5 | 34.2 | 16.6 |
| 国 民総所得 | 0.7% 8.0% | 26.9 | 64.3 | |

※低所得国は1人あたり国民総所得が995ドル以下の国，中所得国のうち下位は996ドル以上3895ドル以下，上位は3896ドル以上12055ドル以下，高所得国は12056ドル以上の国で分類している。

(2017年)(世界国勢図会　2019/20年版)

▲所得別の面積，人口，国民総所得の割合

## 2 南北問題の新展開──南南問題

　同じ発展途上国でも，資源（特に石油）保有国（中東の産油国）と非保有国，韓国などの**アジアＮＩＥＳ**とよばれる新興工業国と，サハラ以南のアフリカに残る最貧国（後発発展途上国：ＬＤＣ）の間の経済格差が拡大し，利害対立が発生している。これを「**南南問題**」とよぶ。

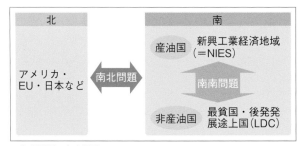

▲南北問題・南南問題

**参　考**

**南北問題**
先進国の大半が北側，発展途上国の大半がその南に位置していることから，東西の冷戦問題に対比する形で初めて使用されて以来，一般に使われるようになった。

▲ＧＤＰ（国内総生産）の多い国

●●●もっとくわしく

　貧困とは，１日の生活に使える金額が1.9ドル未満の状態のことである。国連は，SDGs P.608▶▶ で2030年までに貧困や飢餓をなくす取り組みを進めている。貧困問題の解決には食糧や資金援助だけではなく，人々が自立して生活できるような支援も必要である。例えば，途上国の人々が生産した産物に対して，その労働に見合う対価を公正な価格で貿易し，先進国の人々が購入することで途上国の人々の生活を支えるフェアトレードや，貧困層や低所得者を対象として少額のお金を低利子で貸し出すマイクロクレジットなどがある。

**ＮＩＥＳ**
地理編　P.51▶▶

## これからの未来をどう生きるか

　グローバル化が急速に進んでいても，国境の問題はいまなお存在し，世界中のどこかで，地域紛争やテロの脅威，国家間の対立によって，平和で豊かな暮らしを奪われたり，住むところを追われたりして，避難せざるを得ない人たちがいる。いま私たちの生きている世界は，大多数の人々が「人間らしい」暮らしができないでいるということが，何よりも大きな問題となっている。

　お互いに人間であるからには，地球上のすべての人が「人間らしく」生きてゆけなくてはいけない，そういう世の中をつくっていくためには，地球社会にはどのような課題があり，その解決のために私たちには何ができるのか。これまで学習した世界中のさまざまな課題やその取り組みについて最後にあなた自身はどう考えるのか，どう生きていくべきなのか，考えてみよう。

『漫画　君たちはどう生きるか』
（マガジンハウス，
漫画：羽賀翔一，
原作：吉野源三郎）

　この漫画は，1937年の同名長編小説『君たちはどう生きるか』（著：吉野源三郎　新潮社）を原作としている。主人公は中学2年生のコペル君こと本田潤一，15歳。父親を早くに亡くし，大学を卒業した叔父が相談を受けながら「友情」や「貧富の差」，「差別」，「いじめ」など，人生において幾度となく降りかかってくる課題を探求していく物語となっている。人は，自分で自分のことを決定することのできる力をもっていること，そこから人間としての価値とは何かを考えさせてくれる。

　緒方貞子さんは，1991年から2000 年までの約10年間，日本人では初めての国連難民高等弁務官として，紛争の犠牲者たちに難民援助活動の最前線で向き合い続けた。

　アフガニスタンで医療や灌漑・農業支援を行い人道支援に取り組んできたNGO「ペシャワール会」の現地代表で，医師の中村哲さん（73）は，同国で乗っていた車が何者かに銃撃されて亡くなった。

SUSTAINABLE DEVELOPMENT **GOALS**

　「持続可能な社会の実現」のために発展途上国だけでなく先進国自身も取り組む2030年までの国際的な目標が決められている（SDGs[P.608▶▶]）。「持続可能な社会実現」のために重要だと思うテーマを3つ，取り組んだらよいと思われるものから順番に書きだしてみよう。そして，あなたが最も重要だと思ったテーマについて，自分なりの考えを整理しておこう。

あなたの考え

① _____
② _____
③ _____

公民編　第1章　現代社会とわたしたちの生活　第2章　わたしたちの生活と民主政治　第3章　わたしたちの生活を支える経済　第4章　世界平和と人類の福祉

# 社会科を「読解」「思考」「表現」する

## ■ 裁判員を体験してみよう

| ねらい | 2009年から始まった裁判員制度では，関係者の証言を注意深く聞き，自分なりに考えて意見を述べ，有罪か無罪か，有罪の場合は罪の重さを判断する力が求められます。模擬裁判を通して，これらの力を身につけましょう。 |
| --- | --- |

### 【事件のあらまし】

被告人（男性A氏）は20××年△月○日，午前0時30分ごろ，都内S駅4番線のホームにおいて，被害者（男性Bさん）と借金の返済をめぐる口論をきっかけに，ホームの上でつかみ合いのけんかをおこし，被告人の手がBさんの右ほほにあたり，酒に酔っていたBさんはホームから線路に転落し，全身を強打して亡くなった。被告人A氏，被害者Bさん双方ともかなり酒に酔っており，被告人は「殴ったわけではない。振り払った手があたっただけだ」と起訴容疑を一部否認している。

### 事件現場ホームの見取図

⇒ 20××年□月○日，起訴された被告人A氏の裁判が開廷しました。
　　＜争点＞被告人が被害者にした行為は，わざとした行為（故意）にあたるか。

### ＜検察側の主張＞

証言1から，被告人に右ほほを殴られた被害者がホームから線路に転落したことは明らかだ。「振り払った手があたっただけ」という被告人の主張を認めることはできない。借金の返済を迫られた被告人は被害者に対して悪意をもっていたと考えられる。よって「傷害致死罪」*として懲役6年にすべきだ。

### ＜弁護側の主張＞

被害者がつかみかかってきたため，身の危険を感じ，被害者を振り払おうとした際に手があたっただけという被告人の主張を認めてほしい。証言2から，もみ合った場所から線路までは距離があるし，柱も立っていた。手があたったことで転落したとは考えにくい。よって検察の主張する「傷害致死罪」にはあたらないし，もっと軽い「過失致死罪」**で30万円以下の罰金にすべきだ。

---

\*　傷害致死罪（刑法第205条）…身体を傷害し，よって人を死亡させた者は，3年以上の有期懲役に処する。

\*\*過失致死罪（刑法第210条）…過失により人を死亡させた者は，50万円以下の罰金に処する。

## <目撃した人の証言>

証言1（S駅の駅員さん）：都内S駅4番線のホームでのけんかの仲裁に入りましたが，やめさせることができませんでした。もみ合っていた二人のうち一人がよろけて，ホームから線路に転落したのを目撃しました。

証言2（現場の目撃者）：私はホームで電車を待ち，並んでいたのですが，大声をだしてもめている二人の姿が見えました。二人の場所はホームの真ん中あたりでした。ちょうどホームの柱が立っていたあたりだったと思います。そこから線路までは少し距離があったように思います。

⇨ 以上の事実・資料を参考にしながら，実際にこの事件について裁判員になったつもりで考えてみましょう。

### 正史さんの考え

僕は検察側の意見に賛成です。

ホームで二人が借金をめぐり口論になっていたことは確かです。でも，凶器を持っていたわけではない被害者を，被告人は一方的に殴っています。振り払ったとは考えられないし，駅員さんの証言からも，被告人が殴ったことが被害者の転落した原因であると思います。被告人には明らかに落ち度があると思うので，重大な罪に問われると思います。

**○ここがOK**

自分の主張や立場を最初にはっきり示すと，その後に述べる理由も相手に伝わりやすくなります。

**事実から読み取る**

「事件のあらまし」より，事実をしっかりと読み取りそれに基づいて理由を示すことができています。

### 法子さんの考え

私は弁護側の意見に賛成です。

被害者も被告人も共にお酒に酔っていましたよね。その二人が口論になってもみ合いになれば，被告人だって怪我を負う可能性や線路に転落する危険があったはずです。現場の目撃証言からは，二人がもみ合っていた場所から線路までは距離があるわけですし，被告人は，被害者を突き飛ばして転落させる気はなかったと言っています。この事件は，被告人が被害者に殴られそうになって抵抗して生じた結果であると考えるのが自然です。

**○ここがOK**

裏づけとなる根拠を明示することで，発言に説得力が増します。

**○ここがOK**

自分と反対の意見に対して反論する根拠を示せています。

**別の視点**

量刑についてもお互いの考えを示し，どうしてそのように判断したのかについて論じるのもよいでしょう。

**✕ここに注意！**

最後にもう一度結論を述べると，聞いている側の頭も整理されます。ここでは，「したがって，被告人を重い罪には問えないと思います。」などと述べるとよいでしょう。

# 社会科を「読解」「思考」「表現」する

## ■ スーパーマーケットの売り上げをのばす方法についてプレゼンテーションしてみよう

| ねらい | 立地や品ぞろえなど，さまざまな視点で問題点をとらえることで分析力（ぶんせきりょく）が身につきます。分析をふまえたうえで，自分なりの施策（しさく）を考えてみましょう。 |
| --- | --- |

⇨ 次の資料をもとにして，このスーパーマーケットAの売り上げをのばす方法を考えてみましょう。

### スーパーマーケットA　概要（がいよう）

オープン：2015年

特色：食品専門のスーパーマーケット。地元でとれる生鮮（せいせん）食品が自慢。

現状の問題：2017年以降，急激に売り上げが落ち込（こ）んでいる。

### スーパーマーケットB　概要

オープン：2017年

特色：食品から雑貨までそろう大型のスーパーマーケット。大型店ならではの大量入荷で，商品の値段が全体的に安い。

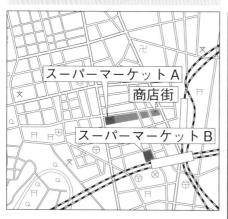

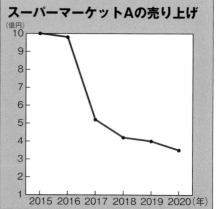

### お客様の声（スーパーマーケットA）

・肉や魚，野菜が新鮮でおいしい。
・駅から少しはなれているので行きづらい。
・商品の値段が全体的に高い。
・近くの商店街にも立ち寄らなくなったのでAに行く機会が減った。

### お客様の声（スーパーマーケットB）

・駅直結なので，行きやすい。雨の日でも濡（ぬ）れずに買い物ができる。
・地元でとれた野菜の種類は少ない。
・食品以外の雑貨なども手に入り，とても便利。
・商品が全体的に安い。

## 考えよう

勇太と智子は2人でスーパーマーケットAの分析(ぶんせき)をしてみました。

| ①強みは何か | ②弱みは何か |
|---|---|
| ・地元でとれる食材<br>・商店街の近くに立地 | ・駅から遠い<br>・値段が高い |
| ③状況(じょうきょう)はどうだろうか | ④脅威(きょうい)となっているものは何か |
| ・売り上げが低下し続けている<br>・商店街の集客力も落ちている | ・駅近くの大型のスーパーマーケットB<br>　の存在<br>　　　食品以外の商品も購入(こうにゅう)できる<br>　　　大量入荷で安価な商品 |

Aは駅から遠いし，駅の近くには商品が豊富なBがあるからそちらの方に客は流れていってしまうよ。

でも分析してみて，①の強みと③の状況をみてみると，例えば，商店街と協力してお祭りなどの企画(きかく)をして集客力をあげるなんていうのはどうかしら。商店街にも人が集まるし，活気がでてきそう。

そうだね。ほかにも①の強みと②の弱みをみてみると，値段は高くても，試食(し)で地元の食材の良さを知ってもらったり，料理のレシピをつけて美味しく食べる(お)方法も伝えたりするといいんじゃないかな。

いいわね。それに，①の強みと④の脅威をみてみると，同じような商品で安くすることを考えるよりも，特別な商品や産地にこだわった肉や野菜を提供していくこともいいんじゃないかしら。

こうして分析した表の中の項目(こうもく)を掛(か)け合わせて考えれば他にもいいアイデアが生まれてきそうだね。

それをプレゼンテーションとして書けばいいのね。

# スーパーマーケットA　復活大作戦

### 3年1組　山田 勇太

### ① はじめに

スーパーマーケットA（以下，A）の売り上げが落ち込んでいることを受けて，どうすればAの売り上げが回復するかについて考えました。

**○ここがOK**
レポートのタイトルが印象的なので，プレゼンテーションのはじめに聞いている人の注意をひきつけることができます。

### ② それぞれの長所と短所

そこで，AとBの長所・短所を表に整理しました。

|  | 長所 | 短所 |
|---|---|---|
| A | ・地元でとれた肉や魚，野菜が豊富。<br>・商店街の近くにある。 | ・駅から少しはなれているので行きづらい。<br>・商品が全体的に高い。 |
| B | ・駅直結なので，行きやすい。<br>・食品以外の雑貨なども手に入る。<br>・商品が全体的に安い。 | ・地元でとれた野菜の種類は少ない。 |

**✗ここに注意！**
何が原因で売り上げが落ち込んだのか，明記しましょう。ここではBの存在が原因となります。

**○ここがOK**
文章で書くのではなく，表にしてあるので，見やすく，伝わりやすくなっています。

### ③ Bに勝つためには

まず，Aの最大の魅力である，地元でとれた食品をもっと売り出していく必要があると思います。駅の近くで試食会を行ったり，食品についてのチラシを配ったりすることで，Bに行くつもりのお客さんをつかまえることができます。

また，せっかく商店街の近くにあるので，商店街のほかのお店と協力してお客さんを集めることができるのではないかと思います。共通のお買い物カードをつくって配り，ポイントがたまれば商品券がもらえるようにするなどすれば，お客さんも意識をしてAと，商店街のお店とで買い物をするようになるでしょう。

**資料から読み取る**
AとBの立地を634ページの地図より読み取り，そのことを生かした提案ができています。

**✗ここに注意！**
自分のイメージするお買い物カードのイラストなどをいれると，聞いている人がイメージしやすくなります。

### ④ まとめ

このテーマに取り組みながら，最初は，お店は駅の近くにないと不利なんじゃないかとあきらめかけました。でも，商店街とのコラボレーションなどを考えると，BにはできないことがAにはできると思いました。流通のしくみを利用して，もっと安く商品を入荷する方法なども探ってみたかったです。

**ページ参照**
本書P.566参照
⑤ 消費生活を支える流通のしくみ

# 社会科を「読解」「思考」「表現」する

## ■ グループワークをしてみよう　〜エコチェックシートをつくる〜

| ねらい | 地球温暖化の原因といわれている二酸化炭素を削減するため，どのような方法があるかを何人かで話し合って1枚のエコチェックシートにまとめ，他人の意見を聞き，自分の生活を見直したり，問題解決の方法を考える力を身につけましょう。 |
|---|---|

| 方法 | ① 自分の生活を見直し，意見を述べる。<br>　自分の生活で環境を意識して実践していることがないか，思い出してみましょう。<br>② 他人の意見をよく聞く。<br>　自分では思いつかなかった視点が見つかることがあります。他人の意見にもきちんと耳を傾けましょう。<br>③ きちんとメモをとり，レポートやシートにまとめる。<br>　話し合った内容をきちんとメモにとり，整理してレポートやシートにまとめるようにしましょう。 |
|---|---|

⇨ 以下の資料や条件をもとにして、実際にエコチェックシートを作成してみましょう。

世界の年平均地上気温平年差の推移
（世界国勢図会 2020/21年版）

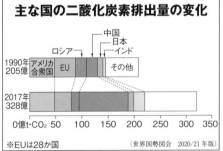

主な国の二酸化炭素排出量の変化
※EUは28か国
（世界国勢図会 2020/21年版）

### 二酸化炭素とは

大気中に含まれる炭素化合物であり，太陽からの熱が地球の外に放出されるのを防ぐ温室効果ガスの一つ。化石燃料を大量に消費することで多く発生し，地球温暖化の最も大きな原因とみられている。

### エコチェックの項目に取り入れる生活の場面

① 冷暖房
② テレビ・冷蔵庫
③ 洗面台・おふろ・洗濯・トイレ
④ 自動車
⑤ 買い物

**のぼるさん**：ここ130年くらいで，北半球の年平均地上気温は約1度上昇してるんだね。工業化が進んで，二酸化炭素を排出する機会が増えたからだよね。

**めぐみさん**：しかも，世界の国々の二酸化炭素排出量の変化をみると，中国やインドが増えていることが読み取れるね。

**あきらさん**：僕たちができるエコってなんだろう？

**はるかさん**：まず，エコチェックの項目の①から見ていきましょう。

**あきらさん**：①の冷暖房では，設定温度を決めておくといいね。暖房だと17度くらい，冷房だと28度くらいかなあ。

**はるかさん**：夏，室温が27度以下のときは冷房を使わないと決めておくといいわね。

**めぐみさん**：②のテレビ・冷蔵庫だけど，テレビは寝るときには主電源を切るようにするといいね。

**はるかさん**：見ないときもこまめに消すようにするといいよ。

**のぼるさん**：冷蔵庫も，開けて扉をすぐ閉めないと，お母さんによく叱られるなあ。

**あきらさん**：③は「洗面台・おふろ」とあるけれど……。やっぱり，水をあまりむだに使わないことかな。シャワーなどで水を出しっぱなしにするのはよくないね。トイレを流すのも一回だけにしよう。

**めぐみさん**：うちでは，おふろの残り湯を洗濯などに再利用しているよ。

**あきらさん**：④の自動車は，あんまり遠くないところには歩いていったり自転車でいったりして自動車を使わないようにすれば二酸化炭素の削減につながるよね。

**はるかさん**：バスや電車をよく使うようにするのもいいわ。

**のぼるさん**：⑤の買い物では，レジ袋は有料化されたので，マイバッグを常に持っておくのもいいね。

**資料**から読み取る
資料に書かれている内容を読み取ることができています。

**ページ参照**
P.601
⑤ 環境保全の取り組み
2 公害対策
P.624
① 地球環境問題
2 さまざまな地球環境問題

**ここがOK**
相手の意見に対して自分の意見を付け加え，別の考え方を知らせることができています。

**ここがOK**
自分の生活を振り返って，エコにつながる実践を見つけることができています。（→方法①）

**別の視点**
リサイクルしたものやエコマークのついているものなど，環境にやさしいものを購入するようにする，というのもよいでしょう。

| グループワーク |

# 地球を温暖化から守れ！エコチェックシート

### 3年2組 4班作成

実践（じっせん）できたら○，実践できなかったら×を書き入れるようにしましょう。

|  | チェック項目（こうもく） | 月　日 |
|---|---|---|
| 節電 | 冷房（れいぼう）の設定温度は28度にする。 | |
| | 室温が27度以下のときは，冷房を使わない。 | |
| | 暖房（だんぼう）の設定温度は17度にする。 | |
| | 見ないときは，テレビをこまめに消すようにする。 | |
| | 冷蔵庫は，開けたらすぐに閉める。 | |
| 節水 | 洗面台の水を出しっぱなしにしない。 | ○ |
| | トイレの水を流すのは一回だけにする。 | × |
| | おふろの残り湯を洗濯（せんたく）に再利用する。 | |
| その他 | あまり遠出をしないときは，自動車を使わず，公共機関や自転車，徒歩で向かうようにする。 | |
| | 買い物に行くときはレジ袋を購入（こうにゅう）しなくてもよいようにマイバッグを常に持っておくようにする。 | |

話題の中でバラバラに出てきたことでも，共通性のあるものであれば，ひとつの項目にまとめたほうがわかりやすいでしょう。

**◯ここがOK**
小項目の前に大項目を置いているので，見やすいシートになっています。

**別の視点**
1つの項目を1ポイントとし，合計10ポイント中8ポイント獲得が合格ライン，などと決めておくと，目標が立てやすいでしょう。

このほかにも，環境保全（かんきょう）のために自分ができることをエコチェックシートにしてみましょう。

# 索　引

- 調べたい語句や項目がわかっている場合は，このさくいんで調べると便利です。
  （教科書で学習したことにそって調べたい場合は，巻頭のもくじのほうが便利です。）
- 50音順に配列してあります。そのあと，アルファベットの用語をＡＢＣ順に配列して
  あります。「は→ば→ぱ」というように清音・濁音・半濁音の順です。
- ！になっているものは，欄外にくわしく掲載しています。
- **キーワード**から関連項目も調べられるようにしてあります。

索引

お
～
か

**す**

**せ**

索引　て～な